# 黄金荣大传

HUANGJINRONG DA ZHUAN

柳茂盛◎著

中国華僑出版社

**图书在版编目(CIP)数据**

黄金荣大传/柳茂盛著. 一北京:中国华侨出版社,2010.1

ISBN 978-7-5113-0203-8

Ⅰ.①黄… Ⅱ.①柳… Ⅲ.①黄金荣—传记
Ⅳ.①K828.9

中国版本图书馆CIP数据核字(2010)第000365号

## ●黄金荣大传

作　　者 / 柳茂盛
责任编辑 / 李晓娟
装帧设计 / 范璧合
经　　销 / 新华书店
开　　本 / 787×1092毫米　1/16　印张 /32　字数 / 480千字
印　　刷 / 北京柯蓝博泰印务有限公司
版　　次 / 2010年4月第1版　2010年4月第1次印刷
书　　号 / ISBN 978-7-5113-0203-8
定　　价 / 49.80元

中国华侨出版社　北京市安定路20号院3号楼　邮编:100029
**法律顾问:陈鹰律师事务所**
编辑部:(010)64443056　64443979
发行部:(010)64443051　传真:(010)64439708

# 前言

“上海滩”这个词非常抢眼，因为当年的十里洋场，风云变幻，惊动国人心。既有青帮像魔鬼般出没，又有歌妓像天仙般游荡。在灯红酒绿中酝酿着柔情，也潜藏着杀机。真是，上海滩这个“东方的乐园”，成了冒险家的理想场所，他们用自己的魔法完成了一次次恐怖的刺激，在刺激中一方面冷对黄浦江的滔滔江水，一方面在歌楼妓院哈哈大笑起来。不能不说，“上海滩”是赌徒表演的舞台。

众所周知，杜月笙、黄金荣、张啸林是“上海滩的三大亨”，他们各有各的招数，叱咤风云，闯得猛，玩得火，斗得凶。真是极尽19世纪末到20世纪30～40年代上海滩的黑白世界。

大凡黑道枭雄总爱“狐假虎威攀高枝，借腹怀胎自发家”，总热衷“借高枝扶摇直上，会做人扬名江湖”。他们在自己羽翼未丰之时，总要为自己寻找理想的靠山，躲避官兵的清剿，防备百姓的报复，还有仇家的追杀，但是，他们决不甘为人下之人，一旦时机成熟，他们就会毫不犹豫地在自己有靠山的地盘上建立起自己的霸业。

现在，先让我们打量一下最早成为“中国第一帮主”的铁腕人物——黄金荣。

黄金荣有“麻皮金荣”的绰号。他的本领很大，结交面极广，收纳过蒋介石，巧破宋教仁被刺案，又除掉袁世凯的爪牙，在法租界名噪一时；尤其是他能“结大股党”而称雄上海滩，巨额保险费每年收入数千万，在上海拉起一支呱呱叫的锦军。只要能挣钱，麻皮金荣从不问行当，下三滥的手段无所不用其极，蒋介石题了“文行忠信”褒奖这位黑色大亨。黄金荣一生涉足赌、娼、盗，大发不义横财，又收女徒建锦军，狂袭黄浦两岸；他不甘心看着杜月笙一天一天超过他，又为杜月笙在他被别人绑架的时候舍身营救而感叹不已。他使尽了各种绝招，想保住自己的霸位，但都成为徒劳，空悲切！他的人生嗜好“赚银子睡女人”，是一个十足的青帮首领，罪恶的一生正如他所说“始于偷包打探”。

作者经过多年的潜心研究，掌握大量的第一手资料后，编撰而成，资料翔实，有许多鲜为人知的事件第一次在本书中得到披露，为此，曾经惊动了许多对上海滩抱有浓厚兴趣的人。也就是说，你将在本书中，看到“麻皮金荣”——黄金荣最真实的面目和最诡秘的生存技巧。

最后，我们想强调的是：黄金荣是一个“狡诈的守财奴”，他的口头禅是“天大官司，磨盘大的银子”！如果你带着兴趣，翻开此书，你将会看到许多意想不到的神秘事件和各种争霸的场面，让你遥想当年上海滩的风云变幻。

# 目录

Mu Lu

## 第一章　“新贵”传奇，突然降临姑苏城外

“捕快头”黄炳泉为人机警，办案利落，屡有奇功。1868 年（戊辰年）农历十一月初一，一个婴孩降临人世。相士用手指着婴孩说：“这位新贵天圆地方，华高日朗，眉有青彩，功挟三山，正与易书像传应合，不是一品当朝之貌又是什么?”大家齐声附和，一片热闹。黄炳泉则说：“家有千金，才是富；荣宗耀祖，才算贵，那就叫金荣吧!”金荣出世，天真无邪，却得了个“麻皮金荣”的绰号，在他身上不知不觉就多了一股匪气。



## 第二章　学徒生涯沾上吃喝嫖赌

一个人变好难，变坏易。这是人生定律！看一看黄金荣闯荡上海，仿佛突然间变成了另一个人，开始了他的混世生涯。他在赌场里找快乐，在女人身上打主意，时时流露出玩世不恭的样子。他不怕因赌输了被人扒了裤子，不怕与有夫之妇周旋，天生胆大，越玩越火。他说：“同治皇帝是真命天子，日里坐龙庭，夜晚偷偷嫖妓女，我们小老百姓向皇帝学样，难道犯法吗? ……”

## 第三章　人生跳板：入衙当差斗威风

一个偶然的机会，黄金荣因办案有功，当上了让人羡慕的捕快。做捕快有了更多的油水，也有了更多的女人，与黑道女流打得火热，想方设法贴近有权有势的桂生姐。他不觉得累，反而活得特别舒服。他想："一旦我黄金荣在上海滩站稳了脚跟，还愁弄不到温顺漂亮的女人吗？我入赘女婿又怎么样？只要能爬上去，等到有权有势了，我黄金荣还怕会断香火吗？"



## 第四章　自己趟开一条得意的发迹路

一轮皓月，接近中天，南国清秋，万籁俱寂。一个人穿一身黑色紧身衣裤，身子一纵，跃上矮墙，潜至窗外，用手指戳破窗纸，发现了他要寻找的目标……这个功夫高超的人就是黄金荣。凭这身本事，黄金荣最终成为郑家木桥一带的霸主，并开始有意与流氓地痞接触，借此发展自己的势力。后来，黄金荣通过玩"贼喊捉贼""假戏真做"的游戏，缉拿"黑风"巨盗，从此在法租界打出了自己的品牌。但黄金荣越来越显得深不可测……



## 第五章　在上海滩大玩一串串邪招

黄金荣越来越酷爱玩些邪的，从邪中找快感，找满足，仿佛整个上海滩都在向他不停地招手，他乐了，乐得忘乎所以。但"赤脚财神"教导麻皮金荣：不要做洋人的拐杖，而要做洋人的一条腿，洋人可以离了拐杖，但不能断了腿。于是上演一出“英雄救美”戏，密室里与迷人少妇风流快活；侦破一起间谍案，又完成了窃取国事机密的任务。简直是大出了风头，又占了便宜。这里面黄金荣使出了他的几项绝招是……



## 第六章 开香堂，造帮会，红火一大片

黄金荣敲诈勒索，聚敛钱财，霸占戏院、茶楼，为的是结一个完全属于自己的新帮。一番动作之后，33 岁的“空子”自开香堂，广收门徒，竟奉关老爷为老祖宗，做起了最年轻的“老头子”。而且野心勃勃地在远东第一大城市的码头上发誓：这辈子就这样，别说我黄金荣是个“空子”，我就要做“中国第一帮主”！于是，满腹心计的黄金荣开始做起大动作，吓坏了许多看客。



## 第七章 收女徒建锦军，狂袭黄浦两岸

为了另辟溪径，利用女人的色相为自己赚钱，“老头子”黄金荣决定，广招女徒，建立锦军。一起钻石戒指失窃的案件，将一摩登女贼送到“老头子”面前，于是将其收至门下，并充分发挥其“才干”，在“孤儿院”中训练少女。很快，一支锦军横扫上海滩。风流奇案接二连三，“老头子”的财源则滚滚而来。

## 第八章　紧紧抓住“赌”“娼”“盗”“财”四个烫手的字

黄金荣兴建“小摩洛哥”，插手堂子业，又组建“扒窃党”，实际上逐渐成了赌、娼、盗的后台老板。他终于可以站在上海滩上振臂一呼了。而法国人也终于明白：法租界里的治安，唯有黄金荣在，方可以维持。叱咤风云的“中国第一帮主”已经出现在上海滩上。一场轰动上海滩的“黑吃黑”大战拉开帷幕！



## 第九章　挖空心思琢磨出变身魔法

上海滩黑云四起，无一时安宁。黄金荣却应付自如，成为名副其实的“不倒翁”。他几经周折，破获了民国第一案，结果最后凶手竟是袁世凯；陈其美想除掉袁世凯爪牙，他鼎力相助；陈其美遇刺，他却收了袁世凯的1万元银票；他又收蒋介石为徒，并助其南下，却两次逮捕陈独秀，毫不留情……像黄金荣这般威风八面的人又有几多？但他到底心怀什么样的鬼胎？



## 第十章　收杜纳张牛气震动一方

人与人之间的角斗，超过动物的拼杀。一个偶然的机遇，却改变了两个不同寻常的人的命运。你看：磨难少年“水果月笙”投至门下，讨

## 第十三章　堕入危险境地露凶相

政治风云团团变，以黄金荣为首的上海近代流氓帮会势力，奉行“刀切豆腐两面光”的信条，在大革命的风暴中观望权衡，见风使舵，处处小心谨慎，步步留下后路。在关键时刻，黄金荣凶相毕露，开始作恶。



## 第十四章　惯于躲在幕后伸魔爪

黄金荣骤然成了“党国”要人，60大寿时，盛况空前，威风凛凛，但飘飘然之余，他又不禁长吁短叹，大寿之后，就要退休，他实在是不情愿，于是到苏州请来“水上飞贱”帮忙，把法租界闹得天翻地覆，法国人没办法，重新请他“出山”，眼看要失去的大权重握在手中，从此成了“太上皇”。他暗自思忖：“我就是要当‘太上皇’，像慈禧老佛爷那样‘垂帘听政’。明地是退休，暗地里叫捕房的事情还得听我的。这样我就有更多的时间办戏院，开公司，贩鸦片，捞更多的钞票。这一来，日子比当督察长还要风光呢！”



## 第十五章　黄杜冲突，明争暗斗惊天地

看到杜月笙一系列的辉煌之举，实力迅速上升，超过了自己，黄金荣却并不甘心当配角，他要在上海滩作最后一搏。想到此，他

## 第十八章　无奈丝丝凄凉别往昔

天亮了，黄金荣还睡眼惺忪。上海市人民政府步步紧逼的严厉措施和市民们一浪高过一浪的声讨，使黄金荣处于四面楚歌的境地。他闭门不出，整日里提心吊胆，甚至晚上也整夜无法入眠，垂垂老矣的黄金荣怎能消受？他颤抖地拿起了一支笔……

# 第一章

Di Yi Zhang

## 『新贵』传奇，突然降临姑苏城外

『捕快头』黄炳泉为人机警，办案利落，屡有奇功。1868年（戊辰年）农历十一月初一，一个婴孩降临人世。相士用手指着婴孩说：『这位新贵天圆地方，华高日朗，眉有青彩，功挟三山，正与易书像传应合，不是一品当朝之貌又是什么？』大家齐声附和，一片热闹。黄炳泉则说：『家有千金，才是富；荣宗耀祖，才算贵，那就叫金荣吧！』金荣出世，天真无邪，却得了个『麻皮金荣』的绰号，在他身上不知不觉就多了一股匪气。

# 一、破获盗宝奇案

苏州城，又称姑苏城，自古名扬天下，早有“上有天堂，下有苏杭”的美誉。的确，苏州城内玄妙观、拙政园、狮子林等园林美景，与城外灵岩、天平、虎丘等名山佳处，相互映衬，山水掩映，绿树成荫，置身其中，确有人间仙境之美感。

就在这美丽繁华的苏州城里，玄妙观外，有一条弯弯曲曲的小巷，小巷深处是一洞石库门，油漆的黑门扇上方，钉着一块铜牌，上面涂着两个隶书体红漆大字：黄寓。

此处就是黄炳泉的豪宅。

必须要说明的是虽然苏州与杭州并列为“天堂”，而且名次还在杭州之前，可是天堂里的小巷，却并非天街玉道，而是三角朝上（小石块铺路），马桶成行，头顶尽是架着竹竿晾晒的裤子。就是这条邋里邋遢的巷子，到了1868年（戊辰年）农历七月初七这天，却突然面目一新：各家的马桶都收进门里去了，行人头上晾着的衣裤暂时移到别处去了，三角石块铺的路也被打扫得清清爽爽。

这又是为何呢？

原来，苏州衙门里当差的黄炳泉，被提升为“捕快头”，为了庆祝这次荣升，拣了初七这个黄道吉日大请客。

前一天，苏州府衙门里的几个捕快就在黄家小巷里放出风来：“过两天是黄炳泉捕快头的好日子，谁将马桶移出来，衣裤晾出来，我们就砸断他的狗腿，敲烂他的脑壳。”小百姓对差人的话，谁敢不依。

旧上海总捕房门景，黄金荣在此发迹

这一天，干净的小巷热闹极了，那些捕快、牢子、刀斧手都拎着礼物，赶来贺喜。有一个捕快竟提着一挂长长的鞭炮，从巷头直放到黄炳泉的院子里。

送礼的，贺喜的，来来往往，拱拳作揖。黄炳泉更是喜不自禁，他在堂房和厢房里摆了五桌酒，招待亲朋好友与同行们。

酒过三巡，菜过五味，黄炳泉的贴心哥们刘正康发话了。刘正康是黄炳泉的心腹之人，他当着苏州城南地保，是南区的一霸，南区人背地称他为刘阎王。

今天，他来得特别早，酒喝得特别凶，话最多。他喷着酒气，对同桌的酒友们说：

“要说破大案子，炳泉大哥没得说的。这两件案子，炳泉大哥破得漂亮。”

有不知案子详情的想问个究底，便问道：“刘大哥知道详细，你给我们说说。”刘正康说：“这案子是炳泉大哥破的，还是让他来说吧。”其余桌的兄弟，也齐喊道：“大哥说说吧。”

黄炳泉站起来，向大家抱抱拳：“没什么好说的，各位兄弟！”

“黄大哥不要谦虚，给我们说说吧。”大家一齐嚷嚷。

黄炳泉红光焕发，喜上眉梢，嘴里却道：“小菜一碟，小菜一碟。”

“好吧，炳泉大哥既然客气，我就来给大家说说吧，先说这第一桩案子……”刘正康止住众人的吵闹，滔滔不绝地说开了。

原来这苏州城里有条十全街，十全街有幢古式大宅院。宅主段葆青，据说是明朝后期一个宰相的后代，一生性情孤僻，爱好古玩。因他祖传有遗产，城外有田地，城内有店肆，得以坐享荣华富贵，无愧锦衣玉食。

段葆青宅内有一密室，门枢甚固，连他结发妻子也不准进入密室。室内藏有很多稀有珠玉古玩，名人书画。段葆青每次进入密室时，都要把密室的门反锁起来，独自在里面玩赏一番。

段葆青的密室里有三件价值连城的至宝，都是他祖父、父亲遗传下来的。他接过祖父、父亲传下来的遗物近几十年，也未向外露出一点口风，堪称“绍祖先，兢兢业业；守遗产，小心翼翼”。

这三件价值连城的至宝分别是碧玉如意、彩绿翡翠如来佛和荆轲刺秦王立轴。前两件玉器系明代名玉工尚九郎手碾，后一件据说是元代名画家兼书法家赵孟頫手书。

有一天，段葆青启锁到密室内观赏古玩。每次观赏时，总是从一般古玩看起，最后才赏玩那三件宝贝。当他看完一般古玩，正欲赏玩那三件宝贝时，突然一阵眩晕：那三件宝贝不见了！

段葆青这一惊可不得了，他一屁股瘫坐在地上，直过了一个时辰，他方清醒过来，扶着墙，慢慢地站了起来。

原来这间密室的门户结构是十分复杂的，密室的钥匙，一年 365 天，天天挂在他的腰间。密室的门和壁的门，也并非打开锁便能开启的，还必须按准密码才能打得开。而这些密码，段葆青从不外传，只有他一个人知晓。可现在，门不启锁，墙不凿穴，壁室内依然封闭如故，这三件宝贝却不翼而飞，怎不叫段葆青惊慌失措，魂飞魄散。惊魂稍定，他准备向吴县衙门报官。

段葆青与苏州府尹称兄道弟，与吴县衙门也时有来往。他一报官，立刻惊动大小官员前来勘察，但勘察来勘察去，还是一点蛛丝马迹都未寻着，直把段葆青急得七窍生烟，五魄飘飘。

段葆青宝物失窃案发生了将近一个月，吴县县太爷陶民全知道如果破不了此案，自己的乌纱帽将保不住。因为只要段葆青到苏州府尹那里一告，自己就要滚蛋。

陶民全将缉捕班头洪锦方叫到大堂下，限他半月为期，务要人赃俱获，否则撤职查办，决不宽容。洪锦方吃了这么多年的衙门饭，深深懂得那些有财有势，富门豪室的事是难办的，是不容有疏忽的。目前这宗失窃案不但眉目全无，而且限期临近，确感束手无策，但又只能硬着头皮去做。

洪锦方与捕快、眼线化装察访城里城外、集市街巷，调查当押和所有古玩商店的进出账册，遍访段葆青住宅周围的住户，查询段宅男仆女佣的来龙去脉，依然毫无结果，杳无踪影。洪锦方一声长叹，心想认命算了。然而，天无绝人之路，就在洪锦方长吁短叹之际，一颗救星从天而降。这颗救星是谁呢？他就是正班头黄炳泉。

原来，黄炳泉出门办案已一年有余，案子办完后，黄炳泉急如星火，赶回老家与妻团聚。当他得知段葆青宝物失窃案后，立即赶到衙门报到，自告奋勇要求接手此案。

洪锦方见黄炳泉如此义气，十分感动，立即在苏州狮子楼宴请远道而归的黄炳泉，说不尽的感谢话，道不完的奉承语，直把黄炳泉乐得心花怒放。

此时的黄炳泉，年纪三十五六岁，已在刑事班房厮混了将近 10 年，甚为上面所宠信，由捕快、眼线升为班头。

黄炳泉领了委帖和腰牌，穿上缉捕吏役的衣服，邀同洪锦方，轻装简从，来到段葆青家，面呈衙门复查公文，来到密室。两人在密室内整整观察了一天，把失窃过程和密室装置一一指点清楚并详记下来。

次日，黄炳泉又来到段宅，带回了两个段家做佣多年、年纪颇大的男仆女佣。这两人，来到吴县衙门，已浑身发抖，待走到三班六房，看到如此多的刑具，直吓得魂飞天外，跌倒在地。黄炳泉叫人把这男仆女佣叫进内室，用好言好语劝慰道：“你俩不是坏人，不要害怕，我决不见罪于你们。今天叫你们来此，不为别的，就是要询问询问你们主人家雇有几个佣人。你俩先喝点水，慢慢谈。”

在黄炳泉安抚诱导之下，这两人方放下心来，较为详细地叙述了段家各个男仆女佣的姓名、籍贯、雇佣日期和介绍人的来龙去脉。黄炳泉听完两人的介绍，和蔼地问道：“你家主人近几年有没有雇过临时短佣？”

女佣思索片刻，如实说道：“两年前，小奶奶生了一个小官人，没有奶水，托孙婆婆介绍一个冯姑姑来做奶妈，待到小孩断奶后，冯姑姑想辞回，因她做事利落，深得主人家喜爱，便不让辞回，想不到不久前的一个晚上，她突然得急病死了。”

听到此，黄炳泉心里格登一下，便继续和颜悦色地问道：“这孙婆婆为人如何？”

“孙婆婆为人鉴貌辨色，老于人情世故，深得主人家欢心。”男仆赶快接过话头。

如此这般，这般如此，黄炳泉问了整整一天，到了傍晚时分，吩咐这男仆女佣回到段家。临走时，再三叮嘱他们，今天之事不得与任何人诉说。

第三天，黄炳泉暗派得力捕快，悄悄打听冯姑姑的棺木埋在何处，又派得力女捕快，装扮成乡妇模样接近孙婆婆，自己亲往段家，做再次考证。

见到段葆青，黄炳泉问道："上次我来查看密室时，看到你先开锁后拨号，这密号倒拨、顺拨，挺复杂的，你难道不会忘记?"

段葆青随口答道："为防忘记，我有一张拨号顺序表，放在书房抽屉的隔层里，有时忘了，就拿此表对照开启。"

黄炳泉急忙追问："那冯姑姑生前是否来过你的书房?"

段葆青略一思索，说道："来过。"

黄炳泉听到此处，不再询问，回到班房。此时查找冯姑姑棺木的捕快来报，冯姑姑的尸棺不见了。不多时，化装成乡妇的女捕快也来报，说孙婆婆形迹可疑，她有个名叫翠花的干女儿常来去走动，行动鬼祟。

黄炳泉听完捕快的报告后，即刻下令：逮捕孙婆婆!

捕快们立即到孙婆婆家，将孙婆婆缉拿在案，经过严刑拷打，孙婆婆只得供了实情，说自己只是牵线人物，并不知实情。

黄炳泉厉声问道："翠花是何许人也?"

孙婆婆方知底已破，便实话实说起来："翠花是帮内人物，翠花的姘夫是帮首，但不知他姓甚名谁。"

"你见过翠花的姘夫吗?"

"曾见过一面。"

"他面貌特征如何? 多大年纪?"

"他身材魁梧，50左右，一脸络腮胡须，右额上仿佛有一伤疤。"

黄炳泉审问完毕，将孙婆婆押入狱内，立即亲率10余名得力捕快，连夜来到翠花家，踢门而入，将翠花捉拿，并在她家搜出一部分赃物。

当夜，黄炳泉掌灯夜审，把翠花拖到刑房拷打，任他威逼利诱，就是不肯招出内情。黄炳泉计上心来，把翠花拖到另一间房里，指着壁角里一个黑乎乎的人说道："他已招供，你为何死到临头，还不吐露实情!"

壁角里那人在阴暗不明的灯光里转过头来，口内嗡嗡发出声来："我已被捉拿，你不如招认，何必受皮肉之苦?"

翠花虽然诡计多端，却不防黄炳泉施出偷梁换柱这一招，便认为窝巢已破，姘夫已捉，实话实说吧。

于是，翠花就把帮内情况和孙婆婆作为"引线"，以及盗窃段宅三件珍宝和谋害冯姑姑毁尸灭迹等事，一一招供出来。

黄炳泉知道时机已到，便道："段宅的三件珍宝，现在何处?"翠花自知大势已去，交代了窝赃地点。

黄炳泉哪肯怠慢，立率捕快按址去缉拿帮首，经过种种曲折，终将该盗帮帮首万强和窝藏在地窖中的赃物，一并缉拿归案。至此，此案终于人赃俱获，真相大白。

案子已破，而此案的前因后果是怎样的呢？

原来帮首万强是此案的主事者，他是青帮内的一个小头目。万强对段葆青秘藏的奇异珍宝，早有盗窃之心，但段葆青家地处热闹之地，并且锁键甚固，万一失手，翻窝砍头，难以收拾，但万强不肯放弃，一直在寻找时机。终于经过周密考虑，万强决定采取软相架这一招，好在帮中同伙，不但男女兼备，文武齐全，而且加上平时训练有素，各有专长，到时量“才”录用，听候调遣。

什么是“软相架”呢？其实，这是青帮的一个切口，他们把犯罪总称为“相架”，而“软相架”就是“带线引劫”。参加“带线引劫”的人必须谨遵帮规，严守秘密，万一走漏风声，就对“走风”之人三刀六洞，决不手软。

而冯姑姑是在该团伙中经过几年培训，是个胆大心细，慎于处事的得力干将。她为了完成这个任务，宁愿置亲生孩子于不顾，立誓效忠帮规。

冯姑姑进入段家后，勤勤恳恳，任劳任怨，赢得段家上下一致称誉，段宅主人对她放弃了戒心，使她很容易地弄到段宅密室的密号顺序表。她又趁天色未明，仆佣们正在熟睡之际，来到孙婆婆家，将密号表口述于孙婆婆。

待到天明，孙婆婆又来到翠花处，将此呈告了翠花，翠花急忙去通报帮首、姘夫万强。

当天晚上，万强亲自出马，扮作一个卖夜宵的小贩，来到孙婆婆家。到了半夜时分，万强来到段宅，冯姑姑早已等候。于是，两人进入段宅密室前，冯姑姑手擎袖珍灯，万强用万能钥匙开启门锁，又在袖珍灯照明下，观各种奇珍异宝，光彩夺目，喜得心花怒放，爱不释手。他本想多窃几件，又恐携带不便，选择最有价值三件，就是上面所说的一件是碧玉如意，一件是翡翠如来佛，一件是荆轲刺秦王立轴，带在身上，然后把密室门关上，把密号弄乱，径自走了。

隔了两天，孙婆婆来到段宅串门，用暗号通知冯姑姑来到孙婆婆家，翠花正在等候。翠花便把一杯茶推到冯姑姑面前，冯姑姑不知是计，端起便喝，不多时告辞而归。

不料，茶中放有毒药，待冯姑姑回到段宅，正待上床安睡，腹部突然剧痛起来，立时满地乱滚，额上豆粒般的汗珠直往下淌，没多久，便一命呜呼，暴死在地。

冯姑姑夜半暴毙，惊了段宅内的男仆女佣，无不惊慌失措。有人急告段葆青夫妇，待他们来到房内看时，冯姑姑已暴死多时。段葆青立命仆人们将其抬到宅后，并告诉孙婆婆，叫她的亲属速来认领尸体。

孙婆婆早在家等待冯姑姑的死讯，听到段家派人报丧，便带着一名帮内女伙，冒充冯姑姑的亲属，来到段宅，表演了一套“猫哭耗子”的把戏。

此案侦破后，段葆青为了感谢府尹、县太爷和黄炳泉及捕快们，特地拿出 3000 两银子作为谢意。吴县县太爷当仁不让地独得 1000 两，送给苏州府尹 1000 两，分给黄炳泉 500 两，其余 500 两给众捕快和眼线们。

黄炳泉自从破获了青帮这个“带线引劫”的盗宝奇案后，深得县太爷的青睐。他在吴县刑事衙门已颇具声望。但他绝不会想到，自己的儿子后来在上海滩上加入的正是这个青帮。

刘正康说完了黄炳泉侦破“带线引劫”案后，喘了口气，顺手拿起酒瓶，将剩下的半瓶酒咕哩咕噜地倒进肚里，然后，拿起一块红烧猪头肉，塞进嘴里。

其余人听完这个故事后，赞声不已：

“黄大哥，你可真是个神捕呀!”

“炳泉老弟，这件事做得漂亮。”

“黄大叔，你头脑里长了个‘破案虫’吧?”

“黄大爷，你什么时候教教我们，好让我们也露一手。”

黄炳泉听到众人的夸奖，喜笑颜开，嘴里却说：“承蒙各位抬举，见笑了，见笑了。”

刘正康喝完酒，嚼完猪头肉，站了起来，喷着酒气嚷道：“上一件案子还不算最绝的，他还有更叫绝的案子呢!”

## 二、设诡计名利双收

大家带着好奇心听完黄炳泉侦破盗宝奇案后，本来就有意犹未尽之感，一听说还有更绝的案子，赶紧把眼光转向刘正康，齐声说道：“那你再给我们说说吧!”

刘正康用手抹了抹满是油的嘴巴，说道：“这个案子，还是叫黄大哥给我们说说吧。”

“对，黄大哥，你给我们讲讲吧!”众人向黄炳泉提出要求。

黄炳泉站起来，向大家抱抱拳，“没什么好说的，各位兄弟！今天请各位来喝酒吃肉，喝个饱，吃个够。至于这件案子的侦破，兄弟改日请各位到茶楼坐坐，再详细奉告。”

“那好呀，今天叨扰一顿，改日再请我们上茶馆。大家听到没有？黄大哥这次是请双份啰!”刘正康马上把请上茶馆的事敲定了。

“一定，一定。”黄炳泉一边点头回答，一边给客人们斟酒。

众人一听黄炳泉还要请客，虽然暂时听不到这更绝的案子有些遗憾，但还是高兴得低头猛吃猛喝起来，不再追问。

黄炳泉破的另一大案到底是什么案子呢？这得从当时轰动朝野的一件刺杀案讲起。

当时的两江总督马新贻，是太平军的叛徒。在没有显赫的时候，曾经与一个人结拜兄弟，这位义弟名叫范子虚。范子虚娶了个姿色出众的媳妇，马新贻垂涎三尺，总想把义弟的媳妇勾搭到手，但一直没有机会，也不敢轻举妄动。

当他升为两江总督之后，大权在握，便想好主意，要把此事做完。于是，他上任的第二个月，就派人把范子虚接到江宁府（今南京），摆出一副情深义重的样子说：

“二弟，你是愚兄的心腹。我现在有一件极重要的事情，要你辛苦一趟，不知行不行?”

范子虚是个实心眼，见总督大人如此够朋友，富贵不忘结拜兄弟，简直受宠若惊。有事情需要帮忙，自己能无动于衷吗？范子虚不假思索，一连串地答应道：“大哥有事尽管吩咐，小弟就是赴汤蹈火也在所不辞。”

“二弟果然情深义重。”马新贻连忙站起，握着范子虚的手。

“大哥，有什么事要小弟去做，只管讲来。”范子虚有些感动了。

马新贻重又坐到太师椅上，一本正经地说：“今年是丁卯年，是同治六年（1867）。咱们的同治皇上已有12岁了，宫里正在着手筹办皇上的婚礼。前天，愚兄接到西太后的懿旨，要我在江宁为皇上织造成婚的龙袍。”

马新贻说到此，端起桌上的茶盅品了一口，接着说：“如今织造水平最高的要数苏州，我想把这圣衣交给苏州织造衙门去办，还得派个可靠的人去监工。想来想去，我这身边只有二弟称得上老练能干的人，所以就难为你替我辛苦一趟。”

“全仗大哥栽培!”范子虚听到此，认为是义兄在提拔他，便急忙抱拳单跪。

马新贻离开太师椅，扶起范子虚，说道：“你我是兄弟，不必客套，这件事办成之后，你就得了头等功。愚兄便可以上奏保荐啦!”范子虚听罢喜得心花怒放。

马新贻把范子虚送到门口时，拍了拍他的肩膀说：“二弟，你放心去吧，家眷就安顿在总督署内吧!”

范子虚上了苏州之后，媳妇便由马新贻安排搬入总督署的西花园住下。

再说范子虚的媳妇，也是个水性杨花之人，在范子虚尚未娶她的时候，已和好几个男人同居过。但自从范子虚娶她后，由于范的体贴和温存，她从未迈出范宅一步。

当天晚上，马新贻便以接风为名，将这媳妇灌得烂醉，乘机奸污了她。第二天醒来时，媳妇见身边睡的是上下一丝不挂的马新贻时，真是哑巴吃黄连，有苦说不出。但这媳妇转念一想，悔也无用。现任总督要比自己丈夫不知要尊贵几倍；在相貌性情上，也胜过丈夫几等。事已至此，索性由他摆弄，自己也乐得快活。

马新贻呢，早晨起来又再接再厉，使出功夫，温存一番并哄她说：“现在总督府内，你就是夫人。等我把几件大事办妥后，便把老家那黄脸婆休了，咱俩共享荣华富贵。”

听了这番话后，本性就见异思迁的小媳妇对马总督更加柔情蜜意，甚至甘愿和他天长地久，白头偕老，将丈夫范子虚早忘到九霄云外去了。

范子虚到苏州后，一呆就是半年，不但没有织造龙袍这事，就连自己的自由也被限制在苏州城内。范子虚无法，只好向马新贻仁兄请示：要求回金陵看一趟妻子。

马新贻得到信息后，哪里肯依。他想：留着他总是个祸害，不如一了百了，将他处死算了。于是，他下了一道密令给苏州府台，说这人勾通太湖大盗，证据确凿，不必审讯，即可秘密就地正法。

苏州府台接到密令后，哪敢怠慢，当夜便把范子虚捆绑起来，又加上一块石头，扔到太湖里去了。可怜这个义弟不但赔上媳妇，又将自己的性命也糊里糊涂地葬送了。



范子虚被处死以后，马新贻立即将老家中的结发妻子休掉，和这媳妇成就了好事。

这马新贻贪财贪色无度，任意盘剥人民，鱼肉乡里，很快成为一方豪富。

一天，春风得意的马新贻办完官事打道回署，轿子抬到鼓楼下，当道闪出一个人来，拦轿跪下，双手张着一方白纸，上写一个大字：冤。

马新贻近来心情特别好，正想在金陵城里办几件“为民做主”的事，一来好让万民称颂“青天”，二来好更多地捞些银子。他让轿夫歇下，叫跟班将拦轿喊冤人招来问话。

那人三步两脚来到轿前，马新贻正要问话，说时迟，那时快，只见那人从怀里掏出一把尺把长的杀猪刀，对准马新贻的心窝，狠命地一刺，只听得马总督“哇”地一声惨叫，扑倒在轿内。

众差役跟班急忙拿住刺客，那刺客却不躲闪，也不逃避，任由差役捆绑。

几个轿夫急速将马总督抬回总督署。马新贻睁开迷离双眼对他的情妇说：“我害你，你害我……”话音未落，两眼一翻，两脚一蹬，呜呼哀哉，见阎王去了。

朝廷命官两江总督被刺死，可不是小事呀！马新贻之死，轰动了朝野。皇太后即刻下令，两江总督由曾国藩到江宁接任，并限期破案。为了使案子能够顺利侦破，又委任个钦差大臣郑敦谨一同到江宁查办。

曾国藩接任后，立即将此案定为特大案件，并亲自和郑敦谨升堂审问，可连审几堂，也没审出结果，没找出背后指使人。那刺客操着一口苏白，咬定一句口供：“要刺马新贻的是我张汶祥，刺杀马新贻的也是我张汶祥。好汉做事好汉当，要杀便杀，要剐便剐！”

曾国藩怎肯罢休，心想：“我这个朝廷钦派的命官，难道审不了这个小案？”

于是，再次升堂审讯。

曾国藩惊堂木一拍，大喝一声：“大胆刁民，刺杀命官，快快从实招来，免得皮肉受苦。”

“大人，要招的我都招了，我没有什么隐瞒的。”张汶祥不动声色。

“那马总督与你有何冤仇？”

“没有冤仇。”

“你为何杀他？”

“我看他不顺眼。”

“什么！”曾国藩气坏了。

钦差大臣郑敦谨为了使大堂不冷场，紧问一句：“既然你和他没有冤仇，那你背后必定有主使人，主使人是谁？”

“主使人是我自己。”张汶祥一副不畏死的样子。

曾国藩再也忍不住了：“给我用刑！”他大声喊道。

差役也真舍得打，直打得张汶祥皮开肉绽，手脚冰凉，有几次都昏死过去了。当差役们用凉水把他浇醒之后，他依然故我，弄得曾国藩、郑敦谨下不了台。

硬的不行，曾国藩又使出软招，他命差役好酒好菜招待张汶祥，自己放下架子，到牢狱中与他私谈。

一次，张汶祥正喝得耳热的时候，曾国藩来了，他说：“张汶祥，你何必要受这个牢狱之苦哩，只要你供出背后主使人，我保证恢复你的自由。”

张汶祥不理不睬，只顾吃肉喝酒，也不答话。

曾国藩以为他动心了，便低声问道：“你的背后指使人到底是谁?”

张汶祥头一歪眼一翻，说道：“是你。”“是我?”曾国藩气得眼镜差点从鼻梁上掉下来，但为了弄清事情来龙去脉，只好忍住性子，“你开玩笑，怎么会是我?”

“不是你就是那位钦差大臣。”

“此话怎讲?”

“如果不是你俩主使，怎会好酒好肉招待我!”张汶祥与曾国藩开了个不大不小的玩笑。令曾国藩哭笑不得，狼狈不堪。

曾国藩和钦差大臣郑敦谨商量后，便来了个“矛盾下放”，责成苏州府查出凶杀的主使人。

苏州府接到这一角文书后，慌忙召集捕快们交代任务，要限期抓到凶杀主使人。

这桩命案的确令人头疼，实属无头案。只是因为这刺客说得一口苏白，是苏州人，上官便认定凶犯主使人在苏州，但毫无线索。捕快们听了，个个摇头叹息，一副无可奈何的样子。

但有一人听后若有所思，当众捕快唉声叹气之时，他溜出府衙。

这人是谁?

他便是黄炳泉。

黄炳泉回到家中，掏出几个铜子，叫大女儿上街打一壶老酒，买两碟卤煮豆腐干，外加一盘猪头肉，关起门，独自喝了起来。

他边喝边想事：上个月在城北暗娼王三妹家赌钱，自己手背牌差，输得分文不剩，最后剩下一条短裤衩，可几个债主还是揪住他不放。

就在他万分难堪无法脱身之时，正好城北卫老爷从门口经过，给了他 10 两银子，把债主们的债结了，才算完事。这卫老爷与被冤枉杀掉的马总督义弟范子虚是割颈不换头的好朋友，又是他托自己给范子虚买棺材收尸。后来，又听得卫老爷漏过一句“仇总是要报”的话……

难道这刺客的主使竟是——

想到这里，黄炳泉心里清亮了，但也犯难了。这卫老爷是有恩于自己的人，平日交往频繁，时常接济些银两，算是够朋友的。

但现在卫老爷明明有嫌疑，——是包呢还是提?包，自己一声不响，将这事混过去。这样，对得起卫老爷，尽了义。可是万一别人探出底细来呢?便什么好处都捞不到了，反而会被上司怀疑。那么提呢?把这事告官，可以得点赏银，不过这良心上有点过不去。

黄炳泉抿着老酒左右为难，当一壶酒喝得精光的时候，在醉醺醺的状态下，他作出了“英明”的决断。他的办法是：不但要得赏钱，还要得到更多的钱，并且不露声色，良心上能过得去。

苏州府的捕快们在城里城外的茶馆酒店、戏院书场、烟馆妓院等地方察访打探了几日，也没摸到一点线索。黄炳泉呢，自然也装作无计可施的样子摇头叹气。

到第六天的夜里，黄炳泉突然找卫老爷说话，劈头一句便是："你的案子犯了!"

这原是捕快摆噱头的行话，不想这一"噱"却把卫老爷噱倒，把黄炳泉当作《水浒传》里放走晁盖的雷横朱仝一类人物，便将真心话说了出来。黄炳泉终于不费吹灰之力搞清了谁是行刺的主谋。

原来事情的经过是这样的：

范子虚被杀后，有个人把事情真相捅给了卫老爷。卫老爷素来与范子虚要好，两家已是几代的世交，加上卫老爷看不惯马新贻作威作福的样子，于是下了一条狠心，要为范子虚报仇雪恨。

经过很长一段时间，终于物色到一位令他满意的刺客，这人便是张汶祥。

张汶祥，苏州人氏，自幼丧父，从小和母亲相依为命。有一次，太湖发水，屋倒墙塌，张汶祥和母亲逃荒逃到苏州城内。两人已几天没有吃一点东西了，母亲是有气进无气出，张汶祥也是奄奄一息。

此时，卫老爷正好路过此地，看到如此情景，连忙拖过一架板车，把两人拉到家中，细心调养，救活了两人的命。自此，张汶祥对卫老爷感恩不尽。他发誓：只要卫老爷需要帮忙，即使舍出命来，也在所不惜。

当张汶祥听说卫老爷为找刺客茶不思饭不想的时候，自告奋勇，担当了刺杀的重任。卫老爷信誓旦旦：一定把张汶祥的母亲安顿好，直到养老送终。

黄炳泉听完卫老爷的叙说后，眉头一皱，计上心来，他说道："卫老爷，你不必心急。俗话说，有钱能使鬼推磨，假如有银子，总可以想办法的。"

卫老爷听到有银子可以买命，一扫脸上的忧虑，问道："要多少?"

"总得这个数。"黄炳泉伸出两个指头。

"200 两?"

黄炳泉摇摇头。

"2000 千!"卫老爷有些不相信自己的耳朵。

"这不算多，我得先稳住一些弟兄们，衙门上下还得打点。这可是要担血海干系的，没银子谁干?"

黄炳泉脸不变色地说完这些话，好像是真的，可谓捕快中的好手。

卫老爷叹了口气，而后又决断地说："好吧，就依你 2000 两。只是现款拿不出，有一张 1500 的银票，再给你两只金镯子吧！一切拜托了!"说完，卫老爷进屋里开箱取出银票与镯子交给黄炳泉。

黄炳泉把银票和金镯子稳稳当当地放在怀里以后，只说了句"后天听回信"，便头也不回地匆匆走了。

第三天夜里，整个天空像被人用黑丝绒的衣服裹着似的，不时有乌鸦在树上鸣叫。

黄炳泉此时悄悄地来到卫老爷的屋里，告诉卫老爷："明天夜里三更，你弄只小船从闾门撑出去逃走，日里不要走动，从南北西三门都不好走，有人把守。"

卫老爷怎么也想不到，前一天夜里，黄炳泉就密报知府，说自己已探到凶犯主使人的行踪，不久便可擒来。知府当即拨给他 10 名亲兵和数十名差役。

于是，黄炳泉自编自演自导这出戏。他暗中指挥，不费吹灰之力便抓来了行刺马新贻的主使人——卫老爷。

许多年后，当黄金荣在上海滩巡捕房回想他父亲的这些“伟绩”时，心里总是无比自豪。

就这样，黄炳泉一箭双雕，既发财又升官，一件曾国藩破不了的案子，他轻松地破了。碰到这样的喜事，哪有不开心的。

当然，这案子的种种内情，黄炳泉不可能对众人公开，所以推说请茶楼而暂时搪塞过去，但他无法掩饰内心的得意。在这庆贺宴上，他让弟兄们又吃又喝，划拳猜令，一直闹到深夜，好不尽兴。

酒席将散之时，有个捕快斟上满杯酒，向黄炳泉拍马屁道：

“黄大哥官运亨通，现在再祝大哥早得贵子，干!”

“干!”黄炳泉满面笑容喝下了杯中酒。

然而，这句话、这杯酒，却触动了黄炳泉久藏心底的一桩心事，使他在笑容、得意与兴奋的背后平添了一份隐隐的伤感与愁绪……

## 三、“天宝地灵”莅临

每个人的生活都不可能永远事事称心如意，总会遇到一些坎坎坷坷。黄炳泉既升官又发财，很是春风得意。然而，捕快兄弟拍马屁祝他早得贵子，却勾起了他的满心忧愁。

原来黄炳泉已近中年，尚未得子。其妻邹氏怀过两胎，第一胎生了个儿子，但不幸早夭，令黄炳泉很是伤心。第二胎是个女儿，大名黄凤仙，乳名阿宝。黄炳泉一直盼着能有个儿子，为此伤透了脑筋。如今邹氏又已怀孕八九个月了，正在求菩萨保佑，生个儿子。

上个月初九，黄炳泉乘办案空隙备了香烛跑到城外的灵隐寺，跪在观音菩萨脚下苦苦哀求讨个儿子。现在离娘子分娩的辰光已近，黄炳泉更加心神不定。

时光飞逝，转眼间到了 1868 年（戊辰年）农历十一月初一，炳泉妻子阵阵肚子痛，预示着快要临盆了。

有人匆匆跑到衙门告诉黄炳泉，黄炳泉听到消息后急忙从衙门赶回来，派人请了接生婆，又买了几盘大爆竹，准备孩子落地时再放——当然是生男孩子才放。

炳泉妻子的肚子是从中午时开始痛的，挨到申时还没有消息，一直被接生婆关在门外的黄炳泉慌了，胖脸上满是油汗。他脑子里顿时出现了自己从前干过的种种恶事，一个奇怪的念头攫住他——莫非报应……

他不敢再想下去，慌忙到厨房倒了一盆热水，一遍又一遍地搓洗那对满是油污的手。奔到客堂点着香，扑通跪倒在供着的关公像前，一连磕了四五个响头，额头都磕出血来，嘴里讷讷地祷告，向关帝爷，向自家的老祖宗许愿、求饶。

为什么要求饶呢？黄炳泉心里很明白，自己办案时做了昧良心的事：有一次办案乘机奸污了婆媳俩；又比如向卫老爷敲诈而后卖友求荣等，这都是伤阴丧德的事。他的心又虚又怕。

等呀等，黄炳泉第一次觉得时间是这么难熬，从中午到黄昏，他觉得像是过了一个世纪那么长。傍晚，外面下起了细雨，雨中传来玄妙观的道士们做夜课的声音。

就在这细雨黄昏，一个胖娃娃终于呱呱落地了。

“恭喜黄老爷，降世的是位哥儿!”接生婆在产房内朝门外高声道喜。

得了这句话的黄炳泉，一迭连声地吩咐人放爆竹。

这个宝贝儿子一下地，黄炳泉忙得不亦乐乎。他亲自备了三牲福礼，上寒山寺还愿，之后，派人到浙江省余姚县去祭祖。

前面已经提过，黄炳泉是余姚人，咸丰年间（1851—1861）来到苏州府衙当差，而后便定居玄妙观外的那条小巷里。他的祖宗牌位仍然供在余姚黄家祠堂，祖坟也在余姚城西丁家宅。所以，每逢有大事，必到余姚去拜祖。

农历十二月初一，黄宅内又热闹一番。趁办满月酒的机会，黄炳泉当然又捞了一票贺礼。亲朋好友及捕快哥们在酒足饭饱之后，便要求抱出孩子来见面。

黄炳泉抱着胖娃娃，咧开两片厚嘴唇，像端着珍藏的古董似的，送给大家赏鉴。

“这孩子，天庭饱满，地角方圆，来日一定大富大贵。”

“这孩子一脸福相，日后定能荣宗耀祖，光耀门庭。”

“看看他的人中，定能长命百岁。”

众人七嘴八舌的议论着，黄炳泉听了，不由得心花怒放，满脸堆笑。

孩子过满月时，大家都拣吉利的好话说，这是江南一带的风俗，叫满月讨口彩。众人的好话说得不仅黄炳泉高兴，连刚坐完月子的邹氏也喜不自禁，忍不住从房里捡出一只细巧的竹丝篮，篮里全是红彤彤的喜蛋，她站在房门口招呼丈夫。

黄炳泉忙过去将孩子小心翼翼地交给娘子，而后接过篮子，一边说“同喜，同喜”，一边向客人分红蛋。每人拿到一双红蛋后，又重新坐下吃茶。

此时，一个老书办提议道：“炳泉老弟，是否趁今朝好日子，到玄妙观前刘铁口那里去合一合八字，让观里的老道给公子赐个官名?”

这一提议，众人都认为可取，但黄炳泉却摇了摇头，正要说话，忽听墙外铜锣一声，院门中走进一位算命先生。此人五旬年纪，高身材，细腰背，大头骨，满脸青灰色。头上一顶油污毡帽，身上棉袍多有皱褶，露出满口黑黄不齐的牙齿。

黄炳泉看到此人的破烂相，心中顿生不悦。

其实说起来，这位算命先生也算黄炳泉的一个旧相知，幼年时也曾同窗描红写仿。光阴似箭，黄炳泉进入衙门做事，而此公却家境破落，又染了一身恶习，无可奈何中，只好提铜锣游乡，凭一张说破天的利嘴，吃这玄学六爻的行业，混些银两。

在平时，黄炳泉偶尔和他在茶馆相遇，两人也聊表同窗之谊，遇黄炳泉手头宽裕，也多少相赠几文。

可此公这时来访，黄炳泉心中却有些怏怏不快了。一怕被他冲了喜气；二怕扫了众亲友兄弟的兴头；其三，当众与这类人叙情话谊，自觉脸上无光。

黄炳泉心中这么想，可嘴中又不能讲。亲朋好友看出其中尴尬，有人掏出几枚碎钱上前拦住，说：“包涵，包涵，家中正忙，请先生到街中茶馆里消乏去吧！”

算命相士把目光一扫，笑道：“此言差矣！方士岂是登门求舍么？闻听贵族喜辰，原以不才之术，拜看贵相公之福禄造化。炳泉兄，你看可否啊？”

来客中有不知细情的，讥笑道：“算卦的，看你一副穷酸相，肚中有何能耐？胡言乱语，不怕触怒了主人吗？”

客中有位忠厚老者，见相士衣巾褴褛，面有饥色，心中不忍，上前解劝道：“江湖人应看出眉眼高低，家主正忙，岂是闲话场合，我加赠几文，走了罢了！”

相士面色一红，双手接过钱来，道声“多谢”，眼一闭，转身说道：“人情世态，世态人情，九王不在其位，徒有满地小人。可惜！可叹！村夫俗眼懂得什么？”

此言一出口，客人们喧闹起来，大声责骂道：“好个不知天高地厚的算命先生，白白受礼还骂人，休走！迎出贵子来，今日定要看看他的手段！”

黄炳泉见众人哄闹起来，生怕在这大喜的日子滋惹是非，遂挥手命家妇将婴儿抱出，请相士落座。两颗眼珠直往这位老同窗的脸上打转，心中忐忑，不知他将说出何种胡话来。

相士面迎婴孩审视片刻，问了生辰，口中喃喃，突然把手一拍，笑道：“好——！”

黄炳泉正莫名其妙，那相士躬身深施一礼，“炳泉兄，莫怪方士今日轻狂，新贵时辰赶得好，福禄裹身，紫气缭绕。你这个老太爷的高位坐定了！这杯酒不能不讨。”

客人们哄笑起来。有人说：“早晓得你这般说。相士口，金银斗，天命造化还在舌尖上，你爱说啥说啥。”

一位捕快兄弟存心要逗相士，跳过来一手捂住他的眼睛，逼问：“莫动，先测测新贵是男是女吧？”

众人高兴，发声喊：“对，你说说看，我们洗耳恭听。”

相士有些失措，挣脱着喃喃道：“莫取笑，莫取笑！生金童降玉女本是家主老爷命中定数，阴差阳错非人力所能为。休要胡缠，冲了黄府的喜气。”

听他一说，客人真不敢闹了。

黄炳泉脸露喜气却又半信半疑，心想：若是亲朋好友所言，这叫满月酒讨口彩。可这话出自算命先生之口，难道……

黄炳泉忙拉过相士问道：“仁兄，方才您一席高论，敢不是恭维我吧？”

“岂有此理。你我知交多年，何事敢存欺骗之念？”相士有些愠怒了。

众人一看，知道相士来真格的了，忙催道：“往下说，往下说。”

相士扶正自己头上的毡帽，手指着婴孩侃侃而言道：

“众高邻请看：新贵天圆地方，华高日朗，眉有青彩，功挟三山，正与易书像传应合。不是一品当朝之貌又是什么？”

相士随手端过桌上不知哪位喝剩的茶水，一咕噜灌进肚里，抹抹嘴唇继续说：

“怪不得昨夜方士观星，见斗母增辉，太白掩月，苏南之地云气蒸腾，华宝之光冲太凌霄。在下当夜大喜，推知这方域要天降灵星，地出显贵。一宿未眠，晨未卜爻，寻踪而至。嘿嘿！万想不到，这天宝地灵却莅临我炳泉仁兄之府。真是大喜大喜，全福独贵，可贺可敬也！”

相士一番话，惊得众人恭敬，多少热眼全扑到婴孩身上，皆想在这刚满月的孩子脸上寻出颗灵通宝玉来。

突然，新贵哇哇啼哭起来，一发而不可收。

相士微微笑道：

“好大嗓音，果然是一呼而百应，龙吟虎啸之声！炳泉兄，由此而下15载，新贵将命星初动。而立之年宝福禄临身。那时，一切应验，便知在下今日之占绝非胡云了。”

相士说毕，便飘然要走，众人岂肯答应，着其同入席中。

黄炳泉满面春风，当下踱起老太爷的方步，催家人重摆酒席，拉相士坐了上位。

席间，黄炳泉殷勤备至，左敬右劝，使得众人酒兴大增。那个老书办接上原来的话题，说道：“刚才我说要到玄妙观前刘铁口那儿去合八字，现在不用去了，这位相士仁兄已讲得很透彻了。现在，能否请相士仁兄再给新贵赐一官名呢?”

相士抹抹满是油的嘴巴，说道：“官名吗？应该由炳泉仁兄来取。我就不打搅了。”

“大哥通文墨，脑子又灵，一定能取个好名字，快取吧，让我们听听。”黄炳泉的心腹兄弟刘正康要求道。

“我想人生在世，”黄炳泉带着感叹的口气分析道：“无非是‘富贵’两字。家有千金，才是富；荣宗耀祖，才算贵。我想这孩子就叫金荣吧。各位帮我想想，这名字是否响亮。”

“好！”几个兄弟一股气地叫好。原来那提议让相士和老道赐名的书办先生，也不住地点头称是。

黄金荣三字，从此叫开了。

黄炳泉后来又有了一个女儿，取名杏仙，黄金荣成了独养儿子。黄家就这一条根儿，当然是爹娘的宝贝，因此对他娇宠有加，不让他早读书，怕伤心思，有损身体。

就这样，黄金荣在父母的呵护下一天天长大，转眼到了1877年。

## 四、“麻皮金荣”绰号的由来

1877年时，黄金荣已是9周岁了，黄炳泉这才把宝贝儿子送到一家私塾去读《三字经》。

那私塾先生见“黄金荣”三字，满眼都是俗气，便皱着眉沉思了片刻，提笔写了

"锦镛"两字，作为这孩子的字。

黄金荣在私塾里，一本薄薄的《三字经》足足读了半年，之后是读《百家姓》与《千字文》。

由于私塾先生要求严格，使得在学业方面没有多少天分的黄金荣痛苦万分，再加上他生性顽皮好动，给望子成龙的父母添了许多麻烦。

后来有人吹捧说黄金荣"幼以孝行闻于乡里"，纯属虚谈。但不管怎样，黄金荣的毛笔字总算打下了点基础，比日后的杜月笙和张啸林要强得多。

就在黄金荣开始读《神童诗》的时候，一场铺天盖地的天花在苏州城里流行起来。黄金荣也未能幸免。

三天的高烧，把黄金荣烧得昏昏沉沉，急得黄炳泉与妻子像热锅上的蚂蚁，团团转，却转不出路。几个深夜，黄炳泉都跪在大客厅的关老爷像下祷告，求神明保佑。

骗捕卫老爷，陷害罗寡妇，诱奸母女俩，凌迟处死被冤枉的刺客，一件又一件亏心的事在黄炳泉眼前一一涌上来，他不由得又想起："莫非报应——"

此时，黄炳泉心中直打冷战，充满悔意，不由得又磕了两个头，添了几炷香。

直到第四天，小金荣的烧退下来一点，可是面部、四肢密密麻麻地生出红斑疹。以至延续六天，红斑疹变为疱疹，又过两天，疱疹里全是黄脓，奇痒无比。

生性好动的黄金荣哪能受得了这般苦楚，即使睡着了，也不时地伸出小手往脸上乱抓，那脓水流得满脸都是。炳泉娘子见了，慌忙按住小手，在床边跪下来哀求道：

"小祖宗，忍着点吧，千万别抓呀！"

黄金荣哪里能够忍住，还想抓。黄炳泉奔过去用裤带将他双手缚住，哄他说：

"阿荣，这是菩萨在你身上种花，你可要忍着些。过了这一关，以后便百无禁忌了。"

连哄带骗，缚住手，又蒙上脸，小心看护了半个月之久，那些脓疱才开始结痂。又过了几天，一只只痂盖头脱落下来，脸孔上便留下了黄豆大小的凹坑坑，一只挨一只，分布在额角上、面颊中。

炳泉娘子看了，咬住嘴唇奔出房门，钻进灶披间后，扑在饭桌上"哇"地一声哭将起来。她这个儿子，五官端正，方脸大眼浓眉，只是皮肤黑了一些，也还讨人喜欢，想不到现在是一脸的麻子，这……

炳泉娘子越想越伤心，越伤心哭得越厉害。黄炳泉到底是男子汉，与妇道人家不一般见识，他开导道："好险呀，差点儿让我断了种……"

炳泉娘子哭声大了起来，对男人说："肯定是你造了孽，报应在孩子身上了。"

其实，黄炳泉心里也难过不已，但他嘴硬说：

"你知道不知道，前些年北京也流行这种病，我们的同治皇上时常溜出皇宫逛窑子，嫖妓女，结果也传染上了，你猜怎么着，连太医院里的高明御医都没法子想，眼睁睁地看着他死掉，才 19 岁哩！我看阿荣这孩子福大命大，是有出息的胚子……”

“可那一脸的麻子……”妇人悻悻地插了一句。

“麻子怕什么?”黄炳泉大声吼道:“那当朝的刘墉刘罗锅还是个罗锅呢,还不照样做上朝廷的一品宰相。”

黄炳泉随后放低声音,怕房内的阿荣听到,又说:“十个麻子九个俏,十个癞子九个刁。如今世道不看面皮,要看手段、心窍。小白脸有什么用?我阿荣本来就是黑皮,再加上麻皮,也没有什么大不了的。”

两个月后,黄金荣病痊愈了,身子也养得胖墩墩的。早上,黄炳泉送他去上学,不到中午就跑回来了。

一到家,黄金荣就打开衣橱找那玻璃镜子照,他看见自己脸上布满了坑坑凹凹的麻点子,“哗”的一声,将这面镜子摔得粉碎,蒙头大哭大喊起来。

原来,大人们怕孩子伤心,在他病后,谁也不提起麻子的事,他母亲还偷偷地将那面玻璃镜子藏在衣橱的抽屉里。

黄金荣自己呢,到底是个孩子,当时只觉得脸蛋上不十分光滑,也想不到有别的什么重大变化,及至跨进私塾的门,那些小同窗围拢来看他的麻脸,扑哧一声笑了,内中一个小调皮还喊了声“麻皮金荣”。黄金荣这才猛然醒悟过来,他便别转屁股往回跑,连书、书包和文房四宝也不要了。

从此,黄金荣再也不肯上学了。不过,“麻皮金荣”的绰号从此传播开来。黄金荣不去上学,便更加无赖成性,其父黄炳泉由于公务在身和疼爱心理,对他也只好听之任之。其母邹氏终日为生活所累,对这个独生子有溺爱之心,不加管束,任其散漫成性。

麻皮金荣在小儿群中强蛮霸道,欺凌小孩,已是野马难羁。不管天气寒暑,每日里拖着鼻涕,双手乌黑得赛似墨鱼,脚上拖着没后跟的破鞋,衣服穿得破破烂烂,形同一个小乞丐,终日在玄妙观一带逛荡。

当时小孩群中喜欢香烟牌子和打梭角等戏耍。孩子们远远看到麻皮金荣来时,就不约而同地叫了起来:“小麻皮来了!小麻皮来了!”就此一哄而散,不肯和他嬉玩。因这群小娃娃怕麻皮金荣横蛮无理,动辄打人,因此不愿和他接近。

麻皮金荣到了12岁时,邹氏因念黄门只此一子,老不上学总不是办法,总想他长大成人后改换门庭,也不枉自己一生的辛劳。因此,她和丈夫商量,准备让麻皮金荣重新回到学校里去。

谁知这个小麻皮早已闲散懒惰成性,哪肯坐在学校里受约束!不到几日,便瞒着父母亲,仍在街上东逛西荡,不再上学校读书,直把邹氏气得病上加病,心肝欲裂。

就在黄炳泉夫妇无计可施的时候,嫁到上海的大女儿凤仙捎信回来,请父母亲带弟弟金荣、妹妹杏仙去吃满月酒。读书之事再未提起,又可到上海游玩一番,小黄金荣满心欢喜。

这一次去上海,12岁的黄金荣第一次目睹了灯红酒绿的上海滩。

## 五、风流招致皮肉之苦

黄炳泉向衙门请了几天假。他一来去看看女儿和刚满月的外孙，同时，也带了儿子去上海十里洋场见见世面，散散心。

黄金荣的姐姐凤仙许配给上海城内梅家弄邹家为媳。其亲翁邹松甫，是个沿街收买旧货的小商贩。女婿乳名小海，原来在城隍庙附近一家饮食店当小伙计，后来成了上海凌云阁裱画店的小老板。

这凌云阁坐落在老城隍庙的九曲桥边，终日里，烧香、拜佛的人络绎不绝，当时，这儿是中国地界最热闹的地方。

到上海的第二天，黄炳泉便拉着儿子在人群中闲逛，小金荣东瞧西瞧，双眼忙不过来，有时还向父亲发感叹：

“爸爸，这里比苏州玄妙观热闹多了，也好玩，姐姐住在这里，真开心，我们家也搬来就好了!”

黄炳泉觉得可以利用这个机会做做儿子的思想工作，劝小金荣回学校读书，便说道：

“阿荣，只要你有志气，用心读书做事，将来要住上海，有什么难？还可以到租界里去住洋房呢!”

“学本事就学本事，用心读书做啥?”小金荣根本就不买父亲的账。

黄炳泉这才知道，这“读书”二字，在这孩子面前，简直和“麻子”相同，都得避讳，以后也不再提起。

他们拐进一座石牌坊，迎面有个大殿，这是老城隍庙的前殿——金山庙。跨进门，一尊金脸红须身披红袍的神像，瞪眼弹睛地看着他们。殿内两旁，侍立着八个泥胎，那是判官皂隶们。

黄炳泉点起香烛，拉着儿子在供桌前的蒲团上跪拜起来。

黄金荣磕了两个头以后，问：“爸爸，这金面孔的菩萨叫啥?”

“金山神。”

“上海没有山，哪来的山神?”黄金荣追根求源。

“这位菩萨原是汉朝大司马霍光将军，因为他防治华亭谷咸塘风潮有功，便封为金山神。”

黄金荣左右看了起来，在金山神的两侧，各站着四个泥塑人像，有的手里拿着块令牌，有的手里提着水火棍，有的捏着手铐、铁锁链，还有两个双手拢在袖子里，胸前拄着根打屁股用的竹板子，黑衣白袜红帽的泥胎，弹眼露睛，煞是凶恶。

黄金荣嘴里闲不着，又问道：“爸爸，这八个人哪个是好人，哪个是坏人?”

“他们呀，都是大名鼎鼎的人物哩！你先看看这边四位，”黄炳泉拉着儿子到东边依次介绍：

“这四位叫杨福、朱明、房昌、钱升。”

黄炳泉每说一个名字，便双手合十，深深一揖，态度极为虔诚。

介绍完东边之人物，黄炳泉带儿子又来到西边，对另外四个皂隶作揖介绍：

“这四位叫陶祥、周嘉、金齐、王昌。”

对于这些名字，黄金荣不感兴趣，他奇怪的是爸爸对他们这样敬重、熟悉，好生奇怪地问：“你认得他们?”

“他们是爸爸的祖师爷，”黄炳泉得意地夸耀着，“我在苏州衙门里干的就是这一行。你看他们抓人，抓来打板子，多神气威风!”

他接着对儿子进行“捕快行业”的“动员”教育，希望儿子长大后能接自己的班。

黄金荣对父亲这些“捕快行业”的教育很能听得进去，他高兴地说：“爸爸，当捕快开心，我也去当。”

听了这句话，黄炳泉咧开嘴大笑起来。

他扶着儿子的肩膀，来到后殿，这才是城隍庙的正殿。

说起城隍庙，实在是有一番来历的。

据当时上海人的传说，城隍老爷姓秦，单名俊，字裕伯。他是北宋词人秦少游的第七代孙子，1296 年生于上海，历任山东高密县县尹、福建行省郎中等职，卓有成就。

元末世乱，秦裕伯遂辞去官职，在家侍奉老母。元末义举，张士诚在苏州时，曾请他去做官，他不愿前往。明太祖朱元璋曾三次手书召他入仕，也被他拒绝。

他说：“裕伯受元爵禄 20 余年，背之是不忠也；母丧不终，忘哀而出是不孝也。不忠不孝之人，何益于国?”

明洪武十年（1377 年），秦裕伯去世，朱元璋闻讯后大哭道：“生不为我臣，死当卫吾土。”当即敕封他为上海城隍神。明永乐年间（1403—1424），上海知县张守约将金山庙改为城隍庙。

当初，城隍庙改建时，极为简陋，不像现在这样规模巨大。直至清乾隆五十九年（1794 年），城隍庙才分为东西两院，殿堂设置渐趋宏伟，前启台门，后营寝殿。

在极盛时期，城隍庙设置的殿堂有：大殿、财神殿、星宿殿、雷祖殿、鄂王庙等，规模可观，庙貌焕然，不但香客膜拜，络绎如织，而且还成了市民游观登瞧、相叙欢愉的地方。

城隍庙的主要宗教活动是“三节城隍会”，即城隍出巡。

三节是指上元、中元、下元而言，每逢这三节，就举行城隍会，说是可以驱瘟逐疫，保障闾阎太平。

彼时，请出神像五尊，由城隍神带头，率同春申侯、高晶司、海崇侯和财帛司，齐集城隍庙，然后挨着次序出发，穿走南市各条大街，到外滩登上渡船，到浦东后东行到三里桥祭墓。所祭之墓据说是明太祖朱元璋的父亲。

元末多乱的时候，朱元璋的父亲由凤阳南下避难，到上海时患病去世，被葬在浦东三里桥。洪武初年，明太祖派人寻访，后迁葬于六里桥。

洪武六年（1373），秦裕伯死时，明大祖封他为上海城隍神，叫他每年都要去拜祭文墓。于是，城隍会便有了祭墓这件事。

除了城隍会之外，每年的城隍及城隍夫人诞辰，城隍庙照例要由道士举行祝诞活动。碰到城隍夫人的诞日，还会有一班“喜娘娘”把夫人的寝宫收拾干净，并为神像换上新衣。这天，城隍庙周围的商店也是张灯结彩，以志欢庆。

1924年，城隍庙发生火灾，大殿前后的房屋全部焚毁。大火后，当时上海三大亨黄金荣、杜月笙、张啸林等组成的董事会，捐资重建。

他们想出一个主意，将各个殿宇分别招标，集资承包。承包者除收取香火钱外，还可以将殿堂各个角落和角道租给小贩摆设香烛摊。

于是，承包各殿的老板挖空心思，增添各路神仙以招徕善男信女。

——巴望养儿子的可拜送子娘娘；

——怕死的可求岳大帝和阎罗王；

——小儿出痧子的可求痧神保佑；

——红睛的可拜浑身是眼的眼光大仙；

……

不论生老病死、凶吉祸福或妻财子禄，几乎都可以去城隍庙找到对应的神仙。

为此，黄金荣等人很是赚了一大笔。当然，这是后事，在此暂不赘述。

却说黄炳泉带儿子从前殿来到后殿。这后殿的烟火特别盛，殿内香烟缭绕，明烛高烧，日夜不绝。

黄炳泉挤在善男信女之间，跪在地上求了个“中中签”，花了两只银角子，向和尚撕来签文，黄纸上写着两句话：

福兮祸所伏，祸兮福所倚。

黄炳泉看了这“福”“祸”两字，再见上面写的是中中签，心里便起了疙瘩，他将签文一折，塞进头顶的瓜皮小帽里，拉着儿子回凌云阁去了。

俗话说，福不双至，祸不单行。独养儿子成了麻子，在城隍庙又求来这么个不吉利的签。黄炳泉恼怒透了。原本打算回苏州去，却突然想起一个地方，一个人……

于是第二天，黄炳泉托大女儿凤仙照顾黄金荣，独自到外面观光散心去了。

离凌云阁三站路，也不过五里地的样子，有家赌场，名号为“喝不够茶馆”。主人是个寡妇，三十多岁。她丈夫活着时排行老六，人们都唤她“老六媳妇”。

自从老六下世后，再叫“老六媳妇”不太合适，也不知谁先叫她“六大娘”，从此，“六大娘”也就成了她的名字，至于她真实姓名，谁也不曾叫过，很多人不知道。

这六大娘是这一带的风流女子，腰身窈窕，白净的脸上，嵌着一对黑漆漆的大眼睛，两道柳叶眉，眉梢微微向上翘起；匀秀的鼻翼十分动人，荷瓣似的嘴唇总是涂着口红；梳着新式样的披头短发，穿着一件水绿色旗袍，上罩青色斜襟夹坎肩。

让人一看既素雅，又别有一番风韵，很是招惹男人。

自丈夫死后，不少没讨上老婆的中年汉子，托媒向六大娘求婚，她连理也不理，自诩贞节居孀。可是家里设了赌场，招来一批又一批要钱鬼，赌够了，她就陪着他们吃喝玩乐。因此，有人便给她送个响亮的绰号——“六大浪”。

她听到这个“浪”字，不觉得羞，反倒觉得光彩。就是靠这个“浪”字，她才结识了不少男人，包括称“爷”的头面人物和放荡的纨绔子弟；就是靠这个“浪”字，使她家的赌场确实成了“喝不够茶馆”，那热闹景象非比寻常。自然，六大浪也跃入这条街的“名流”之列。

黄炳泉其实和六大浪很早就熟悉。第一次是出公差，因为案子中的一个人逃到上海，官府要缉拿他，他便跨入了六大浪的“喝不够茶馆”。

在这茶馆住了五天，黄炳泉把官府交给他办公事的银子全花在六大浪身上。自此，六大浪和黄炳泉结下了“莫逆之交”。

这次黄炳泉又来上海，六大浪的茶馆怎能就此错过呢?

黄炳泉一跨进门，六大浪眼光发亮，马上把他引进自己的卧室，迫不及待地滚到床上云山雾雨一番。

黄炳泉在此一混就是几天，连自己来上海是干什么的都忘记了，整天陪着六大浪接待客人，搓玩麻将，上床睡觉。

一天，一个中等身材、膀粗腰圆、腆着肚子的男人，来到六大浪赌场门前。此人一脸横肉，长着两道半截眉毛，扁鼻子下的嘴唇厚得实在难看。

六大浪听到外面来了贵人，便急忙对着镜子打扮一番，丢下黄炳泉，转身迎出门去，赔着笑，朝着男人说：“哟，这是哪阵风把赵二爷给吹来了，咱这小门小户可招待不起哟!”

说着，把赵二爷迎进屋，倒茶点烟，十分殷勤。

赵二爷很久没见六大浪了，今天见她妖艳的样子，一时勾起了他们之间往日的旧情，便咧开厚嘴唇，调情地说：“大浪呀，你还是这么标致，一见面就勾住我的魂了。”

六大浪撒娇地挖苦道：“别玩嘴了。哼，我这朵老花再美，也赶不上新花香哟！二爷呀，你心里有谁，寻思我不知道吗?”

赵二爷舒展满脸横肉，得意地笑了：“别挖苦老朽了。我今天找你有件事商量。”

六大浪装腔作势地说：“我没有用了，找你的大花、二花商量去吧。”

赵二爷不再跟六大浪绕舌头了，说道：“六大浪，我明日要到金山寺去出趟公差，我那大花、二花放在你这里照应如何？放在别处我不放心，我怕她们饿极了，逮着什么男人都吃。”

“小事一桩，你放心去吧。你什么时候回上海?”

“说不准，两天，或者更多日子。”

赵二爷说完此番话，便起身告辞了。

赵二爷走后，黄炳泉走了过来，问道：“什么大花、二花？怎么怕她们偷吃?”

六大浪说道：“这大花、二花是赵二爷新娶进的两房小妾。这俩妮是姐妹俩，水性杨花之人，谁有钱跟谁睡觉，有时还倒贴。”

次日，黄炳泉从六大浪的卧房走了出来，往屋里一瞟，见两位仙女似的小姐在打牌，他的一双色眼便死死地缠在人家身上。

这对小姐面目如初绽的两朵花，体线分明，十分撩惹人，浑身散发出袭人心肺的香气。看她二人，不过二八年纪，正值妙龄的黄花少女。

黄炳泉也许是在苏州衙门当差养成的习惯，见到小姐媳妇便走不动路，竟上前施礼搭话："请问二位小姐，贵姓?"

这两位小姐正寂寞难耐，巴不得有个男人和她们"玩玩"。于是三言二语后，三人便同几十年的情人一样。

这场亲密接触，恰被走出内柜的六大浪瞧个一清二楚，她急忙走到桌前，轻轻碰了下黄炳泉，引他到内室里，低声地说："这两个小骚货，可是赵二爷的眼珠子，动不得。不是我这半大老婆子，像个泔水缸，谁往里泼都行。"

"什么意思?"

六大浪告诉他，她俩是同胞姐妹，只差 1 岁，高一点的叫大花，矮一点的叫二花，是赵二爷的小妾。赵二爷曾扬言："这二花是他的两个眼珠子，谁想碰，就得用命换。"

黄炳泉听到六大浪如此一说，倒吸一口冷气，再不敢沾花惹草、轻举妄动了。

一天傍晚，黄炳泉觉得很困，便走进六大浪的卧室先睡了，睡眼蒙眬之间，见一女人披散着长发，荷粉色的旗袍紧紧裹着窈窕的腰身。

她用左手掩着细腰，双目喷出灼人的情火，秀口绽开，露出撩人心扉的微笑。那女人一步一步走近床前，脱掉旗袍，抱住黄炳泉在床上滚了起来。

事情做完后，黄炳泉方知是二花。只见二花搂住黄的脖子说："明天晚上，我大姐请你去吃饭，今晚上你就属于我了。起来，我们找个地方喝酒去。"

黄炳泉哪里能自制，心想：这上门的好事怎能拒绝呢，便乖乖地随她而去。

第二天晚上，黄炳泉来到大花的居处，厮混了半夜。突然外面有敲门声，惊得黄炳泉赶快往床底钻，可是已经来不及了，赵二爷三步并作两步窜到床前，一把拎起黄炳泉的头发，把他摔到地上。

黄炳泉哪里知道，这赵二爷到镇江金山寺办事，没想到事情办得顺利，便提前回来了。

赵二爷指着黄炳泉的鼻子大骂道："你是什么东西，你他妈的竟敢伤我的面子，叫我戴绿帽子，来人，给我捆起来，鞭死他。"

不由分说，黄炳泉被几条大汉拖架到院子里，剥掉棉袍，扒去棉裤，按倒在地，不到一袋烟工夫，浑身青一块紫一块的，不少地方还出了血。

有随从低声对赵二爷说："不宜在院子里打死，还是扔到野外冻死他吧。"

可怜黄炳泉，为了两个女人，竟到了如此地步，再也不能像苏州那样，飞扬跋扈了。要不是六大浪及时发现，把他弄回屋子里，他的性命早到阎王爷那儿去报到了。

黄炳泉饱受了皮肉之苦，又丢尽了脸面，简直是又羞又恼，再想到城隍庙求得的那个不吉利的"签"，心情更是糟透了。在上海养息了几天，便逃跑似的带着儿子回苏州去了。然而，他万没有想到，苏州又有件烦心的事在等着他……

# 第二章

Di Er Zhang

## 学徒生涯沾上吃喝嫖赌

一个人变好难，变坏易。这是人生定律！看一看黄金荣闯荡上海，仿佛突然间变成了另一个人，开始了他的混世生涯。他在赌场里找快乐，在女人身上打主意，时时流露出玩世不恭的样子。他不怕因赌输了被人扒了裤子，不怕与有夫之妇周旋，天生胆大，越玩越火。他说：『同治皇帝是真命天子，日里坐龙庭，夜晚偷偷嫖妓女，我们小老百姓向皇帝学样，难道犯法吗？……』

# 一、初至上海，与麻将结缘

既然说到上海，而且它是黄金荣发迹的历史舞台，那么就让我们先来了解一下上海的历史足迹吧。

上海的历史源远流长，沧海桑田，几经变迁。

很久以前，上海先是一片陆地，接着变成了一片汪洋，后来又隆起了一些山丘。五千多年前，上海的西部地区才基本成陆。在今天的青浦、松江、金山和上海等地发现的一处处新石器遗址，是最好的佐证。

上海东部地区成陆较晚，大约在唐宋年代。春秋时期上海先后隶属于吴国和越国。公元前306年，越国被楚国所灭，上海成为楚国春申君（黄歇）的封邑。传说春申君疏凿了黄浦江，因而黄浦江又有“黄歇浦”“春申江”等别称，后人便把“申”字作为上海的别称。

然而翻开历史书籍，并无春申君疏凿黄浦江的确切记载，不少学者认为它纯是明朝人的附会。

打鱼的沙船曾促进上海城市的兴起和繁荣

上海大门是被英国军舰的大炮轰开的，因此游弋于黄浦江上的外国军舰就成为租界存在的强大依据

上海别称还有一个“沪”，它的来历也有一个说法。过去上海境内有一条大河叫吴淞江（今称苏州河），江边渔村的渔民广泛用竹制捕鱼工具“扈”（即簖）来捕鱼，当时这一带地方被称为“沪渎”。这便是上海简称“沪”的由来。

上海地区最早的行政区划当始于唐代天宝年间设置的华亭县。县的范围除嘉定、宝山、崇明以外，今上海的大部分都包括在内。华亭县内，有三泖九峰的风景胜地，不少诗人墨客慕名前来，如唐代的杜牧，宋代的范仲淹、司马光等人，并留下美丽的诗文华章。

南宋年间，在吴淞江边建镇，属华亭县。因镇的治所在吴淞江南的支流“上海浦”（另一支流叫“下海浦”）畔，该镇就叫上海镇，上海作为地名由此开始。

到了元代至元二十七年（1290年），松江知府仆散翰文向元代中央政府奏请设置上海县。第二年秋七月己未，仆散翰文的奏请得到元政府的批准。

上海县境东西160里，南北60里，包括今青浦、上海、南汇、川沙四县和市区大部。从华亭县16万户中划出7万户到上海县。第三年一名姓郗的主簿赴署行事。至元三十一年（1294）首任县尹周汝揖走马上任。

也就是说，至元二十八年七月己未，即1291年8月19日，应为上海建县的开始。

上海有许多中外闻名的地方。

黄浦江是上海的象征。它的源头是太湖。

很早以前，今天的上海地区还是一片汪洋和沙滩，而在太湖的西南面是今天的宜漂五陵和天目山地，太湖汇聚了高处的百川，向东南、东北的大海和长江排泄。

早在《史记·夏本记》中就有记载，在太湖下游形成扇状水网中，有三条主要河流，娄江、松江、东江，它们分别是今天的浏河、吴淞江（苏州河）和黄浦江。

当初的东江与今天的黄浦江还相差甚远。北魏郦道元《水经注》中称：东江是初注入钱塘湾，后由于海水倒灌，影响水路，随着长江三角洲日益向东海扩展，东江几易其道，日渐东移，遂向沙土松软的东部寻找出路。

“黄浦”一词，较早出现于宋、元。《宋会要·食货》称：“黄浦……接吴淞大江。”《元史》：“黄浦在县东（上海县）。”

今天的黄浦江，约在明代初具规模。据《明史》记载，原先流量最大的吴淞大江长期遭到人为的破坏，一些豪强大族，任意强占湖田，筑坝拦江，阻塞江流，使得水源日弱，河道渐窄。

明永乐初年，户部尚书夏原吉治水江南，动用20万民工，疏通黄浦江，把黄浦江同一条接长江的河流范家浜接通。范家浜大约是今天外白渡桥以北的黄浦江下游江身。

黄浦江水注入长江后，借助长江的强大冲刷力。江水入海，使得黄浦江的水量更加充沛起来，黄浦江终于成了今天一条曲曲弯弯、浩浩荡荡的大江。

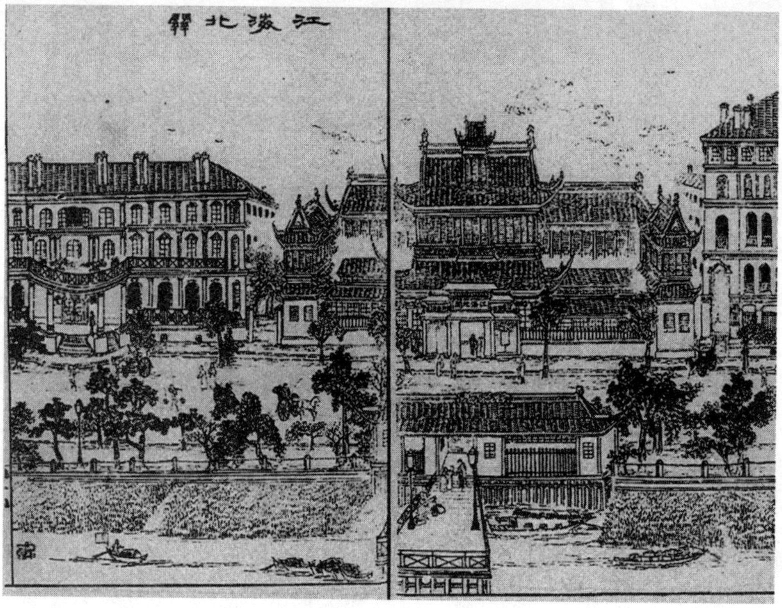


1857 年建于英租界外滩的海关，为中国传统衙署建筑

黄浦江的贯通，对上海地区经济贸易的发展，起着巨大的推动作用。海船可上溯停泊于上海县城，上海出发的商船也可直驶长江及沿海各地。

清初开放海禁后，黄浦江中“船舶如蚁，舳舻尾接，桅樯如栉，似都会焉”（嘉庆上海县志）。就连东南亚越南、泰国的船只也时常远道而来，江中桅帆林立，江边商贾云集，一派繁荣景象。

十六铺至董家渡一带已成了闹市码头，清政府在上海小东门内设置了最早的海关——江海关，上海港成了东南一大港口。当然，外国殖民者的第一块租界地也在黄浦江畔。这又是黄浦江的耻辱。

黄浦江曲折的河道，正是它走过漫长曲折道路的历史见证。

说着黄浦江，不由就想到南京路，仿佛它们已成为上海的代名词。

如果有人告诉你，南京路最初是被马蹄践踏出来的，你会相信吗？事实的确如此。

鸦片战争后，上海被辟为通商口岸，西方商人纷至沓来。这些外国人在上海居住下来之后，怀念起西方生活，想找个地方跑马。他们很快就选中了外滩西面一条500多米长的田间小路。

随着跑马次数的增多，那条小路越踏越平，路面越踏越宽。起先，这条小路并没有路名，因为常常见到外国人跑马遛缰，中国老百姓便称这条跑道叫“马路”。

1850年，有几个外国人组织起了一个“上海跑马总会”。他们在旧界西侧和“马路”北面圈占了方圆约80亩（合5.3万平方米）的一片土地，开辟了一座花园，还环绕花园铺筑了一条专供跑马的跑道。

自此以后，原有的一条“马路”变成了出入花园跑马场的通道，并有了新的名字，叫做“花园弄”。

外国殖民者为扩张租界而霸占土地，遭到了上海老百姓的强烈反对。据一位长期居留上海的传教士慕威廉回忆说：当时，他曾看到一位老年妇女在其土地被圈定时，宁死也不肯离开自己的家园，结果被带进上海道衙门。

现存于上海历史博物馆的美租界界碑

道台责问道：“你为什么不同意将土地租给外国人?”

老妇正然答道：“我告诉你老爷，我不租，不租!”

道台火了，拍了一下惊堂木：“你到底租不租?”

老妇斩钉截铁：“不租!”

“不租！就法办你!”道台厉声喝道。

老妇大义凛然：“你们见了外国人就低头哈腰，我们老百姓可不怕。我死也不将地皮卖给洋鬼子!”说完，老妇愤怒地把一口唾沫吐到上海道台的脸上，扬长而去。

然而这些微弱的抗争，无法扭转大局，所以并没有能挡住外国商人圈地的步伐。自从有了花园和跑马场以后，这里成了租界的游乐中心。一些专门出售高级日用品的洋行陆续在花园弄设立了门市，不少西式酒店和餐馆也纷纷开业。

每逢节假日或赛马时节，花园周围更加热闹，出卖面包、糖果、汽水等商品的小贩争相趋至。花园弄一扫先前的荒凉，出现了人来人往、熙熙攘攘的景象。

1853年，上海小刀会在县城举行起义，城里的地主、豪绅和富商纷纷出城逃难，涌进了租界。一时间，租界内人口陡增，马路两旁的商店和住宅像雨后春笋般地兴建起来。

当时西方流行的各种建筑式样，如所谓古典式、巴洛克式、罗曼式、哥特式和热带殖民地式的房屋，在花园弄旁应有尽有。这些亦中亦西、不中不西、千姿百态、造型各异的建筑，构成了近代上海特有的风貌。

随着花园弄的不断延伸和日益繁荣，工部局的董事们于1865年在路边的市政会议厅里举行了一次特殊的会议，给花园弄定名。

他们品着香茗，俯视着马路上川流不息的人群和起伏的楼房，欣喜万分，为纪念《南京条约》给他们带来的巨大利益，一致同意将这条马路命名为“南京路”。这便是南京路的得名。

1875年后，南京路又被拓宽，商市日盛，行人日增。为了刺激地价升值，犹太富商哈同出资60万银两，在南京路铺设铁藜木。这些铁藜木，块块削得方方正正，每块的代价是一角半，全部工程共用去400万块。

南京路铺上铁藜木，再喷上一层柏油，成了远东最漂亮的一条道路。

人们都争相来南京路逛逛，开开眼界，外国商人和中国的豪绅巨富们也蜂拥而至，开行设店。从此，南京路地价飞涨，每亩地皮高达30多万银两，为开埠初期的7万倍。

以后，南京路又经历了几次扩展，逐渐有了煤气路灯，有了洋式旅馆、电话电灯、有轨电车、无轨电车以及自来水等。

伴随着福利、惠罗、永庆、先施、新新等公司的问世，南京路成了万货云集之所，声光化电之都，成为上海的中心。

除了南京路和黄浦江，还有一个地方是不能不提的，那就是上海外滩。

1893年，外滩南京路口西望

黄浦江西岸的临江大道，广厦林立，耸入云端，这就是上海人说的外滩。它北起外白渡桥，南抵金陵东路，蜿蜒三华里。

从前，这里是一片荒凉的滩地。那时，从苏州河口至洋泾浜口（今延安东路外滩），芦苇丛生的江边只有一条船夫背纤的狭窄小道。

与此相反，外滩上游的十六铺却热闹非凡。每年春夏信风季节，江畔商船云集，岸上商货辐辏，往来纷纷。

正因为紧依码头十六铺，所以外滩早被外国殖民者视为一块肥肉，垂涎三尺。

1832年，英国印度公司在广州商馆派间谍礼士乘船从澳门北上，前来上海窥探。为了避免中国官府的注意，礼士乔装打扮，化名“胡嗄米”，伪称去日本，沿途经厦门、福州、宁波等地，随抵达吴淞口。

在那里，他偷偷地下了船，改乘舢舨溜进了黄浦江。礼士坐在大舢板上，贪婪地望着广阔的黄浦江面，望着头尾相连的大小船只，望着鳞次栉比的帆樯，望着岸上巨大的货栈，不由得馋涎欲滴。

礼士悄悄地在小东门外天后宫门前爬上岸来，在外滩周围跑东跑西，兜了两个星期。回去后，礼士写了份《船行报告书》，竭力赞扬上海的富饶，并预言，在黄浦江边的滩岸上，将矗立起一座“东方的大都市”。

鸦片战争后，外滩成了外国资本入侵的第一个目标。1843 年 11 月，英国第一任驻沪领事巴富尔率领一支船队抵达上海。

他在外滩东面的黄浦江上划了一块长 2900 英尺（约 884 米），宽 1700 英尺（约 518 米）的江面，为外国船只的“停泊区域”。接着，他进一步胁迫上海道台，要求划定黄浦滩一带的 837 亩土地（55. 8 万平方米）作为租界，让英国商人盖楼建房。

于是，黄浦江畔的那条羊肠小道变成了用煤屑、炉渣铺筑的临江大道。1862 年，工部局在这条狭长的道路上筑造堤岸，使这条煤屑石子铺设的马路成了宽阔的林荫大道。

不久，洋行、旅馆等一座座富丽堂皇的建筑便拔地而起。到 19 世纪 70 年代，荒凉的滩岸便成了繁华的“十里洋场”。

外滩成了租界后，当局又在黄浦江边的一块滩地上筑堤整地，建起了一座公园，取名“外滩公园”。

这些趾高气扬的殖民主义者，竟在公园门口的篱笆上，赫然挂起了一块“华人与狗不得入内”的大牌子，还派武装巡捕把守大门，不许中国人进入。如果有人经过这儿，探头探脑往园里张望一下，轻则恶声呵斥，重则拳打脚踢。

这种“园规”激起了上海市民极大的义愤，他们不断地与英国领事交涉，要求摘除这块侮辱中国人的木牌。

一天，基督教卫理公会牧师宋耀如伴同其他五名牧师，捧着《圣经》来到外滩公园门前，他们一边祈祷，一边要求巡捕取下公园门前的那块牌子。

巡捕眼一瞪，举起警棍就向宋耀如打去。在此路经过的名叫倪桂珍的女教徒见到这

上海的马路两旁，1882 年开始逐步更换成电气照明

二十世纪初年公共租界外滩一角

一情况，一边飞快地奔跑过来，一边用英语大声叫喊：“不准打人！不准打人！”

她眼尖脚快，一个箭步上前掩护宋耀如。结果，宋耀如未被打着，而倪桂珍的背上却挨了重重的一击。事后，宋耀如被她的勇敢行为所感动，两人由相识到相爱，终于结为秦晋之好。这是题外话，不再赘言。

除了以上三个地方，上海还有一处有着美丽传说的地方——提篮桥和下海庙。

在400年前，提篮桥这里原是一条流入黄浦江的小河——下海浦。河的两岸则是荒滩和渔村。

当时的渔民们下海捕鱼，整天同海浪风暴打交道，为了求得平安归来，便凑钱在河北岸盖起了一座尼姑庵，因为庙址设在下海浦之滨，故给庙宇起名为下海庙。

人们为了进庙烧香方便，则在河上修建了一座普通的木桥，供提篮烧香者行走，故名提篮桥。

到了清同治二年（1863年），美租界当局向东扩张地界，并越界筑路，下海浦被填没，提篮桥也被拆除。随着一座座商店、房舍平地而起，这一带逐渐繁荣起来，终成为上海的商业中心之一。提篮桥名则被延用至今。

由提篮桥向北行，过茂海路（今海门路）至江山路（霍山路），便是下海庙。下海庙占地仅100多平方米，房舍七间，分两进。庙内供奉着三尊泥菩萨，由一个老和尚料理、掌管。

庙宇初建之时，虽有渔夫村姑来进香，但一年四季的香火却不怎么兴旺，直到明朝嘉靖年间，有一位姓刘的总兵，偶到下海庙进香，发现庙内供的三尊菩萨和曾在东海上显灵、帮他打败倭寇的三尊菩萨一模一样，心中很是惊喜，当即向主持老和尚等讲述了菩萨显灵的事迹，并捐献了许多银两为菩萨塑金身。

于是，下海庙声名远扬，香火也日趋兴旺。庙里的和尚念念不忘这位总兵大人的大恩大德，在大殿内为刘总兵塑了像并供在首位。从此，下海庙有了四尊菩萨。

在此后的数百年里，有关下海庙菩萨显灵的事迹，不断在沪上流传，其中最为有趣的就是下海庙菩萨娘娘的来历。

相传大药材商蔡同德于清光绪八年（1882 年）初来上海，在抛球场附近开了间同德堂药材店，不久又在江山路上买了块地皮，开了个药酒作坊，制作药酒和补酒，但是，生意很是不景气。

有一天，蔡同德的女儿到作坊去探望兄长，见附近的下海庙很是热闹，就要哥哥嫂子陪同去上庙。他们一行三人进了下海庙，和善男信女们一样，烧香磕头拜菩萨。

不料，庙里的大菩萨对美丽端庄的蔡小姐一见钟情，当夜即托梦给蔡同德，要娶蔡小姐。三天后，蔡小姐果不治而死。临终前，她还再三嘱父亲将她嫁往下海庙做菩萨娘娘。

蔡同德为了不辜负女儿的心愿，亲自去下海庙拜访主持师太，并捐了一大笔银两，算作女儿的陪嫁。有这天大的好事，庙里的主持师太不便拒绝，便请人为蔡小姐塑好像，供放在大菩萨像的背后。

从此，下海庙就有了菩萨娘娘。下海庙随之声名大振，庙里的香火也旺极一时，蔡同德因为是菩萨的丈人，沾了不少的光。他开的同德堂药材店生意越做越大，终于成了闻名上海的四大著名中药店之一。

以后下海庙历经兴衰，一直沿续到上海解放。

上面的传说都可能是民间的虚构，但有了下海，才有上海，这段传说可以作证。

说了半天上海，也该言归正传了。

1880 年，黄炳泉举家迁到上海，在南市张家弄猛将堂侧购屋安下家来。而且黄炳泉用所积之钱盘下住宅东侧三牌楼的沿街房子，开了家小茶楼。

河南路最早称界路，是租界与华界最初的分界线，也是租界内最早开关的道路

这时的黄金荣还只有 12 岁，黄炳泉曾出钱让儿子继续在城内猛将堂内的私塾读书，但小小读书郎耳闻目睹灯红酒绿的上海滩，渐生好逸恶劳之心，三天打鱼，两天晒网，没多久黄金荣就停止了他的学生生涯，所以在黄金荣自己填写的两份履历中，一份的文

化程度填的是私塾三年；另一份填的是“粗识”。

此后便在家里混混。他最感兴趣的是看大人搓麻将，在这方面好像颇有天赋。

黄家所居的张家弄里，居住的大多是退役武官和捕快差役，黄金荣很快对这些人的生活熟悉了。读书不行的他头脑却灵活得很，由于从小耳闻目睹这些捕快的言行，头脑中印下不少江湖诀窍，所以，后来进入法租界捕房当华籍巡捕时，他能很快进入角色。

再说黄炳泉开的这家小茶楼，取名叫“悦来”。两开间的门面，堂前放了六张八仙桌，充作茶客的座头；靠壁垒起个老虎灶，雇来的两个小伙计提着把紫铜大茶壶，前前后后忙着招待客人。

黄炳泉是相信“马无夜草不肥，人无横财不富”的哲理的，他在苏州府衙门当差，捞着两票横财，才有一些局面。当他的捕快饭碗将要被敲掉的时候，就来上海碰碰运气，发点“洋财”。

经过一番苦心筹划，选中靠近法租界的南市三牌楼，开起了小茶楼。

自从黄家父子在此“歇马”以后，这儿便成了风水宝地。

天蒙蒙亮，那些孵茶馆的老客，已经手捂一把宜兴紫砂壶安坐在这悦来店的八仙桌旁，眯着双眼，品着香茗，神在形外。

靠后堂一点的两桌，占据着些弹眼瞪珠凸肚扎裤腿的人，几个脑瓜碰在一起，叽喳喳在策划些什么。明眼人一看就知道，这是上海的地痞流氓。

当中两桌是些等早工的苦力，他们随身带着几个芝麻大饼，各自泡一壶粗茶，边吃边喝，填饱肚子好去黄浦江码头背货箱、挨鞭子。

不到 9 点，这悦来茶馆已是座无虚席了。在前堂和后堂之间，有个屏风隔着，屏风上竖着一块长方匾，上书：壶中日月长。在匾的下方，挂着门帘。

其实，不用掀开门帘，便知后堂是干什么的了，因为屏风并不隔音。从后堂中不时地传来“天知”“毙士”“和了”“清一色”的嗓音。这个小天地里摆着两桌麻将牌和两桌牌九，这里的“战斗”往往要持续到深夜。

黄金荣最感兴趣的地方就是这里，他每天一早便来到后堂，到傍晚甚至深夜才回家。

这黄金荣，一本《百家姓》，得花年把时间，还背不周全。可是对于打麻将和推牌九，却天资聪颖，一学就会。什么长三啦，红人啦，至尊啦，天门地角啦，一听就懂；麻将牌，他不用看，只要用中指在牌面上一摸，便知是几筒几万几条什么“风”，简直到了出神入化的地步。

黄金荣就是从这时起与麻将结下了一生的不解之缘。

也正是在这个时候，他认识了后来赫赫有名的大亨杜月笙的师父——陈世昌。

## 二、少年赌徒不怕丢丑



在人生之路上，一个人遇到另外一个人，是祸，是福，全要看自己是否能把握自己。

且说，黄金荣碰到这陈世昌，一生何如呢?

陈世昌，乳名福生，绰号签子福生，也称“套签子福生”，江苏苏州人，上海青帮“通”字辈头目，在小东门（现中华路、东门路一带）地方称霸。他是青帮“大”字辈老头子张仁奎的徒弟。张仁奎，号镜湖，山东人，北洋军阀时期当过通海镇守使（驻南通），以后来上海居住，招收了数百名徒弟。当时，他在青帮中辈份最大，威信也极高。他还组织过“仁社”，许多军政要员和工商界头面人物都加入其中。

陈世昌早年是个白相人，以套签子骗钱为生。他经常手拿三根竹签，其中一根下面系有红线，让路人用制钱来猜套，凡套住系红线的竹签，可得一包香烟或糖果等物。凡套不住者，其钱归他。有时，他也将三根竹签插在地上，每根旁边放有一件物品，使路人用竹圈抛套。套一次付若干钱。套中者可拿走下面物品，套不中者，只好自认倒霉。这种赌博的买卖，主要是骗那些过路的小孩。陈世昌吃喝嫖赌样样精通，这点小买卖赚的钱是不够他花的。

这几年，陈世昌又强包了天后宫一带居民婚丧嫁娶的吹鼓手与仪仗队，人们又称他为吃“红白饭”的。

陈世昌这家伙精通赌术，麻将、牌九、押宝样样高明，在上海赌博大军中小有名气。

黄金荣是怎样认识陈世昌的呢?当然离不开麻将桌。

有一天夜里，黄金荣站在一个赌客后面看打麻将，到了中场，赌客的牌已经放听。他前面的牌是三个一万，三个九万，其余则是两个九条，三万、四万、五万、六万、七万各一个。

这副放听的牌是二五八万。

赌客好不得意，心想二五八万三家都不要，谁抓谁放，说不定来个自摸。但站在后面的小金荣可急坏了，他在心里直嘀咕，这可是一副好牌，千万不能糟踏了，要和就和清一色。

于是，他不由自主地嘴里直嘀咕：打九条，打九条。这小声的嘀咕被前面的赌客听到了，心想：后面的小子心里野着呢，我本想打一副小牌和了算了，可他却要我往清一色上凑，好，就听这小子的话吧。

当上家打出一个二万时，这赌客没有把牌推倒，伸手在母牌中捞出一张，一看喜不胜收，也是二万。于是，这赌客毫不犹豫地打出一张九条。

及至下家抓牌时，抓了一张一万，放了出去，没等赌客伸手，黄金荣在后面喊了一声“碰”。赌客回头看了看他，便把两张一万放了下来，又打出一张九条。

赌客的大牌已经做成，并且放听，放听的牌是一四七万外加八万。

黄金荣看到如此情况，嘴里又在小声嘀咕：自摸，自摸。前面的赌客点头会意，真的自摸。

赌客大笑着回过头来说：“真想不到阿荣还是行家哩!”

黄金荣此时并不知道这个赌客就是上海滩的地痞流氓陈世昌。

不多时，陈世昌站起来，两手向上一举，长长地伸了个懒腰，张开大口打了个呵欠，又向黄金荣点了点头，说：“来，阿荣给我代几副，我去抽几口。”

双手发痒的黄金荣听了这邀请，真是受宠若惊。可是到底没有上过正式台盘，与这些门槛贼精的赌棍对垒，也有点儿胆怯。陈世昌看出黄金荣心思，便给他壮胆：

“你只管放手打，等我回来，在你后面看着，我们做几副清一色，赢的铜钿归你。”

有了这一番鼓励，而且又有后盾，黄金荣精神抖擞地上阵了。手气不坏，旗开得胜，连和几副两三抬的大牌，赢了七块龙洋，外加三只角子。陈世昌将银元全数放进黄金荣口袋里，附在他耳朵边说了句“明朝10点，荣顺馆见”，便走了。

原来陈世昌经过几次与黄金荣的接触，觉得他虽然一脸麻子，但头脑灵活，孺子可教，便决定好好调教一番。这一调教不要紧，不但教会黄金荣如何赌博，如何玩女人，而且同他一起抢劫分赃，甚至出面替他报仇。把黄金荣这个刚刚步入社会的青年引入了一个十足的流氓地痞的世界。

荣顺馆酒家坐落在老城隍庙九曲桥西边，上午10点不到，黄金荣穿着长袍戴顶瓜皮帽有些胆怯地走进饭店，看看楼下没有几个食客，不见陈世昌的影子，便在红漆楼梯口迟疑了一下，终于走上楼去。

楼上是雅座，临窗的几张桌子已坐满了人，只有中间还空着些位子。在这些食客中，也没有陈世昌的影子。

一个伙计跑过来，问道：“小师傅要吃点什么？要不要酒？”

黄金荣的麻脸因充血而变得更黑，不好意思地说：“我找人。”

“找人？哦，你是寻陈先生吧？”伙计脸上堆起笑来。

黄金荣点点头。

那伙计随即向一个挂着门帘的小间唱了一句：“陈先生，你的小客人来了。”又轻轻地从地板上滑过去，抢在黄金荣之前，左手撩起门帘，身子弯成45°，右手向前一伸，嘴里甜甜地说：“你请里面坐。”

黄金荣哪里经过这些场面，正不知所措时，陈世昌从一张圆桌边站起来，招呼道：“阿荣，来，来，来。”

黄金荣机械地走了进去。

“认识一下，几个要好的朋友碰碰头喝几杯，这是老刀，这是虾头，这是三保。坐吧。”陈世昌介绍道。

这是一小间雅座，一张桌前已围坐着三个年轻人，他们听陈世昌介绍后，都站起来点头打招呼。伙计连忙过去拉了一把空椅子，用搭在肩上的白毛巾掸了掸，黄金荣也就大模大样地坐了下去。

“上菜吧！”陈世昌向伙计点了点头。

不一会儿，一桌丰盛的酒菜端上桌来，几个人风卷残云，海吃豪喝了一顿。几杯绍兴花雕酒下肚，黄金荣的脸上已泛出红光来。

陈世昌笑眯眯地侧过头，关心地问：“阿荣，你麻将打得好，牌九呢？”

“也会的。”黄金荣不假思索地回答。

“会？怎么会法？老弟呀，你知道啥叫会吗？”陈世昌把“会”字拖得很长，接着哈哈大笑起来。

黄金荣莫名其妙地望了望陈世昌。

陈世昌边笑边从自己的口袋摸出一副骰子，放在黄金荣面前，说道。

“来，老弟，你给我掷个九点。”

黄金荣两眼瞪着这用骨头做的一厘米见方的立体小块，傻了。他想：这个立体小方块，庄家向牌桌上一掷，它们滚成几点便是几点，怎么会要几点就能掷到几点呢？莫不是在唬弄我小孩子吧。

陈世昌看出黄金荣的心思，便用下巴朝坐在黄金荣下手的一个满脸粉刺的青年翘了两下，那青年便用筷子将自己面前的鱼刺骨头往两边一推，理出块空地来。

随后，那满脸粉刺青年右手抓过黄金荣面前的一副骰子，捏在手掌心里，向陈世昌请示道：

“大哥，要几点？”

“九点。”

“来啦！”那青年站起身，向右手心里吹了口气，又瞟了一眼黄金荣，意思是说兄弟这会儿要露一手了。

只见他右手摇了几摇，然后五指向桌面一张，两粒白色的骰子落在红漆桌面上骨碌碌地转个不停。那青年在一边轻轻地叫：“九点，九点！”

说也怪，两只骰子好像通人性似的，先是一只停了下来，顶面是一朵梅花：五点；另一只多转了几下，便在四点面上停了下来。

黄金荣见了，张大嘴巴子，“哎”地一声惊叫起来，可是在座的其他几个人，只是微微一笑，并不觉得稀奇。

黄金荣捡起那青年面前的两只骰子，左看看，右瞧瞧，怎么也看不出异样来。他向这青年说：“老哥，能掷出个红心五吗？”

“行！”那青年很干脆地应道，说完，便把黄金荣手中的骰子拿了过来。只见他把两只骰子捂在两个掌心之中，上下左右摇晃几下，然后，右手伸了伸，嘴中吹了几口气，五指钳住骰子，向桌上一掷。那骰子在桌上骨碌碌地转个不停，好一会儿骰子停了下来，是四点面；剩下的一只骰子刚要在二点面上停住，忽然遇了桌缝，一个趔趄，跌出个红红的一点。

“神了！”黄金荣不禁大叫道。

这时，陈世昌对黄金荣说：“阿荣，这才算是会。要说会这一手也不难，你跟老刀学学，门槛会精的。”刚才掷骰子的青年得意地向黄金荣点点头。

接着，陈世昌又把打麻将时如何偷牌，怎样“轧板”；推牌九时，用啥办法做假等“赌经”介绍了一番，说得黄金荣嘴里直咽口水，手发痒。

他霍地站起来，双手往左右一拱，央求道：“各位大哥，这套本事教教小弟。今天我请客，行吗？”

他边说边从自己的内衣袋里掏出昨晚打麻将赢来的七块白花花的龙洋，往桌上一放。

“够朋友！”陈世昌大声喝彩，其余几个人直点头。

黄金荣觉得自己仿佛长大了许多。

“阿荣，喝酒，喝酒，咱们边喝边谈。”陈世昌招呼道。

“阿荣，”陈世昌夹起一块烤鹅往嘴里塞，“你知道我做假时，除了人家配合以外，最重要的一点是什么吗?”

黄金荣摇摇头。

“眼快，手快!”陈世昌又抿了一口酒，“你知道小偷是如何练偷东西吗?他们是把一块肥皂放在刚出锅的开水里，然后用手去夹，直到把又滑又湿的肥皂夹出锅来。你知道，用手去夹肥皂的难度吗?如果手快了，夹不起肥皂，如果手慢了，手被烫坏，所以夹肥皂要不快不慢，不急不躁。总而言之一句话，要掌握好火候。”

“干做假这一行，也是一样，要看准时机，赶快下手，既能做到假，又不能让对方发现。”

陈世昌“谆谆”诱导着。

这一顿饭直吃到下午1点多。饭后，他们离开荣顺馆往西，穿过两条小弄堂，摸进一间暗洞洞的亭子间后，陈世昌让几个好手给黄金荣传授“赌经”真谛。

经过半个月的精心传授、指点，加上黄金荣这方面的天分高，又刻苦学习，终于掌握了全套赌术。他在自己家的后堂赌桌上，悄悄地运用了几通，真灵。

有时，家里牌桌边出现三缺一的局面，黄金荣就自告奋勇地凑一家。他那当捕快的父亲先是不放心，而后见他次次大获全胜，便又是点头，又是摇头。

点头，是觉得自己的阿荣机灵，在这些老赌棍面前也不怯阵，反而应付自如，赢了他们；摇头呢，他觉得小小年纪对赌博这一行便这么精了，这不是好兆头。后来，父亲就不让麻儿上桌了。

有了赌瘾的黄金荣只得向外发展，他与陈世昌等几个跑到小北门隆盛里一家赌窝里去显身手。

一次，黄金荣与老刀搭档搓麻将，他俩坐对门，用原来练好的“轧板”技术赢钱。

所谓“轧板”，是当时上海滩赌桌上串通作弊的专门术语。譬如对方已听张，是单吊麻将头“一筒”，就用左手小拇指在鼻孔里抠一下，对方会意，在适当的时候，掼出一张“一筒”，于是和倒。

要是听的是“万”呢，那就是用脚去踏对方，如果是“条”……总之，每一种听法都有一种暗号。

他们去的第一、第二次都很得手。

第三次去赌的时候，对方轧出苗头了。小北门不是张家弄，也不是三牌楼，那儿不是陈世昌的地盘，有它自己的“土地”管辖者。

这次和上两次一样，仍然是黄金荣和老刀搭档搓麻将，陈世昌和虾头去推牌九。只是，牌桌底下放了只大的烤火炉子，说是寒冬腊月搓麻将，冻得慌，用炭火暖暖身子。

这一暖和，便把黄金荣下面的联络渠道堵死了，他不由得暗暗叫苦。

当他们搓到第二圈时，黄金荣正凑成一副大牌，听的是“一四七条”。他便按两人约好的“密码”联络，刚刚举手装作揉眼睛，在自己的眉毛上摸了几下子，两个对手立即发话了："小麻皮听牌了，听一四七条，对吧？"

听了这一句，黄金荣的麻脸一绷，吃惊得连那些麻点子都冒热气。他怎么也想不到对手这么厉害，一下子便把他们的"密码"破译出来。

黄金荣到底是经过"名师"调教过，他马上镇定下来，哈哈一笑，装作轻松样子耸耸肩说："你们三位神经也太紧张了，我还没听牌呢，送给我一四七条，我也不要。"

对手也不示弱，紧叮一句："小麻皮，你不要以为你麻子多点子就多，我先把丑话说在前，谁出一四七条，谁包！"

原先练好的那套"轧板"术不灵了，黄金荣有些心慌。心一慌，阵脚就乱，结果连连失和，牌也别扭。几圈下来，输得不亦乐乎。他推说手气不好，要求停住，对手哪里肯依，非要打满 12 圈方可歇手。

黄金荣和老刀只得奉陪，直到第二天凌晨四五点钟，双方才"停战"。一算账，黄金荣输了 64 块龙洋。这在当时可不是个小数目，足够黄金荣一家一年的生活费。

黄金荣拿出无所谓的架势，拍着胸脯说："今天没带这么多钱，我给你们留张字据，明天保证送到。"

谁知对方并不答话，嘿嘿冷笑几声，手指在板壁上笃笃扣了几下，门口立即拥进五六个壮汉来，不由分说，把黄金荣的马褂、长袍、丝棉缎裤以及棉鞋统统剥个精光，只剩下一件贴身布衫和一条短裤。

一个壮汉抓住黄金荣的裤子，直将他拎出大门外，"砰"地一声关上门，上了闩。这门里边还留着陈世昌、老刀和虾头三个人算账。原来对手早就准备好了。

这可是三九天啊，干冷干冷的寒气，冻得星星也直眨眼，嘴里呼出的气，好像冒着烟似的，不一会儿，就会冻成冰碴子，附在人的眼上、脸上。

黄金荣冻得簌簌发抖，牙齿打战。他想，屋里面的哥们是管不着了，要紧的是自己。

于是，他穿着布衫和短裤，一路小跑，往家中奔去。

再说黄炳泉见儿子在外过夜，鸡已啼过一遍了还不见回来，心里又急又恼，早早地打开店堂门，沏上一壶龙井，边喝边等。当他喝到第二杯时，灯影一闪，从门外撞进一个人来：赤脚短裤布衫，直喘粗气。

黄炳泉一愣，想不到自己的宝贝阿荣，如今竟落到这副模样，无名之火冒出三丈，正要发作，但又转念一想，也许是碰上"剥猪猡"一类拦路抢劫的倒霉事，便厉声责问：

"你死到哪里去了，碰到什么啦？变成这鬼样子回来？嗯？"

这时的黄金荣又羞又怕又气又冷，半晌吐不出一句话来。

黄炳泉是什么人？他是眼观六路耳听八方，三教九流都打过交道，吃喝嫖赌样样在行的过来人，瞧着儿子这般神态，已猜到八九分。

他虎起脸，顺手抓过桌上的茶壶向儿子砸去。黄金荣身子一偏，茶壶落在方砖地上，砰的一声响，碎片散了一地。

里屋的炳泉妻子听了，一手掖着衣襟急忙跑过来，一看父子这么对峙着，怕儿子冻着身子，心疼得不得了，骂丈夫道：

“你这个老不死的，你存心要让阿荣冻煞，小孩子身子骨嫩，经得起这么冻？要是阿荣有个三长两短，我同你拼命。”

说着，她直奔过来拉了黄金荣：“阿荣，快到妈妈的被窝里去躺着，有话慢慢说。”

本来，黄金荣总少不了挨一顿打的，可是，一连几天的发高烧，烧得黄炳泉这个“严父”心肠软了。当他从妻子那儿了解到儿子赌博输光了裤子的时候，他想到一个严重的问题：以后怎么办？知子莫如父，黄炳泉完全清楚儿子的习性，若不早作安排，他的阿荣不久就会变成混迹赌场的白相人。得想个法子！

黄金荣病了个把月，好了。黄炳泉把儿子的出路也安排好了。

过了年，正月十五晚上，吃过汤圆后，黄炳泉把儿子叫到自己房里，神情严肃地对儿子说：“阿荣，过了年你已 17 岁了，不再是小囡了。老话讲，家有千金，不如薄技在身。你要学点本领，将来才有饭吃。我已同你姐夫商量好了，到他店里去学生意。我想自家亲戚，姐夫姐姐总不会难为你的。”

黄金荣事先已从他娘那儿得到消息，知道要送他去姐夫开的凌云阁裱画店当学徒。起先他很不愿意，后来想想觉得这样也好，一来，到姐夫开的店做事，不过是混混日子，他们也不好意思把自己的小舅子当学徒看待；二来，这几个月来，父亲管得死死的，行动老不自由，去当学徒，离开家，“老头子”管得着吗？黄金荣听了父亲的打算以后，便松松爽爽地同意了。这又出乎他老子的意料。

正月十六，黄炳泉备了一份礼物，亲自将儿子送到亲家店里。

从此黄金荣开始了他的学徒生涯。

## 三、嗜好赚银子睡女人

有一次外出途中，黄金荣又绕道到签子福生家，正碰上签子福生和一个女人谈论如何能赚到“大笔银子”。那女人是个风尘中人，经常干些皮肉生意。她说：“这看你有没有本事了。”

待女人走后，黄金荣说话了：“嗳，福生哥，像我这裱画生意，也有大笔银子可进账？”

“怎么没有，听说一张明朝什么人的字画，值几百块钱呢，即使是假的，也能卖七八十。”签子福生有些内行地说道。

“什么，这也值钱？”黄金荣心有些痒了，“那以后想法子弄张来。”

这虽然是一句半真半假的话，但自此黄金荣便留心作画人的朝代、姓名来。

有一次，他还终于寻到一个招财进宝的机会。

那年四月初七，萃华堂接到一笔生意，有个下台的知县，叫佣人送来两幅明朝的画，其中一幅是明代石涛的山水长卷。那师傅眯起眼睛，翻来覆去地端详了好些时候，得出结论是真品，值大钱。

佣人要求四月十六来取画，店里答应照办。

十五那天，画裱好了。第二天上午又赶着做两只精致的放画轴的盒子，作为萃华堂的赠品，希望客户下次再光临惠顾。

下午3点钟光景，佣人来付银取货。早在得意楼窗前坐着的福生，全看在眼里，向手下几个喽罗一使眼色，他们便立即散开，分头行动起来。

当萃华堂老板从这佣人话里听说那下台知县还有些画准备以后再裱时，觉得这是兜生意的好机会，应该拍一拍财神爷马屁，回头瞧见黄金荣在包扎画盒子，便说：

“阿荣，这两幅画是珍品，你送送他。俩人一起去，到他府上，顺便看看是否还有些画需要裱。”

“不用费心，不用费心。”佣人客气地说。

“老主顾了，不必客气，让他送送，不费事的。”老板定要黄金荣送。

黄金荣一听，额头上惊出一头冷汗。本来画一出店堂，丢失与否，概不负责。黄金荣也恰恰钻这点空子，叫签子福生、老刀等人拦路夺画，然后卖钱，大家均分，买酒赌博嫖妓去。

可现在偏偏叫他夹在当中，这不存心与他作难吗？这画中途肯定被抢，那时，该如何处置呢？师傅的差遣已不好推卸，他只好硬着头皮上路。

这佣人捧着画，跟在黄金荣的后面。当他们走到文庙路附近时，路口有两个人横着一条板凳，拦住去路，说前面在挖阴沟，此路暂不通，请绕道旁边的小巷。

黄金荣知道这是签子福生预谋好的，在大街上抢画不太方便，把事情放在巷子里做。于是，黄金荣乖乖拐进小巷，那佣人见状，只得跟他拐进小巷。

当他们走到小巷一半时，前后出来四个人，手持雪亮的匕首，向他们逼来。那佣人一见这架势，两脚一软，瘫在地上发抖。两幅画便被持刀人抢走。

黄金荣一见两把白刀子点着自己的鼻子，知道戏已开演了，便立即一矬身子，蹿上去夺了一幅画，拔脚就跑。小巷一转弯，他回头见两个人追来，便站定了，喘着气说：“老刀哥，画拿错了，我手里的这幅才是石涛的山水长卷，赶快换过来吧。”

老刀一听，赶紧把手中的一轴画递了过去，接过黄金荣手中的那轴画。

老刀转身走，黄金荣抓住他的手，说：“快，老刀哥，快，快在我的手臂上戳一刀子，快点！”

持刀抢画的老刀，也是签子福生的兄弟。这个赌精，见要自己在同道的身上捅刀子，手就软了。黄金荣急了，再迟疑下去要坏事的，便夺过匕首，往自己左臂上连划两刀。一股鲜血流了出来。

“抓强盗！”黄金荣大喊一声，挟着“夺”回的那幅画，右手紧紧地捏住左臂，一溜烟地逃回萃华堂裱画店。

黄金荣“夺”回的那幅画，不是石涛的作品，可是这“舍命夺画”的行动，却博得众人的赞赏。

老板、师傅都异口同声地称阿荣是条好汉，连损失惨重的下台知县和当时吓得魂不附体的佣人，也都伸出大拇指说“了不起”！

这次行动的成功，苦肉计干得天衣无缝，使得老大哥签子福生佩服得五体投地，他清楚地看到，黄金荣这小子不可限量，将来一定会撑出大场面的。

光荣负伤，使得黄金荣捞到两个月的假期。石涛真迹出手，卖了148块银洋。签子福生藏下28块，说只卖120块，两人一人分了60块，其他兄弟的开销则由福生负责。

有了响当当的大洋，就可以享受了。黄金荣央求签子福生带他到什么好地方开开心。

签子福生神秘地一笑，眨眨眼说：

“我今天晚上要带你小老弟去快活快活，风流风流。”

当天晚上，吃过晚饭，洗了一把热水澡，换上几件干净衣服，黄金荣跟着签子福生来到老西门的一个僻静的巷子。

“福生哥，到底去啥好地方？”黄金荣有些着急了。签子福生又神秘地眨了眨眼，说：“不要着急，马上就要到了。”

约莫个把钟头以后，他们俩已在老西门的一个上海人叫“半开门”的家里，这种地方是僻静的住家，而这种女人则不公开接客，社会上叫暗娼。

一个二十五六岁的少妇，涂脂抹粉，斜坐在签子福生的大腿上，嗑着瓜子，用染红指甲的小手，送瓜子仁到福生的嘴里。她眼睛乜斜着坐在对面有点不好意思的黄金荣，嘟哝着嘴对福生埋怨道：“嗳，这几日又看中了哪个姑娘啦，我连你的影子也不见？”

说着，她身子在福生的怀里扭了几扭。福生并不回答她的话，向黄金荣半开玩笑半认真地介绍：“阿荣，她叫夜猫子。以后你要想找个女朋友玩玩，请她帮忙好了……”

“瞎三话四。”夜猫子突然一本正经起来，从福生大腿上跳下来，掀开门帘，扭着腰肢进了内屋。

福生笑了笑，随即跟了进去，黄金荣在门外，先是听得女的扑哧一笑，而后便是福生的声音：“你去拉彩娣来，顺便带买几碟熟菜，打两壶酒，今夜咱们四个开开心。呐，给你一只大头。”

夜猫子从后门走了，福生踱出来，坐回原位，边嗑瓜子边开导对面这小阿弟：

“阿荣，别老低着头，扭扭捏捏的，她们都是自家人，不要难为情。男人家就是男人家，不要让别人当我们是阿木林！等一下彩娣来，你要大方一点。嗯？”

“彩娣啥人？”

“彩娣吗？住在隔壁，人蛮好，她会尽兴地陪你玩的。”

“要是店里的人知道我在这里……”

“哈哈……同治皇帝是真命天子，日里坐龙庭，夜晚偷偷嫖妓女，我们小老百姓向皇帝学样，难道犯法吗？等会你就尽兴地耍吧，别想三想四的。”福生教导道。

“快点来接接呀！”门外飘进夜猫子的声音。

福生同黄金荣同时站起来，已见夜猫子穿件丝葛夹袍，右手里拎着只菜篮子，篮子里几包熟菜，左手拎着一只锡酒壶，胸脯挺挺地进门来。

“彩娣呢？”福生一见彩娣没来，忙问。

“她马上就到。我们先放开桌子，摆好酒菜等一下吧。”夜猫子说着，把食物和酒放在墙拐条桌上。

不一会儿，彩娣走了进来，她约摸二十八九，穿着一件黑旗袍，白白的脸膛上有几颗雀斑分布点缀在鼻梁两侧，淡粉略施，发髻上斜插了一朵红色小绒花，样子不难看。

进门后，彩娣对两个男人抿唇嫣然一笑，而后启动朱唇：“福生哥，这些天又到哪里去骚了，害得我们夜夜想你。”

福生过去肆无忌惮地拉过彩娣，往黄金荣身边凳子上一推，手在她怀里摸了一把，笑说：“我这个小老弟才想煞你哩！”

黄金荣长到这么大，搂着女人吃酒还是破天荒第一遭。不过他在吃喝嫖赌方面，极有天分，只需稍加指点，便能心领神会，达到熟练程度。

在未进门以前，夜猫子已与彩娣打过招呼，要她“多多关照”阿荣，给他领领世面。放出手段拉住这个裱画店徒弟，以后好处会源源不断。

彩娣是风月高手，暗娼世家，摸、滚、爬、翻十八般“武艺”无所不会，所以，要讨这个小后生的欢心，是易如反掌的。在这一夜的酒桌上，彩娣逗得阿荣神魂颠倒，把嫖客吃酒的架势，无保留地传授给了他。

吃饱喝足以后，自然是双双手挽手地进房上床。

窗子开着，屋子里飘着淡淡的馨香，黄金荣站在床前，有些不知所措。彩娣关上窗子，来到黄金荣面前，托起他的下巴，说：“小乖乖，让我看看。”

黄金荣脸“通”地红了，麻点颗颗鼓起，彩娣解开他的衣扣，把脸埋在他的前胸上揉起来，黄金荣只觉得一阵快感如同电流一样，涌遍全身。

彩娣扯下黄金荣的裤子，“哟”地一声叫了起来：“小乖乖，你还没有近过女人身吧。”说完，彩娣脱下自己的衣服，在床上调教起黄金荣来。

古人对嫖客奉送过几句顺口溜，那是：

花面金刚，玉体魔王，绮罗妆做豺狼。法场斗帐，狱牢牙床。柳眉刀，星眼剑，绛唇枪。口美舌香，蛇蝎心肠，其他者无不遭殃。

纤尘入水，片雪投汤。秦楚强，吴越壮，为他亡。早知是伤人剑，杀尽世人人不防。

说女色杀人，为的是劝人戒嫖。现在拿来加在黄金荣身上，有点意思，他是青春正茂的青年，刚踏上社会，前脚跨入赌场，后脚又踅进嫖房，往后会怎样呢？

第二天日上三竿，黄金荣尚在呼呼大睡，签子福生拉他起床，同到弄堂口摊上吃了碗阳春面，魂灵才回进躯体，思想集中起来。

“昨夜怎样？”福生瞧着他问。

“蛮好。”黄金荣爽直地答复，昨天那种羞羞答答的情态，一扫而光。

“大哥，侬怎么给我找了个大阿嫂？”

“老弟，老话说：女大三，事体不怕难！”

“可是她大我十多岁呀！”

“二八年华体似酥，腰间少银休想赌。我们只这么点钱进得了大妓院？玩得上二八佳人？这样吧，等你赚到大捧银子以后，他妈妈的，大哥我一定带你去见见大场面，搂个漂亮的姑娘。”

说者无心，听者有意。签子福生叹这些苦经，无非是证明嫖女人要量力而行，癞蛤蟆吃不到天鹅肉的。

可是黄金荣听了，重点竟在“大捧的银子”上。他在回来的路上自言自语地念叨着：“大捧银子，大捧银子！”

从此，黄金荣在心里暗暗跟自己较劲：

“我一定要赚大把的银子，睡上海滩最美的女人！”

但黄金荣还没赚到大把的银子，就又惹出了一桩与女人有关的麻烦事。

## 四、狠心对付“黑皮长贵”

那是在 1886 年隆冬的某个夜晚。

大雪纷飞，一夜下来，萃华堂前的路上积起了厚厚一层雪，城隍庙九曲桥上也是一片银白，远远望去，雕栏玉砌，恰似天上仙境。

凌晨 4 点，黄金荣迷迷糊糊睁开了睡眼，昨夜酒喝多了，现在口渴难受，于是，不顾寒冷，起身从店堂摸到后头灶披间，舀了瓢冷水“咕冬、咕冬”喝下肚，虽然冰凉彻肺，反倒觉得舒服多了，头脑也清醒了。

回到铺上，辗转反侧，再也睡不着了，昨天晚上发生的事又出现在脑际……

傍晚，上好排门板，店打烊了。黄金荣梳洗一番，换了件棉长袍，外套厚马甲，与师兄打了个招呼就走出店堂。天气阴沉沉的，迎面一阵西北风刮来，他不禁打了个寒噤，赶紧把围巾围紧，两手插入袖内，顶风朝得意楼走去。

天寒地冻，路上几乎见不到行人。黄金荣拐入一条弄堂，正低头匆匆走着。

穿过这条小弄堂，出去就是得意楼了，冷不防从弄堂那边冲过几个人来，还没有来得及看清来人面目，他已被人揿在弄内挨了拳打脚踢，这些人猛打一阵后立即散去，只听其中一人边走边嚷道：

“瘟麻皮，竟敢欺侮到太爷头上来，今朝先给点厉害你看看，以后再找你算账！”

好汉不吃眼前亏，黄金荣爬起来，一面用手帕擦去嘴角的血，一面急速穿出弄堂，直奔得意楼。

陈世昌一眼见到黄金荣衣衫不整地走进茶楼时，着实吃了一惊，待黄金荣诉说原委后，才明白了究竟。

这到底是怎么回事呢？

原来，这得意楼旁有条小弄堂，弄内住着十几户做小本生意的贫民，黄金荣自从萃华堂出师后，常常穿出这条弄堂到得意楼和陈世昌等一班人喝茶、吃酒，到老西门和夜猫子、彩娣等妓女鬼混。

日子久了，黄金荣发现这条弄堂里住着一个十六七岁的姑娘，梳着油光光的一根长辫子，辫梢上还常系着个大蝴蝶结。

她总爱站在家门口，一双水汪汪的眼睛瞅着过往行人。

每当这时，黄金荣的心里就痒痒的，心想：这个小姑娘鲜活水亮的，要是搂在被窝里，那神仙也比不了。什么时候我得想想办法，弄她一弄。

黄金荣虽然只有 20 岁，但他跟着老狗陈世昌进赌场，嫖妓女，也算是见过场面的人。对付这样一个姑娘，当然是绰绰有余。

不久，黄金荣借机和姑娘搭上了话，一来二往，你有心，我有意，两人便如胶似漆了。

后来，黄金荣又送给她一个黄亮亮的戒指，是铜的，外面扫了一层金水，姑娘以为是金的，便上钩了。

这姑娘姓程，叫杏花，父母都已过世，家里只有一个哥哥和她共同度日，她哥哥长得又粗又黑，是个泼皮，人们送他一个外号叫“黑皮长贵”。

他没有固定职业，有时摆摆地摊，有时卖卖苦力，有时偷拿扒窃，更多的时候，是寻衅敲诈，欺侮良弱，拦路抢劫，周围的人家都是敢怒不敢言。

这“黑皮长贵”，整天在外面转悠，每天总要混到深夜人静时才醉醺醺地回到家中，常常是倒头便睡，第二天日上三竿才起身，胡乱扒两口泡饭就又出门鬼混去了。

他除了留点钱给杏花姑娘维持生计外，很少关心她。

杏花呢，一个人在家，寂寞难耐，便常常坐在家门口盯看来往的行人。

自黄金荣和她热乎上后，她感到充实多了，再也没有寂寞难挨的时候，也没有缺钱用的时候。

黄金荣自从勾上杏花后，常常傍晚时分钻进她家去，俩人关门在屋里鬼混，邻居见了，没有一个愿意管这份“闲事”的，所以“黑皮长贵”一直蒙在鼓里。

一天晚上，黄金荣正和杏花在床上的时候，长贵突然一反常态，在傍晚就回家了。听到又急又响的敲门声，杏花吓得缩在黄金荣的怀里直发抖。

黄金荣毕竟是老手，慌忙套上裤子，披好衣服，趿上鞋子，从后窗跳出去逃走了。待到杏花点灯，拉开大门时，“黑皮长贵”已等得不耐烦了。

在长贵的逼问之下，杏花不得不说出与黄金荣上床的事。

旧时的嫖客与妓女

“黑皮长贵”是个什么人，他是专门靠打架斗殴拦路抢劫吃饭的，他狠狠地训斥了妹妹之后，一个念头马上在他头脑里涌了出来：何不教训一下这小子，并借此捞他一笔。

于是，就上演了前面那一幕。

听完黄金荣的叙述，陈世昌沉思片刻后说：

“阿荣，你怎么撞到‘黑皮长贵’身上去呢？这家伙是个泼皮，要起赖来可不大好对付啊！”

“大哥，我怎么知道杏花是‘黑皮长贵”的妹妹呢，我要是知道的话，再借给我一个胆，我也不会和她上床的。大哥，你想想办法救救我吧！”黄金荣哀求道。

陈世昌站了起来，说道：“你不要急，有我大哥在，总不会让你吃亏的。”

“你准备怎么办？”

“衙门里的捕快，你有没有认识的？”

“有个李捕快，喝茶时认识的，但没有太深的交情啊。”

“你和他没有，我和他有啊！”

于是，陈世昌一面让黄金荣喝茶压惊，一面与他商议对付“黑皮”的办法，直到深夜黄金荣才回到店里……

想着，想着，门外传来了倒马桶工人“马桶拎出来！”的吆喝声，看看窗外天色已明，也无心思再睡了，于是和师兄一道起来拆铺，打扫店堂。

这一天，黄金荣是在心绪不宁中度过的。

傍晚，上好排门板，黄金荣连衣服都没换就急匆匆去找陈世昌。

黄金荣不敢再穿小弄堂，绕个弯，踅进了荣顺馆。

陈世昌已约齐了几个弟兄，黄金荣进来不久，又来了一个高个子的中年人，经陈世昌介绍，才知是县衙门的捕快，陈世昌称他“李大哥”。

经过一番劝酒和奉承，李大哥满面红光，话也多了，他拍拍坐在旁边的黄金荣的肩膀说道：

“小阿弟，这点小事不必担心。陈大哥是我好朋友，他托我的事就跟我自己的事一样。”

“‘黑皮’这小子不识相，我明朝就去把他抓到衙门里，报他个鱼肉乡里，敲诈勒索的罪，看他还敢不敢来找你麻烦，嘿嘿！”说着，露出了一口黄牙得意地大笑起来。

大家也都跟着笑了，气氛显得轻松多了。

回店的路上，虽然风雪仍大，但黄金荣听着脚踩在雪地上发出的轻脆的响声，心里乐滋滋的。嘴里轻轻地哼起了小调。

不几天，衙门的李捕快找了个岔子，果然把“黑皮长贵”抓到衙门去教训了一顿，长贵在吃了皮肉之苦后，领悟到不是黄金荣的对手，终于带着妹子搬家离开了南市。

这件事虽然很容易就解决了，但黄金荣充分认识到，在裱画店里终日与浆糊打交道，做个小伙计，不会有多大的出息，到衙门里弄个差使当当，才会成为人上人。

他的这个愿望能否得以实现呢？

事实上，他每天都在焦虑中等待，等待出人头地的日子早日到来。这也不是什么坏事，因为每个人都有成功的愿望，只不过我们在这里谈论的是黄金荣罢了。

# 第三章

Di San Zhang

## 人生跳板：入衙当差斗威风

一个偶然的机会，黄金荣因办案有功，当上了让人羡慕的捕快。做捕快有了更多的油水，也有了更多的女人，与黑道女流打得火热，想方设法贴近有权有势的桂生姐。他不觉得累，反而活得特别舒服。他想：『一旦我黄金荣在上海滩站稳了脚跟，还愁弄不到温顺漂亮的女人吗？我入赘女婿又怎么样？只要能爬上去，等到有权有势了，我黄金荣还怕会断香火吗？』

# 一、辛苦的值堂差使

学徒三年，总算熬出了头，1887年春，黄金荣满师了。

正月十七那天，邹氏高兴地为儿子办了两桌满师酒，请了姐夫和师父，也请了店里的师兄师弟，大大热闹了一番。

晚上，陈世昌少不了也在荣顺馆为这个小兄弟请酒祝贺。

满师后，黄金荣可以有9600文一年的薪金，这比起学徒时每月只有50文的月规钱来，自然“阔绰”多了。

没有事的时候，黄金荣常常去坐茶馆。在得意楼、绿波廊、宛在轩、乐圃阆这些茶馆中，黄金荣最感兴趣的是九曲桥北口的得意楼茶馆。

在城隍庙，得意楼茶馆规模最大，茶客最多。茶楼的底楼是一些进香拜佛、买卖货物的香客和客商聚会歇脚的地方；二楼是各种行业“茶会”及掮客会合之处，也有几桌是衙门的师爷和捕快的地盘；三楼则是穿着绸缎的阔少和上楼憩息的妓女邂逅调笑的所在。

黄金荣初去得意楼，坐得最多的地方是底楼茶柜旁边的那个角落。

他在挤满茶客的桌子旁坐下后，便两手托腮，听众人天南海北地扯山海经。

如果有两帮流氓来“讲讲茶”，他就再高兴也没有了。他靠在墙角，眼睛一眨也不眨地看着他们，如果他们谈不拢，吹胡子瞪眼地大打出手，黄金荣就在一旁幸灾乐祸地暗暗叫好。看这些战胜者，他心里会油然而起敬仰之意。

因为有时需要接生意，所以二楼也是黄金荣常去的地方。这里茶桌分左右排开，中间是一条又宽又长的走道。那些参加“茶会”的老板和掮客，一面品茗，一面抽烟，一面相互打着手势，一面说着“一只、二字、三旺、四测”等行话。

在另外一边，县衙门的六房书吏和捕快差役也三人一堆、四人一伙地私下办案，用手指比画着贿赂的数目。

其实，那个替黄金荣对付“黑皮长贵”的李捕快，就是他在这里认识的。

当时，黄金荣借口推销苏杭雅扇与李捕快寒暄攀谈，还送了对方一把折扇。尔后，对方吃的喝的，茶水糕点，不论多少，全部由黄金荣包了。

他知道，在这些人身上花些钱，是不会白费的。

李捕快果然在以后的日子里，又为黄金荣实现了他入衙当差的愿望。

黄金荣从小受当捕快的父亲的影响，对父亲的捕快职业情有独钟，张家弄一带住有不少清朝的武官和捕快，黄从小耳闻目睹，十分崇拜捉贼捕盗的英雄。父亲昔日的捕头威风，黑白两道上来往的各路人物，始终是黄金荣向往的生活样式和内容。

再加上李捕快替他对付“黑皮长贵”这件事，使他越发坚定了入衙当差的愿望。

于是黄金荣有意结识李捕快及其他上海县衙门里的书吏、捕快等，他们时不时上得意楼喝茶作乐，黄金荣也时不时上衙门去找他们，久而久之，与他们混熟了。

后来，黄金荣倾其所有，又找陈世昌和几个弟兄借了点钱，备足一份厚礼送到李捕快的家里。

李捕快看到如此多的礼物，又想到从前黄金荣在茶馆里的交情，便拍着胸脯说道："小老弟，你放心，不出半个月，我一定给你谋到一份值堂的差使。"

之后，黄金荣便万般巴结李捕快，隔三差五地到李家去送礼和客套，加上陈世昌等弟兄们帮忙，事情进展得很顺利。

值堂是个苦差役，衙门里有什么杂七杂八的事，全都会轮到头上。

农民的粮食收上场上，衙门里就要派人去征收。

哪家被偷盗了，衙门里就要派人查拿盗贼。

有时还要拘禁罪犯，有时又要急送公文，还有许多说不清楚的杂务。

当然，干这些事，也能以势压人，找些外快，这也许就是黄金荣孜孜以求的原因吧。

黄金荣初入衙门，"肥差"是轮不到他的，一开始，他就被派去送公文。

那时，上海县属松江府管辖，每天得有人送公文到松江府去。

这天，黄金荣刚接了差，想准备一下，以便明日一早动身。走出衙门没几步，李捕快赶了上来：

"阿荣，上松江府送公文是件辛苦事，以前我也做过，这里到松江，往来 150 多里路，全靠两只脚，你早上要早早出发，否则当天就赶不回来了。"

"谢谢大哥关照！"黄金荣嘴里应着，心里可直嘀咕：

"他娘的，这 150 多里路，真够我走的。我先走起来看，古人说：'大丈夫能屈能伸。'我边做边找机会，我不相信，我黄金荣一辈子居于人下，嘿嘿！"

李大哥又嘱咐了一些话后，匆匆走了。

这天下午，他到街上买了几双蒲鞋和一把油纸伞，又去看了一下陈世昌，晚上吃过饭就早早睡下了。

清晨 3 点多钟，黄金荣已经打点好，起程出发了。

天漆黑，提着灯笼走出门，一阵寒气袭来，黄金荣连打几个喷嚏，他皱了一下眉，把腰带扎扎紧，踏上了行程。街上静悄悄的，除了偶尔走过一个人外，只听见自己的脚踏在石板路上发出的声响，天上还是满天星斗，一弯残月洒下淡淡的月光，灯笼摇曳的烛光，映出地上的人影忽而长忽而短的。

黄金荣今天的心情多少有些兴奋，头一次当差嘛！他步履轻快地赶到城门口，让守城门的人验过了对牌，开了城门走出城去。

这对牌用的是竹牌或木牌，上面写刻着文字，然后剖为两半，双方各存一半，查验时，上面所写字迹的笔画必须能够对合起来，这是一种作为凭证的东西。当时凡需进出城门的人，在城门关闭后都要有对牌才可放其通行。

虽然天气还冷，但毕竟是春天了，走着，走着，天色微明，黄金荣浑身热了起来，他也无心观看路旁田野的景色，急急赶到松江府时，已是上午 10 点多了。

黄金荣按李大哥的嘱咐将公文送进府衙门的号房里，趁着等回文空隙，他来到城里闲逛。

这松江府果然名不虚传。大街上车水马龙，街两旁店铺林立，各种物品令人眼花缭乱。这里有酒楼、茶馆，有棉布庄、杂货铺，有钱庄、当铺，街两旁还摆满了五光十色的小摊头。

黄金荣信步来到府城西南的醉白池。进入园中，走不多远，就见一座拱形石桥，石桥堍上有茅亭，上桥可见荷花池，但此时池中只有枯枝败叶。据园中游人说，每到夏秋之际，池中荷花盛开，清香扑鼻。

过桥可进入内园，只见中间有一长方形水池，四周怪石林立，树木挺拔。横跨水池之上，有一草堂，堂中挂有一块匾额，上书“醉白池”。

黄金荣虽读书不多，倒也识得些字，又听旁边老游客介绍，方知此园是清初松江画家顾大申所建，为的是仰慕唐代诗人白居易的风流闲逸，逍遥自在的性格。

黄金荣坐在池边的六角亭内，边休息边凭栏观赏园中景色，一个念头突然跳入脑际：有朝一日我黄某飞黄腾达时，也要造个比它更好的园林。

后来，1935 年，黄金荣果真造起了占地约 60 亩的精致而有气派的黄家花园。此系后话。

休息了好一会儿，黄金荣才从醉白池出来，向东来到方塔。

黄金荣抬头看塔，只见此塔是方形，共有九层，方塔四角系有铜铃，一阵风吹来，铜铃声响，悦耳动听。

据住在附近的居民介绍，此塔建于北宋，距今已有九百多年的历史了。造此塔的老匠人想造一座江南最美的宝塔。可反复思考，竟画不出一个理想的图案。

一天回家，只见女儿正在灶边忙碌。老匠人喊了一声女儿后，女儿急忙转过身来，身上的裙子随风飘扬，一瞬间展示出极美的造型。老人顿生灵感，就根据女儿细巧的身材设计了塔体，以翩然飘扬的裙子设计了塔檐，以小巧的耳环设计了塔铃。

方塔造好后，名扬四方……

离开方塔，时间已不早了，黄金荣胡乱吃了些东西，填饱了肚子匆匆赶回府衙门，从号房里拿到了回文。为了赶路，他稍作休息便往回赶。

刚走到街上，只见一家衣庄门口围了许多人，忙凑上去一看，原来是衣庄伙计正拉住一个乡下人在破口大骂，问了旁边一位读书模样的人，只听他说道：“这个乡下人，刚才挑了一担粪，走过这家衣庄门口，不知怎的，将粪桶打翻了，溅到衣庄里面去，吓得乡下人情愿帮他们洗扫，只请他们拿水拿扫帚出来。可这衣庄的伙计，欺他是乡下人，不给他扫帚，要他脱下身上的破棉袄来擦，乡下人急了，只是哭求，这不，围了许多人观看，却没有一个出来说话的。”

听了这番话，黄金荣边走边想：这个乡下人受人欺，还不是因为穷！这个社会无财无势就要被人压、被人踩啊！要弄钱，要想尽办法捞钱。

等到他赶回上海县城时，天色已晚，城门已经关了，旁边还有两个等开门入县城的。喊了好一阵子，才看见看城门的人提着灯笼，懒洋洋地出来，将城门开了一条缝。

“对牌!”看城门的人喊了一声，那两个人赶紧从门缝里各递了一角小洋钱进去，黄金荣也把对牌交验了，看城门的人这才开了门让他们进城。

进了城，黄金荣握着对牌，回头看了看，心想：这看门的人也在想着法子捞钱，没有对牌，有银子也行。看来，只要心眼活，哪里都有捞钱的机会。

春去秋来，已是半年过去了。黄金荣差不多三日两头奔跑在上海县——松江府的路上。他经常穿着蒲鞋，背着雨伞，提着灯笼，从清晨三四点钟起程出发，直到夜里八九点钟才能回到衙门。赶早换黑，风里来雨里去，十分辛苦。

偶尔有空，他总去看望陈世昌，抽空也到家里去探望两位老人。

这几年，黄炳泉老多了，精神也不济了，也许是年轻时，借着捕快的身份到处胡调，把身体弄亏了。现在女儿也出嫁了，可黄家的独苗，这宝贝儿子阿荣却至今没有要成家的意思。前一段时间，老在外面鬼混，老头子也有些耳闻，近些日子，又忙得连人影也难得见。

“唉！谁知道阿荣心里在盘算什么。我老了，就等着抱个孙子了。”黄炳泉常常这样唠叨。

炳泉妻子邹氏虽也想早日抱上孙子，可是又不舍得去勉强儿子，但看看老头子的身体一天不如一天，心里也急，可又拿不出个好主意来。

这时，黄金荣的铺盖已搬到衙门里来了，一是为了省些房租，二是早去晚归也很方便。自从他得到了值堂的差使，他寂寞多了，没有时间打麻将，没有时间嫖女人。

一回到衙门，他只能半躺在床上，抽着烟，独自在想心事。

他在想些什么呢?

他想要钱，因为有钱才能在这个社会上站住脚。他想女人，自己已经二十来岁了，总不能天天面对空房呀。但怎样才能摆脱自己的窘境呢?

黄金荣做值堂早出晚归，头几次外出，小桥流水，野菜花香，尚有些新鲜感，日子长了，风来雨去，风餐露宿，从小被母亲娇宠惯了的黄金荣吃不起这等辛苦，他想能有个更好的职位。但是要达到这个目的，必须得干些成绩出来证明自己，光靠请客送礼怕是行不通了。

于是，黄金荣留了个心眼，时刻寻找机会，不久，他的机会还真来了。

## 二、升为捕快感觉爽

这天，黄金荣到乡里去征收上场的粮食，除了美美地饱餐了一顿外，还着实捞了不少油水。回到衙门，见时间还早，正想出去找点乐趣，李捕快一脚踏进门来，一边说道：

“阿荣，这些日子跑松江够辛苦的了，今天大哥帮你讨了个好差使……”

“什么差使?”不等李捕快说完，黄金荣急急地问。

“别急，听大哥慢慢对你说。”李捕快边说边拖了张凳子坐了下来。

原来虹口景云里住了一个姓黄名阿良的人，他是老大，还有个弟弟，弟弟阿富从小给父亲的姨太太做养子。这阿富生得一张白脸，柔声下气，就像女人一般，常被阿良辱骂，他也不敢吭声。

阿富的身子本来就单薄，再加上性格孱弱，得了痨病，总医治不好。姨太太十分疼惜养子，便在大前年给他娶了亲，新媳妇是一个贫穷人家的女孩。

去年，姨太太撒手西归，便把自己仅有的几个皮箱留给了阿富。而阿良则是个心术不正的人，把父亲留下的财产挥霍光后，又动起弟弟的脑筋。

手边没有钱花了，便向阿富借，阿富虽然不肯，却怕他，时间长了，阿富常说没钱可借了，于是阿良又逼着他拿出东西来当，后来阿富又哭诉说连东西也拿不出了，谁知阿良的两只眼睛只看着姨太太的几口皮箱，心里哪还有什么兄弟之情。

一天，阿良去买了些鸦片烟回来，逼着弟弟把鸦片吃下去，可怜阿富本来就身体孱弱，再吃下生鸦片，不久便呜呼哀哉。

阿良随即把弟弟的几个大皮箱占为己有，但打开一看，全是空的，于是气急败坏，一不做，二不休，把弟媳给卖了。弟媳妇的父母知道了，便告到上海县衙门，要求找回女儿，惩办阿良。

黄金荣像在听故事，一声不响，待到李捕快说到这里，他忙插嘴道："这家伙把弟媳妇卖到哪里去了？"

"总是卖到妓院里去了！"

"那怎么办？"黄金荣急急地问。

"我就是为这事来和你讲的。县老爷把这个案子交给了我，我想，你到衙门后，一直在外送公文，没有办过案。这次，我就向老爷要求让你和我一起办。"

"谢大哥栽培。那我们什么时候去？应该先做什么呢？"黄金荣感到既新鲜又兴奋。

"今天晚上早点睡，明天早上我来叫你，你跟着办几次，就会懂了。"说着，李捕快起身走了。

第二天一早，黄金荣跟着李捕快来到虹口，找到了景云里，问到了黄阿良的家，只是他家门已上锁。据邻居说，他一早就离家了。当问到阿良的弟媳妇的时候，隔壁的阿婆说：

"前天早上好像还见到过，后来就看不到了，据阿良讲，兰花因丈夫死了就逃走了。这家人的事情谁也搞不清……"

离开黄家，黄金荣焦急地问李捕快：

"这兰花想必就是他弟媳妇的名字吧。现在这阿良跑了，我们该怎么办呢？"

李捕快没有回答他的问话，只是在景云里找了几个老人打听，果然摸到一些线索，据说这阿良平日常到福州路一带的妓院里去。

于是，他们又急急地往福州路赶，路上，黄金荣又问：

"大哥，这福州路这么长，我们怎么找得到呢？"

李捕快拍了拍黄金荣的肩膀说：

“阿荣，吃我们这碗饭的，对此中情况一定要摸清楚。要知道，这福州路上的妓院也有等级，有一种高级妓院，俗称‘长三堂子’，到这里面玩，要花大价钱的，但妓女绝对是琴棋书画都懂一些，并且人也很漂亮。”

“还有一种宁波妓院，档次就低多了，价格比‘长三堂子’稍便宜些；再有一种妓院更低级了，那里的妓女，晚上都被老鸨赶到马路旁拉客，俗称‘野鸡’。”

“现在这黑心阿良为了钱把弟媳妇兰花卖了，听人说，兰花长得矮胖，脸膛又黑，甚是粗陋，估计卖不出什么大价钱，可能在最低级的妓院——野鸡窝里。”

黄金荣跟着李捕快径直来到福州路上一条小巷子里，还没看清这巷子叫什么，李捕快已熟门熟路地走到一家门前。黄金荣瞧瞧这巷子，又小又脏，乌七八糟的。

他俩走进门，上了楼梯。这楼梯陡而窄，挂了一盏铁皮洋灯，昏暗异常。上得楼后，黄金荣偷眼一看，只见楼上就只一大间房，当中用木板隔了，便成了两间。

走进房里，只见靠隔板的地方安设了一张木板床，高高地挂了顶洋布帐子；床前摆了一张杉木抽屉桌子，桌上零乱地放了些劣质化妆品，还有一面变了形的玻璃镜子。

靠窗口放了一张杉木八仙桌，桌面油腻腻的，桌上放着一盏没有罩的洋灯，那玻璃灯筒，已被熏得漆黑焦黄了；还有一个缺了口的大瓦钵，满满地盛着一钵酱黄瓜，还七横八竖地放着几双毛竹筷子。

黄金荣虽不是第一次进妓院，但这等简陋的地方，从未见过，因今天是来办公事的，只得将就坐下。

一会儿，便有两个女人上来招呼，两个女人都有三十出头了吧，黄脸皮，眼皮搭拉下来，脚上都没穿袜子，只是拖了一双皮鞋，估计她们跟嫖客刚做完床上事。进来后，她俩都满脸堆笑前来问贵姓。

李捕快瞧了她们一眼，对她们说：

“你们家鸨母呢？快去把她叫了来！”

一会儿，那鸨母上来了，李捕快问道：

“听说你这里新来了一位姑娘，为什么不见？”

鸨母脸上显出迷惑的神情，拿不准李捕快说话的意思。稍一迟疑后，即笑着说：

“没有这件事，我家现在就只有这两个。”说话时，那两个妓女，又在边上交头接耳，鸨母白了她们一眼。

黄金荣看到了鸨母的神情，早已耐不住性子，冷笑道：

“我们不是来打茶围的，是有公事在身，你要老实点。”

“委实没有，不信，老爷可以看！”

李捕快又紧接着问：

“前天有个姓黄的送来一个人，有这事吗？”

鸨母顿了一下，随即又摇头道：

“这事我不知道……”

黄金荣看她样子有些可疑，就又紧逼道：

"这姓黄的不是好东西，他卖的人是他自己的弟媳妇，如果他送到你这里，只要你实说，交出来，我们不难为你，如果已经成交，我们还可以代你追回身价钱。你如果买了不肯交出来，你可小心点!"

鸨母连说："没有，没有!"

李捕快猛地拍了一下桌子，震得瓦钵里的筷子都撒到桌面上来了。

鸨母吓了一跳，慌忙说道：

"你老爷已吩咐过，如果他送来我这里，我是断不敢买了。"

"你还敢狡赖，我打听得明明白白，你如果不把人交出来，我们先要在这里搜一搜。"李捕快铁青着脸吼道。

鸨母装出一脸委屈的样子道：

"两位要搜，只管搜就是。难道我有这么大的胆，敢藏一个人?"

犹豫了一下，她又接着说：

"我老实说了吧：人是送来看过的，因为身价没谈好，他已领走了。"

"就算你说的是实话，你说说看，他会把人卖到哪里去?"黄金荣急于要找到线索，紧接着问。

"谁知道呢？吃这个门户饭的，不止我这一家……"

老鸨说到这儿，斜睨了李捕快一眼，又吞吞吐吐地说：

"说不定他会把人弄到南市一枝春街去的。"

这时，坐在一旁许久不吭声的李捕快突然大吼一声：

"黄捕快！不要与她多啰嗦，把人押到老闸捕房再说!"

黄金荣愣了一下，随即心领神会。

这一吓，果然有效，老鸨连忙满脸堆笑，一边骂两个妓女不会招待，一边从楼下拿了一大把钱来塞在李、黄两人手中，嘴中连说：

"两位公事辛苦，一点小意思，不成敬意，今后还靠多照应。这事我一定再去打听，有了消息我再来报告!"

李捕快向黄金荣使了个眼色，站起身来，边走边说：

"看你态度还老实，就饶了你，要是我查出人还在你这里，我就对你不客气了!"

老鸨边应承，边送他们下楼，黄金荣与李捕快大摇大摆地走出小巷子。

来到福州路上，黄金荣悄悄地对李捕快说：

"大哥，真有你的，怎么给你想到这一手的?"

"阿荣，这租界的事我们是管不着的，只有用巡捕房来吓吓她，才能挤点油水出来。"

"大哥，这黄阿良卖弟媳妇的事还要追吗?"

"追还是要追的，不过人如果真的卖到南市金刚钻阿金那里就讨厌了。一枝春街上'开门口'的是名叫阿金的，她交接的朋友多，年纪轻，却不好对付。"

黄金荣知道李捕快所说"开门口"的即是专搞拐卖妇女，逼良为娼，开设野鸡堂子或烟花间的人，但是没有想到搞这种买卖的人还有年轻的女流之辈，倒也着实有些兴趣，便装作无意地问："这阿金是什么样人?"

“阿金姐是一个有夫之妇，难道你对她有兴趣？”

回到县衙后，黄金荣立即找来陈世昌等弟兄们，问他们认识不认识金刚钻阿金。其中一个弟兄还真的认识，而且交情很深。

那弟兄说：“一般是不会交出来的，但如果是你阿荣的事，那我可以去通融一下，说不定还能卖个情面给我。”

黄金荣当即拍桌大笑：“好，好，今晚得意楼我请客，待到兰花弄出来之后，我再谢你。”

这弟兄还真有一手，到了阿金那里，甜言蜜语一番，还真的起到了作用。兰花不几日便被交到黄金荣手里。

由于黄金荣终于把黄阿良的弟媳妇兰花领到衙门结案，受到主子的褒奖，被认为是干练有能耐，很有一套的人。而黄金荣呢，终于脱离信差这个苦海，做起了可以独立办案的捕快。

捕快这一职位给黄金荣的生活带来了不小的变化。

## 三、陆家石桥阿桂姐

上海小东门十六铺一带是全沪水陆货物进出口集散地，人烟稠密，商市辐辏，水上樯桅如甏，难望尽头。陆地上车马连云，货殖山积，熙熙攘攘，道为之塞。其热闹之情景，可以说是“大开不夜，云集万商”。

小东门城外有里、外咸瓜街，这两条街开设的都是参燕鹿茸行和药行；南码头一带有盐号和巨大的木行；新老太平弄有各业商行和货栈；悦来街有丝绸庄和茶叶庄；豆市街有米面杂粮行；典当弄有银号和钱庄。

十六铺又是海产和水果集销地，里面各有广东、福建和浙江温、台、宁各商帮开设的商店，商市之繁华，可说冠盖全国。

小东门城外至东昌渡口，原有一条通黄浦江的支浜。支浜中有一条石桥，名叫“陆家石桥”。顾名思义，这桥想是陆姓人家所建造。

桥的南端属于华界管辖，桥的北端属于法租界范围，而这条支浜两旁的居民，其管理权既不属于法租界，也不属于华界，过去上海人称其为“陆家石桥两不管”。

因为这是“两不管”地区，无照的妓院和私娼就充斥其间。妓院里的龟鸨们，刚从前门送走了法租界的流氓巡捕，后门却又闯来华界的捕快伸手索钱，更有无赖流氓无端敲诈。这两不管的“安乐窝”，自然并不安乐。

却说黄金荣当了办案捕快以后，油水自然比当值堂的丰厚多了，女人也结识了不少。有人说，黄金荣是个麻皮，女人遇到他，本是躲闪不及，谁还主动迎附。

说这话的人有所不知，黄金荣虽然是个麻皮，面貌不甚好看，但仍有一些不正经的女人趋炎。原来这些女人，日夜在这一带勾搭行人，难免被流氓敲诈勒索。她们为了找个靠山，以贼防贼，黄金荣这个捕快，自然被这些女人所相中。

当时，陆家石桥北首有个妓女，名叫阿桂姐，年纪二十四五岁，如若打扮起来，面貌尚称可人。

她原是有夫之妇，并且已生有两个儿子。她的丈夫名叫马阿龙，宁波人，阿桂姐也是同乡。马阿龙几年前因患中风症，留下了半身不遂的后遗症，终日卧在床，已成为半死不活的瘫痪人。

阿桂姐处于这般环境，为生活所迫，不得不沦为私娼，暗地里送旧迎新。她不但自己“开门口”，而且手档里还有比她年轻的两个女人，也和她同操此业。这一带每日进港渔船甚多，渔民们卖罢鱼鲜，腰袋里有钱，便在烟花巷里尝尝“人鲜”。

阿桂姐既住在这繁荣之地，只要脸上稍涂脂粉，掠削云鬓，出得门去，要勾引几个急色的人是毫不费力的。何况还有两个年轻漂亮的“助手”跟随左右，更不愁无人上门。

一旦猎到“色鬼”，或去旅馆住宿，或到她家中借张床铺，都很方便。阿桂姐还可从中抽些床铺钱。因此，其生活倒比她丈夫有差事时为宽裕。

但阿桂姐出卖肉体的钱，首先要遭到那些流氓、捕快的敲诈勒索。只要他们伸出手，是不会把空手缩回去的。如若对他们说个“不”字，这个“私门口”就休想开得成。真是不铺这条桥，休想过彼岸。

阿桂姐为了对付这些流氓、捕快们无休无止的敲诈，不得不去寻找一个后台，来拦门挡狗。虽然黄金荣生得又黑又麻，但如有他拦在门前，就不怕那些流氓、捕快了。

于是，阿桂姐便打定主意，勾引麻皮金荣。由于麻皮金荣单身一人，隔三差五地往烟花巷里钻，所以钓饵抛引饿鱼，无须多花工夫，黄金荣终于被引诱上钩，和阿桂姐鱼水交融，到阿桂姐家做了马阿龙的替身。

阿桂姐自请进了麻皮金荣这尊“驱魔神”，确实灵验立见，奇效非凡。平日里驱逐不开的那些五丧七煞鬼，竟然再不敢临门，到别处去寻找对象了。

黄金荣在阿桂姐家早出晚归，白日里也不妨碍她的“正当”职业。平日里和阿桂姐同走一条路的“私门口”女人，看到阿桂姐的门上竟有捕快给她撑门拄户，也想效尤，但又找不到合适的对象。

平时与阿桂姐感情较深的女人，在给这班流氓、捕快们纠缠得无法解脱时，也居然走上阿桂姐的家门，要求她给她们抵挡一阵，驱散瘟神。

阿桂姐因有后头可倚，倒也挺身而出，代她们排难解纷。那些五丧七煞鬼们，自然也鉴貌辨色，也不敢过分要挟。阿桂姐在这伙女人当中，也竟然有些“女亨”的名声了。

麻皮金荣在阿桂姐家里既做了马阿龙的替身，就等于有了眷属，倒也优游自在，乐不思蜀，死心塌地。对阿桂姐来说，虽然看到麻皮金荣满脸黑麻，但是每逢麻皮在床上做起事来，倒也叫阿桂姐舒坦万分。因此，她对麻皮金荣还算有些感情。

黄金荣白天上差，每日中饭，阿桂姐都叫“小南京”送至县衙内。这小南京，名叫金九龄，年龄只有十四五岁，平日里厮混在十六铺一带过着流浪生活，供阿桂姐使唤。

后来黄金荣得势，金九龄就拜他为老头子，麻皮金荣做了法租界督察长后，就提金九龄为法租界花捐班班长，当然这些均是后话，顺便提及。

黄金荣与阿桂姐姘居了两年多时间，竟让她生了一个小孩，因排第三，起名叫马老三。阿桂姐的丈夫马阿龙，虽然身患瘫痪症，卧病在床，不能行动，但是毕竟还活着。

如今麻皮金荣给马阿龙代生了一个儿子，终究不能以姓黄来代替姓马的。其实阿桂姐是什么货色，这个小老三究竟是谁的种，恐怕连阿桂姐自己也弄不清楚。只是这种不堪过问的糊涂账，谁也不想给他们算清。

黄金荣当了几年捕快，因精于敲诈勒索，巧取豪夺，加上每日里给上司恭献财帛，越来越得到上司的宠信。“有功必受禄”，麻皮金荣不久便得到了提拔。

不知怎的，这消息传到他姐姐凤仙的耳里。她将信将疑。

经多方打听，凤仙知道弟弟与阿桂姐同居，遂找上门来，向阿桂姐诉述了自己的来由。阿桂姐听说是自己假丈夫的姐姐，原来是个大姑子到此，当然延入上座，倍加奉承，叫酒叫菜，怎敢怠慢。

待到黄金荣下班回家，凤仙见到弟弟，顿时触动了姐弟之情，泪珠儿不禁夺眶而出。姐弟对座，有说不尽的亲热。

此刻，凤仙向弟弟说道：

“姐姐今天见到你有说不尽的高兴，我黄家只有你一个单丁独子，你有今天，也算是给阿爸、姆妈争了口气，为姐的今后也要靠在你的身上了。

“去年，我公公、婆婆相继去世，你姐夫又失业在家，目前家中处境十分困难。你说你这里正需要帮手，看在为姐的分上，何不给你姐夫谋一份职业?”

麻皮金荣听了姐姐一番话，想起姐姐的亲情，遂答应了她的要求。

后来，黄金荣给姐夫邹万清谋个稽征班班长之职。这个稽征班长确是一个肥缺，邹万清仗小舅子黄金荣的势力，在各帮水上船商中，明敲暗索，不到几年，就成了“海上富翁”。不过这些均是后话，暂且不提。

再说黄金荣随着身份和地位的提高，对阿桂姐便生了厌腻之心。如今在他眼里，阿桂姐终究是个私门口，况且还有个半死不活的马阿龙，有几个既不姓马，也不姓黄的小杂种。

如若长此混下去，不但遭人背后议论，就是对自己以后的前程也有影响，于是便想甩掉阿桂姐。

不久，黄金荣又看上了一枝春街上林家的独生女林桂生。

黄金荣既然想与林桂生结成鸳鸯结，当然必须和阿桂姐解开冤家结。须知这个结，可不是偷偷摸摸、轻轻松松可以解开的。当阿桂姐听到这个消息后，好似轰雷下的乌云，暴风雨前的狂风，平地激起万丈怒涛，醋罐醋缸立成碎片。

阿桂姐一面在外面撒泼耍赖，一面在内如墨鱼吸盘紧紧吸住木船底一样，把黄金荣直缠得走投无路。

莫看这阿桂姐是个女流之辈，其为人倒是十分泼辣，她不管你黄金荣地位有多么高，照样用手指着那张麻脸叫骂：

“你如今要甩掉我，没有那么容易，老娘准备豁出这条命与你拼到底！老娘原是烂污货，那你为什么早不张开你狗眼来看看清楚？老娘的‘私门口’不是今天才开张的。你自己原是个什么东西？你有四肢八膀，老娘也不怕你，就是牵住你牛鼻子不放！那时老娘到处叫坏了你，看你能不能上林家做上门女婿！”

黄金荣虽然是个打死人不偿命的恶流氓，但在阿桂姐手掌中却是动弹不得。如今既要散伙，黄金荣也知道用硬的手段不行，只好采用软的方法解决。

于是，黄金荣挽个管臭账的帮闲向阿桂姐商谈拆姘条件。

阿桂姐提出如下两个要求：

（一）要黄金荣带走她生的小老三，并不许虐待；

（二）要银元 3000 块，作为拆姘费。

黄金荣认为这两个要求都不能应允。第一，这个小老三也不一定是他跟她生的，谁知道是张三、李四、王二麻子的杂种？第二，阿桂姐这种烂污货，一文钱也能买到，如今竟把熟烂了的梅子卖青鲜的价，狮子大张口，岂不是笑话？

对方的拆姘条件既然无法谈妥，墨鱼吸盘照样紧紧吸住木船底，毫不放松。尽管你黄金荣不踏阿桂姐的门槛，但她一清早就等候在县衙捕房门口，见了面就撒赖耍泼，甚至卧地打滚。

她本来就是个躺倒货，哪里顾得体面和羞耻！越是人多的场所越要撒，直弄得黄金荣有火没处发，束手无妙策。为了求得太平，他只得躲在捕房内不敢露面，避其泼锋。

但这终究不是个办法，后经好事的帮闲奔走洽谈，黄金荣就将县衙发给他的一张大粪专办执照，改名马老三，作为“拆姘头”的拆散费。

阿桂姐拿到这张大粪专办执照，顿时眉开眼笑，在这只恶狼嘴里，居然给她攀落了狼牙，一经执照到手，马上解开缚在木桩上的这头蠢驴，从此一豁两开，各奔东西。

阿桂姐有了这张大粪专办执照，就等于抓到了取之不尽的财源，怎不令她眉开眼笑，于是开始招用雇工。她原是一个泼辣成性的雌虎，又善于调度和精打细算，悉心管理，不到几年，既臭又脏的大粪居然给她招来了“五子登科”的鸿运。

当年上海人人羡慕的粪大王马老三，就是这么发起来的。据说马老三长大成人后，欲认黄金荣为父，事被林桂生得悉，从中出来拒绝。这些后话，顺便在此一叙。

其实，不要看阿桂姐是个女流之辈，她倒有些女白相人的本色。她虽然和黄金荣解散了冤家结，但在黄金荣结婚之日，也居然备了份礼金，亲来林府贺喜。在交杯饮宴中，她不但谈笑风生，而且态度轻佻，故弄风骚，确是一个老吃老做的老行家。

闲话少说。

再说黄金荣和阿桂姐拆姘后，便把主要精力放在林家的女儿林桂生身上了。林家到底有什么来头？林桂生又是怎样一个人呢？

原来一枝春街上“开门口”的林家，在黑社会里也是小有名气的，他们专门贩卖女孩，根据女孩的长相分别卖到不同等级的妓院。

有的卖给福州路会乐里高级妓院，俗称“长三堂子”的；有的卖给东新桥宝裕里、宝兴里等处的三等妓院，俗称“么二堂子”的；有的卖给福州路、浙江路、广西路口一带低级妓院，俗称“野鸡”的；有些苏北籍的年轻妇女就被卖到郑家木桥一带的下等妓院，专门接待外国水兵，俗称“咸不妹”的。

这家女主人原是专门给小东门上等烟花妓女和私娼们梳妆头面，赚些银两，后来因病早逝，只留下一个女儿桂生。

林桂生从小跟着父亲在黑社会里混，倒也混出一些本事，一般人她都不放在眼里，至今，二十多岁了，尚未婚配。做父亲的，年纪大了，确也离不开这能干的女儿，父女俩商量，有合适的，要招赘入府，寻个上门女婿。

这一天，李捕快陪着黄金荣来到林家，主人一面寒暄让客，一面打量着黄金荣。

刚坐下，李捕快就向主人介绍：“这位兄弟叫黄金荣，在县衙里已初露锋芒，并且得到上司的提拔。今天，因仰慕林老板大名，特来拜见，今后还请多多关照。”

“好，好！”主人一面微笑点头，一面叫佣人倒来茶水。

黄金荣已经二十有三了，长得粗壮结实，高大魁梧，可以说是“虎背熊腰”，椭圆脸，胖墩墩的，就是一脸大麻子有些刺眼。这林老板也许是急于要找个上门女婿，所以对大麻子也没介意。

双方东拉西扯了起来，主人有意了解小伙子的家境和身世，黄金荣也有心找一个可以依傍的势力。于是，大家谈得极热乎。李捕快是过来人，此中奥妙他已尽悉，在旁边不时凑凑趣，气氛更加热烈了。

主人盛情招待了点心，送客时特地说了今日因女儿有事外出，招待不周，以后有空请多来坐坐。

“阿荣，看来你要交好运了！你心里在想什么，瞒得了别人，可瞒不了我呀！”

黄金荣是个有主意的人，他看准了林家这门亲事对自己有利，他是不会轻易放手的。

几天后，他穿戴整齐，拎了四瓶大同梨花白，两条英美烟草公司产的“三炮台”香烟，再次登门拜访。

林桂生早已从父亲那里了解了黄金荣的情况，她决定会会这个麻皮捕快。

其实，林桂生长得并不怎么漂亮，而且照一般人看来，她还缺少一种女人的气质，言谈举止之间带点泼辣劲，可是，这一点却很合黄金荣的口味。

黄金荣野心勃勃，不甘心目前这种地位。他要找到一种可以依傍的势力，他要有一个可以商量，可以帮他一把的得力助手，而目前自己只是华界的捕快，如能攀上林家这门亲事，日后的发迹就有了基础。

一旦他黄金荣在上海滩站稳了脚跟，还愁弄不到温顺漂亮的女人吗？我招赘女婿又怎么样？只要能爬上去，等到有权有势了，我黄金荣还怕会断香火吗？

林桂生也不是等闲之辈，迟至今日尚未出阁，正是为了张网捕捉中意的猎物，她需要一个强悍有力的男人，而且能牢牢捏在自己手中。

林家只有自己这个独生女，父亲苦心经营的这份家产，她得要继续经营下去。黄金荣这个小伙子看来很有些心计，不然不会有目前的这种局面，如果他和自己在一起，不愁做不成大事。

林桂生的父亲当然又有一番心事：女儿大了，自己年纪也大了，要赶快招个女婿进门，省得再招惹是非。黄金荣这个小麻皮，他是看得中的，但他不知道这小子肯不肯倒插到林家做招赘女婿。

这三个人各有各的打算，都想把对方捏在自己手中，也许正是因为这一点，他们都希望能利用对方来达到自己的目的，因而，他们又找到了共同点。这共同点把他们紧紧地互相连结起来。

当然，事情并非如此顺利，黄金荣不知父母会怎么想，毕竟他是黄家的独养儿子。

这天，黄金荣刚回到衙门，同屋的人就告诉他家里带口信要他立即回去。

黄金荣买了几包父亲爱吃的苏州豆酥糖，匆匆往家赶。最近，因忙自己的事，有一段时间未回家看望了，上次离家时，父亲染疾在身，今天要他回家，会不会是父亲病重了？林家这门亲事要不要对父亲提？

炳泉妻子一见儿子回家，眼泪就止不住往下落，她诉说着丈夫的病情，诉说着自己的忧虑……黄金荣看着母亲明显消瘦的脸庞，心里也止不住有些酸痛，他安慰了母亲几句，就急着到里房去见父亲。

黄炳泉闭着眼躺在那里，听见脚步声慢慢张开眼睛，见是自己的宝贝儿子，嘴角动了几动，却发不出声。黄金荣弯下身凑近父亲的脸，才听见父亲要他坐在床边的话。

炳泉老人这次病得不轻，黄金荣知道父亲不久于人世，林家的亲事倒是难以启齿了。老人显得异常虚弱，一会儿就昏昏沉沉地闭上了眼睛，黄金荣悄悄走出房间，和母亲商量起父亲的后事来。炳泉妻子只会抽泣，什么主意也没有。

黄金荣回衙门请了假回家，一面准备父亲的后事，一面清理茶馆的账务，考虑到母亲身体不好，也无力经营茶馆店，就遣散了伙计，关了店。

没几天，炳泉老人就离开了人世，可惜的是，他始终未能抱上孙子；炳泉妻子悲痛欲绝，抑抑郁郁地拖了一段时日，也与世长辞了。

父母相继去世，黄金荣着实忙乱了一阵，为了竭尽做儿子的孝道，他在漕河泾买了块坟地，将父母合葬在那里。

等到丧事办完，悲痛之后，他感到了一种轻松，不再有什么牵挂，他可按自己的意愿行事，使出浑身的力量，为自己打一番天下了。那么，眼前最要紧的事，就是讨得林氏父女的欢心。他会怎么做呢？

# 四、甘愿入林家为婿

冬去春来，又是一朝芳草绿。这些日子来，黄金荣可没有闲着，为了博得林氏父女的好感，黄金荣经常上林家去，陪桂生父亲搓麻将，陪桂生上街闲逛。

这年农历四月初八，黄金荣和林桂生约好，要到上海古刹静安寺去看看“浴佛节”。

静安寺坐落在繁华的南京西路上，是一座香火氤氲、古色古香的佛教道场。

说到静安寺，笔者想说说它的历史和景观。

静安寺初名“重元寺”，相传创建于三国东吴的孙权赤乌十年（247）。那时，有一位天竺国的僧人，名字叫作会的来到吴地，建起了这座寺院。

唐时“重元寺”改称“永泰禅寺”。宋真宗大中祥符元年（1008），因避宋太祖讳，改名为“静安寺”，庙额一直沿用至今。

静安寺旧址据说原来在吴淞江北岸，南宋嘉定九年（1216），因寺院经常受到江水波涛的冲击，房屋有倾圮的危险，寺僧仲依遂将寺院迁至玉芦浦旁的沸井浜，即现在的寺址。

迁址后，仲依在寺侧筑起讲经台，聚徒讲习，所以在《大清一统志》中，静安寺又被称为“静安教寺”。

据元朝诗僧寿宁所辑的“静安八景”诗中说，静安寺内原有记载建寺经过的赤乌碑，有层峦叠翠、竹柏青青的绿云洞，有植于南朝祯明年间的陈朝桧，以及涌泉亭、讲经台、虾子潭、沪渎垒和芦子渡等八大景观，其中尤以涌泉亭和虾子潭最为著名。

说起虾子潭的来历，真是脍炙人口。

据说，宋时寺僧智俨有一天外出，渡江时遇到一个渔夫。智俨向渔夫借了一只虾，就着水活吞下去。渔夫问智俨要钱，智俨身边没有钱，于是不得不将吞下去的虾吐出来，没想到居然还活着，只是须、芒没有了。

渔夫目睹此情此景，惊得呆住了。从此以后潭中所产之虾，全都无须无芒。后来，一个和尚云游到此，他对着虾子潭念了几声咒语，潭中之虾遂化成巨龙，飞离寺院而去。虾子潭的名声就此传开了。

在漫漫的历史长河中，静安寺屡修屡圮，饱经沧桑，房屋数次倾颓，庭院几度迁徙。到了咸丰年间，太平军东征，静安寺一带曾发生过许多次战斗，寺院毁坏，只存下一座大殿。

光绪六年（1880 年），住持鹤峰收拾残物，在本地乡绅李朝观等人的资助下，修建了山门和佛殿，落成那天，适逢一年一度的“浴佛节”。

据佛教传说，释迦牟尼诞生时，曾有四龙吐水灌洗佛身，后世佛教徒就在这一天抱小型太子塑像放在盆内，用净水灌洗，以纪念佛的诞生。

鹤峰遵照佛教仪规举行了盛大的庆祝典礼，男女老幼，四方云集，纷纷前来进香礼佛，观光游览。从此，每年农历四月初八“浴沸节”，静安寺都要举行盛大的庙会，为期三天。

林桂生为了此次静安寺游玩，特地着意打扮了一番。

水红的短衫配着下面墨绿的绸裤，短衫缝制得精巧贴身，衬出高耸的乳峰，脸上略施脂粉，虽然看上去嫌胖了些，倒也有几分动人之处，把个黄金荣看得心口热烘烘的，恨不得上去搂着她亲热一下。

桂生随着黄金荣来到静安寺，听他讲虾子潭的传说，看烧香的信徒和男女游客，游景色宜人的奇花异草，绿树红瓦，还到大佛前拜了拜，各自在心中说自己的心事。

游完静安寺，黄金荣又带着林桂生来到豫园得意楼。这座茶楼的楼房高大，茶室敞亮，生意特别兴隆。踏进茶楼，不少人的眼光都“射”到桂生身上，姑娘上茶楼喝茶，不要说在清末少见，就是到了现在也属罕见。可桂生十分自在，倚着黄金荣来到楼上。

俩人见靠窗尚有两个空位，刚坐下，茶馆伙计便送上紫砂茶壶与茶杯，泡了开水。

“阿荣，这许多人都是来吃茶的？”桂生见茶楼上座无虚席，悄悄地问。

“哪里，这茶楼上的顾客各种人都有，专门为吃茶来的人不多，大多是做生意的人。他们一边吃茶，一边谈生意。你看，右边几桌人聚在一起谈得正起劲的是做豆业生意的，他们从山东把大豆运来，加工压出豆油，剩下的渣子制成豆饼，赚头大极了。”

桂生把头倚在黄金荣的臂膀上，静静听黄金荣谈“经”：

“喏，我们对面第二桌，那几个是经纪人，人称‘白蚂蚁’，这种人是专门充当房屋代租中间人的，如能介绍成功一笔生意，他们可以从中提取10%的酬金。”

“你怎么知道这么多？讲得煞有介事。”桂生用手点了点黄金荣的麻脸，笑着说。

黄金荣得意地说：“我也是这里的常客，我们经常在这里聚集，打探消息，办理案件。”

这时，一个姑娘提着一只篮子走来，走近后，桂生才看清篮子里有瓜子、花生和粽子糖。黄金荣今天在桂生面前正要献献殷勤，便买了好几包给桂生，俩人边吃边谈，倒也有乐趣。

桂生看见茶楼一隅有一高起的台，便好奇地问：

“阿荣，这是什么？我听爹爹说茶馆店里可以听书，这大概是说书人坐的地方吧？”

“是的，这家茶馆店夜夜有人说书，有时早晨也加一场，昨天夜里说的是《杨乃武与小白菜》，店里位置统统坐满，生意好得很。”

俩人有说有笑在得意楼坐了个把钟头后走出茶楼，挤在人群里，桂生因为胖，很怕热，一会儿额头上已沁出汗珠，黄金荣紧靠桂生身旁，有时乘机摸她一把，桂生只是假装嗔怪地白他一眼。

下午，黄金荣陪着桂生吃了桂花酒酿圆子、鸡鸭血汤等小吃后，又陪她到南京路跑马厅看赛马，玩得痛快，桂生也大开眼界。

晚上，黄金荣又把桂生带到了香仙茶园。当时的戏院，都称茶园，不知道的还当是

清末上海会审公廨审理案件的情景

茶馆，其实，这种地方虽然也备有雨前龙井，仅仅是点缀而已，主要是生旦净丑登台的地方。

茶园门口，有个人站在高凳上大声招徕观众。进得园来，只见满是一张张的方桌，这时许多方桌已坐满人，观众边品茶边等戏开场。戏园里闹哄哄的，胸前套着货架的小贩正忙着兜售生意，有叫卖香烟的，有叫卖瓜子花生的，还有几个浓妆艳服的妇女正和几个单身男客在搭讪。桂生倚着黄金荣坐了下来，她撒娇地靠在黄金荣身上说：

"玩了一天，累死了。"

戏院的戏台是方型的，一块板壁把台隔成了前台和后台，远看过去，板壁中间挂着红绿布幔，缀着狮子滚绣球、二龙戏珠及和合二仙等图案。金荣指着板壁两侧告诉桂生：

"这两侧都有门，你看，这上场门标着'出将'两字，那下场门标着'入相'两字，是戏子出场、进场规定的路，不可以随便走的。"

"啥人不懂，你当我没来看过戏啊！小时候我常常跟爹爹到戏院里来，这几年人大了，家里事情也多，倒是不来了。"

这天晚上，演的是新剧《迦茵小传》。据说此剧的上演，是话剧史上划时代的创举，可惜黄金荣和桂生都不会欣赏。所以，台上在咿咿哇哇，台下则私语窃窃。

人越来越多，戏院里又闷又热，桂生不时地用手绢揩汗，黄金荣一面讨好地要帮她揩，一面熬不住在她身上东摸西捏。

开始，桂生只当不知，任他摸来摸去，后来被他弄得痒痒的，就在他手上拧了一把，轻轻斥道："不准动手动脚。"

戏演完后，俩人又到店里吃了点心，还喝了点酒。

黄金荣送林桂生回家路上，趁着酒兴，在昏暗的弄堂里，搂着桂生亲嘴，一只手还伸到她的内衣里，桂生半推半就，任他玩耍。过了好久，才将他轻轻推开。

看着林桂生走进家门，黄金荣转身独自走在路上，他一边走一边想着：林桂生有着父亲这个强有力的背景，而且自身又是工于心计的妓院老板，对此他是十分中意的，美中不足的是林桂生不是绝代美人，他俩在一起，并非倾慕对方的容貌，而是志趣相投，对于他这样一个毫无根底的人来说，很需要利用林桂生家的势力和背景，所以一定要将林桂生娶到手，为以后的发展铺路。

就在黄金荣这样想的时候，上海社会早已悄悄地发生着变化，法帝国主义的势力不断扩张，法国巡捕房准备公开招考华捕，林桂生父女俩有意让黄金荣去试试，黄金荣于是决定报名应考。

其实，促使黄金荣作出这一决定的原因，还有更重要的一点，那就是他曾办过的一些与租界有关的案子对他的影响，其中的一件案子对他的影响最大。

# 第四章 Di Si Zhang

# 自己趟开一条得意的发迹路

一轮皓月，接近中天，南国清秋，万籁俱寂。一个人穿一身黑色紧身衣裤，身子一纵，跃上矮墙，潜至窗外，用手指戳破窗纸，发现了他要寻找的目标……这个功夫高超的人就是黄金荣。凭这身本事，黄金荣最终成为郑家木桥一带的霸主，并开始有意与流氓地痞接触，借此发展自己的势力。后来，黄金荣通过玩『贼喊捉贼』『假戏真做』的游戏，缉拿『黑风』巨盗，从此在法租界打出了自己的品牌。但黄金荣越来越显得深不可测……

# 一、“郑家木桥小瘪三”

租界，是西方帝国主义列强侵略中国的产物。

鸦片战争后，随着五个通商口岸的开放，上海成了冒险家的乐园，各帝国主义国家纷纷来上海开设商行，经营贸易，扩大侵略势力。

清道光二十三年（1843年），英国驻沪领事巴富尔向上海道台交涉，租下了城外黄埔江边130亩荒地设立领事馆。到1845年11月29日，英国领事逼迫上海道台宫慕久同意，公布了《上海土地章程》。

粗看起来，这个章程似乎只是些事务性规定，并没有取消中国在出租土地上的主权，但英国人却巧妙地使它成为上海租界制度的奠基石。

章程规定，外商租地建房后，可以停租或转租给别人，但“业主不得任意停租”。这样，外国人实际上享有一种永久的租地权。

章程又规定，租地租房的外商应花钱参与造桥铺路、树立路灯、挖排水沟等。在当时的清王朝官僚看来，这没有什么不好，实际上却是为英国人建立一个独立于中国法权以外的王国制造了“合法”根据。

章程还规定，他国商人愿在划归英商承租地区，英国领事具有最高权力。另外，租界由原来的830亩扩大到1080亩。

英租界是中国的第一个租界。上海道台宫慕久当时对这个“租界”怪胎的“分娩”还自以为得意，认为外国女人袒胸露乳，有伤风化，划地给英侨集中居留，既可避免有碍风化之事，又可以避免华洋纠纷。然而事实并不像他所想的那样简单。

自上海开埠以来，有些英美教士为窥探中国内地情形，常借传教为名，闯入上海邻近各县，远至苏常一带，并不通知地方官员请求保护。内地人看见外国人，风习不同，言语不通，于是误会冲突事件不断发生。

1848年3月（道光二十八年）间，有教士麦都恩、雒魏林及慕维廉三人，一同外出布道，舟泊青浦县地方，因语言误会，与该地民众口角起衅，造成“青浦教案”。

事件结束后，英国领事阿利国便利用机会，做扩充租界的试探。1848年向上海道台麟桂正式提出扩充租界的要求，11月27日，两方正式订立了协定。

协定将租界西面从界路（今河南路）推展到泥城浜（今西藏路），北面从李家庄推展到苏州河。

租界范围如下：西南至周泾浜，西北至苏州河滨的苏宅，东南以洋泾浜桥为界，东北至苏州河第一渡桥，全部面积增加到2820亩，比原来划定的面积增加3倍以上。

美国佬见英国人捷足先登，也不甘落后。1846年，美商亨利·华尔考被派为驻华代理领事。他就任之日，升起本国国旗，表示庆贺，这是上海土地上升起的第一面外国旗。1848年，美国圣公会主教文惠廉也老着脸皮向上海道台讨了一块地皮，将苏州河北岸的虹口地带划为美租界。

1863 年 6 月，美、英租界合并，称为“英美公开租界”。到 1899 年，公共租界的总面积扩大到 13894 公顷，名称更改为“上海国际租界”。

法国人见英美两国先后得利，也不肯吃亏。1845 年 11 月间，法国特派全权公使剌萼尼到达上海，同来的有参赞二名，随员四人，秘书一人，医生一人，记者一人，财政委员一人，关税委员一人，翻译一人，丝商代表、纱商代表、毡商代表、巴黎百货公司代表各一人。团体庞大，人材各色俱全，可见在其未动身之前，已有充分准备。

1849 年，法国领事敏体尼死缠硬磨，终于逼使上海道台麟桂应允，将今人民路到延安路一带划归法租界。具体范围在城河浜（今人民路）以北、洋泾浜（今延安东路）以南、关帝庙褚家桥（今西藏南路附近）以东、潮州会馆（今永安路以西、四川南路以东）以西，面积是 986 亩。

1861 年，法国人要求扩大法租界的范围，在他们的威逼下，上海道台对法国总领事说：“顾念我们良好关系，我愿热诚地设法使您满意。”这一“设法”，竟将其租界的东南界址推进到小东门外城河地区，面积达到了 1124 亩。

此后，法租界一再扩充。当然在扩充过程中，一再受到中国人民的奋起反抗。

到此，三国在中国土地上的势力取得了暂时相对的稳定，但他们是不会满足的。英、法、美帝国主义者还采取了一个十分狡猾的办法，奴役和剥削我国劳动人民。

租界万国商团的徽记

在 1845 年的《上海土地章程》中规定，租界内不准中国人居住，但到 1854 年修改章程时，外国领事们决定让中国人住到租界内，到 1905 年，租界里已有中国人 81 万，外国人 3 万。这样，从形式上看，似乎外国人、中国人很平等，实际上不仅扩大了奴役和剥削，还培植了中国的买办阶级为之服务。

1845 年 11 月，英国领事巴富尔从上海道台手里“租借”1080 亩地皮时，租界内还不曾听到过“巡捕”“巡捕房”。那时仅仅雇了几个华人做“更夫”，用以鸣警报更。

1854 年，上海小刀会起义，攻占上海县城，对租界方面的英、美、法形成威胁。于是三家急忙组织巡捕，并聘请曾任香港巡捕房职员的克列夫登来沪，担任“总巡”之职。同时，工部局拨专款用以组建巡捕房。

当时，公共租界中有中央巡捕房，下面分设 13 个巡捕房，如虹口巡捕房、老闸巡捕房、静安寺巡捕房等。

后来，在 1862 年，法国成立公董局，作为租界的“政府”，它设在法国领事馆里。公董局“有权”维持法租界的秩序，加强警力，清除腐败行为。然而当时公董局的官员，多数是早期殖民者中的冒险家充任，他们“事业”的中心，便是敛财聚宝，这决定了法租界的“政府”只能是合法犯罪的堡垒。这些官员不仅纵容一般犯罪行为的横行与存在，而且还直接与上海的黑社会发生协作关系，从而助长了上海黑社会势力的扩张。其主要的表现如下：

法租界成立初期，百业待举，但资金匮乏，法租界当局为了开拓税源，公然应允妓院、花船、赌场和烟馆营业，以便开征“营业税”。因此，在1906年以前，花捐赌税一直是法租界的主要财政收入来源。如1865年法租界的当年财政预算为103000银两，其中烟、赌、娼营业执照收入达48000两，占整个收入的46．6%。

久而久之，法租界当局发现，将烟税捐承包给有能量的地痞流氓，或与之深交者，更容易有效地收到捐税。于是，他们开始物色此等人物，并与之订立契约关系，承包的流氓只要按约完税，那么租界不仅将允许他们合法的生存，而且将承担保护他们的义务。这样，租界和黑社会势力逐渐开始结合了。

当时，法租界的治安主要靠巡捕房承担。

法租界自咸丰六年（1856年）起雇佣三名欧洲人做巡捕，旋设立捕房于小东门黄浦滩路（今中山东一路），同治五年（1866年）捕房改称公董局警务处，人称总巡捕房，俗称“大自鸣钟捕房”（又作者北门捕房或麦兰捕房）。后来随着法租界的扩张，又设立了中央捕房（1901年建，即卢家湾捕房，地址斜桥）、小东门捕房（1867年建，又作东区捕房）、八仙桥捕房（1887年建，又称西区捕房或霞飞路捕房，地址今淮海中路淡水路口）、福煦路捕房（今复兴中路）、徐家汇捕房（1915年建，地址宝建路，故又称宝建路捕房，宝建路今为宝庆路）和贝当路捕房（地址今衡山路）等共七个巡捕房。

巡捕按照其职能区分有两类，一类是巡捕，其职级有巡士、巡长、巡官等；二是密探，也称作“包打听”，有探员、探目和探长等。当时的巡捕房的人员主要由法国人和中国人担任。中国巡捕简称“华捕”，是从1869年开始进入捕房的，警务处当年试用了12名华捕。1886年，华人聂相宝担任了督察员，但不过一年，他便被手下的三名华捕指使流氓暗杀了。

1900年1月法租界再次扩张后，法国总领事白藻泰、公董局总董白尔从法国的殖民地安南招来29名安南巡捕，与公共租界的印度巡捕相对应。但因为这批安南巡捕语言不通，道路不熟，很难执行任务。因此，白藻泰、白尔又决定设置西探、华探各13名，由他们构成法租界巡捕房的骨干。骨干下面要有走卒，法国殖民者采用“以华治华”的手段，张榜招募华捕120名，维持法租界的治安，这些华捕又被叫做包打听。

清末时整个法租界巡捕房的职员计有总巡一人，副总巡一人，总稽查一人，侦探长一人，法捕60人，安南巡捕200人，华捕250人，法探七人，华探50人。因此，从数量上推论，警务处的密探是以中国人为主体的，这是黄金荣能够进入法租界并建立其势力的重要背景。

当然，黄金荣之所以被法租界当局吸收，更重要的是黄金荣不断扩大的黑社会势力。

在19世纪末、20世纪初叶，流行着一个历史名词“郑家木桥小瘪三”，这是上海南部流氓地痞，无赖的统称。黄金荣与这些人接触较多，最终也成为混迹在南市和法租界、

正在操练的上海外国巡捕

公共租界交界的典型流氓团伙“郑家木桥小瘪三”中的一员。

上海作为近代飞速发展成长的一个大都市，其特点之一，便是流氓势力的膨胀，地痞流氓是因为社会失控而形成的一种特殊的恶霸势力。上海在开埠以前，就因为人口流动频繁、社会结构复杂以及地方吏治不力，致使地痞流氓势力猖獗。1843 年上海开埠后，随着城市半殖民地半封建化的畸形发展，流氓势力急剧膨胀，这主要原因有三个方面：

（一）1853 年清政府漕粮改河运为海运后，几千条漕船上的水手连同河岸纤夫、搬运工人及商贩等近百万人陷入失业的绝境，沦为流氓。其中有相当部分的流氓进入上海，与本地流氓合流。在这些人中间，影响最大的是民间秘密结社组织——青帮，青帮原来是下层社会借以自保的形式，但以后逐渐成为黑社会势力的重要组织形式。稍后，主要活动于长江中游地区的洪帮，也由于贩运鸦片等活动而逐渐进入上海，与流氓势力结合。流氓帮会化和帮会流氓化是近代上海黑社会势力形成的一个重要特征，也是这一势力变得极其强大的重要原因。

（二）独立于中国行政法律体系之外而又各自为政的、畛域分明的公共租界和法租界，把整个上海一分为三。全市没有统一的政治法律制度和行政机构。不仅中国官厅不能在租界内行使权力，租界的巡捕不能往华界活动，就是公共租界与法租界的巡捕也互不相谋，各行其事。这种政治的不统一、社会控制力量分散软弱的环境，正是上海流氓势力滋生、繁衍的土壤。

（三）中外统治当局，尤其是租界当局，对鸦片、赌博和娼妓等肮脏营业的纵容与扶植，造成了一个巨大而邪恶的经济部门。上海租界向以“罪恶的渊薮”闻名于世。尤其在工商业甚为缺乏的法租界，公董局一直把像烟馆、妓院和赌场征税作为财政收入的主要来源。如 1865 年公董局全部收入的 2/3 来自赌税。这个以烟、赌、娼为核心的邪恶经济部门，既为大规模的黑社会的生存、发展提供了经济基础，又进一步败坏了社会风气，扩大了流氓势力的社会基础。

上海延安东路原是一条宽阔的河流，叫洋泾浜，为黄浦江的支流，它西经周泾浜与苏州河相连，往东汇入黄浦江。洋泾浜因通洋泾港而得名，浜分东、西两段，浦西称西洋泾浜，浦东叫东洋泾浜，后来东洋泾浜逐渐淤塞，从此浦西段不再冠以“西”字，而直呼洋泾浜了。

自19世纪50年代始，洋泾浜成为了英、法租界的分界线。其两岸各有一条小路，南面的是孔子路，北面的为松江路。洋泾浜上有九座桥梁联接两岸的南北交通，自黄浦江边数起，有外洋泾桥（又作头洋泾桥，今外滩延安东路口）、二洋泾桥（今四川南路口）、三洋泾桥（今江西中路口）、三茅阁桥（此地原有一座三茅阁道观，今河南南路口）、带钩桥（今山东南路口）、郑家木桥（今福建南路口）、东新桥（今浙江南路口）、西新桥（法国人称作“八里桥”，中国人也称其为八仙桥，今云南南路口）和北八仙桥（今云南南路以西）。最初，这九桥中除了外洋泾桥是钢骨水泥建筑外，其他均是木桥。由于此处为英、法租界的交界处，故车水马龙，商贾云集。沿岸茶馆临水高筑，明窗开敞，是商人们谈生意的好去处。

郑家木桥在开埠前就已架设，原名陈家木桥，上海话里“陈”“郑”同音，因此后来变成了郑家木桥。上海小刀会起义后，清军前来围剿，这一带顿成战场。英国领事为阻止战火蔓延到租界，下令拆除此桥。

到1856年，美国传教士泰勒为了方便教徒进出河南的基督教教堂，出资在木桥原址上建造了一座长10米、宽4米的木桥，外国人称泰勒氏桥，上海人仍称它为郑家木桥。郑家木桥一带，商号林立，各地商贾成交之后，就近到山东路麦家圈、福建路四马路（今福州路）一带逛妓院、赌场和燕子窝。久而久之，这一带就成了三教九流、各色人等的云集之处。于是，游民乞丐因这里茶楼酒肆、娼寮赌场毗连而时常出没，扒手小偷因这里各地商人成群也常在此聚散，流氓地痞们更是在这里呼风唤雨，聚众闹事。

租界建立之初，外国领事雇用华人“更夫”，鸣警报更，以行警察之责。当正规的警察制度建立后，中国巡捕（多为高大的山东人）也成为重要的治安力量

民国时期会审公廨审理案件的情形

由于洋泾浜是英、法租界（后来为公共租界和法租界）的交界处，桥南的法租界巡捕不能涉足桥北英租界，桥北的英租界巡捕也不能越界捕人，一河相隔，形同两国。

流氓地痞们充分利用这种制度的缺陷，以郑家木桥为其风水宝地，凡行人行经或者商船停靠此地，他们便一哄而上，于光天化日之下公开抢劫，大之于货箱皮包，小之于妇女所戴耳环发簪。这些歹徒往往在英租界得手后，只须逃入桥南的孔子路即告无事，而在法租界作案后，只要避入桥北的英租界亦然。洋泾浜的有利地形，使得流氓歹徒越聚越多。他们结伙成帮，各占地盘，形成了近代上海黑社会的一个雏形。

黄金荣在众多的流氓地痞中，凭自己的蛮力和社会经历，拳打脚踢，在洋泾浜两岸为非作歹，不断扩大自身的势力，不久与丁顺华、程子卿结成了流氓团伙。

那么黄金荣与丁、程两人是怎么认识，又怎样结拜为兄弟的呢？

有一天，黄金荣沿着老北门大街向北走着，前面就是洋泾浜了。虽然这时天色尚早，但浜边已热闹异常，只见许多从浦东、南汇、奉贤等县出来的农民，有的挑着时鲜的菜蔬，有的摇着小木船，运来了豆萁柴、稻草柴，他们云集在这一带等着货物出售。黄金荣正走着，前面就是郑家木桥了，突然听到桥北有人高声呼唤，往前一看，只见一个身穿黑短褂的年轻人拎着一大篮刚上市的毛豆头匆忙过桥从自己身边擦过，来到了桥面，后面边喊边追的农民看他过了桥，就在桥堍下蹬着脚哭叫着。黄金荣知道又是一些小瘪三在敲诈寻衅了，他只当没看见，回身慢慢走近那个穿黑短衣的年轻人，乘其不备，一脚踢翻了他抢来的那篮毛豆，厉声喝道：“跟我到县衙跑一趟！”那家伙抬头一看黄金荣凶神恶煞的样子，只得乖乖地跟着走，边走边说：

“大哥，帮帮忙，咱们一回生，二回熟，以后有啥用得着小弟的地方，定当效犬马之劳。”

“你叫什么名字？做啥生意？你们一起还有哪些人？”

“我叫丁顺华，南汇人，是摇柴船的。我还有个‘割头’兄弟，叫程子卿的，曾是镇口米店的学徒。我们手下还有十多个徒弟。”

“好吧，今天饶了你。碰到我，算是有缘分，你去把程子卿叫来，我们见见面。我在县衙供职，有什么事可找我。”

原来这丁顺华虽是南汇农民，但学习一手好拳术，在郑家木桥一带也是一霸；程子卿，绰号“黑皮子卿”，读过三年私塾，从小扛米，腿力很强，鬼点子也多，丁、程勾结在一起，对来郑家木桥售货的老实农民，肆意敲诈，他们利用桥南、桥北是两个租界这点，常常在桥南欺侮了人就逃到桥北，在桥北欺侮了人就逃到桥南。黄金荣对这一切都清楚，但他今天却故意要管一下，他看中了这一带的流氓，他要把他们收在手里，加以掌握，发展自己的势力。

黄金荣跟着丁顺华来到郑家木桥桥堍下的一间板房内。室内陈设简陋，除了一张床，一张吃饭桌，几条板凳，墙角还有个炉子，这是丁顺华的栖身之地。一会儿，进来一个肩宽膀粗的小伙子，脸色黑黑的，也穿一身黑色短衫裤，黄金荣猜想来者就是程子卿。

三个人互相作了介绍。真是“不打不相识”，谈起来倒也气味相投，又加双方各有打算，很快，大家就像久别重逢的老朋友，大有相见恨晚的感觉。

“我有一个想法，不知黄老板是否有意？”丁顺华有些吞吞吐吐地说。

“有什么话只管说出来，不要见外！”黄金荣心里已猜着七八分，但嘴上却不肯说出来，他要让他们来求他。

“我们今天遇到老板，也算三生有幸，如果老板愿意，我们最好能结拜为兄弟。”

不等黄金荣表态，程子卿高兴地一拍桌子，说声：“好主意！”

黄金荣正等着他们的请求，于是便顺水推舟地一口应允，接着程子卿出门去，一会儿就不知从哪儿弄了一只有大红鸡冠的公鸡来，丁顺华从床底下的纸箱内拿出一瓶白干，倒了三杯，把公鸡冠上的血滴入酒杯中，然后又把三人的中指戳破，把指上的血也滴入酒杯中，最后把血酒一饮而尽。经过这不伦不类的仪式之后，他们三人结成了把兄弟，按年龄排列，黄金荣为老大，丁顺华为老二，程子卿最末。

接着，丁、程的徒弟们也陆续聚齐，黄金荣看了一下，确有十多个人，他们排成两排，端端正正跪下向三位师父叩头行礼，接下来，有几个徒弟出去带回了一些鸡鸭鱼肉。大家动起手来杀、洗、烧，不一会儿，众人就围着桌子大吃大喝起来，也算作是一番庆贺吧。

黄金荣与丁顺华、程子卿结为兄弟后，便成为郑家木桥一带的无可争议的霸主。其收益的主要对象一是来此地贩运各种农产品的农民；二是洋泾浜两岸的商家。前者要留下买路钱，后者要交纳“保护费”。除此之外，有时仍要做些“抛顶宫”（抢路人的高级呢帽子）、“剥猪猡”（抢剥路人衣服）、“剥田鸡”（抢小孩的绒线衣等）、“背娘舅”（用绳套住被害人头颈背至角落，待昏迷即抢剥去衣物）等勾当。

经常来此的商贾、游贩和农民们，为了免遭麻烦，主动向流氓中的最有势力者行贿送礼以寻求庇护。这些流氓中的强有力者往往成为团伙帮派中的头目，逐渐形成流氓中的小金字塔，小地盘服从大地盘，小头目服从大头目，产生出盘根错节的地方恶势力。

黄金荣在丁顺华和程子卿左右手的支撑下，横行霸市，聚赌狎妓，成为洋泾浜两岸小有名气的黑社会头目。

对于租界来说，烟、赌、娼行业的兴旺，固然能给统治当局带来财源，但由此加剧膨胀的黑社会势力，却严重扰乱了其统治秩序。为了解决这个矛盾，租界当局相继采用“以毒攻毒”的办法，即吸收有势力的流氓充实警力，控制流氓团伙，以便把流氓的犯罪活动限制在不致危及外国殖民者的根本利益和基本统治秩序的范围内。

黄金荣便是在这一思路下“有幸”被法租界当局吸收，成为巡捕房的一员而发迹的。黄金荣后来说：“做包打听，成为我罪恶生活的开始。我被派到大自鸣钟巡捕房做事，那年我 26 岁。”

那么，在上海社会这样的背景之下，黄金荣是如何被招入法租界巡捕房，并不断得到法帝国主义的信任而步步高升的呢?

## 二、当上华人巡捕

据说，当时考试的地点是在总巡捕房。

要求十分严格，不仅要体格强健，还要略懂些外语，格斗中不仅要猛，还要机智，考试结果，黄金荣名落孙山。

林桂生知道后，一面责怪他无能，一面又催着父亲托人出面求情。桂生爹在女儿的催促下，很快就托人向主考官送礼行贿，总算为黄金荣争来了一个名额，黄金荣成了一名三等华捕。

黄金荣进了法租界巡捕房，当上了包打听，对此，他在 1951 年 5 月写的《自白书》中曾这样写道：“那时候，觉得做裱画司务没出息，做包打听有出息。现在想来，做包打听，成为我罪恶生活的开始。”

事实上，关于黄金荣如何被招入法租界巡捕房，不同的人说法不一。大多都认为黄金荣是因捕房公开招考华人巡捕时被录取做华捕的。但在法租界巡捕房曾工作过二十多年的原法租界督察长薛长莘写过一篇名为《我接触过的上海帮会人物》中有这样一段文字：“法租界当局为了收拾这批郑家木桥小瘪三，用以毒攻毒的办法，雇佣黄金荣为刑事科便衣探员（俗称“包打听”）。黄就把大部分小瘪三收为徒弟，加以掌握，作为向法捕房立功的资本。”

尽管当时法租界有可能是采取过“招考”华人巡捕的这一形式，但这决不是如一般的文官、武官考试，测量其职业与文化的综合素养，如果如此，则法租界当局决不会允许出现后来的烟、赌、娼合流且暗中雇流氓势力保护，以默允其存在而收资财的局面。法租界招华人警力以维持治安，本身就含有如供职有年的薛长莘所云“以毒攻毒”的策略，这已为其后几十年的历史所证明。所以，黄金荣入法租界巡捕房，也许应该是黄金荣以“招考”的形式被殖民当局有意纳入的。

历史证明，法租界与黑社会的协作关系明确化的确是在招进了以黄金荣为首的黑社会势力后开始的。

当然，法租界与流氓势力的结合，是历史的特殊选择。随着租界的扩张，人口猛增，社会环境日趋复杂。欧洲巡捕不谙中国的风土人情、社会内幕，难以有效地控制社会，以后所招募的外国巡捕也形同摆设。而黄金荣一类人物是从社会低层摸打滚爬过来的。他们了解社会各阶层的底细，尤其熟悉黑社会各团伙的内幕与布局。

租界与黄金荣一类人物的“联姻”，无疑将会扭转租界对治安问题一筹莫展的局面，大大改善对上海社会的控制。

另外，烟、赌、娼等邪恶经济部门的存在，是殖民当局获得稳定捐税的基础。为了保证其正常营业，就必须容纳与之有血肉关系的黑社会势力。而流氓团伙间的严重妨碍统治秩序的勾心斗角、你争我夺的矛盾，也只有靠“以毒攻毒”、培植最有能量的黑势力的方法加以解决，从而保持社会新的平衡。

总之，法租界当局为了确保租界的平安，放弃了司法公正这一道社会公正的最后提防，而心甘情愿地引入流氓势力，也确实是可以想见的。

对于黄金荣来说，法租界向他这一类人等伸出“橄榄枝”，不啻于给他们铺平了一条登天的大道。在过去，黄金荣率众从事敲诈、抢劫、诈骗等黑道事业，既担惊受怕，要躲避官府的围剿，又须防止同道兄弟的“黑吃黑”。他们虽能得到温饱，甚至有小财好发，但社会地位低下；能光明正大地出入于大庭广众之前，获得体面的社会地位，是其梦寐以求的理想。况且，有了殖民当局做靠山，他们就可以凭借自己亦官亦匪的身份，吞并其他流氓集团，以独霸一方。

事实上，黄金荣日后成为赫赫有名的流氓领袖，成为上海滩上炙手可热的三大亨之首，乃至中国黑社会势力的龙头霸主，正是以担任法租界密探之位为起点的。

可以说，1892 年是黄金荣一生的一个重大转折点。

这个一心只想“有出息”的野心勃勃的年轻人，踏进法租界巡捕房，使他有更多的机会结交社会上形形色色的人物，以他为中心织成错综复杂的关系网；踏进法租界巡捕房，使他有更多的机会施展他早已学得的狡诈伎俩，实现他向上爬的野心。

然而做包打听应该说是巡捕房最低阶层，他们不但要站岗、执勤，而且工资也极其微薄。但黄金荣靠着运气和自己的能力，很快升为巡捕房所设 13 名华探中的一个。

黄金荣的运气是怎么来的呢?

原来，黄金荣在上海县衙门做事时，认识了一个达官贵人，这人便是法国驻上海副领事兼法租界总监华尔兹的翻译官，名叫曹显民。

这个曹显民和他的弟弟曹启民两人在当时不但显赫一时，而且炙手可热。其祖曹开云，曾于咸丰、同治年间做过松太道盐运使。曹氏兄弟仗着祖先的财势，赴法留学，在一所天主教办的教会学校读书。回国后，兄弟就在法租界天主教堂里办事。

不几年，华尔兹既是总监，又是副领事，还是天主教在上海的主教。华尔兹身兼三职，更加不可一世。曹显民既留学法国，当然精通法语，又加是个天主教徒，华尔兹一眼看中了他，命他充当随身的翻译官。

曹显民一经得到华尔兹的青睐，立即青云直上。他的弟弟启民，也托庇兄荫，附翼飞翔。

曹显民在当时除上海道台大人外，是无出其右了。曹显民家住在上海城里，每日去法租界，老北门是他必经之路。当时清政府虽然腐败不堪，但对于进出城门者，“文官住轿，武官下马”这个法令尚未废除。

曹显民进出城门口时，必须开门下车，步行出城，然后再上车关门。曹显民这个上下车开关门的动作，却引起了黄金荣的注意。

当曹显民的马车临到城门口时，他就恭恭敬敬地走上前去把车门打开，让曹显民步行出城；上车后，他又小心翼翼地把车门关上，躬身而退。如此时间一久，曹显民对这个黑麻子小流氓就有了好印象。

一天，华尔兹带着翻译官曹显民，前去检阅这批华捕，曹显民一眼瞥见经常给他开车门的小麻皮，心有所思，就在华尔兹跟前嘀咕了几句，华尔兹点了点头。

不久，黄金荣被升为13名高级华捕中的一个，手底下不但有10名普通巡捕，就是工资待遇也较为提高。

当了高级华捕后，巡捕房给每人发一张卡，编号从1到13，以1号卡资格最老，威势最大。华捕中一号叫徐安宝，绰号“大块头”。13号卡为黄金荣。

黄金荣当上这个差事后，对曹显民十分感激。训练结束后，又被分派到油水最好的地段——十六铺沿黄浦东昌渡码头地段执勤。

当时的十六铺地带虽显而易见是租界，但那里是法租界和南市交界的地带，真正是“华洋杂处”。那一带码头林立，商号鳞次栉比，几乎所有华洋轮船出入上海，都以十六铺码头为停泊处。

这一带也是流氓、地痞以及一切社会沉渣麇集的地方。上海道尹衙门因惧怕外国人的势力，偏偏就不管十六铺的寸金之地，任让法国人在那里大发洋财。

到了后来，法租界开始通行电车，一条电车轨道直贯大南河，法租界巡捕房在十六铺地区的势力日益扩大，私设公堂，招兵买马，出现了“三光码子”和“望江楼出身的人”。

所谓“三光码子”，是指华籍巡捕的助手，他们不分昼夜，为巡捕冒险犯难，办事跑腿。所谓“望江楼出身的人”，便是华籍巡捕和一批三光码子的合称。望江楼是由巡捕们出资，开设在十六铺黄浦江畔的一座茶馆，设有白木楼座32副，是巡捕和三光码子们休憩、治事和问案的地方。

由于在萃华堂学艺期间，黄金荣常常到城隍庙得意楼喝茶，结识了城隍庙一带的地痞流氓和青红帮分子。自从当了法租界的巡捕，便有意识地进一步和这些人厮混。

黄金荣毕竟是个有心计的人，他虽是郑家木桥这一带的流氓头子，但从不在这一地段亲自露面，他清醒地意识到，他要实现自己向上爬的美梦，关键是必须博取法国主子对他的信任，而为了表现自己的侦缉才能高人一等，他必须在暗地里要一些手段。

他用小恩小惠收买一批惯窃惯盗，制造内讧，利用一批盗窃分子去破获另一批盗窃分子，玩弄“贼喊捉贼”“假戏真做”的手法。

譬如，黄金荣一面布置一批小喽啰，约好某月某日在某地抢劫，一面叫另一些喽罗到法租界巡捕房向他“告密”，他再向法国警探汇报，这样就能使他掌握带人破案的主动权。

到时，原来约好的一批喽罗果然到某地作案抢劫，而黄金荣亲自带领化装埋伏的侦缉队将他们一网打尽。这些盗匪被送进捕房后，黄金荣又在捕房内打点，将那些喽罗陆续一一释放出来。

此法可谓“刀切豆腐两面光”。法捕房当局看到黄金荣如此连续破了几次盗案，便对他渐渐重视起来。

黄金荣原来在捕房中的地位很低，但因他连连破案有功，再加上精于敲诈勒索，巧取豪夺，经常给法国巡捕头目恭献财帛，很快就从原来的“二埭头”升到“三埭头”。

黄金荣的麻脸麻子多，点子更多。他对上海的一些商店老板和富翁进行敲诈勒索的办法也是很巧妙的。

上海公馆马路是个繁华的场所，这里商店云集，除了绸布店、杂货铺、珠宝店，也出现了百货公司，还有卖皮鞋的。这些商店平日生意兴隆，但最怕的是小流氓上门闹事，因而法捕房为维持租界治安，向来有便衣巡捕配合包探巡逻街头。

黄金荣摸到这一弱点，便常常唆使一些青红帮分子和流氓地痞，在商店门前或闹市地区寻衅取闹，甚至假装打架和骂街，影响商店营业，使顾客远而避之，不敢进店买东西。

这时，黄金荣便带着巡捕和便衣密探上街捕捉，闹事的流氓闻风逃之夭夭。有时，他还故意抓起几个来惩办一下。

一天，轮到黄金荣出巡，他刚到公馆马路，就见前面不远处围了一堆人，正在指指点点。黄金荣三步并作两步赶到前面，一看，原来是“沈记绣鞋店”。

“黄老板来了!”人堆中有人喊了一声。

随着喊声，只见店铺内冲出几个小流氓来，看见黄金荣，都吓得抱头鼠窜。黄金荣一个箭步冲上去抓住一个，狠狠地训斥了一顿，并厉声说道:“以后再到这一带闹事，我砸断你的狗腿!”那个小流氓吓得连连点头称是。

这一招，引得围观的人大加赞扬，认为黄金荣真有一套。可是善良的人又哪里会想到，这一切都是黄金荣预先布置好的呢。日子一长，黄金荣的名声大震，托人上门求情的络绎不绝。

法捕房对街有一“兴记咸货店”，店内各种咸货俱全，店主又会做生意，因而整天顾客盈门，生意兴隆。

店老板张阿兴是宁波人，经常来往宁波上海之间，将上海人爱吃的醉蚶、蟹糊、咸鲞、英泥螺等贩到店里。好生意、好赚头引来了不少眼红的人，这几天常有些不三不四的人在店堂里捣蛋，阿兴怕敲掉生意，对这些人总是笑脸相迎。

他也知道，要在上海滩上立住脚，这批流氓地痞是得罪不起的，于是常常大包小包地塞给这些人。可是，这些家伙毫不知足，胃口越来越大。长此以往，怎么得了，张阿兴脸上的愁云越来越重了。

正在张阿兴一筹莫展的时候，有人悄悄地对他说："这事不难，只要请黄老板出面压一压，保准太平无事。"

于是，阿兴马上备了厚礼，请黄金荣出场。没想到黄一口答应，除了要点钱作为打发这些流氓的费用外，也没向阿兴伸手。此后，"兴记咸货店"还真的没有人来捣乱了。

张阿兴十分感激黄金荣，到处吹捧他，当然也少不了经常给他送些厚礼。

这出由黄金荣一手导演的闹剧，取得了应有的效果，黄金荣的得意可想而知了。

于是，一些商店老板和富翁财主，感到他确有办法。每逢过年过节，甚至按月给他送钱送礼，把他当作护身神、靠山，有的还投帖拜他做老头子，有的拜他为寄爹，有的拜他为自己的先生。

对于那些有名的富翁，黄还唆使心腹采用绑架勒索的办法，大肆敲诈。有时，一下子就敲诈了几十万美钞。这些受害人被敲去大笔钱财，还得请黄金荣出面解决，以免后祸。

接着黄金荣又一手策划了几起大抢劫案，然后又亲自破了这些案，法国主子十分赏识他的才干，提升他为探目。

晚年的黄金荣回顾这段经历也承认："在租界时候，巡捕房是外国人专制管理的，租界里的百姓，因为我是巡捕房里包打听，所以百姓认为包打听能有法子可以与外国人接近，讲得上话，所以卖烟土的、开赌台的人都来与我商量，托我去运动法国头脑谋求太平，等事体成功后，他们送些钱谢我，还有一辈子做生意的人，因为怕被人欺侮，也托人介绍拜我做先生，希望能依靠我的情面不被人家欺侮，但是里面难免有行为不好的人，或是外面的人时常借我的名气，在外面讲斤头，做不好的事情。我在旧法大马路聚宝楼做茶会间（这是包打听平日碰头地方）用了不少伙计，在外面打听盗贼线索与行动，每天在茶会间报告我好去破案。"这段话，黄金荣显然是避重就轻了，当时的黄金荣可是风光八面、威风凛凛、人人要巴结的大人物。

黄金荣走红的另一个原因是得到石维也的赏识。石维也是巡捕房的副总巡，直接管理包探和巡捕，黄金荣对之竭尽奴颜婢膝之能事，经常行贿，加之黄金荣的治安"手段"，从而深受石维也的器重，被其视为最得力的干将。石任内的绝大部分贪污都是黄金荣一手包办的，所以有此靠山，黄金荣便站稳脚跟，且无不成功，步步高升。当然这是后话。

不久，黄金荣又从小东门巡捕房调至法租界治安捕房的总机构——大自鸣钟巡捕房，又称麦兰捕房。

这大自鸣钟的地名，现在泛指金陵东路以北、延安东路以南、紫金路以东到黄浦江这一带。1865 年法租界公董局在原福州会馆旧址上建造了三层大楼，中间有座高高的钟楼，装有当时上海第一台大自鸣钟。它与外滩江海关大楼的大自鸣钟和跑马厅彩票楼的自鸣钟鼎足而立，号称上海三大自鸣钟。直到黄金荣退休后的 1934 年，这里才翻建成一幢巴赫司风格的十层大楼（其址今为延安东路黄浦区公安分局）。巡捕房的正式名称叫法租界北区巡捕房，租界时代，楼前曾矗立原来法租界总巡麦兰的铜像，因而俗称麦兰巡捕房，一度曾做过法租界的总巡捕房。

这一调任，使黄金荣身价倍增，十分威风，手下的巡捕不仅要对他立正行礼，还要奉敬赃金。

此时的黄金荣，有了身份和地位，要娶林桂生的愿望便更加迫切。

## 三、娶得能干的内助

黄金荣在巡捕房的地位不断提高，除了自身的能力和手段，还有一个主要原因是程子卿和丁顺华的协助。

原来程子卿、丁顺华自与黄金荣结拜兄弟，一直帮黄金荣放眼线、设圈套、演假戏，为黄金荣在法国巡捕房中站住脚立了功。黄金荣也清楚，这两个人日后对自己还大有用处，于是，他又把这两个把兄弟拉进了巡捕房当巡捕，这一来，黄金荣在巡捕房中实力大增，消息也灵通了。

他的实力大增还有一个原因，就是林桂生的精明能干。

林桂生是个厉害的角色，黄金荣这样一个爱赌好嫖的人，这段日子以来竟然只围着她一个人转，除了办案，黄金荣一闲下来就钻到林家陪桂生。

其实说来也不奇怪，林桂生既不靠美貌迷他，也不靠“河东狮”的凶悍来束缚他。她会出主意，她能帮阿荣想出“高招”。这使黄金荣越来越意识到，他要在上海滩上出人头地，不仅要靠“洋大爹”的势力，还不能少了这个得力的“贤内助”。这个“贤内助”不仅主意多，而且有一笔不小的财产，这也是黄金荣所极为需要的。

实际上，这个林桂生的名气此时在上海滩已不小。林桂生自幼与父亲在黑社会里混，在江湖弟兄的环境中成长，对黑道之切口、路径和布局如数家珍，其父曾希望她能专心求学，将来能光宗耀祖，但看到女儿整日只喜舞枪弄棒，和那些豪爽泼辣的女子来往，便打消了这一念头。果然，林桂生后来便加入“青帮十姐妹”，成为声震大半个上海滩的青帮女强人。

所谓的“青帮十姐妹”便是十个上海滩上出名的女流氓，她们结拜为异姓姐妹，肆无忌惮地为非作歹。这 10 人就是施金绣、金刚钻阿金、阿桂姐、林桂生、洪老五、小脚阿娥、李宝英、陈宝姐、沈扣珠、丁宝英。

### 青帮十姐妹概况

施金秀　常州人，范开泰之妻，拜女流氓何氏为师傅。善于交际，性格豪爽，手段泼辣，人称“强盗金绣”，为上海女流氓之首。

金刚钻阿金　丈夫在三牌楼开万昌珠宝店。拜流氓尤正熙之妻为师，加入青帮。

阿桂姐　南市陆家石桥私娼，后成为妓院鸨母，为黄金荣早年之姘妇。在黄金荣的帮助下，后为粪霸。

林桂生　黄金荣之妻。

洪老五　扬州人，父洪九豹子开私娼妓院，承父业，且从苏北等地贩卖女孩到上海妓院。

小脚阿娥　宁波人，娼妓出身，精拳术，传为虞洽卿之姘妇。后开设妓院。

李宝英　上海人，丈夫陈六甲，为地皮经纪人。加入青帮，专事“仙人跳”“放白鸽”等勾当。

陈宝姐　上海龙华人，姘夫祝宝山，两入狼狈为奸。

沈扣珠　苏北人，到上海帮佣，后为私娼，与姘夫冯子宝合伙拐骗妇女为娼妓，后从事“贩猪崽”。

丁宝英　苏州人，幼学评弹，后嫁珠宝商人童容春。与林桂生关系密切。设赌局害人。据说她后来在众位姐姐衰老后，自行建立了第二代青帮“十姐妹”。

却说桂生父亲这几天正忙着将阿荣招赘进府。老人有自己的打算：阿荣丧服已满，女儿年纪也大了，要赶紧把婚事办了，也可了却自己的一桩心事。

桂生和阿荣当然也巴不得早日生活在一起，最近俩人也常在一起商量。毕竟男大当婚，女大当嫁。

义和团事件后不久，30 多岁的黄金荣与林桂生结婚了。他们结婚的地点在“聚宝茶楼”。

当时的法租界有条大马路，因沿新开河外滩有一座法国驻沪公馆，因此就名“公馆马路”。这条公馆马路，东起外滩，西止八仙桥，马路中段东新桥十字路口，有一家新开的茶楼，招牌叫“聚宝茶楼”。

这家茶楼屋两旁都是店面房子，当中有条大楼梯，登楼就是茶室。楼上五正室，窗户三面临街，内部装饰全新，座位舒适宽敞。

室内另辟“雅室”和“幽室”，陈设幽雅，安放着精工雕刻的紫檀木大框床和大交椅。每当夏令，大框床编藤为席，冬季铺毯为褥。这摆设虽不能称为富丽堂皇，也可以说是别具一格。

结婚那天，林桂生的父亲为了摆阔气，要黄金荣特地雇了一顶八人抬的花轿。

这种花轿精工细雕，剔透玲珑，朱漆泥金，花鸟人物，栩栩如生；丝柔金铃，珠缀龙凤，轿夫抬行，铃声叮当；嵌镜映月，光彩射目。

这种五岳朝天的朱漆泥金花轿，在过去封建王朝是诰命夫人所乘坐的。因此旧社会新娘出阁乘坐这种轿子，均是凤冠霞帔，用以表示出阁的气派和排场。

当天，新娘林桂生乘坐这种花轿，吹吹打打，仪仗整齐，从八仙桥林家宅一路直排至东新桥尽头，道旁行人注视，确是热闹非凡。

一群趋炎附势的苍蝇和专吃婚丧饭的行里人，执事唯恐不速，跑腿轻健有力。租界里那些流氓巡捕，流氓中有名的流氓，戏院和浴室的老板，还有些“蛇首”，均前来送礼贺喜。

拜完花烛以后，黄金荣满面春风，和林桂生当众对拜，向来宾敬礼，在一片鼓乐声中，排开筵席。

一班流氓兴高采烈，猜拳行令，在杯盘交错声中，贺客们又送来各档的堂会戏，在临时搭起的戏台上，演出各自拿手的剧目。乌聒鸦噪，直闹到夜半三更，各自兴阑散去。

黄金荣知道：今天晚上来送礼贺喜的大人物有很多是林家的朋友和亲戚。他庆幸自己这一步走对了，以后的路肯定会越走越顺畅的，自己的未来……

黄金荣再也想不下去了，一个呵欠后，便呼呼大睡起来。

婚后，黄金荣先是住在一枝春街。后来用积蓄在民国路（今人民路）买下了老北门新街旧式弄堂同孚里7号的一幢房子。过了十几年后，他们才入赘八仙桥高包禄路（今龙门路）林家老宅，改名为钧培里。

黄金荣与林桂生结婚，使黄金荣的人生跨入了一个新的阶段。这是因为黄金荣虽是法租界的华捕，当时还没有像后来那样发迹，对于黄金荣来说，很需要利用林桂生家的势力和背景，所以黄金荣是以入赘女婿的身份“高攀”林家的。

另外，黄金荣心粗气浮，凭蛮力、狠劲闯天下，要说素养与计谋，那是在以后的生涯中慢慢磨炼出来的。在当时，他还是十分钦佩林桂生的，他知道眼光犀利的林桂生是他称职的智囊和参谋。

果然，黄、林携手，在二十多年夫妻生涯中，共同创下上海滩黑道第一号之地位，黄金荣始终对她言听计从，恭敬有加。当然，到了黄金荣地位稳固后，他又因林桂生相貌平平且日益老去，遂另觅新人而中途分手，各奔东西。

当然，此为后话，暂且免提。

此时黄金荣有程子卿、丁顺华两个结拜兄弟，又有了林桂生这样一个精明能干的“贤内助”，真可谓如虎添翼。正在这时，法捕房接到一个案子，法总监指名要黄金荣去侦破。

## 四、夜擒“黑风”巨盗

法捕房接到的是一个什么案子呢？

原来，19世纪末，太湖一带，出了个人称“黑风”的大盗，据说他手下人并不多，可个个都很精明强悍，闹得官府十分头痛。

这“黑风”来往于无锡、苏州、昆山等地，多次作案，均未破获。这次“黑风”又在常州抢劫一个巨富，被抢的大量财宝中，有一颗价值连城的夜明珠。主人急得无法，只得求助于法国巡捕房，希望能缉拿匪首，追还被盗珍宝。

法国主子认定，这是一桩油水很足的买卖，便安排黄金荣前去破案。

黄金荣明知这是桩苦差事，可是一方面已定下来的任务不可推辞，另一方面也想借此机会再显示自己的本领，就一口应承下来。

接受这一差事后，他立刻命令丁顺华、程子卿放出眼线，摸清了“黑风”的去向。

原来，“黑风”一伙在常州作案后，知道案情重大，商量后，大家分散隐蔽，夜明珠及主要珍宝都由盗首“黑风”携带，藏在他苏州相好翠喜家。

黄金荣又去找了上海县衙门的梁捕快，托他与苏州府衙门的朋友打个招呼，请他们协助捕盗。然后，他带了法国巡捕房与上海县衙门的公文，与丁顺华、程子卿等人出发前往苏州城去了。

到了苏州城，即与府衙门的朋友接上关系，掌握了“黑风”活动的规律，并商定了缉盗的计划。

这天下午，风不大，但气温骤降，虽是深秋季节，已感寒气透骨了。

南国清秋，一轮皓月，近接中天，这时分已是万籁俱寂，人们沉入梦乡之际。

黄金荣一行五人，个个都穿上黑色紧身衣裤，于当夜亥时，沿着苏州城里的小巷匆匆向城西枫桥镇奔去。他们径直越过上塘河上的枫桥，穿过几条小巷，停在了一堵矮墙外。

黄金荣一纵跃上矮墙，潜至窗外，用手指戳破窗纸，只见屋内有一个三十开外的彪形大汉正搂着一个妖艳的女人在喝酒。

那汉子喝得已有些醉意，口齿不清地说：“翠喜，你跟着黑大爷，保你今生吃香着绸，衣食不愁！你如对大爷三心二意，休怪我白刀子进，红刀子出！”

“哟！黑大爷，我是吃了熊心还是虎胆？您能常想着我，不忘了来看看我，我就心满意足了。您说呢，大爷！”

说着，翠喜撒娇地就势倒在那汉子的怀中。

那汉子满意地笑了笑，抱起翠喜放在床上，极熟练地扒去她的衣裤，一个白晃晃的身子顿时呈现在黄金荣面前。黄金荣心中叹道：“好一身嫩肉。”

黄金荣看得真切，却并不着急。过了一会儿，他才跳下来。

却说那汉子猛听得窗外有异声，立即警觉地把灯吹灭，顿时，屋中一片漆黑。黄金荣这才发现，自己踩到一块瓦片上去了。

这个黑大汉，正是太湖巨盗的首领，人称“黑风”的。他不敢疏忽，一动不动，定睛向外看时，因月光皎洁，窗纸上印出了外面的人影。这一惊非同小可，他扯起一件衣衫胡乱穿上，一纵身跳到门后。

没等黄金荣堵门，“黑风”已夺门而出，飞上矮墙，运用轻身功夫，在矮墙上飞速逃离。黄金荣不敢犹豫，来不及和墙外弟兄打招呼，紧追“黑风”不放。

黄金荣也是练过些拳脚的人，虽没有人们所说的飞檐走壁之本领，但凭着一股亡命劲，倒也没让“黑风”甩掉。“黑风”眼见不妙，心生一计，突然回转身来，趁其不备，飞起一脚，朝紧追不舍的黄金荣踢去。

黄金荣果真措手不及，心一慌，叫声“不好！”人已掉下墙去。他觉得左脚一阵疼痛，略一迟疑，“黑风”已转身脱逃。黄金荣哪里肯轻易罢休，忍着痛从紧身裤管里拔出匕首，朝黑影逃去的方向追去。一转眼，那黑影已不知逃到何处。

追到面前，看到一座寺庙，里面黑糊糊地看不真切。正踌躇间，只听见寺内传出凝重的钟声，在宁静的晚上，这钟声尤其显得庄重，不同凡响。

黄金荣猛然想起，这就是有名的“夜半钟声到客船”的寒山寺。只是此时他并无闲情观赏。他悄悄地跃上钟楼，借着月光，查看周围的动静。

这时，月色清朗，大地一片银白。只见一个黑影往北窜出寺院，黄金荣哪敢怠慢，立即追出院去。

黄金荣追到前面，才发现这里横着一条河，“黑风”已经跃入河中，准备泅水逃跑。虽然这时已是夜深风紧，黄金荣也顾不得这许多了，跟着也跳下河，泅水追捕。

刚一下水，只觉河水冰冷刺骨，刚才受伤的脚现在越发剧痛难忍。而“黑风”毕竟是太湖大盗，谙习水性，一会儿已泅水上岸。而黄金荣虽竭尽全力，仍不免几次沉入水中，差一点把命丢在这条河里。

“黑风”庆幸自己脱离危险，准备继续向北逃，然后沿着古运河回无锡，谁知正在“黑风”得意时，河边芦苇丛中突然冒出两个人来，乘其还未清醒，已把他牢牢夹住，并用绳索把他捆了。

等黄金荣艰难地爬上岸时，丁顺华已把“黑风”押到了面前。

原来，当黄金荣追赶“黑风”之际，其余四人蹲在墙外久等不见黄金荣的人影，心知有异，于是决定由程子卿带一个兄弟在屋外封门，丁顺华带另一个兄弟来接应黄金荣。

等他们返回翠喜家，搜到了“黑风”窝藏的财宝时，天色已经大亮。

黄金荣等人带着巨盗“黑风”来到苏州府，将他暂押狱内，并派人火速赶至上海，向法租界巡捕房报告消息。然后几人在苏州大吃大喝大嫖，直玩得昏天黑地，醉眼迷离。

此事，后来有人于20世纪30年代写的《上海名人传》中曾有这样一段描述：

“旋有太湖巨盗抢劫巨案，先生（黄金荣）奉命赴苏办理，躬身往捕，盗首鸷悍难擒，先生不避艰险，与之捕，盗登屋，先生亦登屋，跃下时，伤其足，盗泅水，先生亦泅水，几灭顶，盗卒被手擒。”

因为此案，黄金荣更加受到法国主子的青睐。以后，凡遇巨案或别人破不了的案子，巡捕房当局必将此重任交给黄金荣。而黄金荣也不负主子的期望，一般案子到他的手中，都能迎刃而解。

黄金荣充分利用包打听的身份，以简制繁，以静制动，逐渐在法租界建立了庞大的明的、暗的、公开的、秘密的网络，在法租界站稳了脚跟。

他的长媳李志清回忆说：“想想也是好笑，我们老太爷一辈子不会打枪，绝少出手打人，而且一生一世不会说法国话，但是他却在法捕房做了三四十年的总探长。职位升到无法再升，法国人还要拉牢他，于是只好又破规矩，把法国人自家才可以得的荣誉职务让出来。”这其中全部秘密就是利用黑社会势力，亦官亦盗，拓展势力，形成了一个独立的势力范围。

可以说，此时的黄金荣在人生的道路上已迈上了一个崭新的台阶，以后的道路，是否能够一帆风顺，是否能够做出点样子来，且听下面细说。

# 第五章 Di Wu Zhang

# 在上海滩大玩一串串邪招

黄金荣越来越酷爱玩些邪的，从邪中找快感，找满足，仿佛整个上海滩都在向他不停地招手，他乐了，乐得忘乎所以。但『赤脚财神』教导麻皮金荣：不要做洋人的拐杖，而要做洋人的一条腿，洋人可以离了拐杖，但不能断了腿。于是上演一出『英雄救美』戏，密室里与迷人少妇风流快活；侦破一起间谍案，又完成了窃取国事机密的任务。简直是大出了风头，又占了便宜。这里面黄金荣使出了他的几项绝招是……

## 一、奇怪的四明公所事件

法国是在上海开租界的第三个帝国主义国家。它野心勃勃，分别在 1861 年、1899 年、1914 年三次扩充了租界范围。引起中国百姓的极力反对。

在法租界里，有个庄子，坐落在上海城老西门外。庄子的四周有一圈两人来高的围墙，严严实实地裹住里面的房舍、树木。南面两扇乌黑的大门，终年关闭着，一个月难得打开几次。门额上钉有一方大匾，上书“四明公所”四个大字。

这庄子里，或者说这“公所”里，住着的主要不是人，而是“鬼”。差不多每个月都有“新鬼”迁来，当然，也有“老鬼”迁出。

原来，这“四明公所”是宁波人同乡会造的寄存棺材的地方，门前的一大片荒地，是宁波同乡会的墓地。

宁波人当时有 30 万人旅居上海，是上海外来人中数量最多、势力最大的一支。当时在上海滩上号称“四明帮”或“宁波帮”。30 多万人中每年变成“鬼”的，除了少数“魂归故乡”之外，大部分都聚居在这公所里，在所里呆上几年，若仍然无法“叶落归根”，就抬到门外的墓地里埋起来。

1802 年旅沪的宁波同乡，通过“一文愿捐”的活动，筹集了一笔巨款，购买了城外小北门与老西门之间的 30 亩土地，修造起一座规模宏大的宁波会馆——四明公所。

公所建成后，由宁波同乡组成的董事会负责其事务。以后公所又通过购置土地，建造房舍，成为上海最大的外乡人会馆。1844 年，会馆获得上海知县的批准，得到免纳租税的许可。会馆除祠堂、门楼等建筑外，主要作为埋葬同乡遗体的墓地和停放棺木、灵柩的场所。

1849 年，法租界建立后，四明公所被划入法租界的范围。法国人对租界内的坟墓十分反感，百般挑剔，说它是传播疾病的场所，千方百计要霸占这块土地。

1873 年冬，法租界当局借口要修筑马路，要求侵占公所的部分土地。公所董事会得知此事，向租界公董局递交了一份请愿书，认为修了路，势必会使车马行旅，践踏于死者尸骨之上，而使地下阴灵不得安宁，提出绕道筑路的要求，绕道所需费用，均由公所承担。

然而租界当局早已将公所视作眼中钉，肉中刺。一天上午，公董局总董亲自到四明公所查看地形，受到群众的斥责，几个前来干涉的巡捕也被纷纷赶走。

下午，闻讯围拢的宁波同乡人又朝公馆马路上的法租界当局拥去，提出抗议。法租界当局，居然向群众开枪恫吓，当场打死一人。同胞的鲜血，更引起了群愤，约 1500 多名群众，把公董局团团围住，并放火焚烧法人住宅。

法国巡捕及军舰上的水兵纷纷出动，前来镇压，直到上海知县率人前来，才驱散群众，是夜又有六名群众被打死。第二天，租界当局恐事态扩大，于己不利，不得不取消筑路计划，承认四明公所为中国人所有。

这第一次四明公所事件发生时，黄金荣只有5岁，且还没有迁到上海来。当第二次四明公所事件爆发后，黄金荣参与其中，他充当了什么角色呢？

1898年，中法战争后，法租界得到扩大，公董局再次提出，要求征购四明公所的土地，建造医院、学校等公共事业。

5月，法国领事白藻泰突然给上海道台蔡和甫一纸照会，内中说：

“此地为贵国租予法国，即应归法国管理。且中外公例，地方不便之事，官厅可以改革。四明公所义家逼近居民，人鬼杂处，易生疫疠，于我侨民实属不便。希道台阁下急速处置此事，本领事翘首以待。”

蔡和甫一接到洋人的照会，马上召来四明公所的董事，责令董事会从即日起，让宁波人领出旧柩回原籍埋葬，不准再有新棺材权厝。既然道台命令了，公所董事会只得照办，在褚家桥地方买一块荒地，准备搭几间小屋，临时寄放新棺。同时，又通知旧柩主人，将寄放的旧棺领出埋葬。

按说对于洋人的一纸照会，道台蔡和甫贯彻执行得也够积极迅速的了。谁会想到法国领事还嫌动作太慢，实施得不彻底。或许这照会，只不过是“先礼后兵”的虚礼，真正的目的在于“兵”吧！

5月28日凌晨，四明公所围墙外边的乌臼树上的老鸹，突然呱呱叫起来，一群群拍着翅膀惊起，在公所上空盘旋。

老鸹的刺耳噪声将公所的管事从梦中惊醒。管事躺在床上，连连吐了三口唾沫，表示对不吉利的老鸹叫声解咒。他想，今天真怪，老鸹怎么叫得这么起劲？

他披起衣服，拖着双布鞋走出房门，一片嘈杂的人声从墙外边传来。他急忙爬上墙头一看，惊呆了。墙外边百来个法国海军陆战队士兵正把洋枪斜背在肩上，手里操着把洋镐，在挖墙脚。在这些士兵的背后，两门大炮正在架起。

那管事“啊”的一声叫唤，一个士兵听见了，扔下洋镐，从肩上取下洋枪，朝墙头

租界里穿着裙子的苏格兰人给上海人留下了深刻的印象

就是一枪。幸好那管事溜得快，没打中。

那管事别转屁股往停棺材的北屋逃去，打开公所的边角门，赤着脚，一溜烟地跑到公所董事家里禀报。董事急忙飞禀上海道台。那蔡道台也不敢怠慢，当即拜会法领事。

几十万宁波人，一听到法国兵来拆四明公所的墙，要动他们的祖宗灵柩，还要挖他们的祖坟，群情激愤。公所董事乘这时机提出罢工罢市。

次日，在沪30万宁波人宣布罢工、罢市，一时间，上海轮船停航，黄包车停拉。连受雇于法国人的保姆、厨师也愤然离职，宁波人所开的近千家店铺全部关门。愤怒的人们向法国人投砖抛石，击碎路灯，使法租界变得一片漆黑。

这一天中午，四明公所周围挤满了宁波人，他们当中许多人，看见公所的围墙已被法国佬扒坍了几处大缺口，有些靠墙放的棺木已露出来，有的棺顶上，正砸着大石头。他们见自己先人的骸骨竟被碧眼红毛野人糟踏，哪有不火冒三丈的，便不管三七二十一，直向墙外的法国兵冲去……法国巡捕开枪射击，当场打死许多人。

30早上，外滩、外白渡桥、大马路、泥城桥、老城隍庙、十六铺码头等热闹地方，有上百成千的儿童、青年手里拿着一沓手写的号外，一边叫着一边向行人、店家散发着。

“号外，号外，法国佬打死15个中国人!”“号外，号外，法国巡捕打死人，法国士兵挖祖坟!”……

法国巡捕开枪打死15名中国人，引起了上海人的公愤，不仅是法租界，连英美公共租界里的宁波人，后来又扩展到浙江人，一律罢工、罢市。这实际上是中国近代第一次带有政治色彩的罢工罢市。

当时上海的商业界，宁波帮执牛耳，码头工人宁波帮亦占多数。罢工罢市四天，十六铺轮船上下，货物堆积如山，洋人叫苦不迭。

法租界捕房紧急命令巡捕，设法找到领头闹事的，杀一儆百。还特别把麦兰捕房的黄金荣调来，参与此事的追查。

黄金荣接到法捕房要他追查在四明公所里领头闹事的任务后，马上行动开了。

在离四明公所百多米的地方，是一家豆腐作坊。这里的账房较为清爽，放一张长木桌，一把太师椅，两条板凳，黄金荣把这里作为临时指挥所。

“这些宁波佬想在太岁头上动土，竟敢同法国人作对，我们要给他们点颜色看看。”法捕房包打探陈三林向黄金荣进言。

“陈哥，我看要给他们些苦头尝尝。”包打探金九龄是麻皮金荣的打手，是个动不动就挥拳头的人物，他见那些宁波人在法国主人面前顶真，早就手痒了。

包打探丁永昌却不同意这两位的看法，他慢条斯理地说道：“人多势众，咱们不必干。这些事尽可以让法国海军陆战队去做，我们呢，可以隔岸观火，有机会再……”

“胆小鬼，怕见血就别来当包打探……”金九龄霍地从板凳上跳了起来。

“我怕是狗娘养的，他娘的，我……”

黄金荣的喽啰们相互骂起娘来，坐在太师椅上的黄金荣右手在桌上一拍，打断了他们的争吵："你们这些吃干饭的，难道就不能想点办法，说不上三句就吵，败兴。"

包打探赶紧献计道："金哥想镇一镇宁波人，想给他们点苦头吃吃，这是件正事，但不能硬来。我们要办法国人做不到的事情，让法人去弹压，我们混在宁波人里头观战，打探出他们中间是啥人领头，不就行了吗？"

"这还算句人话！"黄金荣笑着发话道："法人看样子占四明公所是占定了，要把宁波死骨头统统扫出去。我们呢，也要捞些好处，弟兄们哪能白辛苦。阿如，你有啥主意，讲出来听听看！"

阿如名叫曾九如，这人生着细脖子小脑袋，可是馊主意特多。他开口道："刚才说得好，我们先找出带头人，掌握第一手材料，而后来个一箭双雕。法国人得地盘，我们得洋钿。"

几句话说到黄金荣心坎上，他开心地哈哈大笑起来，连声称赞："蛮好，蛮好！"最后，他这般这般、如此如此地一番吩咐，包打探一哄而散，做自己份内的事去了。

6月3日，黄金荣已将法租界领头闹事的宁波人探得一清二楚了。

这天黄昏洗过澡后，他躺在藤榻上想：抓几个呢？七个吧，当然是挑有油水的抓，让他们来保释，可以敲一票。没有油水的报告法国人，让他们去抓。另外三个人是在十六铺开咸货店的，趁这时搞垮他们，把咸货店并过来。那个公所董事的娘子不坏，细皮嫩肉的，哪怕摸上两把也是十分快活的。

正在黄金荣做美梦时，有人给他送来一封便函，封皮上落款是"华俄道胜银行虞缄"。他身子一挺，坐了起来。

阿德哥来信，必是大事，黄金荣连忙拆开，内中写道：

锦镛贤弟如晤：

连日来洋务缠身，未及造府问安，希见谅！午后得一消息，于弟与兄均有关涉，愚拟今晚七点在六国饭店同贤弟一会，望拨冗赴约，愚兄恭候。

敬颂

大安！

愚兄
和德顿首
6月3日晚

这和德是个什么人物呢？竟让黄金荣如此重视，此时他邀请黄金荣吃饭又是为了什么呢？

黄金荣掏出表来一看，6点1刻，随口吩咐跟班叫辆汽车，自己往后房换衣服准备到六国饭店赴约。

## 二、策划绑架劫财劫色

做了华捕这几年来，黄金荣的心思是唯恐天下不乱。要是没有乱子，他就没有油水可捞。所以，有时候他还得来个“无事生非”。这会儿，眼看四明公所事件要平息下去，他可有点急了。

四明公所事件闹得轰轰烈烈，是什么原因使它终于平息呢？

原来，就在四明公所案件闹得不可开交的时候，一张告示使此事得到了缓解。

道台蔡和甫为了此事叫书办查阅有关四明公所的案卷，检出一张光绪四年（1878年）法国总领事与道台褚心斋合出的告示。告示云：

大清国署江南海关监督分巡苏松太兵备道褚、大法国驻扎福州领事调署上海总领事李，为立据……此后法国租界内四明公所房屋冢地，永归宁波董事经管，免其迁移。凡冢地之内，永不得筑路开沟造屋种植，致损葬棺，由本总领事转饬公董局，令巡捕随时照料，以全善举而效和好。

光绪四年七月十七日，1878年8月5日

蔡和甫叫书办将此告示写了副本，藏在袖筒里，坐轿去见法领事白藻泰。

那法租界当局也被此事闹得不可开交，租界内停电、停水、工人停工、商人罢市、厕所溢满，臭气冲天。当蔡和甫道台将此告示捧出时，法租界不得不作出让步。

法租界当局也提出可以当面交还四明公所，但公所内不得再掩埋新尸，旧坟也应陆续迁送回原籍，上海道台应考虑把八仙桥附近一块土地划归法租界。

蔡和甫正巴不得马上解决此事，对法租界当局提出的上述要求，一口答应了。

黄金荣是6月17日得到这个消息的，他估计法国人准备了结此案，他要想再捞一笔，有些事就得赶快办。

当晚，黄金荣召来两名亲信，商讨此事，金九龄、陈三林听到黄老板如此这般这般如此的布置后，马上遵命而去。

黄金荣呢，在家里摆开两桌麻将，搓了个通宵。

第二天下午，有一少妇来黄府求见。黄金荣知道生意来了，便叫老婆桂生代为接见，自己则躲到门帘后窥视。

少妇见到桂生姐后，痛哭不已，说她丈夫昨夜被人绑架，至今下落不明。中午，有个宁波人来关照，说上海滩上的事，托托黄老板，总有法子可想。

桂生姐听了，同情地叹了口气，说：“金荣昨天夜里在家里搓了通宵麻将，现在还在里屋睡着……沈妈，你去看看，他醒了没有。”



过了一会儿，沈妈摇摇摆摆地回来，向桂生回话道：“先生说，有事同太太说一样，只要太太认为可以办的，他一定尽力帮忙。”

“那我就求求太太吧，我一家老小全向太太磕头。”那少妇说着便要起身磕头，桂生马上拉住她。

这少妇是四明公所甘董事后娶的娘子，娘家在杭州，与黄金荣是半个同乡。桂生看她泪眼汪汪的脸蛋，不好拒绝，只得模糊地答应：“你我同乡，只要能够用上，这点忙是要帮的。让金荣给你打探打探，你明天早上来听消息吧。到时你不必自个跑来了，派个人来问问就可以了。”

听了桂生愿意帮忙的话，那女人千恩万谢地告辞了。

此时，黄金荣在门帘后眼睛一眨不眨地盯着少妇。“嗨，这个小少妇，太迷人了！”他看着董事的女人穿着旗袍，扭着屁股走上台阶时的动人姿态，想：“最多 30 岁，不胖不瘦，小脸蛋白嫩嫩的，大眼睛水汪汪的，压在身上那呻吟声一定很迷人。”

第二天午后，那少妇派自己的弟弟来黄宅听消息，黄金荣在客厅里客气地接待了他。他告诉少妇的弟弟说，董事的下落是探听到了，是虹口的一个绑匪集团干的。

上海著名的买办虞洽卿，初到上海时在外资洋行当学徒，后升任为买办

“能马上放出来吗？”少妇弟弟着急地问。

“事情非常难办！”黄金荣学着洋人的架势两手一摊，“那些混蛋是要钱不要命的主，不好来硬的，硬做的话，董事性命难保。”

“绑匪为何原因绑架甘董事？”

“我也是道听途说。说四明公所前次打死了 15 人，宁波同乡会捐出不少银子救济。听说甘董事在这笔款子里大大地捞了一笔，绑匪心想分点用用。”

“那要多少数目，才可以赎出来？”

“这个数目吗，我也不清楚。这桩事情，我是私下托人打听的。这样吧，明天上午，你陪你姐来一趟，我让一个打探朋友同你们当面谈谈，地点在我大自鸣钟巡捕房的公事房。”黄金荣显得很义气的样子。

来人千恩万谢地告辞了。

第二天下午的谈判，是陈三林出面的。陈三林转达绑匪的话。要 4000 块银洋赎身费。黄金荣当中做好人，要求打个对折。

他看着董事娘子有几点雀斑的白脸蛋，对陈三林说：“阿林，你再去求求他们，卖我一次面子，钱先付一半，2000 块。还有，是不是可以让他家里人见次面，一切由我担保！”

陈三林笑着对甘家媳妇和她的弟弟说：“黄大哥出面担保，我想他们不好不依的，请二位等我的回音。”

第三天下午，甘家媳妇按照约定辰光，在泥城桥桥堍等着。两点多钟，黄金荣坐着辆汽车来了，开车的是陈三林。

甘家媳妇上车后，汽车直向天通庵方向开去。在闸北一带的大街小巷东弯西绕了老半天以后，才在一个大仓库模样的地方停下。当即，有两个穿黑衣的人上来接头。

陈三林取出一张纸条给他们看看，两人便领着黄金荣与甘家媳妇进门。之后是用两块黑纱把两人眼睛包起来，走了几个转弯，然后被带到楼上一间房子里，解下黑纱。

他们让黄金荣留在房子里，带着甘家媳妇去隔壁见甘董事。

黄金荣隔着一层板壁，先是听见甘家媳妇抽抽泣泣地哭声，而后是唧唧咕咕地讲话声，那是甘董事与媳妇两人在商量着什么。

过了一会儿，门吱呀一声响，听到甘董事被带走了，可是，却不见甘家媳妇出来，又过了会儿，猛听得隔壁地板一阵砰砰乱响，接着好像是把椅子撞倒在地，再就是嘶嘶几声，有撕衣服的声音。

情况不对，黄金荣猛地跳起来，走出房去，用肩膀撞开隔壁房门，闯进去一看，三条大汉，正同甘家媳妇扭成一团。一个大汉右胳膊抱住少妇，左手死劲掩住她的嘴巴，不让她喊叫。另一个汉子半跪在地上，抱住她的双腿，还有一个在撕她旗袍的前襟。

甘家媳妇拼死挣扎着。

三条汉子见黄金荣闯进来，先是一惊，接着便有一把椅子呼地一下扔了过来，黄将身子一低，椅子砸在门框上，碎成几块。撕衣服的大汉直扑过来，黄借着刚才躲椅子的低姿，来了个扫荡腿，正好扫在大汉的脚脖子上。大汉失去了重心，跌在地板上。

黄金荣跃过去，挥起一拳，打在另一个汉子的肩胛上，只听得啊的一声，那人也倒在一边。他又飞起一脚，向半跪着的汉子踢去，那家伙见来势凶猛，急忙撒手往旁边一滚，躲过一脚。正想起来搏斗，黄金荣已抱起甘家媳妇飞奔出门，往楼下逃走。

黄金荣抱着这个鲜活水灵的少妇一口气逃出大门口，钻进汽车，喊："快开车，跑!"

汽车转过两条马路，黄金荣往后窗一望，又惊呼起来："有车追来，阿林，转弯开到同春坊避一避。"

这时的甘家媳妇，缩成了一团，倒在黄金荣的怀里簌簌地抖着。麻皮把她紧紧地搂着，嘴里不停地轻轻骂着：

"这些乌龟王八蛋，动起这个脑筋来。你不要怕，有我呢!"

半个钟头后，在曹家渡同春坊的一间密室里，黄金荣如愿以偿，把甘家少妇剥个精光放到了床上。这少妇此时真是哑巴吃黄连，有苦说不出。黄金荣是正在营救她丈夫的恩人，又是把她从几个"饿狼"当中抢救出来的保护人。这样一个恩人兼保护人想要趴在她身上快活快活，怎么能够拒绝呢？实际上，也无法拒绝，旗袍原已被撕坏多处，黄金荣又撕两下，全撕开了。

"我保证叫你快活，等一会儿你就知道了。你那甘老头子不行。"

果然，甘家媳妇很快尝到了从未有过的快感。此时，她才清楚，嫁给甘老头子这些年，少享受多少快乐。想到此，她那娇嫩的双手不由地搂紧了麻皮。

黄金荣当然尽最大力量，痛痛快快地玩了两个小时。

黄金荣想得很周到，甘家少妇的旗袍撕开不能再穿了，他竟然在密室里准备着一件，他让她穿上，大小长短倒也合身。

一边看着女人穿衣服，他一边问：

“刚才，你们两个人见面，甘老头子说了什么话？”

“他说无论如何请你帮忙，快点将他救出去。他还说，赎金 2000 就 2000。留得青山在，不怕没柴烧。”少妇坐在床沿上跷着脚说到最后一句，竟抽泣起来。

“不要伤心，”黄金荣摸她的大腿说，“就凭你这大腿，我也一定要尽力。明天上午拿到银票，明天傍晚我把人带给你，你还让不让我消受？”

黄金荣又把少妇搂在怀里。

少妇虽然已给黄金荣睡过，但以后如再让，心里是不乐意的。因为他那张麻脸让人看着恶心。但她不能说，她怕说出来后黄金荣不帮忙了。

这条马路以著名华商巨子虞洽卿命名，于 1915 年筑成，虞洽卿路（今西藏中路）是上海南北向的主要干道

“大爷的恩情我是永远不会忘记的。”少妇只得含糊地说了一句。

“这就好。”黄金荣用嘴吻吻她的脸蛋，“明天上午你把银票送到这里来，可要打扮得漂漂亮亮的，我还要在这里享享艳福。以后，我给你信，你得随时到这里来。不然，我可要对甘老头子说，你的右奶子下面有颗红痣，左大腿内有颗黑痣。”

甘家媳妇无奈地点点头。

两天后，一辆漆黑的汽车在茫茫的夜色中从虹口方向开来，车速很快，只几晃便过了宝山路。

开车的是陈三林，坐在司机旁边的黄金荣两眼不住地扫视着深夜寂静空旷的灰白马路。汽车后座上，靠着一个五十多岁的男人，他身上穿着一件哔叽袍子，瘦削的脸上没有一丝血色，嘴唇四周胡子拉碴，鼻尖上沁出几粒细小的汗珠，目光呆滞。

他，就是甘董事。

原来向南开的车子，过泥城桥以后拐了个弯，沿着苏州河向东开到外滩，再回头穿过四马路，兜了几个圈子，这才开到中国地界的老北门内一条弄堂口。

陈三林下车，打开车门，把后座的甘董事扶了出来，黄金荣也下车帮忙，一左一右架着甘董事向一家石库门走去。

门吱呀一声开了，客堂间灯烛高照，香烟缭绕，一个老太太跪在地上求菩萨保佑。听得推门声响，家里人——少妇与弟弟奔出来，老太太也转过身子。

“谢天谢地，大哥总算回来了！”少妇的弟弟叫着。

“阿弥陀佛，菩萨保佑……”老太太泪眼汪汪，喉咙哽塞，说不出话来。

少妇抹着眼泪过来搀自己的男人，然后招呼黄金荣和陈三林坐下。老太太颤颤巍巍地走到黄金荣面前，扑通一声跪下，哽咽着说：“救命恩人，我甘家今生来世都要报答……”

黄金荣忙着起身扶起老太太，也学着斯文口气说道：“伯母，甘先生回来了，这就好。我老家余姚，也算半个宁波人。我们同乡，帮这点忙算啥，一家人不说两家话。”

黄金荣扶着老太太在椅子上坐好，回头又对甘董事说：“甘老板，你休息吧，我和阿林还有点巡捕房里的事要办，改日再来看你，你要好好养息身体啊！”

说完拱手告辞，全家人送到门口，少妇轻轻地说：“黄老板的大恩大德，我们一定要报答的。”

“不要客气，谁不需要谁呀？”黄金荣回头一笑。

出了甘家大门，黄金荣与陈三林坐上汽车回公馆。路上，陈三林一手握着方向盘，一手翘起大拇指：“大哥，这笔买卖做得漂亮！甘老板是赔了夫人又破财。”

黄金荣的麻脸上露出几丝得意的笑。

“哎，大哥，为什么不把姓甘的干掉？那样这小娘儿不就是你的了？”陈三林眨眼珠问道。

“不要瞎说！干掉一个人哪能那么随便？不管怎么说，甘老板也是个有钱有势的人，今后说不定还能帮上我们的忙。再说，甘老板要是真死了，谁能保证这小婊子不远走高飞？还有一点你不知道，甘老板是阿德哥的远房亲戚，你看这是什么关系？”

“对，对！大哥说得对，做事不能做绝！”

原来，这一切都是黄金荣一手策划的，通过绑架甘董事，敲诈了一笔，意外地又得到了甘董事的娘子，他的心里十分地惬意。

却说四明公所事件，因道台蔡和甫手里捏着一张王牌，逼得法国领事只好同意四明公所不迁。宁波人通过对抗行动终于使四明公所得到保存。

四明公所事件平息了，却依然有更多的案子在等着黄金荣……

## 三、巧破间谍案

1900年6月19日下午三点半，黄公馆的客厅里，麻皮黄金荣西装革履，粗黑的脖子上还打着个玫瑰红的领结，端坐在沙发上听一个小后生讲课。

平日穿惯了湘云纱栲绸衫的黄金荣探长，今天要改穿洋装，实在是受洋罪，似乎举手投足都不自然，麻皮金荣从小就有自己的坐相，不管是凳子、椅子还是新式的洋椅——沙发，他都是盘起一条腿，将脚脖子搁在另一条腿的大腿上，一只大粗手托住后脑勺。说话的时候，总爱将另一只手的大拇指翘起来，向身子侧面不住地晃动。

这一副架势，在当时的上海滩是十分标准的“大亨姿势”。可是，黄金荣今天却不得不改一改自己的坐相，而且还得穿洋装学洋礼，那是因为早上收到巡捕房警务总监法国人石维也的请帖，说6月18日，八国联军攻下天津，石维也总监要开宴会庆祝。

送帖子的人临走时，还转达了石维也总监的话：“石总监关照，今晚出席宴会的有法国领事，公董局的总办，还有刚从法国情报部门来的贝当少校，都是些头面人物，席面上全用刀叉吃西菜，您也要穿西装。”

石总监是麻皮金荣的顶头上司，他的话得百分之百地贯彻执行。于是找来了一个小买办，教他如何穿洋衣吃洋饭行洋礼。这会儿，买办小后生已将功课的第一章讲授完毕，并进行了实际操作以后，让他挺起胸脯正襟危坐在沙发上，便开讲第二章：如何吃洋饭。

“这餐巾，”小后生操起一条雪白的餐巾，边示范边讲解，“如今不兴塞在衣领底下了，也不时兴放在胸前，而应摊在膝盖上。等待上菜时，可不能玩弄餐具，特别是那餐刀……”

这小后生知道麻皮金荣特别爱玩刀子的脾气，所以作为重点提示。

等麻皮点头后，小后生接着讲述进餐的注意事项：

“第一道菜上来，当主人向来宾敬酒的时候，客人要起立回敬，手腕向主人方向擎杯，喝一口以后，才可以慢慢地拿起叉子叉菜。喝酒时，不可咂嘴唇，发出啧啧响声。吃东西时，不可伸长颈脖，用嘴巴去迎接菜肴，应该用叉子或勺子送入嘴里。”

“奶奶的，这种吃法不是活受罪吗？吃饭就吃饭，喝酒就喝酒，干嘛有那么多规矩，这个不准，那个不准，奶奶的。”麻皮金荣心里暗暗骂道。

但为了石总监的这一顿饭，他无论如何也不能耍脾气发牢骚，只得边听讲边试做边问话：“要是汤热得很，能不能用嘴吹？”

“不行，牛排、罗宋汤或者烤肉，太热的时候，可以放在面前的碟子上，放下刀叉，斯文地与旁边客人交谈几句，却不可用嘴去吹！”小后生解答疑问以后，随即转入下一点：“不要拎起餐巾擦脸，餐巾只能提起一只角，轻轻地擦一下嘴唇……”

就这小后生给黄金荣上课的同时，黄公馆的女人房里，桂生正坐在梳妆台前，一个贵妇人打扮的中年妇女抓着她的肉手，端详那粗而嫩的手指上的指甲。

“黄太太，您的指甲真棒，甲面红而光泽，面上还隐着条条小棱儿呐！瞧，指甲根底还有个乳白色的半月形。”中年妇女一口京腔。

妇人说着，拿起小剪刀把桂生的指甲前端的边缘逐个修成椭圆形，指甲尖略长于手指头，然后取一支特用的笔蘸了指甲油，用笔尖先在指甲中央点了几下，然后慢慢涂开。那涂油的动作轻巧而又准确。

她涂过两遍以后，还略加提示：“太太，您的手指又白又嫩又……”她打住了，原想说是“又粗”，但马上把舌头压住，即刻改为“又是双福手，该将指甲涂成鸭蛋形，指甲两边稍留点儿空隙，看起来就更美了！”

桂生向来看不惯那些女人的十指尖尖的纤手，很欣赏自己那双指节间生着胖窝窝的肉墩手，今日是为陪丈夫赴宴，不得不将肉手加以修整。

现在，经过这位中年妇女这么一改装，竟然把胖与修长巧妙地结合起来，变为不长不短的标准手，再在无名指上套一枚钻戒，锦上添花，男人们见了，谁个不销魂呢？

黄金荣挽着桂生坐车来到公董局宴会厅。堂皇富丽的大厅内，吊着蓝色的精巧的大宫灯，灯上微微颤动的流苏，配合着发着闪光的地板和低低垂下的天鹅绒的蓝色帷幔，一到这儿，就给人一种迷离恍惚的感觉。

在主人的招呼下，黄金荣和桂生被迎进宴会厅。

祝过词，碰过杯，讲过话之后，舞会开始了。

当爵士音乐抑扬地疾缓不同地响起来时，一群珠光宝气的艳装妇人，在暗淡的光线下，开始被搂在一群绅士老爷们的胳膊上。酣歌妙舞，香风弥漫。

黄金荣和桂生由于都不会这种“蓬嚓嚓”，只有坐在角落里当起观众来。他们一开始便看得有些不由自主地腿跟着音乐节拍动起来。

只见石维也总监用细碎的脚步走到一个贵妇面前，行了一个很漂亮的屈膝礼，又回到原处。贵妇提起裙子边，好像要跨过一个水洼似的，用鞋尖打着拍子，在一片喝彩声中，像男人一样放开脚步跳起来。

黄金荣看得有些不耐烦了，心想：这洋人也真能想出些稀奇古怪点子，搂着女人在这里转圈子，这转来转去捞不到一点便宜，不如搂回家放倒在床上干一场。

那桂生呢，在一旁也看得眼馋了起来，心说：这才叫女人过的日子呢！哪像自己，成天呆守在家里，那麻熊一回来，就把自己剥个精光，在床上翻来滚去。日子应该换着过，我得请人教我跳舞。

几曲舞之后，黄金荣有些打瞌睡了，尽管桂生不断提醒他，这样不太礼貌，但他还是呵欠不断。但突然出现的一种场景使他精神为之一振。

此刻，一阵热烈的音乐轰响，从舞池两侧冲出来 30 个奇装裸女，按着音乐的节奏，从虹彩缤纷的缎带之下踢着精光的大腿。每一个人都被打扮成一朵水汪汪的花。她们的腿都抖颤得好像花瓣里的花蕊似的。

在舞池里蹦来跳去的舞女，全都似乎有一张艳丽动人的笑脸。她们好像被一阵狂风吹着，在舞池里荡来飘去，把舞池外男人的目光全部吸引过来了。

一会儿，一个柔媚的女人，拉着一个穿红裤的兵士飞奔到舞池前面。那兵士有一副呆脸和一管红鼻子，戴着打皱的小帽。那苗条、轻盈女人，穿着长到膝头的上衣，和兵士并排向舞池外的人鞠躬，飞吻，然后十分放荡地跳起马克西克斯。

舞女的嚷嚷，30 个舞女相互紧搂着按照音乐节奏的摇摆，舞女多种多样淫猥的连续动作，使黄金荣不由得站了起来，他咧着大嘴，身子不时晃动着，不时发出“好”的声音来。

桂生看到麻皮金荣这副丑恶相，正要劝阻，这时，一个仆人来到黄金荣面前，小声嘀咕了几句。黄金荣听后，便对桂生说：“你先在这坐一下，我有点事。”

桂生独自个儿看着跳舞，看着看着就有些心烦了。夜半时分，有仆人来传话：“太太，黄先生说您得自个儿回家了，汽车等在门口。”

“那，他呢?”

“刚才被石维也总监叫去了，说有急事要办。”

此时的黄金荣正在石维也的房间里。

“石总监，有什么事需要去效劳?”黄金荣见洋人矮半截。

“杜美路出了一件大事，我已经派两个法国探长去勘察了，你也辛苦一趟吧。”石维也拍了拍他的肩膀。

“事情怎么这么多呢?”黄金荣没敢说出口，一个立正，喊了声：“是!”

原来，法租界杜美路 94 号一家住宅里，住着一家法国商人。19 日这天下午两点，女仆捧了牛奶蛋糕到楼上女主人卧室，房里挂着绛紫色天鹅绒窗帘，室内显得暗沉沉的。床边柜上放着一枚钻戒，床上放下了罗纱帐。

女仆撩开帐门，脸色苍白、尖鼻子的女主人躺在床上的鸭绒被窝里。女仆好生奇怪，昨晚给女主人盖的是一条毛巾毯子，怎么在这热天里换上了鸭绒被子了?

“难道是女主人发冷?”女仆伸手到女主人额上一摸，冰凉的。她急忙掀开被子一瞧。女主人身上被刺三刀，还有把刀插在她的胸部左侧未取下来。

当麻皮金荣赶到现场时，两个法籍探长与一条警犬正在勘察。从现场看，既没有破坏的痕迹，又没有失窃，估计凶手是个十分熟悉情况的人。

这室内有哪些人呢? 一个 52 岁的男主人，失踪；一个女仆；还有一个女孩子，15 岁。

法医验尸后得出结论：女主人几小时前死亡，凶手是个男人，因为三刀刺得都有力准确：咽喉、肺和心。嫌疑最大的是男主人，他是宅中唯一的男人。巡捕房鉴别科一查刀柄上的手印，与男主人在物件上的手印相同。可以说凶手就是男主人。

不一会儿，石维也总监赶到，他听完汇报后，立即指示三位探长：尽快破案。

“包打探”的差使就是这样，不是杀人案就是抢劫案、强奸案、诈骗案，案件往往是突发的。说有事，家伙一拿拔脚就去，这是家常便饭。可是，今日实在是扫麻皮金荣的兴，他正看得过瘾呢! 听说后面还有几出裸女跳蓬嚓嚓的戏。那么多好戏却让尖鼻子女人的尸体搅乱了，真让人恼怒。

黄金荣看完杀人现场回到家已是凌晨 3 点了，夫人已经睡觉。他也没有心思再回到那粗胖女人的床上，便踱进浴室，脱得精光，全身泡在浴缸里，沉思起来。

他知道，自己在舞场是出不了风头了，夫人更不行，那婆娘腰粗得像柏油桶，哪个洋人敢搂，自己能出风头露一手的就是探案子。“对!”黄金荣从浴缸中坐起来，情不自禁地说出声来，“要是这案子被我探出来，就可以压倒两个高鼻子探长，就可以风光一阵，说不定还能提拔为督察长呢!”

黄金荣擦干身子，穿上衣服，通知司机，来到了姘头阿巧的闺房，胡乱地做了一通爱。

不一会儿，他手下养着的五六个眼线来了。

黄金荣布置道：“操他娘，事情出在法租界，打探网要拉开，上海滩各个角落都要去探，他能飞出上海滩?”

“那人手不够呀!”趁麻皮金荣伸手抠脚丫子停止说话的工夫，一个包打探惴惴地咕噜了一句。

“人手不够？他娘的一群瘪三干什么去了？让各租界的白相人都去打听打听，打听到有重赏！这些人不用，我们用谁?”

黄金荣的拿手好戏就是广布罗网，善于利用闲杂人等。现在他再次提醒手下人，要会运用这个法宝。

一个星期过去了，案子毫无线索，两个洋探长耸耸肩，摆摆手，只有叹气的份了。黄金荣却得到一个线索：

一个白相人在英租界发现凶手与一个地址有联系，并打探到这个地址住着一位年轻女人，没有结过婚，却有一个女儿，已经18岁了，在一家洋行当打字员。

好不容易搞到这条线索，自然要顺藤摸瓜，黄金荣亲自出马，找到那打字员，终于揭开了一些秘密。

那姑娘倒也是竹筒倒豆子，一五一十地谈开了：

“我母亲虽然没有结过婚，但和我父亲已相爱了20年。

“我难得见到父亲，他来家呆的时间都很短。他还有一个家，住在法租界杜美路94号。

“上个星期二夜里，我父亲来到我们家，我听到他在妈妈房里说悄悄话，出于好奇，我躲在窗口下听了起来。父亲说什么清朝大臣李鸿章到上海来了，慈禧太后给李鸿章一道密旨的抄本，他已弄到手了，不小心让他家里的夫人看到了。那女人是属于法国情报部贝当少校领导的。”

“那你妈到什么地方去了?”黄金荣问。

“他们早就走了，说是乘船到天津了。”

事情终于探清楚了。

那男人是个法国商人，但他又是个英国间谍，被杀的高鼻子妇人，是法国情报人员。他们为了一份中国皇宫来的绝密军事情报，争夺起来。丈夫杀了正宗的夫人，带着地下妻子，逃之夭夭。

这件案子探得如此出色，石维也总监与贝当少校满意地翘起大拇指，用生硬的中国话，连声叫好。

黄金荣听了，心里像六月天里吃冰淇淋那样舒适，麻脸上泛出黑油油的光彩来。

两个法国人会心地一笑，贝当向石维也眨眨眼睛，石维也过来拍拍黄金荣的肩膀，又交给他一个“光荣而艰巨”的任务。

这个任务，虽然也是打探，但不是巡捕房事务，而是属于窃取国事机密的勾当。主子如此赏识他，黄金荣自然乐意干的。在总监办公室里，贝当少校让黄金荣坐在自己的身边，准备详细地介绍情况，麻皮受宠若惊，脸上的麻点光芒四射。

到底是怎样一桩窃取国事机密的任务呢？黄金荣在心里猜测着。

## 四、刺探京城机密

黄金荣在总监办公室里，站在贝当少校的身边，侧着头，竖着耳朵聆听少校介绍情况，布置任务。贝当通过翻译向黄金荣讲述着。

原来，5 月 14 日，法国与英、美、德、俄、意、奥、日七国组成八国联军，借口为保卫在北京的公使馆与侨民免受义和团的进攻，攻打天津东面的大沽口，如今已攻陷天津。

前些日子慈禧太后电召两广总督李鸿章进京，李鸿章到上海以后，便逗留不动，不知是什么意思。法国政府急着想知道慈禧给李鸿章的急电内容，是召他去主战还是议和？还想知道李鸿章给慈禧太后送去的那个折子里说些什么。摸清了这个底，就好进一步对付清政府。

贝当对石维也说：“石总监，你能不能从你的队伍中选出个杰出人才担当此事？”

“说实在的，我还没有这方面的人才。”石维也两手一摊。

“办这件事的人必须是有影响力，头脑灵活且手下有一大帮人为他服务的。”贝当分析道。

“如此讲来，那黄金荣倒具备了这些条件。”

“那就请黄金荣操办此事！”

“不好说，”石维也叹道，“如果在法租界办案子，只要我说一声，他没有不听的，但这件事一不属于他的职责范围，第二，超过了他管辖范围，就怕他不干。”

“黄金荣最喜欢什么？”贝当从另一侧面问道。

“钱和女人。”

“那就好。”贝当有些喜形于色了，“我们就满足他这两个小小的愿望不就行了。”

“试试吧！”

次日上午，石维也总监通知黄金荣到总部办公室听候吩咐。黄金荣进去一看，石维也总监的旁边还坐着贝当少校，心里疑虑起来：“这家伙又来干什么？上次的案子不是结了吗？”

贝当连忙起身，让黄金荣坐在自己身边，亲热地和他寒暄。贝当又通过翻译告诉他想了解的事情。

“不好办呀！慈禧太后可是皇上的母亲，而李鸿章可是个钦差大臣，而我只是上海法租界一个小小的巡捕，是探不出什么情报的。”果不出石维也所料，黄金荣不愿干。

“我知道你是个有能力的人，这次如能完成此任务，为大法国争光，你以后的前程会无限地好的，我和石总监敢打保票。”贝当当面给他许愿。

“至于经费吗，贝当上校已告诉我，是很充足的，只要你办成此事，上校是不会亏待你的。”石维也和贝当一唱一和。

黄金荣沉思不语。

“今晚我在六国饭店请客，并有几位漂亮小姐作陪，这个销魂夜不可错过呀！当然，石总监作陪。”贝当又把女人摆到了黄金荣面前。

黄金荣知道，这两个法国人已给足了面子，如果自己再推辞，那就不识相了。想到此，站了起来，说道：“你们如此看得起我，就是上刀山，下火海，我也要搞到慈禧的密令，打探出李鸿章的奏折内容。”

其实，这两桩事让麻皮去办，的确是人尽其才。

俗话说得好：强龙难压地头蛇。这麻皮，在洋探子看来，是条地头蛇；然而，对上海的中国地界来讲，他又是有洋主子撑腰的吃洋饭的强龙了。

这蛇与龙的结合体，在旧上海是挺胸凸肚翘着大拇指过市的大亨。大亨要办这点事儿，还不容易吗？

不过，麻皮金荣在金钱上是从不含糊的，办事归办事，费用得给足才行。等石维也批给他条子，到总务处领出500元打探费以后，才匆匆回到家里。

林桂生这几天一直窝着火，且不说19日晚的不辞而别，就是第二天凌晨回来，也没上床，又不知到哪个婊子家去过夜了。这一系列的委屈化作怒火，将她的脸烧得通红。

当黄金荣回到家后，林桂生正想发母老虎的脾气，突然看到黄金荣手中拿着一张500元的银票，拉长的脸才还原成圆形。她伸手夺过银票，直往旗袍里面的贴身小衫口袋塞。

“桂生，”麻皮摸透了自己婆娘的肚肠，有了白花花的银子便好说话，“这500元是打探费，明朝去钱庄领出来，先给我100，其余的你做印子钱……”

“做啥去？”

“我出门几天，去探桩案子。”

“你不要哄我，又一头钻到狐狸精那里去！”

“哄你不是人，是狗，是猪！”麻皮发起誓来。

“哄我也不怕，你会打探，我也会打探。要是让我探到你钻到婊子家里，我就和你拼命，我扒了她的皮，不信你试试，我说到做到。”

黄金荣赔着笑脸，好说歹说要来100元，提着只小箱子出门了。真是知夫莫如妻，林桂生猜得一点不错，麻皮是到姘头家过夜了。

当天夜里，黄金荣派人接来了南市的陈世昌，共商大事。

签子福生陈世昌，既是青帮中“大”字排行的流氓头子，手下又有几百名门徒，凡是在上海各地集市场所，干套签子行当的，都是他的门徒。

在搞这种骗局的时候，如遇到“行叫行”的“青帮”同伙前来纠缠，就对付出：“在家有难靠父母，外出全靠祖师爷。”帮内的这个“海底”切口一经豁给对方，对方把手打个照面，回身就走。

倘若遇到帮外人来索取“开销”，帮内人的切口叫“欺洋盘”，他们宁愿放弃这种行当，对索取“开销”的帮外人，会毫不留情地挥拳动腿，直至打得对方求饶才肯罢休。

还有一种“赌软子”，骗钱的赌具称“倒棺材”，是用四张竹牌，每张分写“天、地、人、和”四个字。其赌法也很简单，用一块小木板做台面，几根竹竿做撑脚，把小木板搁在竹竿上，当作台子。

这些吃“倒棺材”的由三四个帮内同伙结成一党，或在戏院附近，或在集市场所，搁起简易小台子，摊开四张竹牌，先亮后覆，口内高叫：“来押押看，押中一赔二，连本带赔三。”

有两三个同党流氓假充赌客模样，站在台旁，聚精会神地赌注押牌，好像是真的赌客一般。他们屡押屡中，赢了不少钱。这般情景，岂不引诱得旁观者见钱眼红？当然跃跃欲试，想去捞些意外之财。

当你把赌注押到自己认为最可靠的那张牌时，谁知对方翻开竹牌时，却不是那张牌，被骗了钱，还自认为运气不好。

陈世昌手下的这帮流氓，除设赌以外，还无所不为，打起架来，就是刀枪对胸，也毫不畏缩。因此，在南市沿黄浦江一带，是一股十分凶狠的恶势力。

现在的陈世昌已不是当年的签子福生了，他同麻皮金荣一样，抖起来了，他成了上海码头的青帮头子，在上海县城里也算是条响当当的汉子了。

黄金荣和陈世昌这两个莫逆之交都有一摊子“事业”，平日难得相会，今儿聚在一起，自然是“酒逢知己千杯少”了。他们吃饱喝足了以后，照平时规矩是要两个娘们陪着抽大烟，今儿因不同平常，他们要相商一桩机密大事，天机不可泄漏，只得破例。

姘头阿巧乖巧，她点好烟灯，放好烟泡泡，扭着腰肢出去了。出门口以后，又转过身对麻皮金荣嫣然一笑，随即将小房子的门带上，到一边望风去了。

小房子灯光暗淡，只见一张四尺半棕绷床上铺了一领台湾草席，席子上放着一只椭圆形的烟盘子，烟盘子当中点着盏烟灯，灯边交叉放着两支斑竹细竿烟枪。

在烟盘子两边，横着两只凉枕头。黄金荣让陈世昌躺在上首，自己在对面歪下来，拿了一支烟签子，挑起一只烟泡，上在烟枪的斗子上，递给签子福生，说：“尝尝我这个储藏多年的大土，里面拌着沉香珠粉，味道好着呢。”

陈世昌没有马上接过烟枪，笑着指阿巧的背影说：“阿荣，你从哪里找到这样一个尤物，贴心贴肝的，蛮顺眼的，难怪你现在没时间到我那里去乐一乐了，原来家中藏着这娇小的娘子。”

“大哥笑话了，什么你的我的，阿巧这乖女子，你如看上了，你就带回去吧。”黄金荣显得很大度。

“君子不夺人所好，更何况我阿荣老弟的女人，我更不敢沾手了。”陈世昌嘴里虽这么说眼里却色迷迷的。

陈世昌接过烟枪就着烟灯，呼呼呼地吸了几口，顺手捞起床边柜上的小茶壶，嘴对嘴地咕咕灌了两口，显得老练的资格评论道："不错不错，味道的确是好！听说这货色吃下去，脸上不生烟斑。"

陈世昌说完，又贪婪地吃起来。黄金荣笑着点点头，从自己枕头底下掏出一筒龙洋，用牛皮纸包好，共50块。他将银元放在陈世昌枕头边，神秘地眨了眨眼皮。

"这是干什么？"陈世昌装作不懂地问。

"大哥，这几块银元给你手下人喝杯茶，等那两样东西到手后，让他们再来我这里领赏。这次大哥帮忙，我心里有数，日后定当重谢。"黄金荣把银元往他面前推了推。

陈世昌瞟了黄金荣一眼，微微一笑，用烟枪杆将龙洋卷筒往旁边推推，显示出并不介意这点小数目的神态。

当他烧完第三只烟泡后，才开口道："阿荣老弟，那个老佛爷的什么电谕，已让人偷走了，听说是英国人做的手脚。李鸿章的奏折草稿，弄得到的，等我回去后，派个人给你来办这桩事情。"

"那个老太婆到底是怎么打算，要和还是要打？"

"我手下有个人，是太监的亲戚。让他进京一趟，保险打探得清清楚楚。"

"这样最好！"

两人一直商量到深夜，陈世昌坐车走了以后，黄金荣踌躇满志，连平日最迷人的姘头嗲声嗲气地催他上床，也无动于衷。他深深感到，自己在上海滩的力量，已到了没有什么事情办不到的地步。大丈夫要想闯出更大局面的时机到了，像以前那样小打小闹的做法，已经过时了。

他换上睡衣，趿着拖鞋，站在窗口看着那滚滚的黄浦江水，眼前涌出一幅幅诱人的图画……

巡捕房里设了一个"正俗股"，那是专门管妓女收"花捐"的。这是块肥肉，黄金荣决心独吞——将它包下来，让法租界所有的妓院都姓黄。

巡捕房里还有一个"强盗股"，专门对付抢劫绑架强盗窃贼的，麻皮觉得这儿油水也特别多，可以做两面生意——既吃原告又吃被告，让两方都来通路子。肥水不能外流，这揽子事也一定要捞过来。

巡捕房里还有一个"查缉股"，用来查办鸦片走私的，这是往外冒油的好差使，好雨不可落旁田，要抓过这缉查权来，垄断法租界的烟土买卖。

还有，法租界里的赌窟，这几年一直在黄金荣的控制下，当然容不得别人来插手了。

要是嫖赌烟盗四大"财神爷"都能请到的话，那不光是法租界，而且在整个上海滩，我黄金荣就能成为名副其实的一霸，地地道道的大亨。

想到这里，黄金荣兴奋极了，转身踱到沙发前的茶几边，顺手抽出一支烟，点着，深深地吸了一口，再转身坐在沙发上，仰头张嘴吐出一缕长长的青烟。青烟袅袅上升。在烟雾中仿佛瞧见自己在公董局洋人的旁边，坐了第二把交椅……

"快来吧，一个人坐着愣什么？"从罗纱帐里飘出来娇滴滴的声音来，冲散了黄金荣眼前的憧憬，他那想象中的宏大图景在烟雾中消失了。

黄金荣是个想干就干的汉子，他一旦作出决定，就会干到底，哪怕把这有麻点子的脑袋搭上。今晚已经理出了这么个头绪，够了，行动的事，该是明天。他掐灭了香烟，从沙发上站起来，伸了个懒腰，向帐子里望望，亲热地骂道：

“小骚货，是不是痒得难受，等不及了？”

“谁稀罕你？不是看你天天搂着桂生黄脸婆索然无味，我才不陪你呢。”

“来了，来了，玩笑一句。”

第二天上午 10 点 15 分，黄金荣才从美梦中醒来，睁开眼睛看看，昨夜搂着的尤物没有了。透过罗纱帐往外观瞧。她正站在穿衣镜前梳理那瀑布一般的长发。

这尤物赤裸着身子，一丝不挂，身材修长而丰满，白嫩的肌肤锦缎一般。随着梳子一上一下的划动，她的身子一扭一扭的，浑身曲线分明，真是一个少有的大美人。黄金荣摸了摸自己的麻脸，心中涌出无比的自豪来，虽然我一脸狗屎麻子，但这些美女照睡，小姑娘小媳妇，想找谁就找谁，神仙又能怎么样？

那尤物从镜子里看见床上有动静，便转过身，脆生生地说：

“你醒了？”

黄金荣掀开帐子跳下床，将那尤物按到地上。

精疲力竭之后，黄金荣在地上静静地躺着。那尤物十分乖巧，从床上拿过一条毯子，铺在地上，把黄金荣引了上去。

点上一支纸烟，黄金荣美美地抽着，尽力搜寻头天晚上的计划——今天要办的事，第一桩当然是着手实施他的宏伟计划。

想好了后，他从地上坐起来，发话给尤物，让骆振忠、顾玉书、朱顺林、何国梁等人下午 1 点到黄公馆听候吩咐。

这几个人是上海滩职业白相人，如今正要用用他们。下午，黄金荣回到家里，这几个人已经恭候多时了。

做了这一些事，黄金荣就只等陈世昌的消息了。这几天，他一直没有到巡捕房上班，他不是陪姘头睡觉，就是找几个人来赌钱。这天，他突生雅兴，出门到张园去“白相白相”。

说到张园，我们把它的历史变故和景观向读者介绍一下。

在泰兴路和南京西路交汇口南面，有几幢 19 世纪末的欧式建筑，它们是旧上海著名的张家花园旧址。

这家花园本是法国商人格农所建造的，当时占地仅 20 亩。清光绪八年（1882 年），格农将它卖给无锡人张叔和，从此，大家便叫这家花园为“张园”。

张叔和很会经营，买下花园后，他将 20 亩地扩充到 70 亩，在园内广植花草树木，建起亭台楼阁，楼下小桥流水，并建造了剧院、舞厅、餐厅、网球场和照相室，把张园建成花园式游乐场。

那时，上海普通人家还没有电灯，张叔和别出心裁，造了一所电气屋，游人入内必须先按门铃，随着蜂鸣器的叫声步入灯光闪烁的屋子，欣赏从未见过的新奇事物：电扇、电灶、电灯……

在张园的西南角，有一座名为“海天胜处”的剧场，设有髦儿戏班，即女子京剧。有时也演出滩簧和本滩（早期沪剧），滩簧名家林步青常在这儿现身说法，引得观众哈哈大笑。

为了招徕游客，张叔和频出新招，花样愈翻愈新。他在园内设置所谓“飞龙岛”，供游客乘坐，飘飘欲仙。他还展出硖石灯彩，细巧玲珑。

他在园中布置诸葛武侯的八阵图，让人走进去后，如入迷宫，七转八弯走不出来。他在水中放置银元和金市，任人去取，可是因为水通电流，手一碰到水便一阵麻木，只得缩回，可望而不可即。

有一段时间，张园里还有气球表演。表演时，在气球下吊着网袋一样的东西，一个蓝眼睛的外国人坐在网中，随球升向高空，在观众仰首上望、拍手欢呼的时候，气球和网子开始脱离，那外国人打开降落伞飘荡而下。

为了迎合社会上的需要，张叔和在园中造了一幢大洋房，取名“安凯弟”。楼内凡一桌一椅，无不按照西式布置，游客可在这儿喝茶、进餐、宴乐、跳舞、议事。

此外，张园还是上海最早的商品交易场所，光绪十一年（1885 年），“上海出品协会”在张园举办了沪上最早的大型展销会。

关于张园的盛况，清时一位笔名叫赜安主人的余姚人曾写过这么一首诗：

海天胜景让张园，宝马香车日集门。
客到品花还斗酒，戏楼箫鼓又声喧。

却说黄金荣携着姘头阿巧来到张园后，观花赏景，游电气房，听林步青的滩簧，乘飞龙鸟，进安凯弟喝茶。可以说，很多天了，黄金荣从没有如此开心过。

那阿巧呢，十分乖觉，见麻皮高兴她高兴，见麻皮观戏她哼唱，一副夫唱“妻”随的样子，黄金荣见她如此，在祥和楼中，为阿巧买了一副镀金耳环。

正当黄金荣和阿巧在张园玩得“乐不思家”的时候，门徒骆振忠急忙赶来，扒在黄的耳边悄声说道：“那人已把东西带来了。”

黄金荣一听知道陈世昌派人办的事已经成了，便急忙驱车回到阿巧的住处，弄得阿巧是“丈二和尚摸不着头脑”。

傍晚，黄金荣在客厅里接见一个人。那人从裤腰筒里取出一沓卷成长条的白纸，双手递将过来。

黄金荣没有接，只是嘴巴微微一翘，说：“你挑上面写得重要的字句，念几句我听听怎么样?”

那人摊开白纸，上面是密密麻麻的毛笔字。他用发黄的右手中指在纸片上移动，嘴唇在嚅嚅动着，“喏，在这里，”接着，他念了下面这一段。

……臣年已八十，死期将至，受四朝之厚恩，若知其危而不言，死后何以见列祖列宗于地下？故敢贡其戆直，请皇太后、皇上，立将妖人正法、罢黜信任邪匪之大臣，安送外国公使至联军之营，臣奉谕即速北上，虽病体支离，仍力疾冒暑遄行。但臣读寄谕，似皇太后、皇上仍无诚心议和之意，朝政仍在跋扈奸臣之手，犹信拳匪为忠义之民，不胜忧虑！

“这老头还是开通的，站在我们大法国人一边。”自从在法租界做了巡捕之后，黄金荣一直把自己当作法国人，虽然鼻子塌一些，但他常想：谁说法国人鼻子都高。

黄金荣读过几年私塾，奏折上的几句话听得懂，就生出了疑问：“慈禧这老婆子叫他赶快进京，他赖在这里干什么？”

“下面就要讲到了。”

“快念！”

臣现无一兵一饷，若冒昧北上，唯死于乱兵妖民，而于国毫无所益，故臣仍驻上海，拟先筹一卫队，措足饷项，并探察到列强情形，随机应付，一俟办有头绪，即当兼程北上，仅昧死上闻！

“念完了？”黄金荣见对方放下纸片叠好，忙问。

“念完了。”

“有没有抄漏的？”

“不会漏。东西拿来后，我叫表弟照着抄，他抄好后，我又核对了一遍，才拿来。”

“你表弟是什么人？”黄金荣一听到这东西还经过几个人手，神经顿时一紧，截断了对方的话，问了一句也可以不必回答的话。对方听了一惊，表弟就是表弟，还“什么人”？迟疑了一下，但马上明白过来，介绍起表弟来。

“我表弟是上海县衙门签押房里的录事，写得一手颜体字。托他通过一个师爷买到这个宝贝的。”

对方把“买”字拉得很大，麻皮也会意地点点头。他理解这拉长声调的含义。可是点头之后，眉头便打起结来，眉心的几颗麻点聚集拢来，额角头上像公园里的假山石，坑坑洼洼的。那张麻脸上布满了乌云。

“这种事情两个人知道就不得了了，现在已有三四个人轧在里面，不妙！”黄金荣心里想。

黄金荣从茶几上的听子里取出两支香烟，丢给对方一支。对方忙掏出洋火盒擦燃火柴，送到黄嘴边，黄狠吸了一口，咽到肚子里，再吐出来。然后在对方面前晃晃大拇指：“办得漂亮！我心里有数！不会让你吃亏的。先拿 30 块大洋。今天回去向福生哥打个招呼，对他说事情已办妥，过几天我去当面谢他。明天夜里，你和你表弟到宝山路功德坊 17 号领赏，我再给你们 100 块。不要忘记，功德坊 17 号。”

说着，黄金荣从纺绸短衫的半月形衣袋里，掏出一张 30 元大洋的钱庄银票，递给对方。对方接过仔细地看了两遍，这才弯腰点头告辞出去。

黄金荣目送来人出客厅门，嘴角漾起一丝微笑，回转身抓起沙发上的奏折抄本，往后房去换衣服，直接去见贝当少校。

当他跨出家门时，又改变了主意，“不对。应当去见石维也总监。俗话说，不怕官只怕管。拍错了马屁，不是好玩的。”于是他把情报送给自己的顶头上司石维也。

派到北京去打探的人不久也回来了。

黄金荣叫来骆振忠作记录，让探子汇报。因为是关系到军国大事，所以特意关在一间密室里进行。

那探子跑了一趟北京，自然是有了几倍的身价。在这法国巡捕面前也不觉拘束，正要利用这机会，绘声绘色地描述一番，显显自己能办事，好让麻皮心中有数。

黄金荣坐在藤椅上，一边用左手抠着脚丫，一边侧着头听着“清宫内幕”!

7月20日早上，八国联军打到北京城下。西太后对着亲信荣禄呜呜哭起来。荣禄劝太后拿定主意，该采取措施，再不能犹豫。

慈禧一把鼻涕一把眼泪地说：“上次我打电报给李鸿章，要他急速进京，就是让他去与洋人议和的。谁想到这老头在我的面前摆起架子来，自己泡在上海不说，还倒打一耙，说我议和心意不诚，唉!”

说到这儿这老佛爷又抹起眼泪来了。

荣禄搓着双手，一个劲摇头叹息。他觉得事到如今，实在不好劝。

正在这时候，一个太监来禀报，说鬼子兵已攻开了朝阳门。慈禧一听，收住哭，连眼泪也来不及擦就回到寝宫，脱下旗装，让太监李莲英给梳一个汉族妇女的平常发髻。

这慈禧平日最爱惜自己的青丝，乌云压鬓，垂老不白一茎。据说是李莲英弄到一只百年何首乌，献给她蒸服以后，才有这般功效。而这梳头的美差也就落在李莲英的头上。宫里一向把妇女头发平分梳成两把，叫做叉子头，垂在后面的叫作燕尾。李莲英后来又给慈禧梳成高耸的新式样云髻，那是当时宫里最摩登的了。她想不到今日会落到这个地步，竟要改梳成民妇样式，不能不令她再次伤心唏嘘流泪。

慈禧梳好头，身上罩件蓝色夏布衫。她又命令光绪皇帝、大阿哥及皇后、瑾妃，统统改装，扮成村民模样，乘坐改装过的平常马车。临上车时，慈禧命崔太监到冷宫里，带来珍妃。等珍妃磕头请安以后，慈禧冷冷地说：

“我本想带你同行，奈何拳匪如蚂蚁，窃贼蜂起，你年纪轻轻，倘若被掳或被污辱，有损宫闱名誉，你不如保持清白，自裁为是。”

珍妃听到这话，知道自己必死，倒也冷静，便道：“太后要走，那皇上总该留在京城。”

“你还是管好自己的事吧，别的甭操心啦!”不等珍妃说完，慈禧冷笑着说：“小崔子，快牵出去，没时间耽搁了。”

光绪皇帝见这情形，心如刀割，便扑通一声跪下哀求。

慈禧虎起脸来训道：“起来，火烧眉毛，不是讲情的时候，让她死，也好惩戒惩戒那些不孝的孩子们，并让那些鸱枭看看，羽毛尚未丰满，就啄她娘眼睛的东西的下场!”

光绪趴在地上侧头一看，太监已拉着珍妃的衣袖，提拎了出去。珍妃回过头来看了一眼光绪，眼泪滚滚而下。

不到一刻工夫，崔太监回报，已将珍妃推入井中。光绪浑身发抖，呆了。慈禧厉声喝道：

“上你的车子，放下帘子，免得有人认出你这个皇上。”

都上车了，慈禧撩起帘门，把李莲英叫到车边吩咐：“小李子，我知道你不太会骑马，总要尽力赶上，跟着我！”

“喳！”李莲英俯首听命。

三辆大车，在这一天的早上，悄悄地溜出神武门，向西，出西直门往八达岭方向逃去……

“哎，你小子嘴皮子不错，讲得津津有味。只是皇太后皇帝统统逃跑了，什么人来收拾这烂摊子呢？法国人就是要我探听这个消息的。”

探子胸有成竹，他原想卖关子，但在黄金荣面前又不敢。于是，换成了几分神秘的低声调说：“太后临走时，把事情托付给荣禄。荣禄滑头，推给了庆王奕洋。最后他们决定，由奕洋同李鸿章为全权大臣。”

黄金荣虽然不通文墨，但对事情的核心要点是抓得准准的。他想法国人急着要这消息，目的是为了与清政府打交道时，心中有数，可以在英、美、德、日、俄等国之前，拟出下一步对华方略，以便比其他列强各国占更多的便宜。再说，李鸿章目前还呆在上海，得到这消息后，法领事必然去拜访他。

想到这儿，黄金荣觉得事关紧急，忙吩咐骆振忠：

“阿忠，你快点把情况汇总一下，拣重要的写。一个钟头以后，我要亲自送去。”

在黄金荣众多的部下中，要数骆振忠最能动笔，字也写得好，后来就当了黄的私人秘书。这会儿，骆是第一次参与“军国大事”，心里真是得意非常。听了黄的吩咐，头点得像鸡啄米。

黄金荣站起身，嘴巴一撇，探子立即站起来，跟着他出了密室，以便让骆振忠展纸振笔疾书。

走出密室，黄金荣对坐在过道里的跟班说：“让顺林和玉书两人来我这里。”

然后指了指探子，说：“带这个先生去领银票。”吩咐完，他丢下两人，信步来到客厅。

这黄金荣叫朱顺林与顾玉书来会有什么事呢？

## 五、杀人灭口除后患

黄金荣连破几桩大案，而且弄到法国租界当局最需要的清廷军国机密，可以说出尽了风头，占足了便宜，法租界当局为了嘉奖麻皮在这方面的贡献，特地为他安排了假期。

此时已是深秋，太阳黯淡了，自然界万物在10月的云雾之下，慢慢褪去了鲜艳的色彩，浓雾也不时地光临着都市。正像吴承恩在《西游记》中所形容的那样：

数村木落芦花碎，
几树枫杨红叶坠。
路途烟雨故人稀，
黄菊丽，山骨细，
水寒荷破人憔悴。
白苹红蓼霜天雪，
落霞孤鹜长空坠。
依稀黯淡野云飞，
玄乌去，宾鸿至，
嘹嘹呖呖声宵碎。

上海的秋天，和每年没有什么不同，贫寒的人家还是贫寒，豪商富贾依然是灯红酒绿聚赌嫖娼。表面上看来，上海远东最大的城市，依然“昌泰平和”。

而黄金荣踌躇满志之余，内心总有一丝不安。

在得到了李鸿章给慈禧的密折之后，他心里七上八下，他知道，此事不可外泄，一经泄密，自己便是千古罪人，说不定清政府哪天会把刀架在自己的脖子上。

“对办理此事的人绝不能轻易放过!”黄金荣暗下决心，遂将此事交给了自己新收的门徒朱顺林、顾玉书去办理。

这天，黄金荣躺在烟榻上，由姘妇为他点火烧烟泡，正当他抽得云天雾地之时，坐在过道上的跟班走了进来：“黄老板，顺林和玉书两人在客厅坐着，有事报告。”

黄金荣一听，知道事情可能办成了，便马上翻身下榻，说：“好，我就来。”

黄金荣跷腿坐在沙发上，面前站着两个穿黑衣黑裤的人，一个是朱顺林，赌棍；另一个叫顾玉书，徐家汇一带的大流氓。他们俩是最近才投到黄金荣门下的，黄金荣让他们办桩事，看看干得是否漂亮，而后再安排“工作”。

“那天夜里，领赏的人来了吗?”黄金荣把他们打量一番，问。

“来了。”

“来几个?”

“两个。”

“你们怎么招待的?”

“按老板的意思办的。”

“那顺林讲讲。”黄金荣点了一下朱顺林。

朱顺林觉得十分得意。便向黄金荣眉飞色舞地介绍起来。

他告诉黄金荣，那天晚上8点钟左右，有两个鬼头鬼脑的人来到功德坊17号门口。进门以后，年纪大一点的那一个，从口袋里掏出一张叠好的纸条，递了过来。

朱顺林接过打开，只见里面有两行字：



见字后付来人银元壹佰元整。

金荣

朱顺林将条子递给顾玉书，并递了个眼色。顾玉书会意一笑，忙说："请一位上楼点数，另一位先生在客堂略坐片刻。"

顾玉书拿了烛台，在前头引路。朱顺林请同来的一个后生坐好，自己亦跟了上去。他们三人走完一道狭窄的楼梯，转弯进入一间小房，朱顺林顺手将房门关好插上。那人正要回头想说什么，后脑勺上被什么东西一击，顿时失去了知觉，瘫在地板上。

朱顺林在屋角里拿过一块破布，硬塞进他的嘴里。这时，顾玉书已准备好一只麻袋，两人动手将地板上的人装了进去。接着，用麻绳紧紧地扎好袋口，拖到屋角放好。

随后两人出门，在楼梯口叫："下面那位小老板上来一下，帮着拿一拿。"

正在楼下客堂里孤坐的小后生，刚才听到楼板上有点响动，也没在意，现在说是让他上去相帮拿银元，高兴得一步三级，登登登地跑上了楼去。

这一次是朱顺林擎着烛台，站在楼梯口给下面照亮，顾玉书两手背在身后，等在一边。等小后生上得楼来，朱顺林转身进房，小后生跟了进去，当他一只脚刚跨进门槛时，只听见耳后一阵风，"啊"了一声，倒在了地上。

朱顺林、顾玉书同样往他嘴里塞了块破布，把尸体装进了麻袋。

"干得好！干得好！"听到这里，黄金荣满意地点点头。接着又问："这两个麻袋怎么处理的？玉书你讲讲。"

一直站在旁边没有机会插嘴的顾玉书，这会儿像得到了圣旨似的，马上清了清喉咙，绘声绘色地叙述起来。

原来，朱、顾二人早已在门口准备好了一辆三轮车，他们俩各人背了一只麻袋出门，扔在车上，之后，又拿了两把铁锹。功德坊弄堂口有一大堆垃圾，两人在麻袋上堆满了垃圾。一个人在前面骑，一个人在后面推，连夜踩到吴淞口，把麻袋和垃圾一起倒进了大海里。

这时，已是下半夜，正好碰上退潮，麻袋与垃圾被潮水卷向东海。

"脱手"也很干净，没有留下什么把柄，只是有两点，黄金荣觉得是个漏洞。他以教训的口气指出，要他们今后注意。

"连夜拉出去不好。要是路上碰上巡捕或清兵巡逻检查呢，会带来麻烦的。为什么不弄一条小舢板，从河里运出去？麻袋扔到海里为什么不绑两块石头，万一漂上来呢？这些细节没有考虑好，弄不好事情就会露馅。"

"黄老板想得周到，以后我们一定小心。"这两个人不住地点头，他们从心底里佩服黄金荣的高明、周到。于是，便把他们原先商量好的打算提了出来："黄老板，你就收了我们俩做徒弟吧！以后，你叫我们上刀山下火海，我们绝不会说'不'字。"

收徒弟的事，黄金荣不是没有考虑过，只是前些日子太忙，把这事搁了下来，经他俩一提，正好挑起了他一个念头，修正了他原先的宏伟规划。

想到这儿，黄金荣的麻脸上放出光彩来，向面前的两个人点点头说：

“收徒弟的事，老早就有人向我提过。前些日子太忙，还没有好好想过。今天你们两个先回去，过几日我派个人去关照。”

朱顺林和顾玉书恭恭敬敬地 90°一鞠躬，退出客厅。

此时黄金荣总算放下了一颗悬着的心，又一件让他在巡捕房露脸的事就这样圆满地结束了，高兴与得意之余，他又让顾玉书做了一件事，由此又得到了一笔。

是什么事呢？得从头说起：

在南京东路上有一座古老的庙宇，那向上翘的屋檐下，书写着五个大字：保安司徒庙。推开朱漆大门，正面便是观音宝殿，此外，庙内还有星宿殿、猛将殿、关帝殿、城隍殿、土地堂等。

保安司徒庙创建于明代万历年间（1573—1619），由于庙内外围墙都涂着紫红色，所以人们都叫它“红庙”，后来又管它叫“虹庙”。

据说，虹庙原来是一个小土地堂，坐落在郑家木娇（今福建南路），后因火烧搬迁至四马路（今福州路），不久又因战事蜂起而迁到南京路上。

由于虹庙地处闹市，所以前来烧香拜佛的善男信女一天到晚络绎不绝。清光绪年间，曾有诗描述说：“司徒庙小竞烧香，因列洋场极闹场。”

传说《庵堂相会》这出戏所讲述的故事就发生在这座庙里，戏中的小桥就是郑家木桥。清朝时期，曾有一个名叫陈宰庭的书生住在这儿，有一年清明时节，出身于豪门大家的金秀英前来烧香，巧遇陈宰庭，两人一见钟情，私定终身。

金秀英的父母嫌陈宰庭太穷，认为女儿看上他有辱金家门庭，于是百般阻挠。金秀英大胆地与封建礼教进行斗争，结果，有情人终成眷属，金秀英和陈宰庭这一对年轻人冲破家庭的封锁，结成了夫妇。

这个可歌可泣的故事，吸引了不少男男女女。上海租界时期，这里曾有一度香火特别旺盛，面容憔悴的妓女一个个成了虹庙里的香客。这些在火坑中受尽了折磨的女子，都希望能像金秀英一样找到一个好男人，救她们脱离火坑，逃离地狱。

黄金荣看中了妓女们急切脱离火坑的心情，利用了她们天真幼稚的心理，在这里做出一篇大文章。

当时有一个红妓，名叫惜玉，此人身材苗条，肤色红润，穿着更是婷婷动人。因为长得好看，所以上海豪客富商，竞相上门，一时间，惜玉成了上海大亨中间的红人。

如此几年下来，惜玉身份已是一夜百金，一笑千银。由于日进斗银，不多时，她手头上已有几十万的储蓄。

惜玉在一个偶然的机会，听说了虹庙里金秀英的故事，便也抱着一线希望，每天一清早便来虹庙烧香，求神拜佛，企望自己能早日告别卖笑生涯。

这天，妓院里来了一个青年男子，英俊潇洒，风度翩翩。他自我介绍是一个大公司的“小开”（厂主或店主的儿子），对惜玉大献殷勤，说他愿与惜玉结为终身伴侣。

惜玉对风流倜傥的“小开”也是一见钟情，她暗暗思忖：“这虹庙里的菩萨还真灵啊，结识了此人，也不负我每天去烧香的苦心。”于是，惜玉便全身心地去爱他。

不久，“小开”给了妓院老板娘一笔钱，将惜玉“赎”了出来。临行前，惜玉将多年积下的钱和金银珠宝藏进珠宝盒，放进箱子里，跟随“小开”，跨上了轿车。

他俩在南京路外滩华懋饭店的六楼包了一间高级套间，如痴如醉地过了一个多星期。两人是情投意合，无所不谈，天天沉溺在温柔乡里，忘了窗外的现实世界。

一天，“小开”含情脉脉地对惜玉说：“玉，你那些金银珠宝、翡翠玛瑙，放在这里太引人注目了，弄得我们出去游玩都有些提心吊胆的，太不安全了！”

“你说怎么办呢？”惜玉柔声柔气地问他。

“这样吧，还是放在我爸爸公司的保险库里去，那里保险。如此，我们则无忧无虑，快快乐乐。如今这进藏出藏的，真难为你了。玉，你说行吗？”

惜玉一听，把贴身钥匙和珠宝盒交给“小开”，说：“好吧，你拿去藏好就是了。”

“小开”眉毛一扬，与惜玉就势在床上滚了起来，如此亲热了一番，随后拿起珠宝盒起身说：“我先把这个盒子去放好，待会儿我们俩到‘米高美’跳舞。”临走前，“小开”还给了惜玉一个飞吻。

谁知“小开”这一走，整整一天，都见不着他的影子。惜玉正在心慌意乱的时候，“仆欧”敲门走了进来，递结她一结账单，说道：“太太，昨晚你先生打来电话，说他有事要外出，请我们向太太结账。”

惜玉接过账单一看，糟了，要大洋整整360元！顿时，她眼前金星乱冒，孱弱的身体再也支持不住，昏倒在地。

第二天，惜玉抱着最后一线希望，来到“小开”所说的那家公司，但公司里哪里有他的影子。

在一个天寒地冻的雪夜，人们在南京路一座大厦的屋檐下发现了倒毙在地的惜玉。

20世纪20年代的庙会

在她枯柴一般的手里，还捏着一张在虹庙菩萨前求得的“上上签”呢！

其实，那个冒充“小开”的人，正是黄金荣的部下顾玉书。黄金荣把金银珠宝、翡翠玛瑙玩弄了一番，随手挑起一条链子，扔向顾玉书，说道：“拿去送给相好的吧！”说完，把珠宝盒锁进密室里。

黄金荣采用各种手段聚敛钱财是有目的的，除了敛财，他还霸占戏院、茶楼、酒楼等，却不知他到底想干什么。其实，对于黄金荣来说，要想在上海滩站稳了，靠的就是这些歪门邪道。那么等待他的又将是什么呢？

# 第六章

Di Liu Zhang

## 开香堂，造帮会，红火一大片

黄金荣敲诈勒索，聚敛钱财，霸占戏院、茶楼，为的是结一个完全属于自己的新帮。一番动作之后，33岁的『空子』自开香堂，广收门徒，竟奉关老爷为老祖宗，做起了最年轻的『老头子』。而且野心勃勃地在远东第一大城市的码头上发誓：这辈子就这样，别说我黄金荣是个『空子』，我就要做『中国第一帮主』！于是，满腹心计的黄金荣开始做起大动作，吓坏了许多看客。

## 一、霸占戏院茶楼

上海老北门城外原来有个迎仙凤舞台，是一个叫何宝庆开设的，他也是上海人，近来由于债务缠身，不得不把迎仙凤舞台出让。他为什么要出让这赚钱的戏院呢？

说来话长——

这迎仙凤舞台戏院的大门是朝着老北门方向的，用以招揽城内来的观客。戏院内有七百多张木凳座位，由于戏院年久失修，已是陈旧不堪，下雨天东滴西漏，刮风时直穿室内。

戏院里演出的戏班虽然在轮番更换，但在常年演出中以徽班为主（徽州土戏），其间也聘请海派伶人表演连台布景戏。演出时虽然座无虚席，但是正式出钱买票的观众只不过半数左右，其余半数则是些披着老虎皮的军警和地痞流氓。

这帮家伙大模大样入场占座看白戏，谁也不敢前去阻挡，有时还要吵闹场子和寻衅斗殴打架。

迎仙凤舞台老板何宝庆，为了阻挡这班五丧七煞鬼前来观看白戏，不得已邀请当时在上海商业界和流氓帮较有声望的虞洽卿出面做他的替身，把虞氏扮个钟馗，挂名拦鬼。

谁知虞洽卿非但没有驱走这些五丧七煞鬼，反而增加了戏院的额外支出。原来虞洽卿既做迎仙凤的老板，其间难免有些失业者挽亲谋戚，求他推荐在戏院内谋一吃饭职位。

这样，人浮于事，支出浩大，何宝庆的债台越筑越高。何宝庆眼看自己的戏院月月入不敷出，债户们接踵上门索讨积欠，直逼得他无法应付。

更兼戏院房屋破漏，又邀请不到好的戏班，收入当然更少。虞洽卿声望虽高，却不肯给他垫付欠款。为了早日摆脱如此困境，何宝庆想起了一个人。

何宝庆想起的人是谁呢？他就是过去给法租界总监华尔兹当翻译的曹显民，原是法租界的第一流红人。

他与曹显民有一面之交，不如去托他代为物色一个既有财势、又有排头的人物，把这戏院及早出盘了事。一可多得些出盘费，二可摆脱日坐愁城的苦境。

盘算已定，何宝庆就谒见曹显民，说明来访的事由。曹显民也知道开戏院、浴室、茶馆和旅社，街道地段如若没有响当当的排头和硬邦邦的后台休想开成，尤其是开戏院子更难，没有不亏本的。曹显民就答应代为寻找这样一个对象。

却说黄金荣破了几件大案后，在当时法租界已是个显要人物，一般华捕和在法国巡捕房里任职的华人，见了他都要招呼或行礼。他再也不到十六铺新开河一带上差执勤，上班时就坐在新盖的麦兰捕房写字间里，对下面指手画脚，发号施令。就连曹显民对新窜上来的麻皮金荣也得和颜悦色，另眼相看。

一天晚上，曹显民来到林家宅，在闲谈中对黄金荣说：“金荣，我给你找到一个好行当。迎仙凤戏院老板何宝庆急欲出让这个戏院，你不妨去顶盘下来。何宝庆因这戏院连年亏本，负债很多，各债主向他索债很紧，已弄到走投无路的困境。”

“如今只要你去出个面，把何宝庆的债户叫来，向他们当面说明一下，这家迎仙凤戏院岂不稳稳当当落到你的手中！这样，由你出面，谁还胆敢来看白戏？

“到那时候，好的戏班就会不邀自来，这是花小钱而占大利，是个难得的好机会。到那时候，你做现成老板，赚大笔大笔银子，切勿忘记了我呀！”

曹显民说罢仰面哈哈大笑，黄金荣听了也直乐得脸上点点生花，咧着嘴眯眯发笑。随即与曹显民约定次日下午到东新桥聚宝茶楼面商此事。

到了次日下午，在聚宝茶楼里，曹显民介绍黄金荣和何宝庆见了面。黄金荣向何宝庆询问债户和欠款金额，何宝庆答道：“积欠如地租费、土木费、柴米、杂工俸金和借款等项约 5000 元左右。债主日日催索，无法再宽期。”

黄金荣低头想了一下，说道：“你明日把所有的债主一起叫到这里来，这些债务，由我来承担。至于出盘的契约，你回去请人写好，明日同来当面画押过户。”

黄金荣说完，又和何宝庆商量些事，便和曹显民一起走了。

何宝庆回家后，当晚请人代笔写了出盘戏院的契据。次日约同各债主到聚宝茶楼会面，各债主听说此事，心想，欠款定能偿还。于是，个个眉开眼笑，一齐来到聚宝茶楼。

黄金荣照例坐在雅座室里，叫各债主暂到外面等候。何宝庆进入雅室坐定，从袋内取出已写好的出盘契约，黄金荣叫帮闲把契据朗读一遍，认为内容尚可，就叫何宝庆在契约上画了押。

接着便叫进各债主与何宝庆双方核实所欠金额，当场出具欠条。各债主以为凭欠条领欠款，各自面现喜色，等待拿钱。

谁知黄金荣伸手向自己胸前一拍，板起麻皮脸，睁着老鼠眼，对各债主说：

“何宝庆因所开戏院亏本太多，无法偿还债务，他已将迎仙凤戏院出盘于我。关于何宝庆欠你们的债款，由我黄某负责。你们把欠据妥为保存，不会落空。你们各自回去吧。”

各债主听了黄金荣一番话，彼此面面相觑，瞠目结舌，半晌说不出话来。黄金荣顶债不讨，有意耍滑狡赖，出具欠据只不过是一张白纸，谁敢要债。各人只好拖着沉重的脚步，怏怏离开了聚宝茶楼。

路上，有一债主说道：“何宝庆欠债，我们找他要去！”

“我说，你就不要惹麻烦了，若让那麻皮知道此事，那就吃不了兜着走了。”另一债主低声劝道。

另一知情债主马上凑过来说道：“我们的钱算是扔到水里去了，但何宝庆也不自在。应该说，他的戏院如出盘给别的人，他除了欠款，多少还能得些钱。可现在，他也和我们一样，把钱白白扔到水中去喽！”

黄金荣接盘迎仙凤戏院后，修饰一新，把该戏院的旧执照向法租界副总监汤姆生处换了一张新执照，更名“共舞台”。这就是“老共舞台”的前身。

过去的戏院，正厅中要划分“官厅”，花楼上增添“包厢”。这官厅和包厢，都是有钱的阔佬们看戏享坐的座头。

茶房们见到这班有钱阔佬们到来，都要打躬作揖，泡备好茶，恭送前来；水果是时鲜的，瓜子是精选的，装在崭新发光的银盆里递将上来。阔佬们既然得到了侍候和奉承，当然要加倍给茶房“小费”。

那时戏院还有一种人，叫“按目”，按照我们现在的话说，就是专门替人买票送票的人。这些人在演出前就等候在大门外，手中握有“官厅”和“包厢”的戏票，准备送给前来观戏的阔佬们。

他们只要看到坐汽车或坐马车来的看戏人，便急忙迎上前来，打开车门，口称“大爷”或“少爷”，弯身打躬，百般奉承，并陪这些阔佬进内就座。阔佬们不要自己亲自去买票，即使戏票紧张，也照样能有上等座位，只不过多花钱而已。

凡是戏院有新来的名角儿和好的剧目，或者新角儿登台三天内的头座戏票，早已掌握在这班“按目”手中，并提早分派给自己所熟悉的阔佬们。这些阔佬为了炫耀自己的身份，对这班“按目”倒也另眼相看。

到了年终，戏院里演出“封箱”戏时，“按目”们把这次分派戏票看成一次向阔佬们“打秋风，找花销”的机会。

阔佬们原也知道，既要做阔佬，当然不能太吝啬，除对戏票加倍给钱外，还得另封几块银元作为额外犒赏。

这种“按目”原是寄生于阔佬中的特种职业，也是属于三百六十行以外的行当。

迎仙凤舞台更名“共舞台”，重整旗鼓将要开锣营业了。

听说后继老板是麦兰捕房华捕探长黄金荣，他不但能邀到好戏班，而且谁也不敢进去看白戏，一些帮闲们心动了，为了解决生活问题，他们也愿来当“按目”和茶房。

但要谋得这项杂缺，还得有一个较有面子和较有财力的头儿推举，并且要自愿倒贴若干押金，与戏院订立半年或一年合同。戏院老板对此公开招标，看谁给的押金多就包给谁干。当然，这些押金是不退还的。

这种陈规陋习，在旧上海服务行业中普遍如此。由于黄金荣的名气大，这一次他在这些茶房和按目身上，就狠捞了一笔。

黄金荣把舞台装修好后，便派人去京津邀请有名的剧团。当时京津戏剧界的人，听说上海共舞台要邀请角儿前去演出，觉得可以开拓生活来路，增加收入，还可到上海开开眼界，一举两得，无不乐意应邀。

当时首次来上海共舞台演出的角儿，有须生谭鑫培，青衣花旦王瑶卿，小生金仲、程继先，老旦龚云甫，架子花脸郝寿臣，武生杨小楼和吕月樵，小丑萧长华等。

演出那天，戏台前十几排正厅头座早已由按目包售出去。开锣之时，黄金荣腰佩勃朗宁手枪，带着十几名下差巡捕，站在戏院门口，摆出一副威风凛凛的架势。

那些平时惯看白戏的地痞流氓，看到这种架势，只得眼巴巴望“门”兴叹，不敢惹事。真所谓“蛤蟆吃蝎子，恶蛇吞蛤蟆，一阶压一阶，乌龟欺王八”。

黄金荣做了将近5年共舞台的老板，因打鬼有力和盘剥有方，居然赚了很多钱。后来共舞台的地皮业主要将这块地皮出卖给英商沙逊地产公司另建房屋。



当时共舞台周围所有破旧房屋均已拆除，唯独共舞台仍在开锣营业，没有搬迁。沙逊地产公司也知道黄金荣不是好惹的，只得托人和他洽谈。

结果沙逊地产公司贴补黄金荣一笔相当可观的搬迁费，黄金荣才肯把房屋出卖。后来，他又另觅新址，另盖戏院。当然，这些均是后话，暂且不提。

独占了戏院之后不久，黄金荣又霸占了宝兴酒楼。

事情是这样的：

有一天朱顺林和顾玉书到一家酒店喝酒。俩人一边喝一边商量老板交代的任务。

这时，有两个二十七八岁模样的姑娘来到两人面前，问道："先生，需要人给你们斟酒助兴吗？"

两人酒已喝得有七八分醉，正闷着呢，一看两个姑娘来此，朱顺林脑筋一转，何不先找个姑娘乐一乐呢。

两个姑娘上了桌，左右劝杯，朱顺林和顾玉书也是来者不拒。一会儿，两人已是酩酊大醉。顾玉书因为酒量大些，尚较清醒，便对一姑娘说："扶我们找个房间，我出钱。"

"房间不用找了，楼上就有。我去开两个房间，我们俩一人陪一个吧，但要先付钱。"其中一姑娘说。

"行！"

两个姑娘陪着两位上楼了。

其实这地方便是上海最繁杂的地带十六铺，这里是藏污纳垢之地，任何一条小巷里，都可见到赌场、烟馆、妓院。甚至一个茶馆，就含有烟馆、妓院。这里是官、商、流氓、地痞以及社会沉渣麇集的地方。

刚才那两位姑娘就是这里的"野鸡"。

这两个野鸡除了自己卖"肉"以外，还兼做"扒包"生意。刚才，两人看到朱顺林和顾玉书已喝得有些醉了，便上去"帮衬"一把，把两位直灌得不认东西南北。

两人各自进了房间，不多时，朱顺林和顾玉书已鼾声雷动，像死狗一样，躺在床上，任人宰割。两个野鸡把那两人所有值钱的东西一掳而去。

朱顺林和顾玉书两人醒来的时候，两个野鸡已逃得无影无踪。

朱、顾傻眼了。平时，这两人是专"帮人"的，今日反被人"做"了，这如果给黄老板知道了，还不骂自己无能，说不定，还不收自己做徒弟了。

朱顺林下楼找到酒店老板，问那两个野鸡是哪里人，老板一听，两眼瞪得老大，半天才说一句话："怎么，不是你们带来的？"

"不是，我们是在你酒店认识的。"

"那就糟了，可能是强盗金绣手里的人。"

"强盗金绣是谁？"

"她可是上海有名'十姐妹'的头面人物。"

"什么'十姐妹'？"朱顺林有些丈二和尚了。

"这个……我也不清楚。不过，你还是自认倒霉吧。"老板劝道。

朱顺林回到楼上和顾玉书如此一说，顾玉书倒是明白了，告诉朱顺林说，这"十姐妹"是上海滩有名的女流氓。

黄老板的前姘妇和现在的老婆均属“十姐妹”中的一员，朱顺林一听知道事情闹大了，瞒不住他了。即便自己瞒了，那两个野鸡回去一宣扬，林桂生能不知晓吗？她知晓了，能不告诉黄金荣吗？

两人商量后，决定把此事和麻皮讲开，被掳去的东西还不还都行，如果不讲，那麻皮会认为自己欺瞒师父，那个罪名可担当不起。

于是，两人穿好衣服，一文不名地滚出酒楼。临走前，老板送出门，还热情地相邀：“欢迎二位下次再来‘宝兴楼’。”

顾玉书到现在才知道自己“跌交”跌在了宝兴楼，因此对这酒店老板也痛恨起来。

黄金荣听了两人的讲述后，大发脾气，心想，这两人太无能了，竟然被两个野鸡“做了”，但当听到可能是强盗金绣手下的“兵”时，又放开笑脸，自言自语道：“强将手下无弱兵，活该你俩倒霉。”

宝兴酒楼老板怎么也没想到，朱、顾这一走，竟把仇恨全记到自己头上，真是有苦说不出。从此以后，酒楼再也没安生过，每天都有小瘪三、流氓去捣蛋，弄得酒楼无法可想，老板整天唉声叹气。

后来，朱顺林和顾玉书向黄金荣讨好说：“何不把这酒楼收在老板的名下呢？”

黄金荣一想，这主意不错，于是就施出了鸠占鹊巢的流氓伎俩来。

流氓白相人向对方敲诈勒索和强取豪夺，都离不开“装榫头”一套，也就是移花接木，把没有证据的事硬说成有凭有据。

“装榫头”的术语，在“青帮”流氓的相架切口中叫“软胡子”。这种“软胡子”的手法，主要有三种：

（一）“移尸入门”，把人家的死人搬到你家里来，栽赃害人；

（二）“栽赃入室”，把盗窃来的赃物放在你家里，然后到官府报案；

（三）“勾奸买奸”，这是自己养活自己的方法。

“青帮”流氓要使用这种“软胡子”，其对象一般都是殷实富户和客商大贾。这种“榫头”一旦装在你门上，你就得服服帖帖地依他条件，任其敲诈。如若不依，顿时横祸飞来，顷刻遭殃，轻则倾家荡产，重则家破人亡。

“装榫头”的手法很多。如流氓在市场、商店看准对象后，便将皮夹子暗放在对象的衣袋内，然后反咬一口，硬讲对方偷了他的钱，于是“人赃俱获”，帮手们上来拳打脚踢，过路行人不知其中诈情，也纷纷指责，最后必将其人的钱物全部掏空方肯罢休。还有男女合作，女流氓扮成家庭主妇，看准某个衣着笔挺又像农村来的行人，突然地打他两个耳光，口称当街调戏她，此人必不依，她便委屈地哭哭闹闹，这时搭档奔出，称此人调戏他妻子，大骂不止，使对方无法辩白，接着几个帮手便上来扮红脸白脸劝解威胁，最后自然是“有钱钱挡身，无钱剥衣裳”。

黄金荣为了要使宝兴酒楼老板心甘情愿地把酒楼双手供奉于他，当然要在他身上找些枝杈用来装个“榫头”。到那时他就不得不俯首就范，况且在黄金荣这股恶势力的范围内，对他有的是“榫头”可装。



一天早晨，宝兴酒楼刚开门营业，值堂的伙计们正在忙着揩椅抹桌、洗壶擦杯。突然间听得楼梯蹬得震天响，酒楼老板抬头一看，一大批流氓拥上楼来喝酒。

老板明知这批流氓不怀好意，但又不敢拒绝。这批流氓上得楼来，身未坐定，嘴上已在对骂。值堂的正在送酒递杯，双方早已掮桌摔杯，砸壶掷凳，大打出手，吓得酒楼老板和值堂的躲避不迭。

这批流氓初则拳来脚去，继而拔出匕首和三角小斧等利器，相互打将起来。真是狼狗咬恶狗，凶狗噬强狗，狗腿折断，刀来斧去，难分难解，大有踏平酒楼之势。

这样一场恶斗，被“狗”咬死的“狗”尸横陈，“狗”血淋漓，尚未被咬死的恶“狗”，早已拔腿下楼，逃之夭夭。待到“狗”吠声绝，酒楼老板和值堂的才敢移动颤抖的脚步出来。

往楼上看时，老板不由得失声叫起苦来，只见死尸倒卧，鲜血涂地，桌破椅断，杯盘狼藉。在一片血腥气中，检点一下，整整死了六个人，还有一个气尽将绝。

事关人命，当然要向巡捕房报告备案，巡捕房却责问酒楼老板出事前为何不来报告，如今死了的六条人命，概由酒店老板负责收殓。

流氓们闹翻了宝兴酒楼，损失还在其次，如今却要负责这六条人命，这叫酒楼老板怎能吃得消，直弄得他束手无策，叫苦连天。迫不得已，购买了六具薄板棺材，雇人收殓死尸，那将死未死的送医疗治。

黄金荣见酒店老板已被装上了“榫头”，缠在脖子上的绳索，只要随手一抽，就可葬送他的性命，这座酒楼即可到手。但是，为了使酒楼老板心甘情愿地把酒楼双手奉献于他，便进一步预备钓饵，引诱酒楼老板自己上钩。

酒楼老板在这场泼天人祸之后，对这宝兴酒楼已感到“弃之不舍，食之无味”了。六具尸棺和半条死人的医疗费用，已使他够受的了，以后万一再来重演一番，那如何得了？酒楼老板每思及此，不觉毛发倒竖。

一天晚上，酒楼老板踱到澡堂前正要洗澡，正巧碰到澡堂老板荀利嘴。这荀利嘴为人能说会道，又善于见风使舵。他今天担当起黄金荣的说客来了。

荀利嘴叹道：“想不到这场横祸会飞到你头上来，真是霉头触到印度角！在目前的环境下，你我当老板不如做伙计，我早有心想把这爿澡堂出盘给人，做个伙计度太平日子。”酒楼老板听了他一番话，深有同感。

有一个帮闲的人，名叫阿乌有，此人常在黄金荣跟前拍马奉承，供他使唤，这次受黄金荣之命，前来劝话。

阿乌有说：“我听说黄金荣黄老板要招收一批门徒。古语云：‘识时务者为俊杰。’你不如把这宝兴酒楼双手恭奉于他，待他收受门徒时，投拜在他门下，眼前虽失陇土，日后定得蜀地。否则的话，不管你是如何神通广大的孙悟空，也难逃他如来佛的手掌。你该当机立断，不要坐失良机。”

酒楼老板听了阿乌有的一席话，想想澡堂老板荀利嘴的“忠告”，又想起自己目前的处境，认为阿乌有言之有理，就打定主意，把半生惨淡经营的宝兴酒楼，忍痛割舍，双手献给黄金荣。

就这样，一个“榫头”使黄金荣不花分文得到他梦想的东西。

黄金荣的胃口是很大的，他并未就此满足，他的下一个目标就是聚宝茶楼。聚宝茶楼对于黄金荣来说，意义非同一般。

其实这个聚宝茶楼也就是黄金荣和林桂生结婚时所租的茶楼。茶楼内部既有清洁的“雅座”，也有安静的“幽室”。这些高级的设施，原是专供有钱有势的流氓享受的安乐窝，同时，也是抽大烟的胜地。

这个聚宝茶楼的老板名叫史少卿，上海本地人。因他左眼角生有一块蓝色印迹，因此绰号叫“蓝眼少卿”。

他开设这家茶楼花了一笔很可观的资金。因为茶楼地方宽敞，为了招揽茶客，还在楼厅中间搭有一个小戏台，专邀本地曲艺人每日定时说唱。有唱东乡曲调的，有说浦东文词的，有唱小调或杂曲的。

前来闲坐喝茶的茶客们，泡上一壶香茗，聆听各种曲艺，舒广神志，聊娱心境，其乐也融融。艺人的说唱所得，按照卖茶多寡向茶楼老板按成分拆。在旧上海一般茶楼都有贫苦艺人的足迹。聚宝茶楼有了这班艺人的配合，生意十分红火。

这聚宝茶楼与麦兰捕房近在咫尺，黄金荣每日下午 3 时，就来到聚宝茶楼，高踞在雅座间休息，并且经常召集一班狐朋狗党，在这里分赃劈把，摆台聚赌，策划抢劫。

在幽室里，他们吞云吐雾，抽吸大烟，直闹得“雅座”不雅，“幽室”不幽，鬼舞魔歌，魑叫魅号，一片嘈杂。

史少卿过去视这雅座和幽室如同摇钱树一般，如今凭空地掉下来这批五丧神、七煞鬼，强占了这两个小茶厅，把过去的一班殷实的老茶客摈诸门外，怎能不叫“蓝眼少卿”愁锁双眉，有苦难言呢?

黄金荣等一群流氓既把聚宝茶楼当成策划抢劫、勒索的场所，便想把它攫取到自己手中。黄金荣对“蓝眼少卿”，初见面时还打个招呼，随口叫声“史老板”，随着恶势的膨胀，继而对他就有些白眼。

后来，黄金荣开始实施霸占茶楼的计划。他暗中派人叫一些流氓地痞每日去茶楼闹事捣乱，把本来就被黄金荣等闹得乌烟瘴气的茶楼搅得一团糟。

同时，又指使人去对“蓝眼少卿”进言说：这事只要黄老板出来一压，保证太平无事。

“蓝眼少卿”得到这个“主意”后，请人请黄老板出场，黄就趁机提出“入股”的事。“蓝眼少卿”不敢怠慢，忙着送去 50 块银元，权作谢银。谁想黄金荣将银元退了回来，还带回一句话：“聚宝茶楼的事，我要关心到底。”

正当老板听了这话有些摸不着头脑时，又来了一群流氓吃“讲茶”。这些吃“讲茶”的家伙，是为了在这里讲理。但不知为什么，三句话不对，便乒乒乓乓地摔凳扔茶碗，打了起来，一刹间，聚宝茶楼里乌烟瘴气，那红漆新桌椅被砸得稀巴烂。

眼看店里的东西就要全被砸烂时，突然门外传来一声断喝：“什么人在打!”

原来，黄金荣带着几个随从，突然来到这里。

正打得不可开交的流氓们，听到吼声，全被镇住了，不敢再动弹。

黄金荣虎起麻脸，大步走到茶厅中央，捋起袖子伸开五指，一掌击倒了一张断腿桌子，大吼道："你们眼瞎了，到这地方来捣乱!"

这群流氓哆嗦起来，有人偷偷往门口退，想溜走。

"回来!"黄金荣又是一声大吼，"大家听好，这座聚宝茶楼有我一半股份，什么人要来作对，我就剥了他的皮，抽他的筋。"

他说着从怀里掏出一张银票，往桌子上一放，随即提高了嗓门说："都睁开狗眼看清醒，这是我的股金!"

"我们不知道是黄老板开的店，下次就是再借个脑袋给我们，也不敢要了。"

"滚!"黄金荣右手一挥，流氓们"哗"地一声逃出门去。

却说一直躲在账房间守着银箱瑟瑟发抖的"蓝眼少卿"，见黄金荣这么神，大开了眼界。他连忙双手打拱出来见礼："黄老板，您是敝号的救命恩人，快请楼上坐。"

"哎，老板不要一家人说两家话。这茶楼我投资一半，我们两个合伙开，这帮小流氓不会再来的。喏，这是我的股金。"

黄金荣朝桌子上的银票动了动下巴，示意"蓝眼少卿"收起来。

"这个……"老板为难了。

"怎么，不欢迎?"

"不，不不！黄老板要入股，我是求之不得。有了您的关照，生意好做了。至于这银票请收回，您的股利我照付。"立刻堆起笑脸恭维着。

"我这个人从不占别人便宜，从不白吃股份。这 1500 元股金你收好，到钱庄里提出来，或者转到'聚宝'名头上，不要让它过期。今天还有点事情等我去办。过两天我们一起再商量。"黄金荣说完一拱手，走了。

"蓝眼少卿"送走黄金荣后，捧着那张 1500 元的银票发呆。他知道这银票虽然是真的，但千万不可去兑现，那是装装样子的。况且明天就过期作废，谁还去碰这钉子呢?

但事情又出乎老板的意料，半年多来，茶楼太平无事，生意也很兴隆，黄金荣也没再来"商量"什么。端午节送到黄宅的礼金也被退了回来。

来人带回话来："茶楼生意做得很好，探长很放心。过节礼金不要送，到年关分红就行了。"

"蓝眼少卿"听了，这才倒抽一口冷气。1500 元他没有去取出来，现在是白白地送了半座茶楼。

又过了几个月，黄金荣要在茶楼商量开堂收徒弟的事。下午 1 点钟光景，茶楼来了三个人，也就是黄金荣手下的陈三林、金九龄、鲁锦臣三员大将。

他们告诉"蓝眼少卿"，黄老板要在这里开香堂收徒弟，对外生意暂停。"蓝眼少卿"哪敢说半个不字，连说几个"好"字之后，问什么时候恢复对外营业，被金九龄恶狠狠地瞪了一眼，便什么也不敢再说了。

几个月后，蓝眼少卿认为自己再也没有能力支撑这地方了，便弃楼而去。

黄金荣又白白地霸占了这座茶楼。

有了足够的物质基础，黄金荣开始谋划开香堂收徒的"大业"。

## 二、青帮与洪门的内幕

要在上海滩头摆开更大的局面，不广收门徒是应付不过来的。这一点黄金荣十分清楚，要收门徒自己得成为祖师爷，既是祖师爷，那就要亮出旗号，属于哪一个山门的。

中国的帮会，主要有“安青帮”和“洪门”，俗称青帮和红帮。清末民初以来，上海成了青红两帮活动的大本营，帮徒众多，山头林立，杂乱无章。

黄金荣在洋场里混了多年，前些日子一心巴结洋人，忠心耿耿地为洋人卖命，帮会的事倒忽略了。现在有了地位，有了钱，就不能不考虑到这些事情了。

可是自己已是法租界鼎鼎有名的人物，再去寻那些青、红帮小子入伙，岂不是降低了自己的身份吗？能不能干脆不理青、红帮那一套，自成一体，自建码头呢？

黄金荣心里没底。

于是，黄金荣招来亲信陈三林、金九龄、程子卿、丁永昌、鲁锦臣、曾九如和骆振忠等人，向他们讲了自己的想法。这几个人全都拥护成立帮派，还说早就应该结帮了。原则上没问题了，接着进入细节性的讨论。

黄金荣见时机成熟，便把自己想结新帮的想法说了出来。

程子卿是个直性子，没等黄金荣说完，便举双手赞成。他说：“娘的，要结帮就结我们自己的帮，何必看别人眼色行事，再说，青帮、红帮开始也不是和我们一个样。”

骆振忠此时却不同意程子卿的意见，他说：“结自己的帮也不是不可以，但是要师出有名，不然以后谁会相信我们呢？”

经过集体讨论，最后一致同意靠帮，不结新帮。因为靠帮比自己结帮容易得多，同时也可以避免一些不必要的麻烦。如果结新帮容易使清政府和法国领事两方面都产生误解。

但靠哪个帮呢，青帮，洪门？

说到青帮和洪门两个帮派，我们有必要了解一下两个帮派的渊源与演变。

先说说洪门。

洪门起源于明末清初的反清复明组织，由天地会、三合会、哥老会等演化而成。据传说，始祖洪英，又名洪盛英（有称为殷洪盛的），山西平阳府太平县人。

明崇祯四年（1631），洪英考中进士，崇祯七年（1634）受聘于直隶大同镇守使幕中，参赞军机，为人精明练达，慷慨好义，因之当时有许多豪侠之士，从各地慕名而来，投拜在他门下。

其中有陕西同州府薄城县人蔡德忠，直隶宣化府怀柔县人方大洪，直隶顺天府涿州人马超兴和山西绛州人胡德帝、李式开等。

崇祯十四年（1641），洪英偕门人南下改投明阁部史可法。此时，史可法正督师扬州，抵抗清军，命洪英到燕京（今北京）侦察虚实。他一路联络抗清志士顾炎武、王夫之、傅青主、黄梨洲等人，共同创建“汉留”组织，从事抗清活动。

后来史可法在扬州殉难，洪英到安徽芜湖，投奔明将黄得功。黄得功战败自刎，部众溃散，洪英招黄部2万多人，继续武装抗清。由于双方兵力悬殊，屡战败北，于顺治二年（1645）五月十三日，死于距芜湖六十余里的三汊河。

此后，洪英的儿子洪旭与洪英门人蔡德忠等到杭州投奔明潞王，不料潞王降清，他们便投奔郑成功。崇祯十七年（1644），清兵占领燕京，此后南方各地虽然继续有武装抗清运动，但逐步被清军消灭。

顺治十八年（1661），蔡德忠等随郑成功据守台湾，郑成功为了加强将士团结，开立“金台山”“明论堂”（意义取法梁山），这是洪门最早的“山”“堂”组织。

为了发展大陆上的秘密反清组织，郑成功派蔡德忠、方大洪、马超兴、胡德帝、李式开等化装至福建兴化府莆田县九边山少林寺投方丈智通为僧，此五人在洪门尊称“前五祖”，所以世传洪门的祖师是和尚。

少林寺僧精于武艺，名闻全国，各地慕名而来习武者甚众，形成一个武艺传习所。

康熙时，郑成功的侄子郑君达偕妻、妹投居少林寺，曾率领僧众128人组成僧军，应清廷招募，出征西鲁，凯旋而归。僧众并不居功，仍请回寺修道，清帝大加赏赐，除留用郑君达为总兵外，其余听任回寺。

后清帝听信谗言，派兵围攻少林寺，由于叛徒出卖，少林寺被焚，僧众逃回18人，蔡德忠、方大洪、马超兴、胡德帝、李式开等五人逃脱。

蔡德忠等逃出少林寺后，中途偶遇清兵追捕，在沙湾口幸有勇士吴天成、方惠成、张敬之、杨仗佑、林大江五人掩护，才虎口余生，此五人洪门中称作“中五祖”。

此后，吴天成随同蔡德忠等抵达广州，途遇清兵围堵，又被惠州宝珠寺和尚吴天佑、洪太岁、姚必达、李式地、林永超五人救护脱险，此五僧洪门中称为“后五祖”。

蔡德忠自广东经江西到达湖北，其时万云山万云寺的方丈万云龙和陈近南结义，共图反清复明。

万云龙原是明潞王部将，在山东起义失败至此。陈近南是翰林院学士，湖北人，因反对清帝焚烧少林寺，力谏无效辞官云游。

雍正九年（1731年），陈近南曾在四川雅州组织“汉留”，开立“精忠山”，以后回至湖北故乡，就在白鹤洞研究道教，自号“白鹤道人”。他同情少林寺僧众的遭遇，为替僧众报仇，改装江湖卖卜，结交天下豪杰，途遇蔡德忠等，就迎至家中，把他们安顿于附近的下普庵红花亭。

雍正十二年（1734年）七月二十五日，由陈近南主香，在红花亭同盟结义，以先来者为兄，后来者居弟。

当时从各方来会者，有福建的吴天成、方惠成、张敬之等，还有广东的吴天佑、吴廷贵、洪太岁等，有江西的黄昌成、钟玉英以及明朝的遗臣志士。

其中有个朱洪竹，据说是明崇祯帝的孙子，大家以为他是明代正统，便拥戴他为盟主，并以“洪”字为结盟之姓，把“洪”字拆为“三八二十一”，作为会中暗号。

以“红花亭”为兄弟出身之地，“结盟日”为兄弟诞生之日。这次集会称为“洪家大会”，洪门的名称即由此而来，“汉留”组织也因此演化为洪门团体。

洪门团体形成后，进一步组织军队，由陈近南统率，派苏洪光为先锋，宝珠寺僧吴天佑等五人为中军，勇士吴天成等五人为后备，向湖北的襄阳进军，连战皆捷。

但到了武昌，这支军队被清军于成龙所败，万云龙阵亡，朱洪竹失踪。陈近南不得已，退守襄阳，三个多月毫无进展，于是改变战略，分散部众，到各地自行开山立堂，以图日后发展，再行会合。

临别时，陈近南以一诗作为日后相会时的证词，其诗句是：

> 五人分开一首诗，身上洪英无人知。
> 此事传与众兄弟，后来相会团圆时。

乾隆十四年（1749年），洪门在广东惠州高漠庙集商举义，其时陈近南已逝世，由吴天佑等五人主持。其后吴等相继去世，乃由苏洪光主持。

苏洪光改名为天佑洪，定其组织为“三合会”，以天为父，以地为母，以日月为姊妹，取义是把天时、地利、人和三者合而为一。天佑洪率领三合军攻打清军，攻占了不少名城，声震东南七省。

后有明总兵周遇吉之侄周豪（又名玉英）率部韩龙、韩虎、李昌国等先后来归，遂以史可法之侄史鉴明为军师，女侠关玉英为女军统领，尊朱洪竹为“先皇”，声势浩大，自襄阳起兵入蜀。

其时，清廷蜀督王春美看到三合军势大，难以正面抵御，就设计派心腹符四、田七向三合军诈降，天佑洪误信为真，安置符四为三合会的四排，田七为七排，充任三合军中的副军师。

当行至重庆与清军作战时，符四、田七在三合军内为清军做内应，因之三合军内外受敌，遭至大败。天佑洪作战时为流矢所伤，全军溃退白虎山，符四和田七均被拿获处死。

此后，洪门中禁用四、七两排，就是这个起因。

后来为了整肃内部，修改会章，订立“三十六条”“十禁”“十刑”等规矩，建立严格的赏罚制度。

不久，天洪佑伤重去世，由苏洪宇、林列统率三合军继续抗清，连占数县，后被清军包围，关玉英往援战死，又以失败告终。适逢蜀督王春美调粤，苏洪宇晚间潜入督府，把王春美刺死，但他本人也在混战中被害。

至此，林烈势孤力薄，难以维持，乃将所部遣散，改向全国各地发展，开山立堂，采取游击方式继续抗清，并把洪门组织推广到海外华侨社会。

嘉庆十一年（1806年），贵州开立“筑青山”，主其事者为林怀明。次年，林怀明在河南卫辉的滑县起事，从狱中劫出会首李文成，当时曾有山东泰安的几个州县响应。

其后又有林清在北京起事，他本来与河南的会众约期共同行动，但因约期有误，林清先期约集了 200 人从宣武门入城，分头进攻东华门、西华门，并有太监做内应，但被宫内护卫发觉，林清看形势不利，立即退走。事败。

其后河南会众起事，亦告失利。会众不得已分散四方，河南各地的起义军始平息。

道光二十八年（1848 年），福建泰宁县的郭永泰从渔人手中得获郑成功开山时订立的“规律”。这是郑成功的孙子郑克塽被清军围困紧急时，把“规律”和重要文书装在铁箱里沉于海底的。

此后，洪门中就把他称作“海底”，通用于各地的洪门团体。但因历时已久，原本遗失，流传的本子内容不尽相同。

洪秀全发动的太平天国运动，从咸丰元年（1851 年）十二月金田村起义至咸丰三年（1853 年）攻破南京为止，原有三合会参加在内，同时各地三合会会众看到洪秀全起义胜利，也纷纷发动。

如广州方面：三合会众占领了肇庆、佛山、东莞等地，广东省城几被包围；

福建方面：会众占领过厦门；

上海方面：广东人刘丽川、福建人李咸池等起义，攻占上海县城，他们的组织名叫“小刀会”，属于“天地会”的一个支派，后来，刘丽川在战斗中壮烈牺牲，上海县城才复被清军占领。

洪门的每一个团体，各有其山名、堂名、水名、香名、内外口号，还有一首诗。由于在清代洪门是抗清秘密组织，所以采用许多暗号，以防破坏分子混入。

兹举刘传福的锦华山为例：

山名是锦华山；堂名是仁义堂；水名是四海水；香名是万福香；内口号是义重桃园；外口号是英雄克立；诗句是“锦华山上一把香，五祖名儿到处扬；天下英雄齐结义，三山五岳定家帮”。

在碰到陌生的洪门其他组织人员盘问时，双方就用这些暗语作为问答的词句就可以了。

洪门成员间是横的关系，效法三国时刘、关、张桃园三结义之意，称作哥弟。哥弟间分十排，以之区别地位的高下。

一排称大哥或大爷，其中有山主、副山主、香长、盟证、坐堂、陪堂、刑堂、执堂、礼堂、管堂、护箭、护印、新服（又称心腹）。

以上山主、副山主是首领，称为龙头大哥、副龙头大哥；香长和盟证是开香堂时的临时任务，称为有位无职；自坐堂至护印，凡是有职有位的称为内八堂执事，有似明朝八部大臣的组织；新服在内八堂是末位，但在外八堂则是首位。

下面的几排称为外八堂：

二排称圣贤二爷，或称京外军师，负责谋划；

三排称当家三爷，或称京外粮饷总管，负责财物收支；

五排称管事五爷，或称红旗，负责总务事宜；

六排称化冠六爷，或称巡风、巡哨，负责巡查；

八排称贤牌八爷，或称纲纪，负责功过登记；

这是当时照相馆拍摄的红灯照女子像

九排称江口九爷，负责新进兄弟和提升职务、公布名单；

十排称辕门，又称大老幺或称大满，负责各项杂务，其余都称小满，就是小喽罗。

四、七两排由于以前出过奸细，纳入阴性，所以只收女子，不收男子。

上述从新服到十排人员，除四、七两排以外，就是外八堂。

关于香堂上供奉的祖先牌位，依次是：

始祖：洪英、傅青主、顾炎武、黄梨洲、王夫之；

五宗：文宗史可法、武宗郑成功、宣宗陈近南、达宗万云龙、威宗苏洪光；

前五祖：蔡德忠、方大洪、马超兴、胡德帝、李式开；

中五祖：杨仗佑、方惠成、吴天成、林大江、张敬之；

后五祖：李式地、洪太岁、吴天佑、林永超、姚必达；

五义：郑君达、谢邦恒、黄昌成、吴廷贵、周洪英；

五杰：郑道德、郑道芳、韩龙、韩虎、李昌国；

三英：郭秀英、郑玉兰、钟文君；

二师：男军师史鉴明、女军师关玉英。

说完洪门的一些情况后，我们接下来再看看上海的洪门组织。

上海有三十个红帮团体，其中影响较大的有五圣山、五行山、侠谊社等。

五圣山是上海红帮规模较大的一个团体，有弟兄千余人，分设仁、义、礼、智、信五个堂口。其中仁文堂的堂主是朱卓文，义衡堂的堂主是梅光培，礼德堂的堂主是明德，智松堂的堂主是向海潜，信廉堂的堂主是张子廉。

五行山的前身是四川帮的民兴社，山主是江禹巫，此人在青帮中是大字辈（当时青、红两帮杂交，有些人先后参加两帮）。

除此，上海还有终南山、峪云山、中华山、十龙山、大洪山、福寿山、天寿山、鑫华山、长白山、兴中山等。这些团体原先各自活动，没有联合的组织。

再说青帮。

青帮组织，实际上是在清朝雍正初年为了承运漕粮而形成的，但帮中人却把其历史渊源，推前到明朝，以明朝永乐的文渊阁大学士金幼孜为其第一代祖师。

金幼孜号碧峰，祖籍应天府（南京）麟麒门外30里金家堡，生于元顺帝至正六年（1346年），明洪武时中进士。先在北京燕王朱棣座前任职。后随军南下，负责都督粮台。燕王在南京正位后，任工部侍郎，永乐间迁都北京，改任文渊阁大学士。及成祖亲征辽东，金奉命都督粮运，不久辽东平定，随成祖凯旋回朝。

当时，金幼孜看到仕途险恶，厌弃红尘，衷心仰慕达摩，因此上表辞官，隐居栖霞山紫方洞修炼。后又转至五台山求戒，拜佛门禅宗临济派36代传人鹅头禅师为师，取名清源，从此在紫霞洞隐修，数年后去世。

这就是青帮以达摩为始祖，把金幼孜尊为第一代祖师的来历。

第二代祖师是罗清，号净清，甘肃兰州府涓清县东乡罗家庄人。17岁时，他考中明朝嘉靖恩科举人，后赐进士出身，擢任监察御史及户部侍郎，吐鲁番犯边时，嘉靖帝任为间外都督领兵直抵番边。

传说罗清年轻时为人仗义疏财，广交各地好汉，不管绿林响马，山寇大盗，只要义气相投，无不结为金兰。后来不知怎的，他笃信李聃一脉，就此皈依道教，到处寻访名山胜景，奇川异瀑。

后来番边暴乱，无人敢往，罗清才揭了皇榜，接受嘉靖帝的任命。

罗清带领军队来到番边，与“蛮夷”部落进行了生死搏斗。血战后不幸被困于两狼山下，粮尽三天，杀马充饥，忽来一和尚相告，寺后石崖下有本朝清源禅师北征时所储藏的粮食，往取，果如其言。

全军饱餐后次日出击番营，斩了番将，一直追到番都，番主见了大为震惊，视罗清为异人。在他的说服下，番主表示以后永不叛明，罗接受降书，大获全胜而回。

归途中经过五台山，访求清源禅师遗迹，由北寺方丈恨修禅师指引，从佛龛中取出金幼孜的经典遗物，并悉嘉靖曾封金幼孜为护国禅师。

罗清深受感动，即由恨修禅师领至金幼孜的塔下，拜金为师，后人在师父死后拜师，称为“灵前孝祖”，就是起源于此。后来，罗被严嵩父子暗害，入狱12年，万历年间由于边疆需要，把他释放，但他立了功不愿受禄，乃至栖霞山紫云洞金幼孜修炼处修道，在那里终了一生。

第三代祖师陆逵，号道元，江苏镇江府丹徒人，自幼学武，精于技击，当过江右总兵。明亡后隐居茅山。后慕罗清征番定回之功及其能通满、蒙、回、藏语言文字之能，又为佛教禅宗嫡系，因此到五台山求道。

清初，陆逵云游新疆、甘肃一带，就向清廷条陈用宗教感化之策，为康熙嘉纳，授以西北宣化法师名号，赴西北宣化，订立“回汉约法”，规定回汉人民互相尊重风俗习惯，各守其制，两不相犯。

回京复命后，康熙大喜，议授以官，他却乞归学道，就封他为清国尊人，并加封其师罗清为一清佛祖。

晚年，陆逵在杭州武林门外宝华山刘氏庵内讲经说法，听者甚众，殁于雍正七年（1729年）。

以上金、罗、陆三人，帮中人奉为“前三祖”，都与佛教禅宗有渊源，所以后来的青帮组织带有一定的宗教色彩。

青帮的真正祖师，起自陆逵的徒弟翁岩、钱坚、潘清三人，即所谓“后三祖”。

翁岩字福亭，号德慧，江苏常熟人，祖居山东东昌府聊城县，其后迁居河南南阳府。出身秀才，后弃文向河南嵩山少林寺僧习武，喜与绿林好汉交往，并入天地会，为会务奔走四方，到处为家，性情刚毅，心胸开朗，不善辞令。

钱坚字福斋，号德正，江苏武进人，迁居安徽徽州府。为人精明勇敢，幼从父经商，移居开封。16岁父母双亡，无心继承父业，改习拳术，入天地会，与翁岩同隶张岳部下，张是天地会中的首领。

潘清字清宇，号德林，浙江杭州人，先移住安庆，后又迁居河南开封。承父母余荫，富有财产，幼年读书，颇以诗词歌赋自豪，武艺亦佳。

潘清为人勇义，好交游，地方上以“小孟尝”称之。翁岩、钱坚二人奉张岳之命，到安徽访潘，三人都是天地会道友，一见如故，结拜为异姓兄弟。

三人结拜后，一起出门访求志同道合的人，乃至杭州陆逵处听讲，对陆非常敬服，要求投拜门下。

陆逵一开始不愿收受他们，就遁身避到江南杭州武林门外一座大山前（一说是灵隐飞来峰前），那三人也追到那里，眼见陆逵侧身进入山洞，说也奇怪，那三人都无法进入这山洞。因求师心切，就日夜跪守在洞外。

那翁岩、钱坚、潘清三人跪在洞外，一连三日三夜，也不进饮食，直跪得血染足踝。陆逵被这三人精诚之心所感动，便收了他们做徒弟。

这样，师徒四人在山中修行了几年后，一天，陆逵叫三人入内，面嘱他们进京求取功名。那三个兄弟向陆师父苦苦哀求，情愿终身事师，不愿进京求名。

三人倒身下拜的时候，抬起头来忽然不见了陆逵师父，弄得三人面面相觑，非常吃惊。既然陆师有嘱，三人怎敢违背师训？三人便迤逦来到了杭州。

雍正三年（1725），清政府悬榜招贤，加强漕运。三兄弟意图以粮帮为基础，组织一个大团体，便到河南抚署揭榜承运。

当时，河南巡抚田文镜也是杭州人，三人便向其条陈了漕运办法。田文镜与漕督同上奏本，经雍正批准，指定归漕运总督张大有节制，并听命于勘视河工的钦差大臣何国宗指挥，准许开帮收徒，以定统一粮务。

他们接受任务后，先在开封府潘清家中召集各地天地会头目磋商，得到了一部分人的赞助，并联络旧有粮帮，统一了粮帮组织，推翁、钱、潘三人为首领，组成了一个“道友会”，供奉达摩为始祖，金幼孜为第一代祖师，罗清为第二代祖师，陆逵为第三代祖师。

他们开办粮运，首先设厂造船，统一尺寸，绘成图样，亲自监工造船。传说共造了9999只半（所谓“无半不成帮”，半只是脚划子）。第二步是协助清廷开办浚河工程，动员山东民夫16.5万人，用银110万两，开浚河道，打通了南北水运。

布置完成，乃大开香堂，广收门徒。翁岩按八仙之数收徒八名；钱坚按二十八宿之数收徒28名；潘清按三十六天罡之数收徒36名；三人按七十二地煞之数共收徒72名。

而后，徒弟又收徒弟，从而，青帮组织逐渐扩大起来。

青帮建立承运漕粮后，翁岩、钱坚、潘清三人向师父陆逵请示，陆以 24 字的字诀相授，作为传统的帮内“家谱”。

此 24 字就是“清净道德，文成佛法，能仁智慧，本来自性，圆明行理，大通无（又作悟）学（又作觉）”。其中，“清净道”三字是在粮帮未成立前使用的，从“德”字起立帮，所以实际上前三字是教派，从第四个字开始才是帮派。

立帮后徒子徒孙越来越多，原来的二十四字怕不够用，乃由王德降（即王降祖，帮中称为小祖师）续订 24 个字，就是“万象皈依，戒律传宝，化度心回，临持广泰，普门开放，光明乾坤”。

解放以前，上海以“大通无学”四字辈居多，而以大字辈为最高。传说后 24 个字也已开始动用，但究竟用到哪一个字无从查考。

那么“青帮”这个组织为什么叫“青帮”，而不叫其他名字呢？

由于这个组织是受到清廷批准开办的，所以他们所收的门徒也是钦命准许的。这个组织的中心任务是要把大清的漕运办好，而翁、钱、潘三人也确实十分卖力，得到了清廷的嘉奖。因为翁、钱、潘三人所领导的门徒都能“效忠”清廷，故称“清帮”。后来，年代久了，讹传为“青帮”。

大船小船拥港湾，社会下层的船工是帮会的人员来源

后来这三个兄弟都得到了清廷的重用，各自授了官职，这三兄弟不但可以公开招收门徒，而且仿效军制，凡办事得力的和有特殊功劳的能擢升军衔武职。

这三兄弟各自设立堂名，大房“翁佑堂”，二房“潘安堂”，三房“钱保堂”。三堂之下，另设六部，即“引见部”、“传道部”、“掌布部”、“用印部”、“司礼部”和“监视部”。各房子孙门徒，界限分明，制度严格。如有人“犯规”，则毫不留情。

青帮建立后，门徒们在杭州武林门外宝华山建立家庙及 12 座家庵（翁、钱、潘的高徒 12 人家庵），承运漕粮事务所就设在家庙内。并公议订立了十大帮规、香堂仪式、孝祖规矩、十禁十戒、家法礼节等等规则。

此后，翁岩、钱坚二人至蒙古、青海去朝佛，再无音讯，帮务由潘清一人主持。至雍正十三年（1735）潘清在黄河大风事故中身亡，帮务由王德降继任。

清乾隆年间，白莲教中人王伦，见粮帮势力雄厚，乃与帮中人交结，并自立“清门教”，于乾隆三十九年（1774 年）在山东起义反清，一度发展至数万人，但结果失败被斩。至此，清廷严厉查拿一切秘密会党，不过事实上秘密组织依然存在。

嘉庆五年（1800），八封教刘子协、宋之清继起举义，游击清军于川、湘、鄂、豫、陕、甘各地，不久也以失败被杀而告终。

其后，山东金丹八卦教主林清和河南八卦教主李文成联合反清，林清并贿太监高广福、刘金二人为内应，事败，预伏于城外黄村的林清被捕杀。

李文成原在滑县城外的关帝庙邀集主教 36 人议事，被捕囚禁于滑县城内。附近教徒闻变，顿时集合近万人，其中也有青帮人员，攻占了县城，杀死知县，救出李文成。但最后义军失败，李文成纵火自焚而死。

乾隆年间，粮帮本来是公开组织的，但自清门教、八卦教等相继起义反清，其中人员牵涉到粮帮，因之粮帮也在严禁之列，稍涉嫌疑，就难免有杀身之祸，由此销声匿迹，转入秘密活动。

太平天国运动兴起后，粮运复盛，北方粮船大多为清廷服务，南方粮船大多被太平军改为水师，杭州的家庙祠堂被乱军所毁，至此青帮势力消灭殆尽。太平天国失败后，漕运废除，粮帮裁撤，不过，青帮组织还是流传于社会。

鸦片战争后，上海被迫成为开放口岸，畸形的殖民地经济发展十分迅速。很多无业的青帮人员便云集于此，以各种方式谋生。于是，青帮走进了上海。

青帮对于上海社会的影响是深远的，尤其是帝国主义租界当局，利用帮会、流氓势力，作为殖民统治的爪牙，例如帝国主义运来的大量鸦片，就是利用流氓，主要是青帮中的人物推销的。

此外，帮会与流氓合流，深入到社会各个角落，开设赌场、妓院，划地称霸，为非作歹，欺压良民，成为社会上的一股恶势力。

青帮散布在全国各地的派别，由于其组织上的便利性和它本身具有的斗争性，因此也就成为各种政治势力拉拢的对象。

旧民主主义革命时期，同盟会积极联络全国各地会党成员，青帮就是最大的争取对象，在同盟会员的活动作用下，很多青帮派别，也都倾向于革命，热情地投入到推翻清王朝的斗争中。在上海，杜月笙与黄金荣都与同盟会重要领导人陈其美交往甚密，陈利用他们在上海特殊的身份，委托他们为革命党办些暗杀、营救、筹资等工作；黄兴在长沙成立华兴会时很多的青帮人员都参加了，到 1911 年武昌起义爆发前，长江中上游各青帮组织都与革命党建立了关系，成为即将爆发的武装起义的主要力量之一，为武昌起义的发动和能够坚持作战准备了足够的武装力量。

北洋军阀时期，有些帮内人物，随着其势力的发展暴发起来，成为了充满残暴性的资产者，其性质走上了反动，这些人与地方军阀人物狼狈为奸，横行于一方。

国民党时期，在上海，杜月笙、黄金荣直接投入到了蒋介石的怀抱，1927 年帮助蒋介石直接制造了惨绝人寰的“四一二”反革命大屠杀，大批的共产党员和革命者死于青帮人手中。蒋介石的统治建立之后，很多青帮中人物直接参与国民党的政治活动，有的担任中央重要职务，这一时期几个青帮人物也相当荣耀，杜月笙与黄金荣过生日或家祠落成等“重大”庆祝活动，连蒋介石也亲赠礼物。这一时期的组织也获得了进一步的发展，在上海就出现了诸如张镜湖及其徒弟们组织的“仁社”；杜月笙组织的“恒社”；黄金荣组织的“荣社”；杨啸天组织的“兴文会”等很多社团，这些社团为了各自的利益，彼此明争暗斗，妄图吞并对方，如此一来，搅得上海很不安宁。

抗日战争时期民族灾难深重，人民处于水深火热之中，为了生存，人们抱着对青帮的错误认识，纷纷加入，以求彼此帮助，获得庇护，原想在动荡的社会中为自己筑起一堵阻风挡雨之墙，这样青帮便获得了更大的发展，以致连蒋介石也看重起来。1944 年，蒋怕青帮大力发展会动摇其统治的根底，曾下令取缔帮会，但当时青帮已成尾大不掉之势，对蒋这一命令根本不予理睬，有的还决定给蒋一点颜色看看，蒋非常恼怒，决定要杀几个帮中人物，以压一压他们的嚣张气焰，戴笠恐事情闹大，便出面斡旋，此事方才了结，但结果仍是极大地伤害了杜月笙等人。

到抗日战争末期，蒋介石知道当时青洪两帮人数众多，而且隐蔽极深，很难对付，况且当时在川、陕、贵，青帮势力很普遍，为控制青洪两帮，防止其为其他党派所利用，曾让戴笠用软的手段，把青洪两帮控制起来。为此，戴笠曾找杜月笙等人商量，决定成立中国人民动员委员会，邀请青帮中首脑人物担任委员，以笼络他们，希望通过这种形式达到他控制帮会的目的。但这一组织遭到了很多人的反对，虽然成立了也没有起到什么实际作用，这时的青帮已发展到了鼎盛时期。

1949 年 4 月，百万雄师渡过长江，蒋家王朝在大陆的统治迅速结束，青帮也随之被取缔，在大陆存在了几百年的大帮会也冰消瓦解般地消逝了。虽然如今青帮依然在台湾苟延残喘，但其实际上已经是日薄西山了。

再说黄金荣其实早就与帮会人物勾结在一起了，比如“签子福生”陈世昌，“打不死阿三”。但黄金荣早年在上海衙门做捕快，不久又入法捕房做巡捕，以至于到现在升为华捕探长，这些都是能压住人的差事，所以帮会里的人并不因为他不入帮就不和他来往。

黄金荣呢，自然是“老子天下第一”惯了，也不愿去入帮，屈就人之下来叩头拜师，因而也就没加入青帮，是个“空子”。而现在“空子”要开门收徒，自然是不伦不类。

什么叫“空子”呢？简单地说，就是没有拜过师的人，在青帮中人看来，都叫“空子”，而拜过师、上过香的门徒才能叫“在帮”。

按照青帮的规矩，只有在帮的人，才可以收徒弟，黄金荣既非洪门，又不是青帮，照江湖上的规矩，是既没有资格开香堂收徒，也不能收弟兄的。

“那怎么办?”黄金荣知道这件事后，很是恼火、恨自己当初为什么“老子天下第一”，不找个师父。

但徒弟们有办法。骆振忠说：“事在人为，咱们改个名称，不就得了?不管结的是洪门，还是青帮，我们在名帖上不写兄弟或徒弟，就改称门生不就行了，反正是换汤不换药呗!”

“好，这主意妙，门生这个叫法还比较新鲜。”黄金荣不禁对骆振忠伸出大拇指。

“那到底靠的是什么帮?”骆振忠一句话点到了实质。

“妈的，你看我这头脑，弄了半天靠的什么帮还没闹清楚，你们看，靠哪个帮好?”黄金荣想集思广益。

“还是您老人家拿个主意吧。”门徒心想，自己说话等于放屁，不如不说。

“好，那我们现在分析一下，”黄金荣拉开了架式，“洪门的宗旨是反清复明，这个不好，容易引起误会；它的前五祖、中五祖、后五祖，还有什么五贤、五杰，都太繁，咱们记不住，也不好！再一个，洪门中出过叛徒，这又太忌讳，也不行……”

陈三林已听出黄金荣的意思了，连忙插上说：“青帮呢，开始就是效忠清廷，为朝廷分忧，这对上路子；青帮的祖师相对来说，比洪门的祖师容易记住，他只有始祖、前三祖、后三祖，好记；另外，青帮叫法也比较规矩，在上叫师傅、老头子，在下叫徒弟，不像洪门都是弟兄称呼，岂不乱了套!”

“对，三林讲得透彻，透彻！咱们就靠青帮吧!”黄金荣一锤定音。

确定了要靠青帮，解决了基本问题，但远远没有完，下面还有奉谁为老祖宗，帮内的辈分怎么讲究，收徒仪式怎么进行等等的一系列问题。

## 三、摆香堂，订帮规，打天下

黄金荣等决定了要靠青帮，既然是靠帮，就不能没有老祖宗，奉谁为老祖宗呢?奉翁、钱、潘吧，可自己是个“空子”，不在帮，也没有那个资格。怎么办呢?

黄金荣搔了几下头皮，忽然想起自己的先父大人来。黄炳泉最尊重的就是关羽关云长，他家客厅上方总是挂一张关老爷佛像。黄金荣想到这里，两手一拍，“对，就以关羽为号召，奉关羽为老祖宗。”

第一个问题解决了，但第二个问题又接着来了，什么问题呢?

论结帮，除了老祖宗之外，帮内还要讲究“辈分”，因为老头子和徒弟总不能一个辈分吧。但怎样排呢?这也不能用青帮的辈分，还是因为自己是个“空子”。黄金荣由于读书极少，这个问题最使他头疼。

黄金荣知道，辈分是很重要的，如我们的老祖辈，中国的圣人，孔、孟、曾、颜四大家，他们的后裔，每一代有一个字排名，而且四家都通用，到了近代已排到“昭、宪、庆、繁、祥”几个字了。

因此，黄金荣觉得一定要排出辈分，方可收徒，但怎么排呢，自己肚里有几两墨水自己心里有数，于是，他把这个“艰巨”任务交给门徒骆振忠。

骆振忠当然求之不得，因为他觉得自己肚里有“学问”，这辈分非得按他所排的字不可。别说，经过几天考虑，骆振忠还真的排出 24 个字的辈分来，即：

文行忠信，孝悌树人，礼人兼明，

正心吉祥，松柏长春，永葆德成。

当骆振忠拿出这 24 个字的辈分时，黄金荣知道自己选对了人，这辈分还真的像那么回事。此后，这 24 个字的排行，成了黄金荣独创的家谱。

接踵而至的第三件事又搅得黄金荣头疼，那就是“帮规”和开堂仪式。黄金荣懒得为这些麻烦事操心，干脆把一嘟噜的烦事全部推给了骆振忠。

为了订“帮规”与开堂仪式，骆振忠伤透了脑筋，关起门来苦思冥想两三天，也不得要领。及至第四天，黄金荣找他问话，他摇头叹苦经：“不在其帮，不知其规!”

黄金荣听了哈哈大笑，边笑边用食指点着他的脑壳说：“你真是个书呆子，这些破条款也要用这么多心思?”

“不用心思，又怎么能想得出呢?”

“我教你一条捷径，去找个帮中人，请他吃一顿饭，给他点银子，向他打听打听他们的帮规和入帮仪式，你回来后再改换一下，不是就有了吗? 根本用不着你关起门来自己一条一条地造。”

黄金荣真不愧是个杰出的包打探，在他的眼中，什么事都可以探得出来，连帮规和开堂仪式都可以从别人嘴里挖来。

骆振忠听了这一席话，顿开茅塞，左手一拍脑门，眉开眼笑地竖起大拇指直晃荡：“高! 这办法，真高!”

真是强将手下无弱兵。黄金荣高明，徒弟骆振忠也了不起。他花了两天时间，便探清了青帮的规矩，并且连一套“海底”也烂熟于心、他又经过一整天的整理、改造、加工，便成了“黄帮”的家规家法。

那么这青帮的帮规和开堂仪式到底是怎样的呢?“海底”又指的是什么? 青帮里还有什么其他名堂? 我们不妨来了解一番。

青帮开香堂的礼节和拜师仪式十分隆重，非常烦琐，要有几十个以上的“空子”，才能开一次香堂，举行一次拜师仪式。

凡是“空子”想投身青帮，踏进青帮的门槛，事先必须托帮内人引导带领，发给一纸入帮志愿书，填明自己入帮的志愿和本人的一生履历。

介绍人把这纸入帮志愿书交给引见师，经过引见师调查考核获得批准后，再具正式帖子（这帖子是帮内发的）面呈老头子，经过老头子批准后方可拜师。

帖子正中写着“信守不渝”四个字，帖子里面上首写：“投拜某某某老夫子大人门下”，下面写：“甘心情愿”四字，又在老师名字旁填写门徒家庭三代的姓名，帖子末后具名某字排行“门生某某某谨具”，帖旁再写：“引见师某某某押”，“传道师某某押”。

办过这样烦琐的手续之后，再封上资金 10 元或 20 元，一同呈交给传道师，传道师再交给"师父"过目。其繁文缛节，错综复杂，不胜其烦。

青帮举行开香堂大典时，事先都要发出请帖，凡是老头子以及上一辈的师尊和老头子的同辈兄弟，届时都要请来观礼，名叫"赶香堂"。参与赶香堂的人越多，老头子的面上越光彩，而且新收的门徒也感到光荣。

青帮开香堂时，在大殿正中长桌上供翁岩、钱坚、潘清三堂主爷的神位（帮中称祖师为主爷），在中殿上面挂起达摩始祖、第二祖师罗清、第三祖师陆逵的画像。

三位主爷神案前各点上香烛，在神案桌下也要点起五支香，表示尊重三位主爷下的历代先辈。

另外，还要准备几十支或百支两端都用红纸包着的香，名叫"包头香"，放在桌下，以备分发给各入帮的门徒。在开香堂的庙门外，供设"陈四爷神主"，也要点上一副香烛。

据说陈四爷是第一个进入青帮门槛的开山门徒弟，因在帮中不执行主爷的命令，被主爷逐出山门。但因他是入帮最早的一个首徒，为了纪念他入帮最早，因此在开香堂时做个顺水推舟的人情，以资纪念。

但又由于他已被帮里逐出山门，因此只得把他的神位供设在庙门外，以示区别。

香堂布置停当后，由执事赞礼师照红单唱名，提到名的"空子"依次进入廊檐下站立，便传命紧闭庙门，老头子居中坐下。老头子的长辈坐在上首，老头子的同辈兄弟分坐两旁。这时，香堂上香烟缭绕，红烛高照，仪仗森严，鸦雀无声。

先由引见师唱名引各"空子"来到始祖、三代祖师和三位主爷神案前跪下，各磕三个头，然后到老头子面前也磕三个头，再到老头子的长辈跟前再磕三个头，又到老头子同辈兄弟处还磕三个头，还向六部各师尊面前又磕三个头，同时向来赶香堂的师友也得

社团会馆

磕上三个头，才算完事。

新进山门的“空子”拜过香堂和老头子等人后，司礼师和引见师便依名单命他们按名序再排立廊檐下，司香的执事把放在桌上的包头香划开，点旺香头，分给每个“空子”一支拿在手中。

这时，另外有几个赞礼师便高声喊叫“下跪”，“空子”们便一齐跪倒。另有一个执事人端一盆，盆里放着一个小勺，要每个“空子”用勺子舀水呷上一口，这在青帮中叫“净口水”。这“净口水”的含义，就是要新进山门的“空子”以后遵守帮规，不得胡言乱语。

各“空子”喝过“净口水”后，再由引见师引各“空子”到老头子面前捧香恭身而立。这时坐在上面的老头子便厉声问道：“你们入帮是否自心情愿，还是有人劝你们入帮？入帮并没有好处，要严以律己，你们一定要知道，并且要做到！”

老头子说罢，各“空子”在下面齐声应道：“入帮是自心情愿，甘受约束，誓守帮规，决不违背师训。”

老头子在上面再教诲：“你们入帮以后，如有违犯，定要按家法帮规处置，你们能办得到吗？”

各“空子”齐声答道：“谨遵师命，不敢违犯。”

经过老头子一番训诫后，引见师再引导他们到三堂主爷神位前站立，把手上点的香，由上首“空子”往下传递，由末后一个“空子“一支支插入香炉内。

这叫“传代香”，也就是要把青帮收受门徒世世代代相传下去。传代香礼毕后，赞礼师又叫各“空子”在三堂主爷前磕上三个头，这样，开香堂拜老头子的仪式才告结束。从此“空子”就是帮内的人了。

举行过这种仪式之后，还要由传道师发给每个新进山门的门徒一个小折子，小折子上面写着青帮内三帮九代名称和帮内排行字辈，还写上门徒的名字排行。另外，还写着帮内各种“海底”盘答方法。

这是帮内最重要的东西，帮内每个门徒都要秘密珍藏，不能让门外人观看，如泄秘密，按家法处理三刀六洞，毫不容情。这个小折子中的“海底”盘答术语，每个新收门徒必须背得滚瓜烂熟，应答如流，便于应付。

发给这个小折子，也是帮内对每个门徒是否真诚笃信帮义的一个重要考验。因此，这个小折子虽亲生父母、同胞兄弟和共枕夫妻也不得过目。青帮门槛的流氓，对这个小折子如同爱护自己生命一般。

传道师向新进山门的徒弟分发小折子后，老头子便吩咐安排酒筵。这时，来赶香堂的人们，不论是老头子的长辈和老头子的同辈，都向老头子口头道贺，大家一同入席畅饮，好酒美肴，大吃一顿。

筵席酒费概由新进门槛的门徒按人分摊，老头子每开一次“香堂”，至少要收近百名门徒，每个门徒资金按 10 元计算，白花花的千余银元又落入了老头子的腰包。

大家吃得酒醉饭饱之后，彼此各奔东西，从此新收的门徒向人敲诈，如有麻烦，自有老头子出面撑腰。

叙述完老头子开香堂的内幕之后，我们再来谈两个话题，香堂的种类及“盘海底”的方式方法。

先讲讲香堂。

香堂分大小两种，具体的讲，又可分为五种：

（一）临时小香堂，这是最简便的，不论香堂大小，记名人数多寡，可以随时随地举行，只要用香烛一份，上供三家祖师牌位一座，行礼如仪就行。

（二）正式小香堂，组织略具规模，须有引进、传道两师在场，依照规定仪式举行。

（三）正式大香堂，组织规模宏大，布置庄严，执事人员也多，乃为帮中大典。

（四）特别大香堂，其组织与正式大香堂略同，所异者多设几炉香，多供几位祖师，多下几次参礼，多用几位执事，多唱几次歌词。如我们在文中叙述的。

（五）特别满香堂，组织更扩大，极尽铺张之能事。

香堂执事计有 12 个名称：

（一）当家师（收徒者自任）；

（二）讲经师（传道师兼任）；

（三）陪堂师（引进师兼任）；

（四）执法师；

（五）护法师；

（六）巡堂师；

（七）执堂师；

（八）散香师；

（九）抱香师；

（十）福德师；

（十一）知客师；

（十二）站堂师。

香堂上拜祖，名曰“参祖”。小香堂有四海龙王的灵位，天地君亲的灵位以及翁、钱、潘三位祖师爷的灵位。

大香堂的牌位有达摩始祖、历代佛祖、慧可祖师、弘忍祖师、僧璨祖师、道信祖师、慧能祖师、金祖、罗祖、陈祖、林祖、陆祖、翁祖、钱祖、潘祖以及三家历代各方前人。

我们再来说说“盘海底”。

青帮中有一套暗语，切口叫“盘海底”。比如一个帮里人到外地去，称为“开码头”。如若坐在茶馆里，将茶壶盖取下，放在茶壶的左面，盖顶朝外面，盖底朝茶壶里面，对茶壶而坐，双眼不能斜视。又如在饭店酒肆里，将筷子横放在酒杯或饭碗外面，对筷端坐。

以上两种做法叫做“挂牌”。牌既挂出，帮里人看到就会向挂牌人问道：“你是何方老大?”

挂牌人见对方来问，必须恭敬起立，回答：“不敢，是沾祖师爷的恩光!”

对方再问："贵前人是哪一位？贵帮是什么帮？"

答："在家子不敢言父，出外徒不敢言师。敝家姓陈名叫上江下山，是江淮四帮。"

双方经过这样的问答，已知道是自己帮内的人了，便彼此坐下，但相互问答不是就此结束。对方还要盘问道："老大顶哪个字？"

挂牌人如是大字排辈的话，便答："头顶 20 世，身背 21 世，脚踏 22 世。"

对方再问："前人占哪一个码头，现在哪一个码头？"

此时挂牌人就照直说明，然后将帮里的三帮九代向对方交底。三帮是江淮四帮、嘉海五帮和新马六帮，九代是自身、前人和引见师、传道师等的姓名。

到这里，"盘海底"的对话就此结束。对方便向挂牌人会茶钱或酒饭钱，不但给挂牌人招待食宿，如若挂牌人还要到另一个地方去，还得给路费川资。不过，这种招待只限三四天，以后就不招待了。

"盘海底"是对青帮外出开码头的流氓进行考察。如果挂牌人在"盘海底"时没有对答如流，或者是答话生涩和神色慌张，对方就疑心你是个假冒门槛的"空子"。倘若是"空子"，一经盘问出来，准会教你吃"三刀六洞"，决不留情。

青帮流氓还有一种问"船"、问"旗"的"盘海底"。盘问这种"海底"的，都是门内人互相闹矛盾时才发生的。其矛盾的根由，不是为了"黑吃黑"，便是为了争夺女人。这点我们将在稍后叙说到，在此就不赘述了。

青帮祖爷还订有十大帮规、十禁、十戒、十要、传道十条、家法十条。

（一）十大帮规

不准欺师灭祖；不准藐视前人；

不准扒灰倒笼；不准奸盗邪淫；

不准江湖乱盗；不准引法代跳；

不准扰乱帮规；不准以卑为尊；

不准开闸放水；不准欺软凌弱。

（二）十禁

一人不准拜二师；父子不准同一师；

师死不准再拜师；关山门不准重开；

徒不收不准师收；兄弟字派有高低；

本帮与本帮引进；师过方代师收徒；

在道不准诽谤道；香头低不准爬高。

（三）十戒

万恶淫乱；截路行凶；

偷盗财物；邪言咒语；

讼棍害人；毒药害生；

假正欺人；聚众欺寡；

倚大欺小；烟酒骂人。

（四）十要

孝顺父母；热心做事；

尊敬长上；兄宽弟忍；

夫妇和顺；和睦乡里；

交友有信；正心修身；

时行方便；济老怜贫。

（五）传道十条

尊法律；孝双亲；

敬神明；习正道；

保身体；善改过；

立品行；慎言语；

务正业；戒嗜好。

（六）家法十条

1. 初次犯帮规者，轻则申斥，重则请家法处治。再犯时，用定香在臂上烧“犯规”二字，并加斥革。如犯叛逆罪，捆在铁锚上活活烧死。

2. 初次忤逆双亲者，轻则申斥，重则请家法处治。再犯时，用定香在胸前烧“不孝”二字，并加斥革。如犯逆伦罪，捆在铁锚上烧死。

3. 初次不尊师训，妄言妄行者，轻者申斥，重则请家法处治。再犯时，用定香在臂上烧“顽民”二字，斥革。

4. 初次不敬长上者，轻则申斥，重则请家法处治。再犯时，用定香在臂上烧“不敬”二字，斥革。

5. 初次以长上资格侵占帮中老少所有财产物件者，轻则申斥，重则请家法处治。再犯时，用定香在臂上烧“强夺”二字，斥革。

6. 初次殴打帮中老少者，轻则申斥，重则请家法处治。再犯时，用定香在臂上烧“强暴”二字，斥革。

7. 初次违国法所禁不道德之事者，轻则申斥，重则请家法处治。再犯重大罪时，用定香在臂上烧“莠民”二字，斥革。

8. 初次诽谤仙、佛、菩萨以及一切宗教者，轻则申斥，重则请家法处治。再犯时，用定香在臂上烧“妄为”二字，斥革。

9. 初次不务正业，专事敲诈、逞凶斗殴，不受规劝者，轻则申斥，重则请家法处治。再犯时，用定香在臂上烧“无义”二字，斥革。

10. 初次犯奸盗邪淫，而伪造虚构、诬栽，殃及帮中老少者，轻则申斥，重则请家法处治。再犯时，用定香在臂上烧“无耻”二字，斥革。

看完青帮的帮规、十禁、十要、传道十条等内容，读者一定认为青帮是个正道的帮派。如果是在刚结帮时，我们还可以相信。后来青帮的所作所为，没有一条能和帮规、十禁、十戒相符合。

说穿了，青帮中所有的条条款款，都是自欺欺人。帮里的人所做的事都是离不开抢劫掠夺、敲诈勒索、寻衅装榫和杀人越货等罪恶行径，更有不可告人的阴谋诡计，就是以女色为钓饵来达到他们的目的。

青帮的帮规中规定有福同享，有难同当，不过是讲“义气”两字，就是你杀了人，犯了法，只要“开码头”往外地躲藏，任凭官府通缉得如何紧急，保证平安无事，这些都是入帮的“好处”。

但是有一条，就是不准违犯帮规，如若违犯，轻则“家法”责打，重则三刀六洞，秘密处死以后，再毁尸灭迹。所以一入帮门，就要悉听帮首摆布，不得有丝毫违背。

至于青帮帮规中的“谨记仁义礼智信”，更是一套假正经，事实上他们是无论什么坏事都能干得出来的。如“贩夜子”“开条子”“赌软子”“倒棺材”，等等。

……

骆振忠从一个青帮门徒那儿了解了这一切，很快解决了问题。

其他的事情基本上都搞得差不多了，但还有一个问题没搞清楚，那就是“称呼”问题。因为青帮中人徒弟称师父为老头子，而黄金荣结帮，徒弟应该怎样称呼他呢？

黄金荣有点沉不住气：“别人怎么称呼，我们就怎么称呼，怎么连这点小事也来烦我？”

骆振忠心中暗暗叫苦，别人可以称呼的，我们不一定能称呼，因为人家是在帮，我们则是“空子”呀。但他不敢这样说，只好附和道：“好，那就也称老头子。再说我们的‘老头子’比别人‘老头子’还高一级呢！”

“怎么说？”黄金荣问道。

“我们的‘老头子’有洋人撑腰，更何况，到现在为止，全国还没有33岁的‘老头子’呢！”骆振忠拍马屁了。

经徒弟这么一说，黄金荣觉得这“老头子”称呼，十分珍贵，33岁就当“老头子”，可见法力无穷。

万事俱备，黄金荣大为满意，于是决定在他33岁生日那天正式开香堂收徒。

## 四、拼老命誓做“中国第一帮主”

1901年（辛丑年）农历十一月一日的早晨天气十分好，绝大的一轮旭日从东方冉冉地升了起来，黄浦江江面上浮漾着一江朝雾。而澄蓝的天上，只有疏疏落落极薄的晴云，有的白得像新摘的棉花，有的微红似美妇人脸上醉酡的颜色。一缕寒风，把江心的雾网吹开，白茫茫的水面上，便露显出几只叶样的渔船来。

“真是天公作美啊！”黄金荣揉着惺忪的双眼踱了出来。

“您这么早就起来啦，时间还早着哩，何不多睡一会，等一会够您忙的了。”门徒骆振忠关心地说道。

“哦，没事，没事，香堂布置好了吗？振忠。”

“布置好了。昨夜弟兄们一夜未合眼，一是高兴，二是忙一些杂事。”

“好，好！振忠，通知他们，开了香堂之后，我给你们放假，好好休息一下，然后找个女人乐乐，哈哈哈……”

黄金荣随着骆振忠来到聚宝茶楼，这里已被改作香堂，进入香堂，黄金荣眼睛一亮，只见装饰一新的香堂悬灯结彩，地上满铺地毯，四壁人物画屏，琳琅满目，旁设紫檀大椅，围以锦绣铺垫，布置得真是富丽堂皇。

乐人们在堂外声如细管，曲逐策随，悠悠扬扬，悦耳动听。帮闲们穿梭似来往不歇。设置在香堂正中的云檀长桌上，点燃起足有 10 斤重的一对舞龙戏珠红烛，光焰夺目；古铜炉内檀香满炉，青烟缭绕，香气四溢。

云檀香案的上方，供起“关圣帝君”的画像，那关公满脸美髯，一双炯炯有神的眼睛直瞪前方，仿佛要射穿什么，头上的官帽有些歪斜，可能是那位艺人粗心所致。

在关老爷画像的两旁，还贴着一副对联：

师卧龙，友子龙，龙师龙友；
兄玄德，弟翼德，德兄德弟。

黄金荣看完香炉布置，已是满目春光，一脸喜色，他在心里忍不住地夸起了骆振忠：“看这小子平平常常，真想不到办起事来这么落门落槛，不错，真是不错。”

黄金荣走出香堂，叮嘱道：“振忠啊，这边我就全交给你了，有什么事，需要多少钱，尽管开口。我回去也该换换装，准备准备，快开香堂了吧。”

“您尽管去吧，就等着做‘老头子’吧。”骆振忠马屁拍得呱呱响。

黄金荣在聚宝茶楼第一次收受门徒，共收了 99 名。为什么不收 100，单收 99 名呢？因为流氓体系中有个忌讳，收单不收双。其道理在何处，恐怕连黄金荣自己也说不清楚。或许是连他在内，正是凑足百数吧。

开香堂大典时，按帮规凡是老头子的同辈人，同门兄弟都得到场，帮语称作“赶香堂”。赶香堂的人越多，老头子的面上越光彩。如果没有人赶香堂，那就说明老头子以后可能就要倒霉了。

黄金荣不是青帮中人，没有同辈，也没有同门兄弟，只得请了杭州、上海等处的青帮头子，以及虞洽卿、金廷苏、曹显民、陈世昌、李阿三、曹雨田、林康候、黄廷芳、谢葆生等，还有在巡捕房时的原头头脑脑，也来凑凑热闹。一些英法租界里有名的老板，为了在生意上靠靠黄金荣的流氓牌子，也挽人投帖，前来送礼道贺。

所以，黄金荣这次开香堂，虽然没有同辈人或同门兄弟，但也不至于冷冷清清。当然，他所邀请的客人中有一位没有来，他就是虞洽卿。

因为虞洽卿在 1896 年花了 400 多两银子，向清政府捐了个“道台”虚衔，还特地穿戴翎顶朝服，照相留影。他已是个官身，这样的场合是不便出席的，他只写了封贺信，送了一块匾额，算是贺礼。

10点钟光景，黄金荣身穿蓝底青花缎袍子，外罩一件寿字团花马褂，头戴红珠顶瓜皮帽，脚着双梁粉底黑直贡呢鞋子，满脸红光，从楼上下来。

他的身后跟着签子福生、李休堂、曹显民、曹雨田与林桂生等十几个人，来到厅堂的正中央。黄金荣在厅堂居中的一把太师椅上坐下，其他人分坐在两旁。

当人力车夫是男性移民的主要行业之一，他们中许多人参加了上海的帮会

老头子和赶香堂的人坐定后，充当赞礼的骆振忠清了清喉咙，高呼："启山门!"

随着喊声，茶楼的正厅大门吱呀一声打开，恭候在门外的徒儿们手捧红帖，由引见师引领入厅。他们鱼贯进入大厅堂后，先到关公像的香案前，磕三个响头，而后到老头子面前再磕三个响头，又在赶香堂人面前也磕了三个响头，这才归队。

磕头完毕，赞礼又喊："开香!"

引见师便一摆手，让这些徒儿们排成一条龙，站在龙头的是陈三林，身后跟着的是金九龄、程子卿、马祥生、丁永昌、鲁锦臣、曾九如、朱顺林、顾玉书等一大串。

司香的执事把桌子下的包头香划开，分给每人一支，拿在手里。

赞礼的骆振忠看看香分好了，便喊了声："下跪!"

一串人下跪之后，这时，有两个执事双手捧了只盛满清水的铜盆，分别从"龙头"端到"龙尾"，让每个人就着盆喝一口，这叫做"净口"。

净口完毕，骆振忠又喊道："启问!"

这一喊是提醒了老头子，可以开口询问了。一直板着脸的黄金荣，脖子上的大喉结动了一下，然后打着官话厉声喝问道：

"你们是自愿入帮；还是有人强迫你们入帮?"

跪在下面的徒儿们立即齐声答道：

"入帮自心情愿!"

“帮规如铁，违犯帮规，铁面无私，知道吗?”

“甘受约束，誓守帮规!”底下又是一阵喊叫。

几句问话以后，黄金荣从椅子上站起来，两边赶香堂的人也跟着站起来。

黄金荣以老头子的威严向趴在地上的徒儿们训诲起来：

“如果违反帮规，定须家法从事，你们知道吗?”

“知道!”

“办得到吗?”

“办得到!”

在众徒弟答应之后，黄金荣才坐回椅子，下巴颏向骆振忠一动，骆马上亮开嗓子喊道：“收拜帖!”

原先端铜盆子的两个执事，这时已换上两只红漆圆盘，端到每人面前，各人双手将那红帖呈出，恭恭敬敬地放在盘子里。

这红帖子上面写着“信守”两字，翻开第一页，里面写“敬拜黄金荣老师门下”，左下方写“自心情愿”四个字，而后是具名：“某某门生谨具。”

因为他们是黄门中的第一批门生，引见师某某就省略去了，但拜师金却一分不能少，每人收银元 20 元，黄金荣凭空又在腰袋里装进了 2000 两白花花的银子，其中有些门徒拜师金加倍，甚至上百元，黄金荣当然另眼相待。

这笔拜师金是送给老头子做“袋袋平安”的见面礼的。这些收费，与入帮人的履历，都在正式仪式前办妥的，这会儿，盘子里只放张清水帖子罢了。

黄金荣看看帖子收完，便向骆振忠又点点头，骆又喊：“发折!”

几个执事，向跪着的门生每人发一本小折子。这种折子做得标致，外面是一只硬壳套子，三寸半长，一寸半宽。套子里面装着折叠好的纸本，拉开来有几尺长，像折扇一样。这纸本上写着帮规，以及各种“海底”盘答方法。

这“海底”盘答法，如同绿林土匪间的黑话，是帮中最重要的东西，门生们必须秘密珍藏，不可让帮外人看到。如果遇到什么要事，便可以利用“海底”问或回答，来帮自己的忙，这是秘密武器。

发完小折子，赞礼喊了声：“礼成!”

门生们从地上爬起来，相互道喜。赶香堂的人也拱手向老头子道贺，贺门徒济济，人丁兴旺，码头发达。

开香堂仪式到此算结束，接下来是开宴。酒楼上下摆开酒席，一伙人大喝大嚼一顿。

杭州的青帮头子李休堂被请来赶香堂，表面上不住地点头称道，可是他心里头却暗暗好笑，笑黄金荣这个“空子”，把香堂开得不伦不类。他哪里知道，黄金荣今天开的香堂，既非青帮，又不是洪门，而是经过改革后的不青不红的“黄帮”香堂，地地道道的上海货。

青帮组织为了维系徒众模仿家庭建立起虚拟的血缘关系，师徒即父子，同辈如兄弟，字辈制度模仿代际传递关系。按照帮会的规定，没有进过香堂的，就不能开堂纳徒，“兄弟子派有高低”更不能变更逾越。

但是，依仗租界特殊环境而起家的黄金荣，以流氓哲学代替了帮会的戒律，他开创了这样的一个时代，即只讲实力、不讲出身、不讲辈分，权势是衡量他们地位高下的唯一标准。由于黄金荣依仗租界势力，营造了一个非帮派又跨帮派的城市流氓集团，只因黄金荣位高势大，不需要再去投师拜祖，且有一批流氓分子拜黄为老头子，尊其为"老太爷"。如青帮通字辈的黄振世、顾竹轩、卢英、董明德、何国梁，悟字辈的杜月笙等，都拜黄为师。

黄金荣最初收徒不拘形式，没有繁复的手续，只要写个帖子，上写"黄老夫子大人贵台"，下书"门生某某敬拜"即可，后来势力发达了，才要求入门要一人介绍，一人具保，一人引见。帖子要求有大红宣纸精印封面，泥金镶边，中有四个金色大字："兰蘅竹苞。"帖子里面写上门生的姓名和年月日。

因此，黄金荣虽非青帮中人，但在上海帮会中的地位，反比几个大字辈青帮头领还要叫得开。所以，每当有人问及他的辈分，黄金荣就不无得意地说："我是天字辈，比大字辈还多一画。"

当然后来很长一段时间，黄金荣的老友、青帮大字辈的高士奎、曹幼珊、王德邻等对黄金荣这样一个"空子"照样开香堂，收徒众，总不太愉快，多次劝黄认个青帮老头子，以便名正言顺。他们推荐曾任通海镇守使的青帮大字辈张锦湖。

张锦湖一作张镜湖，为徐宝山之部下，任第 74 旅旅长，后来沪定居，收徒有韩复榘、孙桐萱、王修身等，势力较大。对此，黄的态度有两种说法：一种说法称黄"不推不就，实际上仍未举行过仪式"。另一种说法称，黄金荣从巡捕房退休后曾向张锦湖送过 2 万元的大礼，但没有举行过磕头拜师礼。

尽管如此，青帮组织仍承认黄金荣为通字辈人物。如 20 世纪 30 年代出版的青帮家谱字派的名录中载："通字辈，黄金荣（仁社）江苏吴县人（领导荣社），商界，兴武六帮。"因此，尽管黄金荣即使在其《自白书》中也没有承认加入过青帮，但自 20 年代后期始，我们还是可以说黄金荣成了青帮的通字辈。

黄金荣也曾对很早就结识的大字辈高士奎称"先生"，送金以维持对方的生活。高士奎与黄金荣并非真正的师徒关系，但来往较密切，甚至到了称兄道弟的地步；就是张锦湖也是时常到钧培里来走动的。

当然在黄金荣看来，他与青帮首领们的关系并没有什么变化，此后，他照样与大字辈的曹幼珊等称兄道弟，还把同为通字辈的金九龄收为门徒。

反过来，黄金荣对门徒们再另行拜师也不是坚决反对的。如抗战爆发前，上海警察局侦缉队长卢英、侦缉队分队长董明德和黄振世等 30 个黄门弟子联合拜大字辈曹幼珊为老头子，在青帮中取得了与黄金荣并列的通字辈的辈分。所以，黄金荣集团的结构大致如下：

张锦湖（大字辈）——黄金荣（通字辈）

- 门生
  - 杜月笙（悟字辈）
  - 金廷荪（通字辈）
  - 谢葆生（通字辈）
  - 顾竹轩（通字辈）
  - 金九龄（通字辈）
  - 马祥生（通字辈）等
- 把兄弟
  - 曹幼珊（大字辈）
  - 杨　虎（大字辈，红帮山主）
  - 高士奎（大字辈）
  - 杨庆山（红帮山主）
  - 张啸林（通字辈）
  - 陈　群（通字辈）等

尽管黄金荣蔑视帮规会则，一手遮天，但他毕竟是在这一个阶层中生活的人，宗奉江湖义气也要靠帮会兄弟支撑，故对帮会的长老们仍待以上宾。

如他自三鑫公司立稳之后，便做出规矩，给在上海的青帮大字辈前辈每人每月 300 银元的“孝敬费”，这张名单上就有张树声、高士奎、曹幼珊、袁克文、刘登阶、步章五、李琴堂、阮慕白、樊瑾丞等。对挂名的师父张锦湖，黄金荣更是礼数周全，尽弟子之道。当然，这些都是后话，在此暂且一提。

靠近福州路的汕头路上高悬妓院红灯

却说黄金荣在香堂大典上，凭着自己麻脸上的一对慧眼，几眼便看穿了李休堂的心底，知道李休堂在耻笑“空子坐堂，不伦不类”。可他并不生气，觉得自己在帮会学上，的确还没有进入门槛，更谈不上登堂入室了。这人还有一个好脾气，他不会的肯向别人求教，当然，更多的时候是硬充内行装好汉。

这会儿的黄金荣真是春风得意，想自己年仅 33 岁，便拉起了这样一支队伍，成为上海滩上极有势力的“老头子”，是何等风光啊！可他又想到今后要扩展码头，打出更大的天下，靠硬干瞎撞不行，还得虚心向高手请教，才能把握住方向。

主意打定后，黄金荣当晚便到六国饭店去拜访李休堂。

黄金荣写了一个拜帖，包了两根金条，不坐车也不带随从，只身步行到李休堂下榻的六国饭店 305 房间。

进门一见面，黄金荣便把大红拜帖双手奉呈。李休堂接帖子在手，让黄金荣进到房内，请他上座，黄不肯坐，要李先看帖子。李休堂只得打开帖子看一遍，见上面写着“晚生黄金荣叩”，便直摇手道：“使不得，使不得，你我兄弟，怎么称起师父与门生来？不行的，万万不行的。”

他说着硬递还拜帖。黄金荣双手推回，并从口袋里掏出包有两根金条的纸包，恭恭敬敬地放在桌上，恳求道：“请让我把话讲清楚。”

“那得坐下说。”

黄金荣只得坐下，恳切地说：“你也晓得，我是巡捕房原做包打探的，虽说做了探长，但也只会探案子捉捉人，别的事一点不懂。前些日子，我手下几个要好的劝我结个‘帮’，在上海滩头拉支队伍。

“我想这也是一条门路，四川的洪门，南京、扬州的青帮，都有苗头，我们上海码头还没开起来，我想可以弄点名堂出来的。几个人一起哄，便开了香堂，推我坐‘老头子’交椅。说句良心话，我对青帮到底是怎么回事，还真是一窍不通。

“想来想去，你是帮里人，是我老前辈，再说，我们两个还是浙江同乡，我今天是诚心诚意地拜你为师，你一定要收我这个学生。这两根条子，就作为我拜师的进门礼吧，礼轻心意重。”

这一席话，可以算得上是肺腑之言。李休堂也觉得这些话不是虚套，但他是个乖角，明白黄金荣拜师的目的。他不在乎根而在乎枝叶。根，指在帮与辈分；枝叶，指帮会内部的整套活动控制，使码头不断兴旺发达的本领、门道和路子。

黄金荣是对他有所求的，才这么屈尊拜访，而且还来个大出手——送两根黄灿灿的条子。再说，照帮内规矩，拜师也不是这个拜法呀。李休堂想到这里笑了笑。

接着，李休堂“语重心长”地说：“黄老板不必客气，你我同乡好友。你的码头发达了，我也可以沾光。咱们沪杭两帮，一起打天下。拜师的事，不要再提。我年纪比你大几岁，我就不客气了，做你的大哥吧！你有什么为难之事，愚兄一定全力相助。”

说完，便把拜帖硬退给黄金荣。在黄金荣的再三要求下，他收下了两根条子。

黄金荣见差不多了，便开口求教：“大哥，你讲讲，这青帮是怎么来的？”

黄金荣是想从头听起，看来今晚是要摆龙门阵了。李休堂先不回答，只拉了拉壁上的一根棉纱绳子。那个时候还没有电铃，六国饭店只用一根细绳子通出房间，连到茶房休息室壁上的铜铃上。铜铃叮当一响，茶房便到 305 房间推门进来，笑容可掬地问：

“李先生，有何吩咐？”

“沏两壶龙井，送一盘烟来。”

“好的。”茶房轻轻地退出房间。

不一会儿，那个茶房自己端了一盘烟具，盘子上搁着两支烟枪；后面跟着一个茶役，左手托着一个瓷盘，上面放两把宜兴竹芦壶与两个茶杯，右手提着一只热水瓶——那时，热水瓶是稀罕之物，只有特等房间的阔佬，才用上一个。茶房进房后，不消两分钟，便把烟具与茶具在床上安排妥了，悄悄地退了出去。李休堂起身将门锁上，邀黄金荣吞云吐雾一番。

直等两人过足了烟瘾，李休堂精神焕发，神采奕奕。这时的李休堂即便无话也要找话说，何况对面的这位小老弟，正等着他回答刚才的问题呢。他捧起宜兴竹芦茶壶，也不斟到杯子里，只是嘴对嘴地咕咕咕地灌了一气，开始讲他那帮史、帮规、帮务了。

“要考究青帮的老祖宗，他可不是山西人，姓关名云长。青帮中人尊重关老爷，开香堂时，可不供他的像，也不在他脚下磕头。青帮的老祖宗，排起远近亲疏来，他还是我们的同乡哩！那是乾隆年间，杭州武林门外一座青山中，住着一个武艺超群、法力无边的人……”

李休堂把青帮的起源、发展、帮规、家法、十禁、十戒等等内容原原本本向黄金荣娓娓道来。

黄金荣听着，连连点头。中途还不时插句话。

李休堂讲道：翁德惠、钱德正、潘德林三人卖力漕运，为清政府所赏识，授给武职，允许他们开堂，各自收徒。三人又分为三房，翁是大房，潘是二房，钱为三房。他们都奉罗祖为祖师，各有堂名：翁佑堂、潘安堂和钱保堂。各堂又设“六部”：引见部、传道部、掌布部、用印部、司礼部和监察部。司礼部又定出“24 辈”，那次序是——圆明心理、大通悟觉、普门开放、万象依归、罗祖真传、佛法玄妙。这“字辈”和“族谱”相似。

“我听签子福生讲，”听到这儿，黄金荣忽然想起南市白相人陈世昌的话，便问：“他是通字辈，在帮里头属于 22 辈分。这……”

“老弟聪明绝顶，连我的一个遗漏也让你钩了出来。到目前为止，‘圆明心理’四辈已没人在世了，现在挨到大字辈，即 21 代为‘老头子’了。大字辈为什么是 21 代呢？那是因为在圆字辈前，还有 16 辈，今已失传，愚兄也无从说起。下面我再讲‘十大帮规’，你却听好，有何疏漏之处，也可以提出。”

列举完十大帮规，李休堂又说：

“十条帮规中，特别重要的是二、四、八、九。青帮人中，把‘有福同享，有难同当’当作金科玉律。任何码头都有‘自家人’，外来徒众得以享用食宿盘缠，即使你腰无分文，也可以到处不愁冻馁。如果碰到困难，就请老头子出面，一盅两件，安然了事。一旦犯规，动用家法，这‘家法’便是粮船上的舵柄，如同军棍，打起来煞是厉害，往往是皮开肉绽，而且还得忍着勿出声，出一声加 20。

“清乾隆帝南巡时，曾化装到杭州察看青帮家庙，认为帮内管理有方，便传谕嘉奖，并钦赐龙棍一条，上写‘违犯帮律，打死无罪’。此棍成了青帮中的镇山法宝，以后凡遇重大违犯帮规者，即以此棍责罪。”

“这么厉害！”黄金荣听完，不由地叹息道。

“这是以前的事。现在也不运粮了，到哪去找船舵和铁锚这些‘家法’去。”

“也是。那码头上开销大，帮中人到哪去弄钱呀！不过，现在帮中人怎么活法呢？”

“天无绝人之路，怎么不能活。我告诉你现在帮里的一些‘生意经’吧。”

黄金荣立刻把耳朵竖了起来。

这青帮里的徒儿们，来自三教九流，入帮以后便要为帮出死力，赚铜钿银子。他们可以各显神通，做各种“生意”，这种“生意”，帮里有美好动听的名目，说起来费解，要是破译出来，那便简单明了。

例如：开条子是指拐卖妇女；贩猪仔是贩卖华工出国当苦力；贩石子是指贩卖小孩；掏沙子是指绑匿小孩；扒窃、飞过海、开赌档、开堂子等都很明了。另外还有，放印子钱就是高利贷；吃讲茶就是包揽官司；包开销就是店铺新开张，帮里派人收酒肉钱；倒棺材就是用天地人和四张牌九骗人，包烟土、绑票等也都时常进行。

另外还有拆稍、放白鸽、带线引劫等女人干的营生。

所谓拆稍，包括“倒脱靴”“仙人跳”几种玩意儿。

放白鸽呢，是女人先和有钱人结识，勾引同居，之后席卷所有，逃之夭夭。至于带线引劫，却是有点调查研究的味道。她们调查了一些富家大户以后，便在附近的荐头行（类似当今的职业介绍所）中报名坐等，逢到富户雇女佣，便乘机而入。被雇以后，如果发现这家“外强中干”，她就推辞不干。一旦进入真正富家，便努力干活，同时也摸清出入门路与主人起居外出习惯，然后仔细调查珍宝黄金白银储藏处所。把这些调查结果统统通知同党，这叫做“献地图”。

地图一经献出，不出三、五天，这家一定遇偷或遭劫，而且贵重值钱东西被盗窃，有时失主暂时还发觉不了。

李休堂话讲得不少，酒亦喝得够多的了，他越讲越兴奋，到后来，他忘了自己对自己的告诫，竟倚老卖老起来，对黄金荣的“帮”品评起来：“我说老弟，要晓得青帮有个特点，男女兼收。有了女徒弟，便可以另辟蹊径，做些色相上的生意。我看你的门生当中，还没有雌儿，这个缺门，得想法子补上才好啊！”说完，哈哈大笑起来。

这话中有奚落。要是在别的时候，黄金荣即使不发作，麻脸也会黑起来。这会儿恰恰相反，竟不住地点头称是，真心地高兴着站起身来，给李休堂满满地斟了一大杯黄酒，恭恭敬敬地端给对方，讨好地说：

“大哥，你的指教，我一定记在心里。来，我敬大哥一杯，将来，我这码头发起来，决不会忘记大哥的。”

“你我兄弟，有福同享。你现在还只有 33 岁，便是上海码头的老头子，将来的事业前途无量。到那时真能记得住我这大哥吗？”

“我要记不住，不是人养的！”

听到“33 岁的老头子”一句，黄金荣开心极了。他多少听到一些传说，不管青帮洪帮，在帮内掌舵的人，历来都在 45 岁以上。30 来岁做“老头子”，真可以说是“年轻帮主”！

黄金荣深知，上海是个国际城市，是远东第一大城市，要是在这么个大都会里统帅起千军万马，在码头上一呼百应，那将是一种什么情形？无疑那将是“中国第一帮主”的形象。

这辈子就这样，别说我黄金荣是个“空子”，我就是要做“中国第一帮主”。

从六国饭店出来，黄金荣在心里狠狠地说了一遍。

开了香堂，做了帮主的黄金荣，打算建立一支自己的队伍，为自己效力。他记住了李休堂说过的自己的徒弟中没有“雌儿”这句话，便留心起来，准备收一批“女精英”，扩充自己的势力。

你还别说，黄金荣这手还是挺绝的！这些“女精英”到底给黄金荣干了哪些惊人的事情呢？她们在上海滩是否真正留下了自己的倩影呢？

# 第七章 Di Qi Zhang

# 收女徒建锦军，狂袭黄浦两岸

为了另辟溪径，利用女人的色相为自己赚钱，『老头子』黄金荣决定，广招女徒，建立锦军。一起钻石戒指失窃的案件，将一摩登女贼送到『老头子』面前，于是将其收至门下，并充分发挥其『才干』，在『孤儿院』中训练少女。很快，一支锦军横扫上海滩。风流奇案接二连三，『老头子』的财源则滚滚而来。

## 一、钻石戒指失窃案

正当黄金荣听了李休堂的话，准备广招女徒的时候，机会就果真来了……

黄金荣带着两根金条到六国饭店去看望并请教李休堂，李休堂觉得黄金荣日后在上海滩肯定能出人头地，便在第二天回访黄金荣，他想借这个机会再和黄金荣加深感情。

俩人正在房间里谈话，响起两下叩门声，进来的人是陈三林。

陈三林进门擦汗，向李休堂打拱致礼，而后走到黄金荣身边，正想附耳低声说话。黄金荣瞪了他一眼，随后哈哈大笑着说：

“阿林，这里全是自家人，李帮主是我的大哥，有什么事你就放心讲吧！”

经师父允许，徒弟才把发生的一件离奇大案说了出来。

在黄金荣开香堂这天，也就是十一月初一中午 12 点左右，住在法租界里的雪弗利洋行老板一家都在餐厅里吃饭，仆人们都在那里侍候。老板娘的贴身侍女上楼到太太房间冲开水的时候，看见一个高贵的小姐斜靠在床上，正在看洋文报纸。

见有人进来，便放下报纸，向侍女笑了笑。这小姐二十来岁，穿一件紫色丝绒旗袍，长统丝袜一直套到大腿窝，脱了高跟鞋，两腿交叠着，一边哼着什么，一边看报。

她那模样跟天仙一样的美，那悠闲劲儿，简直似闲云野鹤。侍女冲好开水，正要出

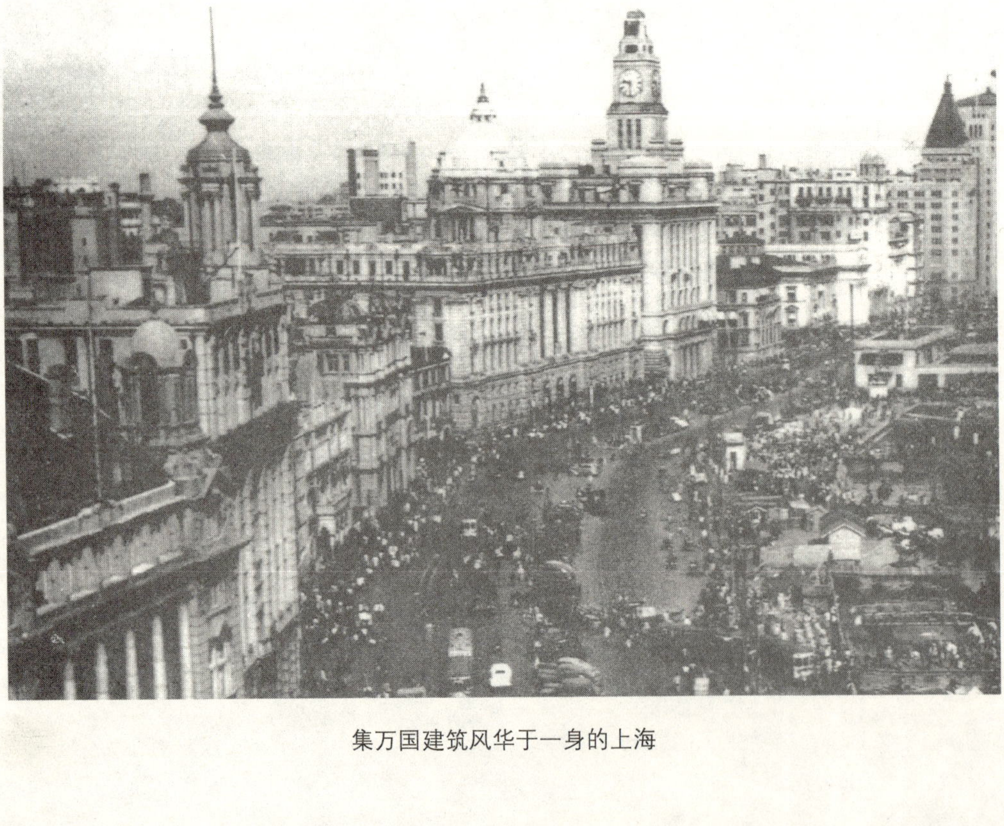

集万国建筑风华于一身的上海

门时，那小姐叫住她："喂，你把太太这双马靴拿到厨房间去擦一擦。太太和我约好，下午去骑马白相。"

那小姐说完，小嘴向穿衣镜子旁一双咖啡色的半长统女式马靴瞥了瞥。侍女忙转回身，提了马靴下楼去了。

等老板娘用毕午餐，回到房内休息的时候，那侍女送上一双锃亮的马靴，并轻声地问："太太，您去骑马，穿哪件披风？"

"我什么时候说过今天要去骑马？"

"你不是与一位小姐约好的吗？"

"谁？"

"一位小姐呀。"

"小姐？"

房间里那位小姐已经不见了。老板娘知道出事了，忙去衣橱里一瞧，衣服一件不少，再打开梳妆台的抽屉，藏在红木珠宝匣子里的那只钻石戒指不见了。

"哎呀，我那只钻戒足有5克拉呀，值二百多两黄金哩。这可怎么好，这可怎么好？"老板娘顿时傻眼了。

这时，老板走上来了，见夫人泼皮似的坐在地上，连忙问道："你到底是怎么了，一点教养也没有。"

"老板，太太的钻石戒指不见啦！"侍女上前答道。

"什么？钻戒不见了！"老板惊呆了。

"中午，有一位小姐来过。"侍女连忙把前因后果说了一遍。

"快通知巡捕房，快！"

巡捕房接到报案后，立即向总监石维也做了汇报。石总监一听，那还得了，谁敢进我这块地皮偷盗。但他终究不是上海人，弄不清情况，只得派人请黄金荣。

今天，陈三林得知消息后，三步并作两步地跑到林家宅子向黄金荣作汇报，又说："上峰要我赶快撒网破案，石总监正在巡捕房里等着师父呢！"

黄金荣听完陈三林的汇报后，望了李休堂一眼，皱着眉说道："又是件麻烦事。大哥，你看这个案子怎么破法？"

李休堂微微一笑，意味深长地说："破案子嘛，是老弟的本行，我可说不上什么法子。只这位高贵小姐，看来是个锦线人物，不可低估，也许是有来头的。"

"大哥，那该怎么办呢？"黄金荣自从昨晚听了李休堂一席话后，觉得他是个足智多谋之人。

"老弟，这小姐恐怕你是捉不到了。现在要想办法把小姐下落打听到，然后用'招安'一策，为我所用，说不定还会成为你的一支生力军呢！"

黄金荣一拍大腿，操着京腔说："大哥言之有理。三林，通知弟兄们，如发现这个小姐，谁也不允许动手动脚，但一定要把她送来见我。凡与她有关之人，不准放过。"

陈三林接到命令后，立即布置去了。

李休堂提到的"锦军"，并非与黄金荣的字锦镛的"锦"有关。这里的锦军，是盗窃字典上的专用名词，亦称“锦线”。

盗窃可分三类，黑线、白线和锦线。黑线指专干夜间行窃的勾当，如“开天窗”“狗挖洞”“拔闩子”“钓大鱼”“闹灯光”等花样；白线呢，是指白日行窃，如“跑台子”“闯门子”“收露水”“扒儿手”等等。

但最高明的窃术属锦线。干这行当既要掌握各种窃术，又要会动脑筋，出入上流社会交际场中，见机行事，巧取而不露痕迹，这是女人们干的事情。

干锦线勾当的女人，一旦组织起来，其威力可怕，有时可以突破三军阵地，所以号称“锦军”，时人有一句诗曰：“欲破坚阵锦为军。”也有的干脆把“锦”字改为“色”字。意义一个样，只是后者有些露骨了。

初到上海不久的丝厂小女工，她们的妆扮已经很快跟上了都市的潮流

再说黄金荣当夜见过石维也总监以后，便去现场勘察。他单独去找那太太的贴身侍女说话，把那“阔小姐”的音容笑貌了解个透。回到巡捕房，已是深更半夜了。

黄金荣立即召集所有的华捕，分两批布置任务。一是控制车站码头，防止女贼远走高飞；另一批人，迅速调查这个年轻女贼的落脚点，如有线索，立刻报告。

包打探们走了以后，黄金荣坐在写字间的藤椅上想心事：他好似看见一位摩登女郎，扭着腰肢，轻捷地走进那洋行老板太太的卧室里，随手带转房门，三步两脚地走到三门大橱前，拉开橱门，伸手取下橱内挂着的手提包，打开，拣出把钥匙，再转身去开梳妆台抽屉。

只见她从抽屉里捧出只红木珠宝匣子，一按按钮，弹簧顶开顶盖，一枚闪闪发光催璨夺目的五克拉钻石戒指，镶嵌在红丝绒戒托上。她不慌不忙，伸出两只尖尖手指，取过来，往自己左手无名指上一套，然后关上顶盖，放回抽屉。

正在这时，楼梯上传来脚步声，她心头一惊，糟了！她眼珠子一转，看到床上有张洋文报纸《字林西报》，迅速抓过来往太太床上一倚，装作一本正经地看报纸。

侍女进来后，她对进门的侍女莞尔一笑，另一只手正在自己手提包里捏着一把三四寸长的小五峰手枪，以防万一。

一切都那么顺顺当当，侍女冲完开水后提着马靴下楼去了，她便跟在后面下楼，大模大样地走出大门口，扬长而去。那门房看到这个高贵的小姐出来，便满脸堆笑目送她远去……

“嗨，这个女贼门槛贼精，头脑活，我一定要捉住她，帮我建立起一支……”黄金荣想着想着，便自言自语起来。

“禀报探长，”一个便衣探子上气不接下气地推门进来说，“永昌大哥在外滩汇中饭店探到一个十八九岁姑娘，长相同探长说的差不多，永昌大哥叫我来叫你。”

“走!”黄金荣从椅子上跳下来，一挥手出了写字间，坐上汽车直奔汇中饭店。

饭店门口，丁永昌与英租界捕房的包打探陆连奎已恭候着。

这汇中饭店 1866 年落成，是当时最大的洋式旅馆，起初是不招待中国人的，1890 年以后，一些衣冠楚楚的“高等华人”才可以住宿。1906 年以后，在原址上改建为当时上海最高建筑。这是后话。

这饭店的 303 房间前天住了一个女客，名叫周雅芳，19 岁，宁波人，来沪探亲访友。可是她在下午 1 点左右结账离开了。从饭店住客登记簿上看，这个女人的情况与那个女贼相似，可惜找到的线索又断了。

“奶奶的，这个女贼还是个老手呢！找茶房!”黄金荣骂了一句。

不一会儿，招待 303 房间的茶房被叫了来。那茶房提供这姑娘的情况，与洋行老板太太的侍女说的基本上相似。她衣着华贵，出手阔绰，对茶房赏赐也不薄。

“她什么时间离开的?”黄金荣想核实一下她离开饭店的时间。

茶房想了一下，回答道：“约莫 1 点钟光景，她回到店里，叫我去喊辆黄包车来店门口等着。等我叫好车子，回到三楼，她已换了一套衣裳，穿了件墨绿色开高衩的旗袍，出门时，还戴了一副茶镜。只有一只手提箱，是我帮她拎的，她自己只提了一个小拎包。大概两点钟不到才上的车子。”

“车子朝哪个方向去的?”

“她坐上车后，吩咐车夫到汇丰银行去。”

“她住进饭店后，有没有人找过她?”

“好像没有。”

“怎么是好像没有?”黄金荣恶狠狠地问道。

“哦，我想起来了，有过一个人到她房间找过她。”

“谁?”

“是她隔壁住的一位老先生。”

“隔壁房间?”

“是的，就是 305 房间。”

“你怎么晓得那位先生找过她?”

“前天下午，我看见那位先生从 303 房间出来的。现在这位先生还没走，还住在 305 房。”

黄金荣点了点头，让茶房走了，他自己伸了伸懒腰，接连打了几个哈欠，眼泪鼻涕禁不住往下流。他知道，自己的烟瘾上来了，需要找个地方抽口大烟，解解乏了。

黄金荣看了一下壁上的自鸣钟，已是深夜2点多了，就对丁永昌、陆连奎说："我忙了一天一夜，现在脑筋木阁阁的，有两件事情你们顺便去办一下。永昌到汇丰银行去，把女贼的去向打听出来。305房那个人，连奎代我看牢他，千万别让他逃了。"

吩咐完了，黄金荣回林家宅过鸦片瘾去了。

黄金荣注定今夜不得安宁，他抽完大烟，正准备上床睡觉，忽然有仆人来报：签子福生陈世昌有要事相商。

陈世昌深夜来访，有何重要事呢？我们暂且搁住，后面再提。

再说黄金荣向丁永昌、陆连奎布置完任务，两人便马上去执行。

他们从汇中饭店的登记本上查到这个高贵小姐叫周雅芳，系宁波人，又听茶房说此小姐坐车到汇丰银行，便留下陆连奎看牢305房客人，自己到汇丰银行去了解情况去了。

那陆连奎原也是个巡捕，是公共租界的，如今看到黄金荣势大力大，便想投到黄的门下。于是托人讲情，暂且留下干事，等他干出一件漂亮事，黄金荣才会收他为徒。

所以，陆连奎对今晚之事格外认真，丁永昌一走，他又把汇中饭店的旅客登记本拿出，翻了翻，当看到305房的客人叫周尚义，也是宁波人的时候，知道茶房所说的话句句是真，便连夜端开房门，将周尚义绑了。

305房客便是周雅芳的义父，名叫周尚义，当年是《水浒》中鼓上蚤时迁一流人物，在浙江杭州一带颇有些名气。周雅芳是他从街上捡到并养大，待雅芳长到十一二岁时，周尚义开始给她传授"盗窃学"。

这次周尚义携女来沪献"技"，本想事成之后，让雅芳远走高飞，不落痕迹，他自己要在这十里洋场"耍耍玩玩"。他认为自己一没动手，二无赃证，与官法无涉，奈何他不得。

但是，他哪里想到自己的对手是上海滩上的流氓白相人，他们可不讲什么官法、王法，"老子的想法"便是王法、官法。周尚义这一跤"跌"得不轻！

其实，周尚义也算是条"汉子"，经过严刑拷打，苦苦相逼，他也没有说出周雅芳和钻戒的下落，更没说出背后老板是谁。黄金荣无法可想。

没有两天，黄金荣看出破绽了，这周尚义虽然能受得了皮肉之苦，但他受不了失去物质与精神的混合食粮乌烟——浙江人称鸦片烟为乌烟——之苦。

黄金荣是烟中的精鬼，精鬼遇到周尚义这烟中的饿鬼，一瞧便晓得这一仗要用"火"攻，只有"火"攻，方可全胜。于是，他设下了"乌烟计"。

在一间小房子里，黄金荣正在提审周尚义，小房子的门虚掩着，开了一道缝，一阵阵鸦片烟的香味从门外不断地飘进来。周尚义耸起鼻孔猛吸了一口气，原来像瘟鸡一样搭拉着的脑袋，慢慢地抬了起来，嘴角的口水拖得更长了，鼻涕也多了许多。

丁永昌推门进来，将一包鸦片膏放在黄金荣面前的桌子上，向他汇报道："探长，刚才在下边抓到一个烟贩子，缴到一包云南黑土。这烟贩子苦苦哀求开恩，说他愿意立功赎罪，提供线索，您看这事……"

"带他进来！"

20 世纪 30 年代的上海舞女

一个耸肩曲背年近 40 的中年人，一进来便扑在黄金荣的面前求情："老爷开恩！我家上有老，下有小，全靠我挣钱糊口的，我一人坐牢，全家都得饿死。我有一个重要消息，有个鸦片窝存放着 10 来斤大土。我可以领你们去抄了来。我讲的句句是实话。"

黄金荣瞪起双眼，把他从头到脚，再从脚到头地扫视了几遍，突然说："你讲的这话还算识相，不过不要耍滑头。要知道我们的利害，若要骗人，我要你好看，若真要是立了功，我放了你。"

"小人不敢扯谎。"

"什么时候去?"

"老爷，本来是可以马上去的……"那烟贩子有些吞吞吐吐了。

"你别要滑头，说吧!"

那烟贩子这才把整句话说完："老爷，本来马上可以去，只是……只是我的烟瘾起来了，浑身上下没一点力气，请求老爷让我抽一口，我立即带你们去。"

黄金荣低头想了一下，勉强同意："好吧，只要你不骗人，就在这里抽几筒，抽完就去办事情。"

那烟贩子打躬作揖，欢天喜地接过几丸烟泡与烟灯烟枪，蹲在墙壁角落里，吱吱吱地抽起来。吸完，站起来伸了个懒腰，哈了口气，浑身上下惬意极了，真是乐不可支。

但在一旁看着的周尚义，却一口又一口地往肚里咽口水。曾有好几次，他想从凳子上站起来扑过去，抢过烟枪，哪怕吸上半口也好。但他到底没有动弹，强压下一阵阵上冒的烟瘾，眼泪鼻涕淋漓不止。

等烟贩子过足了瘾头，随着丁永昌出去搜缴鸦片窝以后，周尚义再也忍不住了，向黄金荣讷讷地恳求道："探长，让我也抽一口，过过瘾头吧！"

黄金荣似笑非笑地扫了一眼周尚义，心想你也上钩了，便现出好商量的口气，说："我是个爽快人，只要你识相，够朋友，答应我的要求，不要说抽一口，随你抽个饱，在我这里抽鸦片最保险，啥人也不敢来管。"

"探长，我打保票，一定按您的要求办，假如我骗你，我反悔，我受天打五雷轰！"周尚义见黄金荣松口给他鸦片吃，马上来个对天发誓，他怕黄金荣变卦，便又补充一句："要是你不相信，我可以马上写信，让女儿雅芳回来，好不好？"

"我相信你是条汉子，在江湖上混出了名气，做事情不会失信的，好，你抽。下次我送几包印度货给你吃……"

黄金荣话未讲完，周尚义两手腕一交叉，右脚上前一步，头一低，来个江湖大礼，口称："我周尚义投在您门下了。"

"好了，就这样讲吧。"

黄金荣笑了，脸上的每个麻点都灿烂生花，那白唇黑口忍不住地咧开了。

原来这是黄金荣的火攻计，是他设下的圈套，那烟贩子、丁永昌和自己同演了一出戏，名字就叫乌烟计。

再说那周尚义一下子抽了一打烟泡，黄金荣叫人给他送上一壶茶，让他咕咕喝了几口，他就神采奕奕起来了。他要了笔纸，当场给樊瑾成写了封信，让雅芳送回钻戒赎父。

这周尚义与樊瑾成是什么关系，樊瑾成到底是什么人？

原来这樊瑾成是青帮大字辈的流氓，原籍安徽，后来曾收张啸林为自己的徒弟，据说张啸林是他的关门徒弟。当然，张啸林之事我们在后面将提及，在此顺便一带。

那樊瑾成与黄金荣有什么过节呢？为什么指使周家父子俩来上海一显身手呢？

## 二、收留女贼"精英"

这天，聚宝茶楼底厅里，来了一个中年茶客。他拣了张靠窗的桌子坐下后，叫了壶乌龙茶。茶端来了，他并不喝，只把那茶盏盖取下来，斜靠在茶盏的左面，盖顶朝外，盖底朝里。那跑堂的回头一瞧，心里有数了，这是青帮中的规矩——挂牌。

这人一定有来头，跑堂想了想，随即三步两步地上楼报告给坐镇聚宝茶楼的顾玉书。

自从黄金荣强占聚宝茶楼以后，便派顾玉书掌管。这茶楼成了"黄帮"的大本营，作为白相人与帮会的联络点。有时也起《水浒》中朱贵开的酒店那种作用。

顾玉书在裤腰里插上一把匕首，左手里擎着两颗鸭蛋大小的钢球，"叽咯""叽咯"地捏着踱下楼来。他先在这来客的茶桌边，由左到右，逆时针方向兜了一圈，像猫狗绕着圈子嗅刺猬一般地扫了茶客一眼。

而后，他站在来客的对面，突然问道：

“老大，你可有门槛?”

对方似乎早有准备，便恭恭敬敬地站了起来，右手掸了掸衣袖，两手一拱，说：

“不敢，是沾祖师爷的光。”

“贵前人是哪一位？贵帮是何门号?”顾玉书打量着对方问。

“在家，子不敢言父；出外，徒不敢道师。敝家师姓陈名叫上江下山，是江淮四帮。”

顾玉书听了，眼睛一眨，心中有数，来人是青帮自家人，便进一步问道：

“老大顶哪个字?”

“在下头顶 21，身背 22，脚踏 23。”

“老大是‘通’字辈罗!”顾玉书这才拉开椅子，在对面坐下，又一伸手，说个“请”字，招呼双方落座。

接着，顾玉书又盘问道：

“老大在哪个码头发财?”

“一船漂四海，四海即为家。”

照青帮的规矩，问到这儿，对方应该亮底，可是，这汉子还是这么含混其词，看样子不是个爽快人。顾玉书心里很不痛快，面孔随之也板了起来。

这时，只听对方反问道：

“请教老大烧哪路香？顶的哪个字?”

顾玉书拜黄金荣为师，可是黄金荣自己这时还没有投过师，在帮会道上是个“空子”。现在要亮出辈分，自然抓瞎了。再说，骆振忠编了 24 字的辈分，在这结帮短短的一周中，哪能闹得清。

那茶客见顾玉书答不上来，愣住了，以为是个假冒角色来唬弄自己玩玩，便双眼冒火，霍地一下站了起来，问：

“敢问老大贵帮有多少船?”

顾玉书看出了对方的心思，不信任自己，便从鼻孔里哼了一声，毫不示弱地答道：

拆城墙筑路后的小东站 30 年代繁华气象，不亚于租界

“1990 只!”

“打的什么旗?”

“进京百脚旗，出京杏花旗，初一、十五龙凤旗，船头四方大红旗，船尾八面威风旗。”

“船有多少板？板有多少钉?”

“板有 72，谨按地煞数！钉有 36，谨按天罡数!”

大汉追问：

南京路第一楼，也是外滩最高建筑沙逊大厦，亦名华懋饭店，1928 年建成，是当时上海最豪华的大饭店

“有钉无眼什么板？有眼无钉什么板?”

“有钉无眼是跳板，有眼无钉是纤板。”

顾玉书是徐家汇一带大流氓出身，这套暗语他背得滚瓜烂熟，只是在帮内的“辈分”问题上有点含糊。这也难怪，在黄金荣结帮一周以来，诸事缠身，他也抽不出更多时间来记骆振忠编的“辈分”。

顾玉书心想，我不就在“辈分”上有点不清楚吗？你也不能这样苦苦相逼啊。想到这儿，顾玉书反守为攻，双眼盯着对方，厉声地问道：

“天上多少星?”

“三万六千星!”

“身有几条筋?”

“剥掉皮囊寻!”

“一刀几个洞?”

听到顾玉书的这一句问话，散在附近的一些茶客们，乒乒乓乓地踢倒凳子，掀翻方桌，呼啦一下分别站在自己人一边。有的还从袜筒里、腰上拔出雪亮的匕首来。一些不相干的茶客见了这副架势，早已吓出尿来，慌忙溜出门去。

有些读者看到这里，不禁要问，为什么顾玉书的这一句问话引起这么大的波折。原来这是一种“寻衅式”的“盘海底”，在青帮里叫做“窝里翻”。只要对方回答“一刀两个洞。你有几颗心，借来下酒吞!”的话，那双方就要大打出手。

听到顾玉书寻衅式的“盘海底”，那中年人火了，额上青筋暴起，他正想回答：“一刀两个洞，你有几颗心，借来下酒吞!”这些话到了喉头，但他嘴唇一闭，却吐出另一番话来：

“不敢！小弟初来贵地，有眼不识泰山，全靠老大包涵。小弟如有脱节之处，请老大告诉敝家师。朝廷有法，青帮有规；江湖有礼，往来有节。光棍不做亏心事，天下难藏七尺躯。该责便责，该打便打，一家人的胳膊往里弯。长可以截，短可以接。请老大高抬贵手，小弟先买一碗奉敬老大。”

中年人说完，便叫跑堂的泡上一盏镶红茶，双手递将过去道：“待小弟请敞前人下老兄气。”

其实，中年人说的这番话也是青帮中的“套话”，这种话只有在向对方求情讨饶时才说，也就是赔礼道歉。若是对方仍不肯罢休，这就叫“不识抬举”了，在旁边观看的帮中人就要出来干涉了。

那中年人为什么一下子软了下来，向对方求情讨饶呢?

原来这个中年人是杭州青帮“大”字辈樊瑾成派来向黄金荣疏通的，他到这聚宝茶楼来的目的，便是要见黄金荣。如果在这儿与人动起手来，不是要误了大事吗？所以只得来个转舵，向顾玉书讨饶。

顾玉书呢，先是见对方滔滔不绝地对答如流，便断定这人是个跑码头的，而后又见他向自己屈服求情，觉得自己脸上光彩，还搭好了下台的台阶。于是，他便接过那盏红茶，不再苦苦相逼了。

在他们互相“盘海底”的时候，茶楼周围挤满了人看热闹。有几个人还真希望他们动武，来个三刀六洞哩！

顾玉书见人多言杂，不便说话，便打了个手势，转身往楼上走，那中年人接了旨令，也就起身跟着上楼去。

中年人上楼以后，便从怀中摸出一封信递给顾玉书，那是杭州青帮头目李休堂给黄金荣的亲笔信。顾玉书一看哪敢怠慢，一边吩咐跑堂的招待好来人的膳食，一边叫车自己亲自送信到林家宅子。

这到底是怎么回事？

原来那起钻石戒指窃案，是与杭州青帮头目之一的樊瑾成有关。当樊瑾成在西湖边上的楼外楼吃酒时，听到上海黄金荣要招门徒开香堂，还邀请李休堂去赶香堂，自己心里老大不开心。

樊瑾成心想：“李休堂与自己是同辈分的，况且都是杭州青帮的‘领导人’，黄金荣请了他，便是看不起我姓樊的。”

听了这个消息，在席面上，樊瑾成只冷笑了几声，心里已有了打算。回到家中，便吩咐手下人找来周雅芳和她的义父，让他们到上海去，在黄金荣开香堂的“大喜日子”里，去露一手，给黄金荣一点颜色看看。

钻戒得手以后，周雅芳便在第三天下午回到杭州了。

但不久，周尚义被黄金荣生擒，写信回来要周雅芳送回钻戒赎父，樊瑾成知道事情闹大了。俗话说：山不转水转，水不转人转。都是青帮中人，何必“窝里斗”呢？

于是，樊瑾成便硬着头皮到同门兄弟李休堂家，求李休堂写了封说情和事情经过的信，派管事老五，也就是到聚宝茶楼“挂牌”的中年人来面见黄金荣。

黄金荣看完李休堂的信后，当天便接见了樊瑾成的管事老五，并且用金条收买了他。不几日，周雅芳便带着钻戒，从杭州来上海向黄金荣投案了。

周雅芳带着钻戒从杭州来到上海以后，便和义父见了面，周尚义把自己投靠黄金荣的事说了，周雅芳起先认为义父太没有骨气，但事已至此，便只好认了。

义父女见过面之后，黄金荣在一间密室里单独接见她。

当黄金荣看到周雅芳的姿容以后，心里不禁神魂荡漾。19 岁的年龄像花一样，当苞儿半放花瓣微展时，叫人有些神往；面部的五官、躯干和手臂，好像天生配得就那么匀称而漂亮。

那两道修眉下面，是一对略大的眼睛，在浓而长的睫毛下很活泼地溜转，里面满含着秋波、媚俗和狠毒三样不同的摄人的魔力。从眼睛里射出的媚气，可以淹没任何一个好色多情的男人。

更耀眼的是她穿的那身旗袍，剪裁着特别仄小，差不多是裱在身上，两个乳峰在里面起起伏伏，若隐若现，给人以充分的遐想，这就把她——本来就很丰满的少女——显得更像是一朵带露的鲜花了。

黄金荣被迷住了，但他还是收敛住邪思，克制住难熬的情欲，咽了一下口水，说道：“周小姐，我找得你好苦呀，只好叫你义父写信，骗过樊瑾成，请你这位高手来到上海滩，实在对不起。”

周雅芳秋波微迷，热情地答道：“哦，黄探长，小女久闻您的大名。上次来沪一接触，您便探到我的行踪，实在高明，我佩服。您的意思，我义父已经全部跟我说了，他投到您门下，我当然追随左右，愿效犬马之劳。”

“那太好了！”黄金荣大叫了起来，“你以后就是我帮里的老四，我把锦线这一头，全交给你去办，在上海滩拉起一支呱呱叫的锦军，你就是司令。”

“不，司令还是黄先生，小女只是个跑腿的。我一定按先生的吩咐尽力去做。”

“好，一言为定。”黄金荣听到周雅芳叫他先生，而不称他探长，便晓得这女人同意做自己的门生了，高兴地一拍大腿，翘起大拇指：“嗲！”

事情一谈妥，黄金荣便在宝兴酒楼宴请周尚义父女，另外，还请签子福生作陪，黄手下的大弟子陈三林、骆振忠、程子卿、顾玉书等当然应邀入席。

酒过三巡，菜过五味，周尚义已觉得自己已成为上海滩上座上客，脸上无上光荣，他乘着酒兴，向在座诸位介绍起“盗窃学”来。他先向各位拱拱手，正式开腔。

他首先介绍盗窃学中的帮派体系，接着又举了一个“开窦子”的例子。

“开窦子”是盗窃学上的专用名词，上海人称它为掘壁洞。不要看这挖洞洞，其中还有大的学问呢！内行人一看，就知道这“窦子”是哪一帮人开的。

洞的形状像蝙蝠，两边宽，当中一个细肚子形，这是南京一带人干的，称为“京窦子”。如果洞的形状是三角形的，上大下小，这便是重庆、武汉一带黑线人物干的，称为“上江窦子”。若是墙壁间只开一个小圆洞，仅够一人出入，这叫“下江窦子”，肯定是苏杭一带人干的。还有一种叫“江北窦子”，开得四四方方，洞门挖得挺大，可以俯身进去，一般是山东、苏北、安徽一带人干的。

周尚义讲到这里，拿起酒杯喝了一口酒，拿起一只鸡腿啃了起来。黄金荣瞟了一眼周雅芳，夸道：

“掘壁洞开窦子不算本事大，顶呱呱的还是空空妙手。这趟老四进公馆拿钻戒，出手快，眼头活，特别漂亮。不过，有一点我不明白，为啥挑在中晌头，大家都在家的时候下手呢?”

周雅芳抿嘴一笑，用上海话回道：“这个辰光下手顶笃定。”

“为啥?”黄金荣兴趣盎然地追问。

她不紧不慢地讲出一番道理来：

“一般住大公馆的人家，午餐与晚餐最为讲究，主人们都在餐厅里用膳，佣人们有的在旁伺候，有的刚回到自己下房吃饭歇息。门房守卫、传达也在这个无客来访时刻，偷闲片刻，悄悄离开办点私事。

“公馆里的上下人等都以为门口有传达守卫，而且人员又多在房内，外边人绝对不会上楼进卧室的，所以，太太、小姐们下楼时，连提包、钥匙也不放好，只管扔在梳妆台、衣架或沙发上。

“这时，你进门容易，上楼也无人管，拿到东西以后，还可以从橱里取件水獭皮大衣穿在身上，大模大样地走出大门口。这时，即使门房看到，也被这副昂首阔步、目中无人的高贵劲儿慑服，不敢上前盘问，反而会不住地点头哈腰行注目礼呢！这叫攻其不备。”

周雅芳的这番高论，折服了黄金荣，使他佩服得五体投地，每个麻点子窝里，都充满了笑意。

“周小姐，下次我们干脆叫你‘空空妙手’吧!”顾玉书等人起哄道。

饭后，黄金荣打发人给雪弗利洋行老板送去失窃的五克拉钻戒，并带信说：经过日夜打探，钻戒才算被追回，完璧归赵。不过，这是外地人做的案子，难于做到人赃俱获，请老板多多原谅。改日黄金荣当亲自登门道歉。

那法国老板一见钻戒被送回，开心得不得了，也无意去追究窃贼了。他对黄金荣的谢礼，自然是不会少的。

就这样，黄金荣既破了案，讨了法国主子的欢心，又为自己收得了一员“女将”。之后，他便充分发挥了这员“女将”的作用。

## 三、锦军横扫上海

前面曾提到，正当黄金荣为钻石失窃案疲惫不堪的那个夜晚，陈世昌半夜来访，说有事相求，却不知所为何事?

当时黄金荣一听陈世昌深夜来，便连忙下了床趿着鞋走了出来。

不一会儿，陈世昌带着一位大老板走了进来，双方就座后，陈世昌发话了：“阿荣老弟，打扰你休息了。”

“陈大哥，一家人别说两家话，有事直说，只要我能办到的，绝不说二话。”黄金荣拍着胸脯说。

“这位是赵老板，汉口绸布行的，是我多年的至交。他的儿子前些日子来上海，上了人家的当，特来求你帮忙。”

“到底是怎么回事?”黄金荣弄了半天还是摸不着头脑。

陈世昌这才一五一十他讲开了。

原来，汉口赵老板的儿子赵少爷，携资10万来沪购绸缎。一天，少爷到一家茶馆去喝茶，遇到一对姿色艳丽的姐妹，这少爷是个风流倜傥的好色之徒，见了如此美人便神魂颠倒，两眼盯住这对姐妹目不转睛。

而这两个美人也偶尔含情脉脉地向他瞟上一眼，惹得少爷心猿意马，但又不敢冒昧上前搭讪，只得尾随在她俩后面。

不一会儿，一个美人掉下一块绣花手帕，少爷见天赐良机，忙上前一步弯腰拣起递给美人，她俩连声道谢，少爷乘机与其攀谈，并请她们第二天到天蟾舞台看戏，两位美人一口答应。

第二天晚上，两位美女果然又来到赵少爷身边，少爷大喜，便将自己家世和盘托出，并从她俩口中探得这对名门闺秀姐姐叫艳红，妹妹叫映红。

从此，少爷天天请双红姐妹外出游玩，所到之处大肆挥霍，把姐妹俩哄得眉开眼笑。半个月后，双红姐妹与少爷如胶似漆，难舍难分，少爷便租一私宅，金屋藏双娇。

双红姐妹昼至夜归，对少爷柔情缠绵，风姿万般，少爷左右逢源，大饱眼福，早就将采购绸缎之事丢到九霄云外。

少爷如此这般过了两个多月放浪形骸的日子后，10万巨款已花去4万，其中光为双红姐妹买首饰，添衣服就花去1万多元。一天，少爷忽然接到汉口老家发来的电报：“父亲去世，速归料理。”

少爷见了电报悲哀不已，慌忙收拾行李准备回家奔丧，双红姐妹此时对少爷更是温柔体贴，帮他一起打点行李，还特地将一张6万元的银票，锁入皮箱。

少爷和双红姐妹依依惜别后，乘船回到汉口，他一进家门，见父亲健在，忙追问谁发的电报，家人都莫名其妙。少爷猛觉得事情不好，慌忙打开皮箱，翻遍箱底也找不到那6万元的银票。

他急忙坐车返回上海，一面通知钱庄拒付，一面打听双红姐妹下落。但钱庄查了账后对他说，6万元钱已被人取走，少爷这才恍然大悟，自己已上了“拆白党”放出的一对“白鸽”的当。

当赵少爷追到上海后，其父赵老板也尾随其来，生怕他想不开。后来，赵老板带着儿子找到陈世昌，但这片地盘属法租界，他无能为力，于是找到黄金荣。

黄金荣一听在自己的地盘出了这件事，心中已明白了七八分，知道是谁干的勾当，但他不能白干这件事，替人帮不要钱的忙呀。于是，他打着哈哈说：“不好办呀，那对姐妹不知是谁家放出的白鸽呀。”

陈世昌忙用手拐了拐赵老板，赵老板已解其意，说道：“人都说黄老板讲义气，够朋友，今天我特地来拜访你。来时匆忙，不好意思，这两根金条不成敬意，还望笑纳。日后钱票追回，再当重谢。”

黄金荣见金眼开，忙不迭地说道：“赵老板见外了，你和陈大哥是至交，也就是我的兄弟，陈大哥既然说了，我能让他的话掉地下吗？金条你还是收回吧。”

在赵老板再三央求下，黄金荣“勉强”收下了。临走时，他说：“三天后来听消息。”

果然，第三天晚上，赵老板和陈世昌双双来到，黄金荣把银票递到赵老板手中说：“钱已追回，又存到钱庄上去了，这是银票，请你查收。”

赵老板哪里能亏待他，又送金又送银，才了却此事。

当然，黄金荣除了得到钱财以外，还有一个最大的收获，就是把艳红和映红也收到自己门下，准备以后指望她们大展鸿图呢！

黄金荣一下子就进了四员大将，他们是周尚义、周雅芳、映红、艳红。他招“兵”买“马”之后，便开办了两所培训“学校”，即“放生、勾引”学校和“盗窃”学校。

“放生、勾引”学校由映红、艳红执教，她们买来一些年轻貌美的女子进行系统培训，培训内容是：开门口，开条子，放白鸽，仙人跳，倒脱靴，带线引劫等。

“盗窃”学校由周尚义、周雅芳执教，由周尚义主讲，周雅芳示范，他俩利用黄金荣的势力，拐骗几十个十三四岁到十七八岁的女孩，对她们进行悉心训练。训练内容：开窦子，空空妙手，开天窗，拨门子，收露水，闹灯花等。

我们先来说说周尚义、周雅芳的“盗窃”学校的一些情况。

周雅芳父女投到黄金荣门下，一晃就是半年，转眼便是暮春时节。上海滩连日淫雨霏霏，大街小巷尽是湿漉漉的，徐家汇一带泥泞的小路，落花片片，布谷声声，杜鹃啼血。

在肇嘉浜与法华径汇合的湾子边，有几间东倒西歪的破瓦房隐在烟雨迷雾中，外面围着一圈高墙，黑洞洞的大门上挂着一块牌子：土山湾孤儿院。这就是周尚义父女临时培训的地方：“盗窃学校。”

这孤儿院里收养了几十个女孩，她们都是被骗来、拐来的，也有个别是花银子买来的。几个月来，经周雅芳的悉心训练，一支锦军已初具规模。

这一天，周尚义陪着黄金荣亲临现场视察，周雅芳迎了进去，将自己精心训练的“成果”，向黄金荣一一介绍。

她向黄金荣介绍道，有六七个出类拔萃的姑娘经过严格的训练，已成为空空妙手，可以开始独立“操作”；还有七八个，稍逊一点，可以做拆梢、放白鸽、眼线等几票生意，现已由映红、艳红对她们进行专门训练。

对于这支因材施教与利用各人特长“分配工作”的队伍，黄金荣十分满意，觉得这支锦军，不久便可以横行“海上”。他高兴地问：“阿四，什么时候开市？”

“阿四”是周雅芳在帮里的地位——老四的昵称，“开市”是行话，即开始行动的意

20 世纪早期在上海拍电影的场面

思。

周雅芳微微一笑，摇头解释说："金爷，带她们开市还得过几天，还有几堂课要上呢！今天特意请您来，就是要您讲课。"

"要我讲课？阿四，开玩笑吧？"

"不是开玩笑，是真的。您想这些孩子多半是从外地弄来的，虽然上海地界熟悉了一些，但是茶楼酒馆店铺戏院等去处的内幕还是生疏的，非得有人开导不可。要是叫别人来讲，又不太方便。"

"那阿四你来讲好了！"

"我是个外来户，上海滩生疏。要是让我讲杭州、宁波，我可以讲三天三夜。至于这里的情况介绍，非劳您的大驾不可喽！"周雅芳说完，莞尔一笑，笑得黄金荣夺魂摄魄。

但周雅芳不让麻皮大爷有想入非非的机会，马上提出："我去让她们到这房间里来，您给她们训训话。"

"慢！"黄金荣搔着头皮，忽然决定道："我同她们不见面为好。"

"为什么？"

"为啥？你想想看，这批人将来散到上海滩各个角落，人多嘴巴就杂，难免要讲出去是我黄金荣在背后牵线指挥，这就不好。要是闲话传到法国巡捕房、工部局去，那就更不好，这种事情，我是万万不能出面的！"

"那怎么办？假如要请别人来这里讲话，这里的秘密……"周雅芳也犯起难了。

在一旁的周尚义看了女儿和黄金荣一眼，提出自己的意见："我看索性迟几天开市，今天请黄先生将上海滩茶楼酒馆的情况，讲给我们听听，明天，让雅芳带这些小把戏去实地看看，熟悉一下门路，而后开张不迟。"

"好办法！两位来上海时间不长，是要熟悉熟悉这些情况的。"黄金荣赞同。

周雅芳也点点头，同意了。她觉得黄金荣是对的。古人云："大盗不操戈"，要老头子亲自给这帮虾兵蟹将指点，是划不来的。万一碰到尴尬的事情呢，若黄金荣牵进去，就下不了台阶。她佩服老头子的见识过人。



要讲讲上海滩的茶楼酒馆，正是黄金荣的拿手好戏，他从小随父来沪以后，一直在这些地方出入混迹的，没有哪里是他不清楚的。

他先介绍茶馆。

上海茶馆是由南市逐渐发展到北市的。南市最早的要算湖心亭茶馆。这地方四面临水，曲桥相通，凭栏观色，荷香挹座。它的北面是豫园，南边紧挨老城隍庙，平日游人摩肩接踵，茶座生意十分兴旺。在这一带还有“宛在轩”“四美轩”“春风得意楼”，等等。

往北面一点，有个广东人在广东路河南路口开了一家“同芳居”茶馆，一些新派人物，常常去光顾，在这里，可以做色相生意，肯定火暴。

再就是南京路上的“全羽春”。这家茶馆，店名取得响，把古代卢全、陆羽两个嗜茶名人合二为一做店名。一些文人雅士和假斯文的阔佬为座上客。这一带还有“一洞天”“五云升楼”。这里，做“放白鸽”生意最为合适。

“如今生意最兴隆的茶馆，是吃茶带白相的地方，”黄金荣眯着眼睛深有感触地说：“早两年天华茶园，同庆茶园，美国人放影戏，《俄国皇帝游巴黎》《西方野番人》非常好看。今年又在四马路的升平茶楼放影戏，噱头好，人又多。那地方多放几个小姑娘去。”

黄金荣停了停，见周雅芳听得津津有味，便接着说道：“1899年英美租界扩大，西界扩充到静安寺，品泉楼茶楼热闹了起来，这里也要多派几个姑娘去。”

静安寺为上海名胜之一，寺门口一眼古井，整天汩汩地往上面冒水泡，人们称为涌泉。也有人品评它为“天下第六泉”。涌泉日夜流着，流入旁边的一条小河，小河便叫“涌泉浜”。光绪初年，有人在井边造了品泉楼，从这井里打水煮茶，味道的确不错。1899年辟为租界，茶楼扩大为茶园，再加上静安寺初一、十五进香的人不断，还有每月一次的庙会，又添加上海人喜欢凑热闹，这一来，品泉楼便成了另一处繁华地盘，黄金荣当然要派人去抢占来的。

周尚义这个烟鬼加酒鬼，对酒店有着特别的感情，他见黄金荣讲茶馆的事，心里有些不耐烦，便插话道：

“前几天，我在泥城桥桥堍看见一爿小店挺有意思。那是一家茶馆兼酒店的小铺子，门口有副对联：‘求名忙，求利忙，忙里偷闲，喝杯酒去；为工苦，为农苦，苦中作乐，泡碗茶来。’这种酒店多么？”

“卖茶又兼卖酒的店铺，场面不大，上不了桌面的，有几句评弹不知你们听没听过，那里全是酒店名字。”黄金荣转向周尚义。

“什么评弹？”

黄金荣毫不思索地哼了起来，虽然嗓音差了些，但还是有板有眼，有声有味：

“宝和三镒老东明，全泰开后开同茂，言茂源专沽好绍兴。同宝泰花雕滋味厚，开坛香溢十里阵。大同只酿梨花白，恒裕京庄胜别人。”

这开篇里唱的酒店名字，就是那时南市的章东明、萧恒裕与北市的王宝和、老宝和、周宝泰、言茂源等著名酒家。这些店重在酒，还有一些店重在菜。

黄金荣看起来是个粗人，但在酒色财气上头的吃、喝、嫖、赌、玩、乐、诈等方面，还是很有“修养造诣”的。对上海的京、广、扬、川与本帮五大风味菜馆，了如指掌；他能说出湾汉门路上的“马上侯菜馆”的来历；他精通各“帮”菜的特点。

当然以上这些菜馆酒楼，正是空空妙手们发市的风光宝地，是黄金荣招财进宝的地方，他自然要派些“妙手”们去占领。

讲了老半天吃喝，把周尚义馋得直流口水，便老着面皮开言道：

“古人说‘画饼充饥’，今天时候不早了，肚子早已闹起饥荒，黄先生准备带我们去尝尝哪一帮酒菜呢？京川，还是扬广？”

黄金荣哈哈大笑起来，一拍大腿说：

“我是光顾闲话，忘记请你们两个吃饭，走，我请你们去‘新雅’吃蛇羹。具体开市时间地点，我们边吃边聊。”

在潇潇春雨中，三辆黄包车从土山湾孤儿院拉出来，直奔市区……

从此在黄金荣的幕后操纵指使下，由周雅芳培训的一支锦军，活动在上海的各个角落。从这些地方得来的款项，后来开了黄金大戏院，造了大观园浴室。这些后事暂且不提，现在单说说这支横行沪上的锦军的能耐。

黄金荣的锦军开市后，遍布上海，她们施展伎俩，屡屡得手，就连光绪皇帝的兄弟载沣亲王也没有逃过她们的掌心。

事情的前因后果到底是怎样的呢？

却说八国联军 1900 年攻入北京以后，第二年与清政府订了个十二款的《辛丑条约》。条约里有两款是“戕害德使，派使谢罪立碑”和“戕害日本书记官，亦应派使谢罪”。

1901 年秋，慈禧太后下旨命侍郎那桐赴日本，遵约谢罪。不久，又派光绪皇帝的兄弟载沣亲王，以专使身份前往德国柏林谢罪。赴日本的，从天津海道启程，到柏林的载沣亲王，要从上海乘海轮。

这次亲王路过上海，英法两国租界当局，特别客气，也许是因为清政府赔款 450 万两巨额白银，对洋大人服服帖帖之故吧，租界上还特地为载沣安排了盛大的欢迎仪式。

当时的南京路是路禁森严的地区，租界当局规定：

（一）禁止东洋车、独轮车在马路上随意停靠；

（二）禁止抬轿人沿街吆喝；

（三）禁止卖夜食的挑子在洋人门口一带敲梆高叫；

（四）禁止白天挑粪过街；

（五）禁止中国官民军兵携带武器进入租界或过南京路。

但这一次为了欢迎载沣亲王的到来，对最后一条，却是破例通融，让载沣带的武装卫队开上南京路，一直护送到外滩的汇中饭店下榻才开回。

这一盛大的壮举，自然轰动向来爱凑热闹的上海人，真是万人空巷，一起挤到南京路来白相。这里实在是黄金荣锦军生财进宝的好时机。黄金荣一边指挥巡捕维持秩序，一边为锦军提供方便。

载沣亲王一行住进汇中饭店等轮船开航的前一天，黄金荣的徒弟、公共租界巡捕房的陆连奎给黄送来消息，说亲王在汇中三楼包了五个大套间，亲王自己住在中间，他的总管住在边上一间。

黄金荣立即把这个消息悄悄地送给在“紧急待命”的周雅芳及其义父，这父女俩便导演了一出有声有色的“戏文”，没几天便传遍了上海滩。

52 岁的亲王总管家，吃完饭后，倚在后阳台边上，一边用牙签剔牙，一边欣赏黄浦江的晚景。猛然间只听得吱呀一声，隔壁房间的阳台门开了。

管家转过身来，仔细看那阳台，想知道是什么人住的，可是过了老半天，还是没人出来。那向外打开的阳台门上挂着一面大镜子，从镜子里可以看到隔壁房间的一角。

过了一会儿，镜子里出现了一个时髦女郎，走到衣架前，脱下旗袍，露出酥胸，圆圆的乳峰高高耸起，迷得这总管大人张大嘴巴半天合不拢来。

接着，那女郎又把长统丝袜褪下，扔到不知什么地方，身上只剩下一条米色的三角裤头，两条玉腿交叉地抬了一下，一双绣花缎拖鞋已趿上了。

管家正想再看时，女郎已披上一件长丝绒睡衣，一条衣带在纤腰上随便打了个结子，一扭屁股，从镜子里消失了。

黄昏过去了，暮色笼罩了黄浦江，也笼罩了汇中饭店大楼的阳台，总管心里痒得难熬，离开阳台不舍得，不离开吧，天又黑了，又能观赏到什么呢?

正在犹豫之际，隔壁房内的电灯“啪”的一下开亮了。总管想起自己房内也有盏电灯，便进房扭亮它。等他再次来到阳台的时候，隔壁阳台上已放了一把藤椅，椅上坐着那个女郎，两条玉腿交叉叠在一起，情态十分闲适。

那女郎瞧见对方阳台上的总管出来，向他眯眼点头一笑，双手拢了拢披肩长发，伸了个懒腰，随手从阳台上捞起一包香烟，从中抽出一支叼在猩红的嘴唇上，点火抽了起来。

香烟的缕缕馨香直向总管鼻孔里钻，原来她抽的是一种吕宋特制烟，烟丝里拌着麝香。这种烟像一根鹅毛撩拨得旁边阳台上的五十余岁的汉子心里痒痒的，恨不得纵身一跳，过去抱着女郎亲嘴。

一轮秋月高挂在黄浦江的上空，满把清辉洒向上海滩头，汇中大厦沐在夜色里，两个阳台上的一男一女，各自想着自己的心思。

那女郎似乎看透了总管的心思，便伸手从窗台上捞过一包香烟，抽出一支，塞在自己朱唇上，再抽出一支，扔过阳台掉在总管的膝盖上。他连忙拾起，如获至宝，向对方弯腰致谢之后，夹起烟吸着……

不到半支烟的工夫，总管已是神魂颠倒，全身酥软。原来这支烟是一支专门为总管制作的烟，里面有“大麻”与“曼陀罗”，是叫“五鼓呜呜烟”的迷魂药。

总管用尽力气，勉强扶墙壁站起来，步履蹒跚地挪到床边，一头栽在床上，就呼呼睡死过去了。大约过了三四个小时，仆人送夜宵来，发现阳台门开着，主人和衣胡乱地倒卧在床上。

仆人关好阳台后，正准备给主人盖毯子的时候，总管揉了揉眼睛醒了过来，定神一回想，觉得有些不对劲儿，这时才回忆起阳台上抽烟的事来，忙着挣扎起来，一查行李，锁在大箱子里的几件宝贝不见了。

他不敢隐瞒，急忙禀报载沣亲王，之后，再去汇中饭店报失。等饭店经理将窃案通知公共租界巡捕房，再由巡捕房派人去，会同饭店的有关人员打开总管隔壁房间的门，已是“黄鹤一去不复返，此地空余黄鹤楼”了！

载沣亲王失窃的宝贝中，有件稀世之宝，那便是一尊竹根罗汉。

这罗汉高四寸半，宽二寸三，真可谓小巧玲珑，情态栩栩如生。

竹根罗汉的神情一反呆板虔诚正襟危坐毕恭毕敬的常态，而是性格放任，举止怪诞的老和尚，丝毫没有神秘与威严的模样，充满了民间世俗情调：他耸着肩，袒着胸，斜倚在岩石上伸懒腰。由于伸腰时吸气过猛，扭曲了面孔的肌肉，眯着一双昏醒不定的眼睛。在袒胸的衲衣下，凸出根根肋骨，那是深呼吸的反映。

这是尊“不及涅槃，常住世间”的罗汉，是竹根雕刻艺术中的一枝奇葩。

这罗汉的名贵，还在于它底部的一行草书字款：康熙四十二年（1703）癸未，嘉定封锡禄献。原来竹制工艺自汉代以来，便成了一门艺术，到了明末清初，嘉定竹刻独具风骨。首创人是明万历年间的三朱——父，朱鹤；子，朱缨；孙，朱稚征。

在金元钰所著的《竹人录》中，说朱鹤所制的竹刻“世人宝之，几于法物，得其器者，不以器名，直名之曰朱松邻”（朱鹤字松邻）。朱家父子孙三代作品，到了清初，便成了罕见的艺术珍品。

到了清初康熙年间，嘉定的封锡禄、锡爵、锡璋兄弟三人把竹刻艺术推向新的高峰。兄弟三人中又推锡禄成就最大，所以在《竹人录》里说，嘉定竹根人物“盛于封氏，而精于锡禄”。

封锡禄的技艺冠绝一时，所刻的梵僧、佛像、仙翁、天女都有超然出尘之意态。康熙四十二年（1703），他和锡璋被皇帝召入京都，在清宫养心殿上当堂献技。

据说这尊竹根罗汉雕成之后，被一个皇子抢在手里，誉为鬼斧神工，据为己有。经过几代辗转传赠，后来落到载沣亲王手里。

这回载沣出洋路过上海，他让总管带在身边，想让上海的古玩店估个价，如果有七八千两银子，便愿意脱手。谁会想到只在下午让三马路的一个大古董商看了一番，还没议价，夜间便不翼而飞。

这尊竹根罗汉到底“飞”到什么地方去了呢？此时，它正安放在黄金荣的卧室里。

黄金荣小心翼翼地把竹根罗汉放好，又打开桌上一个皮箱。皮箱里叠着一领貂皮衣料，在发光的貂皮上，排着四只金元宝，一串珍珠项链。黄金荣想了想，把竹根罗汉放入箱内，然后关上箱子。

这一箱东西，是打算送给法国租界巡捕房的总监石维也做生日礼物。这几件贵重东西，除了那件貂皮料子，其他的都是周雅芳领导下的锦军进贡来的“贡品”，黄金荣只不过是借花献佛，转了一下手而已。

筹办妥了礼物，黄金荣舒了一口气，解开睡衣腰带，正准备上床睡觉时，一个念头钻进他的脑袋：这竹根罗汉得留着，第一，这是件宝物，可是洋人并不一定识货；第二，这东西是清宫失窃之物，现拿现送，事情弄穿了面子上不好看。

想到这儿，他回转身子，去那皮箱里取出那尊罗汉，放到密室里，然后又在密室里拿出一件玉如意，放入箱子，这才安心上床，倒头便睡。

黄金荣的礼并没有白送，看来洋人也很能领会“投桃报李”的奥妙，在石维也生日后的半年，黄金荣便接到法国主子“报”来的两只大“李子”：

先是在他 35 岁生日的那天，石维也为他请求到一枚银质宝星章。当时还没有第二个华人受到这份荣誉，可见他已成了帝国主义眼中的红人、宠儿。

在五个月之后，巡捕房又提升黄金荣为督察员。督察员的位置虽在督察长之下，但可以“督察”一批包探与探长，有些时候还操着生杀大权，原先与他平起平坐的探长，这下子可要弯腰拱手，巴结在他的门下了。

到了这个时候，黄金荣成了法租界名副其实的“一只鼎”了。

以上所述只是锦军开市后的一个典型的例子。

黄金荣的锦军不仅敢对亲王下手，连洋人的钱财也敢掏空。这里还有一个例子是锦军的“放白鸽”使一个洋人倾家荡产，却使另一个叫陈春澜的人戏剧性地得以发迹。

事情是这样的：

陈春澜是浙江上虞人，家里穷得叮当响，他从小就给财主放牛。15 岁左右，他来到上海谋生计，好不容易才在一个外国洋行老板那儿觅得一口饭吃。干的是送信差事。

光阴似箭，转眼他已干了好几年。这天，他路过外白渡桥，远远地就看见那儿围着许多人。“唉，出了什么事？”陈春澜暗自问道。

待他走上前一看，只见一个高鼻子外国人坐在地上，他面前平铺着一块写满黑字的白布。当时，陈春澜斗大的字不识一个，于是就竖起耳朵静听他人议论：

“这人原是个洋行老板，但前些时候被某个流氓放了‘白鸽’，把他的财产全部卷了去，使他连回国的路费也没有。”

“洋人钱财被卷走后，连女子的姓名还没弄清楚，只知道她们住在法租界。”

“听说是一对双红姐妹布置的陷阱，但她俩矢口赖账，说洋人是往正经姑娘身上扣屎盆子。”

“那双红姑娘那么厉害？”

“不是她俩厉害，是她们后台厉害。你们知道双红后面的老板是谁吗？”讲话的人眼扫了扫四周，低声说道：“是法租界探长，前些日子开香堂收徒的黄金荣。”

“是他？真的？”

“千真万确，从我的一个亲戚那儿听来的。”

“那个洋人既然被骗了，跑到这儿坐着干啥？”

“你没看那白布上写的字吗？那上面写的，谁借给他 300 两银子做路费，三年后一定加倍偿还。”

“谁敢保证他不是骗子？”

“这个洋人坐在这儿已经几天了。嘻嘻，我看他再呆一个月也白搭。”

陈春澜听到这儿，已知道了大概，便挤出人群，匆匆去送信。他回到洋行，就问老板：“我想寄点钱给我妈妈，不知我的工钱已经积攒了多少？”

“400 两银子不到。”老板答道。

“我想寄回去 300 两银子。”陈春澜说。

“好，我让账房给你拿去。”

第二天，陈春澜吃罢午饭，就带着银子往外白渡桥跑。到了那儿，他抬眼一看，还是有那么多人围观，那个洋人还是坐着，他耷拉着脑袋，一副无精打采的样子。

陈春澜挤到外国人面前，将 300 两银子往大白布上一放，大声说：“我借给你。”

外国人一惊，抬起眼睛一个劲地看陈春澜，又低头捧起白花花的银子。他激动地双眼湿润，“霍”地站起来紧紧握住陈春澜的双手：“谢谢！我三年后一定还你。”

陈春澜脸涨得通红，忙说：“不急，不急，四年五年都没有关系。”

外国人掏出纸和笔对陈春澜说：“快请告诉我你的姓名。”

陈春澜告诉了他。

开头几个月，陈春澜还不时地想起这借钱的事，以后就逐渐淡忘了。一晃，几年过去了。

一天，他照旧外出送完信回到洋行，刚踏进花园，就见一个大个子猛地朝他扑来，紧紧抱住他，吓得陈春澜不知如何是好。

“陈、陈、陈先生，我的大恩人！”那人激动万分。

“你是谁?”陈春澜陌生地望着来人。

洋行老板笑吟吟地上前说：“春澜，你忘啦！三年前你不是借给他 300 两银子吗?”

清朝光绪皇帝的弟弟，醇亲王载沣一行通过南京路，后面高大的房子即为市政厅（今新雅粤菜馆址）

陈春澜这才想起来，忙说："哦，你回来了。还好吗?"

"很好!"那洋人仍然很激动地说，"我还你四船呢绒。"

"我不要。"陈春澜连连摇头，"我没有地方搁。"

"店铺栈房，我都会为你准备好的。"那洋人道："你可以雇人做老板了!"

"可我不会做生意!"

"你放心，凭你的为人，你的生意会轰轰烈烈起来的。再说，我还可以帮你一把。"那洋人使劲地摇着陈春澜的双肩。

就这样，陈春澜成了老板。他的这段逸事，也传了开去。

又几年过去了，陈春澜的生意越做越大，并且有了不少洋行，还聘请了不少代理人，他在家乡造了漂亮的花园楼房，还捐资 20 万银元，建造了一座"春晖中学"。他常常回去住一阵子，过着豪华富有的生活。

所以说，陈春澜的发迹，既非父母的馈赠，亦不是自己生财有道，而是由于黄金荣锦军的"放白鸽"，使他的生活富有戏剧性。

陈春澜发迹的偶然性，使我们从另一个侧面可以看到黄金荣锦军的能耐之大，连外国人的钱财也敢动手了。

黄金荣利用女人的色相为自己效力，不仅如此，他甚至用女同性恋表演来赚钱。为此收一些"拆白党"和"磨镜党"党徒为自己的门生。

## 四、"拆白党"与"磨镜党"党徒

当地位发生变化的时候，人们常常产生新的欲求。对于已经开始混世的黄金荣来讲，也不例外。黄金荣自提升为巡捕房督察员后，有了更大的权力，他要开创更大的局面了。

这时期他广收门徒，其手下门徒分为各色人等，十分混乱，除前面所讲外，另有一些"拆白党"和"磨镜党"的党徒被黄金荣收归门下。

先说"拆白党"。

"拆白"为流氓隐语，产生及流行于近代，出典则众说纷纭。清末时节，由于战乱与天灾，地主富商及下野军阀政客多携带万贯家财，或避入租界长做寓公，或在租界购屋设一住所。这些人在生活上挥霍放荡，往往都"金屋藏娇"，于是十里洋场凭空添出一大批隐匿在小洋房内的姨太太。这些姨太太除服侍丈夫或姘夫外，平时生活无聊，寂寞之余，不免对异性心动，于是一些流氓便利用这一点施展各种手段前去引诱，乘机骗取钱财，久之便形成了专营此务的黑社会团体——拆白党。

拆白党首创于晚清，一说当时有一广东潮州籍人陈景保，生于上海，家富，居于新马路鑫益里，长得丰姿妙绝，从小风流倜傥，喜斗嗜淫，渐与同学张某等 31 人结为兄弟，以四马路汇芳园为总机关，形成了一个专门研究如何勾引女性之秘法的团体。

又一说有姓某名三者在英租界开自行车行，长得白皙标致，擅长勾引女性，被其迷惑的妇女有近百人，以致他的日常开销也由这些女子送来，因此生活阔绰，他的一些朋友便怂恿他结合一个团体，传授“吊膀子”秘法。于是他便招徒纳众，形成一个拆白党。

拆白党在其形成期处于秘密状态，以后此类团体渐增，1921年9月23日，拆白党人荣某因隙与山东帮流氓发生冲突，双方在白克路（今凤阳路）大澄楼发生大械斗，参加者达500人，有十余人负伤而被解入捕房，新闻界追踪报道，以“拆白党大闹白克路”为题刊登报道，拆白党才渐为人知晓。

拆白党对加入者有严格的条件限制，规定必须面目清秀，没有残疾，能言善辩，交游广泛，处事机警，洞悉上海的各种风情习惯，年龄在16至40岁之间。有欲入此者，须由两人介绍，并宣誓不负党义，服从其党魁——“部长”的指挥。新入者称“老七”，老成员则叫“老三”。

拆白党的宗旨并非贪淫女色，而是以色相攫取女子钱财，其内部有严格的分工，年少英俊者扮小白脸，年长善交者装学究，没色相特长的充任侦探，专在马路、戏院、花园等处侦察妇女，寻找目标，然后回复部长，由部长确定是否可行后，指定一部分党徒组成一小组去相机行事，勾引其上钩。他们互相配合，做好做歹，投其所好，有钱的大家闺秀、姨太太、寡妇自不必说，即使是姘妇、老妪，无甚大钱财者，则一钗一簪也要施展手段，活拆而去。

这些拆白党人活动时必衣帽鲜艳，言语温柔，有的还抹粉涂唇，十之八九倒梳头发，头顶剪平，举止轻浮，满身时髦气。他们的活动地带多在闹市的大世界、新世界、新舞台、张园、豫园等处，随不同的环境，或成一风流俊逸的美少年，或成一斯文彬彬的文化人，一旦有女子被其盯住，非将其财物全部拆骗而不肯罢休。

最初有一些女流也加入到拆白党中，以后随着女骗子的增加，遂另立门户，自行组合女拆白党，以女色引诱男子。这些女拆白党组织也较严密，入其团伙要熟人介绍并须面试，但入伙不限年岁，不拘资格，初入者须练习诈骗的一般手段，如应酬、诱惑的功夫，然后随老成员外出“实践”，不断提高技艺。女拆白党头领的丈夫大多是探目巡捕或马车夫，有时夫妇勾结行骗。

有些女拆白党的规模也相当庞大，民国初年，据一女拆白党成员供称：该组织内有300人，分布在戏馆、工厂、电车等各处，可随时出动行骗。当时有一行骗老手长脚老五，有长期行骗生涯，后自己不再行骗，而在虹口设一传习所，自任所长，向不良妇女传授本门秘诀，她因人施教，年轻靓美的专扮闺秀阁媛；容貌丑陋的充随从或娘姨；中年妇女做姨太太，年老的装成巨室富孀。她们还在市中心设立一个照相馆，作为行骗的根据地。

女拆白党的谋财对象多是从外地来沪的富豪子弟。因为这部分人不但有钱，而且对都市中的欺诈诱骗知之甚少，容易上当。女拆白党行骗时，常扮作天真单纯的女学生，以便使对方解除警惕。

20世纪20年代时，有个安徽人程七，其父是清代显宦，辛亥以后，以内地不安全而移沪。他终日游荡于戏馆茶室之间，为女拆白党李某选中。李某遂扮为中学生，每日在程七前后看戏，眉来眼去，不久即勾搭相识，在威海路一家旅馆姘居，数日后，李某即称留学日本的丈夫将返，与君缘分已尽。陷入热恋中的程七痛苦万分，李某即对他说：“你出3000两银子，我以此为资与丈夫离婚。”程七信以为真，立即从命，并痴情地等待，每隔三五日便到威海路旅馆守候，但李某得金后，杳如黄鹤，一去不复返，程七方知上当受骗，此案曾轰动一时。 

南方妓女往北而去，是从名妓赛金花开始的。继赛金花之后，又有林桂生、谢珊珊及其妹四宝等人，其中最为出名的便是赛金花和谢珊珊。

论名气，赛金花虽然列在众名妓之首，但在上海黑社会里，名妓谢珊珊却远远胜过了赛金花。其原因是谢珊珊开创了上海滩罪恶的“男女拆白”风气，被称为男女拆白党的鼻祖。

谢珊珊原来居住在上海老城内三牌楼。她的脸庞俏丽，看上去姿态丰盈，举止蕴藉，楚楚动人，有仕女一样的风度。她的父亲在城隍庙前开设着一个象牙工场。因此，人们都把谢珊珊称之为“象牙西施”。

谢珊珊结婚后不久，便发觉丈夫是一个歹徒，心里很气愤。最后她终于出走，投奔到闸北她的姨婆家中。

谁知，谢珊珊的姨婆不是善良之辈。姨婆见珊珊正值青春，有姿色，便生出了邪恶之念，经百般引诱，终于将谢珊珊诱入青楼沦为娼妓。开始，谢珊珊在四马路上的苍芳里挂牌接客，名震一时，后来，谢珊珊又迁至告庆坊。

当时，谢珊珊房中有一个专门服侍她的姑娘，人称小脚阿水金。这姑娘容貌与谢珊珊极其相像，也是一个姿色出众的女子。

有一富翁杨玉之见了阿水金的容貌后十分溺爱。在阿水金身上前前后后所花不下万金之巨，并且还常常赠送珠饰等物。阿水金也对杨玉之十分依恋，难舍难分。杨玉之有心纳阿水金为妾，并且已择好了纳妾的日子。

不料，阿水金赶在杨玉之之前与画师沈某私奔了。原来，阿水金哪里是与杨玉之真心相爱，只不过为了贪图杨玉之的金钱罢了。因而，她对富豪但又年老丑陋的杨玉之从一开始就存着骗到钱财就潜逃的邪念。

阿水金真正爱慕的沈画师，看上去风流倜傥，而且又善于讨好女人。因此，阿水金对沈画师十分痴情，不仅甘心以身相许，而且把从杨玉之处骗得的2万元，全部交给沈画师租赁房屋，同居一室。屋里的一切用具摆设，以及平时的饮食开销等费用，都是阿水金支付。这件事终于被沈画师的妻子侦知，沈妻也不是等闲之辈。

一天，沈妻把阿水金叫到自己的家里对她说：“我知道你是个有德行的女人，正好能帮助我治理家业。但是，住在外面却不太好，人家会责怪我蛮悍不讲情理。不如回来同居，我与你姐妹相称，又有多好!”

阿水金开始以为沈画师的妻子是蛮悍之妇，想不到竟是这样和蔼，不由得感到叹服。心想再在外面居住也不行了，于是决定随沈画师回老家居住。

开始，沈妻把一间陈设富丽的屋子让给阿水金居住。过了数天后，沈妻突然进屋，对着阿水金屋内的陈设指责道：

“你这样铺设，仍然像妓院里一样，这和普通人家过日子实不相宜……”

沈妻说毕，就吩咐下人拿了一些破烂不堪的家具、被褥等，换掉了阿水金屋里原先的豪华陈设。继而，沈妻又说阿水金的衣饰过于奢华，恐怕被人觊觎，而且家常穿着也不好。沈妻即以“代为收藏”为名，把阿水金的高档衣物全部收去。

阿水金这才如梦初醒，知道被沈妻欺骗了。但是，她又无法抵制，只好在沈画师面前诉苦。然而，沈画师却是个惧内之辈，听了阿水金的哭诉之后，也无能为力。

沈画师又是一个嗜毒甚于嗜色的人，他与阿水金勾搭后不久，就又开始吸大烟，烟瘾越来越大，并因此冷落了阿水金。

沈妻乘机发作道：“一定要速速戒掉，其他事情也要料理……”

面对蛮横的妻子，已成烟鬼的沈画师哪里再敢争辩，只好俯首听命。于是，沈妻拖住丈夫，不让他与阿水金见面。阿水金独居陋室，对影饮泣，终于积郁成疾，不久便死在沈家，所携资产也全部被沈妻侵吞了。

沈画师虽然失去了爱妾，却成了小富翁。此事被一个姓朱的公子哥知道了，他暗自思忖，做奴婢的都如此富有，那么谢珊珊的金钱更是可想而知了。

于是，朱某携带巨款到了上海，与谢珊珊结了露水姻缘，肆意挥霍。朱某口口声声说要娶谢珊珊为妻，而实际上却打着骗取谢珊珊钱财的主意。

旧城墙拆除后的老西门

朱某以为自己骗术高明，但他不知道，自己的内心早被谢珊珊窥破。谢珊珊假装不知朱某的用意。一天，她对朱某说道：“我现在准备把诸客遣散，嫁给你……”

朱某喜出望外，不能自制，满心以为骗取钱财的事已十拿九稳了。谢珊珊又说道：“我想，我们还需有言在先，我以身相许你，你以后的衣食宿三项也由我来供给。但是，你要住在我这里，不得出大门半步……”

朱某不知谢珊珊的用意，欣然应允。并将所携之金如数交给谢珊珊保管。于是，谢在六马路租赁了一间房屋，和朱某俨如夫妻一样，外界的人甚至都还羡慕朱某的福分。

外面的人当然不知朱某在谢珊珊的寓内过的是什么日子。白天，朱某受着谢珊珊的指挥，上上下下的做婢仆一样的事情。到了夜间，谢珊珊又燃起了他的欲火，诱使他毫无节制地宣泄。

不到三个月，朱某熬打不住。“淫声美色，破骨之斧锯也。”好端端的一个人，弄得像个毫无血色，身心都已衰败的蜡人一样。朱某的处境被他的朋友知道了，几个朋友设法救出了朱某，并且对谢珊珊责问道：“你这婊子，害人不浅，我们要告发你，彻底追究你的恶行……”

谢珊珊嫣然一笑道：“谁让他心术不正，心怀不良？不这样不足以惩其淫恶……”

谢珊珊怕朱某等人报复，过了几天后，她便北上去了北京城，并为皇家振贝子招到了东城涂园陪着喝酒。两人正欲淫亵时，被御史张元奇参了一本，指责振贝子身为大臣，为妓女涂脂扑粉，有失体面……

折子告到载沣处，载沣为了掩盖这桩丑闻，下令将南方妓馆全部封闭，并将谢珊珊遣回南方。谢经此打击后一蹶不振。

在这一连串的丑事中，阿水金、朱某等人，都是咎由自取，可以说是这些人本身的恶念所致的恶果，不足怜惜。但是，正是这些人开了上海男女拆白党的先河。以色相诈财的“拆白党”活动，由此开始在上海滩泛滥成灾。

黄金荣由于老是办案子，常常抓到“拆白党”徒，于是，就利用这些人干起了“放白鸽”和“仙人跳”的勾当。

前面我们讲到的双红姐妹便是“拆白党”的党徒。黄金荣便把她们收到自己门下，为黄门服务了。

所谓的“仙人跳”，就是黄金荣的门生们派出艳妇勾引有钱人家的男子，正当艳妇与“奸夫”寻欢作乐干得起劲时，艳妇的“丈夫”突然闯入，敲去一笔巨款了事。

民国初年，上海有个姓王的钱庄老板，一天晚上在戏院看戏时，发现邻座一妇人雍容华贵，妖艳俏丽。

王老板家里虽有妻妾，但难得见到如此美貌妇人，便不时地将目光从舞台转到妇人脸上。那妇人也似乎心有灵犀一点通，频频向王老板暗送秋波，两人眉来眼往，一场戏看完已有几分意思。

散戏后，妇人登车而去，王老板翘首目送，茫然若失。忽有一小厮上来对他说，此妇人公馆在某路某号，说完便消失在黑夜中。王老板虽觉此事有些奇怪，但魂早已被那艳妇勾去。

第二天，王老板照小厮所说的地址寻去，果然找到一幢小巧玲珑的公馆，那妇人正倚在窗前招手示意他进来。

王老板登堂入室后，与妇人交谈起来，得知她是前清某大人的三姨太，因大人在沪有几房姨太太多处小公馆，故难得来此，言语间流露出独守空房、长夜难熬之感。

王老板闻此言自然明白，暗喜交上了桃花运。但三姨太感叹一番后，便吩咐婢女送客。以后，王老板又几次去小公馆，三姨太对他温情脉脉，只是不让他进卧室。使王老板未能如愿以偿。

一天，王老板从外面收账回钱庄途中，恰好路过小公馆，他又走进去，三姨太见他携带一只大皮包，便问何故带包上门，王老板如实相告，为炫耀财富，还特地说明包内有3万元钞票。

三姨太这天对王老板特别热情，还备酒菜款待。

酒至半酣，三姨太两颊粉红，支开婢女。王老板见时机已到，便猛扑上去一把抱住三姨太走进卧室，正当两人脱光衣服在床上滚成一团时，忽听婢女一声尖叫：“老爷回来

这是郑曼陀 1915 年的《仕女画》

了！”

王老板闻声丧魂落魄，慌忙推开三姨太，从床上跳起来。但为时已晚，只见一虎背熊腰的大汉凶神恶煞般地闯了进来，将赤条条的王老板抓住，猛击一掌，接着又打了三姨太一记耳光，口中奸夫淫妇恶骂不绝，还扬言要把王老板先打个半死再送进巡捕房。

王老板此时早已吓得战战兢兢，任凭打骂，只是跪在地上苦苦哀求。最后，大汉总算开恩，让王老板穿上衣服滚蛋，但那只装着 3 万元钞票的包被扣下做“赔偿”。

王老板前脚刚跨出大门，那大汉和艳妇同时笑了起来，之后，两人便钻进尚有余温的被窝，嗯嗯咿咿，呻呻吟吟地抱在一起。

王老板抱头鼠窜时怎么也没有想到，自己遇上的是黄金荣手下的“仙人跳”。

上海磨镜戏秘窟丑名早播。

“磨镜”原是指女子同性恋者变态的性表演。民国初年就开始在上海蔓延、泛滥，并演变成为蚀人灵魂的淫荡表演项目。早年，黄金荣控制的色情项目中，就有此项。

清朝末年，上海有个年轻貌美的妓女，人称“洪奶奶”，其真实姓名不详，是上海的八怪之一。洪奶奶出名时的书寓就在公共租界内思庆里。

当时，有一个年轻狎客张某，迷恋上了洪奶奶，经常夜以继日地在书寓与洪奶奶厮混，洪奶奶也十分倾心于这位风流倜傥的公子哥。但张某的父亲非常痛恨儿子的淫荡行为，强迫张某断绝了与洪奶奶的来往。洪奶奶由此开始厌恶与男子交往。

洪奶奶虽然年轻、漂亮，但自从和张某断绝来往后，相好男子也一天天地减少。与此相反，不少妇人却都喜欢去洪的书寓与之猥亵。洪奶奶与这些女人在书寓里同枕共寝，咂口亲嘴，以夫妇男女之事为内容，沉湎其中，俗称“磨镜子”。

日子一久，洪奶奶在思庆里的书寓，便成为同性恋癖好女子的聚集之地。洪奶奶亦成为当然的头领。

一时间，书寓内淫秽不堪。淫徒们还时而醋性大发，相互争执等丑事也时常发生。最后，往往由洪奶奶评判，而那班同性癖好女子都能听命于她。

曾有一个叫金赛玉的妓女，从良嫁人后，因迷恋于洪奶奶，竟挟带了巨额钱财，改名换姓，移居到九江路，与洪窗对窗相望，沉溺于洪奶奶的诱惑之中。所带的巨款不久便挥霍殆尽。

洪奶奶靠着那些被迷惑的女人孝敬，衣饰华贵、富丽、奢靡无度。起初与洪奶奶交往甚密的妇女，仅限于思庆里，久而久之，一些显要达官家的富孀小妾也纷纷加入，人数渐渐地越来越多。



1905 年起，因为觅取钱财的需要，洪奶奶领其党徒，除同性恋相奸以外，竟又无耻地派人外出拉客入室，观赏她们俗不可耐的“磨镜子”表演。

每次观看表演以四人为限，每人每次收取 10～16 块银元。

当时，跑马厅的红豆馆，宝昌路的七里弄，是这些“磨镜子”人经常活动的场所。不久，从事这类活动的人，便得到“磨镜党”的丑名。此淫风由此传播开来。

磨镜戏流行几十年之久，在观看这种淫秽表演的观众中，受其所惑者不计其数，人做妖行的无耻勾当，严重败坏了社会风气，警察当局屡禁屡兴。

“磨镜党”每夜有“领港”十多人，在街头小巷公开拉客。在华灯高楼之下，“领港”人麇集街头，公开揽客。“七重天”下，“凯福”门前，从十多岁的幼童到五十多岁的老叟，比比皆是。非分之徒出两、三盒“马力斯”香烟的代价，便可以入淫窟一睹。而除掉拉客金和娘姨的烟资，真正落到脱裤子妇女手里的钱，却寥寥无几。然而，这些妇女仍不得不为一升米受世间惨苦。

1903 年 5 月 16 日，虹口昆山花园 12 号洋房内 5 号房间，破获一个秘密卖淫窟。其主事人，是一对俄国侨民，他们雇佣华人表演各种猥亵动作。表演项目以“磨镜子”活动为主，间以裸体跳舞等，吸引了一批批“登徒子”不分昼夜前往问津。表演前，窟主拟定价格后，由观者指点演出何种节目，纳费后即开始表演和跳裸体舞。

不久，此淫窟被虹口捕房副探长朱积煌、陶根荣侦知，便立即化装亲自前往调查，两人花了几十块银元，看遍了淫窟内的淫秽表演。隔日即率领巡捕将俄国人爱诺洛夫、皮加德等中外淫徒五人逮捕，搜出淫具数件，两个探长日前所给的做有暗记的代价法币，亦被抄出带回捕房。

一个“磨镜子”淫窟就此被捣毁，众淫徒均被解送第一特区地方法庭，由捕房依刑法 234 条提起公诉，以妨害风化罪依法服刑。但很快，这帮人又被假释了，因为黄金荣需要她们，便帮了她们的忙。

1906 年 5 月，上海《风报》记者根据“领港者”的行踪，发现了两处“磨镜子”的秘密淫窟。一处在南京路浙江路口的一个弄堂里，另一处在桥北四川路海定路口凯福饭店斜对面的一个陋巷子内。

在南京路浙江路口的那处淫窟，窟主是一个中年妇女，其脸如草灰。两个表演者为 20 岁左右的年轻女子，脸色青灰。两个裸体女子身上已经“疮疤”点点。窟内乌烟瘴气，两裸女表演极尽猥亵，令人作呕。

秘闻被《风报》记者透露后，社会舆论大哗，捕房的巡捕前去搜查，但没有查到什么。

这时期，黄金荣发现这种女人玩女人的表演十分新奇，是个财源滚滚的路子，应当加以有效利用。但他自己不好出面，便让老婆林桂生出面，收一些“磨镜党”党徒为自己门生，大发其财。

到此时，黄金荣所收的各色女徒已不在少数，招收这些女徒，不但扩大了黄金荣的势力，而且给黄金荣带来滚滚财源。

其实上海滩的各种女流氓比比皆是，她们干了一系列坑人害人、丧尽天良的事情，这些人可以称得上是黄金荣的“烂姐烂妹”，她们同黄金荣一样利用女色赚钱。

就在黄金荣结了一个不青不白的“黄帮”后不久，又有一个帮派结成，与别的帮所不同的是，这个帮派全是女性，而且人数只有10人。它名义上虽然也算青帮，实质上它离青帮更远。也是个不伦不类的青帮组织。其实，在前面我们已经简单介绍过，它是什么组织呢？

它就是上海滩有名的“青帮十姐妹”。这“青帮十姐妹”究竟有何来历？她们与黄金荣有无关系？

## 五、“青帮十姐妹”结帮始末

上海滩当时有个女流氓，绰号叫“强盗金绣”。她本姓施，江苏常熟人，自幼父母双亡。因家境贫苦，无力赡养，便送给一家姓张的为童养媳。

施金绣的元配丈夫叫张德成，是一个成衣匠，年龄比她大12岁。后来两人从常熟来到上海，设摊做成衣，夫唱妇随，同甘共苦。只是同居10年，竟未生一男半女。

当时小东门一带，是上海最繁华的商业中心，居民住房非常紧张。因此，张德成的成衣摊就设在一家“仁和客栈”的天井里。成衣摊原很简单，两只竹马搁上一块木板就行了，并不占多大的地方，又不妨碍仁和客栈的营业。

小东门陆家石桥这个地方，有条河浜与环城河相通，沿河两边原是妓院和私娼汇集的场所。做娼妓原本以色相为诱饵，当然需要华丽和时髦的衣服来招引对方。因此，张德成的生意倒也兴旺。

施金绣自从来到上海，每日帮助其夫接待来做衣服的鸨儿和妓女，看到客栈里那些污浊行为，时间久了，逐渐锻炼得能说会道，善于应付。

有时，烟花和嫖客发生纠纷，她也能挺身而出加以排解，使双方心悦诚服；有时，小流氓敲诈私娼，她也能帮助对付几句，使小流氓不敢过于逞凶，从此，这施金绣在仁和客栈里也有了些小名气。

当时有一个流氓名叫阿堂，是黄金荣的门徒。一次，他在这里嫖了私娼，不但不给“夜香钱”，还在这个私娼面前耍赖。这个私娼无可奈何，向施金绣哭诉。

施金绣随即叫了小脚阿娥和洪老五，来到小东门码头边，找到小流氓阿堂，上前一把揪住不放。阿堂甩走不得，只得给施金绣等人牵进如意楼茶楼。

这时，满堂茶客正在喝茶聊天，眼看三个女人拖着一个男的，拉拉扯扯走上楼来，倒觉得是件新鲜事，都起身凑前围观。

施金绣面当众人说道：“各位看看，这个家伙名叫阿堂，是黄金荣的门徒，依仗着他老头子的恶势，嫖女人不给钱，拍拍屁股一走了事。请各位看看，他想白睡女人。”



这天，黄金荣刚巧也在如意楼喝茶，正和自己的门徒陈三林、骆振忠商量一些事，听到几个女人声音，一问根由，原来是自己门徒干的好事。他也知道小东门地段有几个婆娘是不大好惹的，据说自己的夫人和她们还情同手足，现在自己又不好出面，随即对骆振忠说："你出去叫开!"

骆振忠步出内室，一眼瞥见施金绣站在人丛中柳眉倒竖，怒眼圆睁，双手叉着腰，一副铁板脸，赛似一个女强盗。他上前一把拖过阿堂，随口臭骂了几句，从衣袋里抛出4元大洋，放在桌上。

施金绣眼见目的已达到，乐得起舵收篷，就把银洋交给私娼，打个招呼，一同下楼而去。从此后，施金绣名字前面冠上"强盗"两字，就是赫赫有名的女流氓"强盗金绣"。

再说张德成年未满40，却已未老先衰，再加上又染上大烟瘾，形象更为颓废。仁和客栈进出的客商，看到施金绣的模样，不免为她不平。有的说："一朵鲜花插在牛粪上，真是可惜!"有的说："怎么搞的？好端端的一个女人会嫁给这个男人，真是天晓得!"这些私谈，施金绣不听还罢，一听更是恼恨自己这个脓包丈夫。于是，她巴不得丈夫早日死去，免得耽误自己。

离张德成成衣摊不远处，住着一个人，名叫范开泰，南汇籍，是个"通"字辈的青帮流氓，年纪30左右，人品生得倒也端正。因他专做乌木买卖，因此绰号叫"乌木开泰"。

由于温州和福建木商运来的乌木，都是经过他手转卖出去，乌木开泰日子过得倒也不错。当时外地来沪的木商，均住在小东门一带，他也就经常在这里周旋于各客商之间，有时陪他们打打麻将，有时带他们到附近的私娼家寻欢作乐。

乌木开泰经常进出仁和客栈应付客商，看到强盗金绣的脸庞儿尚称端秀，身材也生得结实；强盗金绣也看到乌木开泰生得一表人才，正在壮年，比起自己的脓包丈夫来，大有天壤之别。

你有心，我有意，一个不顾对方是有夫之妇，一个不择对方是街狗野男，双方经过

清末上海的妓女是社交界的明星，衣着超时，其打扮成为当时普通大众模仿的对象

20 世纪 20 年代初上海地位较高的妓女——“女校书”，寄寓在“书寓”（妓院），为人伴唱助兴，初期都是卖唱不卖身

几度照面，已是两心定情。乌木开泰眼看这送来之物，乐得接收。于是，强盗金绣把心一横，将元配丈夫一脚踢开，遂和乌木开泰赁房姘居起来。

张德成见到结发妻子竟被别人占去，如今剩下了独身一人，心中怎不恼恨？因恨生郁，因郁成疾，更兼烟瘾难熬，就把家里剩余的杂物，变卖得一干二净。不到几月，因饥寒交迫，就此一命呜呼。

乌木开泰自从有了强盗金绣做内助，乌木生意越做越旺，作坊也逐渐扩大。如今强盗金绣做了老板娘，在女流氓中更是趾高气扬。有些妓院和私娼有为难之事，不时要求她出面干预。于是，她除了做乌木生意之外，还兼收各妓院和私娼的“月槛钱”。

乌木开泰因生意繁忙，顾内不顾外，管理账目尤其需要人，于是，他把自己的堂侄范回春叫来帮助管理账目。这范回春后来就做了金刚钻阿金的上门女婿。

金刚钻阿金，年纪 40 岁左右，苏州人。在城里和丈夫开设万昌珠宝店。因她专做金刚钻的买卖，别人就给她起了绰号，叫她“金刚钻阿金”。

金刚钻阿金的丈夫在世时，原想在万昌珠宝店旁边的空地上建一座房子，扩大店面。后来她丈夫去世，无心扩展营业，就把这块空地搁置下来。

当时三牌楼地段有个地头蛇商人，绰号“烂块头成根”，看中了这块空地，想建屋开店，就与阿金商量，要压低地价购买这块空地，阿金当然不答应。烂块头成根仗着地头蛇势力，有心要吃吃这个媳妇阿金，不管三七二十一，就招来木工强行建房。

金刚钻阿金见此情况怎肯罢休，虽然她手上有钱，而且与官府有交往，但她毕竟是个寡妇，谁都看不起。如若诉诸官府衙门，那花费要比卖地高出几倍。与其在饿狼里投食，不如自行解决。



阿金与林桂生是同门姐妹，便求救于黄金荣。也巧，黄金荣出门办案已一月有余，且不知道何时能回来，便也作罢。



她考虑再三，听到城隍庙乌木作坊老板娘强盗金绣在流氓群中能动口又能动手，倒有几分厉害，于是，就抱着试试看的想法，亲自登门与强盗金绣商量。

强盗金绣知道金刚钻阿金是万昌珠宝店的老板，是串朱门、走富户，专做钻石生意的富商。为了要在阿金面前显显自己的本事，便一口应承下来，并着人约定了时间。

那日，强盗金绣邀集了十几个女流氓姐妹，浩浩荡荡，杀气腾腾地登上了约定地点——萝春阁。在茶桌上，强盗金绣与烂块头成根据理力争，并把前因后果剖析得头头是道。

名妓李苹香

在流氓白相人吃茶的场合里，虽然双方都是强盗，但彼此总还得讲些"道理"。在强盗金绣唇枪舌剑的攻击下，地头蛇烂块头成根哑口无言，他的同伙也无言以对。

于是，双方一豁两开，就此顺利解决。对此，金刚钻阿金不但非常感激她，而且十分佩服她的本领和魄力，于是彼此常来常往，情同自己的姐妹。强盗金绣和金刚钻阿金在许多事情上所见略同，时间久了，情义更深，无话不谈。

当强盗金绣得知金刚钻阿金膝下只有一女小蓓，尚未许人，就对阿金说道："妹妹，你膝下只有一女，如若嫁了出去，以后你去依靠何人？不若招个上门女婿，将来也有半子之靠。你看对不对？"

金刚钻阿金答道："我原早有此心，但是难以找到合适的门婿。"

强盗金绣说道："我的夫侄范回春生得眉目清秀，少年英俊，且兼父母俱亡，年龄也甚适合，现在我乌木作坊帮助料理账目，你不妨亲自去看看再说?”

金刚钻阿金跟着强盗金绣来到乌木作坊，看到范回春的人品和长相，就一口应允下来。于是，范回春就入赘到金刚钻阿金家为上门女婿。

后来，强盗金绣投在一名青帮流氓尤正熙老婆何氏门下，成了青帮门徒。她自进青帮门槛后，更是如虎添翼，为了要进一步扩展她的恶势，就着手组织“十姐妹”女流氓的集团，要与男流氓并肩逞强了。

在选择十姐妹时，强盗金绣和金刚钻阿金商量了整整三天，才把最后名单定下来。

首先，林桂生不请不行，因为她也是一把好手，在没有和黄金荣结婚时，已经大名在外，谁见到也不敢和她有半点龌龊。更何况，她的丈夫现在是举手遮个天，振呼门徒涌的首屈一指的人物呢。

再一个是阿桂姐不请也不行，过去她是黄金荣的姘头，虽然现在两人已没有来往了，但不论什么事，只要她一出口，黄金荣能不关照吗?况且阿桂姐家的马老三，还是黄金荣的亲生儿子。

两人商量来商量去，终于选择了几个具有恶势和魄力的女流氓，组成了一个“十姐妹”女流氓集团。

清末高等娼妓装束

强盗金绣请了一个帮闲写了十份金兰谱，择定吉日，一起来到王家码头荷花池边紫竹庵里，点烛焚香，把金兰谱供于观音大士像前，一齐磕头礼拜。

然后把金兰谱按名分发。强盗金绣年龄最大，自居第一，称为大阿姐，其名次如下：

老大，强盗金绣；老二，金刚钻阿金；

老三，阿桂姐；老四，林桂生；

老五，洪老五；老六，小脚阿娥；

老七，李宝英；老八，陈宝姐；

老九，沈扣珠；老十，丁宝英。

接着，这“十姐妹”就在林家宅黄金荣公馆欢庆典礼，然后又彼此相互宴请，在十个婆娘家热闹了将近半个月。

十人组成姐妹后，由强盗金绣介绍，仍拜尤正熙老婆尤何氏为师娘。这尤何氏是青帮中哪一辈排行，谁也不知道；这班“十姐妹”是属于青帮中哪一辈排行，也无人知晓。也许青帮中女门徒根本没有排行。

这班“十姐妹”拜师娘之日，在老西门静修庵里开设香堂，张灯结彩，黄金荣、陈世昌、李阿三等人也来赶香堂，典礼更加隆重、有气氛。

“十姐妹”名义上是青帮的门徒，但是在开香堂典礼时，既没有始祖达摩和翁、钱、潘三堂主爷的神像，也没有关羽关老爷的画像，只在香堂正中悬挂一幅道姑模样的画像。

看来，她们拜的老祖宗是这位不知名的道姑。

开香堂，由一个尼师在道姑画像前跪诵忏词，几个香火尼姑分别燃点香烛，把清静的静修庵，顿时闹得乌烟瘴气。

尼师在道姑画像前念忏词毕，另有一个尼师按名单唱名，十姐妹依次排列，在道姑画像前一齐下跪，磕了三个头，然后由尼师导引，在师娘尤何氏跟前下跪，同样三个头。然后由师娘按名发给每个女门徒一个泥金镶边的黄色小折子，于是开摆筵席。尤何氏居首先坐，十个女门徒两旁待宴。

赶香堂的男客另设筵席，与女客分开，但当黄金荣等人抬眼看到筵席上摆的菜肴，既无玉液美酒，又无鱼肉荤腥，全是素羹素菜，彼此早已摇头，乘他人不注意，赶快溜之大吉，另找酒店去了。

“十姐妹”就这样结成帮派，那么她们结帮前后的“业绩”又有哪些呢?

先说说黄金荣前姘妇阿桂姐，当然主要介绍她与黄金荣拆姘后的事情，我们都知道，粪便本是污秽之物，人们见了它都掩鼻而过，避而远之，但在光怪陆离的旧上海，它也成了黑社会恶势力发财称霸的工具。

当时上海的租界，绝大多数居民家里都没有卫生设备，大便均使用马桶。每天清晨，不论酷暑严寒还是刮风下雨，清粪工人推着粪车走街串巷。

在阵阵“倒马桶哦!”的吆喝声中，从睡梦中被惊醒的居民钻出被窝，揉着惺松的眼睛拎出马桶倒入粪车。清粪工人每只马桶收费二角，他们将粪车装满后推到粪码头，经粪把头之手，把粪出售给粪船上的农民，运到乡下做肥料。

当时租界共有两个粪把头，公共租界的粪把头是王永康。法租界的粪码头在打浦桥，粪把头是阿桂姐，此人就是当年大名鼎鼎的粪大王。

阿桂姐曾是黄金荣的姘妇，有“白相人嫂嫂”之称，这个女流氓早年在十六铺当私娼。黄金荣在当捕快时，与阿桂姐姘居了一段时间。后来，黄金荣欲与阿桂姐拆姘，另娶林桂生为妻，让阿桂姐当上了法租界粪码头的把头，以此作为他与阿桂姐拆姘的条件。

阿桂姐当上法租界粪码头的把头后，手下拥有粪车 400 辆，清粪工千余人。每天清粪又将粪车拉到码头，她吩咐把一车粪加水分成两车，卖给粪船上的农民，还将多余的粪压榨制成干粪饼运往外地出售。

千家万户的粪便，清粪工人的辛劳，给阿桂姐换来了大把大把的金钱，而她每月仅付给每个清粪工 8 元工钱。除了每年交给租界当局 8000 元“承包费”，送给巡捕房和卫生处 6000 元“好处费”外，她每月可净赚万余元。

几年后，这个阿桂姐靠大粪发大财，她购置了洋房、汽车，出入仆佣成群，满身珠光宝气，俨然是个贵妇人。

依仗着黄金荣的势力和她手下的一帮流氓打手，阿桂姐在粪码头飞扬跋扈，所有的粪车都须她一手调动。

哪个地段有人得罪了她，她就用不派粪车的方法进行报复，她曾扬言：“只要我三天不出粪车，上海滩就大粪如山，臭气冲天!”以致一些巡捕警官都对她惧怕三分。

阿桂姐对清粪工更是凶狠，稍有不满，轻则恶骂，重则毒打。清粪工除了每天与臭

福州路“红灯区”，妓院集中地之一的会乐里

气相伴外，还要时常受她的恶气，苦不堪言。

后来，阿桂姐一命呜呼，在家里设奠开吊时，一帮臭味相投的流氓，甚至租界的头面人物纷纷前来吊丧，所送的挽联奠幛，屋里多得放不下，竟然悬挂到马路上，这个粪大王死后还如此风光了一番。

阿桂姐死后，她的三子马老三继承母业，当上了法租界粪码头的把头，此人也是青帮里的人物，原想拜黄金荣为老头子，由于林桂生的阻挠，改拜杨虎（黄金荣的把兄弟）为师，自己也收有几百名徒弟。自从接过母亲的地盘后，就成了新一代“粪霸”。

除了阿桂姐，十姐妹后六人中要数小脚阿娥最厉害。她的行动可以说是轰轰烈烈。

# 第八章 Di Ba Zhang

## 紧紧抓住『赌』『娼』『盗』『财』四个烫手的字

黄金荣兴建『小摩洛哥』，插手堂子业，又组建『扒窃党』，实际上逐渐成了赌、娼、盗的后台老板。他终于可以站在上海滩上振臂一呼了。而法国人也终于明白：法租界里的治安，唯有黄金荣在，方可以维持。叱咤风云的『中国第一帮主』已经出现在上海滩上。一场轰动上海滩的『黑吃黑』大战拉开帷幕！

## 一、一定要当赌博业巨头

黄金荣自送给法租界巡捕房的总监石维也几件十分贵重的生日礼物之后不久，巡捕房便提升黄金荣做了督察员，黄金荣升了官，底下的喽罗们自然要凑份子为他庆祝一番。

这一天，天公不作美，是个大风的天气。

天是灰黄的，暗暗的，混沌而且沉滞。所有的尘土、沙粒，以及人的兽的干粪，都飞了起来，在没有太阳光彩的空间弥漫着。许多纸片，许多枯叶，许多积雪，许多秽坑里的小物件，彼此混合着像各种鸟类模样，飞来飞去，在各家的瓦檐上打转。

那赤裸的、至多只挂着一些残叶的树枝，像藤鞭似的抽来抽去。在马路上的行人都低着头，掩着脸，上身向前屁股朝后地弯着腰，很困难地走着。

拉着人的洋车，虽然车的轮子是转动的，却好像不曾前进的样子。马路两旁摆摊设点的不见了，汽车喇叭的声音也少极了。

而黄公馆里却依然很热闹。宴会之后，几个门生留下来陪黄金荣搓麻将。

门生同老头子搓麻将，在老头子来说，是给手下人的一种荣誉；在手下人来说呢，却是一种变相的进贡，得把银元悄悄地输给师父，逗他开心。

黄金荣一连和了三副牌，最后一副竟凑成了清一色，一下子翻了三台。他面前的银元，白花花的排叠着五大摞。

麻皮开心了，他点了支烟，叼在嘴角上，一边洗牌一边提出了古怪的疑问："你们讲讲看，搓麻将的味道在啥地方?"

这么个不成问题的问题，几个门徒高足的回答都不能令他满意。有的说赢铜钿，有的回答是凑成清一色或混一色，更有的说搓麻将就跟玩女人一样，重要的是快活。

麻皮金荣笑了笑，摇摇头说："你们讲的全不对。搓麻将的味道就在一张牌摸上来，千变万化，奥妙无穷！对不对?"

"对，对对。"几个门生不住地点头。不等别人再讲什么，麻皮又提出一个问题："麻将是啥人发明的?"

关于麻将的历史，一般赌徒是不在意的，特别是它的起源问题，谁会去查古书文献去考证研究呢? 可是坐在黄金荣对面的白相人马祥生，正好出生于赌博世家，对麻将的发展史颇有研究。

他看看左右的师兄都在摇头不语，知道是自己显显本事的时候了，便慢条斯里他讲了起来："要讲这麻将的发明人，还与我们的上海挨到一点边……"

"祥生，你又在吹牛吧，麻将与上海有什么关系?"顾玉书在一旁插了话。

马祥生不理会顾玉书，继续说道：

"在明朝宣德年间，三保太监郑和来到上海的北面浏河镇，打造了大小船舰几百只。后来拣了个好日子，从浏河口出吴淞口后，一字儿摆开，直驶南洋群岛。

“船队在大海上航行，水手们怪无聊的，郑爷就叫他们赌钱。那时没有机器船，更没有小火轮，只能靠风行驶。船上最关心的事便是刮什么风，因此麻将牌里便有东、南、西、北风四张牌。若是谁家坐到这顺风，还可以翻一台哩!”

“有道理，”麻皮金荣打出一张九索后称赞道，接着又问：“哎，‘索子’哪里来的呢?”

租界商业街上挂满了大幅招牌，务求吸引行人注意，以收宣传的效果

“船上撑起帆要用绳索，靠岸了要用缆索；大风来了，甲板上的货物要用网索，连水手们的睡铺也用吊网索。所以麻将，便有一至九索。麻将中的筒子呢，就是船上装淡水的竹筒。船上人多，每天要喝淡水，都得用竹筒吊上去，于是产生了一至九筒。还有一万、二万到九万，那是船上人的钱数，出海前，大家每人都分几万个铜钿……”

不愧为赌博世家，把麻将牌的由来，讲得头头是道，逗得麻子金荣不亦乐乎。

黄金荣干脆停下出牌，高兴地说：

“阿祥，你赌博的门槛精，以后法租界的赌捐统统归你管。我自家也要开一爿赌场。索性开得大一点，花样多一点，让上海滩、杭、嘉、湖、无锡、苏州、南京的大佬都高兴来白相。你看怎样?”

马祥生投到麻皮金荣门下的目的，就是想利用黄金荣的势力在上海滩开几爿大赌场，成为赌博的头把交椅，可日进斗金。现在听到老头子当面任命，心里的那股高兴劲儿，别提有多么自在了。

马祥生马上站了起来，离开椅子向黄一拱手，当即把这桩买卖敲定：“师父，一言为定。我保证每天给您弄百来两银子。”

“那好，我一定会把这头生意全交给你。”黄金荣也十分爽快。

一个月后，上海滩上又出现了几家大赌场。

在公共租界与法租界交界的四马路同西藏路交叉的一条弄堂里，一到夜晚，突然热闹起来，弄堂里车水马龙，直往这声、色、酒、赌的迷宫里钻。

原来，黄金荣在这里开了一家大赌场，把原有的两家石库门房子打通，后来又凿开几个后门，改造成一座三层楼式的赌场，门口挂着一块白底黑字的“商州会馆”牌子。

这商州会馆的门口，有五六个彪形大汉镇守着。他们身上都带着家伙，看起来门卫森严，其实是什么人都可以出入的，只要是来赌博的，不论衣衫与面孔，颇有一点气派。

在商州会馆的底楼里，摆开了十多桌牌九，每桌角头上有个抽头人，谁赢向谁抽头钿。还有两三个巡场，他们身上备有刮刀、匕首等武器，负责弹压捣乱者，好似现代的纠察。推牌九的大都是些短衣人物。

二楼上设有轮盘赌台，在一个特别大的圆台面上，白漆画着许多格子，一端坐着打扮得俏丽的女庄主——这些人都是周雅芳在土山湾孤儿院训练出来的。

她们笑容可掬地向围在赌台边的赌客们盯俏眼送秋波。赌客们便纷纷在各个格子上下注。她看大家注押得差不多了，便启动朱唇，关照一句：“还有哪个要押的，快点押，我要开动轮盘啦，开啦，开啦!”

软绵绵的拖腔过后，大约再等一两分钟光景，女庄主看看不会有人下注了，便启动轮盘。轮盘转停以后，她用一根长长的细木棍子，把一堆一堆的钢洋、角子、铜板等赌注扒到自己面前，而后再赔出押着的几注。

每次开盘后结算，总是赢少赔多，但是赌客们总不承认自己晦气，相信总有一天会赢，总想翻本。结果愈赌愈输，赌注愈押愈大，连老婆孩子也输了进去。许多人输得精光，无路可走，第二天便去“投黄浦”。

三楼是叉麻将与打沙蟹。那是长衫帮光顾的地方，每夜输赢很大，往往是几千上下。他们可以不用现金，银票、古董、首饰、房产与股票都可以到出纳台的银头那儿换成筹码来赌。“会馆”请着专门的律师与讨赌债的，不怕你赖账。

从底层到三楼，每层都有酒吧、餐厅以及睡觉的房间，这种房间是按钟点收费的，为变相的妓女准备，也为抽大烟的服务。

大赌场内光怪陆离，什么都有，在酒吧间与餐厅里，还有自杀用的安眠药出售。这种格局的赌场，在十六铺附近还有一家。它们的经理是马祥生，真正的老板却是黄金荣。

吃喝玩乐，烟酒嫖赌，在这迷宫里熔为一炉了，人们说这是向世界著名赌城摩洛哥学来的，时人称为“小摩洛哥”。

“小摩洛哥”不仅吸引着上海滩头的赌棍赌鬼，而且杭、嘉、湖、苏州、无锡、南京的豪商赌客们，也腰缠万贯，纷纷来搏一输赢。不到三个月，公共租界上，南市与虹口中国地带的许许多多赌场、赌馆、赌摊生意清淡，门可罗雀。

近代上海是中国的第一赌城，赌博方法集中外古今之大成。不仅有中国的牌九、麻将、花会、白鸽票、天九、十三张、诗牌、诗韵、斗鸡、斗蟋蟀等，还有西洋的三十六门转盘、扑克、赛狗、跑马、回力球、彩票、打气枪等等，五花八门，令人眼花缭乱。兴盛时期，赌场遍地，赌台广设，数不胜数。下面介绍几种主要的赌博方式：

（一）麻将。也称麻将牌、麻雀牌、雀牌，此由明代的叶子戏演变而来，清代开始盛行。牌分万、索、筒三门，每门自一至九，各有四张。另加中、发、白、东、南、西、北风各四张，及花牌、百搭，共 140 张。赌时四人同桌，每人 13 张牌，谁先合成四组零一对牌，谁赢钱。

（二）牌九。牌九传自广东，赌具是 32 张牌九牌，两粒骰子和一只摇缸。赌时分尺、地、银、鹅、三长、四短、五夹，以庄主为一方；赌客押赌注分天门、上门、下门为一方。

赌博时由庄手将 32 张牌九牌弄乱后，随意取出 16 张牌，分成四排，每排四张，然后由赌客随意押注，再由庄手摇动骰子缸，连庄主共分四门，按摇出的骰子点数，依次各取四张牌，分拆两道，以小点子为头道，大点子为后道，按照赌法，分 72 轧，庄主与赌客同宝子的由庄主吃进，长牌吃长牌，长牌吃短牌；短牌吃短牌，短牌吃五点；大点子吃小点子，同点子也由庄主吃进，押赌注以一本赔一分输赢，由庄主吃配。

（三）摇摊，即掷骰子。摇缸内放三颗骰子，赌客为一方，庄家为一方，赌客将赌注押在某点上，庄家摇动摇缸之后揭盖，摇出赌客所押的点后，由庄家赔赌客，摇不出，则赌注由庄家统吃。或押大小，11 以上为大，10 点以下为小。

（四）番摊。番摊是从广东传至的一种赌法，为不定期不定人数的赌博，赌法简单。在桌子上放一大摊铜钱或圆形豆青色光滑小瓷片，为“摊皮”。从中叉出一小堆，用有短柄的铜制盅（摊盅）盖住。另将一块正方形锡片或木片（称“摊正”）摆在一小堆摊皮之前，任人猜买“一”“二”“三”“四”。开摊时，揭去摊盅，用长约一尺的竹片（摊竹）将一小堆摊皮往大堆摊皮那边拨，一次四个（称作一皮），最后根据剩余的摊皮数与猜买的数字是否相符来决定胜负。如猜买三，摊皮剩三，则猜买者赢。猜买以下又可衍化出多种办法。

（五）回力球。这是一种借体育竞技下注的赌博。分单打和双打两种，单打六人每赛一次，双打 12 人每赛一次，都算一盘。每晚可打 8～16 盘。

（六）挖花。又称挖花牌，与麻将相似，计 128 张，四人一组，先各取 20 张牌，可“吃”可“碰”，但需凑满九对，始能和牌，最后一只为麻将头，以四、六、九、三为最

繁忙喧闹的南京路上，广告招牌，霓虹灯到处可见

尊。

（七）轮盘赌。此赌来自欧洲，赌具是一个大圆盘，分成 36 格，自 1～36 号，再加上单、双圈，圆盘用马达转动，圆盘上面另有一个沟形圆圈，也可旋转自如。

赌时执掌者将一粒弹子放入沟形圆圈内，直到这颗弹子落入某一格中，这个格中的号码，即为头彩。

赌法有：单打一门（俗称孤丁），中彩后可得到 34 倍的彩金；打半边，即将筹码放到两个号码之上，中彩后可得 17 倍彩金（其他可依次类推）；打红黑（一、三、五是红，二、四、六为黑）；打大小（1～18 为小，19～36 为大）；打单双等。

（八）套签子。赌具为三根骨针，其中，一根骨针的下端有一个针洞，针洞用一细红线系住，另两根则无。赌客用小铜圈套系红线的骨针，如套中则一赔三，如未中则赌资输掉。

还有一种是铁筒内摇 32 支牌九，上方下尖，每人各抽五支，两副大牌，比较大小。

（九）铜宝。这多由绍帮、甬帮所设。赌具是一只铜制之宝，四周刻有天、地、人、和四字，罩在木盒之内，置于赌台中央，赌客可任意在这四门下注，看与骰子掷出的点数相符即赢。这种赌博盛行于浙江籍的小商小贩之中。

在上海这个繁荣的商业社会，时间就是金钱，街头所见的人都是急匆匆，分秒必争，所以上海人都把走路称作“跑路”

（十）花会。花会最初在 19 世纪 20 年代盛行于浙江黄岩，后传至广东、香港，到清末流入上海，毒害面极广。

花会共有 36 门色，每色有一古人名字、官名和属相组成。设赌者在一间屋的屋梁上扣勒一卷画轴，参赌者自认一名古人并注上所押赌注，投入一个木柜，然后由设赌者当众将画轴解开，如押对了轴上画的那个古人则可得 28 倍的赢利。

花会，总筒一天开两筒，因为赌徒众多，又顾忌官府的干涉和流氓集团的“黑吃黑”，花会机关处于秘密或半秘密状态。因此，花会靠中间人来沟通与赌徒的联络，这种跑街的中间人称“航船”，“航船”有男女之分，专跑商号、店铺、伙计、小摊贩、手工艺人、车夫方面参赌的，叫“男航船”，专跑女宅，引诱女眷、女厨、女佣、老妈子、小丫头出资参赌的，叫“女航船”。

上海最早的花会大王是虹口赌棍毛阿祥，20世纪30年代，杜月笙的徒弟高兰生崛起，垄断了全市的花会。日伪时期，沪西女大亨卢文英也曾醉心办花会。

（十一）“吃角子老虎”。此原为美国水果糖公司的自动售货机，体积如一只中型收录机，上有一个塞进角子（硬质辅币）的小孔，下面开有一个大漏斗，右边有一铁柄。赌徒们只需由小孔塞进角子后，一扳铁柄，里面便会有齿轮转动，它有一定的设计程序，转到一定的数，会从漏斗中掉出角子来，有多有少，但大多数是吃进多，掉出的少，有时却也会“哗啦”一声，掉出大批的角子。所以它迎合了赌徒的侥幸心理，而且它无人管理，可以任由人操玩，故每日“吃角子老虎”之前，总是人头济济。

这种赌具是由一个蹲过监狱的美国流氓杰克·拉莱引入上海的，他将此赌具遍设跳舞厅、游戏场、说书场等处，18年间，他一人就以此具搜刮了上海市民的血汗钱50万元。

（十二）扑克。赌法很多，任何一种有输赢的玩法均可赌钱。

除了形形色色的赌场外，当时上海还有各种外人总会（如英国总会、美国总会、法国总会等）。

1905年，朱葆三、严筱芳等在洋径浜畔设立长春总会；1916年，虞洽卿、谢天锡、袁履登等在六马路开设宁商总会；1930年，在杜月笙的支持下，徐大统、刘铭垒等在四川路南京路组成伦社总会。这些总会成员多半是买办富商巨贾，他们叉麻将、玩扑克、推牌九，输赢动辄成千上万。

那些豪富的公馆，也常常成为变相赌场。1910年，南市浏河路有一富孀温老太。以宅院为赌场，时人称“温家大场”。1912年静安寺路（现南京西路）成都路的盛公馆（盛宣怀儿子恩颐的住宅）也时常开赌，输赢之大，远胜于一般的正式赌场。

在黑社会中，几乎找不到与赌博绝缘的人物。他们不仅醉心于赌，而且醉心于办赌，从中敛取黑社会事业发展的原始资本。于是，就形成了赌博集团。

当时，上海滩上的大流氓各霸一方，都有自己的地盘作为生财之道。“小摩洛哥”一兴起，无疑是抢了别火的生意，打了许多人的饭碗。

首先起来与黄金荣对抗的是英租界大流氓范开泰，诨名“乌木开泰”的。

前面我们已经说过，乌木开泰是专做乌木生意的，专做乌木筷子、砚匣、果盒、茶盘等物品的。后来与强盗金绣勾搭成奸后，又把侄子范回春介绍给金刚钻阿金，做了她的上门女婿。

强盗金绣与黄金荣的老婆林桂生虽然情同姐妹，但乌木开泰很看不起麻皮金荣，认为他是“空子”开堂，不成体统。当黄金荣开香堂请他捧场时，他竟然置之不理。

由此，两人结下了冤仇。后来，黄金荣开了几家大赌场，熔“吃嫖赌烟”为一体，吸引了大批赌客。这等于抢了乌木开泰的饭碗，因为乌木开泰在英租界地开了一家赌馆。于是，他恼羞成怒，演出了一场“黑吃黑”轰动上海的大战。

有一天傍晚，门生金廷苏（小名阿三，是黄金荣贩鸦片烟土的得力助手）哭丧着脸，来向黄金荣讨救兵，说有两箱鸦片在北站外边被乌木开泰的人截住，双方正在混战。看来人手不够，要吃亏，得放几彪人马救援才行。

说到抢夺鸦片，这里我们插入几句。

抢鸦片是当时租界当局最头痛的事情之一。近代以来，上海便是中国毒品贸易和消费的第一大都市，甚至是全球最大的毒品中心。1909 年，作为世界禁毒运动开端的万国禁烟会在上海最繁华的南京路汇中饭店（今和平饭店南楼）举行，此后，鸦片在租界里一度成了违禁品，正因为如此，鸦片贸易从公开转入地下，毒品走私进一步猖獗起来。而地痞流氓也不甘心土商独占利润，而实行抢土，强行分肥。抢鸦片的方法主要有三种，即“挠钩”“套箱”和“硬爬”。这“挠钩”，就是水上抢劫。土商在外国鸦片运至吴淞口后，为了逃避关卡的查禁，便利用黄浦江涨潮时分，将鸦片包抛入水中，鸦片顺着潮水而流向杨树浦，由接应人员在那里捞取。而抢土者则探准消息，派人预伏，烟土漂来，即用挠钩捞了逃逸。所谓“套箱”则是陆地行劫的办法。时土行多秘密设在新开河一带。商行运土，多放入煤油箱。抢劫者赶着马车采取突然袭击的方式，将预先准备好的木匣套上煤油箱，扔上马车飞驰而去。“硬爬”就是拦路抢劫，流氓事先派人埋伏于土商的必经之路，依仗人多势众突然袭击而得逞。

由于印度鸦片的价格高涨，抢土盛行，它成为流氓收益的主要手段之一。这样，流血事件层出。走私的土商既不敢声张，又不能承受日积月累的巨大损失，于是只能悄悄托人请黄金荣破案。黄金荣要求土商吐出部分毒品利润，给予靠抢土为生的地痞流氓，流氓们得到了金钱，又有黄金荣的人情，自然不再铤而走险。黄金荣的中人不会白做，而法租界的治安则平静了许多。当然这是后话。却说这一次乌木开泰的人抢夺鸦片却并非只为鸦片而来，那到底是为了什么呢？

却说黄金荣听完金廷荪的汇报后哈哈大笑起来，说：“阿三，你手底下这批人，统统是饭桶。碰到乌木这批东西，把我的牌子一亮，还不让你们过门？”

“师父，不提您的大名还好，一提，这些乌龟王八蛋什么话都骂出来了。”

“他们骂我什么？”

“这……”

“讲呀！”黄金荣虎起麻脸，瞪着铜铃般的大眼珠子，吼道。

“骂您……扒……扒……灰……”

“砰”的一声，一只茶杯甩在水门汀地上，麻脸涨成紫酱色，咬着牙骂道：

“娘的，这批猪猡欺人太甚，我不出这口气，黄字倒过来写，我要踏平乌木这东西。”

说着，他站起来便要亲自出马，金廷荪马上上前拦住，说：“师父息怒，也用不到您大驾亲征，只需就近调些兄弟，把货抢回来，将那些婊子养的抓来，任您发落就是了。”

黄金荣想了一下，觉得也对。那么派谁去接济呢？

这时期的黄金荣真是家大业大，事业也铺得很开。靠近北火车站的，只有两支人马：一是以聚宝茶楼为据点的顾玉书，他统率着一大批白相人进行流氓活动，占据着各大菜馆酒店；另一个便是马祥生手下一大批斗士，那是保卫各处赌馆，特别是保卫赌博重地

“商州会馆”。时间紧迫，容不得他多考虑，便决定让马祥生这支劲旅出来。

黄金荣对金廷荪吩咐道：“传我的话，阿祥亲自去，多带点人，给乌木点颜色看看。踏平以后，把乌木开泰这些杂种统统捉来抽筋剥皮！”

上海的北火车站，在1903年以前，称淞沪铁路站，设在宝山路东侧，即今北站的东面。1903年7月，由于中英开发沪宁铁路（上海至南京）的需要，从1904年起，车站便由宝山路的东侧跨过马路，迁到西侧，1909年建成。

当时北站还是一座五层大楼，顶上有个大钟，底层既是售票处，又是候车室。后来经过“一·二八”与“八一三”两次战火，站房被毁，经多次修理，成了目前这个样子。

却说马祥生带领一帮打手，在金廷荪的指点下，来到了北站南门外的天日路时，车站大楼的大钟已转到七点半。早已埋伏着乌木的大批人马，一齐拥上来，双方在天日路与宝山路交叉地方殴斗起来。

静安寺路（今南京西路）大光明影戏院，有座位近2000个，设施豪华，有远东第一电影院之称

双方在马路上大打出手，混战着的时候，有个30来岁的操浙江口音的人，闯进巡捕房里，气喘吁吁地向黄金荣密报：“您上了乌木开泰的当了。抢鸦片是为了调虎离山，声东击西……”

“啊！”麻皮金荣霍地站起来，一手拍着脑门，喊道：“糟糕！金九龄，快通知顾玉书带人去救商州会馆，越快越好。余下的人都带好家伙跟我走！”

当他们来到商州会馆，那里已被砸得一塌糊涂。几个妖艳俏丽的女庄主，已被撕破衣衫，蓬头垢面，打倒在地。门口两位守卫大汉，已被打得气息奄奄，倒在地上动弹不得。许多伙计，也被打得鼻青眼肿，一时爬不起来。

赌窑里的钱财抢劫一空，门窗玻璃，桌凳橱柜，砸成齑粉。麻皮金荣顿脚大骂了一通以后，慢慢地冷静下来，想起刚才来通风报信的人，可是这人已经走了。

北站的殴斗实际上只持续了个把钟头，公共租界方面的流氓，尽是些小喽罗，他们虚张声势，鼓噪对抗了一阵以后，便向天通庵一带撤退。

马祥生与金廷荪一帮人哪里肯轻易罢休，就一味地紧追不舍，一直追打到五角场，抓住了几个，夺回了两箱鸦片，这才算得胜回营。他们也万万没有想到，他们被乌木耍了。

已是半夜12点了，黄金荣铁青着脸坐在一堆破烂桌柜前，审问了一通”俘虏”，心情逐渐平静下来，然后做出决定：三个“俘虏”统统放了，他又让金九龄取来15块龙洋，亲手发给每个被抓的人5块，说是供他们养伤之用。

这些一反常态的举动，底下的徒弟很不理解。金廷荪第一个不满，等三个“俘虏”一走，便向黄金荣发牢骚：“师父，这个仇不报了？我可咽不下这口气!”听金廷荪这么一说，其他徒弟也齐声附和着。

麻皮金荣扫了他们一眼，意味深长地说：“报仇要抓大头，我的死对头是乌木开泰这小瘪三。这些小半拉子你抽了他们的筋，剥了他们的皮，也解不了我的恨。阿三、阿祥，你们手下的人辛苦了，每人赏龙洋8块。这趟吃瘪，怪我脑子不灵，下趟行动，等我的命令。没准备好之前，谁个也不要动。”

黄金荣对弟子做这番告诫之后，又作了一番布置：要金九龄在几天之内找到那个来通风报信的浙江人；让顾玉书去查清乌木开泰的情况；限马祥生在一个星期之内，重新整修好商州会馆并开张。

几天以后，报纸上登出一段奇妙的广告：

“日前商州会馆被匪徒所抢，捐资百万。今已整修一新，扩大门面，增加设备，改为商州乐园，为市人消遣佳处，并报请租界当局，派巡捕保护游乐人等安全，欢迎各界男女惠临光顾!”

市人一看这则广告心里明白，赌场重新开张，并且有巡捕房保护，再也不用为安全问题担心。至于“扩大门面，增加设备”一事，到底怎样，许多人便想去见识见识。

马祥生也真有本事，他干脆把一条小弄堂全包了下来。这弄堂第一家，开了爿菜馆，这是黄金荣的主意。马祥生原先是陈世昌的徒弟，因为烧得一手好菜，就被介绍到林家宅充当厨师。

黄金荣一手提拔他为跟班，而后又做赌场头头，现在虽然是专管赌台钱，但他有烧菜技艺，还可以在麻皮金荣到来的时候，亲自烧几个给师父品尝。再说，有了这么一家菜馆也可招来更多赌客。

紧挨菜馆开了家堂子。挑拣在这儿开堂子，黄金荣也是经过深思熟虑的。有些豪商阔佬，进赌场前，必须要和女人热络热络，才能提起精神进入赌场“厮杀”。再说，那些赢了钱的赌客，何不乘兴嫖女人呢!

菜馆、堂子店斜对面有两间破房子还未整修，临时充作大烟馆，瘾君子的宝地。弄堂里还有一家“活春宫”，供赌客欣赏。可以说，这个弄堂里的项目繁多，凡是能赚到钱的都开办。但弄堂里的主题思想还是以赌为主，其他均为赌而服务。

那赌场已由两个石库门，扩充到三个石库门的规模。赌的项目又增加了扑克牌（那时的时鲜玩艺)、十三张、三十一点、老虎吃角子等等名堂。

在赌场的顶楼上，还增设了一个典当柜。这个柜，除了金银珠宝、地皮房契之外，还可以典当人。赌徒们要将自己的老婆孩子当掉，这柜上也照收不拒的。女人可以卖到妓院去，孩子可以训练成各类挣钱的人。



花样翻新，项目增多，但赌场的宗旨不变，仍然是高档低档并举，上下人等咸宜，来者不拒，统统欢迎。

中兴后的“商州乐园”，可谓财源滚滚，比在乌木开泰砸破之前更加“繁荣昌盛”了！

黄金荣不仅自己开赌场，建筑他的“小摩洛哥”，而且与租界中的其他赌场老板达成协议，由他负责维持秩序，不准黑道敲诈打劫，也避免受到巡捕房的冲击，而赌场方面每月都要向黄金荣付出巨额的“保险金”。所以法租界的赌场大多以黄金荣为后台老板。黄金荣已成为赌业巨头。

清末民初的福州路，有众多妓院、酒楼、茶馆、戏院，尤多妓院，被称为“风化街”

然而黄金荣很懂得一个道理：事业兴旺发达，便会有人眼红咽口水。乌木开泰的仇他是一定要报的。

一天晚上，黄金荣招来几个心腹门生，他从皮包里抽出一张照片，递给在座的门生，并说：“这是乌木开泰的面孔，大家一定要看在眼里，印在心中，死死记牢他。”

照片上的人大约40来岁，一头乌黑的头发散在脑后。左眼皮底下有一条刀疤，一脸凶残、暴戾相。几个门生挨次端详清楚以后，照片又回到黄金荣手中。

黄金荣把照片摔在桌子上，又介绍了乌木集团里的另外几个人的情况：

“花国椿，绰号叫‘象牙国椿’，是个鸦片贩子。还有一个苏嘉寿，是只老狐狸，捣我们的商州会馆，全是他出的主意。要捉住这三个东西，现在正好有一个机会——连奎，你向大家透透这个情报。”

英租界巡捕房探长陆连奎，这时已是黄金荣的人，他是黄帮插在英租界的耳报神。今日他探得一个消息，急忙赶来禀报老头子。

陆连奎便向大家介绍起情况。

1896年8月11日，上海徐园的“又一次”放映了第一部外国影戏以后，新鲜的玩意儿轰动了全市。此后，外国人多次带来影戏，在茶园、溜冰场或茶馆里放映。

1908年，一个叫雷玛斯的洋人，在乍浦路海宁路口建了一座铁皮房子，定名为“虹口大戏院”。这是上海第一家正式电影院，人们管它叫“铁房子”。“铁房子”冬冷夏热，可是每天门庭若市，生意兴隆。上海滩顿时掀起了一股“影院热”。

1910年，葡籍俄人郝思蓓在四川北路海宁路口兴建了爱普庐影戏院，定在后天下午3点开张，首演《黑衣盗》。英租界巡捕房发了几张请柬，乌木开泰、象牙国椿、苏嘉寿几个亨头每人一张。

“我们可以趁他们在去看影戏的路上，或是散场以后打他个措手不及。”陆连奎介绍完情况，建议道。

“他们会不会不去呢?”马祥生问道。

“不会的，”陆连奎满有把握地回答，“既然俄国人请了他们，地面上的事就交给他们维持。开张那天，他们是非去不可的。”

黄金荣觉得这是千载难逢的好机会，决定在影戏散场以后动手，要门生们回去做准备。门生们一听老头子决定后，纷纷摩拳擦掌，决定大干一场。

黄金荣自己回到密室，打开一只手提箱，取出一支左轮手枪——当时最新式的短武器，拿在手里摆弄了一会儿，又放回原处。又在一套寒光刺目的匕首包里抽出一把。翻手向后一甩，匕首闪电似地直插密室门上的环靶圈中心。

他转身看看，笑了笑，对匕首的锋利和自己飞刀的功夫感到满意。他走过去拔出匕首，重新插回套内，放进提箱，门铃突然响了——通知他有事的暗号，他关好箱盖，转身开门出去，跟班递上一封信。

红灯区福州路早期市面要比南京路更繁华

跟班离开后，他依旧回到密室，拆开信，见是那个浙江人的密报，告诉麻皮，乌木他们坐的马车是乌篷草绿色车厢，赶车的是个瘸子。还告诉麻皮，乌木他们的老窠，是四马路的18号长三堂子。

读完信，麻皮掏出洋火擦亮，烧了，心里说：“这个同乡够朋友，等事情成功了，要好好谢他一谢!”



两天后的傍晚，徐徐降落的夜幕中，两辆马车顺着四川北马路，风驰电掣般向桥堍驶来。前面一辆，乌篷草绿车厢，紧跟着后面一辆是灰篷米黄车厢。

埋伏在四川路桥左右的黄帮人马，瞧见仇人，分外眼红。深秋时节，当马车奔到四川路桥堍的时候，天已大黑。路上行人少，一切正常，没有人盯梢与追逐，于是，癞子车夫减慢了车速，准备上桥……

从桥对面的四川中路突然冒出一辆轻便马车，冲上大桥，直驶下来，与上桥的乌篷车擦边而过。忽然间，坐在车台上的癞子车夫后脑勺上一震，一把飞刀插进他的生命中枢，随即倒了下来。

车厢里的乌木开泰刚看完《黑衣盗》的电影，脑子里全是金银财宝，猛然间车身一摇晃，把他的遐想全震跑了，不满地探头出来问：“又怎么啦?”

刚吐出个“啦”字，他的后脑上也着了一刀，一注鲜血顺着后颈、脊梁流下来，倒回车上，撞在花国椿的身上。

花国椿一见苗头不对，从裤腰间拔出匕首，往马屁股上一插。原来那马失了驭手，正惊惶地站住，及到屁股上挨了一刀，全身一震，奋蹄飞跑上桥。

花国椿趴在车厢板上，见南桥堍上已守着一帮人，知道已受了包围，冲是冲不出去了，便从车内闪出身来，跃过桥栏杆，纵身跳入苏州河，逃得了性命。

苏嘉寿乘的是第二辆马车。顾玉书、马祥生各带人马埋伏在桥的北堍，他们见自己的师父这会儿亲自出马，一扬手间，小匕首连杀两人，便一声唿哨，拥向第二辆车。

苏嘉寿与其余两个小头目，还不明白是怎么回事，来不及掏出身上的家伙，几把匕首就插进了心窝，呜呜几声，倒在血泊中。连那赶车的，也没逃得小命。

这边一得手，四马路18号长三堂子——乌木的老窝也被黄金荣分派的另一伙打手端掉了。临走时。丢下一信，警告老鸨、龟头与权杆儿，要想堂子继续开下去，三日内与地面上“四老板”接洽。

四马路上各家妓院都接到同样内容的通知，意思很明白，四马路一带地盘上的老主顾，乌木一帮人已倒掉了，新主顾是“四老板”。至于这四老板到底是哪一个，却摸不了底，可是不久便有人主动上门介绍了。

“四老板”，大名顾竹轩，是黄门子弟中以杀人著名的恶霸，小名顾四，绰号瘪嘴，帮会集团中称他为“四老板”。

他原来是拉黄包车的，后来考进英租界捕房当巡捕，以敲诈勒索所得的赃款开设黄包车行，出租给贫苦的苏北同乡。

后来，他又拜黄金荣为师父，并向法、英租界各捕房打招呼：凡他出租的车辆，要多多关照。每年过年过节，当然也少不了送给捕房一些好处，不到几年，他的车行生意兴隆。后来他又开设了大名鼎鼎的天蟾舞台，当然这是后话，暂且不提。

黄金荣这次出师大获全胜，消灭了对头，抢得了“北市”一带的地盘。又因为这地盘属英租界，便委托顾竹轩兼管。后来，顾竹轩成了黄门中几大台柱之一。

黄金荣在四川路桥打了一场干净、利落的漂亮仗，除花国椿跳苏州河逃走外，乌木开泰、苏嘉寿等人都吃了刀子，见阎王去了。自此，麻皮金荣的势力扩展到上海“北市”。

“北市”指的是上海滩哪些地方呢？

## 二、“我就是堂子老板”

要说上海滩哪些地方属于“北市”，还得从大家知道的”南市”说起。

鸦片战争前，外滩以南十六铺一带，码头毗连，街道纵横，这儿东临黄浦，西逼城垣。真是一城烟火，半江舳舻。商品经济的活跃，给上海带来了“江海通津，东南都会”的称号。这儿非凡的热闹，吸引了远近客商，一些文人墨客也禁不住吟诗赏叹。

清代嘉庆诗人施润曾写诗赞道：

一城烟火半东南，粉壁红楼树色参。
美酒羹肴常夜五，华灯歌舞最春三。

这就是上海县旧城地带，称为“南市”。

鸦片战争以后，上海为通商口岸，西方商人纷至沓来，取得了通商居留和租地造屋的权利。此后几十年间，便有一条东起黄浦江边，西至静安寺的马路，叫派克路。

在这条路上，“满街装饰让银楼，其次绸庄与匹头；更有东西洋广货，奇珍异产宝光流”。这是条物丰人盛的派克路。

1865年，租界当局决定，将派克路改名为南京路。他们认为这条路是外国租界发迹的象征，而外国租界正是《南京条约》的产物，以此作为纪念。

随着南京路的命名，租界当局对各条路名做了统一调整：苏州河以南，凡东西向的道路，均以中国的大城市命名；南北向的道路，就以中国的省份命名。

又因为南京路是租界最繁荣兴盛的马路，时人便冠以“大”字，俗称“大马路”，而同它平行的海关路，依次引申为“二马路”，汉口路为“三马路”，福州路为“四马路”。

以南京路为中心的地区，相对于中国地界“南市”的繁荣，而被称为“北市”。

黄金荣的势力从南市侵入北市，他的雄心更大了，地盘更广了。再加上他又是法租界巡捕房的督察员，以及青帮中三十多岁的老头子，所以，他可以登上上海滩头把交椅了。

黄金荣抢得了北市的地盘后，特别重视四马路上的堂子业，那地方可是招财进宝的好去处，控制了，又可以日进斗金哩！

这一天黄金荣与门生们又在一起搓麻将，玩得正高兴的时候，映红、艳红两姐妹走了进来，附在黄的耳边问道："先生，我们要的执照办好了吗？"

"哦，好了，好了。你先拿去，等会我再去参观参观。"黄金荣答道。

那映红、艳红办的是什么执照？原来是开妓院的执照。在法租界，要开堂子必须向花捐班缴付执照金，然后领取执照，执照的条文倒也写得冠冕堂皇，头头是道。这种执照，是开妓院的营业执照。

还另有一种粉头出卖皮肉的执照。这种执照，首先载明每个粉头的姓名、年龄、籍贯和来历，并在执照左角贴有粉头本人半身照片。粉头一经取得这种执照，就可公开出卖皮肉。

执照里还明确规定未满 18 足岁不准卖淫，还要每月在固定日期到卫生局去检查身体，一经发现染有梅毒，就没收其执照，停止其卖身等等。其实，不管执照写得如何严格，反正妓院老板与花捐班的稽查人员都是一家兄弟。他们互相勾结，层层作弊。

开设妓院，主要的作弊手段就是少报粉头的人数。花捐班的稽查人员也明知妓院老板从中作弊，为了不影响捞外快，就装成瞎子，听任他们以多报少。

花捐班有时也会派些花捐巡捕，装模作样地去查点人数，如若万一真的查着，只要把一筒大烟钱朝他们口袋里一塞，就可以把他们打发出门，万事大吉了。

最早进入上海开业的妓女有两种，一种是苏州妓女，她们是些善于弹唱说书的艺妓；还有一种是民间戏班中的坤伶，她们是由原来的卖唱艺人逐渐转化成公开或半公开的妓女的。

但上海在清道光以前，妓女往往标榜"卖艺不卖淫"，妓院称为"书寓"。鸦片战争前后，因增加兵防，妓院凭着兵丁势力的保护，开始半公开化卖淫。

1860 年以后，妓院迁进租界，由于租界完全受西方资本主义影响，市面"繁华"，加之租界基本上不制约妓院活动，只要妓院向租界工部局领取执照，按时交纳营业税，即可挂牌营业。

旧上海的妓院主出资经营妓院，称"铺房间"。妓院的靠山，称"撑头"。没有留过客的处女称"清倌人、小先生"。处女第一次留宿称"梳拢、开苞"。经梳拢的妓女称"浑倌人、先生"。已非处女而冒充处女梳拢，叫"挨城门"。嫖客和妓女发生两性关系，称"落水"。妓女向嫖客卖弄风情，说好话，俗称"灌米汤"。两个嫖客碰头，称"白板对煞"。嫖客舍弃原来的相好妓女，移恋其他妓女，称"跳槽"。老鸨、妓女向嫖客额外勒索，称"砍斧头、开个斧"。当妓女，称"吃七煞饭"（饿煞、饱煞、吓煞、忙煞、苦煞、跑煞、气煞）。凡此种种，不胜枚举。

妓院营业规矩繁琐，花样甚多，但一切离不开一个钱字。妓院开张除了本家妓女外，妓女房中都有一二个做手，有夫之妇称"娘姨"，年轻未嫁称"大姐"，她们均是大脚。负责妓女房中的杂务，如扫地擦桌，铺床叠被，给妓女梳妆；为嫖客送茶碗、递毛巾；妓女出局捧水烟筒，拿琵琶跟局；酒席中代妓女唱酒菜，妓女俨然小姐派头。雏妓房中做手称"打底娘姨"，因妓小不能留客，碰到有的嫖客非过夜不可时，便由娘姨代妓留客。

妓院中男仆称外场、相帮。泡茶、送毛巾接待初入门的嫖客；摆酒席，掮幼妓出局，抬倌人轿子等一切杂务都由外场包揽。上海人称这些男仆为“龟奴、龟爪”。一般大妓院还雇有账房先生，总管出纳账目，每天下午挨次到客房记录每个妓女的局账、酒菜账。做手、外场、账房等都以妓女生意的好坏而得利。

男仆女佣月工资三至六元，大姐每月一元，他们的主要收入是外快，即称为下脚。凡遇嫖客摆酒碰和都可拆下脚，妓女留客过夜，娘姨大姐铺床叠被，也可得到嫖客的犒赏。因此，外场、做手越多，妓女负担越重，而妓女越红，他们的得利也越多。

为了多多益善地猎取嫖客钱财，妓院制订一套营业规矩，打茶围、叫局、吃花酒是嫖妓的必由途径，被称为嫖妓三部曲。一般高等妓院必须三部曲演奏完毕，才能谈到“落水”。

打茶围是嫖妓的第一步。由朋友陪同初入书寓、长三打茶围时，外场一见有生客，便高叫客到，并用堂中茶碗每人泡一碗茶。妓院的碗大有讲究，堂茶碗小而粗，称圆头茶碗，专待第一次上门的生客。生客经人介绍看中了某个妓女时，这个妓女便从自己闺房中拿出一只精致的茶碗，泡好茶亲手捧给客人，称之为加茶碗，表示妓女与嫖客订交，也称攀相好，如妓女和嫖客反目，或不愿再相交，也以茶碗表示。当这个嫖客来时，妓女不加茶碗，称革茶碗，嫖客便心中有数，这个妓女已有新欢，不愿再相交。书寓、长三打茶围不需要马上付钱，因此非熟客伴同不能打茶。幺二堂子打茶围不需人介绍，但必须付二元钱，第二天再去就不必再付钱，所谓一局二茶围。打过茶围以后，嫖客便成了妓女的相好，既可随时上门玩，并可随时叫局应召。

第二局就是叫局。在旧中国，男子聚会没有带夫人的习俗，一般良家妇女、大家闺秀平时深居简出，从来不上台面，不在社交场合露面。因此，凡多数男子聚会的时候，似乎非有娼妓不能使他们快乐，座客中如有人没有妓女相伴，就没有面子。于是，叫妓女陪席，就成为一种社会风气。初叫局用局票，是质地极差的小红纸。1893 年，海上漱石生（即孙家振）为鼎半里宝蟾仙馆宝仙制造木板印名片相赠。自两家一开头，妓女名片便风行沪上北里。嫖客叫局都差仆人或酒馆跑堂送局票，即在相好妓女的名片上写上嫖客名字。

妓女出局风雨无阻，不能随便推却。出局所用交通工具，咸丰时期都坐四人呢轿，杠前挂“公务正堂”灯笼。每当夕阳西下，华灯初上之时，都可目睹这类轿子在马路上飞跑，东奔西驰，疲于奔命，路上行人见了都回避不迭。1862 年，公共租界工部局开始征收户轿捐。轿行是一个葡萄牙人和一个意大利人经营的，每年向上等妓女索取 10 元轿捐。英国领事馆为了打破这种专利，令工部局规定轿子必须持有执照，1863 年便有 150 顶轿子编号发照。妓女所用轿子大多数是租轿行的，少有自备的。为了节约开支，清倌人出局便不乘轿子，十三四岁的弱女都坐龟奴之肩，这种男佣都腿脚挺劲趋风，边跑边吆喝。民国以后，坐轿和掮肩的风气渐渐废除，一般名妓出局都改乘漂亮而耀眼的包车，

清末的名妓

车子前后都装上小电灯泡，间有自备摩托车出堂差的。书寓、长三一局为三元，1890 年以后降为一元。幺二一局二元，始终不变。局有酒局、牌局、戏局。以酒局为主。酒馆、妓院宴酒，召妓女去陪侍一概称酒局。一个嫖客同时叫两个妓女，称双局。无认识之妓可叫，可由朋友代为叫局，局票写明“某代”称为借局，是高等妓女的主要生意。局账并不当场付，熟客三节（端午、中秋、除夕）结算，过路客人临行时结算，这笔收入对那些有名妓的妓院相当可观。

如果一个妓女平均每天 20 局，一个月就有 600 局，一局三元，每节便可收局账 3000 多元。妓院每局花本钱二角六分，轿洋每局一角，琴师费一角，局差费 60 文。当时一钱可换 940～950 文（60 文合六分钱）。民国初年以后，妓女出局包车费、琴师费各一角，送局票费六枚铜元，合二角二分，不用琴师只须花一角二分。

三为吃花酒。嫖客和妓女来往一段时间后，嫖客便在妓女香闺摆酒宴客，邀请朋友来捧场，表示嫖客和妓女之间关系加深，予以公开。

咸丰时期，上海妓院酒席有便桌和正桌。便桌酒菜资四元，下脚二元；正桌菜资八元，下脚四元。光绪中叶以后，上海社会风气日趋奢侈，妓院成为各种暴发户的销金窟，便桌绝无仅有，客人超过七个人必摆双台，甚至双双台。酒菜资价格也从 12 元涨到 15 元，民国三年（1914）开始一桌酒需要 20 元，并且必须付现款，在这以前都是记账，到三节边和局账一起结付。

摆过花酒后，嫖客便算和这个妓女定了情。有好多达官贵人、富商巨贾就此把一个妓女包下来，妓女的吃、穿、玩一切开销，统统由嫖客支付，并付给老鸨巨款。即使如此，妓女也可照样出局、应酬。上海的高等妓女，总有五六个乃至十几个嫖客供养。

若要嫖一个处女，即梳拢一个清倌人，嫖客必须准备一笔巨款。中国从宋代起男性产生了处女嗜好的观念，从此，社会就极其看重处女贞操。

旧社会妇女深居简出，婚姻又都是包办的，新婚之夜，女方都处于紧张恐惧状态，因此，处女膜被刺破时往往会流血。于是，见红便成鉴别处女的主要标准。洞房花烛夜，新娘若不拿出一方白绫上染丹色，便有被休的危险，即使不休，丈夫的内心也留下了终生难以磨灭的隐痛，夫妇之间就此留下了一生的伤痕。所以，就是妓女也视梳拢为人生一件大事，妓院视若收财的良机。

嫖客要梳拢一个妓女，事先必须与本家洽谈，老鸨便开列条件。金银首饰多少，衣物多少，现金多少，男仆女佣喜金多少，和酒几台，漫天要价，各项条件谈妥，才选择黄道吉日请酒。届时，这个清倌人房中红烛高烧，两炷安息香青烟袅袅，楼下雇了一班乐工吹吹打打，龟奴戴红缨帽，客人纷纷向妓女道贺，一派喜气盈门的景象，很是热闹。嫖客所花费用，以妓女色艺、走红程度，以及嫖客的经济实力而有高下之别。如果妓女甚负盛名，客人又是富豪，那么，首饰至少金钏一双，重六至八两，衣裙数套，梳拢之费四五百金，双和双酒，赏金至少 50 元，妓女小费还不在内。如妓女属于无名之辈，嫖客也不是巨富，也需金钏一双，重四两，衣裙各一，梳拢之费 200 金，一和一酒，犒赏费 40～50 元。

梳拢清倌人者，以名人巨富、妓院的红嫖客居多，再有一班商场中生意倒运之辈，认为到娼门去开一苞，一经撞红，必能去楣运、转红运，生意可转败为胜，一帆风顺。

然而，妓院的所谓小先生、清倌人，少有是处女者，碰到这类临时抱佛脚的嫖客，龟鸨们大多以偷过苞的小先生混充，事先用手术或药物加以人工改造，性交时会流丹盈席，落红满褥，致使一般糊涂嫖客欣然自得、津津乐道。一究内幕，只是受了一次骗，敲了一次竹杠。这种情况屡见不鲜，甚至有一妓冒充五六次处女的。

嫖客留宿过夜称住局，也称借湿铺，幺二以下称夜厢。长三堂子住一局价格三元，但下脚至少 10 元，名妓则绝不轻易留客，表面上与你往来稠密，却始终与你保持若即若离的关系。尤其是那些大富巨贾，妓女只是一味“灌米汤”，把他笼络住，使他神魂颠倒，可望而不可及，从而大肆挥霍，等到钱用到一定程度才让其春风一度，似胶如膝，回味无穷，吊足胃口，此后又与之若即离若，让人大倾钱财。

此外，还有各种五花八门的规则，要嫖客出钱。新年从初一到十五，嫖客上门，妓女恭恭敬敬地“磕”一个响头，叫一声恭喜发财，龟奴开出果盘，本家、房侍，都必须见客拜年，嫖客所出压岁钱多者二三百元，至少也得 100 元。民国以后，“磕”头制度废除了，开果盘的代价也减少，但也需出三五十元。其他如端午节边加扇子钱，中秋节边加帽子钱，凡此种种不一而足。这些繁多的规矩，都是龟鸨猎财的手法，妓女卖情感，牺牲身体，但本身沾润并不多，只是为鸨敛财而已。

妓女也有许多迷信，因此派生出许多仪式。主要有：

（一）熏房间

身为妓女，夜夜接客，可谓阅人多矣。嫖客当中，温柔体贴或情意缠绵者实为少见，但循规蹈矩而又出手大方者却不乏其人。接待这类嫖客，对妓女来说实属幸运。但倒霉的事也不少，那就是常有“触眉头客”上门。“触眉头客”是那种性情恶劣的嫖客，他们讨价还价斤斤计较，或者蛮横无理，寻衅滋事，拒付规定费用而只给“坐房间钱”，甚至分文不给。不幸碰上这类嫖客，妓女只能自认倒霉，忍气吞声。待其走后，一定要用纸钱或甲马（即纸铺所售的一种黄纸，上面印有鬼神图案）点燃后熏烤门户及“触眉头客”所曾接触过的物品，如桌椅、床铺等。也有燃放爆竹的。妓女希望以这种方式来驱散晦气。其实不过是聊以自慰而已。

（二）烧财香

每逢朔望（农历初一和十五）或生意不佳时，妓女们通常要去英大马路的虹庙或偷鸡桥头财神弄里的财神殿内烧香磕头，以求神灵保佑发财。

（三）攀冷脚

凡是慷慨大度的嫖客，妓女们称其为“大好客人”或“好户头”。“好户头”如果只是偶尔上门而非妓院常客者，即被称为“冷脚客人”。如果“冷脚客人”偶来妓院嫖宿，那么妓女必将待其酣睡后暗自在床前焚化纸钱，并将其鞋袜拿在火上熏烤。据说这种做法可以将“冷脚客人”一变而为“热脚客人”。

（四）驱邪祟

如果某一妓女门庭冷落，生意不佳，老鸨便命妓院中的浇汤（即妓院中的杂役，又称相帮、龟奴或茶壶）二三人，赤裸下体，手拿点燃的甲马在该妓女的房中绕圈行走，直至甲马燃尽为止。据说这样做可驱逐邪魔，保证生意兴隆。

（五）烧路头

这是妓院因生意不佳而常用的敛钱之法。大凡上等妓院，如长三幺二妓院，每年都要举办几次“烧路头”活动，即预约熟客，通常是“好户头”上门，为其“做花头”，也就是摆酒碰和，借机收取一定费用或接受“好户头”的赠予。但在妓院中，只有汕头路、贵州路及牯岭路等处的少数上等妓女才举行“烧路头”活动。

（六）做生日

妓院老鸨和妓女常常在做生日的时候，邀请“好户头”前来参加，借机敛钱。但在妓院中，只有上述几家才采用这种做法。

旧上海的娼妓主要来源于江苏、浙江、广东三省，其中江苏约占90%，浙江约占6%，广东约占4%，另外还有少数其他地区来沪的妓女和外国妓女。

近代上海娼业异常兴旺。1891年，仅法租界内就有妓院250家，妓女达2600人。到1920年，娼业又有很大的发展，两个租界内的妓女共计61141人。后来《申报》统计，伦敦城每960人中有一名妓女；柏林是580人中有一名妓女，巴黎每481人中有一名娼妓，芝加哥每430人中有一名妓女，东京每250人中有一名娼妓，而上海比例最高，每130人中就有一人是妓女。

妓院开设较集中的地区，最早在小东门一带，清道光后，迁入西门附近，到清末，主要在宝善街（今广东路）一带，不久便分好几处，如闸北的天通庵路一带，十六铺的横马路一带，以及虹口、八仙桥、北四川路等地。

妓院妓女的来路，大致可分为三种。

一种是因家庭生活困难，或者父母去世，弟妹尚幼，无力赡养，经人介绍，落到妓院做妓女。这种妓女所得的卖淫钱，一般按四六分拆，也就是老板占六成，妓女本人拿四成。这四成里面，还得扣去老妈子的工钱。这一类妓女必须长得漂亮，妓院老板才肯接受。

第二种是因家庭生活贫苦，或是本人非亲生父母所养，或者做父母的生活不俭，家用无着，便把女儿典押院方，或自身典押以偿家里的欠债。

妓女与院方写典身契约，院方还要妓女挽中取保，敲钉具结。这张典身契等于带上脚镣和手铐，只要在上面画了押，从此便失去了自由。待到典身期满后，还得给院方白卖三个月身体，叫做“帮年”。若不然，到了期满时也不能跨出院方的门槛。

第三种来路，说起来更是非常残酷，令人发指。这第三种妓女，绝大多数是被青帮吃“开条子”相架的流氓，从苏北或江淮地区拐骗和拐卖而来。

旧社会农村破产，农民生活无依，一般成年的姑娘没有最低的生活来源。那些青帮流氓，便谎说上海某某工厂要招女工，姑娘们到了上海，不但吃喝不愁，而且每月有工资可拿，简直说得口出莲花。做父母的听到有这样的好机会，强过在家挨冻受饿，于是就忍痛把亲生女儿交给他们，希望女儿过些好日子。

这种被拐骗而来的姑娘们，一到上海便被卖到妓院，龟鸨们便使用残酷的手段，火夹皮鞭，锦衣美食，软硬兼施，双管齐下，叫你不得不俯首帖耳，就范于他。

姑娘们然后改装打扮，强颜欢笑，接张送李，夜无虚度，从此永不休止地给妓院出卖皮肉。就是到了年大色衰，无人选择时，龟鸨们也不肯放过她们，再把她们卖给下等妓院为娼，直把她们折磨而死才肯罢休。

1902 年的名妓赛金花

太原坊边有一间妓院，名叫蕊香堂，老板绰号叫翘翘荣子。此人姓章，苏北泰兴人。父亲章三子是青帮里大字辈的老流氓。

章三子不但三设妓院，还专吃“开皮条”相架的行当，在贩卖姑娘中积得不少造孽钱。章三子的妻子也是个鸨妇中的老手。

翘翘荣子本人早已拜在青帮流氓范强生门下为徒，原是“通”字辈流氓。后来看到黄金荣得势，这蕊香院又在黄金荣的势力范围内，为了求得他的庇护，又投拜在黄金荣门下为门生。

这个荣子虽是翘脚，仗着流氓恶势，凡是新来的姑娘，先要给他强行糟踏，如不顺从于他，不是毒打致死，就是鞭抽致残，不知被他糟踏了多少清白姑娘。

上述种种成为娼妓的姑娘多是良家女子，她们之所以堕落风尘，沦为妓女，有多种多样的原因。但一旦落入陷阱，就一辈子受流氓、老鸨、龟奴的钳制，永远无法跳出火坑。

为了更便于管理，黄金荣把上海的妓院严格地分为四档：

书寓为特等头档。姑娘们要会弹唱，说苏白，还能背几句艳诗，识几个字。这一门的老祖宗是朱素兰，她挂过三四年的头牌。这个堂子的门口，挂个某某书寓的高雅牌子。这儿的嫖客，都是极有钱有身份的阔佬。

据王韬《淞滨琐话》所记，“书寓”妓女称为“词史”，与“长三”妓女通称“先生”，为妓女中最高等者。“书寓”之初，只许侑酒主觞，不肯示色相。客人亲热的称“恩客”，但不许宣之于口。后来曲中酒筵规模、应酬与“长三”相同，承应之乐工名“乌师”，凡酒筵下犒四元，一半给“乌师”。但旧时书寓不唤乐工，向例只给二元。书寓不闻有夜席之资，出局叫“堂唱”，客人留宿，度资暗中给予。妓女向客索财叫“斫斧头”，若为“清倌人”则需索尤多。书场中有一二老妓主持，容纳番物一元，可以点唱。“词史”称主持者为“好娘”。

第二档是长三堂子。姑娘们能唱的大约有六七成，但都不会说白，很少人会诗，仅个别人识字。她们的门口只能够挂上“某某寓”，不能自称书寓。

长三堂子比“书寓”次一等，称妓女为“倌人”、或称“先生”。跟局的叫“大姐”。在妓院里，客人碰和、设宴的叫“做老头”。空身来坐即去的叫“打茶围”，常至半夜或通宵达旦。长三妓院分为二类，一类称“大场户”，老鸨、妓女、大姐、娘姨由老板雇用，妓女做多少“花头”，分期付账，每一份拆多少不等。娘姨、大姐月支薪工的居多数，也有填付资本而拆账的，盈方则归老板承担。老板大都为流氓。妓女每一月非做满所规定的三五十个花头（碰一场和、十二元算一个花头），不得享拆账权利。每一季拆账三五次不等。至多每份拆三四十元，须花去客人三五百元不等。妓女如做不满所规定的花头时，唯有对相识的客人出卖肉体。否则，得借“印子钱”度日。还得受老鸨与流氓的斥辱与痛打。

第二类称“住家”，则由老鸨租了房屋自立门户，一切全由老鸨当家做主。这老鸨都认识流氓，从流氓那里借了资本开设妓院。妓女与老鸨的关系，有的经过父母得了身价，卖与老鸨的，名“过人”。此辈丝毫不得自由，呼鸨为“姆妈”，视为养母。另一种为押账的，称“讨人身体”，订立期限，限期内以卖身所得做利息。也有以自己亲生女儿做“摇钱树”者，称“小本家”，有自由身体。

长三院的例规，初无一定，在嫖客与妓女初次认识，或由于朋友在酒席间介绍（名转堂差），或由于见了门首的花标，而在馆子里写局票去叫来一看（名打样堂差），看过认为满意，下次叫她便成相识。此后，可径往她的妓院小坐，名“打茶围”。茶、烟例不花钱，即使堂差钱，也可逢节结算。

客人过了茶围后，老鸨便逼着妓女怂恿客人定期“做花头”请客。客人如按要求，便把妓院的请客票带回家里，书写了新交识的朋友姓名、地址，仍托妓院相帮，去按址分送。到了请客的日子或者自备菜肴（由酒菜馆定了送去），或者由妓院代办，主人先时到妓院，招待来宾，陪着打牌。

清末高等娼妓

按照民国初年通例，每桌麻将抽头 12 元，不叉麻将的客人，也可买票（3～12 元不等），如抽头买票 120 元，加上二席酒（双台），可做 12 个（一打）花头，主人加上“下脚”八元或 12 元不等。倘酒菜由妓院包办的，也可记账，到节上与局账同时付清。客人请过酒席，做过了花头，便称熟客。此后可以常叫“堂差”与“打茶围”。

如妓女为“清俗从”（小先生），嫖客欲做留宿之想，非满足老鸨的欲壑不可。她们以“卖唱不卖身”为标榜。倘到了节上，局账与菜钱分文不付，客人又无地址留在妓院，妓女又照例不能去向嫖客讨债，这个妓女非得自掏腰包，照数赔偿，这种情况常常有。

农历元旦，上海有些富豪商客酒足饭饱后，特地到妓院里来“开盘”。这又是老鸨与龟奴（指开堂子）的意外收入。房间里娘姨、大姐们，端出已装好的果盘，放在先生妆阁里，老鸨逼着妓女向客人拜年，敬些糖果，说几句讨人喜的话，客人临走，就该花去 100～200 元不等。

各个妓院，每月朔望叫一班“小堂名”（唱戏的），或宣卷的，在楼下客堂内吹吹唱唱，名叫“待仙”。凡属“待仙”的日子（待仙往往接连五天十天不等），老鸨必定要逼着妓女叫熟客来“做花头”。否则，老鸨与“龟奴”就要殴打辱骂妓女。每逢节日及年尾，嫖客到妓院里去“打茶围”，楼下的“相帮”（男职工），照例要把热手巾，送到楼上给客人揩面。客人必须要花去二三十元不等。如这个客人与妓女有交情的，揩了毛巾不花钱，相帮的就要头上套了蒲包骂这个客人“刮皮”，而妓女又要挨受老鸨的责打。

农历除夕，妓女必须上红庙（在南京路上）烧香（野鸡、花烟间的妓女，皆往小东门外洋行街“撒尿财神”处烧香）。逢农历大小月底，各妓院于晚间必须烧化长锭若干串，烧化时撮以生盐，谓可卜现钱交易（盐现谐音），又焚吸水烟之纸条若干，谓祈金条进账。妓女并留未烧尽者置于床间，祈求向客人“抄小货”（言“私索”）。

第三档称二三堂子。陪酒收三块，度夜收三块，只是没有“长三堂子”的打茶围。

第四档是么二堂子。

“菊花山”这种妓女不常出堂差，偶然出堂差，却比“长三”贵，须要二元。开设“幺二”的，大都是流氓。妓女大都是老鸨的“讨人”，或“押账”性质。陌生客人踏进“幺二堂子”，照例先有相帮的高声喊“移茶”。就有许多妓女跑出房间来，听凭客人挑选。选中了哪位，就把茶移她房间里去，随后，装来一档“干湿”（瓜子、水果），给她一元。这就是“移茶”。至于住夜，须四元，加上“下脚”一元，共费六元，就叫做“六跌倒”。住过一夜后，第二夜只要二元。她们的例规是“板板方十四”的，不比“长三”有伸缩性。所以又叫做“滥污长三板幺二”。

到 9 月里，“幺二堂子”里摆设“菊花山”。幺二堂子楼下有个大客厅，一到 9 月，就把许多菊花装点在四壁高墙上，客厅里摆下许多桌椅，任凭一般富商豪贾来宴客。这才是名副其实的“吃花酒”。在平时自以为身价高的嫖客，往往不屑踏进幺二堂子，但看“菊花山”却是例外。看“菊花山”的豪客，又称“吃五梅花”。就是每人吃酒，需化 10 元或 20 元，主人该给五席酒的代价，每席 12 元，合计 60 元。这是最少的数额。多至十朵廿朵梅花，千金一掷的，也不是没有。

平时客人在“长三堂子”里当然不会叫“幺二”堂子的妓女，客人认为失面子。就

福州路东段（江西路口），图中建筑为工部局大楼

是在幺二堂子叫长三堂子里的妓女，妓女们也认为失面子的。只有在9月里看“菊花山”的酒席上，客人叫长三堂子妓女的堂差，长三妓女准会来的。而且吃完了酒，幺二堂子里照例有赠品，是“清制的泥人”，嫖客们大都不带回家去，往往送给出堂差的长三妓女，所以她们往往满载而回，幺二妓女的熟客花两块钱就可留宿。

上述四档妓院是向巡捕房登记注册、向地面上的老头子上税的堂子。但下面的“花烟间”、“钉棚”、“野鸡”等半开门、暗娼和地下妓院，捕房管不到，可地面上的老头子，却了如指掌，使得她们无法“偷税、漏税、逃税”。

（一）花烟间

在清同治末年，上海南北两市，鸦片盛行，烟间林立。有一种烟间，雇用了女子为烟客装烟，以广招徕，名叫“女子烟间”。费银一、二角，随客人所欲。当时本地绅士，曾经联名请求查禁。至光绪末年，历行烟禁，此种装烟的女子，遂为流氓老鸨所罗致，迁至租界上北山西路一带，立下门户，秘密卖淫，沿用旧名为“花烟间”。

（二）钉棚

类似花烟间，开在“棚户”里面的，在闸北天通庵路一带。虹口的虹桥边也有。白天见不到妓女的面，因为实在老丑不堪。就是晚上房间内也不上灯烛。到上海光复后，已绝迹。

（三）跳老虫、老虫窠

这一类下等卖淫所，在辛亥革命以后不再存在。在光绪末年，上海小东门市场繁荣，十六辅横马路一带，跳老虫十分猖獗，规矩人不敢涉足，而巡捕按月拿了陋规，也不干涉她们的拉客，当时有流行的民谣：“小东门，十六铺，跳只老虫再摆渡。”在“跳老虫”全盛的时代，花烟间尚未绝迹。

“老虫窠”也就是变相的“花烟间”，与后来的“燕子窠”有连带关系。“老虫窠”对外也称“花烟间”。踏进窠里有女子招待，花去二角廿文，开灯兼泄欲。所以又流行了一句话，叫“两角念钿”，代表跳老虫。“老虫窠”花烟间的排场很特别，单间门面的房屋，当门口安放一张狭小的楼梯，妓女们都分坐在楼梯旁边，门口接着一盏黄包车用的小袖灯，就当作市招商标。她们坐在门口嘴里不停地唱着“十杯酒”等小曲儿，见有人上前，便叫一声“来呀!”如果那人站定了回头一看，她们立即蜂拥而上，把那个人像俘虏般擒上楼去。

在当时的美租界虹口一带，北四川路上也有，门上挂着竹帘，她们坐在客堂里一张大菜桌旁边，桌上放着几瓶啤酒，一架留声机，见有客到，掀帘招接。此皆外国人狎游之处，巡捕房特准营业。但管理甚严，每周必去检验下体，如染梅毒，便勒令停止接客。所谓咸水妹实为“美貌”之译音。

最初设在英租界老旗昌（今宁波路），后迁至虹口仁智里，清云里为根据地，夜度资五元、十元不等，出堂唱一律二元现付。粤妓随带洋琴，是专接待外国人的，有类于咸水妹，以开啤酒跳舞计代价，本地人很少去光顾。

洋妓院：在虹口“六三亭”，有名的约13家，规模很大。中国人进去游狎的，大都懂得日语。料理菜每客售至六元、十元，招艺妓有名单供客选点。艺妓皆涂艳妆，身穿和服，代价以每点一枝线香计算。另有“舞子”，以表演跳舞娱客人的。妓女以“三味弦”弹唱日本歌曲侑酒。她们歌唱时，客也从而和之，以为同乐。一餐之费，总在二三十元以上。日本投降后，上海已无踪迹。

台基：为介绍妇女幽会之所。上海首创者名“白沙枇杷”。此后有著名人物“薛大块头”（名文华），无锡人，原居上海马浪路（马当路）某里，招蜂引蝶，等于鸨母之狠毒。当时一般“名公、巨卿”，都走其门路。她可算为“人肉市场”的经纪人始祖。此后接踵而起者很多，有福煦路邻圣坊之“小脚唐老九”，有大广里（后迁马立斯新村）的“菱花老七”，皆称“氤氲使者”。

咸肉庄：在法租界盛极一时，如八仙桥144号，每晚上门灯烁亮，人头济济，是公开的“人肉出卖所”。在这些所谓的庄上，有在屋而居的“坐庄货”，任人挑选。客人上门“斩咸肉”，一次花费仅三五元，庄主抽一半以上，因为巡捕使费要抽2/3。

一个妇女每晚被蹂躏三五次，拿不到三五元，生了性病只好借“印子钱”治病。客人叫庄主从外边叫来的称“人家人”，名唤“一家香肉”，须另给车资四角，倘不合意，花去“坐房间”钱一元。所谓“人家人”是指从别的人“家庭”里叫来的人，其实都是无照的野鸡。上门自称为“走门口”。

淌排（也称“淌牌”）：是无定踪迹的流妓。自从上海有了游戏场，那些到游戏场拉号的无照野鸡特别多。人家看她淌来淌去，如无定河边的木排，多任人捞取，因此叫她们“淌排”。“淌排”装扮得像“人家人”一般，有老鸨在一旁监视，开了房间，老鸨非得等候在旅馆里，拿到了夜度资方肯回去。

碰和台子：是一处不挂牌子的住家妓女。也可以说是“半开门”，“私窝子”。但一般也铺了房间，名义上供人打牌，实际上也可以叫局、吃酒、住夜。不过不交税而已。当时也分二等，一等是碰和台子的主人（暗娼），不到外面拉客，生客一定要有熟客引进。

倘单独闯进去，她竟然可以翻脸自称公馆，把你轰出门去。另一等是台花坐庄的咸肉叫做“庄花”，碰和台妓女称为“台花”。一般都到外面兜揽生意，若引诱到客人，便打发他约了朋友来碰和，抽头不固定，吃酒由客人喊一桌私菜，另贴她“下脚”（杂费）四元。若不打牌，二三个人任她烧几样菜，斟一壶酒，花上六块八块钱，也可过去。只是留宿要她自愿，费用也没有规定。不过当时有些冒充公馆的碰和台子，都是白相人（流氓）的“仙人跳”（以色诱而敲诈人的勾当），好梦未成，流氓已到，花大钱讲私了事。

野鸡：凡属踪迹无定，临时性的妓女，通称“野鸡”，在人行道口拉客，有老鸨严密监视。她们不算私娼，上了花捐，但巡捕房不许沿街拉客，其中大部分是“讨人身体”，被人拐骗来卖给流氓老鸨，开设野鸡堂子。

男妓：在北方名“像姑”，通称“相公”。在1930年左右，上海有公开出局的男妓。人数虽不多，供客人恣意侮辱。当时有沈桂芳、钟雪琴等，他们完全被剥夺了男性的权利和人格。男不像男，女不像女，令人作呕。背后都有流氓指使，逼迫作为赚钱的工具。

白俄妓女：上海的白俄女人，当时称“白俄姑娘”。其中有卖淫维持生活的，在“霞飞”路（今淮通路）、北四川路、洋泾浜一带非常多。除在跳舞场、酒吧间以外的，还有一种年轻的白俄姑娘，专以勾引洋兵为对象，有些“外国咸肉庄”也是她们包办的。“咸肉庄”在美国人叫做“Ham Shop”（火腿店），在北四川路底有两家著名的“火腿店”。其实全都是白俄咸肉冒充。楼下设有酒台，放着一架留声机，客人不论中西，先开啤酒，任意与姑娘跳舞，再登楼泄欲，短时期五元、十元，长夜五六十元。

西妓：西洋妓出现于上海是同治年间，以后上海的外国妓女逐年增长。1915年后，“北四川路”人称神秘之街，酒吧林立，各国的妓女都有。不过中国人去问津的还只是少数。

在法租界，公董局模仿他们自己的祖国——法兰西1791年与1878年制定的卖淫法，卖淫受到法律的监护，于是在租界巡捕房里设立了“正俗股”，与法国的风化警察同一性质。名为“正俗”，实际上是伤风败俗，征收花捐，使娼妓合法化。

那时，法租界妓女中的“幺二堂子”与“咸肉庄”，经常就趁机包下了法租界的全部花捐，派自己的门生专门负责管理。

就这样，如日中天的黄金荣便成为妓院主们最理想的后台了。于是，自红灯区的领头羊——四马路（今福州路）始，各处的妓院纷纷请黄金荣来“撑市面”。有些老鸨干脆拜黄金荣为老头子，所以，自清末起，黄金荣在娼业中也是一尊“门神”。

现在黄金荣不仅是“赌博业巨头”，也是“堂子老板”，更是“茶楼业、酒店业的佼佼者”。如此一来，财源滚滚而来，他终于可以站在上海滩上振臂一呼了。

他虽然控制了上海的许多行业，但并没满足，一个偶然的机会，扒窃这个行当又被麻皮看中了，于是，他手下的一帮弟子中又组成了“扒窃党”。

## 三、偷偷组建“扒窃党”

黄金荣的野心永不满足，他已经控制了很多行业，但他依然看中了扒窃这个行当，于是，他又组建了“扒窃党”。

成功的偷窃需要有各种专门的技巧和手艺，还要有同伙的合作，如主偷手、望风、眼线、接转赃物等，因此职业偷窃者很易聚成团体。在旧上海的偷窃团伙中，有本地帮、苏北帮、安徽帮、浙江帮、广东帮等。各自有自己的暗语、联络方式和活动地盘，大多供奉时迁为祖师爷，“三天不动赃物”也是他们的共同行规，一般的团伙只接纳新成员，不准老成员退出，但也有个别技艺高超的惯窃，资格老后会悄悄做个别案，以避免与同伙分赃。

上海的偷窃集团除按籍地分帮外，又分三类，即“黑线”“白线”和“锦线”。其中，以“锦线”技艺最为高超，它是一种以女偷或女偷为骨干组成的偷盗集团。

金门饭店外景，1927年建成，原为华安保险公司，1938年改为饭店，曾为华侨饭店，现名金门大酒店

20世纪30年代，上海的南市有一扒手集团，首领绰号“阿狗”，手下多是技艺超群的女偷，为著名“锦线”集团。一次，军统局书记长唐纵到上海视察工作，在老西门下车后，刚走几步，忽感有异，一摸口袋，钱包丢失。包内有一记录绝密材料的小笔记本，如外传后果不堪设想，唐纵焦急万分，当即通过内线找到“阿狗”，次日“阿狗”即将原物奉还。但唐纵一定要见这个能让他丢失如此重物的扒手，岂料一见之下大吃一惊，原来让唐纵佩服的扒手，竟是一个女中学生。

“黑线”即是夜间行窃集团，主要偷窃住家和企业、商店；“白线”是白日行窃的集团，偷手们轮流“作业”，分早、中、晚三班，大多在游乐场、商店、马路、电车上作案，20年代，上海的16、18、19路无轨电车，是“白线”集团作案最频繁的场所。

30年代，上海曾有一个秘密扒窃集团寄身于租界活动。该集团规模庞大，成员达五百多人，组织严密，行动诡秘，能量极大。整个集团的结构情况，人们始终没有弄清，因为成员之间单线联系，所有机密由首脑人物一手控制。

这个集团分为“粗窃”与“细窃”两个等级。“粗窃”为一般扒手，“细窃”是特等扒手，分为男女两组活动于上海的车站、戏院、车辆、百货公司、珠宝楼、绸缎庄等场所。其中技艺超凡的称为“小少爷”，“小少爷”可以参与一定的领导事务，并不时被派往南京、北平、太原、苏州、杭州、广州、香港等地“出差”，除从事偷窃外，还负有领导当地与他们有直接联系的扒窃组织活动的责任。这个集团如有成员要退出，即可能被杀。

他们不仅与其他黑社会集团结成同盟，而且与租界巡捕房也紧密勾结，1934 年春，公共租界巡捕得到一张名单，公共租界巡捕中有 65 人，法租界捕房有 27 人，定期接受该集团的津贴。虽然后来这 92 人被两租界开除，但两租界的华捕探长陆连奎、金九龄、刘绍奎、吕竹林、翁老四等，仍与该集团合作，继续领取其津贴。

这个组织的联络机关是黄金茂酒店，该店地处法租界八仙桥菜场旁，每天晚上 8～10 时，该集团的头目均秘密来此聚首，通报与上缴窃物，讨论各种突发事件。与租界有关系的失窃者，均通过各种途径与之联络，如所失之物为该团体所窃，那么三天之内到此酒店必可原物领回。

若以行当分，旧上海的偷窃团伙大约有如下几类：

（一）对买贼

对买贼是在清末形成的一种颇具都市盗贼特色的偷窃集团。该伙人专以买物为由，乘机在商店行窃，所窃之物又转手倒卖，故自称“对买”。

对买行当的创始人姓郑，浙江人，家居杭县，先至上海南北杂货店及小摊贩处偷窃，后又向药行参号施其伎俩，每月只出手二三次，余时即泡坐于茶馆之中。后收一得意门徒金某，师徒结伙后同出“开差”，遍历苏沪杭等处偷窃，约二年后，金某的偷技渐胜其师，专去大商号行窃，于是大收门徒，到 1916 年，对买贼团体中的广帮成员已有 12 人，其他如宁绍江苏帮，人数也不下十数，当时的上海，大绸缎庄号中几乎每日均有失窃之事。郑、金等人均系青帮中人，后又兼入红帮，人多势众，团体愈益发展。

一般对买贼团伙的内部又分为小组，三五人为一团，各设首领称“团长”，规定每团对买之钱不得私吞，除留下开销外，二成归公，作为基金应付失风后事的费用，二成交团长用，六成按人数分股摊派。

对买贼所窃之物，多半加以改头换面，然后去典当铺典当，一般是有关系的人引入典当铺内部估价，当原价的 60%～70%，然后再销往别处或别家参号，以原价或稍低价脱手。

（二）跑轮子

跑轮子是专在铁道线上偷窃的集团。这些人对铁路沿线的各种情况了如指掌，在各列车和沿途的重要车站内均设有内线，因此得手后，人、赃可以随时随地转移，他们的作案对象一般是头等车厢的达官富商。

沈醉在《军统内幕》中曾述亲历一事：20 世纪 30 年代，国民党的一个师长梁华盛，在南京开完会后，顺道到上海游玩。在列车的头等车厢里见到一个衣着华贵的美艳少妇，带有女仆，双方攀谈相识，到上海后，有专车来接该妇，该妇人遂邀梁华盛上车至寓所住宿，次晨醒来，梁华盛发现皮包、钱财全部不翼而飞，女主人与女仆也踪影全无，心知上当，急忙报案，才知该处为白俄开的公寓旅馆，此女客仅付了一个月的租金，家具均是租来的。

当时南京政府中的中上级官僚每至周六，均纷纷携带钱财到夜上海度周末，尽情吃喝嫖赌，所以跑轮子的这类作案层出不穷。当时在京沪线上，有一个高明的惯偷，专在这批人身上下手，有一次在南翔附近，将一个国民党中委的皮包窃去，国民党军警特务机关全线出动，费了九牛二虎之力，才由军统将此盗捕获，并将他的脚筋割断，失去偷窃能力。可是，京沪路上偷头等车厢行李的案子却仍是照样发生，跑轮子者直到抗战爆发后，才逐渐作鸟兽散。

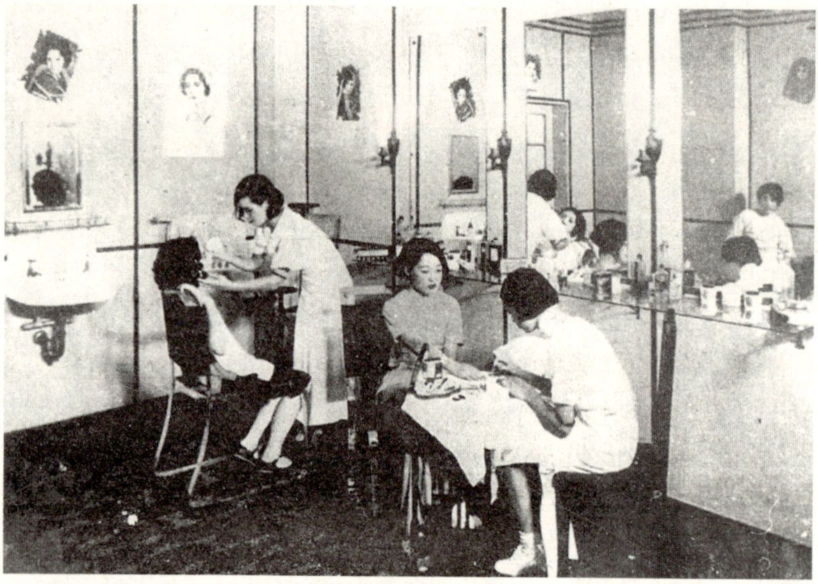

大上海的女子美容院

（三）销赃集团

一般的扒窃团伙都有着多种销赃的途径。同时，每个集团内又有职业的销赃人员，一般他们都开设当铺。久之他们又形成了专门收购赃物的团伙，如“三十六股党”的头目马德宽，就收了不少的徒弟，形成一个收赃窝赃和销赃的团体，中心据点在浦东东昌路码头附近的金丝娘庙内，各处所偷赃物运至此，马德宽集团均全部收下，并当场付款。

近代的上海是偷儿的“天堂”。作为金融、工商、娱乐中心的上海，人潮往来，便于偷窃者的得财和隐匿，因此盗窃集团十分猖獗。

旧上海的浩浩偷窃大军，主要来源于三条途径：

一是渐变型。渐变型的典型是：第一阶段，儿童时期有不良的行为和习惯，小偷小摸，贪吃贪玩，虽然也接受了犯罪有害的教育，但好吃懒做，贪图享受的习惯已经形成，很难克制自己偷窃的欲望，极易接受外界的诱因；第二阶段，成人期，在心理上形成了一种行窃动力定型，长期的偷窃生涯使他的偷窃成为一种有意识的自觉行为，甚至敢于铤而走险；在技艺上不断提高，成为惯偷。这种渐变型，有一小部分是自我发展，由内到外，由小到大，由少到多，由简单行窃到技术行窃，但大多数是生活环境的芜杂，交友不慎，经过教唆而渐为惯窃。

二是突变型。这种类型的偷窃者，大多是由于社会状况激变，或者个人的生活道路出现了重大事件，导致其信念动摇、行为失常或生活极度困匮等等，从而走上犯罪道路。突变型的偷窃者犯罪意识不如渐变型根深蒂固。

三是迁移型。迁移型是指在一定的外界条件和某种因素的刺激下，有其他犯罪前科的人转向盗窃这一犯罪行当。由于这类人在某一方面突破了社会规定的约束，道德观念和羞耻心理均不正常，因而再迁移到另一犯罪领域时，非常迅速。

扒窃党以铤而走险为活动原则，凭借“租界”的特殊环境，纠集“黄扒弟兄”，打开了一条出路，独占扒窃市场。

扒窃党并不替这项生计文过饰非，他们称自己为“吃坏饭的”，“赚黑心铜钿的”。

扒窃党“人才辈出”，扒钱方法、诀窍日新月异。其中最出名的一帮称为“吃坏饭的”。

“吃坏饭”为帮派中的流氓切口，即是“吃不正当的饭”——上海滩上平民百姓遭受直接祸害的各种扒窃伎俩的总称。这帮人活动范围广，手法多，但也不外乎“窃、夺、欺、诈”四个字。

“吃坏饭”的弟兄，都是五官端正，衣冠整洁，头发梳得溜光。他们虽擅长于非法勾当，又最容易失风被捕。所以，他们必须有手脚灵便，行动敏捷，眼观千里，耳听八方的本领，帮中切口称他们为“玲珑子舞耀”。

从事于“吃坏饭”的扒手，都必须拜师入帮会，师傅就是各帮会中的大小头目，也就是地段上的“爷叔班子”。在法租界，这些人基本上都由黄金荣控制。黄开门收徒后，法捕房的“爷叔班子”基本上都拜他为“老头子”。

说起“爷叔”，他的权力实在与市长的职权差不了多少。

举个例子来说：市长管辖全市的土地，“爷叔”也有全市的街道；市长有委任某局、某会、某科首长，处理市政事宜的职权，“爷叔”也有支配“小爷叔”管理某街道小瘪三的孝敬。

所不同的是，市长受政府的委派，而“爷叔”呢，都是靠着自己的力量攻打出来的。“爷叔”的生活，说起来不怕你不惊，洋房、汽车、西装应有尽有，有三五处藏娇金屋的十分普遍。

“爷叔”们不谈正事，除了与各街道的“小爷叔”，设计乞讨新方式，以及处理“小爷叔”之间管辖区的争执纠纷，规定小瘪三每日的孝敬外，把全身的精力都消磨在声色嫖赌吸食烟土之中。

不过，有本事的“爷叔”也具备戏班中导演的能力，具有“伯乐”识才对帮中学徒“量才录用”的眼力。“爷叔”们支配徒弟学习各种扒窃的专门技术，分门别类，训练有特长的徒弟。他们一旦学成，即可以满师毕业而独立“工作”了。

南京路市政厅，是上海租界的议事立法机构，建于 1904 年

其实，黄金荣就是法租界里的总“爷叔”。

平时，对于这帮人，黄金荣控制极严，既能让他们扒到东西，而又尽量不犯事。

比如，失窃人是公门中人，或者是有势力的亲戚、朋友，失主便会四出派人侦查，有些人通过直接或间接关系找到黄金荣。

黄金荣权衡一番，再根据失窃的时间、地点，责成扒窃党帮中的“爷叔”找出手下人。当然，并不是所有的人找到黄金荣都能够要回东西的。有些东西要回来，所花的代价也差不了多少。

扒窃党把原物奉还失主，叫做“呕扒”。“呕扒”当然是十分扫兴的事，但如果是真正的大人物，即使他分文不付地找到“爷叔”，你也不得不双手奉还。

为安全起见，扒窃党帮中扒窃来的财物，一概保留四天，才可公开分肥。他们如果不得不“呕扒”时，就会想法通知失主，约定时日，使他在不知不觉中，物还原主。

说一件“呕扒”的事情。

福建督军周荫人的秘书长叫杨多良，此人是个凶残多变的人物，但由于他大权在手，谁也不能搬动他。在他掌权的 20 年间，他曾让多少人陷入家破人亡的境地；当然，他也曾使许多人飞黄腾达起来。

杨多良生性贪财，在他 20 年的宦官生活中，他共集攒了六大皮箱的金银首饰、珠宝古玩。

快要离任了，到什么地方去过寓公生活呢？他想到了上海。上海这个花花世界，是有钱人的天堂，只要有钱，山珍海味，名酒美人，应有尽有。

杨多良以前曾因公事到上海住过一个多月，最令他难忘的是那些美女，要多少有多少，仪态万方，风情千种，一晚上换 10 个都有，永远有新鲜的感觉。当时，他就想，将来一定要到上海来享受享受这一切。

于是，杨多良派了四个保镖，负责把他多年搜刮而来的六大皮箱珠宝古玩乘法国邮轮押送到上海。

船行驶到接近上海前，有两个女人在舱门前说笑。

“看他那肚皮，还想和我跳舞，我躬着腰也搭不到他的肩呀！”

“真小气！请我们吃完牡蛎后，又问我们要钱，还能算男人吗？”

四个保镖在舱内吸着纸烟，似乎谁也没听见。

“两个小婊子，还我钱！”这时，外面又响起一个男人粗粗的声音。

“姐姐，快跑！”

“跑，往哪跑？”

“哧——”一声，什么东西被撕烂了。

“流氓！”

“老子一没摸二没睡，流氓什么了？”

接着，外面又响起厮打声。

终于，有一个保镖忍不住了，打开了门。

“救命！”只见一个身上只穿着胸罩和裤头的女郎耗子一般钻进舱门。接着，另一个女郎也钻进舱里。

“正好，老子就在这里把你们都解决了。”

保镖们这时才看清，这是一个比戏台上的猪八戒的肚皮还大的家伙，脖子上挂着一条猪尾巴样的领带，脸上的胖肉差点把眼睛给挤合缝。

“让我进去，”他用力一拨舱门边的一个保镖，“她们拿了我的钱了。”

保镖被他一拨，差点摔倒，不由得瞪起眼睛。

“眼不要瞪得像牛卵子样的，当心老子给你抠下来。”

说着，他又看看周围的其他三个保镖，“通通给老子出去，我要在这里干干这两个婊子……”

保镖们都没动，胖子走上前，拉住一个往门外带。眨眼间，四个保镖一人动了一只手，把胖子击倒在地下。其中一人飞起一脚，胖子像皮球般滚出门外。门边的那个保镖跟着又一脚，胖子换个方向，从走道上往那一头滚去。

当保镖都进来时，那位身上只剩下胸罩和短裤的女郎已披了床单在身上，两只美丽的大眼睛里依然流露着惊恐的光。

“太感谢你们了！”

另一个女郎从随身带的挎包里拿出一瓶洋酒，拿起桌上的杯子倒了一杯，“姐姐，压压惊吧。”

披床单的女郎接过，手一扬，“咕嘟”一口喝下肚去。

“吓死我了！”

“你们来一点点？这可是正宗的法国货！”

保镖们看了看，都摇了摇头。

“几位先生，再麻烦你们看着我姐姐，我去替她拿衣服来换。”

女郎把酒瓶装进挎包，拉开舱门，刚跨出，突然大叫起来，原来那个胖子又回来了。

胖子抓住想往回跑的女郎就往另一头跑，保镖们急忙追了过去。

拐过一个弯，胖子不见了，而那个女郎却坐在甲板上哭。原来，她的长裙也被扯掉，身上只剩下胸罩和短裤了。

"那家伙哪去了?"

"往那头跑了。"

两个保镖顺着她指的方向走过去看了看，没有发现人，马上折了回来。

四个保镖围着女郎，"怎么办?"

"我的破裙子在这里，我用它暂且遮身，去取衣服吧。"

"要不要我们保护你?"

"不用，我们的舱房就在前面。你们快回去，防止那家伙再去找我姐姐麻烦。"

"对，快回去，防止意外。"一个保镖似乎突然想起什么，大家也似有所悟，纷纷往回跑。

推开舱门，他们全愣住了。那个女郎已消失，地上扔着她的胸罩和短裤；那装满珠宝古玩的六只大皮箱一个也不见了。

此时，汽笛长鸣起来，邮轮已驶进吴淞口了。甲板上，很多人正往岸上眺望。上海港到了。

杨多良接到珍宝丢失的消息，立即赶到上海。

淞沪护军使郑汝成是他的老相识，他请何丰林出面，帮他查找珍宝的下落。何丰林倒也爽快，对他说："我来替你查找查找。"

杨多良从往日在福建的经验中得出，只要何丰林出面，事情差不多能解决。但那些珍宝古玩是他一生的心血，不怕一万，就怕万一，所以，他躺在床上，几天几夜没有合眼。

每年7月14日，上海法租界四处悬挂法国国旗以庆祝法国国庆日

两天后，郑汝成来到杨多良住的旅馆，对他说："实在抱歉，老兄，兄弟无能，你的东西实在难以寻找。"

杨多良一屁股坐在地上。

旁边的佣人立刻上前扶起。

"难道，难道，"杨多良结结巴巴地说，"难道就这么丢了！"

"哎！老兄，在上海滩，并不是一切都是我说了算，它一半是华界，另一半是洋界。"

"那我该怎么办呢？"

"去找黄金荣吧，他也许有办法。"

当杨多良拿着名片来到林家宅找黄金荣时，心里十分不安。黄金荣的名字他早已听过，但他在心里问自己："他能替自己找到已丢失的珍宝古玩吗？"

黄金荣看过杨多良的名片后，立即把他请到客厅。

杨多良行过礼后，在一张太师椅上坐下，这时，他才仔细看清楚了这位名震上海滩的人物。给杨多良印象最深的是他的脸坑坑洼洼，很不规则，宛如装满土豆的袋子。

两人谈了一会儿，黄金荣问清货物失窃的地点、时间和人物面貌后，又谈了些杨多良在福建任上的事，不久，便吩咐送客。

杨多良临走时，黄金荣说："杨先生放心，只要东西一有着落，我立刻派人通知你。请你放心，不会超过明天晚上。"

杨多良将信将疑地回到了旅馆。

事已至此，急也无用，杨多良要了一瓶酒，四个小菜，自斟自饮起来。

第二天傍晚，杨多良在旅馆里干等着。不一会儿，外面响起了敲门声："杨多良先生住这里吗？"

杨多良急忙下床开门。

"我是黄老板手下的骆振忠。您的东西我帮您找回来了，请过目。"

说着，他轻轻一摆手，后面进来三个人，一人拎着两只大皮箱，放在杨面前。

杨多良激动地抚摸着皮箱，"是我的，正是我的。"

"杨先生，请打开看看东西少不少？"

杨多良一只一只地把六只箱子全部打开，里面各种珍宝和古玩整整齐齐地摆着，他一一过目，全部都在。

"不少！一个也不少！"

"那好，杨先生歇着吧，我们告辞了。"

"别，别走！兄弟我这有点零钱，请弟兄们喝碗酒水吧。"

第二天下午，杨多良带了一尊金佛、一个金香炉、两颗猫眼、一串大珠来到黄金荣家致谢。

原来杨多良的六大箱古玩珍宝正是黄金荣的"扒窃党"所为。那黄金荣为什么要"呕扒"呢？

黄金荣自有他的想法：杨不仅是福建的实力派人物，而且和淞沪护军使郑汝成是故交，关系很好，自己若搭上这条线，以后在上海滩，不论华界和租界，就可以到处横行，无人可管了。

黄金荣的确有一定的头脑，能够审时度势，所以他能不断发迹。这在他以后的所作所为中也不难看出。

## 四、让法国主子不得不低头

黄金荣确实凭他的本领在上海滩“冒尖”了，但他并不感觉到有多大的快感。因为，黄金荣尽管在上海租界叱咤风云，似乎没有他办不成的事，但他并不是高枕无忧的，他很懂得“居安思危”的道理。

当黄金荣不抽鸦片时，不推牌九时，不抱女人时，不数金银宝贝时，不在打人杀人时，总之，在他空闲的脑子里不想别的事情的时候，便有一种疑心与恐惧悄悄地爬上他的心头。

的确，吃白相饭的人，特别是到处抢地盘的人，他们的身边总跟着一样东西，像影子一样甩不掉，避不开，那就是疑心和恐惧。

过去他杀过人，现在正杀着，将来还得要杀，连他自己也难以断定到底结下了多少冤家。这些记不清的冤家对头也不是好惹的，会时时刻刻计谋着要复仇的。

近日来有几件事令黄金荣不安，甚至揪心。

第一件是花国椿跳苏州河逃走，下落不明，说不定这花国椿正隐藏在什么角落里，计谋着如何来算总账哩！

第二件是早已忘却的“杀人灭口”事儿，听签子福生说，两个死鬼的亲人，已怀疑到他的头上，正伺机报复。

以上两件事小心起来，倒也容易对付，只是这第三件事，颇让黄金荣忧虑万分。

那是1900年春天，大名鼎鼎的章士钊与杨守仁几个人在上海建立了“爱国协会”，作为华兴会的外围组织，杨守仁为“爱国协会”会长，章士钊为副会长。

8月，华兴会决定11月16日在长沙举行起义，章士钊与杨守仁在上海的余庆里弄设立了秘密机关，暗中接济起义，不料事机不密，长沙起义尚未发动便遭失败。10月，著名的革命党人黄兴等先后逃到上海余庆里弄，再次计划在湖北、南京等地举行起义。

这些活动被黄金荣的包打听探到，黄金荣密报给法国租界当局。

到11月19日，清政府广西巡抚王之春途经上海，革命党人万福华前去谋刺，被公共租界巡捕逮捕。第二天，章士钊即去监狱探望万福华，被黄金荣的人跟踪，结果余庆里弄的秘密机关被巡捕房破坏，章士钊等七人被捕。

后来，在蔡锷等人的营救下，章士钊等被保释。与革命党人结仇，在以前是不必放在心上的，可是近来形势大变，黄金荣窥测方向，觉得革命党的兴起，已无法抗拒。所以，他赶紧主动与革命党人陈其美拉上关系，让陈也加入青帮，以便将来有个靠山。

形势说变就变，转眼间清朝政府已被推翻，民国已建立了，章士钊等人会不会报仇？

一件件，一桩桩，黄金荣不得不防。防得有道，先要从住家防起。他大规模地改造同孚里的住宅。

同孚里的黄宅，原是两层楼的石库门独家住宅，现在黄金荣已升至巡捕房探长的高位，官做大了，又加上这些年来财也发得不亦乐乎，公馆该扩充一番了。他将自己的左邻——也是一家石库门二层楼房吞并了过来，两家合为一家，但门面上并不打通。只在两幢石库门前，各自加上两道铁门。

从外表看，这是两幢不相连的房子，可是在内部却有道暗门，把两幢房子连成一处，并且全部翻造成三层楼。黄金荣在卧室里修了个机关，打开三门橱后在某处一揿按钮，一道小门轻轻开启，进门是条暗道，可以通到隔壁一幢楼里，并可以直上三楼的晒台，翻屋而去。他的卧室与密室做在二楼。这二楼的上下楼梯也造得别出心裁，只要一按开关，楼梯会突然从中间断开，底楼无法上，三楼也下不了。

那么它的右舍呢？当然也容不得外人在旁窥视黄府的活动。于是把这一幢石库门房子也买了过来，让已经当了寡妇的小妹等人居住。既是自己人，又不是黄府的一家，多么精心的安排啊！

光防不行，还得主动进攻。

黄金荣经过一段时间的打探，终于发现跳苏州河逃走的花国椿的踪迹。花改姓埋名，选中提篮桥那儿开了一家酒店，生意十分兴隆。黄金荣估计花国椿正在收罗党徒，积蓄力量，准备东山再起。他是奉行“无毒不丈夫”的信条的，不过，要“毒”，也并不非用拳头、刀子、手枪不可，还可以用别的方式呀！

这次治花国椿的法子，用的是另一招。

有一天，一个白相人踱进花国椿在提篮桥开的酒店，上楼走进老板房间，往椅子上一坐，猛然问：“喂，花老板，你跟我老婆睡了觉，你说咋办吧？”

在黑社会里，女人的问题有两种解决办法，一是金钱，二是刀子。

花国椿听见突然袭击，大吃一惊，手足无措。确实在前天晚上，一个漂亮的女人同他睡了一夜。

“如果我知道她是您的妻子，”花国椿看清了来人原来是顾玉书，便结结巴巴地说道：“您猜想到，我会远远避开她的。”

显而易见，正是“徐家汇大流氓”将女人——爱米格路的一个咸肉庄上的妓女，推入姓花的怀抱的。这是做好的圈套。

“我赔偿损失，我赔偿。”花国椿心里想好汉不吃眼前亏，应付过眼前的窘境再做道理，便爽快地答应用钱赎罪。

“我饶你这一次，但不能有第二次。我的刀子会不答应的。我手下的弟兄也不会善罢甘休的。”

“是，是！绝对不会再有这事……”

“不过，你必须把这个店分一半给我。”

花国椿无可奈何地接受了。

花国椿原想混过这一关，暂时委屈一下。可是幕后黄金荣的那只带毛的黑手伸进了酒店，紧紧攥住不放。

在这个酒店里，顾玉书建起了黑窝，如同自己家里一般，慷慨大方地招待同伙，花天酒地地吃喝胡闹。顾客们再也不敢登门了。

花国椿终于破产，逃到扬州去了。

黄金荣终于了了一桩心事。

但是，黄金荣的麻烦紧接着却来了。

1912年元旦，照规矩华籍巡捕都要到捕房外国头目家里去拜年。黄金荣当然不会例外。

但别的华捕去拜年都衣着朴素，故作寒酸，表示他们平时清明如水，从不捞钱。唯有黄金荣，穿着一件崭新的绛紫色缎袍，外罩湖蓝色绸马褂，神气活现。

总巡费尔礼看见他这身装束，大不以为然，当着众人的面说道："你穿得太漂亮了吧!"

"这算什么？过年嘛，总得像个过年的样子嘛!"

"你不觉得太刺眼吗?"

"不觉得，我们做巡捕的，有时候还化装办案呢，什么衣服不能穿?"

总巡费尔礼一看黄金荣敢当着众人的面和自己顶嘴，便厉声说道："你这麻皮如同一条疯狗，到处嗅，一嗅到钱，你比什么都高兴。"

黄金荣听后一愣。黄金荣开门收徒，网罗势力的事，外国人已有所闻。他知道这是费尔礼在故意找碴，正想反驳，费尔礼也不给他说话机会，继续说："我们是把你当作一条狗来养的，你必须忠诚主人!"

"什么？我是一条狗？好吧，那让狗来给你办案吧!"

黄金荣实在没有面子，把巡捕证往桌上一扔，一怒之下拂袖而去。

黄金荣带上"闹天宫"的伴当徐福生和自己的老婆，一气之下，到苏州去了。

黄金荣是左右逢源惯了的人，到了苏州，开了一家老天宫戏馆，由于有林桂生的帮衬，戏馆倒也红红火火。

上海人有一个专用名词，称巡捕的助手为"三光码子"，这种人不支薪，不拿饷，在巡捕房的花名册上挨不着边。他们只是亮亮巡捕的名号，借巡捕的势力，跑跑腿，刺探点情报，以抬高自己的身份。

遇到一些偷鸡摸狗的小案子，他们也能抓人、动刑，扬言："跟我到巡捕房去!"而把对方吓得哭爹喊娘。这些人狐假虎威，为的就是捞钱。

徐福生，在三光码子中，算是"文武全才"、心狠手辣的角色。对于黄金荣，是死心塌地的走狗一条。

黄金荣在苏州开戏院后，他便为黄照管戏院。

但是，自从黄金荣走后，上海法租界接连发生了几件大案，久久不能侦破。明眼人一看，便知这些大案的策划人是黄金荣，而实施人则是黄金荣的门徒们。

法捕房的几位探长，由于久久不能破案，心里十分烦恼，便找到巡捕房副总巡费信亨，打算把黄金荣请回来。

费信亨心想，也只好如此了，便派法捕房的两位探长专程到苏州去请黄金荣。

两位探长来到苏州，先找到徐福生，说："黄金荣这个人很不错，既能干，在法租界又兜得转，前些日子他一怒而去，我们一直都很想念他，希望他继续当我们的督察员。"

再说黄金荣，当时一怒跑出来后，不久便后悔了。

但江湖上混世界的人，面子比大姑娘的屁股还值钱，当然不能再低三下四地跪回去。现在机会又来了，他当然心花怒放。

不过，黄金荣毕竟是有两下子的，他对徐福生说："你去告诉他们，让他们亲自到老天宫戏馆来请我。"

徐福生当即会意，飞快跑回两位探长的住处，说："二位爷，我已经和黄老板说了，但他不情愿，说干巡捕没有做戏院老板舒服。我好说歹说，他才答应。但他又觉得你们想撵就撵，想要就要，他太难堪了，丢不起这人。我想，二位是不是亲自去戏馆一趟，拜访他一下，算是礼贤下士，怎么样？"

"可以，可以。"

他们来到老天宫戏馆后，黄金荣很热情地请他们吃喝了一顿。

酒足饭馆之后，两位探长问道："黄督察员打算什么时候回上海？"

黄金荣沉吟了一下，说："回去我当然要回去，至于什么时间，我还没想好。二位明天先去逛逛虎丘、枫桥，回来后再给你们答复。"

两位探长只得如此。

黄金荣立即找来老婆林桂生，商量回上海的办法。

林桂生虽然身材矮小，相貌平平，但却目光敏锐，精明能干，她的心胸、胆识，往往胜过男子。黄金荣对她佩服得五体投地，事事言听计从，从不违逆。

林桂生听完黄金荣的介绍后说道："这样的好事，当然要回去！"

"那我明天就和他们一道回上海。"

"慢！"林桂生眼珠转了转，说："我们何不乘机拿拿架子。"

"怎样拿架子？"

"比如让他们给你加薪，允许你在法租界开戏馆等一些事情。"

"这恐怕很难办到，"黄金荣搔搔头说："外国人的章程上都一条一条的。再说，捕房里的人不许兼营他业。"

"章程，章程还不是人定的？"林桂生十分不以为然，"他们不答应你的条件，你就说你不能回上海。"

第二天，黄金荣装着愁眉苦脸，无精打采的样子，去给两位探长代表回话。

两位探长代表说：

"这章程轻易改不了。"

"那我也只好不回上海了。"

两位代表愣了半天，最后无可奈何地说："我们先回上海，请示上司后，再答复你。"

几天后，法租界当局终于答应黄金荣所提出的条件：

（一）破格晋级；

（二）额外加薪；

（三）今后黄金荣在上海法租界办案，法国人不得与闻；

（四）特准黄金荣以捕房华探的身份，在法租界开设戏院，用以安置黄金荣在苏州组成的班底；

（五）在黄金荣回到上海以前所发生的盗窃案，只追赃，不抓人，而且只须追回新近发生的几件重大盗案的部分重要赃物；

（六）保证黄金荣的华探为终身职，除非黄金荣自愿不干，法租界当局决不斥退。

黄金荣从苏州回到上海法租界捕房后，在手下门生们的帮助下，将新近发生的重大盗窃案，全部侦破并追回赃物。

法国人终于认清了这个事实，法租界里的治安，唯有黄金荣在，方才可以维持。

而黄金荣这一举足轻重的作用又说明，千百年来，登峰造极的“中国第一帮主”已经出现，无论是中国人还是外国人，都不能无视他的存在。

在此后的几十年里，黄金荣这个“中国第一帮主”与蒋介石、黎元洪等各种人物都有过交往，他的名字与上海滩的各种风雨烟云不可分割地联系在一起……

在这些非常的联系中，黄金荣身上的青帮气息，带上了政治的味道。可以讲，上海滩上这种奇怪的青帮和政治联姻的现象，确实演绎了许多鲜为人知的故事，下面，我们从黄金荣身上去挖掘这些神秘的故事……

# 第九章

Di Jiu Zhang

# 挖空心思琢磨出变身魔法

上海滩黑云四起，无一时安宁。黄金荣却应付自如，成为名副其实的『不倒翁』。他几经周折，破获了民国第一案，结果最后凶手竟是袁世凯；陈其美想除掉袁世凯爪牙，他鼎力相助；陈其美遇刺，他却收了袁世凯的一万元银票；他又收蒋介石为徒，并助其南下，却两次逮捕陈独秀，毫不留情……像黄金荣这般威风八面的人又有几多？但他到底心怀什么样的鬼胎？

# 一、巧破宋教仁被刺案

宋教仁，字遁初，别号渔父，湖南桃源人，前清光绪年间，即以文学知名。当时张之洞督鄂，他被选拔到武昌普通学校入学。在校与吴昆、田桐等一齐宣传革命思想，反对清朝政府的无能。

后来，宋教仁被校长纪湘澜开除出校。于是他与同学吴昆等人到日本留学。时值孙中山游日本，他约宋教仁、黄兴、汪精卫、胡瑛、张继等，组织留学生同盟会，并主办《民报》及《二十世纪之新支那》等革命报纸，极力鼓吹革命思想。

由于在日本宣传革命，功效甚微，于是偕白逾桓、吴昆等人回国，秘密从事革命活动，当时清廷侦探林立，不久便为清吏发觉，白逾桓被捕，宋教仁等人逃往上海。

在上海，他置身于新闻事业中，主撰《民主报》，署名渔父，以其雄辩之才，指摘时政，日数千言，为社会大众所欢迎。

后来武昌起义，南京光复，临时政府成立，孙中山任命他为法制院院长。不久，南北议和成功，宋教仁偕蔡元培、王宠惠等人北上，继任农林总长。

由于袁世凯组阁政府，宋教仁与蔡元培等人联名辞职，便遍游各地，痛论临时政府之腐败，抵制当局的帝制政策。

1913 年 3 月 20 日，晚上 10 点多钟，宋教仁先生在黄兴、廖仲恺、于右任等先生的陪同下，从寓所抵达北火车站，他要搭乘 10 点 45 分的特别快车到南京，然后转乘津京路车由天津到北平，出席国会。

当宋教仁等人缓缓走向检票处时，有一个头戴鸭舌帽的男子正紧随他们身后。

10 点 40 分，距离开车还有 5 分钟，廖仲恺担心地提醒道："遁初兄，你的演讲，有人很恼火。上海已有传说，有人图谋行刺，望兄倍加珍重，千万有所戒备。"

宋教仁听后，坦然一笑道：

"光天化日之下，为政治竞争，谁敢行此种卑鄙残忍手段？行刺怕是一种讹传吧。就算真是那样，我也不能因此而卸去责任。诸位就到这儿吧，咱们后会有期……"

就在宋教仁的"后会有期"这句话刚说出口，躲在办公室与售票房附近的戴鸭舌帽的家伙，掏出手枪，向着宋教仁的肚子"砰"就是一枪。

宋教仁双手痛苦地捂着肚子，踉跄地跌倒在地。当于右任扶住宋教仁时，宋悲愤地向黄兴叫道："我中弹了！"

顿时，北站人声鼎沸，秩序大乱，有很多人看到那名凶手，他身材矮小，动作敏捷，穿一身黑色军服，下手后立刻趴在地上向左右连开两枪，用以吓阻追捕。

然后，他急速站起，混在人群之中，穿过大半个候车厅，一路往铁路公司方向低头猛冲，拼命奔逃。

宋教仁被人送至老靶子路沪宁铁路医院急救，终因伤势过重于 22 日死去。

望平街派报行，每日清晨向报贩发放报纸，申报等即在此

宋教仁惨遭暗杀，震惊全国。

宋案发生后，坐镇北京的袁世凯，先发制人，制造国民党内部争权夺利、陈其美和黄兴是主凶的谣言，企图嫁祸于人。正在日本考察的孙中山即致电国民党本部和上海交通部，命令“党人合力查究”宋案真相。

陈其美与宋教仁既是战友，又是朋友。宋教仁的遇害，对陈其美震动很大，他正为遽失良友而伤心。

现在，他突然又受到恶意中伤，当然忧急愤慨。于是，陈其美迅速采取行动，联络有关方面的同志和朋友，请他们全力以赴，以最快的速度侦破宋教仁被刺的血案。

黄兴、陈其美发布公告称：“此案发生虽在内地（指中国地界），难保该凶手不藏匿租界，应请执事严饬得力探捕，加意侦缉。如能拿获正凶，澈清全案，准备赏银一万元，以为酬劳。”沪宁铁路当局也出赏格5000元，陈其美尤其高呼：“不甘心，这件事真不甘心。”

此时，黄金荣与陈其美也早有接触，平时也时常来往。黄金荣是法租界捕房包打探的头目，同时在上海又有广泛的交际和雄厚的实力，所以，陈其美也嘱托黄金荣追查刺客。

23日上海民众为宋教仁出殡，送行者三千多人，沿途街道的两边站满了悲伤的市民。黄金荣带领手下人全部出动，随行保护，一直到晚上6时。黄金荣后来回忆说：“当时还有这样一个插曲，大出殡必须经过法租界，而送殡行列中便有陆军混成旅和海军队的全体官兵，租界当局规定中国军队不许进入，因而形成僵局。”

黄金荣曾与租界头脑据理力争，方才允许破例，只是不能携带军械。宋教仁遗体一直送至闸北，入葬宋公园（今称闸北公园），至今宋教仁墓仍完好无损，为上海史迹之一。

23日的深夜，黄金荣已经睡了，忽然有人进来喊醒他，报告英租界巡捕房打电话给法捕房，说是与迎春坊发生的血案有关。英捕房要求法捕房明天早晨派人去搜查他的家里，希望能找到一些证据。

黄金荣得报，立即率领五六名巡捕，在夜幕中赶往应桂馨的住处——法租界文元坊。应宅的客厅里正有几名男女，见巡捕们一拥而入，个个惊慌失措，神色仓皇。

黄金荣见状，高喝一声："不许动!"

只见一个身材矮小的男子，扭头就往后面逃跑，黄金荣立即拔腿追赶。

应家客厅后面，有一条长长的走廊通往厨房，厨房之后，又是一个小小的天井，连接着高逾丈许的后墙。

这一路没有一线灯光，黄金荣凭听觉感到那人穿过厨房，准备翻墙逃跑。黄金荣暗中作了准备，待那人纵身扳上墙头之时，黄金荣一个箭步窜上去，几乎捉到了他那两只悬空的脚。

那人身手异常矫捷，一个引体向上，左脚一跨，便越墙跳到墙外的地上。

黄金荣身体微胖，连跳三次才爬上围墙。借着微弱的天光，他看见那人已经从地上爬了起来。黄金荣情急生智，站在墙头上纵身向下一扑，恰巧扑在那人的身上，两人同时高呼一声"哎哟!"

那人虽被黄金荣按在地上，仍做困兽之斗，幸亏黄金荣的助手赶到，齐力把那人制服，押回应家客厅。

灯光下，黄金荣一眼看去，顿时想起一张熟悉的面孔，冷笑一声："你叫武士英!"

那人身体震了一震，却仍想竭力掩饰："我不是武士英，我叫吴福铭，真的，我名字叫吴福铭!"

黄金荣把脸一沉，喝道："瞎讲! 你明明是武士英，还想抵赖。别忘记啦，今年2月，你代别人销卖三支肉桂，偷拿了两支还嫌不够，又把另一支卖得的一百多块钱吞没了。法捕房里，你不是坐过一个月监牢吗?"

至此，武士英无话可说，只得默默地低下头去。

解到捕房，黄金荣直截了当地审问道："是谁指使你刺杀宋教仁的?"

"应桂馨。"武士英招供道："应桂馨给了我1000块钱，一张照片，一支手枪和六颗子弹，并且拨了四个人相助，其中一个叫叶玉如，一个叫杨什么仁，另外两个则忘记了名字。应桂馨要我带这四个人到北火车站，依计行事，刺杀照片上的人。我根本不知道，要去刺杀的那个人是谁。"

天快亮了，黄金荣命武士英在口供上签了字，然后押入囚室。

黄金荣认得应桂馨，并且一向对他很注意。应桂馨的被捕，是由于一位国民党员找到专门贩卖古董字画的河南商人王阿法，陪同他到英捕房去报案。

据王阿法说：一个星期以前，他到应桂馨家去卖画，应桂馨曾经拿出一张照片给他看，就是要他去"办"这个人，事成愿意给1000元酬金。

王阿法回答说："我没有办人的能力。"

"那就算了。"应桂馨迅速收起照片。

宋教仁被刺后，王阿法看到报上的照片，才知道应桂馨要“办”的就是宋教仁，并愿意为此案到公堂作证。

3月24日下午4点时，黄金荣邀同法捕房的蓝总巡捕，总翻译曹振声，四名华捕，三名西捕，一同到新北门外徐家汇路文元坊北弄2号应桂馨的家里正式搜查。

这幢三层建筑的门口挂着“江苏巡查长公署”和“共进会”两块牌子。他先将应宅团团围住，敲开门后命令任何人不准走动，等候查验。随即开始搜查。

不料，搜查的结果，找到了武士英行刺时使用的六响手枪，以及枪中存余的三颗子弹。黄金荣立刻派人持枪去查对，枪中所存子弹，和宋教仁开刀取出的弹头一模一样。

但是除此之外，并未找到更进一步的证据。

黄金荣不甘心就此放手。这时随同搜查的死党、上海交际处长周南陔心生一计，他向黄金荣耳语几句后，便沿路走进软禁女眷的厢房。只见厢房里应桂馨的大小老婆早已缩成一团。

周南陔入内后，低声说道：“我是应大哥的知心朋友，在捕房做事，刚才在捕房里已与应大哥接过头，大哥让我告诉你们，不要着急，很快就会出来的。只是有些秘密文件，不可落到他们手中，他要你们立即给我转移出去。”

看到女人们还有些疑虑，周又机密地说：“快点，快点，如果让巡捕房搜去，大哥的命就保不住了。”这时一个小妾站起来说：阿拉是晓得的，就在这里。只见她走到墙角，拉开活动地板，取出一只小箱子。

搜查应家时，黄金荣和蓝总巡捕商量，宋教仁被刺案全国瞩目，关系重大，所有在应家的男女人等应该一律带回巡捕房，分别侦讯，再决定羁押还是释放，免得会有人犯漏网。

蓝总巡捕答应了，在重要证据运走以后，再将应家上下人等集中起来，竟有26人之多。

英国领事鉴于应桂馨生性狡猾，必须将羁押在法捕房的武士英提出来，和他当面对质，法国领事表示同意。

黄金荣说这个犯人太要紧了，说不定袁世凯、赵秉钧都会派人来伺机将他刺死加以灭口。所以，那一天法租界为“武士英起解”，便衣密布，如临大敌。

黄金荣和四名西捕荷枪实弹，坐在汽车上，负责押送。

武士英见了应桂馨有点畏惧，他企图推翻被捕后在黄金荣面前所做的供词，一会儿说他只跟应桂馨见过一面，一会儿又虚构出一个叫“陈玉生”的人来，说是陈玉生指导他如何行刺宋教仁的。

主控律师一一加以驳斥。而后，法捕房方面请求公开黄金荣他们搜查应宅时所获的证据，那里面赫然有赵秉钧和洪述祖往来的密电码，以及洪述祖指使应桂馨行刺的电

公共租界巡捕房的华人巡捕

报与信件，证据确凿，应桂馨和他所聘请的四名外国律师，至此已无法再作狡辩。于是，宋教仁被刺案真相大白。

应桂馨在会审堂上俯首认罪，他说：

“确是因为袁世凯畏惧宋教仁北上出席国会，深恐对他有所不利，所以由国务总理赵秉钧，授命洪述祖指使本人，贿买凶手行刺是实。”

4月25日，上海地方法院宣布正式开庭，审理应桂馨、武士英行凶杀人案。就在头一天晚上，拘押在中国监狱的武士英，竟会突然地吃红头硫黄火药“自杀”，事后查悉，那些致命的火柴头，是有人逼他吃下去的。

黄金荣闻知此事，无限懊恨，十分感慨，那么多人花费多少心血所得到的收获，在一夜之间付诸东流。

7月25日，应桂馨公然逃狱。事先，他用大量的金钱贿买“典狱者”，同时，指使他一批手下，里应外合，居然越狱成功，让他逃了出来。

应桂馨越狱后直接逃往青岛，住在租界里面，隐名埋姓，平时很少露面。

一天，应桂馨从北平乘快车回天津，结果被袁世凯的特务发现行踪。当他坐在头等车厢时，忽然从门外闪进来一条大汉，手一扬，砰的一枪，打死了应桂馨。

距离应桂馨之死不到一个月，赵秉钧在天津督军衙门宴客，当场中毒死亡。这是袁世凯派人暗中下的毒。

袁世凯杀死了赵秉钧，还假惺惺地送他块匾，上面写道：“凄怀良佐。”

几个帮凶虽然死了，但真正的元凶袁世凯还窃据着大总统的宝座，继续干着祸国殃民的坏事。

袁世凯为什么对宋教仁有那样的深仇大恨呢？

原来，国民党在参众两院第一次选举中获得大多数席位，宋教仁更是声望日隆，他入主内阁总理已成定局。

想做皇帝的袁世凯对此惶惶不安，如坐针毡，他曾以高官厚禄来收买宋教仁，还送上一本支票簿，结果均遭到拒绝。

袁世凯在收买宋教仁不成的情况下，便决定暗杀宋教仁。

为此，他秘密召集国务总理赵秉钧，内务部秘书洪述祖，商订了行动方案。洪述祖领命来到上海滩，把刺杀宋教仁的具体任务交给了在地痞流氓中很有势力的人物——江苏驻沪巡查长应桂馨。

在得到袁世凯“事成之后，奖给现金50万元，授予二等功勋”的许诺后，应桂馨这个亡命之徒费尽心机，物色杀手。一个偶然的机会。他勾搭上了武士英——一个曾做过清军管带，辛亥革命后被遣散，以盗墓为生的无业游民。

刺客找到后，整个暗杀计划一直由袁世凯通过洪述祖来指挥，如当年2月4日洪述祖致电应桂馨：“2日来电面呈总统，阅后颇喜，说弟有本事，既有把握，即望进行。”

宋教仁到上海，洪述祖派出了暗探一路跟踪。当应桂馨告知一切准备就绪后，袁世凯即急电召宋赴京，设下圈套，暗中命应桂馨伺机下手。

于是，上海北火车站，发生了震撼全国的民国第一政治大血案。

"宋案"中的武士英、应桂馨、赵秉钧相继被袁世凯害死后，另一人物洪述祖成了关键人物。沪军都督陈其美和黄兴等人，希望黄金荣将洪述祖拿获。

洪述祖原是内政部秘书，是赵秉钧直接使用的，就是他亲自出面去找应桂馨帮忙刺杀宋教仁的。在刺宋的凶手中，死得最有"戏剧性"的人物，就数洪述祖了。

"宋案"发生后，黄金荣等人在应桂馨家中搜出了应桂馨与洪述祖往来的密电本和函电稿。上海的《民主》《民权》等报都把袁、赵二人的照片登了出来，并在下面标着"袁犯世凯"、"赵犯秉钧"的字样。

洪述祖一看，知道大事不妙，于是在宋案发生后的第六天傍晚，悄悄逃离了北京，回到天津家中。他仍感到不安全，又乘火车逃到德租界青岛。

果然，江苏都督程德全致电国务院，要求拘留洪述祖，但洪述祖早已逃之夭夭了。袁世凯心里欢喜，可表面上却"大张旗鼓"地命令警察总监王治馨将洪述祖捉拿归案。警探自然扑空。

洪述祖为了永远不再有拘捕之祸，他剃去胡须，把自己的名字改成王兰亭，还向德国胶州总督递交要加入德国籍的申请书。没想到总督下令扣押了他，并准备把他作为杀人犯引渡给北京。

袁世凯为了表明自身"清白"，马上派内务部次长言敦源速往青岛，将洪述祖押回北京。

洪述祖眼看这回在劫难逃，可他这时闻知德国警务长要卖一座住宅，正为没有买主而发愁。他马上表示愿意买下这昂贵的住宅。警务长喜出望外，忙到总督面前为洪述祖讲好话。胶州总督又不同意引渡了。这样，洪述祖又"捡"回了一条命。

"宋案"发生后，袁世凯原以为事情就此了结，没想到全国到处都出现了讨袁怒潮。刺杀宋教仁一案的迅速侦破，彻底揭露了袁世凯反民主、真独裁的丑恶嘴脸，给国民党和全国的民众上了生动的一课，此后大多数国民党人从"议会政治"的迷梦中震醒，重新集结力量，拿起武器，发动二次革命，以尽辛亥革命未完之功。

1916年6月6日，在极度的恐惧中，已当上"洪宪皇帝"的袁世凯——宋案中级别最高的凶手，在全国人民的唾骂声中死去。

1917年，洪述祖在当了几年寓公后秘密回到上海，化名张皎厂，在美租界北山路621号定居。

有一天，他突然收到租界会审公廨的传票。原来，他向祥丰洋行借贷15000银两尚未归还，该洋行控告他逃避债务。

其实，洪述祖没有料到，他进入上海的第二天，黄金荣便得悉了他的消息。

那天，洪述祖从会审公廨出来，正要跳上电车，突然被人用力揪住。

"还我父亲血债!"宋教仁的15岁儿子宋振吕哭叫道。

"我们等候你多时了!"宋教仁的秘书刘白用力捉紧。

两人把胖胖的洪述祖扭到会审公廨，洪述祖终于落入法网。大理院判处洪述祖死刑。

1919年4月5日，洪述祖死于从美国刚引进的电绞椅上。

用电绞椅执行死刑，在中国还是第一次，因而先抓来一条狗作试验。狗全尸而死，没有任何伤痕血迹，果然“文明”。

这天 11 时 45 分，洪述祖被绑在电绞椅上行刑，不料，洪述祖的头都被绞了下来，鲜血喷射，身体跌入坑中，吓得执行官等人不知如何是好。

事后，他们请来了北京医学院学生将洪述祖的头重新缝上，外面用绷纱膏布贴好，这才交给家属收殓。

至此，“宋案”的大小凶手都死光了。

黄金荣迅速侦破了这一案件，使他的名气更加响亮，这也是他走向人生和事业顶峰的开始，然而在之后的除其美被刺案中，黄金荣的表现却大不相同。

## 二、除掉袁世凯的爪牙

辛亥革命时期，陈其美是上海滩上叱咤风云的人物。

老上海都知道，当年南市老西门有一座陈英士纪念碑。陈英士就是陈其美，浙江吴兴人，1878 年生于一个绅商家庭。

他 27 岁到上海谋生，接受新思想的熏陶；30 岁那年东渡日本，先入警监学校学警察法律，后又去东斌学校学习军事。就在这个时期，他加入同盟会。蒋介石就是此期间结识陈其美的，并在陈的介绍下加入同盟会。

清末上海公共租界市政厅曾是清政府和革命党人进行南北和议的谈判场所

辛亥革命爆发，陈其美奉孙中山之命奔走于江苏、浙江、上海之间，与光复会首领李燮和一起策划上海起义。

上海光复，他担任上海都督（又称沪军都督）。以后又率军猛攻南京，仅一月，南京亦告光复。这样就奠定了辛亥革命胜利的基础，抵御了清王朝派遣袁世凯南下扑灭革命的重兵。

对此，孙中山给陈其美以高度评价：

“时响应之最有力而影响于全国最大者厥为上海。陈其美在此积极进行。故汉口一失，其美能以上海以抵之。革命大局因此益振，则上海其美一木之所支者，较他者尤多也。”

不久，袁世凯窃取辛亥革命成果，当上民国临时大总统，视革命为眼中钉，视陈其美为肉中刺，先是设计使陈辞去上海都督一职，遭陈拒绝，遂起杀心。

早在袁世凯之前，清政府就曾千方百计地要除掉陈其美，但被陈其美挫败，具体情形是怎样的呢？

那年春天，陈其美得到消息，说近几天华界来了一个人，嫖妓豪赌，一掷千金。此人自称是陈其美，浙江湖州人，兄弟三人，他排行老二，曾东渡日本留过学，后来加入同盟会，两年前奉孙中山之命，回国组织武装起义。

这个“陈其美”和他同名同姓，籍贯排行经历又一模一样。据见过这个“陈其美”的人说，此人长得和他像孪生兄弟。

陈其美正感到奇怪，又看到《时报》上登的《英雄气短自古皆然，革命志士也爱风流》的文章。他顿时感到问题的严重性，这位“陈其美”来者不善，用心险恶。

陈其美获知杨庆和酒楼的小开杨雨辰将设花酒，请的宾客之一就有这个“陈其美”。陈其美心生一计，忙让人找来了号称“沪西一条龙”的刘福彪，如此这般地吩咐了一番。

这天，在装饰华丽的融芳馆里，杨雨辰、“陈其美”等人和妓女一边搓着麻将，一边打情骂俏。“陈其美”不时地在妓女身上扭一把，发出猥亵的笑声。

蓦然，有人把杨雨辰叫了出去，转眼又有人来说杨雨辰在外被人打了。众人听了都走了出来。

“陈其美”正四处张望，看看发生了什么事，有两个人上前来对他说：“陈先生，刘大帅在广和楼有请。”刘大帅是上海兵办道刘燕翼，他这一阵子给了“陈其美”不少钱，“陈其美”就随这两个人上了车。

汽车七拐八弯，驶到马霍路（今黄陂北路）福德里停了下来。“陈其美”被“请”进了一道黑漆大门的厅堂里。他抬眼一看，满屋子都坐着人。

金融实业家沈缦云站起来介绍道：“我给大家介绍一下，这位就是受孙中山先生差遣回国的陈其美先生。陈先生近来在华界相当活跃，而且还交了不少朋友。”众人齐朝“陈其美”望去，都疑惑地议论起来。

孙中山与黄兴等人在上海讨论组织临时政府等重大问题

"用这种方式请你来，确实有点失礼。"沈缦云上前来拉"陈其美"的手："好在我们是老朋友了。"

"我可不认识你！""陈其美"忽然地缩回手。

"我和陈其美是刎颈之交，你竟然不认识我了？"沈缦云惊讶地问道："难道你是假的陈其美？"

陈其美从里间走出来，对沈缦云说："陈其美在此。"

众人一愣，继而会意地笑了起来。"陈其美"脸色煞白，手上的礼帽也掉落到地上。有人举出照相机，摄下这个场景。

刘福彪一阵风地冲了进来，举拳欲打，"陈其美"吓得瘫倒在地上。

陈其美上前制止住了刘福彪，对"陈其美"说："你为什么要冒名顶替，说出来让诸位听听！"

"我不说……""陈其美"说。

"你说不说？！"刘福彪左手揪住他的衣领，右手攥起拳头。

"我说，我全说……""陈其美"讨饶道。

原来，不久前两江总督衙门破获了一起伪钱币的大案。两江总督端方的师爷看到罪犯和正在妄图推翻清朝政府的陈其美长得很相像，便心生一计。

师爷对端方说："放了这罪犯。"

端方不解地问："为什么？好不容易抓住了他，为什么要放？再说这可是起大案啊。难道你与罪犯是亲戚？"

"非也，都督，你看这罪犯像不像一个人？"师爷隔着窗户玻璃说。

端方望过去，果然很熟悉，但一时又想不起像谁，便问师爷："好面熟，但一时竟想不起像谁，你说像谁？"

"你想现在谁在满世界要革命的？"

"要革命的？哦，对，对！像陈其美！"端方一拍脑门，突然想起来，但随即又问道："像陈其美又怎样？"

"都督，如果我们把这个罪犯就视作陈其美，让其到外面吃喝嫖赌抽大烟，那就可以毁掉陈其美一世的英名，然后再叫假陈其美做出叛变革命的样子。你想，此举既可败坏革命党人的声誉，又可装出革命的样子。你想，此举即可有借革命党人之手置陈其美于死地之效……一举数得，何乐而不为。"

听完师爷的一番话，端方直叫这计策实在是高，实在是妙。

于是，他们和罪犯这般如此一说，那罪犯哪有不愿意之理，一不要坐牢，二可以拿到钱吃喝嫖赌，真是天上掉馅饼。那罪犯二话没说，爽快地答应了。

于是，假"陈其美"很快在上海活动开了。

抓住"陈其美"的第二天，各种报纸被抢购一空，假"陈其美"一时成为笑谈。

其实，这满屋子人里面，其中就有黄金荣。

这件事后，黄金荣才注意到陈其美并因此相识，以后又建立了一定的联系。再说袁世凯虽想刺杀陈其美，但一直没有机会。

1912 年，统一党欢迎会在上海哈同花园举行，孙中山、汪精卫、张謇、蔡元培、唐绍仪、熊希龄、胡汉民、马君武等各党政要员均有出席

1913 年 3 月 20 日，袁世凯密谋刺杀了宋教仁后，孙中山、陈其美等人对袁世凯有了新的认识，提出武力讨袁的主张。

二次革命爆发后，陈其美虽然面对着强大的北洋军和军械物资严重短缺等困难，但他在上海依然举起了武力讨袁的旗帜。

1913 年 7 月 16 日，陈其美担任驻沪讨袁军总司令，并在南市设立司令部。7 月 18 日，宣布上海独立，发布《讨袁宣言》，痛斥国贼袁世凯“残害忠良”“私借外债，丧失主权”“破坏共和，掳掠奸淫”等滔天罪行，宣告“共图讨贼”。

为了发动讨袁世凯战争，陈其美负责成立了陈果夫等领导的奋勇军；命蒋介石潜往龙华运动曾由他指挥过的旧部第九十三团；组织联络沪军、浙军和调拨滇军至沪，还与沈缦云等人筹划经费。

7 月 22 日深夜，陈其美在南市讨袁总司令部召开前线诸将领军事会议，作临战动员，并宣布进攻计划。

7 月 23 日，陈其美发动了进攻江南制造局的战斗，并同蒋介石等亲临阵地指挥，接着又于 7 月 24 日、25 日和 26 日的夜间发动了攻击，之后，在沪宁车站、吴淞、宝山等处与袁军发生过几次交战，均先后被击退。

由于外国侵略者的干涉，加上兵力有限，后援无济，8 月 13 日，陈其美所领导的上海讨袁战争最终失败。

当时，陈其美的处境十分艰难。上海的大街小巷遍贴着袁世凯通缉陈其美等革命党人的悬赏布告，但他仍以顽强的拼搏精神，利用租界进行反袁活动，并同蒋介石冒险奔赴浙江宁波，联络浙军起义。

这时的陈其美避居租界，黄金荣从金钱和物资上，给了他以很大的帮助，两人的关系更加密切了。不久，他第二次东渡日本。

1915 年夏末，孙中山召集中华革命党各部长举行会议，决定正式组织中华革命军，陈其美被指派到上海，组建东南军总司令部，在法租界霞飞路渔阳里 5 号设总机关部。同时，召蒋介石、杨庶堪、于仁杰、余祥辉等返沪，具体筹议上海讨袁斗争。

此时，坐镇在北京的袁世凯知道这些情况后，大为吃惊，辍食终日。他决定派出得力杀手，刺杀陈其美。

最先得到这个消息的是黄金荣，他急忙找到陈其美，说："陈先生，你以后行动可要小心哦，听说袁大头又派人到上海来了，你的头现在值5000两银子。"

陈其美哈哈大笑起来，说："让他们来吧，丈夫不怕死，怕死事不成，我等着他们。"

黄金荣见此，很是佩服他男子汉气概，又说："防着总比不防好，我劝陈先生还是收敛些好，免得给人有下手的机会。"

"黄老板，你知道，光靠防是不行的，你记得1909年春天的事吗？那时候，早在袁世凯之前，清政府就曾千方百计想除掉我，不是竹篮打水么！"陈其美不在意地说道。

于是，黄金荣也不好再说什么。

再说1913年3月，刺宋案发生后，柏文蔚为了武力反抗袁世凯，在安徽寿春一带令张汇滔、袁家声等会党首领，招募青、洪二帮的人，组成了五六个营。同年7月，驻在寿县的张汇滔旅被扩编为安徽讨袁第一军。

1913年4月，王金发联合吕东升等人致电浙督朱瑞，要求浙江当局与中央断绝关系，宣告独立。原南京临时政府北伐第二军军长徐宝山在袁世凯上召后接受袁的25万元赠款，并送自己的儿子去北京做人质，在袁世凯的总统府内担任侍卫武官。

徐宝山在民国初年的政治舞台上是个活跃人物，曾先后参加过中华国民共进会、社团改进会的筹建工作，又在应桂馨的调解下与宿敌张勋改善了关系，暗中参加社党的复辟阴谋。参与了社党支持的江苏飞龙山的活动。

飞龙山在江北一向有势力。当时驻在江北的军队最高长官就是这种组织的领袖，在某些队中，从连长到旅长，都是他们的党羽，而且炮兵营里也有大量同党。

当时，驻在江北军队的最高长官正是徐宝山。徐宝山曾极力主张临时政府迁往北京，率先解散扬州军政分府，拥护袁世凯统一治权。

静安寺路大华饭店（今梅龙镇广场址），建于20世纪20年代初

刺宋案发生后，徐宝山不仅拒绝与革命党人合作反袁，反而劫夺国民党自上海运往安徽、江西的过境军火。

陈其美决定除掉此贼。当时，他在黄金荣的支持下，由张静江、杜月笙等人出面，设计用定时炸弹将徐宝山炸死在寓所。这是1913年5月24日的事情。

陈其美除掉徐宝山之后，令袁世凯十分痛心。但陈其美并未善罢甘休，他决心给袁世凯的爪牙们以最凶猛的打击。

1915年秋，龙华镇守使衙门内，一位军人反背双手，正在客厅里踱来踱去。几只麻雀在林里叽叽喳喳地叫个不停，他望着远处萧瑟的桃林，显得非常烦恼。

“大人，龙华十八湾，湾湾见龙华，咱们何不走水路呢?”

“对呀！我怎么没想到走黄浦江水道呢？看革命党人奈何得了我?”

此人得谁？与革命党人有何过节？为何连走路都要伤脑筋？

他，就是袁世凯在上海的鹰犬，上海镇守使郑汝成。

1918年孙中山在上海的寓所，当时在位于法租界莫里哀路29号（即今香山路7号）

郑汝成是河北静县人，早年是天津水师学堂驾驶班的高才生，曾被选到英国留学，四年后，郑学成归国，出任靖远舰大副，成为北洋水师中的一员悍将。

袁世凯在天津小站督练新军得势后，郑汝成随即投袁，并深得袁世凯赏识。辛亥革命爆发后，郑出任袁世凯大总统府高等侍卫武官。后又升任海军少将、中将。

由于郑汝成忠心报效其主，在上海捕杀革命党人有功，袁世凯便委任郑为上海镇守使、上海警备地域司令官、江南制造局总办以及海军上将等要职。

以陈其美为首的上海革命党人，对郑汝成恨之入骨，决心剪除袁世凯在上海的爪牙郑汝成。消息传到龙华，吓得郑汝成惶惶不可终日，整日躲在衙门内，轻易不敢外出。

1915年11月10日，日本大正天皇加冕典礼。日本驻上海总领事馆举行盛大庆典。郑汝成当年曾随使考察日本海军，在日本被授予旭日中绶章。如此隆重的庆典，郑汝成当然成了日本人的贵宾啦。

当时的日本领事馆在苏州河北岸，从龙华到日本领事馆要经过法英两租界。租界是革命党人的集散地，如横穿上海，定将遭到革命党人的暗算。

郑汝成拿着日本人的请柬正在发愁，不料被身边的副官提醒，顿时喜上眉梢，于是穿上黑色礼服。那礼服袖子上还有三道金线，显得庄重而辉煌。

他在副官和卫兵的陪同下，悄然登上汽艇，沿黄浦江顺流而下。一小时后，郑汝成抵达外滩。马上钻进一辆早已准备好的小汽车内，向外白渡桥急驰而去。

外白渡桥上车水马龙，十分热闹，郑汝成的汽车不得不放慢速度缓缓驰入桥中央。

坐在车中，望着日本领事馆上空刺眼的太阳旗在风中飘动，郑汝成脸上露出了得意的笑容。暗暗庆幸自己神机妙算，一路平安无事，心中的石头也将落地。

不料，突然有一颗炸弹从天而降，落在车旁，只听“轰”地一声巨响，将郑汝成的“坐骑”震翻。

郑汝成被吓得魂不附体，还没清醒过来，一位青年举起手枪，对准车内就是一阵猛扫，这个自以为得计的将军，连哼也没顾上就倒在血泊中上了西天。

这个双手沾满革命党人鲜血的刽子手，终于得到了应有的惩罚。

当天晚上，陈其美让人给黄金荣送去了一张 2000 元的银票。晚上 10 时许，那个开枪击杀郑汝成的青年，在法国巡捕的保护下，在十六铺码头登上了一艘法国货轮，驶往广州方向去了。

在陈其美除掉袁世凯爪牙的这些行动中，黄金荣的作用是不可低估的，这也可以看做他对革命党人的贡献。

正当陈其美痛快淋漓地暗杀袁世凯的帮凶时，有一只黑手也正向陈其美紧逼过来……

## 三、同盟会“四捷”遇刺

很快，便有消息传来，“怡红院血案”中詹姆士打死的并不是陈其美，而是一个做丝绸生意的嫖客。陈其美前一天是在怡红院，但这天下午因临时有事，带着大红玲去了苏州，结果逃过了一场杀身大祸，但他自己并不知晓。

真正知道此事底细的，只有尚晓忠。

詹姆士行刺失利，令尚晓忠大为懊丧。屈指一算，离交差时间只有十来天了。尚晓忠急得像热锅上的蚂蚁，一筹莫展。最后，他孤注一掷，决定亲自出马刺杀陈其美。

5 月 8 日，尚晓忠去找盛卓，告诉他们自己的新计划。谁知，刚走出旅馆大门，迎面碰上袁世凯的贴身卫士袁继良，不禁吃了一惊：他妈的，准是大总统差他来催问这事的！

尚晓忠把袁继良领进了房间，客气了一番，试探着问：“继良兄是来上海公出的？”

袁继良悄声道：“奉大总统之命，让我来问问刺杀陈其美进展如何？”

尚晓忠把两次行刺失利的情况详细地说了一遍，临了说：“正在准备搞第三次，我决定亲自动手。”

袁继良笑了笑说：“不必尚兄亲自下手，大总统自有良计妙策，我就是为此事来上海的。”

原来，同盟会有个小头目叫李海秋的，是陈其美的好朋友。最近，他在北京被捕，重刑之下，供出了同盟会的秘密。

袁世凯灵机一动，计上心来：尚晓忠行刺陈其美到现在还没有成功，何不命令这个李海秋前去协助？陈其美还不知李海秋叛变，正可以利用李海秋的关系下手。

于是，袁世凯立即叫袁继良带着李海秋赶来上海，交给尚晓忠指挥。

尚晓忠一听，喜出望外：“天助我也！继良兄，这姓李的在哪里？”

“在旅馆。我先来说一下，回头让他来找你。”

尚晓忠一见李海秋立即设宴款待。席间，尚晓忠问道：“依海秋兄的意思，怎样才能干掉陈其美？”

李海秋说：“此事说难也不难，只要对症下药。据兄弟所知，陈其美最近正在为党内经费短缺发愁，我们不妨在这上面动动脑筋，就说有一个煤矿公司，准备向日本人抵押贷款，苦于没人介绍，如果谁能介绍签约，谢他一笔款子。陈其美会上钩的。在签约那天，可以让刺客到约定地点下手。”

尚晓忠想了一会儿，脸上绽开了笑容：“好啊！此计极妙！这个‘公司’由我来操办，约定签约的时间、地点就是了。”

李海秋连连点头：“是！是！”

尚晓忠接着说：“此事若成功，你就立下大功了，我向大总统保举你当官。”

尚晓忠、李海秋分手后，各自行动。尚晓忠找了朱光明、许国霖、程子安等人，让他们假设一个“鸿丰煤矿公司”。为了使陈其美相信真有这么回事，“鸿丰煤矿公司”还煞有介事地在报上登出启事，表明寻找抵押贷款伙伴。

随后，尚晓忠又去找了盛卓等人，说已找到机会，让他们随时待命，准备下手。

李海秋要找陈其美，可也不是一桩容易的事。陈其美向来行踪诡秘，别说李海秋，就连他的保镖有时都不知道他下一个小时到哪里。

上次吴兴家乡来的那个陈老头，还是凭着陈其美胞弟陈蔼士的亲笔信才辗转找到了他，可是，此后便不见踪影了。詹姆士是凭着他的职业嗅觉，才偶然打听到他的下落。

但李海秋在同盟会中，大小也算是个头目，认得不少跟陈其美有过近期接触的人。他花了几天工夫，终于打听到陈其美的下落，马上往那边拨个电话，说有急事求见。

陈其美说他即刻离开那里，让李海秋去老城隍庙春风得意楼等候，他会派人代表自己跟李海秋谈的。

李海秋遵嘱去了春风得意楼，招呼跑堂的沏了一壶安溪铁观音，慢慢地呷着。

约摸半小时后，陈其美独自赶来了。原来他先前的那番话是假的，为的是蒙蔽他人，隐其行踪。

李海秋一见，大为高兴，连忙招呼跑堂的沏茶。

陈其美呷了几口香茶，推推眼镜，瞅着李海秋问："有什么急事？"

"哦！英公，是这样的：我有几个朋友合伙开了一家鸿丰煤矿公司，在安徽淮南，上几年倒还好，近来情况不妙，眼看就要维持不下去了。最近他们准备从日本购买新式设备，重振事业。但苦于缺乏经费，万般无奈，只好将公司作为抵押向日本实业界人士贷款，但一时又找不着介绍人……"

李海秋把话打住，掏出一张报纸放在陈其美面前，"您看，他们已经在报纸上登过启事了。"

陈其美浏览了一下，信以为真，饶有兴趣地问道："他们准备给介绍人多少头寸？"

李海秋说："他们那公司注册固定资产为300万元，准备全部抵押贷款100万元，言明谁若是从中介绍签约，愿以贷款的30%相酬。我想英公曾留学日本，跟日本人有交往，如肯介绍签约，无疑是一笔财富，因此特地前来报个信。"

陈其美正为第四次反袁起义缺乏经费而发愁，听李海秋这样一说，不禁怦然心动：100万元的30%，就是30万元，这倒是一笔巨款；再说事情并不难办，日本企业界有朋友，只要联系一下就行了。

一边想，他一边问道："对方现在在淮南，还是在上海？"

"他们已经来上海了，正急着找门路呢！"

"此事我可以一试，三天之内听回音。你给我留个电话号码，到时候我打电话通知你。"

"好的。"李海秋见陈其美果然上钩了，不由得心花怒放。

陈其美求款心切，对李海秋所言之事未经详察就相信了。

第二天，陈其美就去虹口一家日本洋行，那经理是他的好友，听说这事，也热心为其撮合，向国内公司拍发电报，述说情由。总经理跟陈其美也熟识，当即复电同意向鸿丰煤矿公司贷款100万元，并委托陈其美担任总公司代理人，代表日方跟鸿丰煤矿公司签约。

陈其美于是给李海秋打电话，约定5月18日下午3点带贷款意向书底稿来萨坡赛路（今淡水路）14号寓所签约。李海秋闻讯大喜，马上报告尚晓忠，尚立即作了布置。

5月18日下午，李海秋带着朱光明、许国霖、程子安来到陈其美寓所。陈其美在客厅里接待了他们。

李海秋装模作样地在一旁给双方介绍："英公，他们是煤矿公司老板，这就是陈都督。"

朱、许、程三人拱手作揖："久仰！久仰！"

陈其美招呼娘姨奉上烟茶，目视三人，说道：

"三位老板，抵押贷款一事，李先生已经跟我说过了。我和日本朋友也联系过了，他们委托我为代表，先和贵公司签意向书。之后，总公司派人和我一起去淮南核查贵公司固定资产，如确认无误，就可签正式协议，然后汇款。另外，我根据李先生所转达的贵公司愿向介绍人支付30%报酬的意思，起草了一份合同草稿，诸位也可以过目一下。"他把几张纸放在桌上。

李海秋冲朱光明等人以目示意："你们把意向书拿出来，请都督过目。"

许国霖连连点头："好的！好的！"遂从皮包里取出意向书交给陈其美。

此刻，李海秋忽然站起来说："你们先谈，我去买包烟。"

李海秋走出大门，朝站在马路对面佯装等人的盛卓三人打了个手势，自己匆忙离去。

盛卓留下一人放风，自己带着另一人径进陈宅，那天也合该有事，陈其美的两个保镖都不在身边。因此，刺客得以顺利登堂入室。

陈其美听见脚步声，抬头一看是两个陌生人，惊问："二位找谁？"

刺客并不答腔，把手往怀里一伸，掏出手枪。

陈其美虽然不是习武之人，但他在同盟会中是以"四捷"——口齿捷、主意捷、手段捷、行动捷——而著称的，一看苗头不对，迅速站起来伸手摸枪。

可是，一切都晚了。"砰！砰！砰！"两个刺客同时开枪，陈其美头部中弹，朝前一扑，栽倒在地上。

这个曾经指挥革命党人在外白渡桥上镇压了袁世凯的走狗郑汝成的英雄，如今却倒在袁世凯的枪口下，时年 39 岁。

当天，上海就爆出特大新闻：辛亥革命风云人物陈其美遇刺身亡！

黄金荣听到这个消息后极为震惊，他几乎有点不相信，陈其美这样的人，竟然也会被刺客刺中。

很快，黄金荣从英租界巡捕房里放出来的勃罗特身上找到了线索，找出了杀陈其美的是袁世凯、尚晓忠等人。但执行者盛卓等人却不知去向。

黄金荣想做进一步的查找，抓住盛卓等人，但不久，袁世凯贴身卫士袁继良找到他，给了他一张一万元的银票，并带了大总统的一句话：

"陈其美之死，请黄老板不要过问了。"

黄金荣握着银票，觉得很重，便不再多说。他想，陈其美虽然是朋友，但毕竟死了，何况是政府叫他死的，案子破不破已经没有多大意思了。不如留下这一万块钱花花。

陈其美被刺，又把另一个人物推到黄金荣面前，这就是蒋介石。

## 四、蒋介石入黄门为徒

陈其美是蒋介石的恩师密友，他曾介绍蒋介石参加同盟会，谒见孙中山，辛亥革命期间又一手提拔蒋介石当上了沪军第五团团长。

陈其美被刺死后，蒋介石在政界失去了靠山，在经济上也开始拮据。他只好另辟门路，寻找庇护者，开始与张静江、戴季陶、陈果夫等人关系密切起来，后来四人结拜为兄弟，蒋介石跟随他们参加了上海证券交易所的活动。

事情须从上海证券物品交易所说起。

第一次世界大战爆发后，中国的民族工商业进入了快速发展的黄金时代，伴随着民族工商业的提升，作为中国工商业中心的上海需要建立证券交易所来融资以继续推动工商业的发展。

于是，工商界领袖虞洽卿联络李平书、闻兰亭等经济界的实力人物，创办了上海证券物品交易所（今四川中路1号上海基础工程公司和上海市钟表公司，近延安东路），交易物品为有价证券、棉花、棉纱、布匹、金银、粮食和皮毛等。

早在交易所筹办之时，孙中山也十分重视交易所的作用，曾协助虞洽卿等申办。他期望将有限的革命经费炒作增值，来支持革命事业。于是，戴季陶、张静江与陈果夫等秘密成立“协进会”以推进交易所的筹办。

张静江，名人杰，字以行，浙江南浔（今湖州）人。南浔为江南丝蚕米粮富庶之地，富商云集，号称“四象八牛七十二条狗”。张静江即出身于“四象”（刘、张、庞、顾）之中的张家。他早年即以10万银两捐得二品候补道衔，被任命为驻法使馆参赞，后在巴黎经商，曾资助辛亥革命。后到上海担任孙中山的中华革命党的财政部长，袁世凯死后，仍在上海经商，并负责筹款资助孙中山的革命活动。交易所成立时，张静江动用中国国民党的党务基金加入其中。

交易所于1920年7月1日正式开张，交易所设理事会，由虞洽卿任理事长，设证券、棉花、布匹、金银、粮油、皮毛等七部。交易所采用股份制，出面做买卖的当事人即经纪人。这种经纪人需要殷实的商号担保，并交纳一定的保证金。上海证券物品交易所是中国最早也是最重要的民族资本交易所，开张后万众瞩目，股票价格成倍往上翻，行情十分看好。

时陈果夫担任第五十四号经纪人“茂新”的经理，而蒋介石就是其股东之一。

由学徒、跑街、买办，到工商巨子，上海总商会长，甚至租界工部局华董，虞洽卿的发迹可说是一个奇迹，其豪华的住所反映了他雄厚的经济实力

蒋介石1919年8月由山东经北京回到上海，经过一段流亡生活，急需钱财，与张静江、戴季陶和陈果夫等过从甚密，也参加了交易所的筹备工作。

身无分文的蒋介石是怎样当上股东的呢？原来是靠了张静江的赠送。

1920年12月15日，张静江与蒋介石等曾订立过一个“集合资本经营上海证券交易所之经纪人事合同”，上书：“牌号定名为恒泰号，经纪人由张秉三出名；营业范围暂以代客买卖各种证券及棉纱二项为限；资本总额计上海通用银币35000元，每股1000元；占股数目计35股：吴钧记一股、吴子记一股、吴吉记一股、蒋伟记四股、小恒记二股、王慎记一股、王朴记一股、吟香记一股、陈明记一股、邱成记一股、刘俨记三股、朱守记一股、张静记五股、张莹记三股、张秉记四股。”

这表明，蒋介石当是以蒋伟记的名义投资4000元参加“恒泰号”。而这4000元是张静江代蒋认购的。1921年1月10日蒋在给张静江的信中说：“七日教言领悉一是，代认恒泰号股份甚感，请为签字。”

初期，证券物品交易所信誉良好，营业蒸蒸日上，未及半年获利已达50万元，年平均获利率达48%。蒋介石边学边做，据说“拿了金融书报资料来读，研究如何在证券投资方面做出决定。这对他倒是一种新奇玩意，他对各种不同类型证券股票的价格涨跌，感到一种兴奋”。

在这段时间里，他把姜姚怡诚迁入法租界贝勒路（今黄陂南路）一幢小洋房内；不久张静江夫人又介绍陈洁如与蒋相识。1921年，蒋与陈洁如举办了结婚仪式。同时，蒋介石还在家乡奉化大兴土木，修缮房舍，创办武岭小学；6月，蒋母王采玉病死，将大办丧事，又修筑了一个颇为讲究的坟墓。当然，他也拿了一些钱资助粤军返粤讨伐桂系。

从这一系列的活动看，当时的蒋介石在交易所内确实因经营得法而获得了较为丰厚的钱财。

但是，蒋介石参与的交易所投机好景不长。由于物品证券交易所开张大吉，吸引不少投机家竞相开设交易所以谋暴利，沪上相传交易所是发财所，到1921年夏秋之交，上海的交易所增加到140多家，大大超过了市场的需要，交易所的大量过剩，很快引发了一场危机，史称“信交风潮”。一时，交易所倒闭，经纪号破产，股票如废纸。

蒋介石参加的“恒泰号”等也无充足的保证基金，都是空麻袋背米，苟延残喘到1922年春终于彻底垮台。众多的股票持有者拿着股票要求兑现。交易所的监察人周骏彦被债权人逼得走投无路，曾两次要跳黄浦江自杀。结算下来欠债高达240万元，蒋介石本人在场内外也负债数万元，成了负债累累的人。一时，上海滩上，讨债成风。债主们因收不回现钱，开始雇佣亡命之徒来代行收账。

蒋介石为逃避债主追债，整天东躲西藏，处境十分狼狈。

怎么办呢？三十六计，走为上计。可是往哪儿走呢？走得了吗？

恰巧在这节骨眼上，中国的南方发生了一件大事，1922年6月16日那天，一个惊人的消息传到上海——革命军中的陈炯明在广州叛变，炮轰总统府，孙中山避到了永丰舰上。

蒋介石一拍大腿，心里说，对呀，我何不投奔孙中山去呢？陈炯明决不是孙中山的对手，如果在大总统患难时，我能追随左右，那以后我的前程会无限光明。再说，我目前的处境是提心又吊胆，如果逃到南方，既是投奔革命，又是躲避债务，一举两得，何乐而不为？但能走得脱吗？那些讨债的，无时无刻地不在紧盯着我。要是有一个“大人物”现在出来替我撑腰，那就好了。

蒋介石盘算了几天，才得出结论：目前上海只有拜黄金荣为师，才能使他脱身，也就是临时抱佛脚吧。

蒋介石先找到虞洽卿帮忙，虞倒是慧眼识“英雄”，觉得蒋介石这个人是把好手，他能屈能伸，心活手段也辣，将来必有出息。现在他跌倒了，我得拉他一把。

虞洽卿听过蒋介石的来意，便说：“阿伟啊（蒋介石的小名），你我是同乡人，你的难处就是我的难处，我怎么会见死不救呢？只是这些催债的人都有背景，地面上的事，我也难于对付。这样吧，我介绍你见一个人。”

“谁？”

“大名鼎鼎的麻皮金荣，怎么样？”

“虞先生，咱们这回想到一起了。”

虞洽卿想了一会儿，说：“阿伟，你先回去等消息，我先和黄金荣通个气，然后再通知你去拜见。”

“我听虞先生的。”

第二天，虞洽卿来到钧培里黄宅，黄金荣迎进客厅，让到烟榻旁，招待道：“来，香一筒，提提神。”

“不啦，我抽过来的，阿荣弟发财了？”

“大家都发财。”

“可也有人大倒其霉呢！”

“啥人？”

“阿伟呀！”

“谁是阿伟？”

虞洽卿便把蒋介石的情况说了一番。黄金荣对蒋介石的遭遇，竟漠然置之。在他的眼里，爬起来，跌下去；跌下去，又爬起来的例子在上海滩实在是太多了。

“不要听他那张嘴，阿德哥，”黄金荣说，“你想想，以前赚钱时，是住洋房搂婊子。现在亏了该他倒霉，你放心，他是不会去跳黄浦的。”

“无论如何，”虞洽卿说出他的想法，“对于阿伟，我总觉得你应另眼看待，他不但是陈其美的学生，而且还要参加革命投奔孙中山呢！如果以后他革命成功，将来对你我都有用处。阿荣弟，你看呢？”

“好吧，阿德哥，看在你的面子上，我收下他了。”黄金荣装着无可奈何的样子说道。

第二天，便举行了拜师仪式，由黄金荣的亲信徐福生当传道师，蒋介石毕恭毕敬地向端坐在太师椅上的黄金荣呈上大红的拜师帖子，上面写着：“黄老夫子台前，受业门生尊志清。”然后行一跪三叩首之礼。从此，他成了黄金荣的门生，称黄为“老头子”。拜师后，债主们都接到了蒋介石的请柬，地点在虞洽卿家里。

债主们走进虞家宽敞的大厅中，看到了一桌丰盛的酒席，看到了笑眯眯的虞洽卿，看到了满脸横肉的麻皮金荣，看到了白衫白鞋戴孝的蒋介石。蒋母死不久，蒋介石还戴着孝。

酒过三巡，黄金荣向徒弟递了个眼色，蒋介石会意，便端着酒杯站了起来，向在座的债主们一鞠躬，声音颤抖地说：

“各位，兄弟今天请你们来，心里有说不出的光荣与难过。光荣呢，各位都赏光了，还有我的师父金荣先生光临，我的前辈洽卿先生无微不至的关怀，我将终生难忘。请大家同干一杯!”

蒋介石一饮而尽，抹了一把嘴，双手抱拳：“难过呢，家母去世不久，又欠各位债款。现在南方革命风涌而起，我准备南下去探探路子，至于你们的债款，我蒋介石是绝不会赖账的，待我从南方一回来，便连本加利地还给你们。”

债主们正想开口，黄金荣干咳了一声，向债主们扫了一眼，开口说道：

“介石是我的门生，要请各位多多照顾，大家那是场面上人，何必斤斤计较呢?刚才，介石也说了，从南方一回来，就将欠款还上，大家还害怕什么呢?如果他不还，我黄金荣替他还，大家还信不过我吗?”

债主们一听，完了，这笔账算扔到水里去了。哪个敢和麻皮顶真，一旦他恼怒起来，还不把你撕成碎片，还是见好就收吧。于是，债主们一起拱手：“既然有黄老板这句话，我们还能说什么呢?”

“好！好！那我代介石谢谢各位了。”黄金荣说完，便到后间抽大烟去了。

黄金荣和虞洽卿给蒋介石了却了债务以后，又拿出200大洋作为他南下的路费。此一举，使蒋介石难忘终生。

对于这段往事，知情者黄振世也说：“蒋介石初在陈英士部下，陈死后，蒋在政治上失去靠山，乃与戴季陶、陈果夫从事物品交易所的投机买卖。因投机失败，处境十分狼狈。蒋乃决定离开上海到广州去投靠孙中山先生。因迫于债务，又缺乏路费，由虞洽卿介绍他去投帖拜黄金荣为师。黄见此笔交易好做，不但不收蒋介石一笔压帖贽敬，而且送给蒋介石大洋200元作为路费，助其成行。”

1921年12月，蒋介石悄悄离开上海去广东，次年4月下旬，蒋介石从广东回沪，曾去拜见了黄金荣，但仍不敢抛头露面，随即起程前往宁波。后来，他到湖州去探访戴季陶，叙说交易所失败所遇到的种种痛苦时，还心有余悸。不久，蒋接到孙中山从广州发来的急电，去穗参加护法活动。时孙中山正面临陈炯明的叛军围攻，在永丰舰上苦苦坚持。蒋介石与孙中山在危难中并肩战斗40天，从此获得孙中山的信任，而平步青云。

蒋介石拜黄金荣为师这一事件，就当时而言并无太大的意义，对蒋介石而言，目的是摆脱欠债的窘境；而对势力日益膨胀的黄金荣来说，是因为虞洽卿的面子，内心而言，黄金荣对这个瘦骨嶙峋的新门生恐怕没抱多大的希望。但事实上，事后对师徒双方均有深远之意义：蒋介石通过这次与帮会、流氓势力联姻，在后来的政治生涯中，多次在危难中得到帮会势力的鼎助。其中最典型的事例便是四一二事变时，上海流氓势力充当了蒋介石清党反共、屠杀工人的打手，此后，他们仍是南京政府维持统治的强有力的助手；而黄金荣也“无心插柳柳成行”，师父因门生的高贵而更加光彩，更加神气。

黄金荣对孙中山等国民党的革命者给予了诸多的关照和帮助，但对早期的无产阶级革命者却采取了截然相反的态度，他曾多次压制早期共产党人在上海的活动，其中对陈独秀的两次逮捕就是典型的一例。

# 第十章 Di Shi Zhang

# 收杜纳张牛气 震动一方

人与人之间的角斗，超过动物的拼杀。一个偶然的机遇，却改变了两个不同寻常的人的命运。你看：磨难少年『水果月笙』投至门下，讨得师母欢心，日益显露才华；『猛虎啸林』入黄门，不断崭露头角，之后，军阀又在悄悄庇护他，『老头子』黄金荣如虎添翼，势力日盛。『三大亨』格局就此初定……

## 一、收纳"水果月笙"

杜月笙于1888年8月22日（清光绪十四年七月十五日）出生于上海浦东高桥镇。高桥镇，旧名天灯下，又称天灯头，位于上海县城东北三十六里处。由于一条黄浦江将上海县横剖为二：江东的地区叫浦东，江西的地区叫浦西。因此，杜月笙以后素称自己为浦东人。当时的浦东，是地地道道的穷乡僻壤。当然，现在那里已经是闻名世界的经济开发区了。

杜月笙出生的那一天恰巧是农历七月十五，旧时称作中元节，传说是鬼的生日。他的父亲便为他取名为"月生"。许多年后，他飞黄腾达了，章太炎为他改名为镛，号月笙。

杜月笙的父亲叫杜文卿，和兄长一起住在杜家祖宅里。这是一幢矮小的平房，中间是一间堂屋，两侧各有卧室两间，杜氏兄弟一家住一半，各立门户。屋后，有一座小小的园子，种着果树和花草，所以高桥镇的人都称此为杜家花园。

杜月笙来到这个世间时，杜文卿还远在上海的杨树浦。他和朋友合开了一个米店，常年在那里忙碌。妻子朱氏在家里，靠杜文卿赚到的钱糊口度日。

又一年的春天，上海又流行起霍乱。霍乱的灾难虽然没有临到杜家，但朱氏在这极端恐怖的岁月又生下了一个女儿。

产后，她由于极度虚弱而死亡。

杜文卿倾其所有，为妻子买了一口白皮棺材，殓下妻子，雇人抬回高桥镇。回到镇上，杜文卿也无法埋葬妻子，只好把朱氏的灵柩，放在离家不远的田埂上，用稻草遮盖起来。

送走朱氏后，杜文卿继续开米店，并和一位姓张的女人相遇。于是，杜月笙又有了一位继母。

1892年，杜月笙5岁了。这一年秋天，上海一带大旱，到了腊月，天降大雪，气温

拥挤不堪的吴淞江，多少冒险者从此走上打拼天下的道路

陡降，杜文卿突然染病，尚不及医治，便一命呜呼了。

和杜月笙母亲一样，张氏买好白木棺材，已无钱埋葬杜文卿，她带着杜月笙，把杜文卿的棺材放在朱氏的旁边，然后也用稻草覆盖。这两口棺材在那条田埂上放置了许多年。数年后，不知为何，两口棺材之间，长出了一棵黄杨树，枝繁叶茂，盖住了那两口棺材。

杜月笙发迹后，一心想选择一处好穴，为他的父母落葬。可是，请了几位风水先生，竟然都异口同声地说：

"老先生和老夫人浮厝的那块地方，正好是一处寅葬卯发的血地，只可浮葬，不能入土，因为一旦入土，风水便将破坏无余。尤其是那一棵黄杨树，更是杜门子孙后代荣枝的根源，动也动不得。"

杜月笙本是个迷信风水的人，一听这话，便不再去动父母的棺材，任其继续遭受风吹雨打。直到杜月笙在高桥镇前无古人地建起杜氏宗祠后，也没有把这两具灵柩下葬。

1893 年，杜月笙 6 岁，张氏勒紧裤腰带，让他进了一家私塾，启蒙读书。但刚读了两个月，中日甲午战事起，中国战败，半封建半殖民地的进程进一步加剧。张氏所苦撑的米店，再也无法维持，只好关门停业。张氏带着杜月笙从杨树浦回到了高桥镇。

境遇尽管艰苦，要强的张氏还是节衣缩食，每月拿出五角钱，供杜月笙读书。一连读了三个月，到第四个月必须缴费时，张氏实在拿不出钱来，她抱着杜月笙痛哭了一夜。杜月笙辍学了。

杜月笙在杨树浦读了两个月私塾，在高桥镇又读了三个月，加起来，共是五个月。所以，后来他对人们谈起，总是说小时候只读过五个月的书。

厄运接着又来了，1895 年，爱杜月笙如己生的继母张氏突然失踪了。杜月笙无人照料，只好哭哭啼啼，找到了外婆家。

杜月笙长到 13 岁时，便开始偷鸡摸狗拔蒜苗，吃喝嫖赌抽大烟了。高桥镇上的人遇到他不是打便是骂，杜月笙再也呆不下去了。

1902 年春天，上海浦东正是江南三月、莺飞草长的时节，到处柳绿桃红，蜂飞蝶舞，一派迷乱人眼的景象。一个细高的少年，在一个清早走出了高桥镇，向上海县城进发。他的身后，跟着一个白发皤皤、两眼流泪的小脚老太太。

这少年，便是杜月笙，小脚老太，是他慈爱的老外婆。

这一年，杜月笙才 15 岁。

出了高桥镇，走过庆宁，祖孙二人不知不觉来到八字桥。

此时，他们已走出 10 多里地，老外婆实在走不动了。

"外婆，你回去吧。"杜月笙哽咽着说。

"我不放心呀！"外婆放声大哭起来。

杜月笙也哭了，哭声嘹亮。

"外婆，高桥镇上的人看不起我，说我是小瘪三，不能成人。这回去上海，我一定要捞下世界，然后风风光光地回来，让他们眼睛红得滴血。"

说完，他猛地跪倒在外婆面前，"咚咚咚"磕了三个响头，然后站起，双手扶定老外婆，凝视很久，说："外婆，多保重！"他一抹眼泪，飞快向上海县城奔去。

1904年，杜月笙17岁。这一年日俄在中国东北开战，沪上震动。同时，黄兴组织的华兴会，在湖南起义失败，消息传到上海，民众为之热血沸腾。此时，因为美国人虐待童工，上海人民倡议抵制美国货。

此时，杜月笙正在鸿元盛水果行做事。由于杜月笙喜欢到游行队伍中看热闹，走在队伍里，也喊几声口号。这被鸿元盛老板看到了，跺脚大骂了一通，便把杜月笙赶出水果行。

1907年，20岁的杜月笙找到了一份工作，在潘源盛水果店做事，在这里，他可以按月支领一份薪水，一年三节，还有花红银钱可分，应该说，杜月笙也该知足了。

然而，上海滩是个光怪陆离、波谲诡秘的花花世界，是一口藏污纳垢、五花八门的大染缸，处处充满诱惑，处处充满罪恶，杜月笙因其性格本性，而毁了内心中的堤防，投身到了光怪陆离的花花世界之中。

在潘源盛水果店附近的街坊以及水果市场的同行，有的世属沪上，有的来自乡间，他们都比较天真，玩不出花样。杜月笙和他们相处，反倒显得远比他们成熟。

因为他曾受过苦难的磨炼，同时又与高桥镇上的一批浮浪弟子深交过，胆子大，谋略多，遇到纷争敢出头，为双方摆理能摆平，常常化干戈为玉帛。所以，他在那一帮小朋友中间崭露头角。

“请月笙哥评评理。”那帮小朋友一遇纷争，往往先说出这句话。

杜月笙的声誉逐渐在法租界八仙桥水果店一带展开。就当年的地势而言，这一带恰好是大上海的中心地带。

就在这个时候，杜月笙结识了一个年纪较大的朋友，自诩是嫖赌两道中的斫轮高手，经常在杜月笙面前大谈其嫖经与赌经，逗引得血气方刚的杜月笙心痒难忍。

这人是谁？他便是“套签子福生”陈世昌。

开始，杜月笙不停地告诫自己：到那种地方去，干不出好事来。万一搞不好，身败名裂，眼前的饭碗，还可能又被敲掉。

但是，有一次，陈世昌却和他打起赌来：

“杜月笙，你要是有种，跟我一起去白相！倘若你能过赌场而不下注，看见光屁股姑娘不动心，那你才算是君子！”

“这算什么？去就去！”杜月笙信心十足地去了。

结果，罪恶吞噬了他。

杜月笙不但下了注，而且越赌越上瘾；不但动了心，而且越干越想干。

杜月笙先从设立马路上的赌摊赌起，掷骰子、押单双，赌法单调。他觉得这太不过瘾，又钻进赌棚去呼幺喝六，推牌九，搓麻将，有一度他还迷上了三十四门押其一，中了获利30倍的花会。从制钱、铜板，他一直赌到分子、角子、银洋。

后来，这赌就成为杜月笙的终身爱好之一。抗战前他在家中每日设局，一场输赢，高达三五十万。

至于妓院，上海的妓院分为三等，长三、幺二和低级烟花间。20岁的杜月笙，不敢上长三堂子，也逛不起幺二堂子，他只有在那些拉客野鸡、肉身布施的烟花间里流连徘徊。

不久，杜月笙就拜了陈世昌为师，算是入了青帮，为悟字辈。

和杜月笙同时进香堂，入青帮，拜陈世昌为“老头子”的，大概有十多个人。这十多位“同参兄弟”中，后来闻名上海的除杜月笙外，还有马祥生和袁珊宝，而其中尤以袁珊宝和杜月笙最为接近。

当时，上海滩辈分最高的青帮人物是大字辈，只有几人，在青帮中可谓举足轻重。但上海滩还有一个人物比大字辈还吃香，他就是黄金荣。

在前面，我们已经说过，黄金荣是个“空子”，按规矩，是不能开堂收徒，但黄金荣除外，他不但开了香堂，还有许多人拥到他的门下，拜他为师，尊他为“老头子”。

黄金荣自己曾常常得意地说：“我是天字辈，比大字辈多上一划。”

“空子”开堂，不但收了许多弟子，却还有不少正式进过香堂的帮会分子，也当了他的徒弟。这些在杜月笙看来，是高不可比的。他怎么也没想到，日后自己会荣幸地成为黄大老板的徒弟。

却说杜月笙自从拜了陈世昌为师后，近朱者赤，近墨者黑，在嫖、赌两道上，他又算是进步了不少。

黄金荣与亲朋好友的留影

但问题来了，首先发生的严重问题是经济问题。起先在潘源盛水果行规矩做事，省吃俭用，一月拿几块大洋薪水，还能够添置些衣服鞋袜，把自己打扮得光光鲜鲜的。如今沉溺于嫖和赌，而且迷恋日深，时常留连，那屈指可数的几块大洋，又怎么能够用呢?

但不久机会来了，杜月笙遇到了救星，此人便是“饭桶阿三”黄振仁。

有一天，黄振仁看到杜月笙正袖拢着双手，百无聊赖地闲逛，便跑过去拍拍他的肩头，很诚恳地说：“月笙，你这样下去也不是事情，如果你有心向上，我可以荐你一个地方，你想去吗?”

杜月笙懒洋洋的，抬头望他一眼：

“什么地方?”

“同孚里，”黄振仁压低声调，“黄金荣黄老板的公馆。”

乍一听，杜月笙简直不敢置信，像他这样一个默默无闻、潦倒不堪的穷小子，能够踏进同孚里，上得了黄大老板的门？

黄金荣三个字，当时的上海滩，早已如雷贯耳。在小白相人的心目中，一方面畏之如虎，一方面又衷心仰慕。法国巡捕房里的这位华探头目，财势绝伦，八面威风，高高在上，几不可攀，杜月笙能到他的公馆里行走吗？

同孚里距离民国路不远，一排两层楼的弄堂房子，里面住的，都是法租界里叫得响的人物。杜月笙不知几次走过弄堂门口，他总是远远地探望两眼，从来不敢越雷池半步。他曾眺望同孚里附近，那里人来车往，门庭若市，而那些进进出出的人，谁不是挺胸凸肚，趾高气扬，他们出手大方，醉生梦死。

当时，杜月笙有些呆了，黄振仁连声叫他，才把他从沉思中惊醒。

“能跟随黄老板，我当然愿意，只是怕我自己不行。”

“行，你肯定能行。”

“我还是有些担心。”

“不用担心。你现在去收拾行李，我马上带你一道去。”

到了和黄振仁约定的地点，见了面，略谈两句，杜月笙便跟着黄振仁往同孚里走。

紧张中，杜月笙和黄振仁一同进了同孚里的总门。在弄堂口的过街楼下，一边有一条红木长板凳，凳上坐着五六名彪形大汉，穿着一色的黑云纱褂裤，微微掀起的袖口，手臂上刺的青龙隐约可见。

穿过过街楼，黄振仁对杜月笙耳语道：

“他们都是黄老板的保镖，在弄堂口随时等候差遣。一旦老板要出去，他们统统要跟着出去。”

杜月笙想，我到这里，保镖饭是吃不上的，这帮家伙，胳膊比我大腿还粗。

走进黄公馆的大门，只见门廊下，天井里，到处是人。黄振仁不停地打招呼。有时，他又命杜月笙站住，叫谁一声。

杜月笙原本紧张，此刻更加迷迷糊糊，头昏脑胀。从大门口到客厅，一路上碰见几个人，黄振仁叫他如何称呼，他一点儿也没有记住。许多年后回忆时，他常常笑自己当时太小家子气了。

黄公馆的客厅，布置得中西合璧，百彩纷呈，红木炕儿，垫着大红呢毡，紫檀木的八仙桌与靠背椅，覆以鱼虫花卉的湘绣围披，波斯地毯，上置红丝绒沙发。

四面墙壁，层层叠叠地挂满了名家字画，楹联立轴，王石谷的大幅山水，和西洋裸女横陈图，遥遥相对，几张洋文奖状，高悬在何绍基的屏条之上，正当中是一幅关公读春秋的彩色巨画，画面人物如同真人大小，栩栩如生。两旁悬着一副泥金绣字长联：

赤面秉赤心，骑赤兔追风，驰驱时无忘赤帝；

青灯照青史，仗青龙偃月，隐微处不愧青天。

“老板，”黄振仁走到一张方桌前，朗声说：“我介绍一个小伙子给你。”

“噢！”一个方头大耳，嘴巴阔长的矮胖子应了一声，转过脸来，目光越过黄振仁的肩头，落在杜月笙的脸上。看了一会儿，他缓缓地说：“蛮好。”

杜月笙心中的一块石头落了地，脸上不由得露出了笑容。

“你叫什么名字？”黄金荣和颜悦色地问。

此时的杜月笙已镇定下来，见黄金荣如此和蔼可亲，胆量陡增。

“小的姓杜，木土杜。名月生，月亮的月，学生的生。”

月生是杜月笙的乳名，也是他发迹前用的名字。后来，他平步青云，才有章太炎为其另题雅号。

“生”上加竹字头，取周礼大司乐疏：东方之乐谓“笙”，笙者生也。从而改称“月笙”。同时，又以同疏：西方之乐谓“镛”，于是他便名镛。不过，他自己随身携带的小小一颗金圆章，上面刻的阳文篆字，却仍还是“月生”。

此是后话，暂且不表。

杜月笙在黄金荣面前通名报姓，黄金荣一听，当即哈哈大笑，向在座的几位客人说：

“真是奇怪，来帮我忙的这班小朋友，怎么个个都叫什么生的？苏州有个徐福生，帮我开老天宫戏院，前面还有金廷荪、顾掌生，厨房里有个苏州人马祥生……”

主客谈笑风生，一室生机盎然，杜月笙神态自若，心里有说不出的欢喜，无意间往桌子上一望，他眼睛立刻瞪得滚圆，怎么像黄老板这样的大佬，也和自己一样赌挖纸牌呢？

后来，杜月笙就知道了，黄金荣一生好赌，五六十年从未间断过。

在牌桌边上谈的时候，黄金荣的轻松随和，使杜月笙如沐春风。杜月笙觉得，黄金荣身上有种无形的力量，能牢牢地吸引住他，让他为他去肝脑涂地。

黄振仁唯恐吵扰了黄金荣的赌兴，此时见好就收，提出告辞。

黄金荣似笑非笑，眼睛望着杜月笙，说：“马祥生，你认得吧？”

“是的。”杜月笙忙答道。

“你去找他，和他一道住吧。”

几个月后，杜月笙发现，掌握黄宅大权的，不是黄金荣，而是桂生姐。

杜月笙是何等乖巧之人，便改攻方向，在师母身上用起功来……”

桂生姐每顿饭后，杜月笙就送上削得滚圆雪白的梨子或苹果；桂生姐抽鸦片烟，他就打出不大不小不长不圆的烟泡；桂生姐搓麻将，他在一边出主意使眼色，递毛巾擦脸。甚至桂生姐洗完脚，他也会抱着那小脚指丫修趾甲涂趾甲油。

苍天不负苦心人，半年下来，杜月笙便博得师母桂生姐的欢心。她觉得这条小光棍既忠心又灵活，开始外派差使，叫他去黄金荣开的戏院收盘子钱——当时戏馆里的前座和花楼包厢座位前，除香茗外还摆上果品，供观众享用，任你吃不吃都得付钱，而且价钱昂贵，这是一笔好收入，行话叫盘子钱。

接着，桂生姐又派他到妓院去取月规钱，到赌场去“抱台脚”。

杜月笙收到这些钱款后，当即回黄宅，把款子如数上交师母，分文不差。直到这时候，桂生姐才把他视为心腹，把自己的私房钱由他去放“印子”——高利贷。

不久，桂生姐又让杜月笙参加了“抢土”的班子。

杜月笙在“抢土”班子里，不仅揭发了“歪脖子”私分大烟土的事情，还只身擒住窃盗黄公馆大烟土的窃贼。此后，杜月笙开始和鸦片烟发生关系了。

黄金荣在法租界里，一向以兜得转，吃得开，破案最快而著名。有一阵子，他却被一连串的“黑吃黑”“抢土”、“窝里反”等神秘恐怖的案件闹得头昏眼花，束手无策。由于法租界当局对他逼得太紧，他极为苦恼，不为别的，就怕砸了自己的金字招牌。

这一连串的神秘怪案，全部是由于鸦片烟而引起的。

鸦片烟由远洋轮船从海外运来，为了避免码头上军警的检查，必须先把违禁的鸦片烟卸下来。他们卸货的方式非常巧妙，算准了每夜黄浦江涨潮的时候，把装满烟土的麻袋一只只往水里抛。

“土麻袋”浮在水面，体积大，目标显著。等到潮汐退时，水势倒灌，或由舢舨捞起运走，或由预伏在岸边的好手，利用竹竿挠钩，再一袋一袋钩上岸。

这个秘密很快被其他人知道，他们立刻如法炮制，驾舢舨的驾舢舨，使挠钩的使挠钩，照样“接土”。一捞到或是一钩到，上了岸装上车子就跑。江面宽阔，土商人手少，有时在江上遇见了，也无法可想。上了岸，英界、法界、华界，错综复杂，各有各的势力范围，你找谁去？

当时的土栈，都设在新开河民国路一带，因为这里为华洋接界处，便于掩护。土栈运货，把鸦片分装在铁皮煤油箱里，由土栈里一箱箱地搬进搬出。

抢土者便在光天化日之下，驾着马车，车中藏有原先装货的煤油箱外套的木匣子，在运货的队伍附近转悠，瞅准一个机会，他们便以迅雷不及掩耳之势，把木匣套在煤油箱上，搬上马车就逃，令运土者措手不及，顾此失彼，无法追赶。

这种抢法，叫“套箱”。

另外还有拦路抢劫、打闷棍等，令土商防不胜防。当年上海最厉害的“抢土”者，是“大小八股党”。

上海的弄堂房子，前门和后门同样的重要，两者都是出入通道。只不过进进出出的人，走前门和走后门，身份地位及接洽的事情大不相同。

事事留心的杜月笙，到黄公馆后，很快看出黄公馆有两大系统。常走前门的，是黄金荣公事上的客人和兄弟，在后门厨房进出的，是杜月笙的小兄弟们。其实厨房是变相

江南制造局设计制造的吃水浅、载重量大、行驶长江上游的客轮

的客厅，而马祥生这个打杂的就是联络员。

杜月笙经过多次观察发现，黄公馆明里是黄金荣办公事，暗里则由桂生姐策划指挥。实际上，桂生姐要比黄金荣忙得多。她在忙什么呢？她忙的居然是“抢土”“包赌”。

抢土案件越来越多，杀人越货，时有所闻，杀人伤人涉及刑案，捕房不能不管，但却又无从下手。外国人无法，只能责成黄金荣尽力破案。

黄金荣请来相关人士，秘密会商，当他洞悉内情，顿时便感到这案子十分棘手。有这么一桩取之不竭，用之不尽的财源，那些江湖朋友怎能罢手不干呢？所以，黄金荣一连多日唉声叹气。

桂生姐见他这么烦恼，便再三追问。黄金荣把事情一说，桂生姐不觉怦然心动。她觉得，这“土”里的确大有文章可做。

要想做无本生意，再没有比“抢土”更简单便利、利润惊人的了。抢到一袋或一箱土，便是洋元上万，而且所冒的风险并不大。桂生姐经过一夜的深思，想出了一个刀切豆腐两面光的办法。同时，她舌翻莲花，说服了她的探长丈夫。

黄金荣答应按桂生姐的办法去做，由他和桂生姐兵分二路，双管齐下。

桂生姐的意思，土商那面，因是违禁贩毒，纵使损失颇重，也无法公然出面，请求捕房查缉。同时，他们都是久闯江湖的人，应该懂得“强龙不压地头蛇”的道理，做这么大的发财生意，落下点甜头给当地码头上的兄弟吃吃，实在算不上什么。

何况，万一两虎相斗，事情闹穿，吃大亏的必定是土商他们自己。一天损失几包土，权当抽头纳税了。反正羊毛出在羊身上，抽大烟的人有的是钱。

捕房方面也有两重顾虑，一是因为抢土杀人，出了刑案非办不可；另一方面，他们都暗中得过土商的好处，也要对土商有所交代，所以，办也不好，不办也不好。

但是，如果黄金荣保证不会发生刑事案，而土商也“深明大义”，不再追究的话，外国人就会感觉很好。

抢土的人，三教九流，本地的”好汉”，外来的“英雄”，可以说是庞杂歧异，无所不有。这种乱哄哄的现象应该得到有效的控制。

在桂生姐的授意下，黄金荣专门组织了一支“别动队”，半公开地武装押送烟土，土商们每次出一部分“土”作为保护费，由黄金荣收取。

那些单独行动的各路劫贼，与黄金荣的别动队较量过几次，都大败而归。反过来，不少人只好求黄金荣，赏口饭吃，黄金荣便把这些人也拉进了别动队，长期护“土”，定期发“土”。这一下，黄金荣的油水可足了。

桂生姐不但要丈夫公开分“土”，自己也加入到抢土行列。

杜月笙这次十分有幸，成了桂生姐的左右膀。

有人向桂生姐报告，英租界巡捕房的探长沈杏山和水警营、缉私队的郭海山、戴步祥、谢葆生等人，利用工作之便，从抢土到包运烟土收保护费，全包了下来。收到了浮财，除一部分奉送给洋人之外，其余全部落入自己的腰包。这帮家伙个个嘴角冒油，腰缠万贯。

桂生姐听完，愤愤地说：“这块肥肉，绝不能让沈杏山那帮人独吞！月笙，我限你三天，一定想出办法来！”

杜月笙胸有成竹地说："我有个主意，请师母定夺。"

杜月笙见桂生姐点点头，便凑到她身边说："沈杏山那帮人也不是铁板一块，其中谢葆生便不满沈杏山的霸道，如果我们把谢葆生拉过来，作为内应，那我们就可以掌握他们每次运土的时间和地点，到时候，抢起土来，不就十拿九稳了？"

"怎样能把谢葆生拉过来呢？"

"师母，你不知道，这谢葆生和我有生死之交。"

"说来听听。"

原来，杜月笙还在签子福生手底下混的时候，谢葆生一次因为嫖一个妓女和陈世昌争执起来，双方便大打出手。谢葆生不敌，拔腿便跑，被陈世昌等人捉住了，对他要施"扒皮""抽筋"的大刑。

正要执行之际，杜月笙心中不忍，便下跪求情，谎称谢葆生是自己的一个远房亲戚，救下他这条命。从此后，俩人关系日渐亲密，结成刎颈之交。

桂生姐听完杜月笙的叙述后，便说道："以后，这方面的事情全权由你负责。"

杜月笙还真没让桂生姐失望，第一次出手便抢得乌黑锃亮的"川土"足足有 2000 两，让桂生姐乐得嘴都合不拢。

以后的每次抢土，杜月笙都安排得天衣无缝，次次成功。

杜月笙的地位在黄公馆大大提高了。他不但成了桂生姐的左膀右臂，而且还成了黄金荣大小事情的智囊，来到黄公馆的达官贵人、富豪巨贾都得由他接待。

坐在黄公馆里，看着整日进进出出的各色人等，杜月笙觉得，自己绝不能够一辈子呆在这里。否则，就是到死，他也只不过是精明、称职的管家而已。

"我要有自己的公馆！要有自己的汽车，自己的司机，自己的秘书，自己的管家，自己的一切！"在一个有月光的夜晚，他漫步在黄家公馆后院的湘妃竹间，望着月下森严的房舍暗暗发誓。

那段日子，杜月笙心里常常蠢蠢欲动。他三天两头走出黄宅，一家妓院接一家妓院去寻找，寻找那些让他看着更加冲动的妓女。他只要看见满意的，从不在乎多少钱。

他太需要发泄了。他心里的欲望之火越发泄越旺。他自己常常担心，自己是否会被这把火给烧死。

杜月笙的这一切，被桂生姐看在眼里。她以为，杜月笙如此，仅仅是因为需要女人。她想，这是一个得力的干将，必须牢牢抓在手中，要是老让他在外面睡妓女，被一个女奸细勾上，就坏大事了。

必须给他安家找女人，稳住他的心。不过，女人也难免会吹枕头风，要是找得不恰当，便会从自己手里把他拉出去。这样当然也不好。她想来想去，终于想出了一个牢靠的办法——把自己苏州的亲戚沈月英嫁给他。

有一天晚上，桂生姐躺在后院藤椅上，杜月笙陪坐在一旁说着闲话，同时操着一把水果刀，手指灵巧地给师母削着苹果。

"月笙，你要交好运了！"桂生姐神秘地说。

"嗯？啥好运？"

“看你两颊红红的，可是要交桃花运啦!”

“师母，别开玩笑了，哪里有什么桃花运?”

“嗳，男大当婚，女大当嫁嘛！你看上次来做客的苏州阿四怎么样?”桂生姐不理会他的话，马上说到实质性的问题上去，“要是不嫌弃，我做主把她娶过来。”

杜月笙知道，这姑娘叫沈月英，小名阿四。他有点不好意思地回答：“好是好，只是我现在还没有落脚之处，在灶披间，能结婚吗?”

“嗳，这你就不用担心了。办喜事的一切费用、新房、酒席，我全给你包了。”桂生姐接过杜月笙递过来的一个削好的苹果，咬了一口说：“不过，你得有良心，以后可别忘恩负义哦。”

“我怎么会呢!”

“好，你明天就去找人写个帖子，这两天，我选一个吉日，叫老头子正式收你为徒。以后什么事，我们夫妇都能给你顶着。”

杜月笙来黄公馆做事，和许多下人一样，叫黄金荣师父。

其实，他们都没有递过帖子，不能算是正式的徒弟。

三天后是个吉日，黄金荣在同孚里黄公馆的客厅，接受了杜月笙三拜九叩的大礼，并接过他的门生帖子。

当夜，桂生姐让黄金荣快活过一番之后，问：“你说，杜月笙这小伙子如何?”

“绝顶聪明，没说的。”

“我也觉得他将来定会有大出息。所以，我不但叫你收他为徒，而且还要把苏州的阿四许配给他。”

“倒也合适。”

“过几天我就想把这事办掉。你这做师父的，打算怎样帮忙?”

“要用钱，叫他到账房里去拿，要面子，对外就说是我亲自做的媒。”

桂生姐笑了笑，摇摇头。

“这样还不行，你要怎么办?”

“我要你帮他做一件事情。”

“哪件?”

“法租界的三只赌台，你拨一只给月笙，让他自己有个财源。”

黄金荣有些为难了：“他能撑得起台面吗?”

其实，黄金荣说的是真心话。所谓赌台。实际上是一家规模宏大、包罗万象的赌场，开赌场的，都是拥资百万、财富惊人的广东大亨。

说起来，令黄金荣对杜月笙另眼相看的，是这样一件事情。一年冬天，黄金荣的小生日，按照惯例门徒等手下人都要备好礼物前来拜寿。但杜月笙并未到来。黄金荣有些纳闷，便问左右：小赤佬那能唔没来给我拜寿？知情者说：小杜这几天生意不好（指没有抢到鸦片等），一些小弟兄伙食开不出了，小杜把自己的衣裳送到当铺去换钱了，没有衣裳所以不能来祝寿了。黄金荣听了，不禁叹道：小杜为人还真讲义气啊!

现在要拨一只赌台给杜月笙，那就要他负责一片赌场的安全，而这种所谓的安全，不仅仅是抱台脚，保保镖，免得被人抢砸、偷盗、讹诈，而是要把上自外国衙门，下自强盗瘪三、三教九流、四面八方的人，全都摆得平，拢得转，使得赌场安然无事，闷头发财。

桂生姐觉得黄金荣也不是说得没有道理，便降低了标准，说："这样吧，先拨一只赌台，暂时要他管理，先查看一段时间，如果玩得转的话，就拨给他；如果玩不转，再收归己有，不行吗?"

黄金荣想了想，也只好如此了。

杜月笙自从掌握了这一只赌台后，便兢兢业业，四方周旋。结果他的赌台不但能正常运转，还比金廷荪和顾掌生那两只赌台的利润还要丰厚，桂生姐看在眼里，喜在心里，当即决定，这张赌台以后就拨给他了。

1915年的春天，杜月笙结婚了。黄金荣做了媒人。初出茅庐的杜月笙对黄金荣忠心耿耿，为黄金荣在上海打天下立下了汗马功劳，诸如涉足鸦片业壮大实力、策划张啸林的加盟等。

## 二、猛虎张啸林入伙

除了杜月笙投师黄门，对黄金荣的势力增加起到很大作用外，还有一个人的加入，使黄金荣获得了统治上海的皖系军阀的某种庇护，地位更加特殊。这个人就是张啸林。

1877年6月14日阴历丁丑年五月初四，杭州湾的气候已渐渐热起来。在通往原属浙江宁波府慈溪县的一个偏僻乡村的田间小路上，一位衣着褴褛的中年人，身后背着木工工具，正迈着疲乏的步子，往家里走去。

当他听见从自己破旧的茅屋里传来婴儿的阵阵啼哭声时，不由得加快脚步，气喘吁吁地向家门口奔了起来。这个原来日子过得就比较清苦的木匠家庭，从这天起又添了一个男孩。他，就是张啸林。

张啸林，排行第二，哥哥叫大林，故父母为他取名小林，乳名阿虎，后更名为寅。啸林这个名字，是他在上海当流氓出了名后才改的。因为张啸林乳名阿虎，取"猛虎啸于林"之意，以显示其"高雅"。

1897年，张啸林20岁。全家在乡下实在难以度日，不得不背井离乡，移居到离慈溪140多公里的杭州拱宸桥。张啸林与大林一起进了杭州一家织造绸缎的机房当学徒。

但是，他不务正业，游手好闲，专同地痞流氓为伍，不时纠众滋事，寻衅打架，不几年，就被机房老板开除了。

1903年，张啸林迫于生计，考入了浙江武备学堂。在校与同学周凤歧、夏超、张载阳等人结为密友，这是后来他能够同一些军阀勾搭上的由来。

说起张啸林和张载阳的相识，还有一段故事值得一提。

张载阳是浙江兰溪人，这年春节过后，张载阳头戴瓜皮小帽，身穿长袍马褂，一手拎着一只藤条箱，一手提个铺盖卷儿，从南星桥码头上岸后，好不容易从一大群挑夫、车夫、旅店拉客人的包围中冲了出来，将行李放在一爿茶馆门口，站定喘口气。

当他用袖子管擦擦额上的汗珠，弯腰伸手去提藤条箱时，却被一只穿双梁棉鞋的大脚踏住了。

“先生，这是我的箱子，请挪开脚。”

“放两块龙洋出来，我们给你搬。”一个戴毡帽的无赖开口说，还对身后的另一个无赖挤了挤眼睛。

“我自己的行李不需要别人效劳。”

“效劳不效劳，都得付两块龙洋。”

“要是不给呢?”张载阳火了。

“休想拿走箱子。”

“真的吗?”

“你试试。”无赖说着左脚用力一踹，啪嗒一声竟把藤条箱踏扁了，接着，那无赖又飞起一脚，将箱子踢出丈把远。

张载阳是个血气方刚的青年，他想不到刚踏上杭州的地皮，便受这般窝囊气，怒从胆边生，提起右腿，朝着那无赖的裤裆底下狠命踢去。

“啊哟!”那无赖一声惨叫，便弓着身子，双手捧着被踢碎了的卵子缩成一团，痛得在地上打滚。旁边几个无赖见同伴被踢，便一拥而上，混战起来。

几个无赖围着张载阳厮打，那张载阳却毫不畏惧，只是对方人多势众，自己孤立无援，难以取胜。

正在这危急时分，忽听得背后有人大喝一声，有个粗壮青年跳进圈内，反手从后背抓住一个无赖的衣领，将人高高举起，往屋边的露天茅坑里一扔。扑通一声，无赖一头栽入臭粪坑里去了。

旁边的几个同党见了，吓出了小命，一窝蜂地四散逃走了。

这粗壮青年便是张啸林。他今日去投考武备学堂，恰巧路过这儿，拔拳相助，与张载阳正好一路。他们一道考入学堂，从此成了莫逆之交。

浙江武备学堂是个专门培养军事人才的学校。张啸林在入学以前已染上了地痞流氓的恶习，入学后不是把精力集中在学习上，而是用在与官府衙门的勾搭上，想以此为资本，抬高自己的地位，扩张自己的流氓势力。

他还未毕业就离开了浙江武备学堂，拜杭州府衙门的一个探目李休堂为先生，充当李休堂的跑腿。

不久，他依仗地方官府的支持，在拱宸桥一带开一爿茶馆，以此作为结交地痞流氓、聚赌敲诈的据点。

1907 年，张啸林结识了杭州一个外号叫“马浪荡”的江湖艺人。马浪荡本名叫陈效岐，原是个唱滩簧的。

滩簧是苏州、上海、杭州、宁波等地流行的一种曲艺。陈效岐每次出堂会，就让张啸林帮着扛丝弦家什，演完一场后赏他几文钱。

次年 10 月，在清政府曾任武英殿大学士的杭州人王文韶病死。出殡那天，陈效岐受雇扮戏参加送葬行列，张啸林便伴在陈的身边。

出殡队伍经过日本租界清河坊，张啸林无意撞倒了一位看热闹的日本小孩。这下子，捅了马蜂窝，住在清河坊的日本人倾巷而出，拦住王府的孝帏，强行勒索赔款。

送葬的人气愤不平，双方争执不下。

这时，张啸林大喝一声："开打！"成百上千的掮执事、骑顶马、吹吹打打各色人等，立刻像潮水一样地冲向日本人，吓得日本人回头便跑，纷纷关上大门。

待到出殡诸事完毕，队伍解散，张啸林又约了数十个艺人和以前的机房朋友，开回清河坊与保佑坊，看见日本人开的店铺，不分青红皂白，冲进去便又打又砸，掀起了一场较大的风波。

事后，杭州官府在日本人的压力下，决定惩办带头闹事者。

陈效岐为保护张啸林，以滩簧先生首脑的身份，挺身而出，结果被判在拱宸桥头，披枷带锁，示众一月。

陈效岐的枷锁示众，更激起杭州人民的反日情绪。他们自动组织起来，一致拒买日本货。日本人难敌群愤，只得相继迁出清河坊。

经过这件事件，陈效岐十分赏识张啸林，并与张结成了过房亲家。

然而，此时的张啸林仍然不改聚赌诈骗的恶习。

每年春茧上市和秋季稻谷收获之际，他便雇用小帆船一条，到杭嘉湖一带，以三粒骰子做赌具，巧立青龙、白虎等名目（俗称"颠颠巧"），引诱农民赌博，设计骗取农民钱财。乡间农民受到张啸林的欺骗，有的输得当空卖绝，有的输得投河上吊，引起了广大农民极大的愤怒。

为此，杭嘉湖一带人民曾写状上告，杭州府与钱塘县均曾出签访拿张啸林，但终因一班衙役都受过张的贿赂，屡屡通风报信，使张啸林几次避过风头，逍遥法外。

但后来有一次，张啸林在茶馆里为争座位，对旗人大打出手，险些酿成命案。他怕被官府捉拿，逃到了绍兴安昌镇，投靠他的老朋友在安昌任巡官的翁左青。

不久，武昌起义爆发，旋即杭州光复，张啸林托人探得自己的案子不了了之，于是又堂而皇之地回到了杭州。

辛亥革命后，张啸林参加了"三合会"，做一名普通的门徒。一次偶然的机会，他结识了洪门大哥杭辛斋，并靠杭辛斋的关系，利用一批旧日的机房朋友做班底，逐渐发展成为颇有声势的一霸。

有一天，张啸林在朋友家吃了几杯喜酒，心头已有三分醉意。在回家途中行到拱宸桥附近，看到有几个人合力殴打一个人，便上前劝说。那几个人看到张啸林多嘴，就不问青红皂白，围起他打了起来。

张啸林原是练过拳脚的，什么场面没经过，见三人打来，一脚踢去，正踢中一个人的睾丸，那人当场倒地而身亡。他知道又闯了大祸，急忙挣脱身来，也不敢回家去，连夜离家逃往上海。

张啸林逃到上海后，就落脚在小东门外东昌渡一带码头上，更名"林生"。后来，经同乡投机药商黄楚九介绍，张啸林拜青帮"大"字辈樊瑾成为"老头子"。由于有些文化，他很快熟记了“海底”术语，下一辈的流氓都称他为“张爷叔”。

张啸林的外貌与黄金荣、杜月笙略有不同。他中等身材，圆头大耳，长着一对豹眼；两颧高，双颊陷，颈子特别长，清瘦中有些杀气，令人望而生畏。再加上他浑身蛮力，且凶狠毒辣，因此门徒捧为“张大帅”。

张啸林于是把上海当成第二故乡了，他还传信到家里，让妻子娄丽琴偷偷来到上海。

张啸林在东昌渡码头，最初是与杭州锡箔船商打交道的。因杭州锡箔船商见张啸林在码头上的流氓帮里有些路子，就和他商量，为保护每船来货在码头上不受损失，愿按来货所值拿出若干，作为保护费。

张啸林见有油水可捞，就在十六铺码头上的流氓群中寻找合作者，结果和杜月笙相识，于是，两人便同流合污起来。

杜月笙把杭州锡箔船商的货物引渡到“小浦东”卸货，从中收取保护费。这事很快被其他的流氓得悉后，就互相勾结，纠众前来明抢，双方发生了一场恶战。

杜月笙这帮因寡不敌众，被其他流氓打得落花流水，各自奔逃。杜月笙本人也被打得奄奄一息。

张啸林把杜月笙背到自己租的房子中，延医诊治，并悉心调养，不久，杜月笙便恢复了健康。因此，杜月笙对张啸林的救命之恩，终生难忘。

这期间，通过杭州湾来的小瘪子，没有必要交往，便就此不来往。

不久，上海新开河码头建成，但外省的船商因不堪上海稽征吏的勒索，通过张啸林等人的关系，纷纷到别处卸货，这就等于砸了稽征吏的饭碗。

这班稽征吏到处打听，原来是张啸林在船商中暗地捣的鬼，砸了他们的饭碗，决意要把张啸林擒到手，结果他的性命。

一天，张啸林正在南码头联系事务，被驻该处的稽征吏发现，就立即纠集十余个稽征巡警，不问情由，把张啸林拽进稽征局内捆绑起来，打得死去活来，准备夜深人静时，把他扔入黄浦江中淹死。

当天下午，张啸林的老婆娄丽琴得知他被稽征局捉去，便急忙找到杜月笙，求他及早设法营救。杜月笙听说后，一面叫手下弟兄到稽征局打听虚实，一面和几个头目商量如何营救张啸林。

大家认为，如果白天去抢救张啸林，稽征局里有几支老爷后膛枪，难以得手，不如等傍晚时分，巡警们都下了班，再冲将进去，打他个措手不及。

大家计议已定，随即挑选了数十个流氓，到了晚上，杜月笙和李阿三率领流氓一齐冲入稽征局，救出了张啸林，然后一哄而逃。

张啸林脱险回家，休养了数日，打听到捕他的头目“金狮狗”原是一个手段非常残忍的家伙。为了要报仇雪恨，他就请三十六股帮流氓头子“吊眼阿定”助他一臂之力。

“吊眼阿定”见“金狮狗”倚官仗势，勒索船商们的钱财，也非常看不入眼，于是答应了张啸林的要求。

一天上午，金狮狗照例出来巡查商船，正独自走到江边时，突然前后窜出十几个人，不问情由，把他掀倒在地，一顿拳脚，又七手八脚地把他拖到江边，一声号子，奋力往江里一抛。

此时，江畔正好泊来一艘大粪船，只听“扑通”一声，金狮狗被抛到大粪船中。虽然保住了一条命，但已饱尝了大粪的滋味儿。金狮狗爬出大粪船时，张啸林等人早已逃得无影无踪了。

上海呆不下去了，张啸林只好携着妻子又回到了杭州。

1919 年 8 月 14 日，浙江督军杨善德病故，卢永祥由淞沪护军使升迁，护军使则由卢系大将何丰林继任，江翰廷任护军使署秘书长，刘吾圃任警察厅主任秘书，俞叶封调任缉私营统领，张载阳升任浙江省省长。

由于这批分居要津的大官，与张啸林有私交，张啸林便有了强硬的靠山，他觉得，又该来上海了。上海这片天地比杭州广阔多了，能使自己得到更大的发展。

到了上海。听说以前的老朋友杜月笙已在黄公馆发迹了，便马上拜访，并要求杜月笙把自己荐在黄金荣的门下。

黄金荣在得知张啸林与浙江省省长张载阳、督军卢永祥等关系密切后，也想招徕张啸林入伙，黄金荣与张啸林一见如故，引为知己。于是在 1919 年，张啸林将全家迁至上海。

就这样，上海三大亨的雏形形成了。

从此，黄金荣集团不仅以租界的政权为护符，在流氓争霸冲突中立于不败之地，而且又进一步获得了军阀的庇护，势力更加膨大。

“三大亨”格局形成后，近代上海又出现了一大批由他们衍生出的小流氓。这些流氓聚众结伙，触角伸到上海社会生活各个角落，横行霸道，为非作歹。当时在各自地盘上称霸的流氓主要有以下几种：

（一）码头霸

旧上海黄浦江畔建有许多卸货码头，雇佣了许多搬运工人。青红帮出身的工头，在外国人指使下，凭借流氓势力成了码头霸主。其中势力较大的有：绰号“大刀关胜”的沈关生，三井煤栈码头霸头李茂龄，人称“码头春宝”的张春宝。这些人手下徒弟均在 1000 人以上。码头工人劳动强度很大，霸头不劳而获收取搬运费的 60%，工人仅得少量报酬，谁敢不服，就会被恶势力殴打驱逐，甚至有生命危险。此外，霸头还在码头上横行不法，欺诈旅客，将码头上木板改为活动板，旅客下船时只要将行李放在码头上，稍有不慎，如转身叫车，行李便不翼而飞，事后霸主与得手的徒弟分赃。

（二）人贩霸

上海流氓贩卖人口有两种：专贩男孩，叫“搬石头”；专贩女孩，叫“摘桑叶”。贩男孩的后台老板，是前海宁路虹口汇司捕房刑事股探长尚武，他出身青红帮，手下徒弟 2000 余人，与潮州帮三合会勾结，将人口拐卖到广东。贩女孩的头目中，尤阿根势力较大，曾任公共租界老闸捕房刑事股总探长，青红帮出身，手下有数千名徒弟。他们把女孩拐到手后，卖给福州路一带十几家妓院。温州人陈鹤明充当蛇头，勾结上海潮州帮三合会等，贩卖人口去国外。1930 年至 1936 年间，仅向南美一地，就贩运 5 万多人。

（三）渔市霸

1934 年前，上海渔市集中在小东门法租界一带。每天从外地云集许多装鱼船到渔行码头卸货。每天清晨，全上海菜场渔贩数千人，到小东门向渔行批购。上海海鲜业同业公会黄振亚，本系无业游民，只因拜了黄金荣为师，便利用黄的势力拉帮结伙，欺行霸市，垄断货源价格，成为渔市一霸。

（四）菜场霸

旧上海菜场也有恶霸。30年代最热闹的菜市，要数虹口三角地菜场和法租界麦兰区菜市。菜场内摊位位置不同，会影响生意好坏，有些流氓头子乘机垄断牟取厚利。法租界有个徐海涛，曾拜杜月笙为师，他狗仗人势垄断好的摊位，每月转租给别人，可净得千元。

（五）人力车霸

人力黄包车是旧上海主要交通工具之一，当时人力车霸主多数是大流氓顾竹轩的徒弟。法租界有个探长金九龄，手下有徒弟3000人，仅在陕西南路一带就有人力车100多辆。租车人一旦生意不好，就会被取消租车资格，甚至惨遭毒打。

（六）走私霸

旧上海走私特别严重，多由青红帮组织操纵。这个组织规模庞大，与海关、外商轮船公司、租界警务司等关系密切。外滩爱多亚路附近有家吴记运输公司，白天很少有活动，一到夜间，就有十几只小艇从外轮上把进口漏税货物卸在码头上，再由吴记公司用卡车运到洋行存放。这个公司老板吴志龙，参加过青红帮，拜过黄金荣为师。

（七）粪霸

民国时的上海卫生设备很差，绝大多数人家均用马桶。每天清晨专门有人拉粪车，穿街走巷，挨户代倒马桶。粪车装满后，由粪夫拉到粪码头，出售给粪船农民。粪霸向租界当局承包，坐收其利，法租界粪包头是黄金荣的姘妇阿贵姐。她共有粪车四百多辆，手下徒弟好几百人，每月可净赚1万多元。她1930年病死后，粪包头由其儿子马鸿根继任，生意兴隆。

此外，在上海著名的棚户区三湾二弄——潭子湾、潘家湾、朱家湾和药水弄、蕃瓜弄等处，均盘踞着一批各种各样的地头恶霸，他们啸聚成群，如“薄刀党”“五条龙”“十弟兄”“十三太保”“十八家番王”“塌屎党”“剥衣党”“三十六罡”等。凡居民盖搭草棚，须先送“上梁费”、“门牌钱”；恶霸家中的阳寿、阴寿、孩子满月、老婆患病、兄弟结婚、女儿出嫁，甚至娶妾、纳徒，居民均须送礼；逢年节和月初，恶霸便遣喽罗挨户收取“年收钱”和“月规钱”。此外，这些恶霸还时常拦路抢劫，设卡敲诈，调戏妇女，霸占人妻，无恶不作。

这些恶霸大多长于玩弄敲竹杠、“摆丹老”（即硬借，近乎于勒索）、索陋规等手段。旧上海的这些恶霸势力，几乎无处不在，无孔不入。

老报人徐铸成曾谈起亲历的一事：当时《大公报》自北方来上海出版，创刊的第一天，市面上一张报纸也没有，尽管他们连续两天加印，仍是照旧。《大公报》的经理胡政之急得无法，遂求助于法国哈瓦斯通讯社的中文部主任张翼枢，张翼枢当时是法租界公董局的华董，又是杜府的清客之一。于是《大公报》特备了一份厚礼给杜月笙，请杜月笙答应以他的名义宴请上海各报业巨头，开宴以后，张翼枢向全体客人致词曰：“杜先生关照，说《大公报》出版，希望各位多多帮忙。”那些不愿外地来沪挤进报业的幕后策划

“收进”《大公报》零售报纸者，听到这一句话，果然就此罢手，使得《大公报》在第四天的早晨与上海市民见面，这种阻拦外报入沪的做法，也充满了报霸的气息。

法捕房的流氓班头目徐阿东对待流氓一向采取高压手段，流氓畏之如虎。黄金荣要提高“白相人”的地位，压制徐阿东，颇费苦心。在第一次欧战结束以后，黄金荣因维持法租界治安有功，法帝聘他为法租界公董局顾问，领少将衔，法捕房里所有华籍探目、巡捕，均由黄金荣提名升级。徐阿东当然也想往上爬，于是便向黄金荣请求提名，黄叫他到新北门去找杜月笙，说这次提名升级的探捕，都归杜月笙拟定名册。徐阿东如约到聚宝楼去见杜月笙时，杜早已得黄金荣暗示，约好两租界以及闸北、南市地区的白相人，等候徐阿东到来，徐阿东对杜说明来意后，杜月笙立即拍胸担保，他说，今后在公事方面，要请徐先生对今天在座的各位先生另眼看待。徐只好一口应允。杜月笙当着众人的面，高声宣称：“先生和我们是一家人了，今后不走大家的样（就是殴打和逮捕，使流氓难堪的行动）。”徐阿东经过这一次事实教训，不敢再以硬派作风对待流氓。这事以后，英、法两租界捕房里的包探，不但不敢再开罪白相人，反而向大流氓门下投帖，甘做门生（如英捕房督察长刘绍奎等拜在蔡洪生门下），流氓势力更加飞扬跋扈。

在黄金荣和杜月笙发迹之前，白相人是没有社会地位的。如杜月笙的师父陈世昌，绰号套签子福生，在天后宫一带用三根红木签子供游人用竹圈投掷，骗取学龄儿童的糖果钱。此外又强包附近居民婚丧喜事的仪仗队，称为吃“红白饭”等等。而陈世昌在白相人中，也算得上是一个头面角色。黄金荣利用帮会分子打天下，慢慢爬到捕房华探督察长时，流氓势力就大为抬头，黄是他们可靠的后台老板。由黄金荣幕后操纵，承包了法租界烟赌两项特种事业，于是造就了像杜月笙、金廷荪、马祥生那样的大流氓。

## 三、结交军阀人物

在民国时期的上海，洋派的上流人士，多是泡电影院、舞场，遛狗，吃大菜，喝咖啡，与交际花打情骂俏，争风吃醋。而旧派人士则是进澡堂，孵茶馆，听大书，唱国剧，吃本帮菜，喝老酒。

扬州场面上的生活方式可以用六个字来概括：水包皮，皮包水。所谓的“皮包水”，就是早晨起来孵茶馆店，与朋友一起吃茶吃点心，交流信息。所谓的“水包皮”，就是傍晚或晚上孵澡堂（洗澡）。随着扬州人士大量迁居上海，这种“上等人”的生活方式也传播到了上海，尤其是不少扬州移民沦为贩夫苦力、帮会流氓人物，因此使得这种“皮包水”“水包皮”在上海社会，尤其是帮会流氓中最为盛行。

黄金荣当了包打听后，一般每天上午七八时起床，先到法大马路郑家木桥转角的聚宝楼茶馆，坐在他的专用座位上，跑堂便会沏上一壶碧螺春或者龙井，然后边吃点心，边会见手下的眼线和各色人等，交线索、通情报、讲斤头的纷至沓来，由他当场处理。通常如侦查案犯、策划抢劫、分赃劈霸，也在此决定。

然后中午回到寓所用餐。到下午三四点钟出门，由手下前呼后拥，到八仙桥日新池浴池洗澡。进得澡堂后，先入大汤池泡上30分钟，直泡得皮肤红胀，心跳加速，然后入高级单人浴室，接受搓背、敲腿、扦脚与捶背、按摩等全套服务。同时，接待三教九流人物。谈话内容因人而异，从寒暄接待、谈正经生意，到杀人贩毒均有。

后来，有了些商业眼光的黄金荣，把日新池浴室改成黄金大戏院。

山西路是浴池集中地，故名盆汤弄（盆汤是上海人对浴室的称谓）

黄金荣下午的“水包皮”便改到民国路、浙江路（今人民路、浙江南路）转角处的逍遥池。

逍遥池楼高三层，设施更现代化，场面也更有气派。尤其是休息间，装饰华丽。逍遥池的老板是黄金荣的门徒，师父上门来是天大的面子，自然分文不收。

黄金荣洗完澡，进入休息间，躺在烟榻上，便由程锡文等负责装烟，过瘾后打个盹。手下门徒都知道师父的这一习惯。等黄金荣醒来，便鱼贯而入，向黄汇报三教九流种种情报，请示定夺。然后，张啸林、杜月笙、金廷荪等也常常相聚于此，商量各种要事。

自黄金荣“早上皮包水”“下午水包皮”的生活方式固定后，从杜月笙、张啸林以下，上海滩上一般的黑道人物均竞相模仿。一时，每日早晨，十几家有名的茶馆中，聚集着从各方汇拢的白相人；而下午的高级浴池中，也到处是五大三粗、横眉竖目的地痞流氓。

另外，抽鸦片几乎是黄金荣终生的爱好。从晚清到民国，中华大地毒烟滚滚，抽大烟是国人的普遍嗜好。在1929～1934年间，全国有8000万人吸食各种毒品，占总人口的16. 8%。帮会流氓人物可以说是吸毒队伍的主力之一。

黄金荣自幼就已在父亲的吞烟吐雾之中习以为常了，成年后便成了烟馆、燕子窝的常客，尤其是成为巡捕后，要抽几口大烟，那还不是现成的，于是由白抽、白拿而染上了阿芙蓉癖。

黄金荣尽管每天离不开鸦片，但也有三点准则：一是只抽大烟，不吸海洛因，不打吗啡，这样不会因中毒太深而丧命。二是鸦片只选两种上等鸦片，即印度鸦片或者是云南鸦片。这两种鸦片所含生物碱较多，香气浓郁而毒质较少。三是鸦片烟膏中要掺合燕窝、珍珠粉和人参，这样可以大大减少毒性的侵袭。

黎元洪到上海访问时，其夫人赠送黄金荣一套精美的鸦片烟具，全部用纯银镶钻而成，黄金荣极为喜欢，视为至宝。

黄金荣具有浓厚的封建思想。上海城隍庙每年一次的执香会，他是会长，他必率众子弟前往祭供叩拜，还叫些流氓装扮成判官、小鬼、阴皂隶，两个一对地搭成对子，面对面，在马路上表演。黄家花园里设有关帝庙，庙后土山上有观音堂，题名为“紫竹林”。

每逢农历正月十三、五月十三和九月十三日举行关帝会，黄门子弟每人出资10元，到花园内关帝庙聚餐，菜肴由黄宅厨房供给，多余的钱就作为黄家花园的内部开支。这又是借名敛钱的一套手法。他又乐于结交僧道，五台山、九华山、普陀山及上海龙华寺的当家和尚常到钧培里化缘募捐。黄出手不大，最多几百元。而各院主持均以得黄题名为荣，多少在所不计。

黄金荣的生活可以说是典型的旧派人士的生活习性，但这并没有使他的思想变得保守，他很能够审时度势，跟随时代的潮流。

20世纪20年代的上海，因其租界特有的地位，在南北对峙、四分五裂的局面中，各种人物纷至沓来，成为微妙的政治中心。地头蛇黄金荣出于多种考虑，结交各色人物，以提高自己的身份，接近政治和军事的上层。黄金荣吸收张啸林加盟，也是出于这方面的考虑。

黄金荣勾结新旧军阀，有一套随机应变的势利眼光。如黎元洪到上海，黄金荣曾派金廷荪等组织一批流氓去保驾。徐国梁当淞沪警察厅长时，黄就与徐国梁勾结起来，该厅侦缉队长赫仕林成为黄门的常客。后期担任淞沪警察厅队长的乔松生、卢英等，黄收罗他们充作门生。民初，袁世凯当政，袁党徒联络法捕房总巡在租界内逮捕国民党分子，有一次要到望志路去捉汪精卫与陈公博，黄金荣采用两面手法，他带领一批探捕出发之前，暗派门徒程子卿去通风报信，以留后步。

黄金荣在与军阀的交往活动中，接待黎元洪是最典型的一例。

1923年6月13日，受直系军阀控制的总统黎元洪又在直系的逼迫下辞去总统职务，到天津后通电反对直系，进行复位活动。这时，孙中山与奉系张作霖，皖系卢永祥、段祺瑞结成反直三角同盟，准备在上海召开国会，到7月中旬，有200多位议员到达上海，章太炎等议员致电黎元洪，希望他“挺身而出”，到上海活动。经过权衡，黎元洪于9月8日南下上海。

当时有些人认为黎元洪已经下野，没有必要冒着与北京的执政者交恶的风险再去讨好黎元洪，因此，上海有些方面对黎的到来便采取冷处理态度。

而黄金荣则不是这样想的，他认为能接待黎元洪是一份荣耀。早在黎元洪动身之前，便与黎氏之驻沪代表接洽妥当，表示将保证黎元洪的安全。

黎元洪到达上海后，得到了黄金荣为首的上海流氓势力的热烈欢迎。9月11日，黎元洪携夫人、秘书等刚到上海，黄金荣即充当起东道主，主办丰盛的宴席为黎元洪夫妇和黎元洪的秘书长饶汉祥等洗尘。黎元洪入居杜美路（今东湖路）26号。黄金荣委派杜月笙、金廷荪等率“小八股党”日夜护卫，不准有半点儿差错。

黎元洪在上海行踪繁忙。如拜访章太炎、唐绍仪、李烈钧、岑春煊等旅沪名流，并酝酿在上海组织政府，各派国会议员也各有打算，甚至不准这个下台总统旁听议员开会。这些因素决定了黎元洪在沪少不了要碰钉子、触霉头，黎元洪曾连呼：“我又上了他们的当了。”

组织政府受挫，进退失据，胸中忧闷，黎元洪便以乘车购物娱乐为消遣。11月1日，他宣布将赴日本养病。8日，黎元洪夫妇乘“高丽丸”轮船前往日本，结束了他与直系军阀之间最后的搏斗。但在沪期间，受到黄金荣等尽心保护，黎是极为满意的。为表感激之情，他特授黄金荣为陆军步兵少校、侍从武官。尽管黎元洪这个总统已经下野了，可是得到前总统的“任命”，黄金荣还是感到无上光荣的，自然十分得意。因黄金荣与黎元洪身材相仿，黄金荣便私下在公馆中穿戴起上将服来，还模仿黎元洪的八字官步，心花怒放。临别，黎元洪夫人送了一套精致而名贵的鸦片烟具，也令黄金荣爱不释手。

这次招待黎元洪，黎与黄金荣可谓各得其所。黎元洪正处政治生涯的挫折时期，南下上海一方面调整心情，另一方面，联络南方，窥测方向，以图再起。

而黄金荣虽蚀了不少银子，但却收到不少政治资本。他以租界一个警官的身份，参与接待一个刚刚下野的总统，可谓史无前例，由此赢得各方的瞩目。可以说这是黄金荣跃跃欲试，从租界走出来，以一己之力走向全国的重要一步。

1925 年，黄金荣又迎来皖系军阀段祺瑞的第一大将徐树铮。徐树铮是皖系军阀段祺瑞的心腹大将。1920 年在皖直战争中皖系战败，徐被通缉，曾潜入上海公共租界的麦根路（今康定东路）避难。

1922 年初，徐树铮代表段祺瑞到南方与孙中山会晤，策动孙、段、张（作霖）的反直三角联盟。后来反直活动失败，徐又逃至上海南洋路潜伏。

1924 年 9 月，江浙战争爆发，徐树铮集结皖系残余，成立浙沪联军，自任司令。10 月 15 日，徐树铮因从事军事活动被公共租界巡捕房软禁；后被迫出国。

不久，“北京政变”爆发，段祺瑞出任临时执政，徐树铮立即被委派为考察欧美各国政治专使，徐在意大利时与墨索里尼订约，由意提供大量军火。而国内倒皖势力图谋在徐返国时进行暗杀，以断段祺瑞之臂膀，因此徐氏之归途成为国内政治的关注热点。出于安全起见，徐树铮选择上海为其登陆地，并密遣代表拜见黄金荣，请黄金荣等予以保护，黄即表示“闲话一句”。

当徐树铮乘坐的“大洋丸”轮船抵达吴淞口时，黄金荣即率张啸林和杜月笙乘小火轮前往迎接。轮船到达码头时，黄金荣组织的队伍举行了隆重的欢迎仪式。随后三大亨一路护送到南洋路徐宅，并派人轮流值班守护。直到 12 月 19 日徐树铮离沪为止。徐去北京复命后，于 30 日踏上南下的旅途，但在经过廊坊车站时被冯玉祥的部下捕杀。

同样，当其他的各派军阀、失意政客、落魄文人等路过上海时，只要将来能用得上的，或者招待其能带来某种声誉的，黄金荣等均会慷慨解囊，曲意逢迎。

如原福建督军府参谋长杨知候、徐世昌总统府秘书徐慕邢、袁世凯政府的顾问顾鳌、著名学者章太炎等。

黄金荣与袁克文的结识，也是黄金荣津津乐道的。

袁克文，字寒云，为袁世凯之次子。早年加入青帮，列兴武六帮的大字辈。袁世凯死后渐趋落魄，曾一度到上海谋生。时袁克文初来乍到，人地生疏，便通过韩荣浦与黄金荣联系。黄金荣对曾经显赫一时的袁公子也心仪已久，遂欣然与之结交。

袁克文到钧培里拜访黄金荣，第一次便送了 10 枚金币作为见面礼。这些金币是袁世凯出任总统后，请英国给铸造的，上面有袁世凯的头像，因为数量少而颇为珍贵。

识货的杜月笙见了十分喜欢，爱不释手，黄金荣便给了杜三枚。杜月笙立即给黄金荣出主意：俗话说瘦死的骆驼比马大，袁公子身上还有不少文章可做。见财眼开的黄金荣与杜月笙制订了接待计划。

于是此后，黄金荣每日大摆宴席，隆重款待袁克文，几乎吃遍了上海滩上的南北名菜、欧美佳点；所住为法租界华丽的高级公寓，出入有多名安南巡捕保护；又送了不少高贵的中西服装；黄金荣还让杜月笙陪同遍访上海名胜古迹。

最能博得袁克文欢心的是，黄金荣、杜月笙又引他到上海冶游的顶级处所——会乐里，在书寓和长三堂子里与上海众名妓谈诗论画，把酒弹唱；黄金荣见袁果然兴趣极浓、流连忘返，便亲自挑选了几名袁所喜欢的红妓送到他的公寓，与他朝夕相伴。

袁克文有三大嗜好，一是鸦片，二是嫖妓，三是豪赌。这第三项正好落入黄金荣、杜月笙设下的圈套。

黄金荣招来杜月笙和金廷荪与袁克文一起搓麻将。开始时，袁克文是福星高照，每日总要赢上数百元，于是，袁克文赌兴日浓，每盘的赌注也越来越大。结果不到半月，袁克文所带的数万银钞已输得精光，只能拍拍屁股回北京去了。

临行时，黄金荣与杜月笙不仅到火车站相送，还奉赠 5000 元做途中用费。袁克文被做手脚失了几万元，回到北京还不时称黄金荣够江湖义气。

在接待袁克文一事上，黄金荣不仅没有多少金钱上的亏蚀，而且还在帮会元老中赢得了声誉。

另外，黄金荣为着扩大自己的社会影响，挖空心思用种种手法拉拢各方面恶势力，对下层阶级还施以小恩小惠来毒化麻痹。如他对江湖上落魄的三教九流，也肯接济一点。到了晚年退职闲居，每天上浙江南路逍遥池浴室洗澡，必带 23 元银币，分赠地头上游乞，每人两角至一元，无日间断。乞丐队中视为惯例，等他的汽车停在逍遥池门口，就派代表去领受赏赐。黄金荣对在内地犯案潜逃来沪的巨盗惯匪，也能网开一面，以留后路而拉关系。特别对于到上海来的外埠帮会分子，更加沆瀣一气，只要引见有人，备了一份贿赂厚礼，就来者不拒，广事结交。这不仅因为他们臭味相投，更重要的是黄金荣想扩大他的影响面，将自己的恶势力发展到各地去。通过错综复杂的关系，黄金荣与外地帮会头子也渐渐交上朋友，如武汉的红帮头子杨青山、向松坡，九江地界有名的鸦片贩子九江阿生，苏州的刘晋康，天津的潘子欣，扬州的曹幼珊，华北的高士奎以及宁波的俞康树等，凡他们的徒子徒孙到上海活动时，黄对此辈均予便利行事，多方照顾。因此之故，黄的门徒到外地去干些走私贩毒之类的不法事情，当地帮会头子莫不爱屋及乌，大力帮助。

总之，黄金荣结交各色人物，不断扩充势力，使他的“事业”日益走向顶峰，但是也面临许多棘手的难题。

汇丰银行在上海发行的钞票

# 第十一章

Di Shi yi Zhang

# 摆弄秘谱与对手交火

『三大亨』各就各位后，黄金荣的人生开始走向巅峰。首先，营救雷狄主教一案，使他荣升督察长的高位，巡捕生涯达到最辉煌的时刻；紧接着建立最大的贩毒机关——三鑫公司，在世界贩毒史上独占一章；巧取豪夺大世界，出尽风头；建立上海滩最大的赌场——181号赌窟……一路走来，黄金荣如日中天。

## 一、营救雷狄主教

随着“事业”的不断发达，同孚里的黄公馆越来越不能满足黄金荣的需求，黄金荣遂移至林桂生祖宅。

林家的老宅在八仙桥麦高包禄路（今龙门路）上。八仙桥地区的大致范围是今延安东路以南，云南南路以西，淮海中路以北，普安路以东，这一带原来是农田和村舍，河浜纵横。划入法租界后居民增多，于是河浜上的桥梁也增加了。

据说，在19世纪中叶这一带有五座八仙桥：在今云南南路有横跨洋泾滨上的北八仙桥，大世界延安东路南侧有周泾浜上的老八仙桥，今宁海东路与宁海西路间有横跨周泾浜上的老八仙桥，今金陵中路间有跨周泾浜的南八仙桥，今龙门路金陵中路处有南北向跨北长浜支流的石八仙桥。

这八仙桥地区是法租界的中心地带，南面的宝昌路自20世纪初起店铺林立，商肆稠密，已与法大马路（今金陵东路）并驾齐驱。第一次世界大战后，为纪念法国名将霞飞，将宝昌路改作霞飞路（今淮海中路），逐渐成为法租界的第一繁华之地。

此时，林桂生的父母已亡，作为独女的林桂生继承了这份家业，入赘女婿黄金荣自然非常清楚这一黄金地段的身价，于是，与林桂生商量之后，决定卖掉同孚里，迁入八仙桥。此次安家，黄金荣十分重视，作了周密的规划。

到了1915年，他先将林家老屋推倒，然后在原地上建起九幢砖木混合结构的二至四层的里弄房屋，这里占地面积为1.55亩，建筑面积为1703平方米。沿霞飞路和麦高包禄路的底层为出租的店铺，上面仍是住家。

20世纪20年代的跑马总会建筑

搬入新居已是1916年了。新居地取名钧培里，这里黄金荣按照沪上的取名习惯，以养子黄钧培的名字命名。

接着，黄金荣又购下沿街的土地，建成一排三层街面房屋，以拱卫自己的住宅，赁屋居住者均是其徒子徒孙。

此外他又安排了第二层势力圈，即他的得力帮手和干将们如杜月笙、顾荣生则住金福里，袁宝珊、金廷荪、马祥生、范恒德、戴老二、蒲金荣等住在附近的宝昌里、福昌里（今云南中路9弄、西藏中路23弄）、贞吉里、生吉里（今西藏南路214、224、234、244弄）、元声里（今寿宁路69、71、73弄）、紫阳里（在柳林路，已被拆除）等里弄，与钧培里望衡对宇，以便招之即来。

钧培里弄口上书“钧培里”三字，弄口设铁栅栏门，两边各置一条红漆长板凳，凳上每日坐着几个彪形大汉，均清一色黑香云纱褂裤，活像一群戏台上的武生。入弄钧培里1号即黄公馆，它是一幢独立的洋房，房间足有几十间。西边的一幢由其胞妹一家居住。

钧培里二楼正中为客厅，朝南是一排八扇玻璃长窗，窗下是三只红木茶几，间隔摆开，每只茶几间是仿明代式样的红木太师椅。海上作家沈寂先生曾与杜月笙的儿子有同窗之谊，而他的大舅曾是黄金荣手下的巡捕，他在《大世界传奇》一书中有如下详细的描绘：

“天井正中面向弄堂是幢双层五开间中式楼房，底层中间是三间阔的前客厅，客厅里地下铺了大块棕纹白色的大理石，上面横梁悬满政界要人和社会名流敬赠的红底金字横匾，前者有蒋介石、汪兆铭、杨啸天、宋子文、韩复榘、吴佩孚等人；后者有朱葆三、虞洽卿等人。不是歌功颂德，就是铭恩褒奖。厅中央挂了一幅关公读春秋的彩色巨画，画上神像和真人一般大小。前面长案上供着半人高的特制香炉烛台，终年烟火缭绕。关公像左右两旁排着一连串镶有锦框的法国领事馆和公董局颁发的洋文奖状。四面靠墙排着红木椅儿，几案上满放着各大商行送来题刻着‘乐善好施’‘侠义心肠’等的大小‘银盾’。在大厅中间，气派十足地安放着两张垫着大红呢毡的紫檀八仙桌与16只靠椅茶几。桌椅上金线湘绣的围披，显得富丽堂皇。从顶上挂下镀金的水晶玻璃大吊灯，大白天也闪闪发光。”

1916年钧培里落成之时，正逢他虚年49岁生日。在旧上海，一般有钱有势的人做生日，都是“做九不做十”，如今黄金荣既进新屋，又逢生日，当然要热闹庆祝一番。

况且，当时他财势两旺，门徒众多，正好乘此机会向那些巨富巨贾“打秋风”。

事前，黄金荣嘱咐总管广发请帖，在上海租界里，邀请上至军政要员，各巡捕房的头子，富商巨贾，下至众多的门徒，前来聚会。

当时，钧培里的黄宅简直是门庭若市，车马连成长龙，举目难望尽头。门内的来宾挤得水泄不通，前簇后拥，门房的帮闲们忙收礼金，银元丁当有声。

黄金荣这次做寿，整整安排了三天。第一天接待军界政界人物、各巡捕房头脑和有名望的商业人物以及“高档”门生；第二天和第三天专门接待门徒。

三天之内，在黄宅大厅和厢房等处，安排了近百桌酒筵。一些贵宾上客，另开雅座宴饮。而那些一般的门徒们到了黄宅，先在门房接待室送上寿礼，签名簿上签上姓名，凑足 10 人，便由招待者陪至厅上，在红烛前行三鞠躬礼，就入席大吃一顿，然后抹抹嘴巴，滚蛋了事，根本见不到老头子。

此后的几年里，黄金荣十分得意。

在法租界负责治安工作，最重要的任务，自然是保证法国人身家性命的安全。在这一点上，黄金荣确实尽心尽力，他的业警生涯中最具传奇色彩的经历，大多集中在这一段。

黄金荣的手下遍及法租界各处，以保护外国人的安全，因此，外国人在法租界绝对安全。不仅如此，黄金荣对洋大人身家安全的保护还远远超过上海的范围。

黄金荣晚年经常津津乐道的有两件事情，一是太湖上救樊尔蒂，另一件是临城劫车案救雷狄主教。

我们先来说说黄金荣在太湖救樊尔蒂这件事。

太湖原属江浙两省，自清中期以后，便有许多强悍之徒，利用港汊纵横、舟楫出没之便，干起打家劫舍的勾当，人称“太湖强盗”。他们的行踪飘忽不定，官军也对此无可奈何。

到民国初期，最有势力的水盗首领就是“太保阿书”。这“太保阿书”原名徐天雄，乳名阿书。为松江浦南人。其父亲在金山、松江和奉贤一带以“敲太保”为生。这“敲太保”是当地流行的一种巫师行当，即为人祈解消灾，诵经治病。

阿书自幼年始随父浪荡江湖，耳濡目染，十分了解社会情形。长大后，他拜浦南的青帮大亨陶金生为老头子，开始成为专业流氓。

后来阿书又纠集了一些散兵游勇、地痞恶徒，并以胞弟和“猎猡阿美”为助手，号称手下有千余人。他们在太湖中设下根据地，利用水乡的有利地形，专事抢劫。20 世纪 20 年代初，这股恶势力发展到了顶峰。

一次，法国驻沪总领事馆书记樊尔蒂携爱妻到太湖旅游，被这伙匪帮绑走。“太保阿书”开价 40 万银圆。

消息传来，法租界当局要黄金荣设法营救，黄金荣即派手下“小八股党”成员高鑫宝前去拜山。高鑫宝在太湖 72 家武装山头均有眼线熟人，结果马到成功，湖匪头领“太保阿书”和“猪猡阿美”以结识大名鼎鼎的黄金荣而感到荣幸，不仅分文不取，而且还以礼相待，送回了一对法国“肉票”。

这一事件因黄金荣的特殊身份而不费一枪一弹，不出一毫一厘地顺利解决，使法国驻沪总领事对黄金荣另眼相看，他曾一次发给黄金荣等 20 多张特别护照，准许他们在法租界内享有特权，例如随身携带的物品可以免受检查。

太湖地区这伙匪徒作恶多端，当时各方都动了很多脑筋想除害，甚至共产党组织也曾派人去说服，但均被拒绝。由于他们势力做大，严重侵扰地方治安，30 年代初，江浙两省联合出动水上警察进行大规模围剿，1931 年 4 月 5 日，“太保阿书”兄弟被警捕在上海华德路大连湾路（今长阳路大连路）口抓获。16 日被斩首于松江附近的张堰镇。从此，太湖地区才稍感安宁。

在汽车、轿子盛行之前，上海妓女出堂会是由龟奴扛在肩上而行的，这是当时沪上奇景之一

黄金荣对外国人的救援，传说最广的是在临城劫车案中营救雷狄主教。这一次使他登上了法租界华人督察长的最高职位。

事情的经过是怎样的呢?

清朝政府被推翻后，中国很快形成了军阀割据的局面。各地军阀各自为政，连年混战，直闹得国无宁日，民不聊生。

1923 年 5 月 5 日深夜，一列从上海途经南京、济南、天津开往北京的列车，在开到离山东临城车站约三四里的地方，司机在车前灯的照射下，发现铁路上有人群走动，便急忙鸣笛警告。

谁知道前面的人群不理警告，司机急忙刹车观察究竟，但由于列车行驶速度太快，一时停不住，继续前进。不料前面约有数十丈的铁轨已被拆除，列车出轨倾覆。

接着，“砰、砰”一阵枪响，约有数千名拖辫子的“土匪”蜂拥而来，他们跳上车厢，绑架了乘客。被绑架的乘客，除了中国人外，还有参加山东黄河宫家坝堤口落成典礼的几十名外国记者，以及几名外国游客。

这批被绑掳的旅客大部分穿着睡衣，也有来不及穿鞋袜的，被挟行在坎坷不平的山道上，偏偏又碰到急雨，加上透骨的寒风，叫苦连天，哭声震野，被押往事先布置的抱犊崮山麓内。

临城劫车和绑架洋人的消息迅速传到各国驻北京公使那里，英、美、法、意、比五国公使立即向北京政府提出交涉。

上海美侨电请美国总统，要求迅速营救被掳的美侨；驻北京的美军要求直接采取行动，美国国防部长台维士公然扬言要出兵中国。当时日本虽无侨民被掳，但在各报上煽风点火，鼓吹什么“组织国际联军”来共管中国境内的铁路。

5 月 9 日，驻京五国公使照会北京政府，要求在三天内将被掳的侨民全部救出，不得伤害一人。洋大人一翻脸，北京政府便惊慌失措。为了平息洋人的怒气，北京政府集中全力来讨论营救外侨脱险的问题。

在这批被绑架的外国人中，有一个叫裴于松·雷狄的，他是法国天主教主教。

裴于松·雷狄主教，与法国驻沪领事、法捕房总巡等关系密切，他奉命在上海和南京等地以传教为名暗地里搞间谍活动。这个披着宗教外衣的主教，据说在欧战时曾获得“勇士”奖章，在上海法租界有幕后操纵的实力。

这次奉法租界头儿的命令，从上海乘火车去天津开辟传教基地。动身前，先拍发一份电报给天津的法国天主教神甫费维礼，请他到车站迎接。是日，这位神甫到车站迎接雷狄时，突然得悉雷狄被绑架了。

再说抱犊崮的情况。

该处属山东峰县管辖，这里原是个深山丛林的壑谷。它的地形似倒挂葫芦，山顶上大约有 20 亩地的盆地，山腰狭小，陡峭的山壁难望尽头。

山壁两旁凿有攀石做扶手，或嵌以扶手的木桩，攀登时如若不小心，就有跌入万丈深渊的危险。

这个山起名“抱犊崮”，也有来由。据当地相传，由于大牛不能上山，但山上又有可耕的盆地，农民只有把小牛抱上山去，待养大后耕地，因此有这个“抱犊”的名称。

土匪占据此山以后，便在山顶周围挖掘防御壕沟，中间筑有房屋和地窖，还有三个蓄水池和不计其数的大小水缸蓄积雨水以备使用。凡是被绑架来的重要“肉票”，均安置在挖好的地窖内。

5 月 7 日，山中首领孙美瑶命令先将外籍女票释放，要她们捎信给政府军队。信内言明：“须将围山部队撤出 10 里以外，否则被掳外侨均被杀。”

从山上递下来的第一封信，是上海《密勒氏评论报》主编英国人鲍威尔所写。鲍威尔精通汉语，写了英汉对照信各一封，劝告政府军队切勿进攻，须和平解决，19 名被绑的外籍男侨均在信上签了名。

这伙土匪为什么要绑架外籍肉票呢?

山东峰县和滕、邹一带属于苏、鲁、皖、豫四省边境，原是历史上土匪盘踞的老巢。北洋军阀统治时期，这四省边境属于剿匪督办张敬尧管辖。

这位张督办对该地土匪的出没情况了如指掌，知道在“剿”字上下工夫是不起作用的，赶东逃西，等于和土匪捉迷藏，变主动为被动，反而会损兵折将。

张敬尧便采取了“抚”的政策，只要你土匪不打扰我，我也不动你。如果你要投靠我，我便收编你。因此，一段时期内，官匪之间也相安无事。

盘踞在抱犊崮的孙美松原是滕县人，过去是张敬尧的旧部，他们对这位张督办推崇备至。张敬尧失败后，孙美松部因政府不肯收编，便占据抱犊崮落草为匪。

后来北京政府指令山东督军田中玉消灭这股土匪，并派第六、第二十两个混成旅包围抱犊崮达一年半之久。山上因缺乏饮水和粮食，孙美松便遣人向落草的胞弟孙美瑶求援。

这时孙美瑶年仅 25 岁，不但骁勇非常，而且还是个有名的双枪手。接到大哥的求援信，他便和大哥合在一起，凭借险要地形，据险固守，抗拒官兵。

官兵围山日久，山上严重缺粮，怎么办？他们为了要摆脱眼前的困境，就狗急跳墙，闹出这个临城劫车和绑架旅客的巨案来。

5月12日，在外交使团的一再威胁下，山东督军田中玉和省长熊炳琦、交通总长吴毓麟、徐海镇守使陈调元、江苏省交涉员温世珍、曹锟的代表杨以德等头面人物，先后到达枣庄举行谈判。那些洋大人如美国公使等也来到枣庄，督促谈判。

田中玉、熊炳琦与抱犊崮孙美瑶的代表周天松在枣庄“中兴煤矿公司”举行第一次谈判时，周天松提出了三个条件：

（一）政府军解除抱犊崮之围，将军队撤回原防；

（二）收编抱犊崮部众为政府军队混成旅，以孙美瑶为旅长；

（三）补充军火和给养。

除第三条外，其余两条官方表示可以接受。官方提出将外侨分三批释放。双方谈判基本达成协议，准备签字。

突然，周天松要求在场外国人和邹、滕、峄三县绅士一同在条约上签字，担保官方不得出尔反尔。为何要求这些人来签名担保呢？因为官方干过背盟杀降的事情。

民国八年（1919年），旅长唐天喜以释放“肉票”，不咎既往为条件，收编了一支土匪。可是没隔几个月，匪首17人却全部被枭首。

谈判既已达成协议，便下令政府军解围撤退，并委任抱犊岗首领孙美瑶为招抚司令官，派人上山接洽释放外侨日期。

谁知事出意外，变故突起，孙美瑶当面扯碎了委任令，并且致函田中玉，自称“山东建国自治军总司令”，否认和谈条约。还要求政府军再撤退100里以外，接济山中粮饷，并且声称待召集山中首领会议后，才能提出正式和谈条件。

孙美瑶原来是看到北京许多官员和洋大人都亲自驾到枣庄，认为这笔生意还可以大赚一把，所以才出尔反尔。

这一消息传到北京，各国公使团大为吃惊，接连照会北京政府另谋和谈途径。同时，公使团还要北京政府责成曹锟转令山东当局务要和平了结，以免伤及外侨。为此，山东当局不得不继续谈判。

孙美瑶向官方提出的条件一次比一次苛刻，既要求任命张敬尧为山东省督军，改编他们为两个师；又要求划邹、滕、峄三县为他们的根据地，政府军在百里内不得驻扎军队；对苏、鲁、皖、豫四省“同道”中人，须一律收编，并要求英、美、法、意、荷、比六国公使签字担保等。

由于条件苛刻，无法和谈，田中玉赶到北京坚决主张改抚为剿。原来这是田中玉采用一个明“剿”暗“抚”之计，用以恫吓，迫使对手放弃过苛的条件，重新进行和谈。

于是本来撤围的军队又围拢过来，孙美瑶等人一看吓得非同小可，就在十几名外侨中挑选了法国天主教神甫裴于松·雷狄，派他下山向官方接洽，并叫他对天宣誓，保证在三天之内回山。

哪知裴于松·雷狄竟一去不返。雷狄到底到哪里去了呢？

原来雷狄主教是个养尊处优的人，被关了多日，饮食不对口胃，更兼天气炎热，蚊蝇交集，在下山途中腹泻不止，行不了一天，就在一座山神庙里病倒了。

离这所山神庙约10里的地方，就是抱犊崮设的哨所，随雷狄的两个人，只好一个人留在庙中监视，另一个人到哨所向小头目报信，请求给雷狄治病。

再说临城劫车案发生后，轰动了国内外，消息传到上海，驻沪各领事馆也大为震惊。法国驻沪领事甘世东得悉裴于松·雷狄被土匪掳去，急得寝食俱废，马上和法租界捕房总监华尔兹商讨此事。

为了尽快将雷狄主教营救出来，法捕房动员了所有的侦缉人员，四处打听、搜索，但没有得到任何消息，只得采取高价悬赏的办法：凡知道雷狄主教下落通风报信者，赏银洋3000元；凡能找到雷狄主教并能救出者，赏银洋1万元。

黄金荣对此事极感兴趣，认为这是升官发财的大好机会，于是千方百计寻找线索，甚至亲自到城隍庙烧香求签，祷祝城隍保佑，使他能获得线索，破案立功，并许愿将来青云直上后，一定整修城隍大殿，重塑城隍金身。

一天，黄金荣到郑家木桥聚宝楼喝茶，忽然有个巡捕带着一个外乡人十分沮丧地来见他。

“黄老板，这是我的亲戚，叫韩荣浦，是吴佩孚手下的副官，今天刚下火车，兜里的100元大洋被人扒了，请老板帮助协查。”

黄金荣一听他是吴佩孚的副官，肯定他是从山东来的，很可能为绑架裴于松·雷狄案提供点线索，便叫韩荣浦坐下，仔细讲了丢失大洋的情况。

原来韩荣浦是从临城乘火车来上海购买东西的，他从拥挤的人丛中走到车站附近的旅馆登记住宿时，突然发现肚兜里的100块钱不翼而飞。

韩荣浦有个姓尚的同乡在法租界当巡捕，于是，他抱着一线希望去找同乡尚巡捕。尚巡捕替他报了失窃案后，又介绍他和黄金荣见面。

由于韩荣浦是吴佩孚的副官，熟悉行伍中的事，对孙美瑶匪首的情况略有所闻，便将听到的一些消息告诉黄金荣。

黄金荣一听有了线索，甚为高兴，立即付给韩荣浦150块大洋，要他回到临城去详细打听雷狄主教被关押在什么地方，一有下落立即赶回上海报信，将再给500元赏金。如果破案，更有重赏。

由于黄金荣慷慨解囊，打动了韩荣浦的心，他回到临城之后，几天时间就同孙美瑶的部下取得了联系，打听到雷狄主教被关押的地方。

黄金荣一听，激动得连脸上的麻点也兴奋得直跳，他想：这些天为雷狄主教绑架案，我黄某四处打探，巴不得能抢上头功，谁知，踏破铁鞋无觅处，得来全不费工夫。竟把一个被偷走大洋的人送到我面前，真是额头角碰到天花板，我黄金荣要交好运罗！

黄金荣立即把知道的情况报告给总监华尔兹。华尔兹一听，立即命令黄金荣带领六个人前去营救，其中有一名翻译曹启民。一行七人到达峰县后，立即化装深入山区，侦查被掳雷狄主教的下落。

谁知事有凑巧，给黄金荣等人带队当向导的人名叫兴山，他曾和孙美瑶手下的一个喜子土匪相识。一个偶然的机会，兴山在深山中采药时无意中与喜子打个照面。

喜子连忙叫道：“兴山哥，你到这里干什么？要是被孙美瑶的手下人看到，不把你当成奸细打死才怪呢！”

兴山问道："你在这里干啥?"

喜子说："我正煮饭呢。"

"给谁煮饭?"

喜子答道："俺不知道底细，据同班弟兄说，前面山岙里有座山神庙，庙里新近住了一个外国人，每日送两次饭，都是我们的头儿亲自送饭。兴山哥，你问这些干啥？你赶快躲开，要是被我们头儿碰见了，就没命了。"

兴山把自己知道的事对黄金荣一说，黄金荣那个高兴劲就别提了。黄又问道："那山神庙到底在什么地方?"

兴山答道："这个地方原是偏僻的地方，人迹罕见，是土匪出没的老巢。这山神庙坐落在何处，俺也不知。"

于是，黄金荣就从村子里请了几个上年纪的老乡，啖以酒肉，盘问这座山神庙的所在。内有一个老者说：

"山神庙离这里约有50里地，其间还得翻过两个山头才能进入山脚，尽是迂回曲折的羊肠小道。俺在年轻时曾上这山神庙去过一次，如今相隔已有几十年了。常听人说那边山里有土匪盘踞，要到这山神庙，恐怕困难。"

黄金荣又问道："除了被土匪盘踞的路外，还有其他道路能进入山神庙吗?"

另一老者说："只有绕道去后山，到了那里，再问当地老乡，就知道了。"

于是黄金荣谢过老乡，便和曹启民等人磋商一番，然后乘着明月，连夜绕道向后山进发。直到天将微明，一行七人才找到小山村。

黄金荣随便吃点干粮，就向当地老乡探问山神庙的路径。一个老乡说："只听人说山前有个山神庙，俺们从没去过，更不知从哪条路才能到达。"

于是黄金荣对当地几个老乡说："如能探得出这山神庙的道路，我出100元大洋的赏金。"

重赏之下，必有勇夫。有两个壮年乡民应声而出道："让俺先探，探不出着落，不领分文。"

黄金荣闻说大喜，遂叫向导兴山和两个乡民一同前往。三人饱餐一顿，并各带了干粮，认定方向，翻过几重丛林，绕过迂回险道，揣度已入山林深处。

从高崖上极目远望，山岙里隐约有一建筑物，三人不由喜出望外，精神顿时振奋，不顾步履艰险，迤逦向前走去。待至不远处眺望，一座年久失修的山神庙，历历在目。

黄金荣听了老乡们回来的报告，内心有说不出的兴奋，当即重赏了两个老乡，并请他们吃酒，又许愿若成功，再行重赏。

这两个老乡自然愿意拼力效劳，当下便与黄金荣商讨如何深入古庙的计策。到了第二天早晨，两个老乡做向导，一行八人，分作前后两队，随带武器干粮和抬人长棍，按留下的标志在离古庙不远处埋伏下来。

到了夜里两更时分，分成两队闯入破庙内。黄金荣一手擎着回光灯，一手握着勃朗宁手枪，走至廊屋门前，正欲推门，晃动的灯光，惊动了两个看押的人，问道："谁呀?"

黄金荣等人一拥而入，把两个土匪捆绑起来。

黄金荣问道："你们这里有几个人？外国人有几名？现在何处？要是如实说了，我饶你们两条命，还送些银两给你们回乡。”

那两个土匪浑身颤抖地说：“只有我们两人。离这不远有一哨所。外国人只有一个，要他到山下和官方谈话的，谁知病倒在这山神庙里。”

黄金荣和曹启民急忙走入隔壁屋内，用灯光一照，只见一个黄发披面的外国人僵卧在土炕上。这人见到灯光，又听到脚步声，惊慌得缩成一团，不断地用手在胸前划十字，像是在叫“上帝保佑”。

曹启民见到这个人，使用外语盘问他是哪国人，对方回答是法国人，名叫裴于松·雷狄。黄金荣一听，不由惊喜若狂，一齐把他扶起来，叫几个人抬着他走。

黄金荣等人把雷狄救出险境后，急忙备车将他护送至临城车站。在峄县等候的法国人脱司曼闻讯，也赶至临城车站，将雷狄主教护送至上海。

当黄金荣等人将要上车时，那同来的两个老乡和向导兴山，苦苦要求愿随他们前往上海，听候差遣，决无异心。征得雷狄同意，这三人也来到上海。

后来这三人，因效忠法国主子有功，一个名叫沈长赓的，做了麦兰捕房侦查队长；一个外号叫“山东码子”的，做了法租界花捐班稽查，并开了几家幺二堂子；兴山后来在十六铺巡捕房做捕头，这些都是后话。

再说那些土匪们因慑于政府调来飞机、军队等相逼，最后被迫妥协，全部编为一个招安旅。6 月 12 日，被绑外国人全部释放。后来，孙美瑶只做了六个月的“山东新编旅”旅长，便于次年的 12 月 19 日在枣庄被诱杀。

此次黄金荣冒了生命危险深入虎穴，救出雷狄主教，赢得法租界一致的推崇。黄因他杰出的办案能力和对法国主子的忠心，被立即提升为法租界麦兰捕房的督察长，成为华人在法租界巡捕房职位最高的人物。

其实在黄金荣营救雷狄主教之前，他已经十分活跃，他维持治安的范围已远超出法租界，而在上海社会成为破案高手。1922 年 3 月 18 日的《申报》报道黄金荣率员一夜连破两案。

17 日晚上 7 时，督察员黄金荣带着探目徐阿东、任水扬、刘友法、张惠泉和李连生等巡查到敏体尼荫路（今西藏南路），发现一行迹可疑者，即上前盘问，那人突然拔出一把勃朗宁手枪反抗，被巡捕们奋勇拿住，查该人姓名徐老三。

另一案件是黄金荣与巡捕徐阿东、韩帮达、杨振富、任水扬和王芝芳等经过周密侦察，发现一盗匪隐藏于华界的方板桥寿祥里 69 号，于是即报告该地警局，17 日晚，法租界巡捕协同华界警员同往缉拿，匪徒发现后顶住大门，然后准备越屋而逃，被巡捕登屋逮捕，并押回法租界总巡捕房审讯。

一周之后，黄金荣又破大盗王小弟案。王小弟为当时著名盗贼，专事抢劫，遇反抗或者警捕即提枪拿刀拒捕，前后竟然伤毙三十余人，当时上海各界谈王色变，人人自危，王小弟遂成为当时上海治安的大患。

后黄金荣的眼线侦知王贼躲藏在公共租界六马路（北海路）的三江旅馆内。24 日，黄即与探员沈德福、韩邦达、杨振富、任水扬等会同公共租界的老闸捕房对其一网打尽，捕获王及其同伙四人。一时轰动上海全城。

8 月 21 日，居住在法租界恺自迩路（今金陵中路）长安里的妇女某氏在公共租界被人勒死后，藏于木板箱内抛弃。后经黄金荣及探目韩达的侦查，认定凶手为王惠根，并查知其匿迹之所，遂于 21 日前往搜索逮捕。

黄金荣升为督察长后，治绩也很显著，他曾捕获大批盗匪。

当时，上海连连出现杀人越货的案件，法租界总巡费沃利要求黄金荣火速破案。黄金荣与正副督察员沈德福、杨振富率探员金九龄、许培春、何土根、陈阿毛、任水扬、潘瑞福、王如枕等到处侦查，终于查得这些歹徒隐匿在闸北与公共租界交界处，经与各方商洽，16 日，黄金荣与各员前往缉拿，一时警员密布，将十多名盗匪全部逮捕归案。受到各方赞扬。

自从黄金荣升为督察长，法国人还派去八个安南巡捕保护黄金荣的安全。

黄金荣带着这八个安南巡捕进进出出，权势如日中天。可以说，这是黄金荣的巡捕生涯达到了最辉煌的时刻。而这一时期，除了在巡捕房的辉煌之外，他在所涉足的各个领域都创造了不小的“业绩”，黄金荣走向了人生的高潮。

## 二、建立最大的贩毒机关

中国近代鸦片泛滥。在整个 19 世纪的 100 年里，中国进口最多的商品，既不是棉纱、棉布，也不是机器、钢材，而是鸦片。

自 19 世纪 50 年代起，上海便是毒品交易中心。上海的烟土业主要由广东帮商人垄断，但流氓帮会一直与毒品有着千丝万缕的联系。

19 世纪 70 年代的上海，烟毒弥漫，鸦片泛滥。

当时外国运往中国的鸦片，大多经上海流入内地，而四川、广东、云南等地的鸦片商，也将当地生产的鸦片大量运往上海，这样，上海成了全国鸦片的主要集散地，贩运鸦片活动十分猖獗，一些烟土行因此发了大财。

但烟土行的老板也有他们的苦恼，这就是鸦片在运抵上海进入烟土行前，经常遭人暗偷明抢，损失惨重。

运往上海的鸦片，大多走水路，由于黄浦江水浅，吨位大的轮船不能直接靠码台，只能停在江心将货用小船驳运上岸。这些小船经常莫名其妙地翻沉，大批鸦片沉入江中。

虽然政府已下令禁烟，但仍是屡禁不止，烟店公然开张，四处可见

堆放在码头上的鸦片，也时常成箱成箱地不翼而飞。鸦片从码头运往烟土行途中，也经常被人持械拦截，抢夺一空。

这些偷抢鸦片的，是在码头一带活动的流氓，其中有一批水性很好的“水老虫”。黄浦江上驳运鸦片的小船就是常常被他们掀翻，然后潜入江底捞起鸦片偷走。

大小“八股党”是当时较为有实力的两个集团。

辛亥革命前后，以沈杏山为首的帮会集团控制着公共租界的原英租界的地盘，他纠集了季云卿、杨再田、鲍海筹、郭海珊、余炳文、谢葆生、戴步祥等人形成一个帮会流氓集团，号称“八股党”，其主要活动是从事利润最丰的鸦片走私。

最初他们做的是无本生意，即抢劫鸦片。后来与控制鸦片贸易的潮帮土商谈妥，“八股党”收取保护费，为潮帮土商包接包运鸦片。

为此，“八股党”与公共租界巡捕房合作，华人探长谭绍良、尤阿根和陆连奎等均是其心腹弟兄，同时他们还以财物贿赂上海两大缉私武装——水警营和缉私营，然后通过该两营又打通了军队的关节，军队得了贿赂，派出士兵化装在沿途严加保护。

同时，“八股党”又在巡捕房内的成员和眼线的配合下，与公共租界警务处合伙，租界上下从“八股党”处拿定额津贴，而对其承运的鸦片予以特别关照。就这样，沈杏山的“八股党”依靠强有力的流氓及其背后的势力，从吴淞口外承接鸦片运入公共租界，交给潮帮土商，然后将部分鸦片再运出租界转入内地。

由于“八股党”的凶悍、高效率和出道早，其承运的鸦片远远超过了法租界的黄金荣集团，几乎垄断了整个上海的鸦片承运业，公共租界的土行烟馆也因此而日益繁荣。

对于沈杏山集团的异军突起，黄金荣自然不肯善罢甘休。他责成年轻而能干的后起之秀杜月笙负责争夺鸦片的承运权。由于鸦片业的无与伦比的高利润，这场两个流氓集团之间的争斗，不仅是为了争夺鸦片的提运权，更重要的是争夺今后对整个上海的控制权。

停泊在黄浦江面走私鸦片的趸船，替外商和洋行赚取了难以估计的庞大利润，也替他们聚积了雄厚的经营资本

杜月笙针锋相对，从十六铺、郑家木桥等地召来了顾嘉棠、高鑫宝、叶焯山、芮庆荣、杨启棠、黄家丰、姚志生、侯泉根等八人，组成“小八股党”。

这八人后来成为上海流氓帮会的骨干。顾嘉棠，上海人，出生在赵家桥（今常德路），小名泉根。早年在北新泾种花，人称“花园泉根”，会拳术，与叶焯山、高鑫宝、芮庆荣并称“四大金刚”。发迹后在静安寺一带购置房地产，有“沪西半边天”之称。

高鑫宝，上海人，出生在马立斯一带（今延安中路成都南路），幼时随父在球场上为外国人拾网球，能说英语，曾在怡和洋行当服务生，后在一家美资飞星车行当司机，与人组织“斧头党”；拜青帮王德霖为老头子。发迹后在麦特赫司脱路（今泰兴路）开设丽都舞厅（其址今为上海市政协内丽都俱乐部），人称“丽都之狼”。

叶焯山，又作叶焯三，或叶竹三。广东潮州人，生在上海，小名阿根。两臂有青龙纹身，擅长枪术。

芮庆荣，上海漕河泾人。小名阿荣，绰号“火老鸦”，早年打铁为生，生性暴烈残忍，青帮师父为季荣卿。在孙传芳统治上海时，芮曾任李宝章的“大刀队”队长。杨、黄、姚、侯四人早年都曾做过工，因不务正业而沦为黑社会人物。

他们均身怀异技，如芮庆荣膂力超群；杨启棠心狠手辣；高鑫宝机敏过人，并能说一口流利的英语；而叶焯山的驾驶技术极佳，论枪法则能击落空中的铜钱。他们又各自拥有成百上千的徒众，虽然平时散居于上海各处，但只要一声令下，即可组成一支人数可观的大军。

加入“小八股党”的帮会匪徒还有范恒德、杨顺铨、顾掌生、汪少丞、马汝祺、荣炳根、薄锦荣等。

在与“八股党”抢夺运土权的斗争中，杜月笙精于筹划的特长充分显露，每次行动前杜均周密调查，妥善布置，然后闪电般行动，又狡兔式逃逸。抢土的地点在“大八股党”（因有了杜月笙的“小八股党”，而人们称“八股党”为“大八股党”）从杨树浦一带的码头提运到土行的途中，他们常常利用夜黑风高、雨雪降临之际，看准时机，抢下一定数量的鸦片后，立即运至洋行街105号潮州会馆，或者华格臬路（今宁海西路）的潮州山庄，并把烟土放入空棺材中，伺机再出手。

由于黄金荣的号召力，加上杜月笙的老谋深算，骨干队伍的精悍勇猛以及眼线的众多，“小八股党”迅速成为上海黑社会中一支剽悍凶猛的小型快速支队。

当时的上海报纸曾报道过“小八股党”大规模的抢劫行动：“有某土贩由汉口夹带川土一万两，分装在两大皮箱及行李一件中，附搭‘日清公司’的‘岳阳丸’轮船来沪，停泊在浦东张家浜码头，当由该处湖北人雷鸿见担任保价运送，杜等得悉，向雷争夺保险未遂，即于当夜2时许，纠合党徒10余人，各执斧棍，乘坐划船，在浦江守候，雷等没有预防，贸然登轮提土，一经运上划船，即被杜等拦住，所有私土，悉遭劫夺无遗。”

在“小八股党”的狠狠打击下，沈杏山的“大八股党”遭到了挫折，但实力尚存，他们当然不甘心失败，于是，沈杏山联络各方势力，全力反击，双方展开了智斗和力战，但几乎每次均因沈杏山一方的实力、智谋和能量稍逊一筹而败北。

当黄金荣准备乘胜追击，以求全胜之时，年轻而深谋远虑的杜月笙建议黄金荣攻心为上，以智取胜。在众人的撮合下，黄金荣不仅与沈杏山讲和，而且后来还主动与沈杏山联姻，黄家二公子（养子）黄源涛与沈杏山的四千金沈静华结为连理。在鸦片提运方面，合伙分成，这样不仅使黄金荣集团消灭了最强大的敌人，而且化敌为友。

这一招不仅使沈杏山撑足面子，以后甘愿为黄金荣赴汤蹈火，还使上海的黑道对这位“麻皮金荣”另眼相看，称他心胸开阔，是做大事业的人。

另外，当时码头上还有一批号称“三十六股党”的流氓，以偷盗仓库和拦路抢劫的方式，也窃得了大批鸦片。

鸦片的大量失窃，使烟土行的老板叫苦不迭，纷纷要求巡捕房保护。法捕房虽然收了他们大量的好处，但还是破不了案。

烟膏、烟灯和烟枪不知毒害了多少中国人

但后来接连发生的事，使法捕房对此引起了重视。

法国殖民主义者在上海开辟法租界后，看到英国殖民主义者包运鸦片牟取了巨利，也顿时眼红起来。于是也仿效英国殖民者的做法，与外国鸦片贩子签订代运合约。

包运的办法是：由法国与外国鸦片贩子签订代运合约，然后外国鸦片贩子就把大量的鸦片，托付法国军舰运往上海，再由驻上海法军用军车押运到法军营房仓库，之后，外国鸦片贩子再把一箱箱鸦片卖给中国鸦片商人。

过去上海靠贩运鸦片为生的商人很多，单是上海就有鸦片商行1000家之多。只要把鸦片运到上海，这些鸦片商人便由武装流氓保镖，着人肩背白银，与外国鸦片贩子进行交易，因此鸦片的输入和白银的输出，为数之庞大，是难以胜计的。

当年从国外运来的鸦片，每箱净重100市斤，按照当时价格，每箱鸦片要银元千块以上。一箱鸦片1000金，怎不引得地痞流氓们馋涎欲滴，眼红心痒呢？

在上海，黄金荣的夫人桂生姐、杜月笙、张啸林等人都是“抢土”的专家。因此，鸦片的输入，无疑又给他们带来财富。

一天，杜月笙与他的流氓头目们商量如何抢夺鸦片之事。打不死李阿三开口说：“一箱鸦片值千金，我们宁愿豁出几条人命，也要从法国兵枪林弹雨中抢它几箱过来，不能再睁眼看着财神爷在我们眼前晃过。”

另一流氓范长宝插口道：“我们采用水陆两路夹攻之法。乘黄浦江涨潮时，我们泅水至码头边，先拖他们一两个下水。趁其余在码头上的法国兵来救援时，陆上的人就迅速下手。你们意下如何？”

杜月笙说道：“这两个计策都不大安全。以我之见，不如在路上越货强抢，较为安全。每辆军用卡车装运50箱，只有几个法国兵押运。待军车在路上行驶时，我们乘其不备，把捆箱的绳索割断，迅速把车上的鸦片箱子翻下车来，乘机背跑。再用多人监视法国兵不准其开枪，待我们抢走了鸦片箱后，再撤退监视法国兵的弟兄。我看这样下手较为安全，不知大家意下如何?”

几个流氓头目听了杜月笙的一番计议，都点头称善。

一天下午，阴霾四布，细雨绵绵。新开河码头旁，在法国兵刺刀的监视下，有二十几名码头苦工从军舰上卸下一百多箱鸦片，分装在两辆军用卡车上，每辆卡车有三四个武装士兵押运。

因正逢微雨，押运的士兵均披着雨衣。待卡车经过一段坎坷不平的马路时，前一辆卡车已向西驶去，后一辆卡车还在这坎坷不平的路上行驶。

就在这时，突然从四面窜来四十余个身强力壮的大汉，一声吆喝，霍地窜上卡车，把押车的法国兵包围起来。不准他们手脚乱动乱说话。

此时，只见另一伙人以快速的动作，抽刀割断车上的绳索，把装在卡车上的鸦片箱掀落在地，迅速背起五箱鸦片，分头逃向预定的地点。在卡车上监视法国兵的人，见目的已达到，一个暗号，各自跳下车去，逃奔无踪。

这时缩在卡车上的几名押运兵，见包围他们的盗匪们已跳车而去，才取出枪，胡乱打了几枪。

法军头目一听鸦片被抢劫，不由得哇哇直叫，暴跳如雷。一面狠狠地训斥押运的士兵，一面打电话告诉法租界总监华尔兹，要其迅速缉获匪徒。

华尔兹接到电话，急忙派出探目和巡捕来到出事地点现场察看。其实不用查看，这些探目和巡捕都知道是哪帮流氓干的，但谁敢得罪这些流氓呢，于是大家都睁只眼闭只眼，乐得做个人情。

尽管华尔兹三令五申，要追获这些鸦片，但谈何容易。这一次被抢劫去的鸦片尚未查获，谁知接着又发生了一次在码头上抢劫鸦片的案件。

驻沪法军用卡车押运鸦片被抢劫后，便想出一个绝招，不再用卡车押运，而是用人力车押运。一辆人力车前后跟随二三十名武装士兵，持枪护卫，徐徐而行，使那些流氓们根本无法接近鸦片。

道高一尺，魔高一丈。

范长宝说：“码头上和路途中既然难以下手，那我们从水上下手!”

杜月笙问道：“在水上如何下手呢?”

范长宝得意地回答道：“我手下谙熟水性的弟兄多得是，挑选十几个水性好的，随带几根竹篙潜入水中，一次少的也可搞到四五箱鸦片。”

其他人听了，都觉得此主意甚妙。

于是范长宝在把兄弟中挑选了二十几个水性好的，来承担此任。

范长宝手下有个把兄弟，名叫何野郎，能在水上行走，水下潜游，在黄浦江里干了十余年水贼生活，从来没有失过一次风。

有一次，何野郎与人打赌，每人肋下各挟黄酒一坛，从浦东泅水到浦西。他在水中从容不迫，待泅到浦西时，这酒坛上的泥封依然完好无损，由此可知这何野郎的水性功夫是如何之好了。

这天，范长宝带了众弟兄和几根竹篙，预先潜伏在新开河面上，待法军雇佣的码头苦工从军舰上背负鸦片箱踏上跳板时，预伏在江上的水贼彼此一个暗号，几个人用竹篙将跳板用力一顶，只听得“扑通扑通”几声，几个苦力背着鸦片同时落水。

这帮流氓，只图自己的利益，哪顾码头苦工的性命，早就抱着落在江中的鸦片烟箱，东钻西窜，随潮飘流。等到码头上的法国兵发觉向江上开枪时，这帮水贼早就泅得无影无踪了。

法国人又丢失了五箱鸦片，直急得法军头子搔首摸耳，无计可施。

但这些流氓们并未罢手，他们又买通码头上的苦工头目，让流氓们假扮苦工，把10箱鸦片连箱带人抛入黄浦江中，这批流氓个个满载而归。

法军头目恼羞成怒，定要华尔兹追获，并威胁道：如果不把这些鸦片追获，要向法国政府控告华尔兹办事不力。

华尔兹急忙唤来黄金荣，不问情由，一顿训斥，并限三天之内要将窃去的10箱鸦片完璧归赵，如有差池，撤职处分。

其实，黄金荣心里清楚这些鸦片到哪里去了，但他并不愿意讲出，因为这些鸦片是他们冒着生命危险抢来的，况且分起赃来，自己还能独得一份。

但如果不去要回鸦片，不但华尔兹的总监职位保不住，就是自己刚上任的督察长之职也将化作乌有。事关切身利益，只好委屈手下的徒弟们了。

晚上，黄金荣把杜月笙等人集中起来，把上面的事讲了出来。杜月笙一听，要他们把10箱鸦片还出来，心里一百个不愿意，他说：“我们虽然到手了10箱鸦片，可是我们却失踪了一位弟兄啊。”

“月笙，能不能替我想出一个主意，这次把10箱鸦片还给他们，以后我们便把这个活吃下来，省得偷来摸去，还不安全。”黄金荣诚恳地说。

“师父，这样吧，这几天华尔兹如果再给你加码，你就说你正在查，保证三天之内给他查获，这三天里，我来想个两全其美的办法，你看行吗?”

“好，听你的。”

不出三天，杜月笙就想出了一个办法，由黄金荣、金廷荪和自己开一家公司，专门保护鸦片贩运，向鸦片商收取保护费。这样，法军也不愁丢失了，自己呢，也落到好处。

黄金荣听了，直叫好。第三天，黄金荣便把10箱鸦片交到华尔兹的手中，并说：“这次，我帮你查获了这10箱鸦片，以后如再发生，我将不再追查了。”

华尔兹派了十几名巡捕，把10箱鸦片送到法国军营。华尔兹赃物到手，说话的嗓门也亮了，他对法军头目说：

“这次失物查获归还于你，下次如再发生同类事件，我可不再担负此项责任了。我的职责是保护治安的，可不是代外商包运鸦片的，如今话说在先。”

法军头子听了华尔兹的话，直摇晃着脑袋说道：“以后该怎么办呢？真是为难。”

华尔兹这时突发妙想，低声说道：“我想出一个坐享其成的办法，你把外国鸦片贩子

在上海租界，英国人的生活与伦敦联系在一起，为庆祝英王加冕，上海英国侨民在外滩参观阅兵仪式

来货交给中国人去包销，每箱提取一定的银两，把护卫的任务交给中国人。如果丢失了的话，由中国人负责，岂不更好！”

法军头目一听，乐得直点头：“好呀，可谁敢承包呢？”

“这个，就由我来想办法。”华尔兹担下了此任。

再说杜月笙想出的点子和华尔兹的办法是殊途同归，但双方谁也不知道，这就要通过一个中间人来运作，这人是谁，便是黄金荣的好友曹显民。

一天，曹显民来到黄宅，黄金荣急忙请他坐下，说：“我现在有一件事求你。”

“说，都是自己人。”

“我的徒弟月笙提出由我们出面，组织一个公司，专门包销来上海的鸦片，只要船到上海，鸦片丢失与船主无关，武装护卫由我们来做。”黄金荣毫不隐瞒。

“啊呀，你们难道是预先谈好的？”曹显民惊讶地问。

“和谁谈好？”黄金荣丈二和尚摸不着头脑。

“跟你实说了吧，华尔兹总监也有此意，我今天到贵府就是为此事而来的。”

“真的？”

“我还能骗你。”

“那太好了！”

“你别太急，明天华尔兹找你谈，你就当是听他的吩咐做的，不要把自己的想法和盘托出。这样，既迎合了华尔兹，你自己也赚了银子，多好呢。”曹显民技高一筹。

“真谢谢你了，如此事谈成，少不了你的好处。”

次日，华尔兹约定黄金荣，在曹显民的陪同下，乘车来到法军头子的办公室。双方商议包销鸦片事宜，并签署了鸦片的合约。合约除正文外，还附有两个具体条件：

（一）货到之日，必须先交货银而后提货；

（二）卸货上岸，由买方自己负责。如发生意外，不得向卖方提出交涉。

黄金荣当然一口应允。

回到家后，黄金荣立即找来杜月笙、张啸林、范回春、金廷荪等人，商量这公司叫什么名字，公司如何开。

还是范回春的头脑灵，他说："开公司除了为钱，还是为钱，怎么也是为了钱，就叫'三鑫'吧！"

黄金荣等人听了范回春的提议连声叫好，几个人当场拍板：这家公司取名为"三鑫公司"，还有一层意思，就是以黄金荣为首的"三大亨"开的公司。

1924年，三鑫公司正式成立，杜月笙任经理，负责掌握水陆码头，调动流氓打手。张啸林、范回春任副经理，张负责对付外地流氓组织，范负责掌管金钱收支。

黄金荣由于身为法捕房督察长，不便出头露面，就幕后操纵，充当后台，并负责与法捕房打通关节。

三鑫公司成立后，即向各烟土行发出通知，今后凡在上海贩运鸦片，须向本公司交纳鸦片总金额10%的保险费，由本公司负责保护，遭意外本公司赔偿全部损失。

上海各烟土行的老板，听说三鑫公司是"三大亨"开的，又有法捕房撑腰，纷纷前来投靠，凡贩运鸦片，无不请三鑫公司保护。

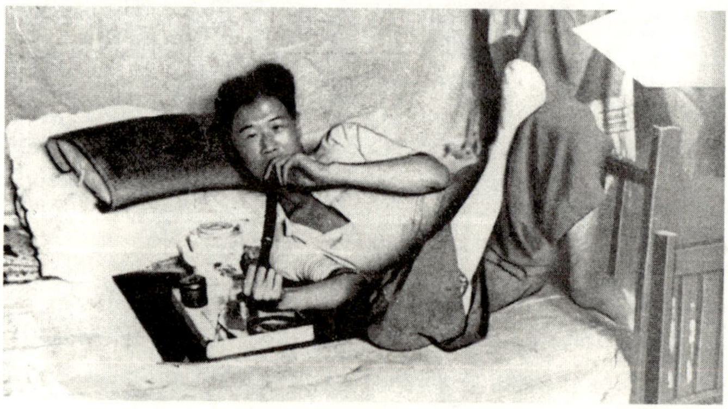

瘾君子

于是上海街头出现了奇特的景象，只要有运送鸦片的轮船进港，码头就有大批安南巡捕站岗放哨，鸦片上岸后从码头运往烟土行，由三鑫公司流氓押送，沿途还有巡捕房的警备车护送。鸦片安全运到烟土行后，老板交出保险费，三鑫公司出具收条。

从此，上海的鸦片贩运果然太平无事，三鑫公司也因此获得了一笔巨额保险费，每年收入高达数千万元。

这些钱按大三股、中六股、小八股分赃。大三股由黄金荣、杜月笙、张啸林"三大亨"分享。中六股赏给范回春、金廷荪、顾嘉棠等六个心腹。小八股则分给再次一等的流氓。

三鑫公司的开张，是黄金荣等人的又一幅绝世无比的"杰作"。在世界贩毒史上可以独占一章。

三鑫公司的主要业务是为中外鸦片烟商提供保护，并收取费用。公司成立之时便有21家潮帮土商加入了公司，资本额为270万元。三鑫公司所营的主要是波斯土、川土、云土和北口土。波斯土在高桥的东海滩提取，云土先运至四川，然后和川土一起运到宜昌，再通过长江运到隆茂码头由三鑫公司派人提取；北口土在怡和及金利源码头提取。提货由公司职员在巡捕的保护下进行，公司的飞龙汽车队负责运送，沿途有安南巡捕武装押运。鸦片入库后，由公司和捕房分别开条盖戳，并从土商那里得到保护费，保护费通常是鸦片总值的10％。土商们缴纳了保护费，就如向保险公司保了险一样，如鸦片被抢劫偷盗，即由公司照价赔偿。

公司的另一项业务是垄断法租界的鸦片交易。它与法租界当局协商规定，凡租界内销售的烟土，都必须贴上公司的“三星”印花，否则不得出售；公司出卖印花可以得到大量收入。鸦片商人虽要缴纳保护费和印花税，但却可避免令人头痛的鸦片失窃，并得到租界和流氓帮会的双重保护，而这笔钱可以转嫁到消费者身上去。因此他们都乐意依附在三鑫公司的门下。

法租界的烟馆和燕子窝也是三鑫公司的禁脔。公司规定对界内的烟馆、燕子窝进行保护，每盏烟灯须向公司缴纳“烟枪税”大洋三角，公司将保证其正常营业，一旦发生烟馆、燕子窝遭其他流氓骚扰或被巡捕冲击事件，公司将全额赔偿其损失。公司雇佣数十名流氓为检查员，专门轮流到各烟馆检查烟枪执照，实点烟枪数目，发现少报、隐瞒的，轻则罚款，重则吊销执照，停止营业。

同时，三鑫公司也直接参与鸦片的贩卖。它直接设有中华烟馆、宝裕里烟馆等。三鑫实际上成为了包销鸦片的超级大型土行，且由于它的政治背景和经济实力，使它能够操纵鸦片价格的涨落。就这样，黄金荣集团凭借着流氓帮会的巨大能量，以及租界殖民者和军阀的背景，使三鑫公司的贩毒不仅独占了法租界的鸦片市场，而且还插足公共租界，并在很大程度上控制了公共租界的地下鸦片市场；不仅如此，其业务还扩展到了全国各地，随着时间的推延，其涉及的地区更加广阔。

例如，热河为民国鸦片的重要产地之一，汤玉麟每年要将数百万银元的鸦片（北口土）运至上海，由三鑫公司销售。对鸦片业的垄断给三鑫公司带来了巨大的利益。因三鑫公司营业的秘密性质，其年收入究竟有多少，没有精确的统计，尽管如此，我们还是可以从零星史料中推算出尽量接近历史真实的概数。据参与其事的郁咏馥回忆，三鑫公司的毒款，每年可有几千万元。当时上海《字林西报》也刊文披露：“据确实消息，上海于近五六年中，闻有许多著名华吏，与租界内之一西人团体，会同经营此事……最近在吴淞渔船中，查出大宗私土，值100万元。曾经扣留若干时，后即开释……上述之机关，据云专门收费，其中人物闻有中国武人、警官、文官、查烟员及租界巡捕与流氓等，若辈专为保护私贩，得安然在上海登岸，私土均分作一磅二磅包装，做圆球形，该机关收费，自半元至一元不等，另加保险费，每盎司一元，今年正月十号，某官吏谋私运土300箱入吴淞，即由机关中人扣留，因事前未接洽，私土即将充没，幸经某武官及侦探到场调解，卒由该官照付巨费，将土领回云。近来私运之范围渐大，每月吴淞一处上岸之上，在1000箱以上，每箱平均2800盎司，每盎司该机关收费一元，每月收入有250万元，或一年3000万元之多。”

据此再加上烟枪捐与自设烟馆的收入，则三鑫公司的年收入在5000万元左右，应不会有太大的出入。1916年中国国家财政总收入2．95亿元，直到1925年也只有3．45亿元，而三鑫公司的收入竟相当于北京政府年财政收入的16％～12％，真是富可敌国了。

1935 年开张的仙乐斯舞厅

这些巨款由公司职员及与之有关的人员分润。公司的职员大约有 150 人，直接经营公司的上海流氓帮会人员，所获最多。其内部按“大三股”、“中六股”和“小八股”来分配。

所谓的“大三股”即黄金荣、张啸林和杜月笙三人，他们每年所得都在上百万元，其中又以黄金荣最丰。

“中六股”即金廷荪、沈杏山、顾嘉棠、叶焯三、徐采丞、芮庆荣等人，他们有的是三鑫公司的得力干将，有的是三大亨的铁杆亲信。

“小八股”指部分八股党及其徒子徒孙们，只要挂名为“检查员”者，都能从鸦片交易中得到数十元到数百元的好处。他们以及所有的公司职员除了薪水以外，还有三节分红（端午、中秋和过年），一个普通的杂役，也可分得六七百元，职员则数千至数万元不等。公司为收买人心，对上海帮会的头面人物也支付孝敬费，每人每月达 300 大洋。

这些人包括张树声、高士奎、曹幼珊、刘登阶、梁绍堂、步章五、程孝周、樊瑾成、阮慕白、李琴堂、荣华亭、袁克文、张蔚斋、李春利、周盖臣、吴省三等。

法租界当局是瓜分公司利润的另一股势力。鸦片税包括烟馆土行的执照税、营业税、燕子窝的烟打捐等，作为法租界的主要税收来源之一，一直在其财政收入中占据重要地位。

在法租界内，上至法国总领事、公董局董事、巡捕房总巡，下至一般的捕员小吏，按照各自的官位尊卑，对公司的贡献大小，均可分享鸦片之余利。其所得也是相当可观的，仅总领事范迪尔每月到手的鸦片津贴就达 18 万银元；而公董局、巡捕房等机构之所得也不少于该数。

不仅如此，法租界还经常借口特别支出而向公司“打秋风”，如法国将军麦兰来沪的招待费便是公司出账的。特别是 1920 年 5 月新任总巡费沃利上任，费氏见钱眼开，使黄金荣如鱼得水，营业更加红火。

潮帮烟土商人在黄金荣的羽翼下，也能得到稳定的收益，当然这种收益比起他们独占的时代来说，要少得多，因此他们也时常怀念过去的好时光，尝试摆脱三鑫公司的控制，1923 年，他们与青帮大字辈首领、原通海镇守使张镜湖联手，开辟贩毒新线路：鸦片从公海运至长江北汊的启东海门，然后用小船接到苏北，再转运各地。

一时，三鑫公司曾经收入锐减，但好景不长，次年江浙战争爆发，孙传芳占领上海，潮帮的运土路线就此被卡住。最后，潮帮土商只得再度屈膝于三鑫公司，在它的保护下分得余利。

同样，中国地方政府及军警当局也无一例外地分享着鸦片的好处。黄金荣凭借其上海地头蛇的特殊地位，前后与各种军阀势力结为莫逆。无论是卢永祥、何丰林、杨善德，还是齐燮元、孙传芳、张宗昌，对可坐享巨额银饷的三鑫公司均大开绿灯，并尽力保护，当然，三鑫公司方面也会不时地相助军饷，因此黄金荣被军阀们引为知己。

20 世纪 20 年代，军阀之间混战连连，但对黄金荣的三鑫公司，基本上没有什么影响。相反有时浑水正好摸鱼。

自 1924 年齐、卢江浙战争后的两年间，统治上海的军阀曾五易其手：卢永祥之后齐燮元据沪；到第二次奉直战争，齐燮元败逃，卢永祥再度返沪；不久卢永祥被奉军杨宇霆替代；随后孙传芳又将杨宇霆逐走。

总之，不管哪路军阀当权，黄金荣等总是作为被军阀们“争相罗致”的对象而左右逢源，如鱼得水。

如 1925 年 1 月，第二次直奉战争奉系获胜，加入奉军的张宗昌乘胜南下进入上海。张即通过其青帮大字辈师父李徵五的介绍结交了黄金荣，黄金荣邀请张宗昌到黄公馆吃喝玩乐，聚赌狎娼，然后对张言道：“你现在拥有十多万军队，薪饷开支很大，仅靠奉天发给的经费，远远不够。我们可以在上海帮你的忙，给你筹划一些。”本来就是“有奶便是娘”的张宗昌立即同意并与之达成协议，以贩毒筹集军饷。

于是，张宗昌派军队保护三鑫公司麾下土行的毒品输入，而鸦片商人们则预付 300 万元的“保险费”。当张部奉命撤离上海后，奉军命李奎元为驻沪办事处处长，专门负责与黄金荣等商洽护运鸦片以换款子事宜，并留下工栋负责毒品进口后的安全输运。

1925 年 10 月，孙传芳控制了上海，与黄金荣谈妥，以张啸林、杜月笙为高级参议，与三鑫公司合作，照样派兵保护鸦片，并帮助公司取缔其他黑道上的对手。而公司每年支付孙传芳部队 1500 万元的报酬。

20 世纪 20 年代也是中国反帝浪潮一浪高过一浪的时期，上海人民不断展开如火如荼的斗争，而黄金荣等竟乘机大肆活动，趁“各界对土案不遑顾及……华界连日召集大小同行磋商推销营业办法，订立各城乡凡愿担任分销者，且由日销 50 箱增至 70 箱”，继续大量贩毒，以捞取金钱。

以上演机关布置连台京戏而著名的共舞台，创办于 1917 年，原名乾坤大戏院、乾坤大戏场，原属大世界游乐场的演出场地

三鑫公司巨额毒品利润对租界税收的支撑，使得法租界当局十分满意。

1925年5月下旬，法租界公董局董事布卢姆再次与三鑫公司签定协议，根据这一协议，法租界内可以开设20家鸦片零售店和一些土行；公司首先向巡捕房支付14万元，以后每月向巡捕房预付烟税八万元，并负责提供保镖制服等，此外还要向所谓的“欧洲委员会”支付进库鸦片每箱250元，另外，每家烟土零售商还要每月向租界交纳500元；在启运鸦片时须事先通知巡捕房；巡捕房将对非公司的土商等进行打击，以保护公司的利益。

协议不仅扩大了公司的营业范围，而且进一步保证了三鑫公司对鸦片的垄断权，并巩固了公司与租界之间的牢固的同盟关系。

1926年，法租界当局迫于中华国民拒毒会的禁毒压力，被迫在租界内举行了一次搜查，尽管这次搜查是象征性的，但也已使部分鸦片零售商十分惊慌。这一来却又给三鑫公司以可乘之机。即营业重心从保运进而发展到保销。

红男绿女，翩翩起舞——当年舞厅一角

时上海的报纸对帝国主义与流氓帮会合伙贩毒叙述颇详：“本埠烟上贩卖，自法租界当局，接受拒毒会之报告，举行一次搜查后，目下暗中有军舰为之保护，不受海关检查。各土行近日门市亦甚佳，大者每日千余元；小者亦至少六七十元。各土行每月之秘密费，每家至少亦须千元，各土贩设有两种公司，一为保运公司，以运动当局，保护烟土往来，不遇任何危险为专责；一为保销公司，以运动允准暗中贩土为专责，以杜某为之长，收入甚丰。闻各土贩等，神通广大，设当局下午将往某土行搜土，而该土行已早于上午接得报告，先事筹备，届时搜获者，不过零星数两或数磅之土而已，反之若保险之土行，事前未获得报告，而突遭搜查者，则所受之损失，由杜某立即赔偿之，各土贩等暗中有此保护，遂有恃无恐。”

三鑫公司的作用，一是对20世纪初中国鸦片走私的空前活跃起了推波助澜的作用。

鸦片是英国殖民者打开中国中世纪大门的敲门砖。自19世纪初大量输入中国后，形成社会问题。到鸦片战争前，中国已有200多万人吸食毒品。此后，在帝国主义和封建阶级的推波助澜之下，到1906年，吸毒人口达到2000万人。

清末民初，中国自上而下展开了一场空前规模的禁毒运动，进口洋烟和国产土烟均急剧减少。然而，1916年袁世凯死后，中国进入军阀割据的时代，各地军阀视鸦片交易为军饷之来源、割据之基础，从而大大刺激了毒品的流行。

三鑫公司等机构的出现，流氓帮会势力与军阀合作贩毒，进一步促进了毒品的泛滥。到20世纪20年代后期，中国的吸毒人口已经达到8000万人，由此而耻辱地成为世界上最大的毒品消费国。在这个过程中，三鑫公司扮演了一个重要的角色。

二是鸦片所带来的巨额利润，使黄金荣集团与殖民者和地方军阀的联系大大加强，其政治能量空前增长；不仅如此，而且还使黄金荣集团的经济实力远远超过了他们的前辈和同行，势力日益膨胀。

1930年开幕的黄金大戏院，位于法大马路、敏休尼隐路，初映电影，不久改以演京剧为主

三是黄金荣集团因此而成为上海乃至中国最为庞大、最有势力的近代城市帮会组织。而且，在黄金荣集团的内部，因杜月笙的周密部署，张啸林的对外联络，一里一外，两人地位迅速提高，到20年代初期，由创办三鑫公司前的黄金荣一人独尊，金廷荪、杜月笙、张啸林等为第二阶梯，而逐渐形成黄、张、杜三大亨的新格局。当然这是后话。

总之，三鑫公司的成立和发展是黄金荣达到“事业”巅峰的标志之一。

## 三、“众家老板”

民国时期是京剧拥有观众最多的时代之一。黄金荣对京剧痴迷一生，而且他始终以能控制上海的戏馆剧院为自豪，近代上海戏馆的兴衰大多与黄金荣有关联，后来上海滩上人称黄金荣为“众家老板”。

在近代中国，娱乐业因其社会演出、需要与警察等诸方面打交道的性质而多为流氓恶霸、帮会巨头所把持。自黄金荣涉足共舞台始，上海的流氓头目纷纷进军娱乐业，如杜月笙、顾竹轩等均成为了戏院、剧场的老板。其中涉足最深的要算是黄金荣了。

1940年，日本兴亚院华中联络部曾有一个调查报告，题为“上海剧坛与帮会之关系”，内列上海六大剧场的经营关系：

| 剧　场 | 经营者 | 与帮会的关系 |
|---|---|---|
| 黄金大戏院 | 金廷荪 | 通字辈，王德霖的徒弟，黄金荣的密友 |
| 更新舞台 | 董兆斌 | 悟字辈，陆连奎的徒弟 |
| 荣记共舞台 | 张善琨 | 通字辈，王文奎的门徒 |
| 鑫记大舞台 | 范恒德 | 悟字辈，师名不详，又为红帮杨庆山的徒弟 |
| 天蟾舞台 | 顾竹轩 | 通字辈，刘登阶的门徒 |
| 卡而登大戏院 | 周翼华 | 无帮籍 |

这六大剧场中，黄金大戏院、荣记共舞台是黄金荣的产业，经营者中金廷荪是黄金荣的密友，张善琨、范恒德本身便是黄金荣的徒弟，董兆斌也是黄公馆的常客，对黄金荣以师礼相待。而周翼华虽非帮会中人，但却与帮会有非常密切的关系，也是黄公馆的常客。

此外，流氓帮会头目染指娱乐业的还有金门大戏院的老板马祥生、仙乐斯舞厅老板谢葆生、恩派亚大戏院老板颜伯颖、新光大戏院经理夏连良等。

他们时常使用流氓手段，克扣演员的工资；或者强逼演员拜其为师，以完全控制演员。

当然，由于黄金荣等喜爱京剧，参与娱乐界后，招揽名角，广告捧场，推销而不遗余力，因此，客观上也曾推动了中国京剧等艺术的发展。

共舞台是黄金荣最早经营的戏馆，老共舞台原坐落在郑家木桥南堍，最早称共和哈京戏院。当时的剧场，舞台是方形的。观众厅内，前部设有方桌，桌后及两旁有座椅；后部则置条凳，让观众立着看演出。

黄金荣鼓励京剧男女演员同台演出，一时名角云集。如荀慧生（艺名白牡丹）、尚小云、杨小楼等曾在共舞台演出。

1917年，黄楚九建大世界时，在南侧建造乾坤大剧场，后被焚毁，重建后易名齐天舞台，并从大世界中脱出独立。但旋因经营不善而关闭。后黄金荣将其盘进，易名荣记共舞台。

1919年，程砚秋来上海演戏，时名艳秋，仅仅打炮三天，便看得上海人心花怒放，街头巷尾，无数的戏迷争相模仿，都似患了感冒，用鼻腔大唱程腔，从此，程砚秋大红大紫起来。

黄金荣还延聘坤角名旦张文艳、罗小宝、林树林等名角，上演《阎瑞生与王莲英》，曾轰动一时。

1924年，黄金荣为扩充共舞台的场地，使用流氓手段，以两担米的价格做搬家费，令共舞台旁边的居民、金陵中路五金杂货店店主叶庆祥在15天内迁走。

叶据理力争，黄金荣竟破口大骂叶不识抬举，敬酒不吃吃罚酒。在黄金荣的策划下，叶被巡捕房抓走。叶妻虽到处奔走营救，但租界方面慑于黄金荣的权势和淫威，无人愿意出头相助。

最后，叶妻无路可走，只得备重礼到钧培里黄公馆，请求黄金荣开恩，答应尽快搬出，这样，叶庆祥才得以恢复自由，黄金荣如愿以偿。

1928 年春，黄金荣将共舞台租与京剧名角夏月润，为期 4 个月。看来夏月润的经营并不景气，因此，到了秋天，夏又将共舞台交还给了黄金荣。此后，黄将共舞台交给了芮庆荣掌管。

1929 年初，黄金荣延聘梅兰芳、王凤卿、李万春、谭富英等演出。其间黄金荣出资，为上海平民医院进行慈善募捐演出，每间包厢的售价尽管高达破天荒的 100 大洋，但仍客满。

在 1932 年“一·二八”事变后，黄金荣将共舞台租给了门徒张善琨，但名称仍为荣记共舞台。直到黄金荣死后的 1954 年荣记共舞台才移名共舞台（今址延安东路 433 号）。

安乐宫是黄金荣联合杜月笙于 1928 年开设的，最初名称是法国招牌“柏拉斯”，地址在爱多亚路（今延安东路 57 号楼上）。这个游乐场除设有舞池、酒吧外，还附设旅馆。1930 年增设华都舞厅。

抗战胜利后，这里成为外国水手酗酒作乐之地。1946 年 9 月 23 日，美国水手饶德立克在安乐宫门口殴打人力车夫葛大咬子致死，酿成“葛大咬子事件”。

解放后，由人民政府接管并废除安东宫，舞厅改造成书场，后又改为“精武体育馆”。1976 年归上海魔术团使用。后因开凿延安东路黄浦江隧道而拆除。这些都是后话。

大舞台初名文明大舞台，1909 年 12 月 30 日开业，由童子卿创办。位于三马路，（今汉口路），以演出京剧为主。

1919 年由黄金荣承办，易名荣记大舞台。为上海著名京剧演出场所之一。

上海市政府欢送梅兰芳访欧

1934年“江南武松”盖叫天在此演出《狮子楼》时，不慎折断右腿，仍挺立舞台，一时传为美谈。

是年，黄金荣出巨资重建，大门由三马路移至靠近南京路的二马路（今九江路663号），新造的大舞台宏伟华丽，当时报称中国戏院的模范。因此，在9月10日重新开张时，黄金荣特请梅兰芳、马连良率叶盛兰、程继先、金少山等来演出揭幕戏。并在《申报》上大做广告，“大舞台”三个字做得比鸭蛋还大。“敦请中国剧坛二巨头为中国唯一伟大剧场揭幕”，戏目有《贩马记》《借东风》《一捧雪》等，票价从大洋三元到五角不等，还特设租车处，以方便观众。一时，上海滩上均呼“珠联璧合的好戏，千载难逢的机会”，观众纷纷拥进了大舞台。

黄金荣虽家财百万，但对大舞台的演员经常做手脚。如借故克扣演员的“戏份”（工资）；有时卖了“满堂”，对演员却说只卖了八成座。

国泰大戏院，位于霞飞路、迈而西爱路（今淮海中路、茂名南路）

有一段时间，金少山在荣记大舞台演出，底包为每月600元；可是黄金荣总是要千方百计榨取更多的利润，如星期天，不仅要求金少山演日场，还要安排独挑二本《连环套》。

见黄金荣如此不爽快，金少山便心中不悦，他本来就是狂放不羁之人，岂肯平白遭受耻辱，便时常用“误场”“装病”等方法来要弄黄金荣。

一次，金少山照例又是演星期日日场的《连环套》。金少山艺术精湛，正走红上海，上海观众十分喜欢看他的戏，戏票被一抢而空，当时俗称“关铁门”。

可是，就在那个星期天的午饭后，开场锣鼓已经响起，但管事的却到处找不到金少山的人影，黄金荣也急得团团转，连忙派人四处寻找。找了好一阵，才知道金少山到跑马厅去看跑马了。眼看金出场的时间已到，管事的只好改上其他人。观众都是冲着金少山来的，他们叫嚷着金少山不登台，我们退票。

这时，管事赶到跑马厅的看台上去催，但金少山仍稳坐在看台上。管事左一个“金老板”，右一个“金老板”，金少山就是不理，最后催急了，他叫开了铜锤花脸的大嗓门：“今个儿我不演了！退票！”他说到做到，就是不回大舞台，管事回来报告，逼得黄金荣只好忍痛退票。眼看到手的金钱飞了。爱钱如命的黄金荣气得掏出手枪往桌上一拍，破口大骂道："娘的，不要他了，不要他了。"

后来，有人出来打圆场。黄金荣当然知道金少山是棵摇钱树，要是真的辞退了他，也真有点舍不得。于是决定下个星期日仍派金少山的《连环套》。想不到这次，金少山早早来到后台，仔细认真地勾脸扮戏。窦尔墩出场后，第一句点绛唇"膂力魁元"，他有意盖着唢呐唱，那嘹亮的嗓音真是声震屋瓦，观众疯狂地喝彩叫好。在花楼上监场的黄金荣也不禁叫绝。回头对着管事说："娘的，还得要他!"于是，黄金荣不但没有辞退金少山，反而还加了他 200 元包银。

1935 年，黄金荣将大舞台租赁给沈长赓，于是，大舞台的大门改开在九江路，更名康记大舞台。后来因经营不善，不到一年改由谢葆生、范恒德等长期租用经营，易名鑫记大舞台。

黄金大戏院是 1929 年黄金荣创办的，次年 1 月 30 日开业。戏院占地一亩九分，据说这块地原是黄金荣的姘妇阿桂姐的。初设日新池浴室，后黄金荣将从三鑫公司获得的暴利投资兴建。

这日新池浴室是黄金荣最早的产业之一。日新楼为二层建筑，楼下为澡堂，楼上是茶馆。后来，有了些商业眼光的黄金荣见如此好的地段只开个澡堂茶馆，太可惜了，使毁屋建成黄金大戏院。

黄金大戏院为三层，建筑面积 3743 平方米，设有 1095 个座位，又地处公馆马路（今金陵中路）、西藏路交界处，半个世纪以来，成为上海著名的演剧场所。

最初这里既放电影，也演京剧，后来成了专门上演京剧的场所。著名演员高庆奎、马连良和张君秋等均来此演出。中国私人开设历史最长、规模最大的京剧艺术学校富连成社曾专程到黄金大戏院演出，名角有阎世善、高盛虹、李盛佐、艾世菊、茹富兰、叶盛长等，上演剧目有《吕布与貂蝉》《坐楼杀惜》《群英会》《借赵云》《黄鹤楼》等，他们还与在沪的赵桐珊（艺名芙蓉草）和刘斌昆等合演《金石盟》、与盖叫天合演的《武松》《三岔口》等，受到上海戏迷的热烈欢迎。

原来富连成社与戏院签约演出两个月，因广受上海观众的欢迎，

旧上海的色情娱乐场所——女子按摩院

于是，又续演了一个月，仍上座不衰。尤其是南北两派的空前大合作，不仅轰动江南，而且还促进了京剧的交流发展。

富连成社余音未消，梅兰芳也率领他的承华社进入黄金大戏院。第一天的打炮戏是《奇双会》，梅兰芳饰演李桂枝，俞振飞演赵宠，姜妙香演李保童，萧长华演胡老爷，再次让上海戏迷过了瘾。

“一·二八”事变后，黄金荣将这个戏院交给了门徒金廷荪经营，金廷荪为了招徕观众，专门登报招聘美貌小姐做招待，穿着统一的服装，并对戏院进行了全面装修。重新开幕的那天，杜月笙发表贺词，一批著名演员登台献艺，一时轰动了上海滩。

1933 年 9 月，上海人民为纪念“九一八”事变两周年，上海戏剧协社联合电影界人士在此演出抗日救亡话剧《怒吼吧！中国》，引起轰动，屡遭租界当局禁演。

专向西侨开放的跳舞场——圣安娜舞厅，位于昔日上海静安寺路安寺路斜桥街口(今南京西路、吴江路口)，充满异国风情

黄金大戏院是上海主要的京剧演出场所之一。1935 年 3 月到次年年底，周信芳在此上演《明末遗恨》。次年 6 月，周信芳与裘盛戎、高盛麟、李玉茹等合演《徽钦二帝》，抨击对日本帝国主义的妥协投降思潮，鼓舞民众坚持爱国抗日，也曾轰动一时。

1936 年，张君秋首次来沪演出，也在此粉墨登场。是年，早年在上海共舞台出名的孟小冬再返上海，在黄金荣的黄金大戏院演出，这次她振作精神，上演了《空城计》《捉放曹》《珠帘寨》《盗宗卷》《南阳关》和《乌盆计》等戏目，成为美谈。

1938 年，马连良率团在黄金大戏院演出《春秋笔》。马连良饰演张恩，轰动一时。

1939 年 11 月，以培养京昆剧演员为主的上海戏剧学校在马浪路（今马当路）创立。学员由校方统一取艺名，此即“正”字辈演员的来历。学习一年后，学员在教师的带领下，假黄金大戏院实习演出，博得赞誉。

抗日战争期间，黄金荣的黄金大戏院也为抗日活动和义演等提供了场地。“七七”事变后，周恩来曾到黄金大戏院后台与救国会、文化界人士会晤，商议抗战救国大事。1939 年 2 月 13 日，为救济难民，上海各界在黄金大戏院举行越剧大会串义演。参加演出的有袁雪芬等。7 月 20 日开始，八路军驻沪办事处组织业余话剧界在这里举行慈善义演，为新四军募捐。上海剧艺社先后演出《上海屋檐下》《大明英烈传》《葛嫩娘》和《家》等，被誉为孤岛上的戏剧尖兵。1940 年 1 月 22 日，黄金大戏院再次举办救济难民的慈善义演，周信芳等演出了传统京剧。

1930 年，黄金荣又在康梯路（今建国东路 11 号）开设荣金大戏院，上演电影和演出戏剧。后来也租赁给门生经营，因地段关系，不如黄金大戏院、大舞台等红火，但也是上海重要的演出场所。

当时上海的影戏院多集中于西北一带，而东南方面，商业虽繁荣，但影戏院却十分匮乏。1929 年，黄金荣与杜月笙、季云卿等出面组织鸿祥股份有限公司，集资 10 万元，在小东门北舟路口民国路（今人民路）上创建东南大戏院，并专门放映欧美影片。

这个影剧院由工程师潘倩义模仿欧美最新戏院的样式设计，是年底，东南大戏院宣告建成，从此，南市和法租界东部的市民有了一个较好的娱乐场所。

此外，黄金荣还曾经营过一些浴室。清同治年间（1862—1874 年）盆汤弄开设了畅园，紫来街开设了亦园，是为上海较早的澡堂。后来玉津池率先引进汽炉、冷热水龙头等，促进了澡堂业的发展。黄金荣经营的日新楼茶馆、日新池浴室，地点在八仙桥，拆毁后建成了黄金大戏院。

在黄金荣所从事的娱乐业中，最具影响的无疑是大世界游乐场。而黄金荣开设大世界游乐场确是有一番来历的。

## 四、夺取“大世界”

到“大世界”，就不能不提到另一位姓黄的了，他是鼎鼎有名的“上海闻人”。

说起这个人，在老上海的商界中可说无人不知，无人不晓，当时的上海，有三个半骗子：

永安公司橱窗陈列

一个是虞洽卿，他手中有一块钱的资本，能做10块钱的买卖，也就是移东补西，买空卖空来发横财；一个是黄楚九，他专做本轻利重的买卖，只要花小本而得大利，他都抢着去做；一个是徐重道，他到处开设药店，专门卖次药得利；另有半个滑头骗子，就是当年在南京路虹庙对面开设测字算命店的瞎子吴鉴光。

莫看他是瞎子，要是进了他的店门你只要一开口，他就能揣摸出你是否有钱，然后把你的钱骗来。过去上海投机买卖盛行一时，一般投机商人，常到吴鉴光的店里测字，以卜吉凶。

这就是旧上海三个半商人骗子的来历。

而我们要说的这个人就是——黄楚九。

黄楚九，名承乾、字楚九，号磋玖，以字行，晚年自署“知足庐主人”。1872年4月9日（清同治十一年三月初二日）出生于浙江省余姚。

1914年，澳洲华侨马应彪与黄焕南等人合股筹建先施公司，选址南京路浙江西北角“易安居”原址兴建大楼，1917年10月20日开业，先施公司是上海第一家由国人经营环球百货的大型商店，此后，南京路商业进入了新的发展时期

黄楚九15岁那年，其父亡故，随母迁居上海。以后便在上海闯天下。这个曾在上海滩风云一时，有“众家经理”之称的黄楚九，一生经办过各种事业，大小有近万家之多。他擅长经营之道，但唯利是图，有时到了不择手段的地步，时人称之为“大滑头”。

从1890年开设中法药房算起，40年间，除了新药业、卷烟业之外，还开设过旅社、酒店、茶楼、浴室、银行、交易所等等。

不过，他最感兴趣、办得最成功、最有影响的还应数游乐场（或称游戏场、游艺场）。上海新兴娱乐事业的产生和发展与黄楚九有着很密切的关系。

1912年，黄楚九集资开设的新新舞台开幕，地址在南京路浙江路口，取名“新新”，大抵有欲与南市九亩地的新舞台抗衡之意。黄楚九自任前台经理。

次年，他又与英国买办、地皮大王经润三集资，在新新舞台顶上创办了上海第一家游乐场——“楼外楼”（当时称“屋顶花园”）。楼外楼四周摆满了各色盆花，上演上海滩簧、曲艺、戏法等小型节目，并设有冷饮茶座。

最吸引人的是它用电梯送客上下，这在上海尚属首创；进门处又设置让人捧腹的哈哈镜，这也是当时很少有人见过的新奇玩意儿。

游客花上两角钱买张门票上楼，既有戏欣赏，又可纳凉品茗吃冷饭，眺望上海日夜风光。因此，“楼外楼”面积虽不大，演出也不算精彩，但它以其新颖的特色招徕游人，往往日夜客满，热闹非常。

秋去冬来，雨雪纷下，游客就逐渐减少，而“楼外楼”面积有限，难得地利之便。于是黄楚九与经润三再度合作，以“新业公司”名义，在静安寺路泥城桥附近“跑马厅”处建造三层楼房一座，开办“新世界”游戏场；于1915年正式开幕。

“新世界”里南北戏文曲艺杂呈，有大京班、大鼓、口技、杂技、三弦拉戏、文明戏、苏滩、申曲、说书、歌舞，还设置了电影院、溜冰场、弹子房等。

“新世界”里还另设菜馆，供应中西菜肴，各色小吃，各类糕点及水果、冷饮等。游客进场后可赏玩到半夜12点，既饱眼福，又饱口福，且能自娱消遣。

“新世界”适合各方人士口味，生意盛极一时。

“楼外楼”和“新世界”的兴旺，带动了上海新兴娱乐事业的发展。“天外天”“小云天”“小世界”“神仙世界”“大千世界”等游戏场接踵而至。后来，先施、永安等大百货公司也在自己的楼顶上附设游乐场所，分别取名为“天韵楼”和“乐园”。

润三病故，其妻汪国贞行使股权，参与“新世界”的管理。

这个女人颇为能干，但同黄楚九之间经常意见相左，时时争权夺利，因而最终闹翻。黄楚九愤而撤股，宣布脱离“新世界”。

汪国贞大权独掌，委其外甥张石川为经理。

善于经营的黄楚九脱离“新世界”后，决心办一个规模更大的游乐场，与“新世界”争一日之短长。他组织了“大发公司”，集资80万元，准备选址建场。

1916年末，黄楚九准备在“公共租界”择地建场。此事被法国驻沪领事甘司东得知，他特地派了领事馆的一个翻译与黄楚九联系，示意如果黄到法租界来开办游乐场，法国领事馆一定予以方便和保护。

当时，上海大大小小的10多个游乐场大多设在公共租界，法租界内只有一家“云外楼”，规模小，设备又差。甘司东看到游乐场能使其周围地段繁荣起来，市面一繁荣，税收相应增加，所以乐意支持黄楚九。

有法国领事撑腰，黄楚九便转而在法租界爱多亚路西新桥租了一块地皮。1917年2月15日，黄楚九特在《申报》刊登了一则启事：

大上海——华灯璀璨的不夜城

大发公司大世界

敬告脑筋新颖诸君：

本公司在西新桥英法交界繁盛之区，以基地九亩八分创建大世界花园大游戏场屋顶花园。现在绘图，下月初即当兴工建筑。敬告脑筋新颖诸君，如有特别游戏为沪上所未有者，或需设置机括或须建造房屋或欲设立特别商柜，可于午后2时至5时请至宁波路广西路转角本公司事务所与鄙人面商。进行或由发明之人承办、或由公司合办或聘请经办，以便从容设布为荷。

大发公司总经理黄楚九启

是年3月，“大世界”破土动工，7月落成，并于当月14日（法国国庆节）晚上正式开幕。黄楚九将游乐场取名为“大世界”，无疑包含了超过“新世界”的意思。

“大世界”占地14700多平方米，内设剧场、电影场、书场、杂耍台、商场、中西餐馆等等。其面积是“新世界”的两倍，日夜接纳的游客也超过“新世界”一倍以上。

“新世界”里的一套，“大世界”都有，但剧场里剧种后者比前者多得多。

此外还增添了许多新花样：底楼设“共和厅”，引沪上名妓轮流献艺，美其名曰：“群芳会唱”；在露天场地安装高空飞船，吸引儿童；“乾坤大剧场”上下两层，有座位千余，夜演京剧，开男女同台合演之先，是当时一些京剧著名女演员发迹之地；日映系列电影，如《七粒珠》《黑衣盗》等侦探片及其他美国惊险打斗电影，以迎合一般市民的时尚。

为了招徕游客，黄楚九挖空心思，设置了许多新的游玩项目。他派人弄来了10多只小驴子，让看惯了黄包车、有轨电车的城市游客骑玩；他举办瓜会，搜集种种奇瓜供游客玩赏；他还搞了许多新奇玩意儿，如坐风车、拉杠铃、打弹子、套金刚、钓王八、吹橡皮牛、吃角子老虎等。

1917年初建的大世界

他知道上海人好奇，就千方百计地以“新”和“奇”去取悦市民，满足他们的心理欲望。

为了使大世界做到雅俗共赏，黄楚九特意请来了清代的遗老遗少、有闲居士，前来玩赏，请他们拟出了大观楼、小莲山、登云亭、螺旋阁、四望台、共和厅、雀屏、风廊、花畦等种种雅号。

黄楚九还制作了大世界的“十景”：长阁流丹、层楼远眺、亭台秋爽、广厦延春、瀛海挥奇、霜天鹤泪、莺亭听曲、雀屏耀彩、风廊消夏、花畦赏月。大世界的亭台楼阁经文人这么一渲染，顿时雅趣倍增。

黄楚九在大世界里还添置了四十余处“诗谜摊”。游客来猜诗谜，不管猜中与否，均可获得大世界门票一张，如果猜得正确，还可赢得“司令牌”“茄力克”听装香烟。

这种文人游戏，确实吸引了不少读书人，大文豪郭沫若就曾经到“诗谜摊”猜过诗谜。

在宣传方面，黄楚九更是有一套。他请著名的通俗小说家“海上漱石生”孙玉声“出山”，办起了一份名叫《大世界》的小报，八开四版，在大世界入口处由专人设摊出售，写稿者奉送“大世界”月券。

经过黄楚九的努力，大世界终于在上海游乐业中脱颖而出，成为全市最大、最有名望的游乐场，每天接纳游客高达 2 万人次，花花绿绿的钞票，像流水一样地涌到黄楚九的手中。

“大世界”游客如云，“新世界”相形见绌。汪国贞岂肯就此认输？她首先想到的是拓展地盘。起初打算在马路对面建房，架铁桥贯通南北。但英租界工部局以“妨碍交通，难保游客安全”为由，不予批准。

汪国贞遂取开掘地道一途。建房、开地道这两项工程颇费时日，耗资又甚巨，还影响了新世界的正常营业。汪国贞不唯“争一口气”，她也知道，如果不标新立异，以后难免会被大世界挤垮，所以勉强支持，盼望竣工开张，捞回血本。

新世界以新面貌出现以后，门票由二角增至三角。起初游客大增，但过了一两个月，游客觉得较之大世界，它只是多一地道，而地道建筑质量不高，两壁流水，臭味难闻，空气流通又不畅，使游客不得不掩鼻而行。

新世界赖以翻身的地道未能起到预期的作用，只得另辟财路。其中之一便是纠集一班无聊文人，撰文作诗，在上海名妓中选举什么“花国总统”“花国总长”，在北部“自由厅”搞“群芳合唱”。但如此搞法终不敌大世界，汪国贞后来只好将它出盘了事。

在此之前，“大千世界”“花花世界”“神秘世界”等则纷纷因难以维持而关闭。

黄楚九的大世界之所以能在十里洋场独占鳌头，与他这个人善于花样翻新大有关系。他别出心裁，开办了一个游览储蓄部，除借以集资外，还赠送大世界门票来吸引游客，真是一举两得。

1919 年以后，大世界经过了较大规模的改建

旧上海商业街的夜景

1919年，黄楚九又开设了“日夜银行”。说起日夜银行的创办，其中还有一段逸事。

黄楚九的私人秘书孙玉声曾介绍黄认识了昆曲艺人周凤林。周以演《刺梁》里的邬飞霞、《刺汤》里的雷艳娘而著名，兼演闺门旦、贴旦等角色，有昆剧旦角全才之称。周凤林与张勋素有交往，通过周的牵线，黄楚九又认识了张勋的姨太太王克琴。此后，黄便怂恿王克琴出资参加倡办日夜银行。

日夜银行总行设在大世界附近的爱多亚路，另在浙江路宁波路口和北四川路虬江路口设立了分行，一天24小时对外营业。银行存款办法分零存整取，整数存款、定期存款以及随存随取等。

定期存款最短的可以三个月为限，其他六个月、一足年或二三足年不等。开户不限存款多少，利息较一般略高，存取手续简便。凡一次存入百元以上，赠送大世界入场券两张。此外，银行还以半价出租“纯钢坚固新式保管箱”，供存户使用。

黄楚九采用这些办法，使银行的存户以其周围的小职员、工人、小商贩、仆佣、妓女等下层市民为主。日夜银行的开办同时也大大方便了附近赌场里的常客。

黄楚九的一系列成功，早让黄金荣眼馋了，但又没有空子可下手。

1927年，上海西药业公会改组为新药业同业公会，黄楚九被推选为第一任主席，同时还担任了上海总商会执行委员，黄楚九的商业巨子地位得到了公认。

然而，黄楚九的事业却也正是从这一年走上了由盛转衰的下坡路。

早在大世界诞生之际，黄楚九就为没有及时地将其附近的地产全部经营起来而感到懊丧，黄认为这是他有生以来最大的一次失误。大世界使周围市面迅速繁荣，刺激附近地价上涨，经营者均获厚利，而大世界的主人却没有沾上多少光。1925年，坐落大世界不远，黄楚九私宅对面的“潮州坟区”打算迁往郊区，拟将地皮以投标方式出租。消息一经传出，地产商们竞相钻营。

黄楚九岂肯错过这一机会？他派人打探动向于外，运筹策划于内，志在必得。谁知讨论标价时，走漏了风声，结果投标时，一块“肥肉”落入他人之口。

据说得标者后来仅转租延安东路龙门路转角一处小地皮，其所得便足以抵消承租全部“潮州坟山”的租金。

黄楚九在气恼之余，匆匆忙忙动用日夜银行的存款，以高价租下浙江路宁波路的一块地皮，动迁原有住户，翻造三层楼房一座。

本指望建成后可高价出租赚上一笔，不料楼房落成时，恰遇上海市面萧条，且浙江路面狭窄，市口并不算好，因此新房门面一时乏人承租，除一间租给电力公司做“样子间”，一间租给鞋子店外，其余十房九空。

黄楚九骑虎难下，只好延聘熟悉各行业的人才，开设了黄隆泰茶叶店、四合兴点心店、黄楚九艺堂中药铺、罗春阁茶楼等，还将他的九福堂笺纸店从别处迁来，勉强撑起市面。但各铺的营业都不景气，甚至出现亏损，不仅难以收回投资，反而增加了一笔支出。

黄金荣的大世界的游乐场是当日上海市民消遣的场所

投资房地产业受挫，日夜银行受到牵连，黄楚九整天为调“头寸”奔波，弄得精疲力尽。

此时此刻，黄金荣觉得机会难得，准备大干一场，搞垮黄楚九，抢走大世界。

逍遥池浴室的按摩间里，黄金荣浑身舒坦地躺着。下半身在雪白柔软的大浴巾中，伸出一只毛茸茸的粗黑大腿，搁在一个按摩女郎膝盖上，任她揉、捏、抚、拍。

当按摩女郎揉捏完麻皮金荣的肩胛，正要翻身叩背时，门口一声咳嗽，小声地叫：“师父，我来了。”

“是阿裕吗？进来吧。”黄金荣半闭着眼睛，等来人进室后，麻皮向女郎努嘴：“你去吧，等一下再来——把门关紧。”

进来的人叫唐嘉鹏，小名阿裕，原是八仙桥一带的白相人，自从拜黄金荣为师父后，他自己又广收徒弟，人数多到一两千。到20年代至30年代，唐与另一个大流氓顾竹轩两人，已成了黄门中两大台柱。

“阿裕，你手底下有多少人?”

“要调集2000人，没问题，师父，又有架打?”

“你啊，动不动就想打架，以后要多动脑筋。”

“那师父要我来干什么?”

“今天叫你来有笔生意要做。”

“啥生意?”

“让你手下人每天到日夜银行存20元钱。”

“做啥?”

“在一星期存完。”

“那这笔款子谁出?”

“你们自己想办法。我告诉你，以后大世界要是归我了，你们还愁没钱吗?”黄金荣把自己的计划透给了唐嘉鹏。

徒弟心领神会，拍着手掌叫好，又拍着胸脯向师父打包票：“我敢打包票，一个星期之内，存完20万，不用您掏半文腰包!”唐说完一拱手，转身退出房间。

中国第一间华资银行——中国通商银行，1897年在上海成立，创办人是盛宣怀

半个月后的一天晚上，大世界经理室灯光柔和，几炷檀香在宣德炉上燃着，袅袅青烟徐徐上升、荡漾、扩散，满室溢香。但这里的主人黄楚九气喘甚剧，病情沉重，入冬后才渐有痊复。

黄楚九懒洋洋地躺在逍遥椅上，闭目养神，他的年轻女秘书穿着睡衣在他身体前后按摩着，一阵急促的电话铃声，打断了黄楚九办公室的沉静。

那女秘书扭着屁股过去，尖尖手指抓起话筒：“喂，你是谁?喔，好的——经理，您的电话。”

黄楚九伸出左手来，接过话筒：“唔，是我。什么?……提款风?多少户?”

“有几百户，都是几十块的小户，但如此下去，恐怕会有大批储户涌来。”从话筒里传出沙哑的话音。

“为什么?”

“那些人在外面散布谣言，说日夜银行已经入不敷出了，黄经理由于心急，已躺在床上，奄奄一息了。”

黄楚九一听，意识到事情的严重性，他预感到有人在兴风作浪，与他作对。但他毕竟是上海滩混出来的，经过风雨，见过世面，虽然自己现在疾病缠身，但应付目前这点小浪还是不成问题的。

在几秒钟内，他作出判断：“稳住，提多少付多少，不可慌！”

话筒里又传来声音：“黄经理，如果照这样提下去，恐怕款子不够呀。”

“能坚持多少时间？”

“——最多明天早晨。”

“好，一定要稳住，明晨7时左右，有一笔大款子进入日夜银行，一定要坚持住。”

1936年，卓别林（右一）马连良（左一）演出后会面

黄楚九放下电话，揿了一下电铃，刚才那接电话的女秘书进来了：“经理叫我？”

“柳秘书，立即和廉先生联系好，我马上请他到鸿运楼去吃茶。”

“黄经理，现在已是晚上8点……”

“叫你去赶快去！”

等柳秘书的高跟鞋笃笃声消失在楼梯时，黄楚九才从逍遥椅上起来，到保险箱内取出一份房契，塞在自己的内衣口袋里。柳秘书去请的廉先生，名叫廉南湖，原是清末名士，他的夫人吴芝英便是革命烈士秋瑾的好朋友，也是当年收葬秋瑾遗骨并在西湖边修墓的主要发起人、赞助人。

在辛亥革命后，廉南湖觉得连年军阀内战，国事日非，不想做官，移居上海。前些日子，他干脆将家乡的田产、房产卖掉，筹了一笔资金准备在上海经商。

廉南湖原是个读书人，只会饮酒赋诗，对于生意经一窍不通，便只好请教好朋友黄楚九。黄借了一间房子给他做筹备处，日前廉先生已凑足了40万款子，是开家交易所还是做地皮生意，正举棋未定。

黄楚九现在日夜银行正急需钱，想把廉的那笔款子拿过来，怎样拿呢？黄准备将自己在浙江路弄堂房地产卖给他。

当天夜里，黄楚九用他那张生花的嘴巴将40万款子归为己有，廉南湖用这笔款子换来了那幢卖不掉的房子。

第二天早晨7时光景，黄楚九的日夜银行经理打电话来，说日夜银行储备金已用完，

打麻将牌的女人

怎么办?

黄楚九问道:“大概还要多少款子?”

“——看样子,大概需要八九十万。”

“怎么要这么多?”

“——现在小户已带动了大户,储户们都相信了谣言,恐怕今天所有的储户都会聚齐。”

“停兑半小时,写明布告。”

“——这不是火中加油吗?……”

“写明 20 分钟后,金库现款马上运到,马上开兑。”黄楚九不慌不忙,胸有成竹。

钧培里黄金荣的密室这时也响起电话。那是在日夜银行门前做现场指挥的唐嘉鹏打来的,他在电话里向黄汇报刚才发生的情况:日夜银行营业柜台前,贴了张墨迹未干的布告:因去大金库运现款,放款暂停半小时,请各顾主包涵。

黄金荣听了这消息,心花怒放,放下电话,自言自语地说:“黄楚九呀,没想到吧,明天大世界就归我了!”

半小时后,热闹非凡的上海大世界游乐场开出两辆汽车,前面一辆敞篷的小汽车上,坐着两人,其中一位老者年约六旬,身穿长袍,原先蜡黄的脸上涂抹着油彩,显得容光焕发,他强打精神端坐车门。

黄楚九此时哮喘病日趋严重,但他深知目前自己的健康关系到银行的安危,所以支撑起病体,由女婿陪同,到这万头攒动的兑款人群中露露面,以稳定人心。黄楚九的女婿从敞篷车上站起来,他大声说道:“各位主顾,请不要拥挤,大家都能取到款,我们的现款已经运到,请大家闪出一条路,让运款的卡车开进来。”

运款的卡车徐徐开了进来,卡车上坐着六个武装巡捕押送着现款。银行职员一看现款运到,忙来搬运,大约搬下 20 多铅皮票箱。存户们一见黄楚九的实力如此雄厚,马上议论开了:“我们不提款了,我们存进去。”

“哗啦”一下,原来受蒙骗的群众由取款马上变成存款,这可急坏了现场指挥的唐嘉鹏,他马上打电话向老头子报告。黄金荣一听,气得麻点直蹦:“撤!”

初次交锋,黄金荣败下阵来。

原来黄楚九“耍”了一下黄金荣,当面愚弄了储户。他从廉南湖那里弄来的 40 万款子只够装四只大铅皮票箱,他又用报纸装满了其余十几只大铁皮票箱,那六个武装巡捕也是临时雇来的。后来，街头里弄传着两句俚语：老黄一出空城计，吓退大亨三千兵。

不到三天，黄金荣便摸透了黄楚九玩的花样。他知道，自己把对手看扁了。其实黄楚九的门槛、噱头不在自己之下，必须等待时日，瞅准机会，才能弄垮他。

面对黄金荣设置的种种障碍，黄楚九有心再抵抗一下，但他的病情却恶化到了不可挽回的地步。

1931 年 1 月 19 日下午 4 时，黄楚九在“知足庐”寓所内病逝，终年 59 岁。

1 月 22 日下午，上海各界为黄楚九举行大殓，往吊者甚众。当日《新闻报》上说：“爱多亚路知足庐门前，一时车水马龙，至为拥挤。黄氏灵柩系独副阴木制成，价值 7000 元。”

黄楚九在病中时，曾有遗言嘱托至友办理善后事宜。在他死后的当天晚上，由虞洽卿、王廷松、袁履登、叶山涛、黄金荣、杜月笙、张啸林、赵芹波等合议组织善后委员会。

委员会决定，除日夜银行及游览存款部暂行委托徐永祚会计师整理外，其余均照常营业。这无疑是宣告日夜银行的倒闭。

数日来，债主上门络绎不绝，一天竟有千人之多，而黄楚九的家属中无人掌握其生前经营事业之详情，局面一时不可收拾。一部分债权人遂组成债权团，延聘律师具文法租界“临时法庭”，申请以黄氏全部资产抵偿债务。

黄楚九的金银首饰全被人勒逼而去，他生前所置长袍上百件，也都挂在“知足庐”内拍卖。

本来，黄楚九所遗资产足以抵偿债务的，但法租界当局和黄金荣等人阻挠他人插手，日夜银行债权团因为黄金荣的门徒控制，借口清查，混水摸鱼，侵吞中饱，以致日夜银行的小额存款有相当一部分未获清偿，一批下层储户成了实际受害者。

这些人将含辛茹苦挣来的血汗钱存入日夜银行，现在却落得一场空。他们聚集在“知足庐”前，捶胸顿足，呼天号地，后来还发生了多起吞金、投河事件。

与此同时，法租界、公共租界的一大批买办、大投机家、大流氓正在为大世界的所属进行角逐。

四个月后，黄金荣凭借他的势力，以 70 万元抵押价，从债权团手中盘走大世界。

1931 年 5 月 29 日、6 月 1 日，上海《新闻报》先后登载了黄金荣的“荣记胜利公司承租大世界”和“接办大世界”的两则启事。大世界招牌换名，成了黄金荣的私产。

实际上，荣记大世界并非是黄金荣一人的股份，鲍琴轩、张善琨等均有巨资加入——因是黄金荣的徒弟，后来，其股份也被做师父的黄金荣一口吞没。1940 年 6 月 1 日，《申报》曾刊登一则《黄金荣启事》，称：“荣记大世界自本年 2 月 1 日起，由张善琨君将其本人名下股本及各附股推并与敝人承受。”条件是张善琨继续担任大世界经理。所以后来，大世界便变成了黄金荣一人独资。

6 月 1 日，荣记大世界开张，门票减到小洋二角，于是，大世界又重新热闹了起来。

荣记大世界又名“镛记大世界”，号称“中国最伟大游艺场”、中国第一大众俱乐部。所请剧团实力雄厚，大世界的戏码的确是常强盛的。这里以《申报》一天的广告为例：大剧场上演的月戏有陆零六的《祥梅寺》、童月娟的《六月雪》、赵连壁的《黄金台》、白艳琴和郭鸿雁的《双沙河》、沈光裕、孙筱楼、马永利的《界牌关》、孙继良的《捉放曹》、荣娇鸾的《孟姜女》、范永庆等的《大收关胜》；夜场有《彭公案》、大众话剧社上演的有蒋呆儿、张一鸣等十余人合演的日戏《金钱》、夜戏《梅花落》。南方歌剧有张鹏飞、沈伟侬、徐琴艳上演的日戏《三笑》，夜戏《孟丽君》。维扬大班有王秀清、潘喜云、崔少华的日戏《红鬃烈马》，夜戏《穿金宝扇恨》。绍兴文戏有《王华买父》《唐棣花》等。还有轰动一时的歌舞班《万花团》上的"撩人情绪的铜像舞"，"发人谛思的土风舞"，"引人发笑的滑稽舞"，"动人快感的香艳舞"等，真可谓五花八门，应有尽有。鼎盛时期，大世界每日进出的游客达两三万人，节日更达到五万人。摊点就有77个。在这个"大世界"里，不但有娱乐，还有迷信，但黄金荣只知赚钱，管理方面基本继承了黄楚九的衣钵，甚至更加混乱。每日济公坛前香烟缭绕，善男信女磕头如捣蒜。而且流氓、扒手和诈骗活动层出不穷，秩序异常混乱。

说起济公坛，其实是黄金荣夺占了大世界后，心里多少有些不踏实，所以，他变得越来越迷信，而且不忘记要积阴德。每逢阴历初一和十五，他总是一大早起床，漱洗完毕便去城隍庙烧头香。在他的大世界里，修建的肃穆庄严、美轮美奂的"济公坛"，是用重金请来的一个雕刻名家，精心制作的一尊济公活佛的铜像。在济公像前，他时常带了一批亲信随从来诵课念经。

为了能在社会上替自己塑造一个与以往不同的形象，他有时也发发善心，做一些"善事"。如后来的"八一三"事变后，面对汹涌而来的难民浪潮，他腾出大世界，把这个游乐场变成了难民收容所，供给难民吃喝、衣物和药品，对死者还提供殓具。

在老西门、城隍庙、四明公所等处，他还施舍米粥给穷人和难民。他的这些"善举"使他赢得了"大善人"的雅号。当然这些都是后话，暂且不表。

且说有一天下午，黄金荣正在逍遥池浴室洗澡，忽然手下人跑进来报告说："老板，外面有个人口口声声要你救命。"

"什么人？"黄金荣懒洋洋地问道。

"不清楚。"手下人回答，"那人又高又大，如巨人一般。"

黄金荣一听，颇觉有趣，就吩咐道；"先把他带到浴室的账房间里去。"

手下人笑着说："要他进那扇门只怕有点麻烦，那人高得出奇！"

黄金荣听了愈觉有趣，他吹灭烟灯，拿起衣服就向浴室门口走去。

大门外，看热闹的人里三层外三层，挤得密密麻麻，人群里，鹤立鸡群般地站着一个巨人。

他四方脸，大耳朵，黑皮肤，骨架极其魁伟。见到黄金荣，那巨人连声喊道："黄老太爷，我要饿死了，快救救我吧！"黄金荣眯着眼看了他一会儿，见他面黄肌瘦，一套衣服又破又脏，便招呼手下人先想办法让他进浴室洗洗澡。



为了要在老百姓面前显示自己的恻隐之心和菩萨心肠，黄金荣特地关照手下人："去通知厨房间一声，多准备点吃的东西；还有，马上到金陵路、霞飞路去给他买一套衣服来。”说完他淡然一笑，驱车回黄公馆去了。

没多久，手下人便来报告有关巨人的情况。原来，那巨人姓张，身高 2. 50 米。因为家乡发生旱灾，他只身逃往上海，被收容在收容所里。

他食量极大，每天可吃一斗米 10 斤肉。收容所里“皇粮”有限，每天只能给他吃半斤米饭，饿得他哇哇直叫。有人见他可怜，就叫他到逍遥池浴室来找黄金荣，说上海滩除了这位大亨，是没有人会收留他的。

黄金荣听到这里哈哈大笑，连连点头说：“这倒也是，这倒也是。”

这时，去金陵路、霞飞路买衣服的回来报告说，跑遍附近的商店，根本买不到巨人所需要的衣裤鞋袜。

黄金荣便派人与厂方联系，定做特大号鞋子，同时叫来裁缝定制特大号衣服。吩咐完毕，他让手下人去大世界跑一趟，把经理叫到公馆来。

不一会儿，大世界经理急急地进来了，黄金荣把下午发生的事情告诉他之后，说道：“我想，就让他到大世界门口去检票吧。哦，饭一定要让他吃饱。”

黄金荣自有他的打算，收留巨人，对他来说是一件名利双收的事情，那巨人只要往大世界门口一站，就是一个活广告。

果然，那巨人到大世界门口检票后，大世界的生意一下子好了起来。上海人生性好奇，许多人为看一看巨人的模样，纷纷赶到大世界，给大世界送去了不少钞票。

与此同时，有关巨人的故事也不胫而走，使“大善人”黄金荣的身上又多了一圈光环。

大世界这个娱乐场也曾与一些政治事件有牵连。知名度最大的要算是 1931 年的国民党中央委员选举。

20 世纪 20 年代后期开始，国民党内及各地的军阀势力为争夺中央权力，展开了旷日持久而错综复杂的较量，期间分分合合，合合分分，汪精卫自然是一个重要角色。他先是到广州与胡汉民等召开“非常会议”，但因为争夺国民党中委名额而两人决裂，汪精卫遂赶到上海，又向政敌蒋介石频送秋波，双方因为都有合作的需要，于是决定在上海举行密谈，蒋介石的代表是张群、陈希曾。会谈后，汪精卫方面需要选举产生 10 名汪派国民党中委，以便将来与蒋介石方面合作。为此，汪希望蒋介石代为寻找汪派改组派开会的场所，蒋与黄金荣商议，为了安全和保密起见，提供大世界里的共和厅作为会场。这共和厅可是众所周知的妓女找嫖客的场所。

1931 年 12 月 3 日早晨 7 时，大世界铁门紧闭，此日停止营业，大批安南巡捕和中国巡捕在四周警戒巡逻。黄金荣和巡捕房的政治部主任程子卿等均亲自到场。上午 9 时，汪精卫等到场开会，到 12 时选举出唐生智、张发奎、谷正纲、刘文辉等汪派国民党中央委员 10 人，这些人被讥为“野鸡中委”。经过这次“汪记”的大世界选举，黄金荣与汪精卫的关系也更加密切了。

夺取了大世界，黄金荣又一次大出了风头，除此之外，黄金荣等“三大亨”又制造了一个“杰作”。

## 五、上海滩最大的赌场

黄金荣少年时代即好赌，虽然对赌博的门槛不精，但手下的众多门徒、朋友中不乏赌棍，如王茂亭、朱如山等，均是赌场之“俊杰”，黄金荣的门徒马雨亭还会做赌具，如在骰子里灌铅作弊。开赌场是无本万利的事情。

黄金荣与杜月笙、张啸林先后开设多个赌场。

最后成立的181号大公司规模最大。

旧上海福熙路181号，是20世纪30年代著名的大赌窟。这幢大洋房原系江丰银行买办席鹿笙之父所建，后被黄金荣、杜月笙、张啸林等流氓占有，在此开了一家当年上海滩最大的赌场，于是“181号”成了这座大赌场的代号。

其实，三大亨开赌场应该感谢“DDS酒吧”，他们是在那里得到灵感的。

这间DDS酒吧是美国流氓杰克·拉莱——“吃角子老虎”大王——开设的。

上海人将硬币称为角子，旧时市面流通的角子有银制和镍制的，分二角、一角两种。所谓的“吃角子老虎”是一种赌具，它体积不大，外形方方正正像只匣子，上面有一个可塞进角子的小孔，下面有大漏斗状的出口。

赌徒将一枚角子塞进小孔，再扳动匣子右方的铁柄开关，匣内的机械装置就转动起来，待停转后，下面的出口处有时会吐出二枚、四枚甚至大批的角子，这时，赌徒便赢了，也就是运气来了。

但大多数时，出口处一无所有，这是赌徒输了。由于这种赌具吃进角子一般都只进不出，似猛虎吞食，故当时上海人都称它是“吃角子老虎”。

到了30年代，“吃角子老虎”已遍布上海，凡舞厅、戏院、咖啡馆、游乐场等公开场所，到处可见，总数达数千台，杰克·拉莱成了“吃角子老虎”大王。

当时每台“吃角子老虎”平均每天能获利200多元，由赌具的所有者和设置场地的主人按比例分成，杰克·拉莱因此暴发，从一个穷流氓变成了腰缠几十万美元的富翁，还在上海开了三家颇有气派的DDS酒吧。

坐在豪华讲究的DDS酒吧，黄金荣、杜月笙、张啸林他们边喝着洋酒，边品头论足着“吃角子老虎”。

“他妈的，你说这外国人也真能跑，赶到上海来开赌馆来了。”黄金荣咧开嘴巴说道。

“是啊，这中国人的钱统统都被外国人赚了，总有一天，我们也要到外国去赚他们钱去。”张啸林也大大咧咧地骂道。

“两位老兄，你们想过没有，我们自己能不能开家赌馆?”

杜月笙也插口道。

“怎么不能!”

“对，为什么我们自己不开家赌馆呢?”

三人讨论开了。

第二天，三大亨又找来了金廷荪、顾嘉棠、范回春、马祥生等大流氓，在“三鑫公司”密室商议了半天后，一致认为开赌场和贩鸦片一样是桩好买卖。

他们说干便干，马上选定了环境幽静、装饰豪华的福熙路 181 号洋房作为赌窟。

大亨和流氓们看中这幢洋房的一个重要原因是考虑到赌场的安全问题。而“181 号”前门是公共租界，后门是法租界，万一公共租界来捉赌，赌徒开后门逃到法租界；同样，如果法租界来捉赌，赌徒则可以开前门逃到公共租界去。

他们把赌场的名称改用新式的俱乐部名称，遂起名“富生公司”。

富生公司的董事长由张啸林担任，黄金荣、杜月笙、范回春、金廷荪、王茂亭、马再度和顾嘉棠等任董事。实际负责人是顾嘉棠。经理为钱曾宝，钱为青帮通字辈，是杜月笙的管家；原为法电公司买办，为赌中高手。主持赌博的是杜月笙的开山门徒弟江肇铭（又名江小棣），江自幼精于赌技，号称“上海摇缸第一把手”。公司的保卫则由青帮流氓顾苗根负责。

另外，高鑫宝、马祥生、蔡福棠、万墨林等均是高级干事。

这个号称上海滩上最大的赌场于 1931 年开张。最初这里只是三鑫公司成员的消遣场所，后来逐渐扩大。入场凭“会员证”，随带亲友不限。入内陈设豪华，赌具应有尽有，主要有轮盘赌台、牌九麻将、沙哈摇缸等。

一楼、二楼为赌场，仅进口的“蒙特卡罗式”的轮盘赌台就摆了八张，每张赌台有吃陪二人、管筹码二人、轮盘一人、望清一人、招待二人、管伙食二人和茶房二人，总共 12 人。轮盘赌，是由西方经过澳门传到上海的。盘底共分 37 格，标明一到 36 号，另加单圈为 37 门，由司赌把一小玻璃弹子捺在轮盘边沿上轮盘通上电流，后便旋转不停。玻璃弹子落入哪一格，便是哪一号码，即打中了某一门。赌徒们存侥幸发财的心理，认为下一元赌注，如能打中可赢赌注的 36 倍，这一比例吸引着赌徒疯狂地押赌注。哪知道要在 37 门中打中一门是非常难的。

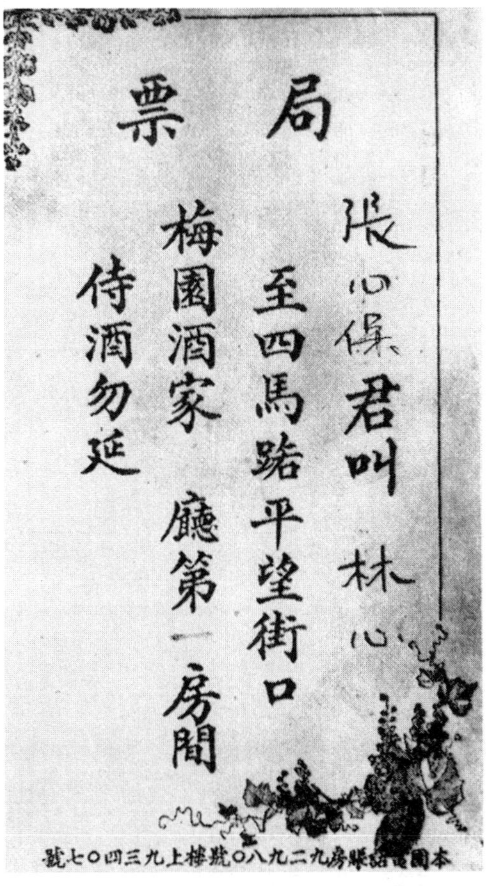

嫖客叫局的“局票”

二楼设大小赌室数十间，主要是玩牌九麻将等。如有达官贵人来此，则可进密室一试身手。三楼是休息所。备有名烟佳酿、中西大菜、上等云烟、冷热饮料。各个房间烟榻毕陈，赌客累了，可以上三楼，有美女负责接待，挑膏装烟，过瘾之后还能打情骂俏；

赢者更加得意忘形，输者也会愁绪顿消。因此，这里每天消耗的鸦片烟泡达1500只以上。

富生公司的招待比昔日豪华的利生公司还要周全。它以“四白”相招出名，即白吃、白饮、白吸、白坐。这“白坐”就是公司备有汽车接送赌客。公司规定：凡徒步来者，免费送回家，凡坐车来者，司机每人发饭资五元，每辆车还奉送汽油；坐包车者每人二元。为吸引女性赌客，公司的营业时间从下午4时起，直到次日凌晨。

在20世纪30年代初期，上海滩上的各色有钱人无不以富生公司为销金窟。盛宣怀的四子盛恩颐、七子升颐和七小姐、王奶奶，大赌棍李律阁等均为座上客。还有大量的官僚政客、工厂老板、银行经理、洋行买办、特务流氓、阔太太、高级妓女和交际花等。甚至下了台的江西督军陈光远、安福系国会议长王揖堂、谭宗尧等竟从北平飞来此处一赌。

这个赌窟又不知使多少人由于沉湎在轮盘赌上而倾家荡产。

181号在法租界开张，租界方面的好处自然不会少。仅向法国总领事柯格霖交纳的“孝敬费”每月就要18万元。所以，当时的法国驻沪总领事是个一等的肥职。

继任的梅理霭胃口更大，开口道：“从前18万元，现在我要50万元。”黄金荣赶忙要张啸林计算一下，能够加到多少。张啸林推算后讲，满打满算，“孝敬费”可以加到30万元。

于是，请传话人报告总领事，梅理霭虽然初来上海，但黑社会的“讲斤头”却一点也不陌生。他的条件是40万元，少一个子儿也不行。

黄金荣叹了口气：“这是无论如何办不到的。”于是，梅理霭下令整顿租界秩序，坚决清除歪风邪气，从此，往昔车水马龙的181号，才就此衰弱了下去。

黄金荣“事业”蒸蒸日上，但他心里并不十分踏实，于是也做些“积德行善”之事。

有一次，他陪一位朋友到浦东中学去参观，一入中学大门，迎面矗立着一座铜像，这是上海浦东人杨斯盛的青铜铸像。

1908年，杨斯盛去世后，由袁世凯、黎元洪领衔捐款2000元，在浦东中学大操场北端建立了这座铜像，永志纪念。

黄金荣觉得，这样的事便不失为一件风光事，既积德又留名，于是决定在离自己办的共舞台不远的八仙桥地方办一所小学，取名“金荣小学”，由他的门生流氓律师金立人当校长。

经过半年的筹备，“金荣小学”终于正式开学。这是黄金荣几十年来做过的唯一的赔钱事业。

说起建这所小学，其实黄金荣最初的心思是由他的一桩心事引起的。是什么心事呢？

在黄金荣的一生中，最令他感到苦恼和无奈的事就是没有儿子。

黄金荣招赘到林家后，林桂生没有生育，因此较早时黄金荣就领养了一个儿子，小名福全，官名黄钧培。黄钧培长到17岁以后，脸色苍白，身子骨像狗尾巴草。

钧培是桂生姐的命根子，她曾雇了两个奶妈服侍，一个娘姨照顾。钧培5周岁时，还在吃奶，7岁时，桂生姐请来一个私塾老先生教识字，到11岁时，才进学堂读初小一年级。也就是这年，桂生姐把自己的养女李志清许配给钧培做童养媳。

前些年，林桂生从苏州买了一批小丫头，准备养几年，然后卖给妓院。其中有个丫头长得细皮白肉水灵灵的，又聪明伶俐，嘴巴又甜。桂生姐突发恻隐之心，不忍心把她卖到妓院，便收为养女。

这女孩长到十四五岁时，已出落成标致的大姑娘了。老头子有时露出了贪婪的目光，这引起了桂生姐的警觉。她干脆把养女配给儿子，让老头子死了这条心。

就这样，李志清便成了黄家“大少奶奶”。黄钧培长到17岁时，因病魔缠身，不治而死。李志清从此守了寡。黄金荣还有一个养子，名叫源涛，小名连弟，原是戏馆里一个武生的儿子，这武生死后，黄金荣就把他抱养过来。

功成名就之后，看着自己家的雄伟的房子，想想自己那数不尽的钱财，黄金荣不由得又为没有儿子而十分烦恼。

冬天的一个晚上，黄金荣招来两个门生，在钧培里的密室里交谈。这两人一个是“医学专家”黄振川，另一个是“算命专家”孟禄久。他将自己到现在无子的苦衷，向门生们倾诉以后便要两人出点子。

孟禄久闭着双眼，微动着嘴唇伸出左手掐算了老半天生辰八字，而后睁开眼，清了清喉咙说：“丁卯年庚寅日戌时生，虎兔相逢犬得利，二分山林一平阳。照命讲，不应无子。”

“命书有这种说法?”黄金荣一听不应命中无子，心头不由一喜，眼睛一亮，忙问：“还有希望?”

“也许还要再做点善事……”

对于星相把头孟禄久的胡说八道，“医学专家”黄振川是嗤之以鼻的。他带着不屑一驳的神情，向自己的师父进言：

“先生，我看还是去医院检查一下吧，弄清原因再说。”

“这样的事怎么好去检查，从来没听说过。”算命先生反驳道。

那黄振川也不示弱：“这是在为师父想办法，不是在测字摊上骗钱。”

“你!”算命先生火了，气急败坏地说：“我们是照八字论命，赚的是良心钱，吃的是开口饭。不像有些人卖假药，包打胎，发姑娘财，伤阴德。”

“今天你们是怎么回事，都吃枪子啦?一讲话就抬杠。其实，你们讲的都有道理，让我想想再定。”

黄金荣站起身来，两个门生知趣地起身离去了。

黄金荣是相信命运的，觉得孟禄久的话有点道理。莫非是几桩人命案子的报应?再说自己向来奉行的是不赔钱主义，赔本生意从来不做，对社会救济的善事，都是不屑一顾，一推了之。

想到这里，麻皮金荣不禁打了个寒战，耳边响起了“恶有恶报”的老话来，他觉得该做些善事来将功折罪，补救补救，寻思要办件积善行德的事。

黄金荣又想起“医学专家”黄振川的要他到医院检查的话。他想，难道我不行了，我不能使老婆生孩子，这我要搞个清楚。怎样弄清楚，当然是不能上医院去检查，那是件丢人现眼的事。

黄金荣自有他的办法：找几家合适的妓院，包下几个能生孩子的妓女，自己每天陪一位妓女睡觉，一个月后，如果妓女怀孕了，证明自己是没有问题的。当然，要把怀孩子的妓女接出来，让她生过孩子再说。

黄金荣说干就干。

旧上海的妓女之多，不要说在全国称第一，有一阵子还号称全球之冠。

20世纪20年代，上海妓女总数超过六万多人。上海妓女星罗棋布，以四马路一带最为集中。一到晚上，妓院的霓虹灯就闪烁出红红绿绿的光来，一批涂脂抹粉的妓女倚门而立，向过往的行人眨着媚眼，频送秋波。上海夜生活的重要一幕开场了。

妓院的营业是根据不同男子对异性的需求，供给能言会笑，既美丽又有才艺的妓女，以满足嫖客精神、生理上的奢求，从而博取巨额利润。妓女是老板手中具有特殊功能，称之为摇钱树的活商品。近代上海高级妓院的妓女继承了中国历史上官妓的特点，不仅出卖她们姣好的色相，同时也出卖她们良好的文化素养。就是说这些妓女不但身体商品化，而且精神文化的涵养也被商品化。

因此，一个妓女价值的高低，主要取决于她的色和艺，而她的音容笑貌、应酬手段则是招揽生意必不可少的条件。如果她能对那些进入妓院寻求刺激、填补精神空虚，或处于性饥饿的男子们具有巨大的诱惑力，能使那些带着各种桂冠的男子们一见倾心、神魂颠倒、慷慨解囊、挥金如土，那么她就是老鸨们手中的奇货。

一般高等妓院对从各种渠道买来的贫家女子，自动进行各种训练，加上周围环境的耳染目濡，逐渐成为性格、心理、习惯都被扭曲的妓女。训练大致分为三个方面，一习技艺，二习妩媚之术，三习床上功夫和应酬功夫。

一习技艺，中国妓女自唐代以来，嫖客大都是士大夫与官僚。这样，必须是多才多艺的佳人，才会使那些才子诗人名士拜倒在她的石榴裙下。近代上海的高等妓女中，精通琴、棋、书、画的也不乏其人。如称之为“天韵阁”的李萍香，工诗画，人称诗妓；四大金刚中的金小宝，“通翰墨，好弄笔砚，善画墨兰，尤其擅长唱词曲”，人称声妓。

上海高等妓院将琵琶、歌唱作为色情业的必修之艺，卖进妓院的雏妓必须学习。有的由老鸨亲自传授，多数拜师学艺，学费每月3000元。幼妓习唱必学昆曲、京调、小曲，还要学会几出戏曲，也有怀抱琵琶学弹唱的，因此，近代上海的烟花丛中，民国以来的名妓，如李三三、黄蕉林、林宝珠等人，以及后来名扬海内的四大金刚中的林黛玉、陆兰芬、金小宝、张书玉等均工弹唱。

民国以前书寓、长三一局价三元，以每天30局计算，林宝珠一天的局账就达90元，一个月则高达2700元，而林宝珠学艺一年才花老鸨36元。可见，老鸨为妓女延师习艺，目的是为日后敛取巨利的一种投资。

对于习成的妓女，老鸨千方百计榨她的血汗。凡歌唱者，唱多了必伤元气，致使音哑，老鸨便令跟脚婆姨带一把小银壶，里面盛洋参汤随之出局，唱时饮少许润喉，这样即使歌唱过多，喉音嘶哑，过一天仍能恢复如初。每当过度疲劳时，老鸨怂恿其吸鸦片烟以提神。林宝珠自与鸦片结缘后，一因烟毒，二因长期疲劳始终得不到恢复，容貌日益憔悴，身体虚弱。终因积劳过度，病倒暴死，年仅18岁。临死前还高歌“目莲救母”一折，其声哀怨，令人听了肝肠寸断。由此可见妓院老板对幼妓投资习艺，是借以更残酷、更贪得无厌地吸尽妓女血汗的一种手段。

二习妩媚之术，即训练妓女的体态、姿势、音容、笑貌。卖进妓院的多数是贫苦人家的女儿，一般都是天足。民国前后，社会崇尚小脚，高等妓院的妓女都必须缠足，美人必须是三寸莲，所谓有裙下双钩如纤笋。缠足女子因身受伤残，身躯必然瘦弱，走路摇摇晃晃，却美其名曰柳腰弱女，婀娜多姿。缠足便成为妓院改造妓女体态的第一要义。生着一双大脚的女子，即使有倾城倾国之貌，也只能充当娘姨大姐。

其次为姿势与言笑，尤其是眼神，要有秋波一转勾人魂魄的功夫。一般由老鸨亲自训练。平时命令女孩独自立于镜前，自摆姿势，细心研究。走路应作姗姗莲步，脚步不能太开。坐时形体不能僵直，应取倾斜姿势。眼神的训练，开始也命令妓女独自坐在镜子前，注视镜中双目，研究正面眼神，以眼珠圆活不脱不黏为佳。然后再研究侧面眼风，仍坐在镜子前，改正面为侧面，横波流盼，与镜中人做四目传情，互相顾盼。老鸨在旁边随时指点，如何能目光达意，如何能使眼角勾情，直到独自传神自如。

此外一颦一笑，一言一行，态度要温和自然，恰到好处。平时同院各妓女在一起都须互相实验。一旦正式接客，就能在不知不觉中颠倒芸芸众生。

三习密工，即应酬功夫及床上功夫。为名妓者有以艺胜，有以色胜，然而有许多名妓貌属中姿，艺也平平，但手腕圆融，辞令隽永，以应酬功夫胜。

密工，就是这种笼络周旋各类型嫖客的手腕。鸨儿老妓往往言传身教，命令幼妓从旁悉心体会，揣摸笼络方法。逢来客性刚者，以柔相对，懦弱者，以强相克；大言不惭、夜郎自大者，以高帽进；实业家，以米汤（奉承、拍马）进；对滑头、小开、阔少、年长者、年少者各有相应对策。欲取故与，欲擒故纵，再加以情意缠绵，酬应熨帖殷勤，使各种类型的嫖客失魂落魄，神魂颠倒，甘心情愿地倾空钱袋。凡此种种，妓女在正式接客之前必须一一熟记，正式做生意时更须因人而随机应变。

沪上由名妓所蓄养的幼妓，日后往往都能得其真传，也成名妓。如盛名几十年于上海的名妓胡宝玉，她所蓄养的胡玉梅、胡秀林等也都成为轰动一时、芳名四溢的名妓。

此外老妓还教授修饰、打扮以及床上功夫等。尤其是床上功夫，对妓女来说并不亚于应酬手段。老鸨命妓女“赤身裸体互相追逐，由开合迎拒，以至吐纳呼吸种种，”无不细心指点。因此，名妓都工于内媚术。

在“培训”期间，有妓女“学习”不认真的，老鸨就要给她点颜色看看，用针刺，甚至倒挂起来用鞭子抽打。

妓女满头珠翠，倚门卖笑，可她们的遭遇是很悲惨的。妓女接客没有达到“指标”，招待客人不周到，例假期间不肯接客，都要遭到鸨母的各种处罚：不给饭吃、罚跪、不准睡觉、关黑房等。

有一种刑罚，先把妓女捆在床上，把长着利爪的猫放进妓女的裤裆里，再扎紧裤腰裤腿，用棍子打那猫。猫痛得使用利爪乱抓妓女的阴部、腿部，妓女疼痛难忍，泪流满面。

政客商人打麻将、设酒宴都喜欢请高等妓女来唱曲助兴，斟酒陪席。

上海高等妓女出局极忙，每个晚上，一个妓女少则 20 局，多则三四十局。局局都是唱曲、饮酒和划拳，妓女再疲劳，也得强打精神，每晚不到鸡叫三遍就别想休息。

三四等的野鸡院、烟花间的妓女，每天晚上必留一个客人，其他时候则来者不拒，少的三四人，多的几十人，一刻不停地供人践踏。

例假期的妓女运道好的最多休息一二天，绝大多数照常接客。妓女闹血崩，有五六个月身孕或产后未及满月，也得接客。有些未满 14 岁的幼女也被迫接客，嫖客一番摧残，连路也走不动。

一些红妓女日子还是过得不错的。她们年轻貌美，技艺过人，终日宾客不断。鸨母对这些妓女采取另一种手段，免费让红妓女吸鸦片，关心地说“提提精神”。

红妓女有了烟瘾后，鸨母就不再免费供应鸦片了。红妓女欲罢不能，只能将私房钱全部用来买鸦片吸。这样，这些红妓女永远不能自己攒钱赎身，也不能从良嫁人，谁敢要一个烟鬼回家？

但有些红妓女则不受老鸨鸦片的诱惑，一心一意攒钱要从良，鸨母则软硬兼施地阻挠，阻挠不住，则对嫖客漫天要价，意在吓退嫖客，这一招不灵，则告诉嫖客，此红妓女另有相好。

但是鸨母们听到黄金荣来嫖妓，妓女如果怀孕则接出去养活后，她们巴不得如此。因为一旦自家有妓女怀孕，黄金荣则是她们的干女婿，那丈母娘还不横行霸道？

黄金荣选了三家的三个高等妓女做自己的定时妻子，在做定时妻子期间不准她们接客，时间一个月。

一个月 30 天，每个妓女那里住上 10 天。黄金荣求子心切，每晚必睡一个妓女，每次去睡妓女必用全身心精力。一个月下来，黄金荣已是步履蹒跚，食宿不香。

你想，黄金荣每天晚上都和妓女同床，而且从不间断，不管妓女是否有例假、有病或不舒服，结果可想而知，三个妓女没有一个怀孕。

难道是自己真的不行了吗？黄金荣内心在想。鸨母好像看穿了黄老板的心思，便说：“黄老板，你这是在找未来的小妾，不是嫖妓，何必要专捡漂亮的呢？我给你找几个一窝能下两崽的女人，行吗？”

黄金荣一听有道理，便点头认可。

为了使时间不致浪费，他一边在妓女身上作试验，一边做积德之事，于是就有了“金荣小学”。

就在“金荣小学”开学的那天晚上，黄金荣站在校门口，遥看斜对面高楼上霓虹灯闪烁的三个大字：“大世界。”从小学门口望去，每个字足有一人多高，字的外圈猩红，像包着一团火；内圈碧绿，似乎嵌着翡翠。望着这一切，黄金荣心想，学校要办，名要扬，阴德要积，但大把的钱不能不赚。然而他没有想到，就在他救回雷狄主教，开办三鑫公司，强占大世界而大出风头时，自己却从高高的霸主位子上跌了下来，成为轰动上海滩的又一奇闻。

究竟为了什么呢？

# 第十二章

Di Shi er Zhang

# 阴沟翻船全在『色』与『情』

黄金荣任意挑衅，四处格斗，在他的身边埋下了『炸药』。有一次，在黄金荣身上发生了一件奇事，竟有人绑架了他。他怒火中烧，又不得不在受尽折磨后屈服。自此，这起神秘的绑架案毁掉了『麻皮金荣』的一生，他眼里闪着绝望的光，他不禁叹了一口气：『唉！想不到我堂堂的黄金荣，没有淹死在汪洋大海里，却翻在一条小小的阴沟里！哈哈哈……』

## 一、共舞台醋海风波

潮涨潮落，日升日沉，是大自然永恒的规律。人生又何尝不是如此呢？正当黄金荣如日中天，陶醉于自己的辉煌时刻时，不料却“阴沟”里翻船，因露兰春而被卢永祥之子绑架，受尽折磨，虽然杜、张二人全力相救，但颓势已定，原因在哪里？

黄金荣在荣记共舞台，拥有两名全国顶尖的红角名伶，一位是秦腔文武花旦筱金铃，还有一位就是露兰春。

黄金荣在如日中天的时候，却从高高的霸主位子上跌下来，得从露兰春说起。

露兰春生于1898年，汉口人，自幼丧父，不知姓名，后由养父张师（江苏扬州人）收养，师从名伶李吉瑞、小达子学京剧，取艺名露兰春。

这一年露兰春从武汉来沪，18不到17有余，长得唇红齿白婷婷玉立，光艳照人且才艺出众，一口地道的京腔令沪上人人倾倒。

这露兰春因初出茅庐，北京很少有人邀她演出。这次上海共舞台戏院所以请她来演出，是为了少出包银。露兰春随同几个配角和琴师来沪以后，为了在这里创出牌子，也不计较包银多寡。

露兰春虽是坤角，但学的却是余派的须生戏，如《搜孤救孤》《文昭关》《捉放曹》《祢衡骂曹》《失空斩》等，都是她拿手的剧目。更兼她年华将近双十，眉清目秀，面不敷粉而自白，唇不点朱而自红，两目脉脉含情，倒有俊俏飒爽之气。

上海天一影片公司

露兰春到了上海，在按目的陪同下拜过阔佬和流氓，又在报纸登了广告，头二天的打炮戏居然卖得满座。

过去凡是京津名角儿来沪登台演出，如若头三天打不响，不但戏院老板倒霉，这个角儿以后就更要触霉头。因此，到上海来的角儿，对这头三天都十分重视。正因为这一点，最拿手的剧目，都排列在这三天的戏码上。

露兰春头三天卖得满座，戏院里生意兴隆，财运亨通，老板黄金荣自然非常高兴，免不了要摆酒设宴，祝贺她一举成名。听到老板摆筵请客，露兰春当然应邀赴宴。

谁知黄金荣这次摆宴请客，是不怀好意的。因为他看到露兰春长得体态轻盈，面貌生得清秀俊俏，早已心猿意马，控制不住。又打听到露兰春随身只有一个老妈子和一个年老的跟包，便认为这只孤莺儿是随手可擒的。于是就以请客为诱饵，把露兰春引上钩。

在宴席上，黄金荣显得格外轻松，对着露兰春的面，流露出一副贪馋相。同席吃酒的陪客们，原都是黄金荣肚里的蛔虫，一个个鉴貌观色，不要黄金荣再说下文，早已心领神会，无不竭力替老头子拉马牵缰，整鞍就骑。

过去有些卖艺说唱的坤角儿，往往是被迫失身。若是洁身自好，就没有她们所走的路。露兰春来上海演出，本想显身扬名，但由于她初出茅庐，未见世情，就在这班流氓的软硬兼施下，陷入黄金荣的陷阱之中。

为了在上海滩这个大码头演下去，露兰春只好委曲求全。黄金荣将钧培里 7 号住宅粉刷一新，把露兰春安顿在那里住下。

几天后，有人来向露兰春做媒："露老板吉星高照，我们的黄老板铁板钉钉子看上你了。"

露兰春说不愿意。但当晚，黄金荣就来了，硬是上了露兰春的床。夜里，露兰春无意中摸到黄金荣的麻脸，感觉到一阵恶心，呕吐不止。

睡过露兰春之后，黄金荣便天天到共舞台去给她捧场，这露兰春在上海红得太艳、发紫、身价陡增，银洋大把大把地赚。

却说这黄金荣虽是个混世魔王，但在他的老婆林桂生面前，却惧怕得赛似老鼠见了猫一样。林桂生把黄金荣看管得特别严厉，既不准他在外面和女人厮混，又不许他每日超时晚归。如发现形迹可疑，答言支吾，便对他像提审囚犯一样，务必要打破沙锅问到底，毫不放松。

黄金荣呢，如想偷"鸡"，也自有他的妙招，到巡捕房写一封公文，盖上一个印戳，说他要到外地去侦探案子，多少天不回家。于是，这些天他便泡在女人窝里。

如今黄金荣在外面私姘了女伶露兰春做野外鸳鸯，不管他手下的徒子徒孙们做得多么天衣无缝，隐瞒得如何密无痕迹，但他在外面的行动，还是被林桂生知道了。

林桂生知道这些情况后，顿时横眉怒目，黄脸转青，浑身的醋劲，一齐涌上心头。她双脚一跺，下得楼堂，乘上汽车，直奔露兰春的住处而去。

但她又转而自思，独自一人犹恐力量不足，好在手下还有一帮"十姐妹"，于是立即派人邀上门来，共商对策，非要把露兰春这只小莺儿活抓到手，切腿断翅，剥皮抽筋，方消心头之恨。

隔不多时，"十姐妹"相继到来，听罢介绍，个个摩拳擦掌，怒气难平。

大阿姐强盗金绣，虽已年近花甲，但是精神抖擞，其余的也不减当年。

林桂生在先开路，统率众姐妹，前呼后拥，出得门口，分乘两辆汽车，风驰电掣般地开到钧培里，跳下汽车，前去活捉露兰春。

谁知进得门去，举目四望，楼上楼下却是空荡荡的杳无一人。进入前楼房间，眼看

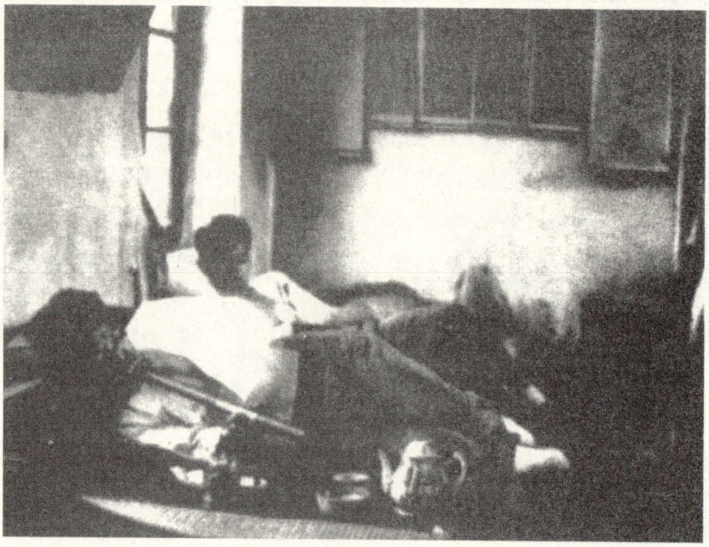

旧中国的一所鸦片烟馆

床上只有一叠崭新的被褥，打开橱门看时，也不见任何衣服，登时瞠目结舌，面面相觑。

林桂生等人不问便知，这露兰春早已得到密报，高飞远走。如果露兰春不事先逃避，倘被她们抓住，纵然不被这班女流氓五马分尸，也要打个半死不活。

可是，走了和尚走不了庙，捉不着臭虫打草苫。林桂生看到房间里家具齐全，如同新房一般，一见之下，怎不使她因嫉生恨！

也不知哪里来的狠劲，不管三七二十一，手起处，只听得乒乒乓乓汇成一片。霎时间打砸得橱破床塌，帐碎被烂，桌倾椅翻，玻璃掷地哗哗响，杯盘飞起啪啪碎。家具什物，被砸得支离破碎。

虽然如此，于心尚难泄愤，恨不得把房屋一脚踏平，才解心头之气。没有捉到露兰春，对黄金荣就更加愤恨。

当晚，黄金荣硬着头皮回得家来，尚未进入大烟室，林桂生就窜下楼来。那模样简直赛似站在阎王旁边的鬼王，也不答话，便扑将上来，一头撞在黄金荣怀里，连骂带哭，手抓脚踢，咬牙切齿，恨不得把麻皮吞下肚去。

这黄金荣虽然惧内，但是在众目睽睽之下，为了显示自己的威风，他也不甘示弱，就伸出芭蕉扇般的大手，啪啪两下打在林桂生的脸上。

这两个耳光不打犹可，既打在林桂生的脸上，那还得了！雌老虎咆哮起来了。

自从他们结为夫妻以来，彼此虽曾吵闹过几次，但每次总是林桂生占着上风，如今挨这耳光，在她还是破天荒第一遭，怎肯与他罢休！

只见林桂生不顾一切，把头发甩散，又向黄金荣撞去，定要与他拼个你死我活。这时，黄金荣也不肯相让，两人扭成一团。一个是情愿豁出一条命，要与黄金荣拼个死活；一个是手下不买账，非要打得对方叫饶方休。

林桂生和黄金荣打得难解难分，在场的众男女仆佣和门徒们，看到这样扭打下去，定要打出人命来，于是都不约而同地冲将上去，强行劝架。

男的拉男的，女的拖女的，好不容易才把林桂生拖上二楼，把黄金荣拉到后房的大烟间里，但这场醋海风波并未就此平息。

林桂生眼前吃了这个大亏，更不肯就此罢休。上得楼后，仍是连哭带号，把几架上摆的檀木架大时钟、花瓶和细瓷大罗汉等，砸得支离破碎，狼藉满地。

由于她不顾一切地乱摔乱砸，右手被划了个大口子，鲜红的血直淌。女佣们急忙取来止血药水和纱布，替她包扎，她还是暴跳不止。

正在这时，只见从楼梯上急步上来两对男女。这两个男的是杜月笙和张啸林，两个女的，便是他们的眷属。原来他们接到黄家管家的电话，得悉林桂生在家大砸醋坛子，马上乘汽车一同赶来。

他们来到黄金荣的大烟间，只见他面带怒容，躺在烟榻上默不作声。听到楼堂上哭声不止，又急忙快步登楼，见林桂生披头散发，伏在桌上仍在跺着脚号哭，地板上满是破烂的器皿，知道今晚这场祸事不轻。

杜月笙急忙抢步来到桂生姐身边，好言劝道："师娘你同先生是多年的老夫妻了，先生的脾气，你是知道的。事情已经过去了，不要再吵闹下去了。如今我向师娘担保，定叫先生和她断绝来往，师娘买我一个面子，我决不会使师娘失望。"

张啸林在旁也随声附和，要师娘消消气，其他女眷和女佣们七手八脚，重新给她包扎手指，擦去脸上的血迹泪痕。

桂生姐听到杜月笙口口声声师娘长师娘短的，一肚子的怒火也就渐渐熄灭。

这时，大伙又把她连劝带拖地拉进卧室，这场醋海风波才暂告平息。

杜月笙和张啸林转身下楼，回到黄金荣的大烟室，两人斡旋了一番，来打圆场。不过，黄金荣的情绪迥异往昔，三人坐在一起，话题却不多。

杜月笙看看怀表，已过午夜1时，随向黄金荣面前安慰一番。叫人唤下女眷，才和张啸林各乘汽车回家。

昔日在上海名噪一时的中国影后胡蝶，20世纪60年代登上"亚洲影后"的宝座

次日，黄金荣外出办事，"十姐妹"得到这个消息，也来解劝。怎奈林桂生尝了黄金荣的拳脚，被打得余痛难息，就记恨在心。

因为有了这层隔阂，从此两人的感情如同冰炭，失去了家庭的和睦。

再说杜月笙在师娘林桂生面前，曾经拍胸担保先生和露兰春一刀两断的事，于是便向黄金荣提出这个要求，黄金荣也曾允诺，杜月笙认为这件事可以烟消云散了。

可是过不了几天，杜月笙

听到露兰春借住在英租界的爵禄饭店，黄金荣对她仍藕断丝连，常常到饭店与她厮混，便暗自思忖：如若这样下去，岂不要闹出人命来。

他一边再劝黄金荣，一方面又单独来到爵禄饭店，面见露兰春。

露兰春看到杜月笙亲自前来，急忙躬身招待。

其实露兰春对杜月笙早有情意，杜月笙也觊觎已久，怎奈黄金荣是他的师父，便打消了这个念头。

今天杜月笙并不想占有露兰春，只是要她赶快离开黄金荣，远走高飞，因此，开始两人便"公事公办"。

中国电影无声片时代，上海最著名的女演员阮玲玉，扮演不同类型、不同性格的女性角色

杜月笙说："我看你三十六着，还是走为上策。若是迟迟不走，还想留恋上海，万一走漏了风声，被林桂生知道，她岂肯放过你！到那时，恐怕连你的性命也难保全。你要再思再想。"

接着，杜月笙就把黄金荣和林桂生怎样反目和林桂生如何凶悍，又讲述了一遍。

露兰春听到这一番话后，便急忙答道："谁愿留在上海！我早想回北京去，怎奈他不给我钱，我怎么能回去呢？"

杜月笙答道："这个事情好办！"随手从皮夹内取出一迭钞票来，交给露兰春，又说道："这些钞票你拿去，希望你赶快离开上海。"

露兰春接过钞票连连道谢。

露兰春说着，杜月笙便要告辞，露兰春脉脉含情地说道："二先生先别走，我的卧室里还有一本我演戏的剧照，难道你不想看看吗？"

杜月笙已知其意，心想，反正你已不属于师父了，过两天后就要离开上海了，我何不在你身上享受享受，再说家中那个老婆整天也看腻了，不如玩新鲜的。

"好，我去看看。"杜月笙起身走进卧室。

露兰春急步走到洗手处，重新整容画眉，换了套衣服，走进卧室里。

杜月笙进入卧室内，抬头便见一幅仿唐伯虎的《海棠春睡图》挂在壁间，两边有一副对联：嫩寒锁梦因春色，芳气袭人是酒香。图与对联下，横着一张仿红木条桌，上面陈设着一面椭圆大镜子，青花瓷瓶，瓶中插了三五支雉鸡羽毛。房中左边是一顶连珠帐，罩着一张梨花心木大床。

杜月笙一看便知，这一切陈设，是模仿《红楼梦》里秦可卿的闺房模式。

杜月笙坐在床边的一个沙发上，等着露兰春把影集拿来。这时露兰春走了进来，她穿了件无袖印度绸睡衣，大红色底子上缀着一朵朵嫩黄的小花，滚边是嵌金线的墨绿丝绒。由于领口开得很低，使人想到她的身子如同成熟的葡萄，甜香四溢，色泽诱人。

杜月笙看呆了，站了起来。

露兰春柔气柔声地说："我们跳个舞吧。"

杜月笙机械地走近露兰春，随后抱着她的细腰，双脚在地板上移来移去……

一个星期以后，当杜月笙得知露兰春并没有离开上海，而是另租一个地方同黄金荣厮混，并且还在共舞台上演戏的时候，他知道，露兰春已经惹祸上身了。

其实，杜月笙猜得不错，但也不全对，因为祸事是惹出来了，但不是从凶悍的桂生姐身上引发的。

那这惹事又从何而来呢？

## 二、抢美女遭绑架

露兰春唱红上海滩后，便引来不少粉蝶，其中有个人到共舞台看了几次戏，一下子被露兰春迷住了。只要有露兰春登场，他每场必到，捧场、献花，到后台约请吃饭，简直到了日思夜想的程度。

这个人叫卢筱嘉。

卢筱嘉是何许人呢？是浙江省督军卢永祥的儿子。

1915 年，袁世凯亲信、上海镇守使郑汝成被陈其美在外白渡桥炸死，上海落入了军阀卢永祥之手。1919 年，卢永祥升任浙江督军，派其部将何丰林接替淞沪护军使。

那时候，上海名义上受江苏督军齐燮元的管辖，而实际上，上海淞沪护军使何丰林则事事听命于浙江督军卢永祥。所以，上海实质上成了卢永祥的势力范围。

第一次直奉战争以后，直系军阀战胜了皖系与奉系，控制了北京政府，直系首领曹锟、吴佩孚掌握了中央政府大权。

皖系的段祺瑞、奉系的张作霖暗中联络在广州的孙中山先生，成立孙、段、张三角反直系联盟。居间联络的，都派了自己的公子孙科、张学良、段宏业，再加上当时皖系惟一的实力派卢永祥的儿子卢筱嘉，时人称他们四人为"四大公子"。

这卢筱嘉年方二十有二，长在上海，寻花问柳，过着一掷千金的花花公子生活。他在上海横冲直撞，如花似玉的上海姑娘，也不知被他糟踏了多少。

一天晚上，卢筱嘉带领两名随从，兴冲冲地来到共舞台看戏。那天晚上演的剧目是连台布景戏《天河配》，饰织女的坤伶正是露兰春。

上海青帮首领，黄金荣的得意弟子杜月笙

当时上海演出布景戏，经常靠噱头来提取观众的兴趣，如若不卖噱头，再加上功夫手段不行，戏院顷刻就要关门。老板为了赚钱，常叫坤伶用色情动作来吸引观众，把京剧的传统艺术早已付诸东流了。

这天在演出《天河配》时，也胡乱编造了一场织女在天河洗澡的戏，由大世界游乐场梅花歌舞团舞女来演这一场。

那“织女”身穿胸前仅掩两乳的红绸肚兜，下身仅着一条月白色绢丝三角裤，露着两条肥白大腿，在舞台灯光布景的配合下，一边做出妖形怪状的动作，一面突胸叉腿，在扭摆之中，轻摇双臂，舒眉佯笑，配以靡靡之音。

当时在台下的卢筱嘉看了织女洗澡，意犹未足，纵身窜上座椅，一边拍手一边狂喊乱叫：“再脱！再脱，脱光为止。”

顿时，观众的视线一齐集中到他身上，场内秩序大乱。剧场稽查人员当然要出来阻止。谁知道这个花花公子，不但不听劝阻，反而破口大骂：“×你奶奶的，敢来管老子，瞎了你狗眼的王八羔子！”

这些稽查人员都是黄金荣的门徒，看到这位公子西装革履，金饰佩戴，知道这位恐大有来头，便好心劝阻，使秩序平静了，戏才得以演下去。

由于露兰春身段窈窕，水性无限，媚眼频频，卢筱嘉一眼便看中了她。上海姑娘已不知睡过多少，他不相信，露兰春这样的一个戏子又不是黄花闺女，自己还能睡不上？

但他并不知道，露兰春这朵嫩嫩的鲜花，已经插在了黄金荣的麻脸上，别人只可在台下远视，不可就近亵玩。

黄金荣得到门徒的报告：说《天河配》在演出时，有一公子捣乱，此人极有派头，可能是一家大户人家的公子。我们怕是老头子请来的客人，没敢对他动武。

黄金荣一听，大叫道：“以后，只要没有接到我的吩咐，有人敢捣乱，不管是大户小户人家的公子，你们给我狠狠治他一下。”

自那以后，每逢露兰春演出，不管是什么节目，卢公子每天必到，每场必送一个花篮给露兰春。门徒们由于见这公子不再捣乱，也只好听之任之。

但黄金荣得知卢公子近似疯狂的举动以后，勃然大怒：“这小子太不识相，竟敢在老子头上动土！老子的女人是你敢想的吗？”

他警告露兰春：只要是姓卢的这小子送来的花篮一概扔出去，约请的饭局坚决拒绝。同时，告诫手下人，严加防范，不准卢公子跨进后台半步。

为了保险起见，黄金荣场场坐镇共舞台，严防有人混水摸鱼。直到这时，卢筱嘉方明白，露兰春的相好竟是个麻脸金荣。

卢筱嘉由于露兰春老是不赏脸，非常气愤。凭老子卢公子，什么样的姑娘没挨过睡过玩过，想和你露兰春睡睡，那是看得起你。凭咱爷们这年轻、俊俏的模样，难道不比麻皮强得多。那一脸的大麻子，夜里摸上去，还不硌手？要是不出出你这小破货的洋相，你不知咱哥们儿对付女人的手段。

这一天，卢公子在报上看到“露兰春主演《落马湖》”的广告，那“露兰春”三个字，每个字足足有鸭蛋那么大。卢公子知道，这《落马湖》讲的是黄天霸的故事，他看过。不过，他是醉翁之意不在酒，而在山水之间，露兰春这小俏娘们儿是百看不厌的。

因此，戏还没开场，卢公子便带着两个马弁，早早来到包厢等候。

共舞台的剧场里，锣鼓喧天。

这一天的观众又是济济一堂，除了每场必到的黄金荣外，还有虞洽卿、杜月笙、张啸林等一批上海滩知名的达官贵人和大亨们。

剧场里的锣鼓一停下，就听见乱哄哄的谈话声和“噼噼啪啪”的嗑瓜子声。

黄金荣不时地摸摸满是胡茬的下巴，显得十二分的得意。

此时，在后台的化妆室里，露兰春却浑身乏力。她有些发烧了。这些天，她太累了，白天要天天唱戏，晚上要陪别人喝酒，到了夜里还要受黄金荣那200来斤的身子，整夜整夜地压她。她实在是想睡一觉。

但此时什么都别想了，台上已传来《空城计》里激越的唱腔。

露兰春听了一会儿，想振作精神，但头还是昏沉沉的，双脚有些发麻。她不由地有些担心，下面一场，她的大轴戏《落马湖》马上就要开始了。

南京路老凤祥银楼

她急忙站起来，走到门口，做了几次深呼吸，想定定心，使神志清爽一些。

戏开锣后，卢公子急着想看露兰春，可是露迟迟不出场，尽是些别的角色上上下下，他无所顾忌，看得不耐烦，听到不顺耳的地方，就大声地喝倒彩，还不时地叨念："露兰春这个小俏娘们儿怎么还不上场。"

坐在特座上的黄金荣，看到卢公子如此放荡，心中早已窝了一团火，但只因戏文刚开演，不便发作，暂时压着怒火。跟班的看出苗头，马上拧了一把热毛巾递给师父擦脸。

过了一会儿，露兰春扮演的黄天霸终于上场了。

"三尺雕翎箭，开弓人马翻，杀敌逞英豪，英雄出少年。我乃金镖黄天霸！"

随着锣鼓的点子声，露兰春从"出将"门上场，甩了一下水袖，移步台中亮相，想把腰上的垂带踢上肩头，可连踢了三下，都没成功。其实这是最起码的腿子功，连三、四流武旦都不在话下。

"唷——！唷——！乖乖，好功夫！"卢筱嘉突然开心起来，喝起倒彩来。

那露兰春情急之中抬头用粉眼朝卢公子一瞟，做了个应景的俏眼。意思是说，请多包涵，我身体不适。

而卢筱嘉却依然喝倒彩依旧。

台上的露兰春难受极了，顿时觉得头昏目眩，身子晃了一晃，差点没昏过去。

坐在台下东花楼特座的黄金荣也被气得差点晕倒，他骂骂咧咧地站了起来："妈的，想不到在上海滩上，竟然有人敢在我黄金荣头上拉屎，怎么拉的，老子叫他怎么吃掉！"

说着，他一挥手，打手们纷拥而上。

卢筱嘉正在得意洋洋，忽见一伙人凶神恶煞般地走来，知道不好。但想逃是来不及了。这伙人抓住他的衣领，把他从包厢里拎出来，迎面就是一拳。

两个马弁早已被人制住，动弹不得。剧场之中，卢公子像个皮球，被踢过来踢过去。不一会儿，笔挺的西装被撕成碎片，他的脸上和身上都鲜血满溢。

直到这伙人一哄而散，两个被打得鼻孔流血的马弁才得以上前，把半死不活的卢筱嘉抬出剧场，放在停在门外的汽车上。

车子正准备开走，蓬头垢面的卢筱嘉突然又鼓足力气，推开车门，对着刚刚走出剧场的黄金荣恶狠狠地说："黄麻皮，不出三天，老子叫你尝尝你家小爷的厉害！"说完，汽车一溜烟地开走了。

当时，杜月笙也听到了卢筱嘉的话。他朝黄金荣看看，黄金荣冷笑一声，"娘的，上海滩上，你动老子一根汗毛试试！"

杜月笙也想，确实，在上海滩上，量谁也不敢把黄金荣怎样。

再说卢筱嘉遭打以后，连夜赶回杭州，向父亲卢永祥哭诉。卢永祥虽因儿子寻花问柳生气，但对黄金荣如此作为也愤然大怒：

"这个麻皮，不过是法国佬的一条狗。我的儿子再不行，也轮不到白相人来管。我倒要看看这麻皮有什么能耐，你太岁头上就是有一座山，老子也要给你挖平！炸掉！快，叫郑秘书来。"

郑秘书代卢永祥拟了一份电报稿，发给上海淞沪护军使何丰林。

过了两天，共舞台正上演《枪毙阎瑞生》。这是根据一件轰动一时的社会新闻——阎瑞生诱骗杀害妓女黄莲英的故事改编的。露兰英饰妓女黄莲英，她唱的“莲英惊梦”最动人，当时还灌了唱片，在留声机里放。

戏正唱到高潮，莲英上场一句摇板，赢得了满堂彩。黄金荣看得很入神，露兰春那不停扭动的腰肢，让他想起夜晚，他把她搂在怀里的动人情景。

突然，一批便衣闪电一般来到他的东花楼包厢前，两个人上前揪住他的两只胳膊，黄金荣一愣，正要使功夫甩开，却觉得后脑勺上已顶着冷冰冰的枪口了。

“麻皮，现在你的命连一条狗命都不值，要是不识相，爷们儿马上就送你上西天！”

说着，有人上前，轮起大巴掌，狠狠地打了他十几个大耳光，打得黄金荣眼冒金花，耳朵“嗡嗡”直响，麻脸像发了酵的黑面粉馒头，他刚想动动，又有两个人上来，飞腿朝他身上乱踢。

黄金荣挨了几下，再也不敢乱动。这伙人才把他拖出包厢，往门口走。往外走的过程中，黄金荣才发现，所有的路口都有拿着手枪的人守着，戏院里的人都在老老实实地坐着，没有一个人敢出头相救的。

出了剧场的门，黄金荣见门口停放着好几辆军用卡车，他被扔到有几个兵持枪守着的车上，汽车开走了，往龙华方向而去。

租界以外的沪南地界，当时是军阀的世界，流氓地痞也要受军警控制。何丰林的司令部就设在龙华。

事发后，门徒们马上到钧培里黄公馆向桂生姐通报消息。桂生姐马上打电话通知杜月笙、张啸林，让他们赶快想办法救黄金荣出来。

张啸林知道，道胜银行买办、大名鼎鼎的虞洽卿，是黄金荣的好朋友，请他赶快去说情，先稳住何丰林，以防不测。

但时间一天天过去了，黄金荣还是被扣押着不放。

林桂生这才有些慌了。其实，自丈夫被绑架之后，她心里先是有几分痛快。她想这麻皮搞的女人也太多了，几年前同盛家七姨太轧姘头，吵闹了几次，都无济于事，一有空就去盛家七姨太那里过夜。

这几年又搭上了露兰春，为了这个小婊子，自己和丈夫扭打起来，弄得现在两人冷冰冰的如同水火，这都是留着这小婊子的后果。

现在报应了，让何丰林教训教训这色鬼，吃点苦头活该！可是一连几天都关着不放人，杜月笙和张啸林又告诉她，虞洽卿去保过，租界巡捕房去疏通过，都无济于事。

林桂生这才急了，到底是自己丈夫，结发夫妻呀。于是，她又急忙把杜月笙和张啸林用电话召来，三人一起商量营救办法。

其实，杜月笙现在的名气也很大了，但是，他总是感觉到自己被一片巨大的阴影笼罩着。在这片阴影中，他常常感到一种莫名其妙的懊恼与沮丧。

许多夜晚，他常常举首仰望夜空，寻找升腾的契机。他有时候会想，也许，师父不死去，自己就不可能逃出那片阴影。师父的魔力太大了。在上海滩，师父的那张麻脸可谓无处不有，无处不在。

当他接到桂生姐关于师父被绑架的消息后，心里突然涌起一些快意，他想，这也许是天保佑我吧。但他转念又想师父对自己的种种好处，想到那张麻皮的可怜相。为了报答师父以前对自己的恩德，他还是尽力相救。

桂生姐、杜月笙、张啸林等人聚在黄公馆内，他们都知道，如果不使出全部解救办法，黄金荣这次可能是泥牛入海，再也无出头之日了。

三人商量完毕，决定分头行动。张啸林前往杭州，去向卢永祥求情，杜月笙亲自去见何丰林，桂生姐去找何丰林的母亲何老太太，争取尽快把黄金荣救出苦海。

女人有女人的办法，林桂生拿出当年女流氓的手段，在一天之内便打听到何丰林的母亲信佛，每天拜菩萨。

林桂生便从自己的保险箱里取出一尊金观音，又将黄金荣敲诈来的那尊竹根罗汉拿来，再加上几根金条，放在提包里，坐辆汽车径直去龙华拜访何老太太。

何老太太一见“观音”“罗汉”和金条这几件见面礼，笑得差点一口气没上来。桂生姐嘴巴淌蜜一般“妈呀妈”的叫个不停，把个何老太太笑得屁颠儿屁颠儿的，不到一小时，就认她做了干女儿。

后来，桂生姐提出放人，何老太太一口答应下来。但是，何丰林带回话来：麻皮金荣这条性命可以暂时保存下来，但要放人，需要卢永祥的批准。

张啸林一听，马不停蹄地赶往杭州，见卢永祥去了。

张啸林此行是否顺利，结果又怎样呢？

## 三、赠别墅救金荣

张啸林马不停蹄地赶往杭州见卢永祥，向他求情。其实在这之前张啸林就曾与卢永祥有过交道。

在三鑫公司开张后，张啸林为了沿途保证鸦片的安全，曾到浙江省与省长张载阳和浙江督军卢永祥见过面，并就共同组成鸦片运输达成协议，三鑫公司每年付张载阳、卢永祥银洋若干，但他们必须沿途保护运送鸦片的安全。

张啸林还非常大度地提出，给卢永祥在莫干山造幢房子避暑。

时间过去了将近一年时，张啸林并没食言，买地皮、搞设计，营造施工，至到黄金荣被抓那天，房子已竣工，只差内部装潢与粉刷的事了。张啸林本来是想一切完工之后，再捧“璧”进献的，如今突然生出黄金荣被抓这桩事来，那只好提前捧“璞”进献了。

带着莫干山小别墅图样、房产地契等文件的张啸林，第二天便赶到杭州浙江督军府。他先到签押房找到那位有交情的师爷，送上二两头等的印度大土。师爷心里乐开了花。可是事情不凑巧，卢永祥到绍兴视察去了，还不知道他什么时候回来。

火烧眉毛的事情，等不得。张啸林提出到绍兴府去，何师爷一听也好，我愿意奉陪。于是两人随便弄点吃的，赶到车站乘火车往绍兴府而来。

到了绍兴府，听说卢永祥到府城的中观庵青藤书屋（徐渭文长故居）参观了，他们随即赶到那儿，扑了个空，督军一行已去城外的东湖。及至东湖，又是来迟了一步，卢大帅上大禹陵了。

张啸林和何师爷雇了一只脚划船，直划15里外的会稽山麓。到了禹庙门口，得悉卢大帅一行正在庙内。张啸林松了一口气：谢天谢地，总算追上了。

何师爷向他眨了眨眼，说："张老板先在门口坐一会儿，我先进去禀报一下大帅，再来请您吧！"

张啸林只得坐在门口的板凳上，给几个卫兵每人发一包哈德门香烟。

何师爷奔入庙去，见卢永祥正在大殿的左边窆石亭前一把太师椅上坐着，问左右陪同："现在我考考你们，这'穴'字底下一个'乏'字，读什么？这一'窆石'是啥玩意？你们知道吗？"

身边的随从都摇头。有几个老粗的确是不认识这个字，是真摇头；内中也有一二个幕僚，明明识得此字，也佯作不识，为的是衬出大帅的学识渊博，那是假摇头。

这时，刚巧何师爷走来，卢永祥问："怎么，杭州方面有事？"

何师爷趋上几步，附在他的耳边悄悄地说："你托上海张经理买屋的事，他办妥了，他给您送房契来了！"

一听说"房契事"，卢永祥心里有数，心想这个上海大亨讲话蛮认真的，去年的一句玩笑话，他真的办好了。不过，这实在是件好事，今年夏天不必在杭州这只火炉里避暑了，可以到莫干山去悠闲了。

卢永祥抬眼问道："他人呢？"

"他说大帅出巡，不敢造次，正在庙门口等候着呢。"

"叫他进来。"

见卢永祥之前，何师爷又如此这般地给张啸林上了"一堂课"，特别告诉他，现在大帅游兴正浓，一定要讨得他的欢心，而后再见机行事，张啸林一一记在心头。

"哦，张经理从上海大老远地赶到这儿来看我，欢迎欢迎！"卢永祥装着要从太师椅上起来，以示礼贤下士的风度。

张啸林急忙赶上几步，按住对方："大帅请坐着，我哪里敢当。"

"你来得正好，这个亭子，亭里的这块石头，叫什么名字？你说说看。刚才，他们都给我考住了。"

张啸林抬头看那古朴的亭子额上写着"窆石亭"三个大字，亭里供着一块大石头，丈把高，水桶那么粗，样子像只秤锤。

张事先得了何师爷的教诲，这会儿正好来个"虚的卖弄"，他说："我是浙江人，小时候听说大禹爷下葬时，就用这根大石柱子拴住麻绳放下大棺的。这根大石柱的名称就是这个字。"

"讲得不错，那么，这个字读什么呢？"

张啸林故意搔搔头皮，装作毫无把握的样子："好像是念匾吧？不晓得对不对，要请大帅指正。"

"到底是上海大亨，典故字墨样样通。"

"谢谢大帅夸奖!"

左右陪同的人，看到这个上海大亨这么不识抬举，心里很不痛快，但是大帅这么器重这个人，也就不得不附和着敷衍地恭维称赞他几句。

陪侍一边的绍兴知府，看看天色已晚，便小心翼翼地请示大帅是否回城，城里的乡绅们备了几桌酒席，正恭候大帅光临呢!

谁知道这位古怪的大帅却提出一个别出心裁的想法：要到附近的一个农家去吃顿便饭，以示督军大老爷体恤民情。这可难煞了知府大人，也忙坏了手下随从们。

好不容易才在禹陵边上找了一户富家，让他准备几桌便饭。地处乡间山岙，一时三刻哪里备得出什么肴馔，可供督军大人进餐。于是手忙脚乱，东拼西凑搞出几个菜，烧就了一锅大米饭。

在绍兴人眼里，梅干菜自然是个宝。招待贵宾，当然要用它来打头阵。"梅干菜，白米饭，吃到老死永不厌!"当卢永祥他们在农家小院坐定以后，第一道菜便是从饭镬里蒸得乌黑发亮的猪肉梅干菜，香气四溢，吊起了山东大汉的胃口。

卢永祥夹了一筷尝尝："嗯，好吃！你们浙江人比俺山东人会动脑筋。看不出这乌不溜秋的家伙能有这么好的味道。张经理，你知道这是怎么做出来的吗?"

叨陪末座的张啸林见是卢永祥问他，哪肯放弃这千载难逢的表现机会与拍马功夫，便放下筷子说：

"这梅干菜蒸焖肉，需一层五花猪肉，一层干菜，再一层肉，一层干菜。一海碗总要叠上四五层。喷上绍兴老酒，洒上白糖，在饭镬里蒸，蒸到肉酥烂，便好。这样肥而不腻，入口即化。佐酒下饭，极是一等的。

"话又要说回来，即使这种农村的普通菜肴，要是在过去，我们的农家也是拿不出的。现在好了，浙江在卢大帅的治理下，省泰民安，年年五谷丰登，百姓过上小康日子。你看，要不是大帅治省有方，一个农家立时三刻，怎么端得出这么喷香的干菜蒸肉和白花花的大米饭呢!"

一席话说得卢永祥心花怒放，把个梅干菜吃得精光，五花肉却仍留着。

那何师爷也是个乖巧角色，忙接过张啸林的话头，再讲一件开心事："张老板在上海得到一个可靠消息，坐镇洛阳的直系吴佩孚，也捐弃前嫌，推举卢大帅为副总统呢！那原话怎讲？张老板您说说。"

"我的一个朋友是吴佩孚的亲信白坚武的亲戚，这事是白坚武亲口对他说的。"

张啸林不说原话怎讲，先说消息的来源是极可靠的，"有人将国会要选举他为副总统一事征求吴佩孚本人意见。吴就当着白坚武的面，说：'……至于我自己，资格本领，都够不上，也不想做。老实说一句，现够得上当选资格的，也只有卢子嘉（卢永祥的字）一人。'可见卢大帅的威名，连直系主脑人物，也不得不钦佩万分……"

“太过誉了，不敢当，不敢当，”卢永祥捋着下巴上的几根胡子，微笑着谦让起来，“你们只知其一，不知其二。直系中的子玉（吴佩孚的字），还算是个明白人，可南京的齐爕元那小子，恨不得一口吞了我，虎视眈眈的，做梦也想吞并浙江哩!”

“是啊，直系的齐爕元总在打浙江的主意，不过，只要有了卢大帅在，文韬武略哪样不胜过他几倍，怕他怎的!”绍兴知府终于有插嘴的机会，便送了一顶高帽子。

这位绍兴知府哪里知道后来的事。后来，齐爕元和卢永祥互相恨的要死，江苏督军齐爕元两眼通红地说：“上海是我们江苏省的一部分，一定要夺回。”

卢永祥则回答：“上海是浙江的门户，一定要保持。”

没过多久，“齐卢之战”终于打响。

人们把这场战争叫做“鸦片战争”，倒是一语中的。双方在浏河、黄渡一线打了半个月的阵地战。双方的部队久驻江浙十余年，整日吸鸦片，玩妓女，赌钱打牌，敲诈勒索，打仗倒成了副业。

于是，两军整日躲在战壕里，拂晓开炮，中午休息睡午觉，下午 3 点继续开炮，傍晚停止。这种“作息制度”似是双方预定好的，他们打得十分“文雅”，似乎在玩游戏。

但此时有一人登场迅速改变了战局，此人就是人称“笑面虎”的孙传芳。孙率一万名穿草鞋、短裤头的饥军（人称“花军”），乘齐卢已精疲力尽，便像饿虎扑食般攻入卢的后方浙江，接着又追击至嘉兴、松兴。

卢永祥见大势已去，只好通电下野。

当然这些均是后话了。

再说卢永祥等人这一顿农家饭吃得十分开心，只是人多嘴杂，张啸林要办的事，总寻不到机会启口，心里火急，可又得装作若无其事，陪侍凑趣。

卢永祥呢，他首先要避嫌。莫干山小别墅之事，晓得的人越少越好，所以在众人游览、吃饭场合，此事只字不提。及至第二天下午回到杭州督军府，才邀请张啸林在自己的小客厅里相见。

张啸林从皮包里取出房产契，交给卢永祥，再打开小别墅的图样本子，摊在他面前，一一做介绍说明。

卢永祥听后十分满意，问道：“这地价与造价，要多少银两？你代我结算好，好叫账房付款……”

“大帅劳苦功高，住几间房子，还算什么钱呢!”

“这不好，无功受禄……”

“大帅不必介意，这是我的一点心意。只是时间仓促，造得不太像样子。现在完工，一切家什用具，全有。大帅不日便可搬进去居住。”

“那太谢谢了，我恭敬不如从命。今后有事来杭可常来督府见我。今晚，我请你吃西湖大菜。”

“大帅恩典，我心领了，今晚我得火急赶回上海……”

“怎么，有急事?”

“不瞒您说，此次有件事专门求您。”

“什么事，快说!”

张啸林看看火候到了，便把释放黄金荣之事提了出来。

卢永祥听了，问：“这黄金荣与你是什么关系?”

“小的初到上海，立足未稳时，曾投在他的门下。如今他触犯了卢公子，罪有应得。念在我和他的情份上，请大帅放他一马，饶他一条性命。他感恩大帅，也全了我知恩图报的举动。大帅最是个宽洪大量的名人，勿记小人过，我求……”说着，他站起来便要下跪。

卢永祥马上扶住，两人坐回座位。

卢沉思良久，语调低沉：

“不是我护着小儿，那黄金荣也太不识时务了。俗话说打狗看主人面，他打我的儿子，这不是往我脸上抹黑吗？再说，南京的齐燮元正要看我的笑话哩!”

张啸林听到这儿，心想：“完了，这事办不成了。”正在这么想时，卢永祥又说道：“既然是你求情，那我只好额外开恩，饶他一命。”

张啸林心里的一块石头落了地。

卢永祥向门外喊道：“来人呀，请郑秘书来。”

郑秘书当即拟了一份电稿，请卢过目。卢永祥看了一下，签上自己的名字，随后递给张啸林：“这样总可以了吧?”

张啸林接过一看，只见那纸上写道：“何护军使鉴：筱嘉的气已出，凡事不为已甚，放他条活命。卢永祥。”

看完这份电稿，张啸林咧开两片大嘴唇，笑向卢永祥拱手道：“卢大帅的大恩大德，日后定当重报!”

卢永祥摇摇手，让郑秘书快点发出去。

当夜，张啸林赶回上海。

虞洽卿到何丰林处求情，没有成功；桂生姐亲自出马，认了干妈，虽说放人，但人迟迟没有放出来；张啸林到杭州求卢永祥，并且拍发了电报，要何丰林放他，但又过了几天，黄金荣还是没有放出来，究竟是什么原因呢?

大家商量了一夜，也没有找出对症的原因。黄金荣手下的几千名徒子徒孙可忍不住了，他们生怕失去靠山，便对杜月笙说：“杜先生，你下命令吧。我们今晚上就去攻打何公馆，就是死，也要把老头子救出来。”

“不行，你们千万不能乱来，不然事情就更难办了。”

杜月笙此时忽然觉得，上天给了他一个机会，就像黄金荣设计救出雷狄主教而一举名震上海滩一样，他也要来个只身闯虎穴，单刀赴会救出黄金荣。

## 四、赤手空拳独闯虎穴

在龙华何公馆里，有一个地牢，坐落在后花园一座假山下，不走进太湖石堆起的小门，谁也想不到这玲珑剔透之下还有一个如此恐怖的世界。

黄金荣就被关在这地牢里。在这里，他已经被关了五天了。

地牢很高，顶上全是用太湖石筑成，每每望上去，黄金荣都很担心，这些石头会不会掉下来，砸烂他的头。但他这些担心纯属多余，这地牢很牢固。不但很牢固，上面的缝隙还能透下亮光，如同天窗一般。

他明显的瘦了，脸色苍白，这黑麻点也变白了。他的脚上，戴着沉重的脚镣。脚镣很紧，勒得他的小脚脖子钻心地疼。墙壁很潮湿，他依然靠在上面——他觉得，这样靠着，人要舒服些。

忽然，一扇铁栅门被打开了，一个士兵送来一碗黄米饭，饭上放着几块萝卜干。

“吃饭!”

黄金荣连忙朝饭碗一看，生起气来：“你们就给我吃这个?”

“怎么，你以为这是黄公馆，请你来享受的？不饿死你就算便宜你了，还挑三拣四的。”

士兵走了。黄金荣看看那饭，真想一脚踢开。但他明白，这里不是他要威风的地方，还是把饭端了起来。

吃完饭，黄金荣觉得很困，就蜷缩在墙角，呼呼地睡了起来。不知过了多久，突然一阵皮靴声把他惊醒。

他微微欠了一下身子，定睛一看：进来的是个络腮胡子，脸上有个明显的刀疤，眼睛瞪得像屠宰场里的屠夫。他的身后跟着两名马弁。

到了黄金荣眼前，“刀疤”嘴一歪，两名马弁立刻上前，不由分说地把黄金荣向大牢外面拖去。

“干什么，干什么？这是什么鬼地方，你们把我带哪去?”

黄金荣大叫着，一个马弁把准备好的毛巾往他嘴里一塞，他再也叫不出来了。

马弁拖着黄金荣走过花园，穿过一条曲折的长廊，进了一道月洞门，在一座大厅前停了下来。

“刀疤”在门外立定高声道：“报告师座，犯人带到。”

“进来。”

进了门，黄金荣才发现这是一间会客室。一个细高个坐在中间，身穿笔挺军装，斜挂皮带，腰带上挎着马牌手枪。黄金荣这才明白，自己是被淞沪护军使何丰林的人抓来了。

“四公子，你也出来见见吧。”

何丰林向内室喊了一声。门帘掀起，身上穿着白绸衫，军马裤，头上缠着纱布的卢筱嘉走了进来：

“黄麻皮，怎么样，你有没有尝到小爷的厉害了?”

黄金荣一看后悔了，后悔当初不该一时冲动，这才真是太岁头上动了土。但现在，后悔已来不及了。他怔怔地望着卢筱嘉，嘴里嗫嚅着：“我，我……”

“黄麻皮，你这个杂种可真够厉害的，派出十几个打手打我。按理说，君子报仇，十年不晚，可惜我卢筱嘉没有那份耐心！说三天之内叫你知道厉害，没过吧。怎么样，萝卜干下饭，味道不错吧？”

黄金荣忽然觉得浑身疼痛，扭动了一下身子。

“怎么样？又不舒服了？还想再活动活动？”卢筱嘉揶揄地笑着，向黄金荣走去。

黄金荣不知他的用意，有些害怕地往后挪了挪身子。

“来人！”卢筱嘉喊了一声。

立刻，有四个士兵上来，站在黄金荣两旁。

何丰林见状，站了起来，挥了挥手，四个士兵退到一旁。

“黄金荣，你是上海滩上有名的大亨，我问你，你们上海人看戏喝倒彩是家常便饭，为什么我们四公子喝了一声倒彩就把他打成这个样子？你们到底想干什么？不看僧面看佛面，卢督军什么地方得罪过你们？我何丰林什么地方得罪过你们？你们为什么要下如此毒手？你说啊！今天话不说明白，你就休想活着回去！”

“何将军，卢公子，这是误会，误会！”

“误会？你以为你是大亨，有法国人撑腰，想怎么来就怎么来啦。我告诉你，上海这块地方还有我何丰林站脚的地方！”

现代摩天大楼式建筑的都城饭店，是上海著名的建筑之一

黄金荣明白自己已经落在一个十分危险的境地中，没有下面的徒子徒孙，他一个人完全无能为力，只好低声下气地说：

“这事是我黄金荣的不是。何将军，卢公子，我下次再也不敢了。”

“下次，你还想有下次？”卢筱嘉在一旁说。

黄金荣看了看卢筱嘉，眼里闪着绝望的光。

他不禁叹了一口气：

“唉！想不到我堂堂的黄金荣，没有淹死在汪洋大海里，却翻在一条小小的阴沟里！哈哈哈……”说着，黄金荣不胜感慨地大笑起来。

这笑声里有辛酸，也有鄙视，倒是他的真情流露。但没想到这一笑，却激怒了何丰林。

“妈的，再笑老子就毙了你！”不等黄金荣停住笑，何丰林伸手甩了一巴掌，直打得黄金荣眼冒金花，面孔火辣，口角流血。

"带下去!"

黄金荣又回到地牢里，望着从石缝里透进来的亮光，他想，杜月笙、张啸林这帮家伙到底在何处呢，难道他们见死不救吗?

其实，杜月笙早已成竹在胸了。他很清楚，师父这次"跌霸"是跌定了，再也不可能恢复到原来的形象了。他迟出来几天，对于自己，也并非是坏事。只是自己必须行动，让他们终究把师父放出来，这样，自己在上海滩才能取代师父。

在何公馆的后堂里，何丰林正在烟榻上和卢筱嘉一起吞云吐雾。

"报告师座，有位大亨求见。"一个警卫进来报告道。

何丰林放下烟枪，接过名片一看，问:"他带了多少人?"

"报告师座，就他一个。"

"好一个上海滩白相人，"何丰林一拍大腿，"竟敢一个人来闯我这龙潭虎穴。我倒要看看他有多大本事!"

1928年，在上海街头的美国派拉蒙影片公司的广告

何丰林起身，带着卢筱嘉步出后堂，穿过前厅，朝大厅石级上望去。

果然，只有一个人，不带保镖，不带武器，气宇轩昂地站在门前。

何丰林见了，不由地暗暗佩服杜月笙的胆识。

"何将军，杜某久仰大名，一直想前来拜访，但总没有机会。"

"杜老板太客气了，谁不知杜老板是沪上闻人，何某哪敢当!"

"兄弟身在江湖，身不由己。平日为伍的都是下九流，只怕何将军看不顺眼。"

"哪里哪里，何某一介武夫，没见过世面，怕大上海的人笑话。"

"何将军何必过谦；贵军驻扎上海，保土安民，万人称颂，今日我能与将军倚足而谈，实在是三生有幸。”

“杜老板，我是个粗人，喜欢开门见山，有什么话，请直说。”

杜月笙看了看旁边的卢筱嘉，说：“月笙我也没喝过什么墨水，说话向来喜欢开门见山。”

“这样最好不过。”卢筱嘉接过一句。

杜月笙喝了口水，说：

“这次露兰春初到共舞台演出，按理应该把大红帖子送到龙华枫林桥来，请何将军和四公子指教。只是因为黄老板手下的听差一时疏忽，把这件大事给忘了！实在失礼，今天杜月笙特来此向二位赔罪！”

“杜老板，这就不必客气了，听戏吗，理应买票。如果大家都去看白戏，露兰春的包银从哪里出呢？杜老板，难道这就是你的开门见山吗？”

杜月笙没有理会卢筱嘉，把头转向何丰林，说：

“那天在六国饭店吃酒，我问露兰春，她在天津时，知不知道何丰林将军的大名？她说，何将军人称小霸王，行侠仗义，威震天津，名不虚传。今天，我敢冒昧登门，也是因为已经从露兰春那里知道将军的为人了。”

何丰林听了，脸上现出笑意，卢筱嘉却冷笑道：“杜老板，依我看，这种当面恭维的话，也不能算是开门见山吧？”

杜月笙笑笑，说：“四公子别急，我这就说到正题了。关于共舞台发生的事，月笙老老实实地跟您说，实在是一场误会！”

“误会？嗯！”

“四公子有所不知，当天深夜，我们黄老板就把手下人叫去，狠狠地训斥了一顿。真的，黄老板当时坐在楼上的包厢里，卢公子您坐在楼下，他怎么知道喝倒彩的是您呢？”

卢筱嘉突然发出一阵狂笑，“杜老板，你不要拿骗小孩的话来搪塞了！没有黄金荣命令，那帮家伙敢在共舞台上大打出手吗？哼！要不是仗着你们人多势众……”

卢筱嘉停顿了一下，他伸手拿起旁边的一把匕首，用力一折，断作两截：“管叫他们一个一个也像这匕首一样。”

杜月笙愣了一下，说：“卢公子好功夫，让月笙长了见识。不过，我不是来跟您学本领的。兄弟们同在上海滩上混，磕磕碰碰的事也在所难免，冤家还是宜解不宜结。”他回头看了一下何丰林，“何将军，你说对吧？”

“对，杜老板的话有道理。”何丰林有些发自内心地说。

卢筱嘉说：“杜老板，还是我来给你开门见山地谈一谈吧！”

“请讲。”

“你今天到枫林桥来，是要活的黄金荣还是要死的黄金荣？”

杜月笙一怔，注视着二人的表情，想分辨出对方的用意，看他们是否将黄金荣干掉了。

从卢筱嘉诡谲的表情上，他感到不易分辨，但从何丰林对卢筱嘉略带不满的眼神中，他却感觉到事态是乐观的。于是，他定下心来。

“四公子，我当然是要一个活着的黄金荣了。”

卢筱嘉点上一支纸烟，抽了两口，说：“那就请你谈谈条件吧！”

“好，四公子，你既然要我开条件，我可以痛痛快快地告诉你，除了天上的月亮，你要什么都行！”

卢筱嘉笑了，“杜老板也不要说得太大了，我只有三个条件。”

“你尽管说吧！别说三个，就是3000个，我也只有两个字，照办！”

“好，你听着！第一，叫露兰春来，亲自上门敬酒赔罪；第二，叫共舞台的那些打手在这枫林桥上，每人叩三个响头；第三，在上海的所有报纸上都登出一条消息：黄金荣在龙华地牢吃萝卜干饭。怎么样，杜老板，条件不太苛刻吧？”

杜月笙腮边的肌肉抖了几下，他真恨不得狠狠地扇这位卢公子三记耳光，但他还是忍住了。

“卢公子，恕我放肆，斗胆给您换三个条件，你看好不好？”

“你说说看。”

“第一，露兰春已名花有主，我看就不必难为她了。我把会乐里的头牌小木兰，送给四公子。这位小木兰，虽说是长三堂子，但卖艺不卖身，赛过宋朝的李师师。”

卢筱嘉似乎有些动心，似笑非笑地坐了下来。

“第二，共舞台的那些保镖，不管怎么说也算是上海滩上的好汉，其中还有四个是我的徒弟，说起来都是在上海滩上吃得开、兜得转的人物。叫他们来向你叩头，虽然容易，可是——这好吗？依我看，不如叫他们在杏花楼为四公子摆酒压惊，来个当面道歉，是不是更好些？如果双方都能过得去，那以后你在上海如果需要有人出力，他们也好为你两肋插刀！”

卢筱嘉看看何丰林，何丰林也正向他微微点头，示意他不必再固执己见。他就抬头对杜月笙说：“那么第三呢？”

杜月笙不慌不忙地说：“这第三吗，报上的消息可否这样登，卢公子前往杜公馆赴宴，杜月笙敬酒三杯。”

卢筱嘉听听三条都已对号入座，气已消了一大半，只是一想到露兰春，心里还有点疼。此次事情，全是因她而起，若不睡她三天两夜的，心中这口酸气，怎么能消掉呢？

“其他我都可接受，露兰春我也不多难为她，只要她到我这赔罪三天，怎么样？”

杜月笙说：“我已和四公子说过，她已名花有主……”

“不是我吃不到葡萄说葡萄酸，她算什么名花，不过是比妓女的名字好听一些。黄麻皮都能随随便便地睡她，咱爷们叫她敬酒赔罪三天，又哪里闪了她呢？”

杜月笙也没有办法，只好撇开他，对何丰林说：“何将军，我们办了一个公司，想请将军入股。”

“办公司？”何丰林无论如何也想不到杜月笙会说这事。办公司，赚钱，是他喜欢的。便侧过身，伸长头颈问：“入一股份子要投多少钱？”

“一个铜板也不要，只要将军肯赏脸参加，股份我们奉送。”

“那太不好意思了。”

"凭将军的名望和财产，月月都可以分到大股的红利。"

接着，杜月笙又详细地告诉何丰林，他已和黄金荣、张啸林三个人筹集了1000万资金，准备开一个名叫"聚丰贸易公司"的烟土行，全力从事鸦片贩卖。

如果何丰林与卢永祥两位愿意加入，所得红利，五人平分。何、卢不必出钱，只需在运输上向部下打个招呼，在江浙各地，"聚丰"的货畅通无阻就行。

这无本而万利的生意，何丰林当场拍板成交；卢筱嘉也代表他的父亲卢永祥拍板成交。公司说着就成立了。

黄金荣也是公司里的人，大家是一家，放回的事，便不言而喻了。何丰林正想叫人把黄金荣也叫到司令部来，一道谈谈。

杜月笙摇了摇手说：

"不要忙，我还有一个条件。"

杜月笙想得很周到。原先威风凛凛的黄金荣被抓到龙华关了六七天，灰溜溜地放出去，这老脸往哪搁呀？

"何将军，我看是不是这样，由我做东，明天晚上在六国饭店请客，庆祝聚丰公司成立，也算是何、黄两家认干亲的家宴。当然，何老太太也一定要出席。

"另外，请何将军在卢督军面前多多美言几句，使卢督军呈请北洋政府陆军部颁给黄老板一枚奖章，并聘请他做护军使衙门的督察。何将军，可以吗？"

何丰林听完，想了想，黄金荣这一跌是栽得太重了，如果不给他挣点面子回去，那以后怎样做事呢！再说现在大家都是一个公司的人了，低头不见抬头见的，不能一棍子把人打闷呀。

想到这，何丰林站了起来说："也好。不过，我也提出一个条件，请露兰春陪我们公子三天。"

杜月笙看看何丰林，又看看卢筱嘉，心想，陪就陪吧，谁说漂亮的女人就该哪一个男人睡的？其他男人也去睡睡，她也许会觉得更丰富多采的。

就这样，杜月笙只身入虎穴，凭着自己的才智和胆识，救出了黄金荣。

## 五、结婚又离婚

回黄公馆的车子内，黄金荣一直低着头，一言不发，杜月笙心中暗喜，老头子这下可跌狠了，上海滩的大亨地位看样子要重新排定了。但他还是装着不敢惊动师父的样子，轻轻地说："师父，您受惊了。"

黄金荣似乎还是没从噩梦中醒来，嗫嚅地说："你，能干啊！月笙老弟！"

杜月笙一听"老弟"二字，不由一怔，忙着说："师父，千万别这么说，我这两下，不都是师父您教给我的吗，这些天来，弟兄们都在为您操心。"



黄金荣睁开眼睛，有些羞愧地看了杜月笙一眼，又低下头叹了口气，一只手紧紧握住杜月笙的手："这下我黄金荣塌台是塌到家了。"

"师父，这话您没说对。明天晚上，何丰林要在六国饭店宴请您，北京政府陆军部还要颁给您一枚奖章，聘你做护军使衙门的督察一职呢！"

黄金荣一阵激动，几乎流出眼泪来，向杜月笙说："月笙，多亏了你呀！从前，你给我一张拜老头子的帖子，明天我把它还给你，我们再换一张。以后，你我就兄弟相称了！"

"那怎么行呢，师父？"

"有什么不行，这才叫'换帖兄弟'嘛！"

回到家后，黄金荣立刻命令管家在华格臬路造了两幢房子，都是三间两进，前一进是中式二层三库门楼房，后一进是西式三间三层楼洋房。

新房落成后，黄金荣将西边的一座216号送给了杜月笙，东边一座212号送给了张啸林，以感激他们在此事中的全力相救。从此后，三个人的关系由师徒变成了兄弟。

再说黄金荣遭此打击后，更想早日把露兰春正式娶到手，但他觉得自己很难启齿，便请杜月笙代他向林桂生透露纳露兰春为妾的决定。

杜月笙不得已，只好向桂生姐透露了黄金荣的心事。

林桂生震怒了："不行，一百个不行，这个小妖精是个祸根，决不能让她进门。"

杜月笙想再劝，林桂生直截了当地说："告诉他，黄金荣再讨十房八房小老婆，我都不反对，就是不许讨露兰春。否则的话，就只有一条路，露兰春来，我走！"

黄金荣听后，沉默了很久，说："我是讨定了，她要走就走吧。"

黄金荣在女人身上一跌再跌，铁了心要出一口气。他决定不顾一切代价和牺牲，也要把露兰春娶进门。

哪知露兰春有些不愿意，当初被黄金荣占有是无可奈何的，现在不能让麻皮还骑在自己身上了。她虽有如此想法，但又不敢说，只有以退为进，提出了两个条件。

"一，她要接管桂生姐的大权，从保险箱钥匙，到黄金荣的庞大财富与事业；二、她得坐龙凤花轿，正式嫁入黄家的门。"

黄金荣再请杜月笙把露兰春的两项条件转告给桂生姐听。桂生姐一听，心里寒透了，当下冷笑道：

"露兰春干脆要入宫了，那我只有让她。月笙，你去告诉麻皮，我跟他的缘份到此为止了。他不必多伤脑筋，我也懒得多费唇舌，夫妻一场，好合好散，你叫他拿五万元来。"

"你就要五万？"杜月笙有些惊讶。

五万大洋，对于林桂生几十年和黄金荣同心协力赚到的庞大财富来说，不过是九牛一毛，不明底细的人，以为林桂生所要求的太少，要替她抱不平。

其实，林桂生自有她的算盘，黄金荣的万贯家财主要来源是鸦片生意的三鑫公司。林桂生自己在公司拥有巨额股份，一年三次红利，数额之巨，令人咋舌。

黄金荣听了杜月笙的报告后，说桂生姐自动提出拿五万元的赡养费脱离黄家，如逢大赦，乐不可支，急忙取出几张地契，到钱庄去抵押了五万大洋交给林桂生。

当天，林桂生收拾好了自己的东西搬出了黄宅。

不久，在上海麦高包禄路（今龙门路）钧培里的黄公馆新宅张灯结彩，一串鞭炮，迎来了一代名伶露兰春的龙凤花轿。

露兰春到了黄公馆以后，以主妇的姿态出现，黄家保险箱的钥匙，由黄金荣和她各执一副。

老夫少妻之间，黄金荣对她处处迁就，事事巴结。但正当妙龄的露兰春勉强下嫁黄金荣这个丑陋的麻皮，内心本来就一百个不愿意，因此进黄家门后从来不给黄金荣好脸色看。她心里看中的是颜料大王薛宝润的儿子薛恒薛公子。

原来，薛恒是戏院的常客，两人一个有心，一个有意，日子一久，渐渐地彼此相好了。

不久，苏州那边发生了一起案子，黄金荣奉命走了一遭，一连十几天没有在家。他一回到上海，便赶到共舞台——他还以为露兰春一定在台上唱戏哩！没想到，空旷的戏院里连个人影子都没有。

黄金荣这才觉得不好，他浑身禁不住冷汗直淌，飞快地直奔钧培里的家中，发现家中保险箱被打开，保险箱里的黄金、珠宝、美钞一样不缺，但一只装有重要文件的大皮包却不翼而飞了。

黄金荣顿觉天旋地转，眼冒金花，两脚一软，一屁股跌坐在沙发上。

露兰春到什么地方去了呢？正在他心慌意乱之际，外面传来了汽车驶近的声音，黄金荣奔到阳台上，看到家门口停着一辆派克轿车，前座上坐着一男一女，女的正是露兰春。

黄金荣气得七窍生烟，恨不得叫楼下的保镖立刻把两人当场打死。但是他怕半夜打死送露兰春的阔少爷，消息一旦外泄，岂不是面子丢尽。

于是，他只好克制住自己。

黄金荣认定露兰春和薛恒之间有了问题，而那个大皮包肯定是被露兰春拿走了。在那只大皮包里，有数不清的文件，如果把包里的文件公开出来，尽够上海各级法院、治安机构忙上几年。文件包括各项明显暗底的账簿，与各界私下往来的重要函件，以及江湖上的秘密，官场上的罪证。

露兰春以为，捏牢了这张王牌，就等于抓住了黄金荣的小辫子，就可以为所欲为。于是她竟然秘密包下都城饭店五楼的501室套房，和薛恒在那儿同居。

这天夜里回来，露兰春是为了拿一件东西的。

黄金荣没有张扬，但他也没有让露兰春走。露兰春虽然握有黄金荣的把柄，但见黄金荣回来，依然吓得小腿发软，立刻让一手下人通知门外汽车里的薛恒，“快走，黄老板已经回来了。”

薛恒只好驾车离去。

第二天，黄金荣叫来了杜月笙，对他说了露兰春和她拿走那只大皮包的事。

“露兰春好办，上海滩上美女如云，你觉她不合适，以后再换一个。关键是那只大皮包，那可不能落在别人手里。”

“月笙老弟，你有能力，你看着处理吧。既要让我解这心头之恨，又要把事情办得圆满，那包里的文件一份都不能少！”

“大哥，你放心，我一定办得刀切豆腐两面光。”

杜月笙没费事就发现了薛恒的踪迹，他让徒弟们把他掳到苏州毒打了一顿，薛恒三个月起不了床。那露兰春听到此消息后，吓得半夜从黄宅逃了出去。

经过一番周折，黄金荣和露兰春办了离婚手续，那个公文包原封不动地交回了黄金荣。

黄金荣在女人身上跌得实在太惨了，为了捞点心里平衡，他规定了两个离婚条件：一、露兰春今后不许离开上海一步；二、露兰春不准再度露面唱戏。

然而黄金荣走到这一步，他的颓势已不能挽救。尽管这样，黄金荣依然不知悬崖勒马，不久又与魏廷荣争夺吕美玉而失败。

## 六、黄魏美女之争

没有男人不喜欢漂亮女人的。上海滩上的美人那么多，时时撩着黄金荣的心。失去一个露兰春又怎样？

这天，天下着毛毛细雨，一丝风也没有，闷得让人烦躁。黄金荣像一只斗败的公鸡，靠在太师椅上耷拉着脑袋，一双浮肿的眼睛直直地瞪着天花板，嘴里还不时地喘着粗气。

一名侍从哼着小曲，摇晃着脑袋从客厅过道里走过来，冷不防被人用脚绊了一下，他气得开口就要骂人。

“嘘——！老弟，不看清苗头，当心吃苦头，你没看见老头子在那里生闷气吗？”

那位被绊脚的伙计压低了嗓门说：“什么事情，大惊小怪的？”

“走，这不是说话的地方。”

两人一前一后来到花园的尽头，只见那个绊脚的伙计一边从口袋里掏出一包华成烟草公司生产的美丽牌香烟，一边指着香烟盒上的美人像悄悄地和那个哼小曲的伙计“咬”起耳朵叽咕起来。

原来，黄金荣被香烟壳上的人物迷住了。当然是个女人像。

当时，上海滩上有个京剧演员叫吕美玉，此人长得丰姿绰约，是一位闭月羞花、落雁沉鱼的绝代佳人，华成烟草公司美丽牌香烟上的美人像，就是吕美玉演出《失足恨》的剧照。与露兰春婚变了的黄金荣早就对她垂涎三尺，欲将吕美玉占为己有。

黄金荣总是在想，老子是上海滩“三大亨”之一，又是法租界巡捕房的督察长，有财有势，喽罗徒孙，成千上万，玩弄个把女人还不是三只指头捏田螺，十拿九稳。

当然啰，这位法租界的督察长先生也知道，上海滩的头面人物需要“文明”些，靠抢是“不文明”的，也是有失“体面”的。

正当黄金荣对上海小美人吕美玉下工夫时，忽然半路上杀出个程咬金来，有个乳臭未干的小赤佬也想来轧一脚，摆出架势要和麻皮金荣一争高下。

是谁吃了豹子胆，竟敢在太岁头上动土？一问，原来是法租界的华董兼华人商团董事长魏廷荣。

事由很明白，黄金荣肥头大耳，一脸的麻皮，常常穿一身黑香云衫裤，说话粗鲁，里外都是一副老流氓样子。正经一些的女子有谁能看得上他呢！

魏廷荣呢，西装革履，风流潇洒，除了上面提到过的头衔外，还是堂堂的法兰西留学生。他的丈人又是上海滩赫赫有名的买办巨商朱葆三。朱葆三是清末上海方面的大官吏。相比之下，花枝招展的吕美玉自然投入有钱有势、风流年轻的魏公子的怀里。

不过，魏廷荣也料到在情场上吃了败仗的黄金荣，是不会善罢甘休的。他干脆一不做二不休，来个先下手为强。

魏廷荣联络了法租界的华董们，这些华董和魏廷荣都属租界的高级华人阶层。他们和这些流氓恶霸早有矛盾，只是碍于黄金荣的势力，隐忍不发。如今，见姓魏的出头，正中下怀，于是马上抱成一团。

华董们大部分是法国留学生，他们在租界和法国上层各界人士中都有大批同窗好友。魏廷荣利用这一有利条件，不但在法商办的法文报纸《真理日报》上频频攻击黄金荣等一伙开烟设赌、招摇撞骗、绑票狎妓等种种劣迹，还特别向法国外交部控告黄金荣勾结腐蚀法租界刑事科长，并拉拢法捕房总监费沃利一起狼狈为奸、鱼肉百姓的事。

由于魏廷荣等华董们通过各种渠道，向法国政府揭露法捕房督察长黄金荣的劣迹，因而引起了法国政府的重视。

经巴黎当局的查询与核实后，将法捕房总监费沃利撤职调回，另派中校伯尔继任法捕房总监之职。

黄金荣在租界里只好暂时老实下来。

但是，在黄金荣的心里，却怎么也咽不下这一口气。

“姓魏的，君子报仇，十年不晚，你等着！”黄金荣在心里愤愤地说道。

魏廷荣与黄金荣之争实际上是法租界内华人两大势力即绅董派与流氓派之间的较量。论实力，黄金荣也不弱，尤其是他的无处不在的黑社会网络，不过邪不压正，黄金荣的流氓帮会树敌太多，引起公愤，例如法租界的工商界和天主教的上层人物都支持魏廷荣。

黄金荣声名狼藉，“赔了夫人又折兵”。他怎肯善罢甘休？

1929 年，上海滩上发生了一起轰动一时的事件。

这是一个骄阳似火的下午，从设在朱葆三路（今溪口路）、爱多亚路（今延安东路）口的中法银公司里，走出一位西装革履的中年男子，身后跟着三个嬉笑欢跳的年幼子女，他们说说笑笑，钻进自备的小汽车向西驶去。

就在车子拐进一个僻静的弯道时，突然路旁跳出四个大汉，他们拿着手枪，命令司机停车。

司机惊疑之时，这四个大汉已跨上车子，用枪顶着司机下车，并赶下两个小孩，随即驾车向南驶去。

被押在车上的中年男子圆睁怒目，拼命反抗，并愤怒呵斥："你们这是要干什么?"那四个大汉并不答理，只是挥舞着手枪让他别动，强行给他灌进迷药。

当车过民国路（今人民路）时，他们又把另一个孩子赶下车，然后车子直奔南市码头。码头边芦苇丛里摇过一只小船，这四个大汉把早已昏迷过去的中年男子抬上船，摆渡后，藏匿在南汇六灶的一个地保家中。

这就是 1929 年 7 月 24 日轰动上海的大绑票案。被绑之人正是当时法租界赫赫有名的头面人物魏廷荣。

谁绑架了这位头面人物呢，读者当然不难猜到，正是麻皮金荣。他为报那一箭之仇，通过一个人来策划了这起绑票案。

那一个人是谁，说来真让人难以置信，这个绑架魏廷荣的家伙，不是魏的宿怨仇敌，也不是实业场或社交界的对手，居然是魏廷荣的连襟赵尉先。

从选人这点可以看出，麻皮金荣尽管是一个流氓，但做起绑票的事来，还真会选用人才。

尽管赵尉先被捕后，始终抵赖自己绑架了魏廷荣，但从参与绑架了魏廷荣的其他犯人口中得知：

1929 年的某一天，两个人犯去永安公司的屋顶花园，被人介绍认识了赵尉先。在交谈中，赵尉先诉说魏廷荣如何为富不仁，表示了要绑架魏廷荣的意愿。

此外，魏廷荣被绑架后的一个月里，法租界贝勒路（今黄陂南路）天祥花园魏宅接连收到数封匿名信，其中一封颇为蹊跷，内称：

"廷荣被绑去至今无信，侦探捉强盗只捉外人，所以自己人做绑匪，侦探天大的本领也捉不住。何况这个人是拜山人做老头子，而又是商团教操官，是自己人，只是手里没有钱，所以他就横了良心做绑匪，绑自己连襟。"

看了这封信，魏的家人吃惊不小，这个"自己人"是谁，绑架的动机是什么，匿名信都交代得一清二楚。

只是由于匿名信不能作为指控证据，很长一段时间里，魏家无法对这个"自己人"采取动作。

一年零八个月之后，公共租界在处理另一桩敲诈案的犯人蔡维才时，才意外地得到赵尉先主使绑魏的线索。

后来，据有幸从绑匪手中脱逃的魏廷荣本人叙述，赵尉先绑架连襟的意图，实际上很简单，就是要敲诈一大笔钱。

赵尉先曾经留学法国的圣西尔陆军大学骑兵科，归国后失业 3 年，很不得意。由于亲戚的介绍，认识了魏廷荣，魏安排他在自己的中法银公司里当职员，还让他住在魏宅。

时间一长，赵尉先与魏廷荣的妻妹朱九小姐谈起了恋爱，并要结婚。

但赵尉先隐瞒了自己曾经结过婚并把对方抛弃的事实，婚后，又整天进出赌场，把朱九小姐数万元的陪奁输得精光。

魏廷荣对他的欺骗和赌博行为很是反感，这就种下了赵尉先对魏廷荣的仇恨，加之陷进赌坑不能自拔的欲念，在黄金荣的支持下，于是他不惜铤而走险。

饶幸脱逃的魏廷荣也知道，单凭赵慰先个人的本事，绝不敢绑架自己，背后肯定还有主使，这个主使人可能就是匿名信中所说的“老头子”。而这个“老头子”就是与魏廷荣同在一个法租界“撑世面”的大流氓黄金荣。

但魏廷荣没有足够证据控告黄金荣，也只好罢了这个念头。

这桩轰动沪上的连襟绑架案在审理过程中，迭出戏剧性场面。

先是魏诉赵，然而赵慰先的妻子朱九小姐跪地求情，赵慰先的胞弟赵班斧断指血书求恕，使魏廷荣动情，毕竟是自己的连襟，抬手不打笑脸人，便撤了诉。

哪知风浪又起，赵慰先出狱后反咬一口，说是魏廷荣诬赖陷害他，直闹得宪兵要去抓魏廷荣，逼迫魏廷荣交出三万大洋保释。此后，赵慰先又不到法庭和魏见面，诬陷案只得又拖了下来。

整个案子，闹了足足9年，也没个定论。魏廷荣此时方明白，麻皮金荣确实是不好得罪的。

然而共舞台的两次夺美风波，成了黄金荣从势力顶峰迅速下滑的起点，并且一蹶不能再复其昔日一呼百应的风光。黄金荣衰败了，但他依然不甘心拱手丢掉他以往的辉煌。他又怎样做呢?

黄金荣：“我愤恨挡住我迈脚的任何人!”

为了利益，泯灭良知，是黑帮老大的共同特征。对他们来说，良知如同垃圾。

# 第十三章

Di Shi San Zhang

# 堕入危险境地 露凶相

政治风云团团变，以黄金荣为首的上海近代流氓帮会势力，奉行『刀切豆腐两面光』的信条，在大革命的风暴中观望权衡，见风使舵，处处小心谨慎，步步留下后路。在关键时刻，黄金荣凶相毕露，开始作恶。

# 一、霓虹灯下的狐狸

大革命时期的上海，除了租界外国人势力外，主要有三支政治势力，这就是共产党领导下的工人，孙传芳、张宗昌军阀势力和北伐军国民党势力。

1919年，卢永祥升任浙江督军，派其部将何丰林接替淞沪护军使。江苏督军齐燮元羡慕得两眼发红，立誓要夺回上海，于是，齐卢之战终于打响。

人说“鹬蚌相争，渔翁得利”，正在双方打得精疲力竭之时，孙传芳带领“花军”一鼓作气地打败了卢永祥，卢永祥见大势已去，只好通电下野。

战后，孙传芳和齐燮元又发生了矛盾，双方都不愿对方独占上海。没办法，便让吴佩孚派来的张允明担任上海守备司令。硝烟未散，1924年底，奉系军阀张作霖挟二次直奉战争胜利的余威，赶走了张允明，占领了上海。

但齐燮元怎肯拱手相让，12月16日，突然举兵占领上海，命令奉系保安司令邢士廉退职。但不久，齐的部下突然在苏州哗变。

1925年1月，段祺瑞政府宣布上海永不收兵，并谴责齐燮元挑衅谋乱，同时奉系军队大兵压境。齐燮元内外交困，1月28日，宣布下野。

孙传芳故伎重演，先与齐燮元暗中结盟，后见势不妙，又获得段政府任命的浙江军务督办的头衔，地位得到保证，便拔脚回杭州享福去了。

军阀混战“无日不抢，无日不烧，杀掠奸淫，穷凶极恶”。奉军下江南，军纪败坏，孩子哭闹时，大人说奉军来了，孩子便吓得不敢出声。张作霖再次任命邢士廉为上海戒严司令，上海落入奉军之手。

邢士廉手下的大将是第八军军长兼海军司令毕庶澄。毕初到上海，即被大上海的灯红酒绿所陶醉，他对身边的参谋说：“男子汉大丈夫，不来上海走一遭，那简直是白活在世上了。”

不说别的，单说那女人，哪来那么多年轻漂亮的女人呢，千种风情，万般媚态，让人痴让人醉让人迷！

很快，毕庶澄遇到了富春楼里的老六。那老六，身材高挑，胸脯饱满，走起路来，娉娉婷婷，天生一副美人坯子，简直令千军万马销魂。

毕庶澄在富春楼里一泡就是三天三夜，每日都劲头十足，以至于令久经风月场的老六都难以忍受。

毕庶澄的手下，相当一部分人是白俄雇佣军，在他的放纵下，胡作非为，吃喝嫖赌，打砸抢奸，弄得上海民怨沸腾。

但好梦不长，10月16日晚，北站白俄军驻地突然枪声大作，一伙衣衫褴褛的孙传芳的“花军”，乘黑夜迅速包围了正在车厢中喝酒取乐的白俄军。这支军队外表魁梧，实际上是张作霖的雇佣军，并无战斗力。孙军只丢了几颗炸弹，白俄军即全部缴械投降。

当晚邢士廉、毕庶澄正在寻花问柳，警报传来，便提着裤子，逃进租界。孙传芳则乘胜追击，一直打到徐州，11 月 8 日召开“庆功”大会，自任“五省联军总司令”，从此称霸东南。 

“军阀不去，沪难未已”，孙传芳在上海横征暴敛，禁止人民集会结社，后来又两次镇压工人起义。其所属大刀队在南市、沪西肆意屠杀市民，把血淋淋的人头挂在路旁电线杆上。

上海人民恨死了孙传芳。

1926 年国民革命军北伐，孙被打败，成了落汤鸡。为了对付共同的敌人，孙传芳只好回过头来向过去的仇敌张作霖摇尾乞怜，共同御敌。

1927 年 2 月 27 日，奉军二下江南，进驻上海的仍是花花公子毕庶澄。

那么，此时的共产党呢？

自 1921 年后，中国政坛上的诸多政派之争，日益简化为国共两党的较量。在中国政治中心之一的上海，国民党在工商界及知识分子中悄悄发展其组织，而共产党则将它的支部推进到工厂和学校，总工会手下的工人群众就有 80 万人。国民党方面，要控制上海这个中国最大的城市，必须求得正日益强大的上海帮会势力的合作与帮助。

上海工人在中国共产党的领导下，举行了反对北洋军阀，响应国民革命北伐军的第一、第二次大规模的武装起义。

这些武装起义展开之时，部分上海流氓帮会分子乘机进行破坏捣乱，有的无业流氓冒充工人纠察队，胡作非为，败坏工人纠察队的名声，有的受外国资本家的雇佣，充当武装警卫，蹂躏工人。

此时的黄金荣等人也并没有闲着，在上海总工会成立后，也利用在各工厂中的徒子徒孙暗中监视工人，刺探工运情报，破坏工人纠察队的活动。

中共浙江区委对此十分重视，派汪寿华作为上海总工会的代表和黄金荣等人进行面对面的谈判。

1927 年 2 月 28 日，杜月笙以法租界总巡代表的身份会见了汪寿华。

汪寿华见到杜月笙后，不免客气了一番：“杜先生，您是上海滩知名人士，懂大体，识大局，为人排忧解难，扶困济贫，本人是一向钦佩的。”

杜月笙有些飘飘然了：“不敢，不敢。”

“杜先生，你对目前上海的形势怎么看？”汪寿华开门见山。

“我实话实说吧，上海工人起来反对军阀，我举双手赞成，但孙传芳和张宗昌的部队手里拿的可都是铁家伙呀……”

没等杜月笙说完，汪寿华站起来，说：“这个，杜先生不用多虑，你要知道，上海工人一站起来，就有七八十万，你想，这么多人对付几万不中用的部队，毫无问题。再说，北伐军薛岳的部队已经占领了龙华……”

“真的？薛岳的部队到了龙华？”这个消息，使杜月笙十分震惊。

“那还有假？现在孙传芳的部队，已龟缩在闸北、吴松、南市等地，我们可以来个瓮中捉鳖，关门打狗。”

杜月笙听了汪寿华的一番话，默不做声地望着汪寿华。

汪寿华继续说道：

“军阀孙传芳的末日就要到了，另一个军阀张宗昌也是兔子尾巴长不了了，要不了几

南京路老闸捕房门口是“五卅惨案”流血地

天，他们就要统统完蛋。上海滩上的毕庶澄，已成了笼中之鸟。过几天，上海便要回到老百姓的手里。在这紧要关头，希望杜先生要深明大义，站在老百姓一边哦！”

杜月笙听完这番话，觉得自己应该表个态了：“那我能为你们做些什么呢？”

“杜先生是个痛快人，我就直话直说，请你做好三件事。”

“说来听听。”

“第一，请你们手下的帮会兄弟，保持中立，不要为虎作伥；第二，不要阻拦法租界工人罢工；第三，据我们了解，您同张宗昌派来协助李宝章防守上海的毕庶澄有些交情，希望把他笼络住，不要让他有所动作。”

杜月笙听完，觉得共产党方面提出的这三件事也并不是难事，但和汪寿华见面是黄金荣派来的，不能不征求一下他的意见，于是他说道：“汪先生，请放心，你所提出的三个条件，我们一定尽力，至于具体情况，等我回去和金荣大哥他们商量一下，再通告你。”

“一言为定。”

见过汪寿华以后，杜月笙立即坐车驶向钧培里黄公馆。

到了黄公馆，只见黄金荣和张啸林正在焦急地等着他呢。

原来，黄金荣也得到了北伐军占领龙华的消息，所以想急着知道杜月笙和汪寿华会见的结果。

杜月笙故意不谈会见的结果，反问道：“大哥想站在哪一边呢？”

黄金荣长叹一口气，说道：

“难呀！法国当局要我这个督察长组织一支‘纠察队’，配上坦克车，在公馆马路、霞飞路上来往巡逻，以保持法租界平安无事，我不能不尽力。而孙传芳那一头呢，淞沪镇守使李宝章和三鑫公司往来密切，鸦片生意全靠彼此合作，至于他们的同伴张宗昌，前些日子从南京派毕庶澄带二万海陆军队进驻上海时，你们两人还代表我到车站去欢迎他，关系也不错，总不能说翻脸就翻脸吧。至于北伐军就更不用说了，总司令蒋介石是我们门生，不说将来大事小事全靠他，就是单从师徒之情出发，我也不能冷脸相待啊。”

杜月笙不停地点头。

黄金荣最后说：“这三方，谁也得罪不得，我总不能三条线都拉着吧。”

“大哥，不是三条线，是四条线。”杜月笙补充道。

“四条？哪四条线？”

“还有一条是共产党啊！”

“共产党？它算哪条线，莫不是你和汪寿华谈好了。月笙啊，你千万不要被汪寿华的花言巧语迷住啊!”黄金荣提醒道。

“大哥，我是那样的人吗……”

没等杜月笙住口，张啸林开言了：

“大哥，三弟，我是讲实惠的人，没你们那么多弯弯绕。有奶便是娘，管那么多干什么？什么北伐军、共产党的，你们想想，我们三鑫公司多亏了李宝章一伙仁兄的关照，才得以路路通。要是别的什么人进上海，他们会如此帮三鑫公司买卖烟土吗？我看，难！这个娘的奶水足够了，要是另外再找一个娘，实在不容易啊!”

黄金荣坐直了身子，问：“月笙，你看怎么办?”

杜月笙看了看两位，说道：

“刚才大哥已经分析过了，但我们不能四条线都抓着，抓了四条线，等于一条线也抓不住，我们只有抓住最要紧的线，方可成就大事业……”

张啸林听不得这些大道理，又插嘴说：“老三，干脆你说抓哪条线吧!”

“我实话告诉两位兄长，我已经叫金廷荪、顾嘉棠两人去通知公司的有关人向李宝章、邢士廉等人催款了，同时，停止赊烟土给他们。另外，我也答应了上海总工会委员长汪寿华的要求，让手下弟兄们与他们合作。共产党的一些机关，可以设在法租界，并叫他们自备哨子，一旦遇捕，立刻吹哨子通知巡捕。”

“老三，你疯了!”张啸林猛地站了起来。

黄金荣挥挥手，示意张啸林坐下，转而又对杜月笙说：“你有什么高见，说说看。”

杜月笙端起桌上的小茶壶，抿了一口，继续说道：

“如今局面，吴佩孚在湖南、湖北全线崩溃，孙传芳也从江西、浙江败走，而北伐军则节节胜利。上海南面的杭州、嘉兴已被北伐军攻占，上海北面常州、宜兴也都被北伐军平定。上海的李宝章和毕庶澄已是瓮中之鳖。再说，薛岳部队已兵临上海城下，攻下上海只是时间上的问题了。”

杜月笙停了停，又说道：“大哥，我们且不论你和蒋介石是什么关系，就从目前的形势看，你说应该牵住哪条线呢?”

黄金荣若有所悟：“月笙讲得有理，是该拽紧北伐军这条线。”

“所以，我们现在如再和李宝章他们来往，显然会吃大亏。这些扛枪的草头王，屁股一拍滚蛋了，那所有的钱还不都打水漂了?”杜月笙说完，望着黄金荣。

黄金荣听了杜月笙的一番话后，心里想着的却是另外一个问题：凭着杜月笙的精明强干，能打会算，上海滩已是非他莫属了。黄金荣虽然知道，杜月笙在他们三人中间已是头号位置，但他并不甘心如此。

“大哥，你还有什么意见?”杜月笙见黄金荣沉思不语，追问一句。

“哦哦，好，月笙说得对!”黄金荣这才静下神来：“现在，我们应该让蒋介石北伐军进来，赶走孙传芳和张宗昌的部队，我们不照样有靠山吗？至于洋人吗，我们还是一如既往，精诚合作。”

张啸林又开始说话了：

“刚才听大哥和老三的一番话，我这个笨脑瓜才开了窍。赶走李宝章的部队，让北伐军进上海是对头的，但是，还有一点我想不通，帮助共产党干吗？共产党来了，还不把我们的洋钿拿去共产？”

“共产党吗，我们现在当然要帮助他，等他们把李宝章、毕庶澄都赶走了，蒋介石的北伐军不就不费吹灰之力进来啦？到那时手一翻，把共产党统统杀了，不就太平了？”杜月笙好像看不起张啸林的无知。

“你怎么断定蒋介石的北伐军会消灭共产党？”

张啸林的脑瓜还是转不过弯来。其实，黄金荣也有同样看法，也望着杜月笙。

“这你就得听听其他地方的情况啦，蒋介石在赣州等地已动手杀过共产党了。”

“真的？”

“上个月23日，杨虎杨啸天兄在安庆动用帮会的兄弟，也对共产党下过手，听说他们打伤了共产党人几十个。”

“蒋介石知道吗？”黄金荣这才插了话。

“怎么不知道，那活动经费就是他负责提供的。”

“如此说来，这还差不多。”张啸林说，“共产党那一套最要不得，他们一得势，我们这些人就得统统滚蛋。这一次，要不是为了姓蒋的，我决不会去帮他们。”

黄金荣也拍拍屁股站起来：“月笙，有一点我可要说清楚，他们罢工可以，在那里驻扎机关我也不反对，去打李宝章、毕庶澄，我举双手赞成，但不能动法国人，要是这样，我还是要让他们吃苦头的。”

“不会的，”杜月笙连连摆手，“汪寿华这些人都是一流人物，他们精明强干，他们是不会在什么事都没做成的情况下，惹起国际争端的，他们才不想自找麻烦呢！”

“那我们怎样帮共产党呢？”张啸林打破砂锅问到底。

“我们当然不会和他们一道拿刀弄枪去拼命，那是赔本的买卖。”

“那我们怎么做？”

“首先，我们都告诫自己的手下人，不要与共产党为难，他们干什么事，我们装作看不见，适当的时候可以给他们一些方便。第二，就是对付毕庶澄……”

“怎样对付？”

“其实也简单，这是个好色之徒，让他整天泡在女人窝里就可以了。”

黄金荣最后发话了：“我们都行动起来吧，按月笙刚才说的去做。至于毕庶澄，还是由月笙出面对付他。”

三人这才起身各自回家。

黄、杜、张三人的这次密谋，使他们作出了拥护蒋介石，除掉军阀势力，进而消灭共产党领导的工人队伍这一重大的抉择，从此，他们登上了反共战车，成为人民的罪人。

那么，在这次行动中，他们是否兑现了承诺？

## 二、司令沉浸温柔乡



1926年冬，上海工人武装起义如火如荼。

为了配合北伐军解放上海，从 1926 年 10 月 24 日到 1927 年 3 月 21 日这段时间里，上海工人先后举行了三次武装起义，前两次武装起义由于种种原因都失败了，但中国共产党并未气馁，又开始第三次起义的准备工作，领导起义的是周恩来和赵世炎同志。

3 月 21 日中午，江海关大钟的指针移向十二时整，全上海无数的工厂、学校、机关、商店、火车、轮船的汽笛、电铃、悬钟，顿时齐鸣，上海工人总同盟大罢工开始了。

继之而起的是学生罢课，商人罢市。

仅半个小时，不论租界和华界，所有的工厂一律关车，全部电车和公共汽车一概停驶。全上海 125 万工人中，有 80 万人加入了浩浩荡荡的罢工行列。

按照事先约定，黄金荣等人没有阻止工人们的行动。

提篮桥电车厂、友新铁厂的工人带着自制的炸弹，来到飞虹路香烟桥警察局。炸弹发出剧烈的声响，吓得警察们四处奔逃，工人们趁势冲了进去。

攻打五区警察总局的工人们办法更妙，他们把鞭炮放在火箱里，爬到靠近五区警察总局的居民屋顶上燃放鞭炮，然后扔下两颗手榴弹，顿时，鞭炮声声如机关枪开火，手榴弹的爆炸声震天动地，仿佛有千军万马奔腾而来。

再看那些警察，一个个吓得屁滚尿流，全部缴械投降。工人纠察队一下得到 30 多支长枪，力量大增。

总指挥部设在闸北宝山路横滨桥商务印书馆职工医院内。陈独秀也住到了附近福生路中央宣传部机关所在的一个亭子间里，以便直接和总指挥部保持密切联系。

预定由大罢工转为起义的时间，是当天下午一时整。可是不到预定时间，由王若飞、徐梅坤指挥的南市工人纠察队首先打响，势如破竹，仅 5 个小时，就攻下了淞沪警察厅和所属的一署三所，占领了电话局、江南造船厂和高昌庙兵工厂等所有重要目标。

虹口、浦东、吴淞、沪东、沪西五个地区也于当晚基本结束战斗。最后，只剩下了闸北鏖战犹酣，胜败未决。

闸北是张宗昌的主力毕庶澄的第八军驻地，情况最为复杂，重要的据点就达十多处，守敌装备精良。北站的装甲列车内，还有一批作战经验丰富的白俄官兵参加作战。

周恩来面对强敌，毫不畏惧，沉着地指挥战斗。

由于他的军事才能和周密准备，在极短的时间内，使五千余名毫无作战经验的工人纠察队员，掌握了基本的巷战知识，形成了强大的战斗力。

夜幕降临，闸北的战斗在延续，枪声不绝于耳，战果在艰难而缓慢地扩大中。总指挥部跟着战线的推进，已经三易其所，从商务职工医院转到第五警察署，又转移到东方图书馆。当攻击目标集中到北火车站的时候，经过反复拼杀，双方一时出现了胶着状态。

屯集北站的二千多名毕庶澄部队，凭借装甲列车上的大量轻重武器，对起义者进行了一次又一次的反扑，还丧心病狂地对宝山路、虹江路一带当年的繁华商业区进行炮火轰击，燃起了熊熊大火，映红了夜空。

周恩来冒着密集的枪林弹雨，亲临激战前沿，视察战情，鼓动士气，组织救火，安排灾民疏散，又亲自参加修筑工事，急速调集增援力量，誓死要拿下北站这个最后的堡垒，决不让起义功败垂成。

次日下午6时许，在不依赖外力援助的情况下，完全依靠上海的工人武装力量，取得了彻底的胜利。

淞沪镇守使李宝章逃窜，下落不明。

那支由张宗昌、毕庶澄精心训练的直鲁军精锐之师的第八军，被上海武装起义的工人彻底打垮，全军覆灭。

那第八军的军长毕庶澄此时到底在何处呢？原来在黄金荣等人的布置下，他正躺在女人的温柔乡里呢……

毕庶澄是1927年2月24日率第八军进入上海的，他到上海的第三天，黄金荣让杜月笙、张啸林去拜见毕庶澄。

之后，杜月笙宴请毕庶澄，并将其带到寓春楼逍遥，暗中嘱咐妓女“老六”好好招待。

毕庶澄在老六的温柔怀抱里乐不思蜀，第八军官员一连两天看不到司令官的影子。

司令部里军情文书堆积如山，驻沪海军司令杨树庄便亲自到富春楼去请求汇报工作，向毕庶澄报告接到张宗昌急电，要他率领上海的舰队南下讨伐国民军。

1927年初，南方国民革命军北伐已抵长江流域，列强在华势力十分恐慌，纷纷从本土调集军队以加强上海租界的防务，这是英国军队在跑马厅操练，显示武力

但沉浸在女人窝里的毕庶澄有些不耐烦了：“大帅来电，那就照办吧。”

“不过，司令要考虑到，我的舰队一走，这吴淞口的防备就空虚了……”杨树庄劝他慎重行事。

“那就不去吧。我给大帅发个回电行了吧，还有什么事情？”

毕庶澄赶走杨树庄后，哪里想到，这位驻沪海军司令，回到军舰上的第七天，便投降了北伐军。

毕庶澄刚搂女人上床，又有部下来报告：“报告司令，北伐军已攻占杭州、宜兴、常州，张大帅要您速率本部北上，一是解孙传芳被困南京的围，另外也好使第八军能够机动些，不至于在上海被擒。”

“哪有那么严重，”毕庶澄在内室的床上，一边给女人脱衣服，一边回答道：“叫老子去救孙传芳那‘笑面虎’，我才不那么傻呢，去，按兵不动，大家该找什么乐就找什么乐。看不到我这正忙着吗?”

“那大帅已来三封电报了。”

“不理他，将在外，君令有所不受，怕个卵蛋!”

那部下见司令如此之“忙”，也不敢多话，只得灰溜溜地走了。

在这节骨眼上，黄金荣在杜月笙的陪同下来到毕庶澄的住处，他告诉毕处境不佳：沪宁铁路已被从常州拦腰切断，运兵北上南京，不可能；杨树庄舰队已易帜投降北伐军，从海上撤退去了山东；北伐军进逼上海外围，要死守上海也不容易。

“那怎么办?”毕庶澄听了，这才从女人软绵绵的怀抱回到现实，急得满头大汗。

“路子还是有的。”黄金荣不紧不慢地说了一句。

“什么路子?”毕庶澄已是病急乱投医了。

“我为司令想了万全之策，美人江山两不误。”杜月笙显得胸有成竹，吊着对方的胃口。

“依你怎么办?”

杜月笙不慌不忙地走到桌前，右手食指蘸着茶水，在桌面上写了两个字：易帜。

毕庶澄看了，背着手站在窗前，许久，长叹一声：“也只好走这一步棋了。一切拜托黄老板和杜先生联系。”

过了一天，来了回音：“只要毕军长能过来，不与北伐军为敌，呈请总司令批准后，可委为国民革命军军长，第八军就地改编。”

毕庶澄喜出望外，保住军长头衔，又有美人相伴。于是把第八军的防务计划，作战阵势等机密全数交出，以示“易帜”的真心。

荷枪实弹的万国商团经骑队通过南京路

做完这些后，毕庶澄抽了点烟，又开始与美人在床上翻滚腾挪起来。

上海工人第三次武装起义的枪声响起后，毕庶澄刚刚睡醒，妓院老板已为他准备好酒菜。刚起床，卫兵来报，说有些工人不上班，想罢工闹事。

“闹事，你们手上的枪是干什么的? 不能打? 去，传我的命令，谁闹事就打死谁。”

“是!”卫兵回答后便奔向司令部。只可惜，这个卫兵还没到司令部向有关长官传达命令，司令部已被武装起义的工人给端掉了，而此时，毕庶澄和一个妓女“战”得正酣呢!

第二天天大亮后，又一个卫兵来到妓院，他大声叫道：“毕司令，不好了，我们的很多兄弟都被打散了!”

此时，毕庶澄正与一位妓女难分难解，哪有心思，不由地骂道：“妈个巴子，就不能让老子安心地干一次。你们给我稳住，等我这里的事干完了再说。”

22日晚，起义军占领全城。

此时，一队卫兵闯了进来，他们架上毕庶澄就往外跑。

“妈的，干什么？老子裤头还没穿呢！”毕庶澄大叫。

“司令，顾不得许多了，裤头在路上穿吧，现在已来不及了。”

“到底出了什么事？”

“司令，全城已经没有一块地给我们立足了，武装起义工人已全盘占领了上海。如不趁着现在的混乱逃出上海，再想跑就来不及了。”卫兵们边走边回答。

借着夜色和混乱的掩护，这队人从真如镇逃出上海，前往无锡乡下。

毕庶澄还是没逃过这条命。张宗昌知道此事后，立即派人把毕诱骗到济南，就地枪决。

张宗昌的部队就这样在上海彻底瓦解了，上海工人第三次起义胜利，使北伐军顺利进入上海城……

## 三、退还门生帖子

帝国主义者在北伐战争节节胜利的威胁下，更深刻地懂得，要维护在中国的统治，必须制止和扼杀革命力量的发展，培植反动势力。因此，他们加紧干涉中国的革命，以英国为首的帝国主义采取了一系列的行动。

在珠江流域和长江流域受到革命力量沉重打击的英帝国主义，充当了干涉中国革命的急先锋。1926年10月，英国首相包尔温狂言：“准备采用任何必要办法，以保护国人之生命与财产。”

帝国主义干涉中国革命主要有如下表现：

早在1925年底至1926年初，英、日、美等帝国主义者就策动张作霖和吴佩孚“和解”，以“联合反赤”的名义，共同对付北方国民军和南方革命政府，镇压革命运动。

1926年八九月间，北伐军在两湖战场取得重大胜利，吴佩孚的统治摇摇欲坠时，各帝国主义又促成吴佩孚和孙传芳的联合，南北夹攻北伐军。

同年11月，吴佩孚的主力被消灭，孙传芳受到沉重打击，北伐军向长江下游进军，各帝国主义更加焦急，他们又撮合张作霖、孙传芳和吴佩孚的大联合，拼凑“安国军”，共同抵挡北伐军。

同时，帝国主义给北洋军阀提供了大量贷款和军火援助。

1926年9月，英国运了大批钢盔到中国，其中，以三万具送给张作霖；11月，英国商人给北京政府借款500万英镑；12月，张宗昌从德国购进机枪5000支，子弹400万发，手枪300支，手榴弹15万颗，无烟药三万斤。

帝国主义者应北洋军阀的要求，在租界大肆逮捕共产党人、国民党左派和革命志士，将其引渡给军阀当局，甚至允许反动军警进入租界搜捕。



1926年11月23日，天津英租界据天津反动当局的请求，在租界查封了国民党天津特别市党部，逮捕了江镇寰等13人。26日，将他们引渡给天津警察厅。

1927年4月，北京警厅会同宪兵，得到帝国主义公使团的允许，进入使馆区，包围苏联使馆，逮捕了共产党人李大钊等六十余人。

据1927年4月9日《申报》载，这一行动是“辛丑和约国开会决定准华兵搜查俄使署……当华兵人界搜查时，各使署卫兵皆退让于旁”。

作为干涉中国革命急先锋的英帝国主义，极力推行“炮舰政策”，依恃其武力，到处寻衅，制造流血惨案。

1926年9月2日，英舰“斯克拉勃”号在汉口上游50英里的地方，向我北伐军开火，历时两个小时以上。4日，英舰两艘自白鹅潭驶进广州西堤，占领省港码头，派兵登岸追逐行人，拘捕纠察队员，拆毁纠察队饭堂，扰乱北伐军后方。

9月5日，英帝国主义又在四川制造惨案。他们根据不平等条约，攫取内河航行权，其舰船在中国江河横冲直撞，如入无人之境。自1926年6月以来，英国兵舰在四川各地不断滋事，多次撞沉中国船只，淹死军民无数。

8月29日，英轮“万龙”号在四川云阳地区河面，故意开足马力，撞沉乘载川军的木船10余艘，淹死官兵58人，群众数十人，引起军民的无比愤慨。

当天，肇事英轮“万龙”号抵达四川万县时，川军杨森部登轮查询肇事情形，英水兵收缴了川军的枪支，并开枪打伤两名士兵后，溯江而上。在忍无可忍的情况下，杨森扣留了英商太古公司所属的“万通”和“万流”两轮，以进一步交涉。

英帝国主义者有意扩大事端，9月4日，向杨森发出最后通牒，限24小时内释放被扣英轮。5日，英帝国主义调遣兵舰，炮轰万县达三小时之久，死伤军民数千，毁商店及民房数百家，损失达数千万元。这就是有名的“万县惨案”。

1927年初，北伐军向长江中下游进军，矛头直指帝国主义统治中国的中心上海。这时，各帝国主义大量增兵，酝酿“联合保卫上海”的行动。

1月中旬，英驻威海卫第二舰队及鱼雷快艇共27艘开赴上海，并溯长江而上。同时，英国从其本土和印度调集12万名远征队到上海。

1月11日，美国政府命令其亚细亚舰队司令维廉率全部军舰自马尼拉到上海，又从菲律宾调遣来一个旅团。美陆军参谋长萨马莱制订了一项干涉中国革命的庞大军事计划。

一队万国商团美国队的士兵行进在南京路上

2月5日，英国向美国提出了“联合保卫上海”的请求。美国即向中国政府提出划淞沪为中立区的建议，企图阻止北伐军进占上海。

日本帝国主义也于1月间将佐世保二十四舰队编入第一外遣舰队，派往中国，参与“联合保卫上海”的行动。

一时间，上海租界大兵云集，计有英兵15万余名，尚有4000名机动；美兵计6000余名；法兵6000名；日兵5000名，2000名上陆驻防，并即有大队继到。连意、葡、西、荷水兵在内共计四万名。

1927年3月24日，北伐军攻占南京。

当晚，英、美、法、日、意等帝国主义者借口侨民及领事馆“受暴民侵害”，命令停泊在下关江面的各国军舰向南京开炮，杀死杀伤中国军民二千多人，毁坏民房无数，史称“南京惨案”。

惨案发生后，驻南京的五国领事，贼喊捉贼，反向武汉国民政府提出“抗议”和通牒，并请求本国政府继续向中国增兵。

经过革命和反革命的多次较量，帝国主义者清楚地看到，单纯用武力不能消灭中国革命力量。于是，他们在武装干涉的同时，兼用分化革命阵营，从内部攻破的策略，极力引诱资产阶级脱离革命，充当他们的代理人，以便达到目的。

1927年1月5日，英领事送外交部的对华宣言中强调：“英国以前的对华政策，已经到了应该改变的时期，北京政府已经失去代表全部中国的资格，中国内部已有一能代表民众强有力的政府，主张对中国应给予‘谅解与同情’。”

1月8日，日本外相市原发表对华演说，表示“尊重”中国领土完整，对中国的内政采取“绝对不干涉主义”。

1月26日，美周国务卿也发表声明，宣布美国将“以最宽待的精神”与中国谈判新约，企图以对美税和领事裁判权的虚伪让步来引诱资产阶级。

蒋介石被视为中国“稳健派”的领袖，各帝国主义的代表纷纷来到南昌与之勾结，以图交好。

当时，日本帝国主义表现得特别热心，日外务省条约局局长佐分利奔走于武汉、南昌、广州之间；日参议员藤村、池田等要员也纷纷来中国“考察”。日本通讯社公开鼓动中国的“稳健派”与“极端派”决裂，与北方军阀妥协，以“实现大同团结”。

1927年2月，英国也派代表到南昌与蒋介石谈判。一时间，以蒋介石为代表的国民党新右派成了帝国主义争取的对象。

而蒋介石，在北伐战争中招降纳叛，收编了大量的军阀军队，逐渐把党、政、军、财等大权集于一身，势力迅速膨胀。许多劣迹昭著的军阀和官僚政客，如黄郛、贺德霖、龚德伯、段锡朋等都投靠了蒋介石，加入了国民党，成为蒋幕下的要员。

蒋介石对日本的“市原外交”颇感兴趣。当日本代表佐分利来华活动时，蒋介石曾亲自向他表示好感。接着又通过南京的森冈向日本市原外相传递了他坚持反共的信息。

“南京事件”发生后，日本利用这一事件，通过矢田与黄郛紧紧拉住了蒋介石，促使其向共产党开刀。

《顺天时报》1927年3月7日载文说：蒋介石对共产党“久已蓄意排斥”，他“正与国民党旧人与中立各派密谋反赤，即以反赤名义与北方携手”。

由于蒋介石反共的连贯性，所以当中国共产党领导的上海工人举行第三次武装起义时，尽管他的部队兵临城下，也不愿伸出手来，增援一下。

中国共产党人从大局出发，不计前嫌，为了响应北伐军北上，经过一天一夜的浴血奋战，终于占领了上海城，成立了革命政府：上海市特别临时政府。

坐收渔利的蒋介石，在南昌收到上海工人第三次起义胜利消息，立即发电给在上海龙华待命的白崇禧，命令他马上入城。

于是，白崇禧的队伍在3月22日晚上八点，距离工人夺取上海城不到两个小时，便兵不血刃，耀武扬威地开进了上海。

接着，北伐军总司令蒋介石也准备来上海。此时的蒋介石已非几年前躲债离开上海滩时的光景了，他是坐了一艘炮艇来的。炮艇停在外滩公园对面，在舰桥上从望远镜里看，隔着一条苏州河，正面是闸北，斜对面是外国租界，几千个外国人在那里把守着。

“这样的好地方，难道要让共产党工人占领去？做梦！”蒋介石恶狠狠地自言自语，下了舰桥，命令军舰开到南市董家渡附近靠岸。

再说，在上海的黄金荣前几天便得知蒋介石要来上海的消息，心里格外高兴，也格外忙碌。为了接待这位总司令，黄金荣连夜让理发师给他理了头发，头发理得如同当今的板寸，青青的头皮在短发间忽隐忽现，显得精神劲十足。

当夜，黄金荣便把杜月笙、张啸林等人叫到黄公馆，商量迎接蒋介石的办法。

黄金荣首先开口：“阿伟这孩子终于出息了，更难得的是，他还没有忘记我。你们看看，我当初就说阿伟这孩子不错，怎么样？”

“大哥，人家现在可是北伐军总司令了。”杜月笙提醒说。

“对，对，现在他已是蒋总司令了，来了，我们应该送给他一些见面礼。”

“应该，应该。”张啸林在一旁附和起来。

“送什么好呢？”黄金荣搔着头皮。

黄金荣的儿媳妇李志清说：“送他十几根金条吧。”

“你看呢？”黄金荣望了张啸林一眼。

“金条情意太轻，要送就送一只纯金的大匾，上面盖有‘功高盖世’四个大字给他。”此时张啸林热情高起来。

“好！好！那就送大匾吧！”黄金荣乐哈哈端起桌上的一杯茶喝了起来。

“大哥，这不好吧。”杜月笙在一旁插道。

“怎么？难道不送？这不妥吧？”黄金荣放下茶杯，疑惑地说。

“当官的不打送礼的，古今都是一样，礼肯定要送！只是送什么，怎么送，这很有讲究，送得好，人家心花怒放；送不好，就如同是拍马屁拍到了马蹄子上去，好处得不到，反而被踢得眼青。”

“嗯，有道理。”黄金荣表示赞同。

“现在的蒋总司令可不是几年前落难的阿伟了，送几根金条，不伦不类，怎么好拿出手？有什么由头？再说，他现在也不稀罕几根条子。送一只大金匾吧？也不行，那样，显得过于招摇，像是跟谁斗富一样。”

“那，你说该怎么样？”黄金荣听杜月笙一说，更有些不明白了。不送不好，送少了，人家看不上眼，送多了，又说是斗富。黄金荣只好求教于杜月笙了。

“总司令现在什么最重要？”杜月笙问道。

“你说什么最重要？”

“面子。”杜月笙答道。

“面子？”黄金荣还是有些不明白。

“对，面子。”

“这面子最重要又怎么样？”张啸林有些着急了，他最听不惯老三这些吊人胃口的话，是什么就说什么，省得让人着急。

“我们就送给他面子！”

“这面子怎么送？”

“当年，蒋总司令离开上海滩前，不是向大哥投过门生帖子吗？你现在退还给他，就是最大的面子。”

“对！”黄金荣一拍大腿，“我怎么就没有想到呢？人家现在是堂堂的北伐军总司令，不能动不动还要拜我呀！”

“这帖子是得退！”张啸林也附和着。

“怎么退呢？”黄金荣问。

“你说呢？”杜月笙微微一笑。

“我想，是不是这样，”黄金荣说，“明天我们一起去迎接他，把帖子带来，见到他后，就退给他。”

“不，不！”杜月笙连连摆手，“我早想过了，当场退，蒋总司令一定会感到很难看的，不可取。”

“那怎么办？”

“我不是听你说过吗？最初，是虞洽卿带他来投拜帖的。解铃还须系铃人，你就把帖子交给虞洽卿，要他转交给总司令。”

“很好，很好！我现在就给阿德哥打电话，让他等着我，明天一早把帖子送过去。你们也都快回去歇着吧，明天一早早点儿来，我们要多带着人，去迎接他。”

再说第二天一早，蒋介石准备只带卫队长便衣进入法租界，拜访黄金荣。但卫队长为了保护蒋司令的安全，抽调了六十多人，开了两辆军用卡车，由董家渡出发，经过外马路转到一枝春街，准备进入法租界。

当时租界里规定：“中国武装士兵不准进入租界，如要携带武器出入租界，必须通过外交途径办好手续才准通行。”

所以车子一到一枝春街口，几个安南巡捕把警棍一拦，将车子扣了，拉到巡捕房，警卫班长也被扣押。蒋介石还未进租界，便碰到了洋人的一鼻子灰。



黄金荣在家里得到这个消息，亲自跑到捕房，与程子卿一起向捕房总巡解释，说蒋总司令进入租界是为了看望黄本人，黄考虑到司令的安全请蒋带警卫人员到黄金荣家来保卫。这事事先未向租界打招呼，有点不妥，可这是友好拜访活动，租界定要给予方便。

法捕房总巡立即打电话请示法国领事馆。法国驻沪领事甘世东得悉，顿时大怒，认为中国武装士兵进入租界，违犯了两国间的规定，有碍法国的面子。但转念一想，现在各国正在加紧与蒋介石交往，而送上门的关系为什么不主动去接触呢？

想到这，他立即给法捕房总巡回话，听从黄金荣的安排，不但允许蒋总司令带武装士兵进入租界还要加派法捕房的巡捕保卫，以保证总司令在法租界的安全。

那法国捕房总巡得令后，立即让被扣押的两辆警卫车开进法租界，在几条大马路上兜个圈子，然后到一枝春街去接总司令。还特别规定，所有法租界的巡捕，一看到蒋总司令的坐车，立刻立正敬礼，以表友好。

蒋总司令这才从一枝春街，经过爱多亚路，进入八仙桥钧培里路口的黄公馆。这样一来，师父与门生都出足了风头。

这是4月初的一天，上海滩上刮着吹面不寒的杨柳风。黄金荣麻脸上笑容可掬，麻点上泛着光彩，双手不时地抚摸着怀里揣的红帖子。一听见门外汽车声，便带着全家大小迎了上去。

身着黄呢军装的蒋介石跨下黑色轿车，毕恭毕敬地向黄金行个军礼，亲切地问候道：

“先生身体可好？”

“托总司令的洪福，很好啊！”

蒋介石与杜月笙、张啸林等人逐个拱手致礼，众人拥着蒋介石进黄家公馆客厅。

等大家坐定，献完茶以后，不等蒋介石开口，黄金荣便拱手奉承道：

“总司令光临寒舍，蓬荜生辉，我黄金荣不胜荣幸之至。刚才，总司令叫我先生，这实在不敢当，老早的那段关系已经过去了，那张红帖我已交给虞先生送还。”

蒋介石微笑着，摇摇头说：“先生总是先生，过去承黄先生、虞先生帮忙的大恩，介石没齿难忘。”

说着，蒋介石从怀里取出一只黄灿灿的金挂表，双手送到黄金荣面前：“这是我送给黄先生的纪念品，聊表心意。”

黄金荣双手接过，连连称谢，喜不自胜。以后，他就将这只金表当作镇宅之宝，每逢喜庆大事，总要在众人面前拿出来炫耀一番，以显示自己与蒋介石的特殊关系。

“我刚到上海，这里的市面行情不清楚，有些事情还要先生指教。”

“总司令有什么事，只管吩咐，我一定会竭尽全力的。”

大家闲聊了一会，这时，外面有个卫兵进来，递给蒋介石一份电报。他看了看，站起来说：“军务在身，不能久留，介石这就先退，改日请先生到司令部来，日后我们再见。”

蒋介石从黄宅告辞出来，随即把司令部从舰上移驻龙华。于是千年冷落的龙华小镇，在这一年的春天，却突然热闹起来了。

各色人等来来往往，进进出出，车水马龙，昼夜不断，黄郛、戴季陶来拜访，这条线通向日本人；吴稚晖、钮永建、李石曾来拜访，这条线通向法国人；虞洽卿、宋子文来拜访，这是最重要的一条线，通向英、美。

蒋介石亲自接见，也外出回拜。

4月5日清明这一天，黄金荣一大早便上漕河泾祭扫祖坟，在小镇上盘桓到下午两点光景，然后坐上车，直奔龙华……

## 四、一场血腥的阴谋

黄金荣坐车直奔龙华，是去拜访蒋介石。

昔日恩师登门，蒋介石自然十分客气，迎入客厅敬烟，令人沏茶，忙得不亦乐乎。

宾客双方坐下，蒋介石开口了："先生，那天在你家，由于人太多，不方便，我就没开口。其实我有一件很重要的事，要先生帮忙。"

"什么事?"黄金荣自从退回门生帖子，蒋介石还是一口一个先生地称他，他实在开心，现在有事请教他，哪能不受宠若惊。

蒋介石毫不忌讳地告诉他要解决共产党的事。

黄金荣一听，大腿一拍：

"这些共产党，让我带领青帮兄弟去杀他娘的。总司令，你不用愁，法巡捕房早在上个月，就让我组织起纠察队，还有16辆坦克，在公馆马路、霞飞路上巡逻，防止中国地界工人武装进租界捣乱。现在我可以把这批人马拉出去，打共产党!"

"不，不，"蒋介石连连摆手，"靠你这点力量不够，而且用青帮的名义，也不太方便。"

"那怎么办?"

"这样，你先不要着急，马上我要陈群、杨虎两人到这儿来，具体情况，你们可商量着办。我叫他们来一下，你们认识认识。"蒋介石说着叫卫兵去叫陈、杨。

不一会儿，进来三个人，蒋介石给他一一作了介绍："这一位是陈群，我军的政治部主任。这位是你熟悉的，杨虎杨啸天，总司令部的特务处长。这一位是大秀才陈布雷先生，他也是老上海。"

黄金荣和三人一一拱手见礼。

蒋介石笑着说："都不要客气，都是自己人。陈主任，杨处长，这里的事你们再商量一下，我与陈秘书还有个会要开，先走一步。"

蒋介石带着陈布雷走到门口，又回过头来特意向陈、杨两位关照："你们谈好了，请黄先生吃了夜饭，再派人送他回去。"于是，黄、陈、杨三人商量起来。

"黄先生，你看这样行不行，我们可以利用青帮组织，组织一个'中华共进会'，这样，以后的工作就名正言顺了。"陈群首先提出了建议。

提起"中华共进会"，很多人会想起，1913年上海站枪杀国民党代理事长、当时北京政府农业总长宋教仁案件。谋杀宋教仁的直接策划者应桂馨，便是这"共进会"的会长。黄金荣还亲自带领巡捕到他家搜查过。



黄金荣听后，随便说道："这中华共进会的名声是不是太臭了些?"

在一旁的杨虎说："臭是臭了些，但这个党派还是属于政治团体，它总比青红帮听起来高级一些。"

说者无心，听者有意，黄金荣一听此话，脸上挂不住了。

陈群见此，觉得惹得黄金荣不高兴了，便打圆场说："名字是次要的，关键是看我们应该怎样干！"

事情就这样定了下来。

杨虎在他的自传《革命辍言》中承认，奉蒋介石的命令在上海布置反共时，"与当地闻人黄金荣、张啸林、杜月笙、虞洽卿、王晓籁等互相结纳，请其协助。"

东路军总指挥兼上海警备司令白崇禧承认，国民党中央派到上海协助清共的杨虎、陈群，"由我直接指挥他们，我们秘密筹划，而由他们执行"，"他们两人去接触青红帮，利用青红帮去破坏共党机关"。

所以，上海人称陈群与杨虎为"虎狼成群"，就是这么来的，他们是蒋介石策划"四一二"反革命政变的得力干将。

再说当天夜里，黄金荣怀揣着五万元"中华共进会"的活动经费回到黄公馆后，立即打电话给杜月笙、张啸林等人，连夜讨论成立事宜。

第二天，也就是4月6日，上海各报刊登了"中华共进会"筹备处成立的公告：

"本会自民二解散后，15年来，处于军阀压迫之下，恢复不能，兹值党军旗帜之下，已呈请当局，核准恢复在案。现设筹备处于法租界格洛克路紫阳里7号，凡本会旧日同志，幸希从速到该处报名。再有赞成本会宗旨者，经审查后亦得加入，另订日期开成立大会，特此通告。"

中华共进会会长是青帮通字辈浦锦荣，此人和金廷荪、高鑫宝均是同参兄弟，他们的老头子均为上海青帮大字辈王德邻。总指挥是红帮首领张伯歧。但实际上握有大权的负责人，则是黄金荣等人。

该共进会的骨干还有青红帮头目蒋伯器、徐朗西、袁克文（袁世凯之子）、刘春圃、江平廷（系红帮大哥，曾任淞沪镇守使署秘书长）、顾嘉棠、叶焯山、芮庆荣、高鑫宝、顾竹轩等人。

这通告一出，蒋介石委派的淞沪警察厅厅长吴忠信，立即发出布告，说"已奉总司令谕，中华共进会准予成立；并于4月3日呈奉军长（即周凤岐）批示。据此，除准予备案外，并给予保护，仰即一体遵照"。

明眼人一看便知，这是一出蒋黄徒师导演的蹩脚的双簧戏。

接着，4月7日，上海各大报纸便登出该会的《第二号公告》称"本会所有经费，暂由发起人筹集，并无会员另外筹集，恐有误会，共此布闻"。这是黄金荣在向蒋介石报账，告诉他五万元经费，我并没有独吞。

《公告》还称："本会自恢复以来，所有会员均遵守本会章程，故意破坏本会名誉者，均视为公敌。"

4月8日，中华共进会又发布了《第三号公告》，这也是一份宣言书：

“风云会合，日月重光，青天白日之旗行将发此幽燕，复我中原，指顾可期，结社集会，还我自由，本会自当应运恢复，召集旧日同志，维护国徽，巩固民气，一致服从三民主义，投袂奋起，因我子弟之兵，甘作前驱，共扫凶残之孽。”

其实，真正是辛亥革命时期的中华国民共进会的成员已经很少，现在集结的主要成员是黑社会中各流氓同伙的骨干，可谓集上海社会恶势力之大成。当时中华共进会刚筹备气焰便十分嚣张，引起了总工会的警觉，要求各大报馆拒绝刊登有关共进会的启事、通告或者消息。“因此各报馆纷纷通知‘共进会’，不再继续刊登该会的任何启事。”中华共进会的办公地点在老西门关帝庙，并在里面设下了公堂和拘留所。会议场所有圣母院路（今瑞金一路）的梵皇宫。

中华共进会开始筹组后，即在租界当局的大力支持下，建立了一支武装的流氓帮会队伍，其名称为“武装巡逻队”，队长是叶焯山，队员每日清晨在嵩山路外国坟山（今为淮海公园）集结和操练，然后与巡捕同时站岗，名为维持租界治安。

为了有足够的力量打击共产党及其纠察队，法租界向中华共进会提供了500支步枪和大量的弹药。黄金荣、杜月笙等黑社会首领也各自出钱，委托洋行购买了长短枪支。坚决反对共产党的两个租界当局对上海黑社会与蒋介石的顺利结合显然是十分赞赏，他们特地在中华共进会机关的门首派驻了六名巡捕，连共进会头领议事决策之所的杜公馆，也设有四名巡捕守卫。

流氓帮会在共进会的旗帜下集结后，黄金荣、杜月笙等又与蒋介石的代表陈群、杨虎、王柏龄制订了具体的镇压纠察队的计划：首先由中华共进会成员冒充工人纠察队与其闹事，然后由东路军总指挥兼上海戒严司令白崇禧、副司令周凤岐指令第二十六军乘机对纠察队缴械。为此，中华共进会准备了大量的纠察队工字符号的臂章，仿制了一批总工会使用的其他标识，还派杜月笙、芮庆荣、马祥生等与二十六军各师、团联络停当。

二十六军参谋长祝绍周后来承认，他与杜月笙等为反共缴枪之事“常事往返，筹策应付”。熟知内情的东路军总指挥白崇禧在4月2日举行的秘密反共会议上胸有成竹地说：“上海的帮会很有力量，什么阶层都有他们的组织，还有他们的武装，黄金荣、杜月笙、张啸林、杨虎都是坚决反共的。”

黄金荣的公馆成了火药库。黑社会搜罗到的枪支都集中到交通方便的钧培里黄公馆。法租界的巡捕们也在其公馆前后日夜巡逻，尽心保护。到事变前夕，各路黑道头目根据其部署到黄公馆领取枪支和弹药。

一切都悄悄地谋划完毕，当租界当局询问中华共进会负责人：清党需要多长时间可告完成时，得到的回答是胸有成竹的：“24小时可以解决。”

4月10日，蒋介石开始在南京全城搜捕共产党员。同时，蒋介石下达密令：“已克复的各省，一致实行清党。”

这天深夜，哗哗大雨下个不停。爱多亚路安乐宫旅社内一间小房子里的电话铃响了，坐在沙发上闭目养神的黄金荣猛地一惊，随手抓过身旁的电话听筒。

“黄先生吗？我是杨虎。”电话里传来的是警备司令杨虎的声音。

“杨司令，你好！陈主任来过电话，他要我等你的命令。”

黄金荣把下午“清党委员会”主任陈群的指示提出来，以示自己对这件事的忠心，“所以，今夜我一直坐在电话机旁，等待杨司令的吩咐。”

“一切都准备好了吗?”

“万事俱备，只欠你的‘东风’。”

“好，立刻动手吧!”

11日凌晨一时，狂风夹着暴雨，敲击着安乐宫旅社一间密室的玻璃窗。黄金荣背窗坐着，两个徒弟马祥生和金廷荪并排站着，听候师父的命令。

“你们俩各指挥一队。祥生攻商务印书馆，阿苏攻东方图书馆。要打起工人的旗号，早先准备好的衣服和符号，都穿好、别好。要装得特别像，不要露马脚，知道吗?”

“知道，知道，”马祥生不停地点头，“只是我手下只有500来人，少了点，师父是否再拨点人马给我?”

“祥生啊，你要晓得我手头能调动的也只有两三千人。你这里500，阿苏带600，剩下的还要分到车站、码头、军械库、造船厂等，还要对付零散的工人猪猡。你说，我该怎么办?”黄金荣叹了叹苦经。

“时间不早了，你们快去吧，两点钟打响，风雨无阻!”

马祥生与金廷荪冒雨走了。

凌晨3时，宝山路一带突然响起枪声。一群群身着蓝衣短裤衫，袖子管上缠着一个“工”字符号，手持武器的地痞流氓袭击工人纠察队总部。

枕戈待旦的工人从睡梦中惊醒，门口放哨的以及睡在底楼的工人兄弟们，已倒在血泊里。楼上工纠队员奋起反抗，顶住了这批坏蛋的进攻。双方在黑暗中一直打到天亮，战事才暂告停歇。

正当工纠队派人摸对方底细的时候，蒋介石手下的刘峙第二师一个团长率领一班人马赶来，关切地问：

“昨夜这边有枪声，出了什么事?”

“有人攻击我们，”总工会委员长汪寿华出来接见团长，“据了解这批人是反动派，夜半三更袭击我们纠察队，肯定是坏蛋。”

“我们第二师进上海不久，地形不熟。昨夜听到枪声，有人说是商务印书馆附近，有人说是东方图书馆也在打。我想你们的总部就设在这儿，一早我就赶来了。”团长直抹脸上的汗。

“团长深明大义，同我们工人站在一起，我们十分欢迎!”汪寿华边说边请团长上楼观察情况，“瞧，这些人还没走，他们别着‘工’字符号，据说都是上海滩的地痞流氓!”

“他妈的，非抓住不可!”团长匆匆下楼，命令部队展开包围。不出一顿饭工夫，除了几个拔腿逃跑的以外，当场抓到60来个。枪械俱在，无法抵赖。

“娘的!”那团长朝一个被捕流氓狠狠地揍了一巴掌：“统统捆起来，送师部重办!”

在纠察队的工人们要求惩办凶手的怒喊声中，这批坏蛋被押送师部去了。

午后，雨早已停了，天色仍然阴沉沉的，马祥生上气不接下气地跑到安乐宫旅社向黄金荣哭诉着，要黄马上想办法，营救出这些被捕者。黄金荣听了哈哈大笑，笑得马祥生莫名其妙，他只得向坐在一边不动声色的杜月笙去打听。

黄金荣看着窗外雨后阴沉沉的天色，嘴角浮着几丝微笑，慢吞吞地说："祥生，别担心。你手下的人，一根毫毛也不会掉。"

"督察长，好消息!"金廷荪兴高采烈地闯进门来，打断了黄金荣的话。他向房内几个人点了一下头，接着嚷道："都解决了，都解决了!"

坐在一边笑而不言的杜月笙，这会儿才开口问：

"廷荪兄，什么消息，快说出来，让大伙开开心。是不是闸北方面——"

位于狄思威路的日本餐厅，纯粹的日本式建筑

"对呀，就是这码事。"金廷荪接着把刚才闸北发生的事，说了个大概。

原来那个团长命令一个排押走那批流氓以后，大谈国民革命道理，只有军民携起手来，革命才能顺利发展。为了加强北伐军与工人纠察队的情谊，他提议来个联欢活动。纠察队同志热烈拥护，当即就集合队伍到附近的北火车站广场去了。

汪寿华有事赶回总工会，没有参加，那个团长觉得十分遗憾。

工人纠察队到达"联欢会"地点后，刚刚把枪支架好，席地而坐时，第二师的士兵们突然架起机关枪，勒令纠察队后退，另有几连人出其不意地把枪械全部收缴去。等工人纠察队退回总部的时候，东方图书馆已被那团长的兵占领，总部的武器也被抢走了。

黄金荣听到这儿，一拍大腿高声叫道："好！这事情干得利落！月笙，现在就要看看你的了！"

杜月笙从沙发上站起来，走到电话机边捞起听筒，轻声地说："接总工会……我找汪委员长……对，我是月笙。"

"啊，杜先生，什么事?"听筒里传来的正是汪寿华的声音。

"有一个十分重要的消息。"杜月笙声音沙哑，边说边向坐在沙发上的黄金荣弄了个眼色，继续对着话筒说："请马上来一趟，我必须当面同你讲。"

"能不能在电话里说一下?"对方要求着。

"不方便，你得马上来，我在家里等着。"

汪寿华没有马上答复，似乎在认真地考虑。黄金荣急了，走近电话机，他真想夺过杜月笙手中的话筒，自己出马。但转而一想又觉不妥。他有点自知之明，在工人中，在总工会里，"麻皮金荣"的名声不好，而杜月笙却兜得转，与他们有交情。

想到这儿，黄金荣伸出又粗又黑的毛茸茸的食指，在茶杯里蘸了一下，在桌面上写了四个字："人格担保。"

杜月笙看了点点头，心领神会，急忙对着话筒喊："汪委员长，这桩事情至关重要，你来一趟吧。至于安全，绝对没有问题，我以人格担保。”

汪寿华答应了。

杜月笙搁下话筒，对黄金荣、张啸林说：“他答应马上来。”

“好，我这就去！”张啸林霍地一下站了起来，往外就走。

“唉，你等一下。我让顾嘉棠、叶焯山两个做你的助手，人不要多。”杜月笙急忙向性急的张啸林打招呼。

“好吧！”

汪寿华接到杜月笙的电话后，许多人反对他去杜公馆，觉得在这种时刻打来这样的电话也许是一个圈套。汪寿华考虑良久，还是决定去。他想：在这关键时候，顾不了个人安危了。去走一趟，也许可以弄清事实真相，回来可以商量对策。他想定以后，换了一套衣服，从湖州会馆总工会出发，绕道去法租界。

这时，暮色四合，已是黄昏时候。雨停了，大街小巷充满了初春的寒气。路上行人稀少。汪寿华坐在黄包车上，警惕地注视着马路两边的动静，再穿过两条马路，便是法租界的铁闸门了。

突然，有一批人从他坐的黄包车边掠过。这班人身穿蓝衣裤，袖子管上缠着“工”字符号，同袭击东方图书馆的歹徒一般打扮，汪寿华暗地吃了一惊，赶快叫车夫停下，闪进一家洋货店，向总工会摇了个电话，告诉值班的：

“昨夜偷打我们的那些家伙，已经放出来了，告诉大伙要小心提防。”

打完电话，他摸出一块银元，递给坐在店门口等他的车夫，说了声“不要找了”便快步绕过两条弄堂，来到华法交界的地方。他在一棵高大的梧桐树的阴影里站了片刻，将周围扫视了一遍，路边只有几个卖五香茶叶蛋的小摊子，过路的都低着头，行色匆匆。见没有什么可疑之处，汪寿华这才快步越过马路，走进对面的铁门去。

汪寿华刚跨进铁闸门，只听得身后哐当一声，大门关上了。他一抬头，见一条小弄堂里窜出几个人来，拦住去路。暗淡的路灯下，一个彪形大汉，满脸横肉地奸笑着迎了上来。汪寿华定睛一看，这当头的大汉乃是大名鼎鼎的张啸林。

“你们要——”

汪寿华一句未完，叶焯山从黑暗中斜插过来，猛地向他撞过来。汪寿华躲闪不及，向左边踉跄了几步，刚收住脚，顾嘉棠从背后拦腰抱上来。汪寿华身子往上耸了耸，两个胳膊肘狠命地向后一撞，正撞在顾嘉棠的心窝上。顾“啊”的一声，后退几步，双手捂着胸口直喘粗气。

眼见自己的大哥吃了亏，叶焯山拔出手枪一枪打在汪寿华的左腿上。一个趔趄，他倒在血泊中。

张啸林一摆手，几个人一拥而上，把汪寿华架上早已停在路边的一辆小汽车上，直向龙华驶去。

车上，汪寿华拼命挣扎着大叫：“我是你们杜先生的朋友，是他请我到他家去的，你们把我送到杜公馆去！”

“一点不错，汪寿华，我们叫你死个明白，正是杜老板吩咐我们办的。”张啸林阴阳怪气地嘲笑着，“不过，不是送你去杜府，而是去阴曹地府。”

张啸林说话间，顾嘉棠和叶焯山已把汪寿华捆了个结实，嘴里塞上了一团擦汽车的油迹斑斑的抹布。汽车开到龙华镇外，在一块林间空地上，他们挖了一个深坑，把奄奄一息的汪寿华扔了进去。

半小时后，黄金荣来到警备司令部，向杨虎报告：“汪寿华已经走了。”

接着，一群群“共进会”的打手，持着凶器，借着黑暗的掩护，偷偷摸摸地扑向四方。深夜，设在湖州会馆里的总工会、商务印书馆与东方图书馆里的工人纠察队、三山会馆里的电车工会，突然受到袭击，工人奋起反抗，打退“共进会”一次又一次的进攻。

当“共进会”的打手们将要支持不住的时候，背后响起了阵阵呜呜的军号声。事先勾结好的二十六军周凤岐部，由参谋长祝绍周指挥的第一师和第二师，分别包围了总工会与纠察队。他们假称调解双方的冲突，命令两边都放下武器。

“共进会”的打手心里有数，马上乖乖地扔下枪支，掉转屁股跑了。可工人们心里有数，再也不愿上当，他们决不交出武器。祝绍周一声令下，几挺机枪哒哒吐着火舌，100多工人倒在血泊里。

接着，他们把原来准备好的两张大布告贴了出来。

一张是前线总指挥兼上海市戒严司令白崇禧的布告：

本市闸北武装工友大肆械斗，值此戒严时期，并前方用兵之际，武装工友任意冲突，殊属妨碍地方安宁秩序。本总指挥职责所在，不得不严行制止，以保公安。除派部队将双方肇事工友武装一律解除外，并派员与上海总工会妥商善后办法，以免再起斗争，而维地方之秩序。

另一张布告是二十六军军长周凤岐出的。如果说白崇禧的布告，还有一句“并派员与上海总工会妥商善后办法”的烟幕，而周凤岐的布告讲得更加赤裸裸了。布告直言不讳地说：“工人持械内讧，奉命缴械……总工会予以封闭。”

上海几十万工人再次被震怒了，闸北、沪西、南市、浦东等处工厂举行罢工。

他们提出强烈抗议，明确指出袭击工人纠察队、暗杀汪寿华委员长的不是别人，正是蒋介石的师父兄弟——黄金荣、杜月笙、张啸林与他们的“中华共进会”。

工人们坚持要求惩办凶手、发还纠察队的枪械、启封总工会、查办刘峙等人。

“大哥，事情闹大了!”11日夜里，杜月笙一回到安乐宫密室，便焦急地说，“刚得到情报，总工会已发动总同盟罢工，明天在闸北青云里开什么声讨大会，今后还要游行示威哩!”

“这情报可靠?”黄金荣问。

“可靠。”

“那我们把‘共进会’的弟兄拉出去，同他们拼了。”张啸林跳起来说。

“不能乱来，我们得去见见杨司令，讨讨他的口气再说。”

“好，现在就走。”黄金荣说。

他们三人在杨司令处讨到什么了呢……

# 第十四章

Di Shi Si Zhang

## 惯于躲在幕后伸魔爪

黄金荣骤然成了『党国』要人，60大寿时，盛况空前，威风凛凛，但飘飘然之余，他又不禁长吁短叹，大寿之后，就要退休，他实在是不情愿，于是到苏州请来『水上飞贱』帮忙，把法租界闹得天翻地覆，法国人没办法，重新请他『出山』，眼看要失去的大权重握在手中，从此成了『太上皇』。他暗自思忖：『我就是要当「太上皇」，像慈禧老佛爷那样「垂帘听政」。明地是退休，暗地里叫捕房的事情还得听我的。这样我就有更多的时间办戏院，开公司，贩鸦片，捞更多的钞票。这一来，日子比当督察长还要风光呢！』

## 一、发狂想当“太上皇”

“四一二”事变后，黄金荣成了显赫一时的党国要人。因此，地方权要争相结纳。

如1927年8月初，黄、张、杜担任了江苏省缉私统领许汉琛的高等顾问。恽逸群曾说：“江南各地的县长、区长，投帖与黄门的极多。甚至有人在外面宣传，到开国民大会的时候，要选举黄金荣做大总统。但黄氏对政治本无兴趣，只要政治上的人物，对他肯卖情面就心满意足了。他并不想做什么大官。

黄金荣在本质上确实不是个政治角色。尽管黄金荣与蒋介石有师徒之谊，而且协助国民党创立南京政府，但在许多观念上，双方还是有距离的，这种距离有时还是很大的。

1928年，上海市政府派员要检查全市包括租界内的戏馆，黄金荣一听便来了火，在他看来，上海滩上，我黄金荣开的戏院居然还有人敢来查？法租界地面，法国人老大，我就是老二！便断然拒绝道：“租界上的事体，市政府管不着！”于是，市政府特派秘书耿嘉基来做说客，黄金荣知道这位耿秘书每月要从三大亨这里领到1000块大洋，便三言两语把他打发掉了。

作为上海华人最有影响的团体——上海总商会，在许多事务上代表华人与租界当局交涉

黄金荣以为此事便算是了结了。岂料，没过几天，法国总领事亲自请黄金荣去，并劝说道：中国人开设的戏院一定要接受中国官员的检查。当时，黄金荣真有些瞠目结舌了。他觉得自己已经老了，不合时宜了。便有了急流勇退之意。加之新锐杜月笙之雄起，让他更感到力不从心，于是在60大寿后便逐渐较少参加政治活动了。

那么，黄金荣的兴趣在哪儿呢？很简单，就是捞钱。

三鑫公司自然仍是三大亨的旱涝保收的摇钱树。而且，他们依靠巨额的利润，又迅速摆平了国民党新军阀。

就是“四一二”事变刚刚过去不久的1927年9月，三鑫公司在争夺一批波斯鸦片时，与财大气粗的鸦片商行新源公司发生了纠葛，而且，新源公司也通过行贿而得到了南京政府财政部的支持。但握有地方实权的白崇禧站在了三鑫公司的一边，并帮助他们赢得了生意。当然这种举动不是义务的，会有高额回报的，白崇禧因此得到了不小的好处。黄金荣等与法租界自然也维持着良好的合作关系：法国人容忍甚至帮助黄金荣等的非法买卖，作为回报，黄金荣等协助维持租界内的安全，还有上缴的大量利润。

不仅如此，黄金荣等上海帮会势力在帮助南京国民政府建立鸦片专卖的网络方面也“贡献”良多。南京政府最初颁布的三年禁绝鸦片的计划，实质是鸦片的专卖垄断政策，政府和帮会是分享这一利益的主要势力。在江苏省和上海市的禁烟机构中，黄金荣和杜月笙的门徒们担任了主要的职务，作为老太爷的黄金荣自然坐收厚利。

黄金荣与杜月笙、张啸林先后开设多个赌场，如利生公司、利源公司、华商俱乐部、荣生公司、人和栈赌台，生吉赌台等，规模最大的要数181号赌窟。

这些赌场的收益除帮会流氓们的开销外，均由三大亨分赃或得到好处。这些赢利足以使他们过上豪华生活。

绑架也是古老而有效的敛财手段。六十多岁的黄金荣当然不会自己上阵，但他仍是上海滩上绑架案最重要的幕后策划者之一。

1931年，英国外交部的报告也指出：黄金荣、杜月笙等人与众多的绑架案有关系，公共租界警务处“因为不能保证租界内华人的安全而受到来自不同华人团体的责难”，于是，他们加强了对此类案件的侦破，结果“证据几乎总是显示出这些犯罪某些方面与法租界中控制鸦片走私的人物有关……如杜月笙、张啸林和黄金荣”。

他们认为：“处理公共租界中绑架问题的困难……主要是由于绑架团伙在法租界可以不受惩罚地泰然活动。绑架者花费了大量的金钱，并且不仅用它们贿赂、腐蚀了法、中当局，而且也收买了公共租界警界的下层。”

为了解决这一问题，公共租界工部局希望英国驻华公使“就因鸦片走私的强大集团在警方保护下被允许在法租界内活动从而给处理绑架恐怖带来困难一事向法总领事提出抗议”。公共租界警务处指出：“指控法租界的证据事实上是极为充分的，赌博、鸦片与绑架是有关同一个问题的不同的事实……或者我们可以说是同一犯罪团伙在法租界当局的庇护下的不同活动。”

在娼业方面，黄金荣继续能得到不少好处。如福州路的会乐里（今已拆除，其址在云南中路、福州路交界处）、三元坊（今福州路729弄、西藏中路184弄）、群玉坊（今汕头路65弄等），以及离钧培里不远的八仙桥小花园一带的妓院，几乎每家都要向黄公馆纳贡。

退休后的黄金荣，广开纳徒之门。按理说，黄金荣自己并没有正式拜过香堂入青帮，早期以“空子”身份纳徒已是犯了大忌；晚年时虽勉强拜大字辈张锦湖为师称通字辈，则应更严格地谨守帮规才是，可他益发地破矩犯规，黄的管家黄振世曾回忆说：“安清帮师徒相承，最初以20字定辈分，即‘清净道德，文成佛法，能仁智慧，本来自性，圆明行礼’20个字。到了清朝末年，20字辈用完了，又添上‘大通悟觉’四字。民初辈分最大的帮会分子是大字辈。黄金荣没有正式老头子，在青帮中称为空子。按照帮会组织规定，没有进过香堂，就不能开堂收徒，所以他所收的都是门生，门生是没有字辈的。只因他位高势大，不需要再去投师拜祖，自有一批流氓头子尊他为‘老太爷’。他虽不是真正帮会中人，但在帮会组织的地位，反比几个大字辈的要吃得开。因此有人问他，他就开玩笑说：‘我是天字辈，比大字辈多上一画。’后来他的老朋友高士奎、曹幼珊、王德邻等大字辈都劝他认一个曾任通海镇守使的张锦湖为老头子，他也不推不就，实际上仍未举行过仪式。

“虽然如此，但在黄的门生中，为了培养自己手下一批小喽罗，却有不少是真正进过香堂的帮会分子。如我和卢英、董朝德、何国梁等30个黄门子弟，在‘八一三’前，联合拜安清帮大字辈曹幼珊为老头子，并开堂收徒，继承封建帮会这份家业，收了许多徒弟徒孙。黄金荣晚年滥收门生，而这些门生中，有不少是我的徒弟徒孙，辗转挽人介绍，又投拜黄金荣为师，这样就和他的原来老头子成为同门兄弟。这在帮会中名为‘爬香头’，是一件令人头痛犯忌的事。所以我们几个在外面混的门生，曾经劝黄停收门徒，他当面也认为应当如此，但不多几时，却又开门纳徒，这是与他见钱眼开、贪得无厌的剥削本性分不开的。”

黄振世又说：“黄门弟子一千余人，每年三节要送节礼孝敬。这三节是端午、中秋和春节。如我这样，每节送门房20元、茶包100元、节礼100元。一年之间向钧培里黄公馆孝敬600多元。黄金荣门生众多，加起来就是一笔数目可观的收入。”

门徒为什么心甘情愿向黄金荣按时孝敬这许多呢？在旧社会里，有一句流行的话，叫做“有势就有财”。有的门徒没有拜黄金荣为师之前，只是个初露头角的生意白相人，剥削劳动人民的办法还不多。自从进入黄门之后。在社会上的地位抖起来，担任了许多社会团体理事一类的职务，剥削办法就更多。归根结蒂是依仗黄金荣的恶势力才能有这样的结果，所以也就乐意从剥削收入中抽出一些钱来供奉自己的老头子。封建帮会的师徒关系，就是这样相互利用，狼狈为奸的。

另外，过生日也是黄金荣公开向门徒敲竹杠的手段，门生中稍有地位的人，至少送100元礼金，多的往往送500或1000。因他性好钱物，门生摸透他的脾气，故凡黄宅婚丧等事，大都以现金相赠，不送礼物。这样每年一次的寿诞，除去办酒席等各项开支，至少可赚一两万元。

1927年（丁卯年）农历十一月初一是黄金荣60大寿的日子。

黄金荣的寿诞，事先已由他的得意门徒作了妥善安排。小东门大吉楼菜馆老板任阿堂，老北门鸿运楼菜馆老板周一星，大世界对面三和楼菜馆老板陈贵法，都是黄金荣的门徒，承包了这次寿筵。

当时，估计黄金荣手下门徒已有3000，门生500。这么多人虽不能全来，每桌如坐10人，最少也得准备300桌。

这样大规模地置办酒筵，确实罕见。单是卡车装运鱼肉菜蔬，也要搬运十几卡车，另外还要装运碗盆和桌凳。因此，沪西道上卡车驰骋不息，盛况空前。

寿筵分为三等，门徒们都吃大众酒筵；门生吃比较丰富的酒筵；还有几桌特备的鸡尾酒宴，是黄金荣特地招待高级门生总司令蒋介石的。

果然，这天蒋介石特地从南京赶来上海祝贺，并随身带着卫队百名，前呼后拥地来

上海滩代表建筑——沙逊大厦内豪华的宴会大厅

到钧培里黄公馆。此时，黄金荣早已得到消息，率一班把兄弟恭候在门外。

师生见面之后，手把手分外亲热。蒋介石进入大厅，在寿诞案前立正行了三鞠躬礼，这时黄金荣急忙向前把手挡住，口称："不敢当！不敢当！"然后将蒋介石迎入花厅，奉于上座。

宴席桌上，主位是黄金荣，左首蒋介石，右首是虞洽卿，下首作陪的有杜月笙、徐青甫、孙棣珊、朱同阳等人。

彼此多年故交，相见毋须客套，既已入座就位，就在乐队吹奏中开宴，共同举杯为老寿星祝寿。真是杯盘交错，好不热闹；话今忆昔，分外亲热。

这天主事总管张啸林上窜下跳，左指右挥，好不威风；一面安排堂会演出，以助总统门生的余兴，一面吩咐特备酒筵10桌，招待总统的卫队吃喝。

是晚堂会演出，原先戏目安排很多，因考虑到蒋介石的安全和时间关系，就只演出五出折子戏。堂会结束后，蒋介石回到事先安排在法租界的锦江饭店下榻。

蒋介石这次祝贺老头子黄金荣60大寿的贺礼，既不是银行的银票，也不是延年益寿的补药，而是一支德国制造的手杖式手枪。这支手枪，似手杖模样，乌黑而发光；手杖的套把处有机扣，而手杖外表却看不出扣机的痕迹。

蒋介石把这支手枪双手敬送给老头子时，还在老头子和众把兄弟们面前做实弹射击表演。黄金荣收下这支珍贵的手枪，欣喜若狂，爱若珍宝，就此藏置密室，不让外人欣赏。

这已是十一月初一的后半夜了，黄浦滩头寒风刺骨，江水拍打着堤岸，发出哗啦哗啦的声响。灯红酒绿的洋场夜总会、酒吧间、舞厅，已经关门打烊。法租界钧培里黄公馆的拜寿客人，也已陆续告辞，只有大厅里三桌麻将与会客室的一桌牌九，还在酣战着。

受了几千名大弟子拜谒，受蒋总司令及上海滩名人闻人们祝贺之后，显得飘飘然的寿翁黄金荣，这时独个儿坐在卧室的大穿衣镜前，呆呆地端详自己，不时用左手摸着光秃秃的脑门，两片厚嘴唇微微张合着，发出叹息："老啦，老啦！"

这个 60 大寿，黄金荣做得威风凛凛。他的退帖门生蒋介石，不仅在祝寿时送来了一把珍贵的手枪做贺礼，还在寿前正式送来了两份响当当的委任状：任命黄金荣为国民政府行政参议、军事委员会少将顾问。

黄金荣看他的胸前，这一天特地挂起法国东亚全权臣、安南总督授给他的头等、二等金质、银质、宝星勋章三枚，北洋政府陆军部颁给的二等银质奖章一枚。

在他黑缎马褂的第三只纽扣上，系着一条金澄澄的金练，练头是一只金表——就是上半年蒋介石送的，放在左胸月牙形胸袋里。

从这些琳琅满目的挂件中，显示出他的"劳苦功高"。白天，他端坐在太师椅上，受徒子徒孙们朝拜，麻脸上乐出了灿烂笑容，但为什么在这后半夜里他会长叹短吁呢？

原来，黄金荣自有黄金荣的苦衷。

从 1892 年进入巡捕房当包打听以来，黄金荣在外国人手下已干了 35 个年头，在这几十年中为洋主子卖力卖命，好不容易得到主子的赏识，一步一步由包打听爬到督察长的宝座，费了多大的力气！

但只要是能往上爬，就是再费劲，黄金荣也是不在乎的。问题是要再往上爬，已是不可能了。督察长顶上便是副总监与总监。这个宝座是要高鼻头蓝眼睛白皮肤的洋人才可以坐，塌鼻子黄麻皮的黄金荣是没有这个福分的。

最他娘的令人无奈的是，按照洋鬼子的规矩，人过 60 岁，便要退休，离开工作岗位。前几天，法捕房总巡乔辨士已经传出话来：做过 60 大寿以后，黄老麻皮就该退休享福了！

听到这个"逐客令"时，麻皮金荣心里有数了。总巡说这话，那是因为有人想抢督察长的这把交椅。这人是谁呢？不用猜，黄金荣便知是一直与自己作对的沈德福。

当他想到此处，哪有不伤心的？他毕竟是个跌打滚爬出来的硬汉子，伤心不落泪，路到尽头便挖洞，他在任何时候，不管什么地方，都得想法子捞上一把。

现在，自己白白地退休，把苦心经营起来的捕房让给沈德福那小子，没那便宜事！想当年在费尔礼总巡家拜年，他小子出言不逊，老子一走了之，让他法捕房到处抓瞎，闹得鸡犬不宁。今天，我还是有这个实力的，当年我能对付费尔礼，今天就能对付得了乔辨士。

当楼下的麻将搓到第二圈时，黄金荣已想好了主意。他让佣人请来内当家林桂生，征求意见。

露兰春离去后，黄金荣又请杜月笙出面，把林桂生请了回来。且不说林桂生对麻皮有没有感情，就冲他的钱、他的势，桂生姐还是又回来了。

"金荣，俗话说人走茶凉，你这督察长乌纱帽一摘，谁还认得你姓黄的？这么白白离开巡捕房，还不如一条狗，有什么意思。不行，得和这些洋人理论理论。"林桂生一听丈夫要退休，马上说开了。

"理论什么，洋人都是这规矩，不论你当什么官，只要过 60 岁，都得退休回家，由不得你我的。"

“那就这么窝窝囊囊地走了，到老来一场空?”

“我这不正在想办法吗!”

“有什么办法可想?”

“你别急嘛，你丈夫是那样的软货吗? 别人想怎么捏就怎么捏?”

“难道你还能跳天。”林桂生想不出什么好法子。

“嗯，告诉你，他们不是要我退吗，那我就退给他们看看。到时候，我要他们还得听我的。”

“金荣，你白日里做梦吧?”

“做梦? 你也太看扁了你丈夫，我要当他们督察长的督察长!”

“什么督察长的督察长?”

“我退职以后，推荐金九龄当督察长，让程子卿当政治部主任。这两个人，都是我一手提拔起来的，会听我的话的。法捕房的权还照样捏在我的手掌心里!”

“那法捕总巡能听你的?”

“那我就想办法逼着他听我的!”

“你还想当‘太上皇’?”

“对了，我就是要当‘太上皇’，像慈禧老佛爷那样‘垂帘听政’。明里是退休，暗地里叫捕房的事情还得听我的。这样我就会有更多的时间同你一起办戏院，开公司，贩鸦片，捞更多的钞票。这一来，日子比当督察长还要风光呢!”

林桂生一看麻皮金荣的得意相，立刻气愤不平起来：“有时间，你还可以更多地去钻婊子洞、睡小姑娘，还能有空和我办公司，办戏院? 我这个黄脸婆可不值钱哦!”

“哎，你看看，你看看，我们这是在说正经事，你瞎扯这些干什么?”

“正经事? 你心里也不知早打好什么主意了，来骗老娘钻圈套。我告诉你，你肚里那几根花花肠子，我早摸得一清二楚了。”

“你不要这样，我们不是在商量事情吗?”

“告诉你，要退休可以，但得留一手。别以为离了你，法捕界就不转了。”

“这个你放心，我早有打算。等事情定下之后，就让骆振忠给我写份辞呈。”

几天后的下午，黄金荣将辞呈亲自送给法捕房总巡乔辨士。出乎黄金荣意料的是，总巡先生连一句客套话都没说，只是礼节性地征求一下意见：“黄先生走后，你认为谁可以顶替督察长的职位呢?”

“依卑职所见，金九龄很合适。他本事大，头脑灵活，办过不少漂亮的案子，当督察长应该说是不成问题的。”

黄金荣故意略作沉思后，讲出早已想好的话。停了停，他又补充一名，“程子卿的本领也不差。”

乔辨士“唔唔”了几声，便从写字台边站起来伸手给黄金荣。要是往常，洋人先向自己手下的华人伸出手来，表示握别，该算是多么大的荣誉啊。可是这会儿，黄金荣心里却不是滋味，好像肚里吃进了一只苍蝇。“哼，我们走着瞧，洋鬼子! 我看你会不会回头叫大爷!”黄金荣悄悄地出了法捕房，拦过一辆黄包车，去会盛家七姨太去了。他觉得浑身有一股冲动，必须在盛家七姨太那里才能痛快淋漓地发泄一番。

退了休后的黄金荣，忽然觉得少了些什么，尽管有了充分的思想准备，但心中还是出现了巨大的失落感。

他不甘心，他暗下决心一定要做“太上皇”。于是他去了苏州……

## 二、苏州城“借”飞贼

做过60大寿的第七天，他实在没心思呆在家里，便来到苏州散心。

旧上海的土耳其浴室

苏州，是黄金荣的出生地，也是他父亲发迹的地方。虽然几十年前，黄家并不辉煌地离开了这儿，可如今归来，黄金荣怎么说也算得上衣锦还乡了。

衣锦还乡，自然风光。黄金荣一到苏州，忙乱了一批人。

第一个把黄金荣接到家里奉为上宾的是刘尚仁。这刘、黄两家可算是世交了。原来刘尚仁的父亲叫刘正康，与黄金荣的父亲黄炳泉是同一个衙门当差的好朋友。在黄炳泉离开苏州以后，刘正康继续敲诈勒索，包揽官司，大发横财，成了苏州城的一霸。

刘尚仁青出于蓝而胜于蓝，守成又创业，不几年，便造起洋房花园来，基业比老子更大，在苏州城威震一方。此次黄金荣的到来，他心花怒放，决心借上海麻皮来助助威，压压那些不服气的人。

一连几天，刘府天天大宴宾客。

这期间，三年前曾特地到上海拜黄金荣做老头子的苏州警察局侦缉队长曹安昌，也忙着到各个胭脂巷中挑选妓女，夜夜供老头子消受。

且说这夜黄金荣赌钱，妓女们围在身旁众星捧月，却把他的牌运折腾倒了，几把骰子掷下来，输了250。

在洗牌时，黄金荣习惯地两手握拳向上一举，伸了个懒腰，深深地吸了口气。

这时候有个18岁的妓女毛小玉正好站在背后，她身上散发出一阵阵香气，钻进他的鼻子，忍不住回头一看，只见小玉苗条的身材上，套着件合体的藕荷色旗袍，蓬松的烫发下，露出个圆圆的脸蛋。黄金荣觉得她很新鲜，一把搂进怀里。

"我就是喜欢尝鲜!"

再说这毛小玉，此时受了这种"优待"，不由得手脚无措，两颊绯红，闭着眼睛，不知如何是好。越是如此，黄金荣越是欢喜，不由地张开两瓣厚嘴唇，热烈地亲吻起来。他短硬的胡子，黄斑斑的板牙，扎在小玉的樱桃小口上，痒痒痒地使她连打了两个寒噤。

大家见了，不禁哈哈大笑起来。黄金荣一手抱着软绵绵、香喷喷、热哄哄的少女，一手捞起刚才自己门前的一堆子银元，往衣襟的脖子里一塞。

众人轰一声哄起来："黄老板选中花魁喽!"

曹安昌向刘尚仁眨了眨眼睛，刘会意，忙站起来说："各位，用过夜宵再玩牌吧！黄老板，让小玉姑娘陪着你到小房里抽几口，我这里有印度大土。"众人会意，都说肚子饿了，往餐厅涌去。黄金荣急忙扶着小玉在一间空房里上了床。小玉开始很害怕，但不久，她发现，黄金荣力量不行。

且说黄金荣正自叹心有余而力不足时，刘家的佣人来通报，上海黄家府上来人送信。刘尚仁瞪了佣人一眼："知道了，黄老板正在抽烟。上海来人我来招待。"

里间的黄金荣听了，立刻说："不，让他马上来见我。"

黄金荣立刻来到外间，他觉得可不能为小玉这样的一个女子误了大事。

来人原来是黄金荣的秘书骆振忠。他带来了个坏消息：捕房总巡任命沈德福为华探督察长，沈走马上任后，几个要害部门都换上了自己人，目前正在暗中排挤黄党，情势非常危急。黄金荣听了，哈哈大笑："这一点小事情，你也沉不住气？督察长这把交椅，姓沈的能坐上两个月就不错了。好戏在后头呢!"

"师母叫你快点回去，好商量对付办法。"骆振忠想起临上车时林桂生的吩咐，急忙转达。

"到今天才想办法对付，还顶个屁用。你明天回去告诉她，对付的法子老早就定好了，九龄和子卿两人心里有数。照计行事保险不会错。我现在不能回上海，要躲躲嫌疑，懂吗?"

黄金荣镇定自若。

第二天上午，曹安昌在刘家客厅里直等到10点多钟，黄金荣才起来。

这一天，黄金荣穿了件直贡呢的灰色长袍，西裤下是一双橙黄的皮鞋，头上戴着一顶黑礼帽。又拿一根手杖，戴一副黑眼镜，派头十足。

车子在石子路上拐了几个弯，开到警察局的看守所门前，吱的一声停下，门卫见是曹队长的车，忙着打开铁门，躬身点头迎进车子。

听到汽车声，看守所长奔上前，等汽车一停稳，便躬身拉开门，让出大腹便便的黄金荣来。他万没想到，来人竟是赫赫有名的上海大亨，一下子有点手足无措。

"柳所长，这次难得上海法捕房黄督察长赏光，来看看我们的情况，请他按照西牢的办法指点我们改进工作。"曹安昌说明来意。

"久闻督察长大名，如雷贯耳，今日一见，三生有幸。参观后，还请多指教。"柳所长正儿八经起来。

“好说，好说。”黄金荣随口答应着。

柳所长领着黄、曹两人参观监房，当他们走到一间单身牢门口时，曹安昌问：

“这号里怎么只关一个人?”

“是个重犯。他便是大名鼎鼎的太湖贼水上飞。”

黄金荣“哦”了一声，凑近铁栅，摘下墨镜看个仔细。只见角落里坐着一个上了脚镣手铐的青年人，耷拉着脑袋。黄金荣故意拨动了一下铁栅门上的那把大锁，回头对陪在一边的曹、柳两个说：

“在我们巡捕房的西牢里，这种单面弹子锁已经不用了，打开这种锁容易。”

“黄督察长说的是，这里的设备陈旧，目前只是凑合着用。租界里的西牢设备就是好。以后我们也去参观参观。”曹安昌故意将黄金荣的头衔当着犯人面亮出来。

水上飞一听法捕房黄督察长，抬头一看，门外正是一张乌黑的大麻脸，这不是上海滩上的大亨麻皮金荣吗?黄金荣也看到这人干瘪的脸上露出惊奇的神色，便友好地眨了眨左眼。转身朝曹、柳两人努努嘴。柳所长立即欠着身子往前领路，曹安昌落在后边，悄悄地将手里的一个小布包扔进牢里。

水上飞突然听到咔嗒一声，有个小包落在他的脚边。他乖巧地用脚踩住，等脚步声远了，才挪动屁股，背脊朝外，打开小包一瞧，一张小纸条包住三把钥匙。纸上歪歪斜斜地写着几行字：“三天后木渎石家饭店后楼见。看完吃掉。”

苏州木渎镇上，有个石癞子，在镇上开了家石家饭店，听说黄金荣到了苏州，决定请他来做一次活广告，于是，他带了两根条子，动身去城里请曹安昌引见，拜黄金荣为老头子，黄金荣当然乐意大收门徒。更何况还有两根黄灿灿的条子作为见面礼，还有不应承的。

石癞子磕头三拜后，偷眼瞟瞟老头子正高兴，便小心翼翼地邀请黄到木渎镇石家饭店做客。不料，老头子倒爽快地答应了。

这个活广告到了石家饭店，小镇果然轰动起来。邻近村镇的小市民们，怀着看马戏团里的大狗熊那样的兴头，到店里来张一眼或吃一顿。别的三两家饭店餐馆的顾客，都被拉了过来。

俗话说，十个麻子九个俏，三个癞子两个刁。现在是刁癞子奉承俏麻子，在吃喝玩乐上天天翻花样，“花”得黄金荣竟有点儿“乐不思蜀”了。这一天午后，石癞子正出外张罗下午的一个“节目”，酒足饭饱后的黄金荣正抱着毛小玉在楼上呼呼大睡，楼下响起了敲门声。

“谁呀?”小玉问。

“黄老板请的太湖客。”

毛小玉将打着鼾的黄金荣推醒。黄一听是太湖客到了，一骨碌坐起，穿衣梳洗，而后到隔壁房间相见。

来人正是太湖贼水上飞，原名胡老七，太湖边上的洞庭东山人。因为他从小练就一身轻功夫，飞檐走壁身轻如燕，撑起小舢板快如飞，江湖上便诨称他为太湖水上飞，与当时的著名飞贼燕子飞、葛飞飞、草上飞并称“四大飞贼”。

这个人的名气，黄金荣前几年听周雅芳讲起过，这次到苏州一听说此人被抓，一个念头浮上心来，便向门生曹安昌如此这般地吩咐了一番，接着演出了三天前参观看守所的那一幕。

那天水上飞得到三把钥匙后，便知是黄金荣暗中搭救。他撕碎小纸条，塞进嘴里一边嚼着一边想：“他救我，必然有求于我。我不如趁此时机，改换门庭，投到他的门下，到上海滩混混，也不枉为人一世了。”他打定主意，在第二天的后半夜，乘人不备，打开脚镣手铐，再开铁栅门，人不知鬼不觉地“飞”出了看守所。

现在两个人一见面，水上飞扑通一声跪下，连磕三个响头，口称：“恩人在上，请受老七一拜!”

英雄识英雄，惺惺惜惺惺。黄金荣摆开礼贤下士的模样，上前扶起水上飞，让他坐在自己旁边，亲切地问：“没吃苦头吧?”

“擦了几下，没伤筋骨。”

“总算运气，我在上海听说你这次失手，特意赶来搭你一把。”

“督察长也知道小人?”

黄金荣神秘地一笑，反问道：“有个叫周雅芳的，你知道吗?”

“周雅芳？她是我师姐。怎么，督察长认识她?”

“正是她的关照，我才来苏州。她说你武艺超群，又讲义气，是把好手。我是个热心人，好手落难，总忍不住要搭把手。”

“督察长真是我的再生父母，若有用得到我老七之处，上刀山下火海也不说半个不字!”

这几句虽是江湖上的一般套话，可正中黄金荣的心意。他习惯地用叉开五指的左手，搔了几下秃顶，慢吞吞地分析道：

“你这一脱身，苏州地方风声就紧了。还是到上海去避避风头吧！要不就……”

说到这儿，黄金荣停了嘴，脸上现出犹豫的神态。水上飞是乖角儿，见恩人说话吞吞吐吐，立即凑上一句：

“督察长，您有事，只管吩咐吧!”

“好吧，你到上海去做笔生意。”

黄金荣拿过随身所带的皮包，从里面抽出一张白纸片，上面有许多圈圈点点杠杠，是张路线草图。黄金荣将它摊在桌子上，两颗脑袋凑在一起，边看边嘁嘁喳喳地合计着。

当夜，水上飞搭船去了上海……

## 三、由前台转到幕后

当黄金荣从苏州回到上海时，法租界早已炸开了锅。

先是法国驻上海领事家里的一只价值5000法郎的波斯猫被偷。说起这只猫，也着实可爱，它浑身雪白，细软洁白的长毛中，可藏得一只鸡蛋；额门上一道黑，双眼绿如翡翠。更可人的是，极富灵性，主人要扇子、拖鞋，说了一声就衔来。

领事夫人把它当作了宝贝，白天和它嬉戏，晚上抱着它睡觉。所以，此猫一丢，法国领事夫人如泼妇骂街一般，大闹法捕房，一定要沈德福督察长限期破案。

正闹得不可开交时，捕府总巡乔辨士家里又失窃，一小箱拿破仑金币、一只三克拉钻戒与两件貂皮大衣被盗。

更令人心惶恐的是，第三天夜里，新任督察长沈德福家里也被盗。

这一来，法租界里有些资产的上层人家，人心惶惶，天天夜里不敢睡觉。有的甚至想迁出法租界，搬到公共租界去住。

这边事情未完，那边漏子又起，捕房里强盗班的探长金九龄与他的助手徐乘龙，在这关键时刻，又捅了一个马蜂窝。

那是星期六夜里，金九龄与徐乘龙带了一帮人，突然闯入一家大旅馆，把一个花花公子与姘头从床上抓起来，又将在外间搓麻将的客人逮住，带到捕房里，罪名是聚赌嫖娼。

这花花公子不是别人，是上海滩上赫赫有名的虞洽卿的一个表亲。金九龄告诉他，星期天司法处休息，他们要在冷房里关一天一夜，到星期一上午才能处理。

“这是新任督察长沈德福的命令，就是虞洽卿来也不行!”

金九龄说完后便走了。

而徐乘龙与花花公子讲起了斤两，要是能拿出几根条子的话，他可以设法圆通一下，案子可以私了。讨价还价的结果，是花花公子拿出两根金条，当夜走人。

第二天下午，虞洽卿一个电话挂到乔辨士那里，把沈德福告了：放纵部下敲诈勒索。

这样一来，沈德福的日子难熬了。他心里直叫苦，真是：想督察，盼督察，当上督察，一团乱麻。

20世纪20年代的跑马厅，已成为大赌场、销金窝

正当沈德福一筹莫展之时，黄金荣从苏州回来了。当晚法租界捕房总巡乔辨士就得到了这一消息。

第二天下午，黄金荣午睡刚醒，门房来报，有洋人来访。

黄金荣心里知道，这回洋鬼子吃瘪了。倒也没怠慢，说了声："快请!"

大铁门开了，"嘀嘀"两声，一前一后两辆乌龟壳缓缓地开进来，在台阶前戛然停住。第一辆车下来一个洋人，便是总巡乔辨士。他下车后，连忙往后一辆车子奔去，伸手拉开车门，躬身请出一个人来：

——法国驻沪领事杜来!

黄金荣没想到杜来竟会亲自来，不由得几分发慌，但很快就镇定下来。点头哈腰，满脸是笑，将两人迎进精致的小客厅里。

"不知两位贵客临门，有失远迎，实在对不起!"

"黄先生一路旅途劳顿，刚到家，便来叨扰，还望海涵!"

"总领事实在太客气了!"

"此次天堂之游，尽兴吗?"

"倒也其乐融融。"

寒暄告一段落后，杜来便直奔主题而来。

"黄先生，前几天这里发生了几件事，不知你听说没有?"

"昨晚听家人偶然谈起，但详细情况不清楚。"

"黄先生刚一走，我们这儿就乱了套了!"乔辨士恭维地说。

你这头暗熊，眼睛早长哪去！黄金荣在心里骂道，嘴上却很慎重地问："沈督察长准备怎么下手?"

乔辨士摇摇头，说："他现在成了没头的苍蝇，瞎乱抓一气，一时拿不出什么好办法来。我们这次来，就是请黄先生看看的。"

"沈督察长真的没有法子可想?"

两个洋人一股劲地问黄金荣怎么办，而麻皮却总是绕着弯子问沈德福准备怎么办，就是不肯轻易说出自己的主意。

杜来是明白人，知道黄金荣不见真佛是不会下拜的，请他帮忙，还是不能绕弯子。便爽快地说：

"黄先生，这几天我与总巡商量好了，您虽然退休了，可是我们租界是离不开您的才智与威望的。我们已聘请您为租界治安特别顾问，请万勿推辞。"

"是呀，聘书正在打印，明天就举行颁发仪式。"乔辨士此时也成了见风使舵的高手。

"两位先生如此高抬我黄金荣，租界里有什么困难的地方，只要招呼一声，我黄金荣怎会不卖力呢？至于特别顾问的头衔嘛，就不必挂了!"

"不，你们中国人有句俗话，叫'名不正，言不顺'，有了名义才可干事呀。这顾问你是要当的，这几起案子也非得你亲自出马不可。"杜来对中国了解还颇多。

几顶高帽子一戴，黄金荣觉得浑身放油彩，心中生出一种说不出的豪迈感来：

"既然领事先生这样看得起我，再不帮忙，就讲不过去了！我这次就来硬撑试试。不

过，这是我们在这里讲，沈督察长那头，案子还是照办。他手下的人马，只要强盗班的探长金九龄过来，其余的就不占用了。”

两个洋头见黄金荣答应破案，十分高兴。而黄金荣见洋人果然被牵着鼻子走，自然开心。

几天后，黄金荣打电话给乔辨士，说昨夜金九龄抓住了一个案犯，事关重大，审问时最好总巡与沈督察长到场指导。

乔辨士这几日被窃贼闹得昏昏沉沉的，一听抓到人，哪有不想亲自见的？他让黄金荣与金九龄把犯人押到法捕房总巡写字间来，他要亲自审问。

总巡写字间玲珑小巧，一张乌木写字台占了房间一半。台子后边的一张安乐椅上，坐着乔辨士。他的左手边是黄金荣和金九龄；右手边是沈德福与助手任水扬。

不一会，两个便衣华探押进一个人来，这人不是别人，正是太湖贼水上飞。

水上飞很乖巧，其他几个人盘问时，他总是支支吾吾，答非所问。等到乔辨士问话时，他便老老实实地招供了。

他说：“我们是师徒两个人一道在上海做这路生意的。前些日子，听说法租界的督察长黄金荣下台了，没什么好怕的了，师父便说可大干一番。没几天，师父就上领事府、总巡家里偷了个痛快。几次进门都很顺手。前些天师父说，现在新上任的沈督察长已是焦头烂额，无法顾家了，你可到他家露一手，肯定能发笔不小的财！”

“发什么财？”乔辨士问。

“大土。”水上飞说，“沈德福那小子名为督察长，实际上是个鸦片贩子。他的床底下堆着几大箱印度大土。别人谁敢动他，你可以去搬他娘的几箱来……”

“砰”的一声，一只茶杯砸在墙壁上。那是沈德福向水上飞掷过去的，水上飞头一歪，正好落在墙上，瓷片洒了一地。众人被这一家伙吓呆了，没做声。

但黄金荣坐不住了，他不阴不阳地说：“沈督察长，审案子是你这样审的吗？你如果认为我在这里不合适，那我可以回避嘛！”

“这贱骨头血口喷人！”沈德福吼叫起来。

“不要激动嘛，”金九龄似笑非笑地劝道，“如果犯人胡说八道，有意栽赃诬赖，那是要罪加一等的。我看这事并不难弄清楚，只要看看赃物，再去实地勘核一番，不就可以水落石出了吗！”

“赃物？”乔辨士问。

“是的，这家伙偷的大土被卑职截获，如今正封在强盗班的写字间里。”金九龄边说边走到门口，向外喊了声：“起赃。”

两个便衣华探奔过走道，一会儿捧来三只薄板白坯小箱子。每只箱子尺把长五寸来宽。乔辨士拿过一只，放在乌木写字台上，让金九龄打开。

一股异常香味冒了出来。黄金荣、沈德福、任水扬，还有低头缩在一边的水上飞，都不约而同地耸了耸鼻子，精神为之一振。再把那箱子里几层纸拨开，露出乌黑发亮的三三共九只坨子。这的确是地道的印度大土。

“这是你偷的？”乔辨士脸色铁青地问水上飞。

水上飞低头不语。

“你是从沈督察长家里偷来的?”乔辨士又问。

水上飞还是低头不语。

“说话呀!”乔辨士发火了。

“我怕。”水上飞颤抖着低声回答。

听到这儿，黄金荣拉着金九龄急忙站起来，向对面的沈德福瞟了一眼，朝乔辨士拱了拱手，起身告辞：“总巡先生，我与九龄在此多有不便。这件案子，还是由你审吧。”

这时，沈德福脸上红一阵白一阵，脑门上直冒汗珠子，喉咙发干，几次要开口，就是舌头发僵不听使唤，转不过来，最后终于挤出一句话：“总巡。我该回避。”

“你们统统不要走，把犯人带下去。”

犯人被带走以后，乔辨士铁青着脸，许久许久沉默不语。室内的空气凝固了，远处飘来一阵留声机放唱片的吱呀声。黄金荣坐回椅子后，点起一支烟抽着，从厚嘴唇里吐出一个接一个烟圈，显得很得意。

乔辨士总巡坐在那里，脸上毫无表情，只有两只蓝眼珠子偶尔一动。就这么过了大约一刻钟，乔辨士猛地站起来，冷冷地宣布：

“今天审问的内容，谁也不准外传。督察长的职务自今日起由强盗班的金九龄探长代理，这几起盗窃案继续承办。”

沈德福就这样被撵下了台。

金九龄继任华探督察长，程子卿继任法捕房政治部主任。

至此，黄金荣虽然退休离开了警界，但是他的势力在警界依然发挥着很大作用。

从下列在警界任职的黄门子弟名单中，就可以发现黄金荣以退为进，独揽大权的目的。当时在英法租界捕房、上海市警察局（包括汪伪时期）等机构任职的黄门子弟有：

法捕房督察长：金九龄；

法捕房政治部主任：程子卿；

法捕房探目：陈三林、丁永昌、鲁锦臣、曾九如；

英捕房督察长：陆连奎；

英捕房探长：尚武、冯志明、汤坚；

上海市警察局侦缉队长：韦钟秀、乔松生、卢英等。

出于黄金荣的声望和势力，担任法捕房总巡多年的乔辨士、法驻沪领事杜来，在黄金荣退休后仍经常到黄宅，商量有关法租界治安等有关的事情。

另外，在这一时期，黄金荣大张旗鼓地滥收门徒，他的大多门徒为此时收纳的。

黄金荣收徒弟不举行开香堂仪式，只要徒弟写张帖子，上写黄金荣老师，下写某某门生敬拜。黄金荣是见钱眼开讲实利的，只要送钱送礼拜他为老师，他是来者不拒，多多益善，因此他所收的徒弟不下二三千人。在当了法捕房华探督察长后，一次就收了200多个徒弟。

娱乐界也不可能躲过帮会的魔爪。当时著名演员常春恒最初在帮会头目顾竹轩所开天蟾舞台演出，因顾不愿增加包银，常便改投顾的对头丹桂舞台，结果被顾派人用枪打

1925年创建的天蟾舞台，初名大新舞台，可容纳三千名观众，是上海最大的戏曲演出场所，主要上演京剧，几乎所有京沪最著名的京剧名家如梅兰芳、林树森、马连良等，都曾在这里演出过

死在“丹桂”门口。常春恒出事后，梨园子弟人人自危，周信芳、弹词演员吴玉荪等投拜黄金荣以求保护。

除黄金荣所收的徒弟以外，他的领子黄源涛收过二三百门徒，外孙邹政之也收了五六百人，再加上顾竹轩、唐嘉鹏、黄振世、丁永昌等也都收有不少门徒，所以黄金荣的徒子徒孙，不但遍布上海，甚至江浙一带，也都有他的势力。

黄金荣的徒弟，军、警、工商、文艺、科技以及星相医卜等各色人员全有。其中比例最大的当然是游手好闲的白相人。因为人数太多了，有的门生连黄本人也叫不出名字。

虽然如此，但在黄的门生中，为了培养自己手下一批小喽啰，却有不少是真正式进过香堂的帮会分子。如卢英、董明德、何国梁等30个黄门子弟，在“八一三”前，联合拜青帮大字辈曹幼珊为老头子，并开堂收徒，继承封建帮会这份家业，收了许多徒弟徒孙，辗转托人介绍，又投拜黄金荣为师，这样就和他原来老头子成为同门兄弟。

著名的京剧演员周信芳就是在这一时期投拜黄金荣为师的。

周信芳，名士楚，浙江慈溪人，1894年1月生。祖辈都是仕宦。父亲爱好京剧，由票友下海，唱旦角，艺名金琴仙。周信芳生而聪颖，博闻强记，闻歌成声，父母十分钟爱。因家境窘困，他入私塾就读数日即辍学。6岁时，在杭州拜名师陈长兴为师，开蒙戏为《黄金台》，继学《一捧雪》《打渔杀家》，7岁以“小童串”为名在杭州拱宸桥天仙茶园登台演出，自此经常为名角配戏，深得锻炼。

周信芳童年还从学于著名老生王玉芳。王玉芳是艺人王九龄的弟子。他不但继承了王九龄一派，又兼演汪桂芬和张二奎的王帽戏。周信芳在童年时得到这位名师传授，打下了很厚的基础；加以聪明绝顶，领悟很快，所以7岁登台，即受观众赞美，许为神童。

其时，在上海的著名艺人，如潘月樵，善演做工戏，王鸿寿（老三麻子）善演关公戏，身段气度，唱法做工，深得徽派传统，南方推为第一。他演的《扣松》《跑城》，也极为凝练苍古，台步稳重，极像龙钟老人，唱念合法，字法清切有为；武生中有李春来，长靠短打各戏都工；武老生有沈韵秋，都是杰出人才。这许多优秀演员，经常一同演唱，都是周信芳学习的典型，吸收的对象。

恰巧，庚子国变，八国联军入侵北京，在清宫承应的老生领袖汪桂芬、孙菊仙，先后到上海演出。于是，汪桂芬唱念之激昂遒劲，孙菊仙唱腔之高亢沉实，也都成了周信芳的唱念典型。周信芳长时期向孙学习，得到亲聆教诲，所以他的唱念中，大部分是孙菊仙专长的黄钟大吕般格局很高的唱腔和念法。就是字音方面，也继承孙派的居多。

12 岁时周信芳随王鸿寿去汉口，开始以“七龄童”艺名演正戏，哄动一时。不久，又随王至沪，入王仙茶园，与孙菊仙、林颦卿等名角同台，倍受教益，并拜李春来为师。嗣后便加入李春来组织的春仙茶园，演出于宁沪一带。次年，遂以“麒麟童”艺名在天津与余叔岩同台献艺。1908 年，14 岁的周信芳赴北京，入“喜连成”科班学艺，他经常观摩谭鑫培的演出，自称是谭的私淑弟子，与梅兰芳、高百岁等同台演出，承袭了名家的优秀技艺。

1912 年，周信芳回上海，在迎贵茶园演出，打炮戏为《南天门》《独木关》《群英会》，博得观众好评。此时，上海戏剧在辛亥革命的影响下，政治空气十分活跃。周信芳观看了由汪笑侬、潘月樵以及夏月润、夏月珊兄弟演出的反映现实斗争的时装戏《鄂州血》等，受到很大鼓舞，也演出了《宋教仁》，以此抨击袁世凯。

不久，他入新新舞台，与冯子和合演《桑园寄子》《三娘教子》等唱功戏。1914 年，他自组四喜班，曾去海参崴，返沪后，入凤舞台。次年，袁世凯称帝，上海各界群情激愤，周信芳演出《王莽篡位》，加以挞伐。

永記 丹桂第一臺
戊午年三月念一禮拜三夜戲紳商特煩全班文武拿手好戲
有茶房送上水菓不取分文（電話壹千柒百肆拾捌號）上海天津路致遠街福興書局代印

丹桂第一台的演出戏单

1916 年，他入丹桂第一台，任后台经理，前后达 7 年之久。他自编了第一个新戏《英雄血泪图》，接着又编演了大量新戏，如《哭祖庙》《风流天子》《许田射鹿》《走麦城》《赵五娘》《海瑞参严嵩》等五六十出。《萧何月下追韩信》等也是这一时期开始在上海露演。

周信芳31岁时曾演出于北京第一舞台及开明戏院，引起了巨大反响。为谋在京长期合作，曾开设“美益饭店”，因用人不当，亏损巨大，乃离京转济南、青岛返沪，重入上海丹桂第一台。

1927年，转天蟾舞台，编演许多新戏，如《六国封相》《卧薪尝胆》《陈胜吴广》《博浪椎》《鸿门宴》等。同时，开始排演连台本戏《封神榜》一至十本，一直演到1928年为止。是年，周信芳经田汉介绍，参加了南国社，并演出欧阳予倩的剧作《潘金莲》。此后，天蟾舞台由南京路迁往福州路，他继续编演11～16本《封神榜》，还新排了《龙凤帕》《华丽缘》《九战章邯》等剧，影响日益扩大。

周信芳一生编演了许多新历史剧，都是借古喻今，具有鲜明的政治倾向性。

“九一八”事变后，他和王芸芳等排演了《满清三百年》，宣扬爱国救亡，对历史上的汉奸卖国贼大加斥责。“一·二八”以后，他改编并演出《明末遗恨》，描写国破家亡的惨痛，抨击“商女不知亡国恨”的满朝文武。唱词中有：“富家翁只知道鱼肉百姓，他把那国家事置若罔闻”，以及“兵是匪，匪是兵，长官造成”，“这时候再取乐太无人性”等语，矛头直指反动当局。

《明末遗恨》是“麒派”的代表名剧，上演这出戏，对周信芳来说，有着一段颇为伤心的历史。

在20世纪20年代，上海在军阀混战、社会动荡不宁的情况下，有钱人纷纷迁居租界，托庇于洋人作为寓公。同时，上海流氓大亨也乘机纷起，各自树立山头，称霸一方。随着市面的繁荣，戏院茶楼日益增多。

当时在四马路开设的一家京剧剧场名叫天蟾舞台，老板就是上海滩上赫赫有名的大流氓顾竹轩。顾竹轩是苏北盐城人，因排行第四，人称顾四。最初在上海巡捕房当一名包打听，后来入了青帮，广收门徒，逐渐培植起一股势力，与杜月笙、黄金荣、张啸林并称为上海的“四大金刚”。此人心狠手辣，绑票暗杀样样都来，因此社会上对他都畏惧三分。他开戏馆为的是赚钱，要赚钱就要有好角儿。

当时周信芳正走红，上海人都会哼唱几句麒派戏，他的《萧何月下追韩信》中的著名唱段“三生有幸……”街头巷尾随时都可以听到。因此顾四就看上了他，邀请他当台柱，而且给予优厚的待遇，目的是钓鱼上钩。周信芳这时因为身上背有债务，很想借这机会把债务还清，于是就答应了，双方签订了合同，正式参加天蟾演出。演出效果很好，经常满座，给顾四赚了不少钱。开始的时候，顾四按照合同，按月分成，如数照付，后来渐渐态度变了，包银逐月减少。问他原因，就推说营业不好，卖座下降。并假称满座人都是他请来捧场，是看白戏的。周信芳明知他是弄虚作假，也敢怒不敢言。

等到合同期满，周信芳想辞班跳出他的牢笼，可是顾四早就料到他这一着，就先发制人，设下“鸿门宴”，把周信芳请去吃饭，在场的都是他的手下门徒和前台的各色人等。酒过三巡，顾说：“现在市面不景气，百业凋敝，我这个戏馆勉强支撑着，为的是大家都能有口饭吃，今天我请各位来，就是请大家给个面子共渡难关。愿意做下去的，咱们是朋友；不愿做的，今天表个态，我也不难为他。今天如果当面不说，背后捣鬼，那就莫怪我不客气了。”这番话听起来冠冕堂皇，这际上是恫吓威胁，谁敢说个不字。在这酒宴上，周信芳当然不敢提出辞班要求，只好哑吧吃黄连继续再唱下去。

可是包银越来越少，周信芳带着一个戏班，开支也不小，经济上入不敷出，急用时只能到前台去借支。这样不但旧债未清，反而添加了新债，走又走不脱，唱下去又不够开销，他就这样落进了顾四设下的陷阱，成了他的摇钱树。

为了跳出火坑，周信芳只有一个方法，就是有意在台上泡蘑菇，降低演出质量，这是违背一个正直艺术家的良心的；他虽然不愿意，但除此以外，没有别的办法。

果然，观众渐渐真的减少了。顾四见状知道油已榨不出来了，就改口叫人转告可以放他走，但要将欠账结清。周信芳去前台结账，不料算下来，竟积欠1万多元。他唱了这么长时间的戏，给顾四少说赚了10多万元，到临走不但分文没有，还倒欠他1万多，这话从何说起。为了脱离苦海，他只得咬牙承受，立下债券，告别了“天蟾”。

出了天蟾，怕顾四寻隙报复，他不敢再在上海这码头唱戏，便去了天津、北京演戏。

“九一八”事变后，他从北方回到上海。

离开上海数年之久的周信芳，在黄金大戏院登台了，第一天演出的就是这出《明末遗恨》。演出广告见报后，剧场门口就排了长队争着购票，人数愈聚愈多，最后剧场不得不拉上铁门，捕房出动警车来维持秩序。演出时，当周信芳出场，台下观众报以雷鸣般的热烈掌声，经久不息，甚至使戏不能演下去，周信芳只好暂停演出向台下拱手致谢。上海观众热爱这位艺术家，对他的受屈流离在外表示同情，衷心地庆贺他重返上海舞台。

黄金荣大肆收徒，这些门徒每年都要向他送礼以示孝敬，加之他在法捕房督察长任内，受贿贪污之所得，经营了共舞台、大舞台和大世界，这是一项包赚钞票的生意，收入足够他挥霍一世。所以他到了晚年，就不问外事，在家纳福，过其剥削生活。

钧培里黄宅内部的家务由寡媳李志清当家。全宅有男女佣工30余人。账房（俞永刚）、秘书（骆振忠）、当差、装烟、门房、保镖、司机等等，各司其职。此外，有厨司三人及房里打杂的女佣五六人。黄金荣闲居家中，犹如下野官僚，每天交往访会的客人川流不息，门前车水马龙，迎来送往，门限为穿。这些客人中，有外省军政人员、当地富商缙绅、青洪帮流氓头子、下野军阀、失意政客以及国民党达官贵人等等，各式各样的人物全有。如有女宾，例由李志清出面接待。招待这些客人的方式，不是抽烟，就是赌博。黄公馆里的麻将，每天至少有四桌。抽头所得的钱，由李志清分给内外仆役，作为赏赐。

黄以势利眼光待人，敬客的香烟是分等级的：普通客人奉以大前门，中等客人奉敬白锡包，上等客人则为茄力克，再高级一些的，就以上好大土供给。对于子弟也是如此：身价较低的门生，见面点一下头，就算敷衍过去了，对于地位高势力大的门生，才显得亲近一些。

他本人烟瘾很大。客人如有请托谋求之事，就在鸦片铺上商量解决。他经常用四五支名贵烟枪，轮流调换。所吸烟土，均为多年储藏的大土，和以上等沉香珠粉之类。所以他虽为瘾君子，而脸上毫无烟容。

黄金荣退隐闲居后，每星期日，一般黄门子弟不邀而集，都到澧河泾花园内聚会，中午就在那里聚餐，游玩到下午三四点才尽兴而散。黄本人每年过了立夏节，就迁至花园内歇夏，一直到8月秋凉后，再回钧培里本宅。手下一班游手好闲的门生，成天陪着他抽鸦片烟或赌博，消磨岁月，过着养尊处优的生活。黄爱好挖花牌和碰铜旗两种赌博，龚天健、夜壶阿四、陈福康、鲁锦臣四个门生终日跟随为伴。偶然也到澧河泾附近小茶馆去摆测字摊（泡一壶茶闲聊），视作闲居一乐。

黄时常去吃小馆子，小东门德兴馆是他当年当法捕房探目时常去的。此馆后来盘给唐嘉鹏的徒弟吴全贵，吴开设泰新旅馆，制造红丸，是黄的徒孙。抗日战争时期，德兴馆因地处华界边缘，法租界当局在界边设置铁门，若遇紧急情况，就要宣布断绝交通，德兴馆的生意因而十分清淡，顾客寥寥可数。吴全贵特地邀请黄金荣去该馆会宴，把他当作活广告，以便招来顾客。黄素来爱吃重油厚味，对当年德兴馆的红烧桂鱼和狮子头砂锅犹有回味，于是在一天中午，由钧培里开出汽车两辆，到德光馆小宴，当即引起一班好奇的小市民聚而围观，要看一看这个流氓头子是怎样一个三头六臂的人，为德兴馆做了一番宣传广告。抗战胜利后，苏州木渎石家饭店老板如法炮制，也邀了黄金荣到那里去小吃，把他当作活招牌，吸引顾客。石家饭店老板是黄门生，彼此利用，各得其所。

此时的黄金荣躲在幕后操纵着法捕房的霸权，以此来维持其帮会集团中的霸权地位，同时又不断收纳门徒，作为进财的一条途径。在中国第一帮主的位置上，他坐得从容自在，得心应手。

## 四、重建城隍庙显霸气

黄金荣经过一番谋划，虽然退休，但依然大权在握，成了“太上皇”，在幕后指点江山，很是逍遥，为此他真诚地感谢神灵的保佑。

黄金荣对菩萨、神灵等有着真诚的敬畏感。他非常愿意结交僧道，五台山、九华山

城隍庙重建后的九曲桥与湖心亭

和普陀山的当家和尚等常到钧培里来化缘募捐，龙华寺的僧人则更是黄公馆的常客了。他曾召集门徒好友建立关帝会，人数达千余人，并合资在永嘉路、金神父路（今瑞金二路）口淡井庙内设关帝殿，烧香膜拜。他做的一件影响最大的事就是重修城隍庙。

其实在上海建立县治时，还没有城隍庙。明洪武二年（1369），才有城隍祀奉在肥南淡井庙里，再后，便迁至金山神主庙的后殿。

城隍庙附建于金山庙后，规模不大，仅前后两个小殿。到明朝天顺年间，县知事李纹扩建庙宇，两庑建亭立碑。嘉靖年间，知县冯彬会，募集财帛，建造牌坊一座，亲题“海隅保障”四字，并置石狮两只，旗杆一对。

明万历三十年（1602）知县刘一良等又扩大此庙，在庙前建立牌楼三座。大殿前特设仪门一座，门上高悬一个大算盘，上刻八个大字：“人有千算，天只一算。”意思是劝导人们不要光为自己盘算。

仪门两旁镌有一副对联，上联：为善不昌，祖宗有余殃，殃尽必昌；下联：作恶不灭，祖宗有余德，德尽必灭。可惜的是，这样一座新颖别致，雕刻精美的仪门，仅四年就毁于一场火灾。

19世纪末年的城隍朝九曲桥、湖心亭，全系砖木结构

万历三十四年（1606），知县李继周等募捐重修仪门，并在其上特建戏楼一座，将大殿扩大，正殿内左右大柱上，由莫秉清亲题屏联：上联：做个好人心正身安魂梦稳；下联：行些善事天知地鉴鬼神钦。

这副屏联，随着城隍庙风云变迁，300年来，一直保持原状。1924年，城隍庙一场大火，烧得片瓦无存。1926年，黄金荣等人重建城隍庙时，邑人杨逸重又将此联刻于水泥柱上，至今保存。

清康熙二十二年（1683），知县史彩捐俸倡修，在大殿东西各筑鼓亭一座，铸大铜香炉一个，置于大殿前。康熙四十八年（1710），城隍庙已设庙产会，由当地绅士和庙祝掌管庙务和财务，出资在庙东别筑庙产管理处，内建亭台楼阁，起名东园。

乾隆十三年（1748），知县王义醵用庙产积金，购买庙西部分房屋，加以修葺，是为西园，因园主潘允端，字豫介，也称豫园。

清末民初时期，上海城隍庙的产权操纵在地方绅董李平书和青帮王松山以及商业名流闻兰亭、李恩浩、袁登履、林康侯等人手中，并设立董事会，管理庙权和庙产。

此时因上海已成全国最繁荣的商埠，庙内的香火更为兴旺，收入逐渐增加。再加城内各业公会竞相在此建立公所，如酱油业公所、糖业公所、海味百货业公所等等。同时，董事会又在四周盖造市房，设店出租，使城隍庙更加热闹。

每年3月、7月和10月，城隍的庙神秦裕伯要坐着八抬大轿，巡视辖境。说是为境内平安无事，消灾延福，其实，却给地保、流氓带来发财的机会。

城隍出巡之日，青帮门徒身穿帮内特制的衣服，头戴特制的帽盔，脚登特制的皮靴，腰佩刺刀或肩背朴刀，骑上24匹高头大马，分列两侧，在前头开道。

城隍庙爱丽园的一个景点——小瀛洲

在这列队伍的后面，跟着县衙捕快，也是穿崭新皂衣，头戴皂盔，脚蹬快靴。有的肩背刑刀，有的手拖铁链，赛似阎王殿前鬼使神差，看了使人发怔。

捕快们过后，就是四对开道大锣。这大锣每个足有40斤重，既不用肩扛，也不用手提，而是用银钩挂在手腕上。旁有一人持锤敲击，名叫“肉心锣”。然后是16名吹号手，各自手擎长管喇叭，吹出粗犷的音调。

再后是各36节的四条彩龙，每条由36人擎起，翩翩起舞，若翩若翔，似浪波起伏，使人看了不禁拍手叫绝；继后还有台阁、鼓船、大图、香车、宝马等。

城隍老爷每到一处，该处就设五牲齐备的酒筵，请他“饮酒啖肉”，备极恭敬。其实，待城隍老爷的轿子抬了过去，这些酒肉，马上落在这些人的肚里。

上海城隍庙还有一年一度的灯会。每年旧历正月初开始，至月底为止，尤其元宵节期间，更加热闹。

这里的彩灯制作玲珑剔透，式样繁多。小至几分钱一盏小孩玩具灯，大至千金一盏的陈列灯，应有尽有。这种陈列灯全由珠翠穿扎而成，其工艺之精巧，色彩之艳丽，巧夺天工，不仅畅销国内，而且远销海外，成为上海城隍庙的传统工艺。

旧上海的城隍庙，不但是传播迷信的地方，也是骗人钱财的场所。行骗的有测字算命、抽签、城隍娘娘显灵等。

就说城隍娘娘显灵吧，那就是三姑六婆专骗有钱主妇的把戏。

因为那时，越是有钱的妇女，就越信神信鬼，到此烧香拜佛。于是香火头目便领她们到城隍老爷的后殿城隍娘娘的寝殿，说是城隍娘娘原是一条大蛇，就像《白蛇传》中白素贞一样，极其有灵。只要真心诚意，定能消灾延福，德泽无量。

那些有钱的方妇，为了添福加寿，子孙满堂，就在城隍娘娘的寝殿里坐夜诵经，十分虔诚。如此到了半夜，三姑六婆就让事先放在城隍娘娘床上的无牙蟒蛇，爬入帐内游动。

此时，香火头目便假装惊慌，猛然窜将过去，把蟒蛇包在锦被里，让它挣扎蠕动。那些虔诚的主妇们看到这番情景，都信以为真，个个跪在床前，祈求城隍娘娘保佑，当即慷慨解囊，随缘乐助。

香火头目每玩弄一次这种把戏，便能收入三四百大洋。

旧上海的城隍庙，说穿了就是发财的好场所，谁能得到城隍庙，谁就可以捞大把大把的银子。那黄金荣等人是怎样把城隍庙弄到手的呢，这得亏1924年的一把大火。

1924年（甲子年）阴历七月十五这天，城隍庙举行建醮大会，邻近村镇十室九空，善男信女齐来祈求城隍保佑。庙内庙外，人山人海，车水马龙，好不热闹。

下午4时，城隍老爷出巡到老北门外接轩里，忽然街上有人叫起来："城内失火了！城内失火了！"人们驻足翘首，果见城内浓烟烈火直冲天空。

那殿宇全是木质结构，干柴烈火，越烧越旺，不到几个小时，那城隍庙便墙倒屋塌，所有殿堂顷时瓦解。

城隍庙怎么能起火呢？这还得从庙里的张道士说起。

这张道士，原系浦东三林塘人，祖父三代都在此管理香火。二十多年前，他进庙时，庙权早已被士绅、流氓霸占，他仅仅是看管大殿的香火而已。

张道士既是个大烟鬼，又是个好色之徒，在离此不远的安仁街找了个姘妇，平时就住在她家里。

有时庙里的香火头目不在，碰到善男信女来庙磕头求签，他信口开河地说些好话，也能骗些钱财，供他抽大烟和养姘妇之需。

这大城隍爷出巡，庙内的香火头目们均跟随城隍爷吃酒肉去了，只留下他和一个帮忙的值看香火。

上午，张道士东奔西跑，忙得不亦乐乎。到了下午，大烟瘾一来，便支撑不住，就嘱咐帮忙的暂为照看，自己一溜烟地滚进"燕子窝"里吞云吐雾去了。

帮忙的人粗心大意，在他看管香火时，香客仍然络绎不绝。他为应付烧香的，不管三七二十一，就将点剩的香和蜡烛一古脑地扔到殿旁的一只大香炉里。

这样，香火和蜡烛越积越多，不一会儿便熊熊燃烧起来，火焰直窜殿顶，顿时引着了殿上的木梁，就此酿成一场大火。

城隍庙毗邻虽然有个商办的救火队，但许多救火队员也去逛庙会了。等看到城隍庙失火一个个赶回去救火时，城隍庙已焚去了十有八九。

那张道士一筒大烟下肚，便在烟榻上睡着了。后来被人叫醒，踉踉跄跄回来，城隍庙已剩一片瓦砾，青烟徐徐。张道士不禁叫起苦来，便悄悄地离开上海，回他的老家去了。

主持城隍庙的庙产会和董事们，便将无家可归的城隍老爷寄居在沉香阁庙，好在他老人家住在哪里，都有香火之缘，既来之，则安之，也并不计较。

接着，又设立善后办事处，募款重建城隍庙。主其事者因都是有名的绅士和“慈善家”，只要他们一开口即可集腋成裘，重建城隍庙是毫无问题的。

但正在此时，横路里突然窜出一个“大慈善家”来，声称自愿独资重建。众人看时，却原来是大名鼎鼎的麻皮金荣。

黄金荣与城隍庙有着独特的关系。童年得病时，其父黄炳泉便带他到城隍庙的玉清宫烧香磕头，求神仙保佑。他的母亲邹氏还在三巡会上，穿上大红的衣服和裙子，装扮成罪人，沿街游行，为生病的儿子赎罪。看三巡会也是童年时代的黄金荣的最美好的回忆之一。前面有 24 匹高头大马分列两旁，马上的大汉头戴银盔，脚蹬皮靴，肩背大刀，在前开路。接着是衙门捕快，身着皂衣，头戴皂盔，手握铁链，肩背刑仗，酷似厉鬼差役，市民们则手执鲜花，列队随行，后面还有台阁、鼓船、高跷、乐队、群舞等，真是五彩缤纷，十分好看。后来学生意也在城隍庙附近。因此，他对城隍庙有着一种深厚的敬意。

而且黄金荣深知城隍庙的好处。他在做小瘪三时就曾经对同伙讲过这样一句话：“只要把城隍庙一天的蜡烛头拔下来，归于一人出卖，就可不愁一年的吃用。”可见城隍庙的财源是何等丰厚。

大家听说黄金荣要独资建造城隍庙，不禁暗自惊愕。“黄鼠狼给鸡拜年”，能安什么好心，但大家都慑于他的权势，若拒绝他的一片“善心”，不知又有什么祸根会落到自己头上，只好同意让他重建。

新建的城隍庙大殿于 1926 年 4 月动工，1927 年秋建成，由久记营造厂承造，老板桂春堂也是黄金荣的门徒。

殿宇高四丈八尺，全用钢筋水泥砌成。仅大殿造价就耗银五万元。其他大小建筑耗银九万元。

这些钱除黄金荣独捐五万元外，杜月笙捐助一万元，张啸林捐助一万元，其余钱则由庙产会支付。

黄金荣在重建的城隍庙立了“功德碑”，在大殿门墙壁上嵌着高两尺、阔三尺的两块纯白大理石，上面刻有黄金荣独资建庙的功德：

“邑庙本是地方神主，保境安民，咸仰德泽。不幸重罹大火，庙宇尽付一炬，致使神无所依，胜地为之逊色。筹金无措，欲兴无力，蒙慈善家大善士黄金荣先生乐善好施，慷慨解囊，捐助五万元独资建造庙殿。其结构不用一砖一瓦，一竹一木，设计新颖，别具宏伟，殿貌巍峨，始有今日之壮瞻。特勒石以志其功德。”

城隍庙建成后，原来的董事和管事们，只好避于颜色，于是，庙权顺顺当当地落入黄金荣之手。城隍庙成了“黄氏家庙”，城隍老爷也改了姓。

“庙店”不久便开张营业，果然生意兴隆，大赚其钱。没想到城隍庙一把大火，竟实现了黄金荣梦寐以求的夙愿。

从另一个角度说，重建城隍庙对上海市民来说也无疑是件好事，他使得百年的佛诞庙会得以延续，了却了因城隍庙被焚，给人们带来的遗憾。

城隍庙新殿建成后，黄金荣派“夜壶阿四”程锡文去管城隍庙。

因这程锡文从小时候就在庙畔的荣宝斋当过小伙计，曾拜强盗金绣为“过房娘”。后来，强盗金绣和乌木开泰相继死去，程锡文便投拜在黄金荣的门下。

一天晚上，麻皮金荣在大烟榻上抽足大烟，榻旁无人，就把程锡文叫至面前，问他如果他接管城隍庙，有何打算。

那程锡文跪在大烟榻前，向老头子陈述得头头是道，细而无遗，处处抓到黄金荣的心痒处。黄金荣听了，怎不喜在心头，当下便决定让程锡文走马上任。

程锡文奉命来到城隍庙后，伙同把弟兄们打入各个有油水可捞的部门，夺走了有财发的场所，把其他流氓派系暗地里排挤出去，牢牢掌握了这里的大权。

城隍庙成了“荣记”庙店以后，周围的春风得意楼、庙桂茶楼、湖心亭茶楼、绿圃廊茶楼和松运楼、桂香楼、松月楼、绿杨楼等酒菜馆，以及那些有名的点心店，不管过去进过青帮的哪个门槛，如今既要在城隍庙活下去，都得服服帖帖地投拜在黄金荣门下为门徒，否则，立刻叫你关门大吉。

“夜壶阿四”真是一把好手，他首先在四周那些热闹的地皮上盖造浅而狭、简而陋的市房，以最贵的房租和最高的订金赁租于人，从中捞取大量的房金，每年收入计达五万元之多，其间落入私人腰包的还未计算在内。

城隍庙每年以数十万的金银滚滚流入黄金荣的口袋，因而他把庙产、财权攥得更紧。所谓的董事会议，也是他说了算。而管理庙产的程锡文不到几年，便积累了不少造孽钱，成了大富翁。

不管怎么说，可以认为重建城隍庙是黄金荣做的一件善事。

其实，在旧上海流氓帮会首领发迹后都会通过举办慈善事业等公益活动，以求改善自身形象，博得“乐善好施”的名声。黄金荣在上海的大亨中是最喜欢聚敛钱财的，但他也不例外。除了重建城隍庙，他还举办了其他一些慈善事业。

例如前面提到的创办“金荣小学”，另外就是赈灾，办“乞丐收容所”等。

每年的年关临近，黄公馆上下便要忙着准备一年一度的接济。单是棉衣、棉裤就要做 2000 套。还要准备二三千元的银角子。

到腊月十五这天，黄金荣穿着丝绵老羊皮袍，由钧培里出发，四个大汉在后面紧紧相随，再后面就是挑棉衣和抬银角子的队伍。施赈地点在八仙桥。只见八仙桥的空地上已是人山人海。有不少是衣衫褴褛、抖颤瑟缩的叫花子。

黄金荣一到，便有手下人拿来一把靠椅，待黄金荣刚坐定，受赈队伍便开始往前拥去，他们一个个亲热地叫声黄老板，道声发财，便可以得到一套棉衣和四角洋钱。拿到棉衣的欢天喜地，还没有排到的，正焦急地往前挤着。领到钱、衣者还要走入宏国寺，原来过去有些瘪三贪心不足，领到钱物后又排到队伍的后面，再领一回，因此，马祥生便负责将领到冬赈的人送入寺内，直到赈济结束，才准回家。

在三大亨中，黄金荣虽然是较为吝啬的，但为顾及面子，每当国内有水火洪旱之灾时，黄金荣等总要登高而呼，带头捐款。

1922年浙江杭县、嵊县、金华三县发生水灾时，黄金荣等便组织京剧名伶进行“九班合串”，筹款救灾，在报纸上刊登巨幅戏目广告，以署有“发起人黄金荣等谨启”相号召。

1924年，江浙战争时，黄金荣、张啸林和杜月笙等发起成立“江浙善后义赈会”，事务所设在八仙桥钧福里杜月笙家中。在报纸的首版刊登巨幅广告，再次以“九班合演”相号召。1925年，黄、张、杜等又组织“联义善会”。

1928年6月，黄金荣与杜月笙、张啸林、王晓籁为广东水灾而在共舞台举行义演。共募得大洋5350元。1938年因农村灾祸连连，沪上难民剧增，黄金荣与虞洽卿、袁履登等特发起慈善演剧，聘请名角程砚秋、王少楼、姜妙香等在黄金大戏院义唱三天，所得票房收入悉数移交难民救济协会。抗战时期，黄金荣将大世界辟为难民收容所，停止营业达一年余。

20世纪20年代，黄金荣等又创办了“上海乞丐收容所”。1932年11月，闵行广慈苦儿院校舍落成，黄金荣领衔发起举行典礼。

1931年苏北发生水灾，时江淮旅沪同乡会会长是徒弟顾竹轩，黄金荣自然要出力，于是捐出大洋5000元，不过，三大亨中杜月笙捐棉衣5000套和大洋一万元，张啸林捐棉衣3000套和大洋6000元，算来还是黄金荣捐得最少。

1930年12月6日，黄金荣特制100套棉衣裤，送至漕河泾江苏第二监狱，接济那些没有家属的囚犯。监狱特致专函以表谢意。黄金荣在与狱警交谈中，获悉漕河泾第二监狱关押囚犯达1600多人，所施100套棉衣裤尚粥少僧多，缺额尚多，于是再度解囊，又施送了一批囚衣。1931年12月，黄金荣再度施给该监狱的囚犯棉衣200套。

对新店开张、高楼落成、医院改建等，黄金荣有时也会凑个热闹。如1930年11月徐重道国药总号开幕，黄金荣亲题“补偏救弊”。

1931年，中央国术馆拟筹募国术专门学校，设立募集机构，由杜月笙担任募捐基金队总队长，张啸林为总参谋长，而黄金荣担任名誉委员长。是年冬天，黄金荣在黄家花园落成之际，又为漕泾医院筹款。

12月9日，他在《申报》上刊登启事，称马连良和梅兰芳于10日联袂在天蟾舞台演戏，“瑜亮并生，相得益彰，良机好戏，幸勿交臂失之”。

此外，只要他高兴，随时都会捐金以博得乐善好施的名声。1931年12月，黄金荣64岁寿辰，上海滩上军政警商等各界人物如王一亭、虞洽卿、陈希曾、陈群、杨虎等亲至祝贺，最后得寿仪五万多元，黄金荣将其悉数捐赈给了灾民。

当然，黄金荣本质仍是个爱财如命的人，认为做好事不张扬，如衣锦夜行。于是，他照例让人在报刊登鸣谢启事，以便让整个上海甚至全国都知晓，黄金荣是个大善人。

当然，他办“收容所”等事都是后话了。

## 五、虎口夺食引来杀身之祸

却说黄金荣自退休后，生活逍遥了许多。

平时，在家喝酒打牌抽大烟，寂寞时，上街吃茶会友睡妓女。林桂生看不惯麻皮金荣所作所为，干脆又搬回以前的房子，过着独居生活。

老婆一走，麻皮更加放肆，以前和儿媳妇李志清勾勾搭搭都是暗地里的事，而现在可以明目张胆了，大白天门一关，就可以和儿媳上床热络了。

就在黄金荣诸事得意之时，想不到从横路里又钻出一个色鬼来，想从麻皮的嘴里分食。这个色鬼便是他的得意门生、大世界游乐场的经理唐嘉鹏。

唐嘉鹏经常出入黄家，看到李志清容貌妖妍动人，年华正值晓露春情，便有意在她眼前故弄轻浮。那李志清看到唐西装革履，神情飘逸，眉目倒也端正，也早有此意。但碍于黄金荣的淫威，终有银河相隔，可望不可及。

唐嘉鹏，绰号“小二子”，苏北如皋人，自幼来上海，流浪在老西门唐家湾斜桥一带。他叔父唐麻子在打浦桥开设车行，是青帮中有名的流氓，在当地也很有势力。

唐嘉鹏二十几岁就依仗他叔父的势力，为非作歹，横行不法。这唐麻子与苏北大亨顾竹轩因有亲戚关系，经常到顾家走动。因此顾竹轩开设天蟾舞台时，就任用唐嘉鹏为稽查作为自己的爪牙。

当年，顾竹轩开设的天蟾舞台，虽然地处英租界，但为了经营顺利，还是托人找关系，拜倒在黄金荣门下为门生。但黄金荣在离顾的舞台不远，也有戏院，这无异于抢他的生意。于是嫉妒胜过了门生的情义，黄从此对顾竹轩有些不悦。

其实，顾竹轩开天蟾舞台也不容易。

顾竹轩，苏北盐城人，排行老四，由于他的鼻子长，上海人给了他一个名号——“顾四鼻子”。

顾竹轩是清末民初时逃荒到上海来的。他当过工部局的巡捕，也给人拉过黄包车。积攒了一点钱以后，他便买了几辆黄包车，开了一家车行。把车子租给别人拉，自己从中收取租金。

为了能在流氓地痞横行霸道的十里洋场混下去，顾竹轩以同乡关系拜了法租界大字辈人物曹幼珊为老头子。几年之后，他自己也收徒弟，开香堂，成了“顾四爷”，在上海滩上作威作福，称王称霸，人称“江北大亨”。

不久，顾竹轩结识了一个年轻漂亮的寡妇王月花。王月花的原籍是江苏扬州，说起话来一口苏北腔。两人经常聚在一起叙谈乡情，一来二去，你有情，我有意，成了相好。

顾竹轩和王月花经常一起到湖北路的丹桂舞台去看戏。那时候，京剧在上海十分走红，人们对《打渔杀家》《霸王别姬》《空城计》《鸿门宴》这些戏如痴如醉，像丹桂舞台这样的戏院几乎天天客满。

张园中心的洋房，开上海华人欧化运动之风气，其餐厅、舞池、电气屋、照相室，吸引了大批上海的新派人物，颇像同时期日本东京的鹿鸣馆

坐在戏院里，顾竹轩心里想，开车行后，他虽然也发了一些“小财”，但这个行当的档次毕竟低，打交道的尽是一些“人下人”——黄包车夫，而戏馆不仅可以赚大钱，还可以和上流人物攀攀辈分。

这天，曾经和顾竹轩一起在英租界巡捕房混过饭吃的乌小六子来看他。交谈中，顾竹轩知道小六子已经“高升”，当了巡官，专门管南京路到福州路一带的妓院、茶楼、戏馆。顾竹轩眼睛一亮，留下小六子吃饭。

几杯酒下肚以后，小六子说：“老四，开戏馆是桩好生意，很赚钱。你如有意思的话，也开它一家。”

顾竹轩听罢，哈哈一笑：“小六子，你喝醉了吧？”

“醉？醉个屁！”小六子一仰脖子，把一杯酒一饮而尽。

顾竹轩试探着说：“要开一家戏院，有那么容易？买地皮、造房子，烦着呢，我找谁去？你别瞎说了！”

小六子摇晃着脑袋说：“我不是酒后胡说，我说的是正经话。湖北路南京路口有块空地，地段不错，想不想把它‘吃’下来？”

顾竹轩将信将疑地听着。

小六子继续说：“这块地是工部局圈下来的，现在想标价卖掉。如果花几千块钱买下来，造个戏馆是没话可说的了！”

顾竹轩依然默不做声。

小六子把酒杯往桌上一放，带了几分醉意说：“老四，我对你是一片真心，你以为我在开玩笑？”

顾竹轩把手一摊："钱呢?"

"你说钱不够，我指点你一条路。"

"找谁?"

小六子眨眨眼，神秘地一笑："找你的心上人嘛!"

顾竹轩先是一愣，随后便哈哈大笑起来。不错，王月花的丈夫死时曾给她留下过一笔财产。

当天晚上，顾竹轩便在床上把白天的事一五一十地告诉了王月花。

"你怎么想?"王月花问他。

"卖掉车行，开戏园。"顾竹轩回答。

王月花连连摇头："多经营一样，多一条财路。你看，黄金荣、杜月笙他们样样都干，你为什么偏走一条道?难道苏北人比他们差?争口气，我帮你弄出点名堂来。"

顾竹轩一听，正中下怀，他故作为难地说："我何尝不这样想，不过，我财力不够。你有，可这是寡妇人家的活命钱，如果有什么闪失，我怎么对得起你?"

王月花用手指头在他的额上一戳："你我还分什么?快去张罗吧，要开戏园就大大地干它一番!"

第二天，顾竹轩到巡捕房去找小六子，请他帮忙吃下公董局那块地皮。接着顾竹轩又去找了这一地盘的流氓头子季云卿，打通关节，把他摆得服服帖帖。

不久，一座崭新的大戏院在丹桂舞台对面盖了起来。顾竹轩给戏院取名天蟾舞台，暗含天赐金蟾，发财致富之意。

顾竹轩在开设天蟾舞台时，唐嘉鹏曾为他到处奔走，出了很多力，本想顾会给他一个管事，没想到只给他一个稽查的职务，因此二人之间产生了矛盾。

唐嘉鹏不久倒戈一击，投拜黄金荣门下为门徒，黄金荣立即加以重用，委托他专管在打浦桥、斜桥一带的一家专演淮剧的金荣戏院，唐对麻皮倒也忠心耿耿。

华懋公寓，高五十七米，共十四层，但从外表上看，主楼仅十三层，因而有"十三层楼"之称

再说顾竹轩和黄金荣虽然是师徒关系，但黄认为顾开设天蟾

舞台，抢占了自己的生意，对顾心怀不满。而顾则认为自己是苏北大亨，各人头上顶一片天，为什么要向你低头！

唐嘉鹏自从进入黄金荣的门槛，不仅给他专管金荣戏院，还干了两件大事，都办得十分利落，邀得了黄金荣的宠信。所谓两件大事，一件是绑架温公尧；另一件是绑架尹启忱的儿子小雄。

先说绑架温公尧。

此事发生在1928年，曾经轰动全上海。

温公尧，河北蓟县人。他原是北洋军阀段祺瑞手下一个嫡系师长。段祺瑞垮台，他挟带巨资，来到上海英租界静安寺路王家浜，精筑别墅，安享清福。

俗话说："人怕出名猪怕壮。"此人身上的钱味，早已被黄金荣嗅到，当然不能放过。黄金荣在大烟榻上经过筹划，派唐嘉鹏去执行。唐看到老头子对自己如此看重，一声"得令"，立即行动。

温公尧隐居在租界里，深恐有人动他的脑筋，在家深居简出，非必要时不步出家门一步，如若外出，定瞻前顾后，盘算一番。

唐嘉鹏接受命令后，因内线打不进去，一直没有下手。他只好叫来"翻江鼠"洪阿奎共商下手之策。洪阿奎说："一不做，二不休，强行入门绑架。"于是依计而行。

唐嘉鹏借到三套英租界的巡捕制服，分派三人冒充巡捕，带着五个便衣，肩背丈量工具，冒充英租界工部局的土地丈量人员，另派四人在外望风。

上午8时，一行人来到温宅，敲开大门，即把看门的反绑起来，搜出大门钥匙，开铁门，将汽车驶入院内。然后，唐嘉鹏带领七人蜂拥入内，把所有仆佣驱赶一室，喝令他们指出温公尧的卧室。

其实温公尧的房子造有机关，卧室内特筑甬道，可通后门。温在卧室内已听到风声，料到大祸临头，急忙打开甬道之门，想从后门逃走。

哪知命该温公尧被擒，当他走出后门时，恰被后门望风的绑匪发现，料定是温府的大人物，便一个箭步窜上去，用枪抵住他的后脊梁，顿时，温瘫倒在地。

温公尧虽被绑到后，但从他的口袋里掏出钱来实属不易，因为温宁死不愿与绑匪谈判。绑匪只得和他家属接触，哪知财权全归温一人掌管，别人无从知晓。

后来，绑匪深夜将他架上汽车，开赴郊区以撕票相威胁，温公尧这才胆寒起来，答应给钱。绑匪狮子大张口，开价40万银元，经过几天的谈判，终以15万元成交。

温公尧经这次绑架，认为上海租界也不是安全之地，不如及早迁地，方为上策。说走就走，遂把别墅卖掉，携眷搬到香港去了。

再说第二件，绑架小雄。

有个曾在清朝做过苏、常、太地区钱粮稽征官的尹启忱，在任期间，腰里积满了民脂民膏。清政府垮台后，便携眷来到上海英租界过起寓公生活。

尹启忱是苏北泰兴人，与顾竹轩的父亲有乡梓姻戚关系。尹启忱家里拥有巨万资财的名声早已刮入唐嘉鹏的耳内。唐为了讨好老头子，给他广辟财路，便给麻皮出谋划策，要绑架尹的儿子，作为要挟的人质。

绑架肉票，不比一般入户抢劫，需从长计议，周密布署，方能采取行动。况且尹住在英租界，万一失手，后果不堪设想。因此，黄金荣除了提供必要的武器外，又着人帮唐详商如何绑架的步骤。

尹启忱的住宅坐落在英租界静安寺路成都路口，与上海江海总税务局盛宣怀的住宅仅一墙之隔。尹腰间虽有巨万家财，并有三妻四妾，但都没生过一男半女。

尹启忱年近60，膝下无子，不但他本人着急，就是妻妾也替他担忧。尹好色成性，将近花甲之年，又在外面搞了一个不正当的女人。不久，这个女人肚子渐大，尹不问就里，就将她要进门来，竟给他生出一个男孩。

尹启忱立即把她立为正室，男孩起名小雄。小雄到了上学年龄，尹聘师在家教授学业。每到下午四五点钟，老师和男仆都陪同小雄到内院小花园散步，这已成了习惯。

尹启忱不但与盛宣怀家关系亲密，而且与捕房的情谊也深。苏北大亨顾竹轩也尊他一声“舅父”，在开设天蟾舞台时，顾还向舅父借过一笔款子，因此关系也很好。

那唐嘉鹏绑架尹的儿子小雄，首先采用了“孙悟空钻入铁扇公主肚里”的办法，听说他家要雇佣一名苏北厨师，马上就把暗线介绍进去。不到两天，这名暗线就把尹家的内情摸得一清二楚。

唐嘉鹏得到情报，一面勘察地形，接通内线，约定时间，一面分派四名同伙，各怀手枪，分散在尹家左右外围接应。

这天下午5时左右，料定尹的儿子小雄下楼至花园散步，唐嘉鹏便化装成一个老人模样，开车来到尹宅大门边停下，下得汽车，手持红帖，向尹宅叫开旁门。

旁门一打开，唐便从腰里掏出手枪，对准管家胸口，把他逼到小房间内。唐的同伙立即从管家身上搜出大门钥匙，开了大铁门，把汽车开入院内，又把大门虚掩。

唐等同伙到了小花园旁，见小雄正在玩耍，立即一拥而上，将小雄抱上汽车。随即，唐驾车开足马力，冲出大门，扬长而去。绑到肉票后。把他藏在法租界长浜路荣生公司后门的密室之内。

尹见儿子被绑，急得心似火燎一般，赶快报告盛家、顾家和捕房。老闸捕房探长曹雨田一听此事，便料到八九，于是驾车直奔法租界钧培里黄公馆。

黄金荣没等曹雨田开口，就对他说道：“我刚听说尹启忱的儿子被绑，遗憾的是，这事竟发生在你的管辖范围内，最好不要把消息泄露出去，不然，于你面上也不光彩。”

黄这么一说，曹雨田也不再开口。他知道，反正事情成了之后，分起赃来少不了自己一份，便倒下身躯抽吸大烟。

顾竹轩也料定是法租界那帮人干的，当晚也赶到黄公馆来见老头子。老头子没等门生开口，就说道：“刚才听说你家亲戚的儿子被绑架，你看怎么办?”

正在抽大烟的曹雨田搭腔道：“老顾，事已至此，暂缓声张出去。如今有你老头子在此，想必也不难解决。”

顾竹轩一听此话，放下心来。当时就预料到此事的主谋是唐嘉鹏，因此，对唐更加怀恨在心。当晚，顾竹轩到尹家报信，叫他不要着急，事情已有着落。

尹启忱怎能不急，急得寝食俱废。但急也没用，单等绑匪开出价码。不久，价码到了，赎金 30 万银子。后经顾竹轩几度奔走，以 10 万元成交。一张 10 万银票支出，儿子小雄很快回来了。

银票到手，黄金荣马上分起赃来，曹雨田一万，唐嘉鹏二万，其余二万给参与人等。黄金荣自得五万。

唐嘉鹏的绑架成功，无疑给老头子办了大事，立了一次大功，并且自己又得到二万银元，所以，在众把兄弟中的地位顿时提高，眼睛马上长到额角上了。

由于唐的能干、会说，深得黄金荣的器重，黄金荣便委以重任，任命他为大世界游乐场的经理。

唐嘉鹏担任经理后，便认为老头子少不了他了，顿时趾高气扬，为所欲为起来。他不但可以在黄家直进直出，而且还色胆包天，想从麻皮手中抢夺李志清。

唐的举动传入麻皮金荣的耳里，直气得喘不过气来，心想这小子还得了，也太色胆包天了，想从我的口中分食吃，那以后还不翻了天。但是，“家丑不可外扬”，只得暂忍心头之恨。

就在此时，顾竹轩来到黄金荣的烟榻旁，讲述了唐嘉鹏在外胡作非为和抛弃妻小，到处找女人的事来，引起黄金荣的重视，听完顾的一番话，又想到唐妄想偷尝他独占的禁脔，便起了杀唐之心。

于是，麻皮便暗示顾竹轩，任他去处置唐嘉鹏。顾得到老头子的默许后，便指示徒弟王兴高，到大世界游乐场去暗杀唐嘉鹏。

这天傍晚，唐嘉鹏偕同吴玉林荪从大世界出来，正欲上自备包车时，王兴高连击三枪，唐嘉鹏当场毙命。

后来，法租界捕房缉获凶手王兴高，王供出实情，顾竹轩因此被判处五年有期徒刑。

唐嘉鹏被暗杀后，谁敢再来登堂入室，伸颈偷食？自此，李志清既是麻皮金荣的儿媳，又是他的情人。在床上，黄金荣把保险箱的钥匙又转交给李志清。

其实，唐、顾之间的矛盾是黄门出现内讧的最突出的表现。黄金荣集团中唐、顾两股是势力较大的两股，顾竹轩打击了唐嘉鹏之后，黄照旧视顾为心腹，这不免使手下的人腹诽而各自异心，竞相发展自己的势力，使黄门内部走向分散。而此刻，黄金荣与杜月笙的矛盾也正在加深。

这些矛盾的产生和加深，并不奇怪，因为他们之间存在利益与权势的争斗。

# 第十五章

Di Shi Wu Zhang

## 黄杜冲突，明争暗斗惊天地

看到杜月笙一系列的辉煌之举，实力迅速上升，超过了自己，黄金荣却并不甘心当配角，他要在上海滩作最后一搏。想到此，他不禁说出声来：『去年那小子回到浦东外高桥买了50亩地，修了一座祠堂，轰动全国，难道黄金荣真不如这小徒弟了吗？我——不相信！』于是，他们开始比房子、比赌资、比金钱、比女人，还要比傲气、比手段、比黑心、比地盘，这一比，就比出了无数动人心魄的故事……

## 一、黄、杜师徒红了脸

在1927年前，黄金荣与杜月笙的关系甚为密切。杜月笙在黄门十数年摸爬滚打，为黄金荣打天下，毫无二心。黄金荣也投桃报李，1924年将华格臬路（今宁海西路）上的一块地基送与杜月笙和张啸林，建起了杜公馆和张公馆（今宁海西路幼儿园等）。但1927年后，黄、杜矛盾日深，并逐渐公开化。

杜月笙实力的迅速上升和黄金荣的老衰，也许可以看做是导致双方矛盾的起因。

在黄、张、杜三大亨中，黄金荣的作风向来保守，且较为贪吝，进入国民党统治时

杜月笙（右）、张啸林（中）等上海名人

代后，尽管有门生蒋介石这一最佳背景，但随着年迈体衰，对整体局面的控制已经心有余而力不足了。从巡捕房退休后，逐渐退居幕后。黄金荣爱钱，但他赚钱的方式也是老式的。他的产业主要是早年经营的舞台戏院和一些房地产。他始终认为坐收房租，远较投资于工商业要牢靠稳妥，因此他不愿意搞什么股份合资开店设厂，因此，终其一生，没有和人合营过一项现代工业企业。

而杜月笙正值盛年，野心勃勃，有着强烈的权势欲，而且工于心计，善于审时度势，还舍得挥金如土，笼络人心，有一套颇为高明的处世手腕。他看准了以租界为靠山的流氓势力与国民党结盟中所占据的有利地位，即国民党急于利用他们，却又无法制约他们，只能用名利实惠来笼络讨好他们，而国民党当局的青睐，又是抬高自己的社会地位和扩展势力的最有力杠杆。

因此杜认定，充分利用自己对国民党统治者的特殊政治价值，积极参与政治活动，尽量向国民党靠拢，借助于它的政权力量，乃是乘机跻身上流社会并飞黄腾达的最佳途径。为此，他使尽浑身解数，向政界、财界进军，取得了意想不到的效果和成功。

就是在黑社会势力与南京政府结合、社会地位青云直上的过程中，杜月笙脱颖而出，超越黄金荣，成为上海流氓帮会世界中最煊赫的角色，并使其个人的权力“合法化”。

关于三大亨之间角色的升变，老报人徐铸成曾有一段回忆文字：1922 年时在无锡读中学时，只听说上海有一个黄金荣，十分了得。后来有上海三大闻人的说法，排序当然是黄、张、杜；20 世纪 20 年代后期，则改为黄、杜、张；30 年代又变成了杜、黄、张了。

杜月笙地位上升后，在与黄金荣的关系方面，最初最显著的变化便是对黄金荣称呼的改变。

当初杜月笙踏入黄公馆时，还是个 20 来岁的小后生，与年长 20 岁且已执掌上海半壁天的炙手可热的黄金荣相比，自然晚了一辈，因此，杜月笙亲切地称黄金荣为爷叔，称林桂生为师娘，这一称呼叫了十多年。直到 1920 年，53 岁的黄金荣看中了露兰春，不惜抛弃帮助自己打天下的林桂生。因为露兰春被卢永祥之子绑架，杜月笙单刀赴会救出黄，黄因感激，而与杜以兄弟相称。

自杜月笙帮助黄金荣躲过露兰春事件的难关始，没有几年，上海滩形成了黄、张、杜三大亨的新格局。到“四一二”事变以后，杜月笙更是超越黄金荣而逐渐成为上海流氓帮会世界中的第一号人物。

黄、杜矛盾的深化，始于黄金荣在杜月笙超越自己的时候，失去了平常之心。特别是 20 世纪 20 年代末、30 年代初，黄金荣在上海政治舞台上的衰退与如日中天的杜月笙，形成鲜明的对照。这一矛盾在法租界的华人董事问题上也有充分的表现。

法租界的华人董事最初是虞洽卿和陆崧侯，屡因虞洽卿拒绝而改由吴宗濂担任。1926 年，法国总领事那齐雅正式承认华董，次年他聘陆伯鸿、朱炎、魏廷荣、陆崧侯和吴宗濂五人为华董。这时，羽毛丰满了的杜月笙于 1927 年 1 月将法租界商业总联合会改组为法租界纳税华人会。1928 年 1 月，张啸林被选为华董，杜月笙等为顾问。

1929 年 1 月，法租界纳税华人会新选委员在贝勒路（今黄陂南路）1 号该会会所举行就职典礼，黄金荣与张啸林、魏廷荣等为执行委员。而杜月笙不仅是纳税华人会的执行委员，而且还担任了法租界商界总联合会的主席，而张啸林则是法租界纳税华人会执委会主席，地位均超过了黄金荣。

在近代中国报业界与《申报》齐名的《新闻报》，1893 年上海创刊

次年 11 月，法租界纳税华人会选举华人董事，杜月笙以 30 票与张啸林、魏廷荣、朱炎、陆伯鸿等五人当选，而黄金荣仅得五票，排在未当选者之首，连金廷荪也担任了专门顾问。

对于这些帮会内部的势力盛衰的更替，黄金荣总有些不甘。当然如果细致地分析，造成黄、杜矛盾深化这种局面的主要因素，恐怕主要不是花甲之年的黄金荣，而是他的数千徒众。

由于黄门弟子在报社的不少，黄金荣便要求他们着手收集杜月笙的违法言行，并予以攻击。《新闻报》的杭石君就秉承老头子的旨意，在报上有计划地攻击杜月笙经营烟、赌的事实。杜月笙深知舆论的威力，和与黄金荣公开闹翻的严重后果，立即到黄公馆谢罪，将搜刮来的钱分赃给黄金荣，直到抗战爆发。以平息可能发生的冲突。

而且，在平时，黄金荣也总是找机会对付杜月笙。有时朋友聚会，黄金荣会半阴半阳、似真似假地冷嘲热讽，当众揭底，让杜月笙下不了台。

有一次，杜月笙正在侃与人斗法的故事，不料黄金荣当头棒喝说：“月笙，我劝侬不要这样太用心计，免得短寿促命!”

还有一次，有人正在捧场恭维杜月笙所兼的几十个董事长、总经理，谓之中国第一个实业家，捧得杜月笙飘飘然。杜月笙正得意时，黄金荣冷笑道：“月笙，侬还记得否，第一次当董事是啥辰光?”杜月笙一时语塞。黄金荣得意地讲：“是在民国十年（1921），我在杀牛公司接茄勒路（今吉安路），由源涛出面创办不收学费的金荣公学，我当董事长，让侬当一名董事。”杜月笙当面还能笑笑，但心中毕竟难受，所以朝黄公馆走动就越来越少了。

20 世纪 30 年代初，黄金荣的学生、英美烟草公司工会主席陈培德准备竞选上海总工会主席一职。杜月笙的门生、淞沪警备司令部军法处长陆京士为打击黄门，扩充杜门势力，指控陈有共产党嫌疑，陈被淞沪警备司令部逮捕。这事气得黄金荣火冒三丈，高叫：“哼，这倒好，吃饭忘记种田人了。”立即差人把杜月笙找到黄公馆来，并关照无论他在做什么事，都要马上来，否则以后就不要再上钧培里了。

杜月笙闻言立即赶到黄公馆，只见黄金荣正躺在烟榻上抽大烟，便像20年前当黄的跟班那样，恭立一旁，等候发落。无论黄金荣如何发脾气，杜月笙温文平静，让黄金荣轧足面子，于是，化险为夷。陈培德随即由淞沪警备司令杨虎释放。经过杨虎的调停，陆京士和陈培德各当了一段时间的总工会主席。黄金荣的得意门生、管家黄振世在1928年参与上海鱼市场的筹建时，也被杜党排挤，在黄、杜两党的较量中，黄金荣一派处于下风，倒是不争的事实。但，黄、杜一直没有公开决裂的主要原因，不能不说是杜月笙的气度雅量了。

黄金荣与杜月笙的明争暗斗，还表现在其他许多具体的事情上。例如30年代轰动当时上海滩的杜月笙“杜氏宗祠”落成和黄金荣的“黄家花园”竣工。

## 二、黄家花园与杜氏宗祠

1932年清明前几天，上海西南郊漕河泾一带农民便开始上坟了。

春天的上海郊区是美丽的，风柔水清，空气新鲜，太阳暖洋洋的。纵横交错的河道两旁，一行行垂柳吐出了嫩芽，连河边芦苇也钻出来放叶透青了。

昏睡的土地觉得它的心复活了，似是而非的初春悄悄地溜入空中，又窜进了已苏醒的地下。迷人的春天慷慨地散布着芳香的气息，带来了富有诱惑力的灿烂天气，这正是：

春色怡人淡复浓，
南山花放北山香，
杨柳吹做千条线，
唤醒黄鹂弄琼浆。

按照旧时上海的规矩，清明前后10天里，为上坟插柳的季节。这时，他们三三两两地提着朱漆竹篮，篮上放着几束香，篮把手上挂着一串白纸幡。然后折几根杨柳，挟带一摞“纸钱”，去向坟中的父母送去一年的“花费岜”。

每年，特别是当上包打听以后，黄金荣也总会在清明时节，亲自到这里来，焚一些纸钱，掮把锄头，为父母送钱，为父母“补屋修房”，祭奠一番父母的坟茔。

黄家的祖坟，淹没在荒草杂丛之间，那旷野是荒凉凄黯的，四周一望无际，全都是大大小小的馒头式的坟地。一阵春寒吹来，使四周的东西都呈现出凄惨的景象。几棵矮树摇枯枝，“哗哗”地想诉说什么。

黄金荣在父母合葬的坟上亲自摆下供品：一盘香椿芽炒鸭蛋，一碗野香葱炒新蚕豆拌浇麻油，另外，则是“关刀肉”加上一锡壶黄酒。

摆下供品后，黄金荣又点几根香烛，倒身拜了几拜，再把纸钱摊成几份，一份是父母亲的，一份是土地爷的，一份是邻居的，还有一份是给游荡在外面的野鬼留着的。

一缕缕青烟袅袅升起，一张张纸钱飞向冥府。烧完纸钱，黄金荣直起身来，看着坟头，不禁流下泪来。

1936年6月，杜月笙在高桥家乡的“杜氏宗祠”建成后，组织了盛况空前的落成仪式，6000人的仪仗队在上海主要马路游行

平常，黄金荣是极少流泪的，就是在自己被卢筱嘉抓起关在石牢里，他也很少流过泪。但他看到躺在这荒野之间的父母，心里不禁一阵阵心酸。

他不由得暗自责怪自己了：难道看到这矮小的石坟，你不觉难过吗？按说，他此生也够辉煌的了。拥有四五个戏院与游乐场，两三座浴室，钧培里、源成里等数十幢房产，就是在苏州还有数百亩良田，可是大名鼎鼎的巨富，父母的尸骨还躺在这肮脏的荒丛中，能心安理得吗！

黄金荣越自责，心里越难过，那眼泪像断了线的珍珠，不由得簌簌地掉了下来。站在一旁的秘书龚天健看到此情此景，心里已知师父的心思。

“师父，是不是拣个黄道吉日，将老太爷的旧屋修一修，再种些花，挖口塘，养些鱼，让老太爷有地方转悠，然后弄些石人石马摆设摆设，为老太爷镇‘宅’。”

黄金荣回过头来，看了龚天健一眼，用手拍了拍他的肩膀说：“阿健呀，依你看，这坟应该怎么修呢？”

“回师父的话，具体怎么修法，我心里还没有谱。不过，只要师父一句话，小的哪个不尽份孝心哩！”



“好！我想要修，索性排场大点……”

“那就造祠堂。”

“造祠堂?”黄金荣叽咕一句，不觉想起去年杜月笙在高桥镇的事，那时，自己虽然总理杜氏祠堂之事，但心中愧得慌。因为看到别人的父母荣光耀祖，而自己的父母还“住”在荒野。但他当时压住了此念头，尽心尽力帮杜月笙完成了那件大事。

这杜氏宗祠到底是怎么一种盛况呢?

古人云:“富贵而不还乡，如着锦衣夜行。”地位显赫了，便想荣归故里。出此考虑，杜月笙决定重建杜家祠堂。一者，祖祠辉煌了，可以为自己挣面子；二者，也可以借此祭告早死的父母，月笙已经“曲蟮修成了龙”，若双亲地下有知，也可笑慰九泉。

1930年春，杜月笙集资50万元，在高桥镇杜家宅祖宅附近购置了50亩土地，招来大批工匠名师，兴建祠堂。同时，在《申报》上登出广告，征询本支亲属，找人纂修家谱。

1931年6月10日，为使杜月笙家祠仪仗队能够通过，法租界和华界电车停驶两个小时

1931年5月，杜家祠堂落成。

步入祠堂，只见一溜五开间的大厅，这便是第一进的轿马厅。第二进为主大厅，厅中供奉福、禄、寿三星，两旁两座八尺高的云南大理石屏风，白云苍苍，远山隐隐，宛如两幅写意名画。第三进是“享堂”，供奉杜氏列祖列宗的牌位，楹柱龛屏，都是雕龙刻凤，墙砖彩绘，皆是戏文故事，富丽堂皇，神思逸远。

祠堂旁是一幢二层的藏书楼，白石砌就，中分五楹，附有一所学塾，内藏门生好友所赠价值10万元的图书，供杜氏子孙及近乡子弟求学。

杜祠建成后，杜月笙为了炫耀自己在上海滩上显赫的地位，组织了一场轰动沪上的落成典礼，其规模之盛大，为上海开埠百年来所罕见。

请柬一发，惊动了朝野。不到10天，各式各样的礼物如潮水般地从四面八方向杜公馆涌来，匾联屏幅，古董玩物，旗伞花篮，礼券现钞，应有尽有。

接着是国学大师章太炎亲自润笔的洋洋千言的《高桥杜氏祠堂记》送到了杜府。章太炎的文章一出笼，便又引起一大堆名流们的长篇巨制祠堂记来。

其中胡汉民、刘芦隐、汪精卫、闻孝胥、虞和德、杨度、何成浚、谷正纲、贺耀祖、杨杰、叶开鑫都寄来了“记”“颂”等文章，这些文章全都是“金混翠墨”，“妙笔增华”。

杜氏家祠的落成典礼的主持机构，设总理三人：虞洽卿、黄金荣、王晓籁；协理七人：张啸林、金廷荪、郭祖强、蔡琴荪、胡泳莱、俞叶封和季应生。下聘各流，分组八处。

第一处为文书处，主任为前国史馆副馆长杨度，副主任是曾经票选中华民国第一任临时参议院议长汤漪；另设六名秘书，首席秘书是国民政府委员办公处秘书长陈群。

其余七处为：总务处、警卫处、卫生处、庶务处、筵席处、会计处、剧务处，每处各有处员 10 名。

1931 年 6 月 9 日，天刚蒙蒙亮，杜公馆附近的几条马路上就人山人海，参加杜祠落成典礼的上万名仪仗队员、宾客及看热闹的人，把杜公馆围得水泄不通。

上午 8 时整，随着一声震天动地的鞭炮声，大队人马从杜公馆出发，浩浩荡荡地向高桥镇杜祠行进。

队伍的最前面，是公共租界特地派出的马队——24 名骑在高头大马上的“红头阿三”，其后由几名壮汉合撑着一面两丈长的民国国旗；紧接着是 48 面写着“杜”的黄旗(表示杜月笙 48 岁寿辰)。

旗队之后，是由法租界 100 名推着自行车的安南巡捕组成的护旗队伍，再后面是华捕和穿着童子军制服的“金荣小学”的学生，还有救火会、缉私队等队列。再后面就是警备司令部的军乐队和中央陆军军乐队。

乐队之后，是整整一个连的士兵，高抬着蒋介石所赠的“孝恩不匮”的金匾。大匾后面，是由公安局乐队护送、达官显宦和各界名流相赠的匾额以及各地慈善团体历年来送给杜月笙的十几把“万民伞”。

万民伞过去，当地保护团护送着徐世昌、段祺瑞、曹锟、吴佩孚、张宗昌等送来的大匾。行列最后，是蒋介石馈赠的彩亭，作为整个仪仗队的压轴。

仪仗队后面，便是送杜月笙祖宗牌位入祠的队伍，牌位放在“神轿”里，轿前用八面特大铜锣开道，周围是 40 个身穿红绿彩衣，手捧花篮或香炉的少女。

杜月笙头戴礼帽，身着长袍马褂，带着儿子跟在轿后。他身后是几百名古装武士，手执从戏班里借来的戈矛剑戟和銮铃，后面还有数千宾客和他的门徒。

全队逶迤二华里，从杜公馆到金利源码头，足足走了 3 小时，一路鼓乐齐鸣，鞭炮震天，所经过的马路全部断绝，并有专门警察看管，数十万市民夹道观看。

这支庞大的队伍从金利源码头分乘几十艘大小轮船直驶高桥，从高桥码头到杜祠新修了一条长达十里的公路，路旁遍插彩旗，一里一个牌楼，送杜氏祖宗牌位的队伍沿着这条公路行进到杜氏祠堂。

上海明星电影公司专门派来了一支摄影队，摄下了这车水马龙、宾客聚集的盛况，后来在上海各影院公开放映。

杜氏家祠的前面，早已搭起一座五层楼高、张灯挂彩的大牌坊，四周是100多间高大的临时席棚，供开酒宴用。

席棚外侧，用木头搭起一座大戏台，由南派伶人演出，供高桥四乡百姓观看；席棚内侧，另搭一座富丽堂皇的戏台，由京派名伶与南派名伶合演。

这天，上海邮政局驻高桥支局还在这里设了一个临时站点，赠送来宾每人一套印有“杜祠落成典礼纪念”的信封信纸，并加盖红色“庆祝杜祠落成典礼”的纪念邮戳，给典礼平添了不少隆重气氛。

一位日本领事赞叹说：“杜家祠堂祀典，如此壮观，真不亚于王侯之观。”

下午3点，堂戏开锣。

在张灯结彩的大牌楼前，有一片广场。广场北端搭起大戏台，南伶们为高桥乡亲表演。在席棚里面的精巧戏台上，由南北名伶为贵宾演出。两处戏同时开演。

戏演到入晚，暮霭四合，大摆筵席。祠堂内酒席款待贵宾。祠堂外席棚，招待当地亲朋，邻村故旧。肥鱼大肉，全是浦东风味。

6月10日，举行了杜氏祖宗牌位入祠公祭典礼，由吴铁城、刘志陆、宋子文的代表宋子安，孔祥熙的代表许建屏，何应钦的代表何辑五执祭，国府中将参军杨虎代表国民政府及蒋介石致词。

吴淞要塞鸣礼炮21响，参加典礼的有一万多人，其中有各地军政大员、帮会头子，上海工商、金融界头面人物，以及法国总领事、日本总领事和驻军司令，公共租界警务长及法租界总监等。

举行公祭典礼那大，上海邮政局杜祠临时支局还发放了一万多枚纪念徽章，凭徽章可看戏吃饭。饭开三天流水席，每次摆1000桌宴席，酒池肉林，杯盘狼藉。杜月笙为这次典礼花去银元数百万，三天中仅鸦片就抽掉了8000多两。

宴席开三天，戏也连演三天，参加演出的有梅兰芳、尚小云、程砚秋、马连良、言菊朋、荀慧生等等，全都是名角。

这场轰动一时的杜祠落成典礼，被看热闹的市民称为上海空前的“大出丧”。

民国以来，上海曾有过几次耗资巨大、场面壮观的丧礼，如大官僚买办盛宣怀的出丧，外国“冒险家”哈同的丧礼，宋子文母亲的丧事等，但这些丧礼与杜月笙的“大出丧”相比，简直是小巫见大巫，这足见当年帮派头目杜月笙在上海滩是何等威风。

为了使读者更清楚地了解这次“大出丧”的盛况，我们把这次送匾额、写祠堂记以及演出的名伶剧目等情况再介绍一下。

杜月笙得到的匾额中有代表性的有：

“孝恩不匮”

——国民党委员长国民政府主席蒋介石贺

“好义家风”

——陆海空军副总司令张学良贺

“世德扬芬”

——军政部长何应钦贺

"干国栋家"

——司法院长王宠惠贺

"光前裕后"

——警察总监吴铁城贺

"同仁尚德"

——前大总统徐世昌贺

"俎豆千秋"

——前大总统曹锟贺

"望出晋昌"

——前临时执政段祺瑞贺

"武威世承"

——前北洋将军吴佩孚贺

"武库遗灵"

——国学大师章太炎贺

"源远流长"

——监察院长于右任贺

"东方望族"

——法国驻沪领事甘世东贺

"明德之后"

——日本驻沪日军司令坂西利太郎贺

除此匾额之外，还有国学大师章太炎润笔的洋洋千言的《高桥杜氏祠堂记》：

杜之先出于帝尧。夏时有刘累，及周封于杜，为杜伯。其子隰叔违难于周，适晋而为范氏，范氏支子在秦者复为刘，以启汉家。故杜也、范也、刘也，皆同出也。杜氏在汉也，有御史大夫周，始自南阳徙茂陵。自是至唐世为九望。其八祖皆御史大夫。惟在濮阳者祖七国时杜赫，自江以南无闻焉。宋世有祁公衍，实家山阴，江南之杜自是始著也。

高桥者，上海浦东之乡也。杜氏宅其地，盖不知几何世？其署郡犹曰京兆。末孙镛自寒微起为任侠。以讨妖寇，有安集上海功，江南江北豪杰皆宗之。始就高桥建祠堂，祀其父祖以上，同堂异室之制，近世虽至尊犹然。故诸子庶不立别庙，独为一堂，以照穆叙群主，盖通制然也。

凡祠堂，地以待设塾及图书馆，所以流世泽率后昆也。余处上海，久与镛习识。祠成而镛请为之记。夫祠堂者以上具岁时之享，下使子孙瞻焉，以推其室家者也。杜氏在汉唐，其为卿相者以十数，盛矣。上推至帝尧，又弥盛矣。虽然，自尧之盛，尚不能覆露其子，使袭大宝，其余属登公辅，赐汤沐之邑，曾微百年，后之人至不能指其先世里居所在，此镛所知也。

为子孙者，岂不在于自振拔乎哉？

和以处宗族，勤以长地材，福倍汉唐盛世可也。称不朽者，惟立德立功立言，宜追观杜氏之先，立德莫如大司空林，立功莫如当阳侯预，立言莫如岐公佑，其取法非远也。镛既以讨寇有功，其当益崇明德，为后世程法。然后课以道艺，使其就文质，化为畔谚，以企于古之立言者。有是三者，而济以和宗教，劝地材，则于守其宗礼堂也何有。不然，昔之九望，奄然泯没于今者七八矣。虽有丹楹之座，究九州美味之乡，其足以传嗣者身几何？吁！可畏也，道记之云尔。

公祭典礼时，杨虎代表国民政府和主席蒋介石宣读颂词是：

诗咏祀事，典备蒸尝，
水源本本，礼意綦详。
敬宗收族，德在无忘，
激波秕俗，秉兹彝常。
元凯之家，清芳世宗，
孝孙有庆，服先食旧。
任侠好义，声驰遐迩，
济众博施，号为杜母。
肯堂肯构，实大其宗，
爰建新祠，轮奂有容。
篡篡既饬，锵济攸从，
式瞻枚实，介福弥隆。

大门外石牌坊前的大牌楼上，镶入蒋介石手书“孝恩不匮”匾额的复制品，两旁悬着监察院长于右任撰的贺联：

春酒荐楹阶，此地南天唐丰曲；
家门振旌节，经久纬王晋王西。

杜氏祠堂落成典礼的戏目有：

6月9日：

《天官赐福》——全班合演；

《金榜题名》——由徐碧云、芙蓉草、言菊朋、金仲仁合演；

《鸿鸾禧》——由荀慧生、张春彦、姜妙香、马富禄合演；

《百花亭》——由雪艳琴演；

《汾河湾》——由张藻宸、尚小云合演；

《打花鼓》——由肖长华、马富禄、华慧麟合演；

《芦花湖》——由程砚秋、王少楼合演；

《落马湖》——李吉瑞、小桂元合演；

《龙凤呈祥》——由梅兰芳、杨小楼、马连良、高庆奎、谭少培、龚方甫、金少山、肖长华等合演；

《富贵长春》——全班合演；

《八百八年》——王晓籁、袁履登客串；

《空城计》——郭继方演；

《宇宙锋》——季小姐客串；

《群臣宴》——孙化成演；

《庆顶珠》——小杨月楼、王庚严合演；

《状元谱》——张藻宸、小桂元、金仲仁合演；

《玉堂春》——高庆奎、张春彦、芒英、姜妙香合演；

《烛影记》——程砚秋、黄大元合演；

《捉放曹》——王少楼、金少山、张春彦合演；

《长坂坡》——杨小楼、雪艳琴、高庆奎合演；

《红鬃烈马》——梅兰芳、程砚秋、荀慧生、尚小云、马连良、龚云甫、雪艳琴、黄大元等合演。

6 月 11 日：

《满堂金红》——金碧玉、杨鼐侬、彭春珊、马佩云合演；

《岳家庄》——小杨月楼、小奎官、蒋宝印合演；

《琼林安》——言菊朋主演；

《战宛城》——麒麟童、荀慧生、刘奎官、金仲仁合演；

杜月笙为家祠落成举行南北京剧院大汇演，请了京、沪两地几乎所有当红的京剧名家，可谓史无前例。上海人所谓“杜先生的面子”由此可见

《取莱阳》——马连良、金少山主演；
《取帅印》——高庆奎主演；
《花木兰》——徐碧云主演；
《马蹄金》——尚小云、龚云甫、黄大元合演；
《林冲夜奔》——李万春、蓝月春合演；
《二进宫》——梅兰芳、谭小培、金少山合演；
《卧虎沟》——李士瑞主演；
《弓砚缘》——雪艳琴、姜妙香、雪艳芳合演；
《忠义带》——程砚秋、谭富英、王少楼合演；
《八大锤》——杨小楼、马连良、刘砚亭合演；
《五花洞》——梅兰芳、荀慧生、金少山、程砚秋、尚小云、高庆奎合演；
《庆赏黄马褂》——麒麟童、王英武、赵如泉、刘汉臣合演。

从上面我们所列出的名单、颂词及剧目可以看出，杜氏祠堂落成典礼之铺张，之繁荣，在旧上海是少有的。

所以，当黄金荣看到杜月笙开办的杜氏宗祠之盛况，感到自己的日落西山和长江后浪推前浪的感慨。麻皮金荣不得不佩服这个往日门徒今日师弟之显赫的地位……

但黄金荣并不服输，他要在上海滩做最后的一搏。想到此，他不禁说出声来："去年那小子回到浦东外高桥买了50亩地，修了一座祠堂，轰动全国，难道黄金荣真不如这小徒弟了吗？我—不—相—信！"

"对，师父，咱就建个祠堂。"龚天健也硬气起来。

"不！要建就建座大的！"

"那……"

"建座花园。"

"对，对，还是师父想得周到，要比就得超过他，还是花园气派！"龚天健也乐了。

当天，黄金荣就在实地勘察起来，左指右指，把偌大的一块地盘用手在空中划了出来。回到家第三天，手续便办好了，将60亩的土地全买了下来。

听说黄金荣要造花园，他手下的徒子徒孙们无不闻风而动，有钱的出钱，无钱的忙着去借钱进贡。少则四五十元，多的千元以上。

据记载，杜月笙捐5000元，金廷荪捐4500元，张啸林捐4000元。一时筹到的款子，竟高达353万银元，付去全部花园建造费用以外，尚余几万银元结余。

建造工程自1931年动工，是年11月17日竣工。

花园验收合格后，黄金荣亲带一帮人马，来此视察参观。

花园朝南的正门三间房子，屋上是桶瓦泥鳅脊背，檐下配上两扇红漆大门，左右两边一色雪白粉墙，门前是白石阶，阶前虎皮石砌成平地。

在气派的园门上面，镶上一块龙飞凤舞的匾额，上书："黄家花园"。这四个字据说是旅居上海的著名书法家朱复戡先生所书。当然，为了"黄家花园"的称谓，黄家还闹起一场轩然大波的矛盾，什么矛盾呢？容我们后面再说。

汇丰洋行大班的住宅

进入正门，迎面又是三进房子，黄金荣后来把中间一座大厅取名为“四教厅”。厅前陈列着一堂樊石八仙，厅内当中供着福、禄、寿三星，两旁分列着12把红木大交椅，四壁挂着黎元洪、曹锟、徐世昌等送的匾额。

出了二进房子，是一所大院，但见满园清泉淙淙，行行绿柳飘拂。绿荫中，殿阁飞檐鎏金；荷萍后，长廊漆朱画绿，景色宜人。

西厅高悬“俎豆千秋”。座椅后，依十丈屏风，画猛虎啸月，更使此堂威严。再步入后院，看阳光透柳照碧池，秋荷亭亭玉立，鱼儿穿梭游弋。

沿卵石斜径，进月亮门，早闻淡淡花香，登阶入厅，藤编铺地，中又置红毡地毯。沙发铺床，绫罗幔帐，映湖蓝四壁，更显得舒适宜人，富丽堂皇。

此后厅，各有门通三处，由曲折长廊相接。众人出此而沿廊漫步，看会议厅、公事房、汽车库、迎宾处，大小中西餐厅。

在护卫处的四周，又分别散布着“明净斋”“消闲堂”“聚贤居”“武威厅”“世德居”“忠孝房”。黄金荣把此处当成了居家会客的佳处。

却说为了“黄家花园”的称谓，黄家闹了一场什么样的轩然大波呢？

有一天，黄金荣回到钧培里，只看到几个门徒战战兢兢，站在客厅的角落里，而黄金荣的老婆林桂生则双手叉腰，横眉怒眼。

黄金荣知道家里又出事了，便三步并作两步跨入客厅，见地上一张宣纸已被撕成四半。麻皮将纸捡起，拼在一起，一看是朱复戡先生题的“黄家花园”四个字，顿时愤怒了：“谁撕的？”

原来龚天健秉师父旨意，用50块袁大头，请朱复戡先生题好园名后，送回钧培里。适逢黄金荣去参观花园，便送给了林桂生，让她先过目欣赏。

林桂生摊开这宣纸一看，顿时脸色铁青，嘴唇发紫，双手抓住宣纸横竖一撕，掷在地上，而后叉开十指，咬牙骂道："黄家花园，哼，黄个屁，没有老娘，你抖得起来？我偏要叫它为林家花园……"

黄金荣听知此事，火冒三丈，大骂道："你这个烂婊子，骨头痒了？"

"我是烂婊子，你个麻熊，瘪三，没有我，你有今天……"

自从招赘到林家以后，黄金荣从来没有发过这么大的火，有时搞其他女人，桂生发火了，黄金荣便找人转转弯子。但这一次，他忍受不了了。

"这花园就叫黄家花园！"

"不行，你是上门女婿，一切家私都该是姓林的。"

"要是没有我姓黄的，你能住得起洋房，用得起汽车，造得起花园?!"

"没有我的帮衬，你麻皮有今天？"

两人互不相让。

"这花园就叫黄家花园！"

"叫林家花园！"

"叫黄家花园，定啦！"

"黄麻皮，今天我告诉你，你要是硬下去，老娘就永远不回来了！"

"我就这么叫，你不回来，我不拉你。"

当夜，林桂生打开了银箱，将金银珠宝全部装进自己的手提箱里。原有的私蓄她早已存进了外国银行。

第二天一早，林桂生叫了辆汽车走了。她又在摩西路买了一幢楼房，此后再不与黄金荣相见，也不许人再提黄金荣的名字。直到1981年春，林桂生死去。

林桂生前脚迈出大门，黄金荣后脚就把管家大权，全部交给守寡媳妇李志清。

据黄宅的佣人说，那天晚上，黄金荣拿着一串钥匙交给李志清，然后就把她往床上按。

"老骚货！"李志清在他的光脑袋上敲了一下，就顺从地躺下来了。

李志清当家以后，先后领养了两个儿子，大的叫成法，小的叫成德，还领养了一个女儿，叫黄悦明。

解放初，大儿成法和女儿黄悦明同他们的养母李志清迁居香港，小儿子成德是新华影片公司老板张善琨的女婿，他留在了上海。

1931年11月18日是个黄道吉日，从清晨起，漕河泾一带就热闹起来了，靠近花园的两旁路上，馄饨摊、糖粥担、五香茶叶蛋摆满了路两旁。

早上8点钟，在嘀嘀嗒嗒的唢呐声中，从汽车里抬出一块黑底金字的长方匾，上书"黄家花园"四个大字，四周用红绸带子扎着，在当中还束了一朵大花球。放过三声"高升"后，便在噼噼啪啪的"百响"鸣放中，将这园名大匾挂上大门额顶。

过了半小时，一辆黑色轿车开来，门前一队吹鼓手立刻鼓起腮帮子，挣红脖子拼命地吹打起来。

车子在吹打声中，徐徐开进大门，在小道上滑行一段以后向西一拐，又往北开了一箭之地，嘎地一声停在花园中的一个大厅前。

一个仆役匆忙上前拉开车门，黄金荣身着长袍马褂，弯腰下来。之后是龚天健和俞永刚两人抬着一方大理石碑面，石面上镌刻着几个鎏金大字：

文行忠信

——蒋中正题

黄金荣双手扶着石碑面，倒退着身子，将它迎进厅内，供在上方。

后来，这块匾额被镶嵌在厅右边的六角亭上。

这个大厅，黄金荣命名为“四教厅”，取蒋介石“文行忠信”四个字的教诲意思。这厅的建筑，仿造丛林大雄宝殿的样子，厅前陈列着一堂樊八仙，厅内当中供福、禄、寿三翁，两旁分列着红木大椅，墙壁上挂着社会名流等人送的匾额。

这一天，各界人士纷纷前往祝贺，黄金荣特意命人制作“黄家花园民国二十一年(1932)落成纪念”证章遍赠贺客。

在此次落成大典上，张啸林担任大总管，调度一切事务；杜月笙负责总招待，招待诸路来宾。应邀前来的，有上海国民党的军政要员和各巡捕房的头脑，以及黄金荣遍布上海的徒子徒孙。

开宴前，黄金荣委派张啸林为代表，念了花园落成词：“本花园之落成，愿望本人晚年避嚣颐养之所，草草工竣，未臻完美。多蒙在座诸位关注备至，并亲自光临，深为感谢。更蒙蒋总裁在戎马倥偬中莅临是会，实为本人之万幸！兹值国家多事之秋，不敢过于铺张，有慢及此，备有薄筵，聊尽本人东道之谊。”

张啸林读罢落成词后，乐队奏起迎宾曲，在执行人员指引下，一齐分档入席。宴会罢后，大厅上接着演出堂会戏，由南北名伶主演、合演。

黄家花园落成后，每年的立夏以后，黄金荣便迁往花园歇夏，在北面的别墅里避暑，一直到8月秋凉后，再回到钧培里本宅。

在花园里，总有一批游手好闲的门生，最常见的有龚天健、陈福康、鲁锦臣和“夜壶”阿四，他们成天陪着他碰铜旗、挖花牌、抽鸦片，消磨时光。

黄家花园建成后，也成为黄门弟子聚会议事的重要场所。几乎每个星期日，黄门弟子都会不邀而集。每到农历正月十三、五月十三和九月十三，都要在园内的关帝殿聚会，一般的黄门弟子更是云集，各出10元到漕河泾花园聚会，中午就在那里聚餐，游玩到下午三四点钟才尽兴而散。

为了保护黄家花园，也为了联络漕河泾民众的感情，黄金荣于1933年8月4日，独资创办了漕河泾消防队，添置消防车两部，征募队员60人。

此外，每年冬天，黄金荣都要在花园周围给穷人送棉袄、棉裤和米粮，如有人到黄家花园门口去讨饭，一律一人二角。在每年的中秋，花园向周围民众开放，免费观看滩簧戏和西洋镜，在漕河泾上还有龙舟表演，直到通宵，所有的观众都有点心吃，最后还给每人发两瓶“十滴水”。

每年的六月十九，黄金荣准许善男信女入园到观音阁拜佛，并以免费素斋相招待。

1936年10月30日为蒋介石50大寿，黄金荣特在黄家花园举行盛大庆祝活动。整个花园布置得富丽堂皇，四教厅内举行高级宴会，黄金荣特邀沪上名流、各国领事、党国要人赴会。

正在酒酣耳热之际，传来蒋介石在西安被抓的消息，一时黄家花园里惊慌失措。随后，黄金荣与杜月笙、张啸林、王晓籁、傅筱庵、闻兰亭等致电西安，要求释放蒋介石。蒋介石如果一倒，对黄金荣自然影响颇大。黄金荣正在黄家花园担忧，忽然传来蒋介石被释放的消息，黄金荣心里才一块石头落了地。

黄家花园成为黄金荣及上海帮会人物聚会、宴请场所，有时这类活动还是相当频繁的。1937年3月，孔祥熙作为中国特使率团出席英皇加冕典礼，31日，黄金荣偕杜月笙、张啸林等在黄家花园宴请中国特使团。4月18日，黄、杜、张等又在此宴请代理市长俞鸿钧、淞沪警备司令杨虎等。

解放后，黄家花园已经衰败。黄金荣死后，人民政府将花园收归国有，并将张家坟山部分迁入，经全力整修于1958年8月对游人开放，黄家花园改称桂林公园。

当然，这些都是后话，不再多言。

却说这黄家花园竣工也称得上当时一大盛况，但远不如杜氏祠堂，黄金荣尽管不服输，但他心里多少明白一些了，上海滩已经开始掌握在杜月笙手中，自己只能是配角了。

## 三、众门徒“窝里斗”

黄、杜之间的冲突、矛盾，不仅表现在杜月笙的崛起和黄金荣的老衰上，还表现在由于黄金荣控制力的减退，黄门内部出现了分裂和内讧，各门徒之间互相明争暗斗，对黄、杜矛盾的加深起了推波助澜的作用。

黄金荣一生为扩大势力，聚敛财物而广收门徒，他的门徒数以千计。

黄金荣的门生人多混杂，派别林立，不断相互攻击和争宠，经常出现内讧，前面提到的顾竹轩雇人杀唐嘉鹏即是其中的一幕。

另外，杜、黄各自的门徒、亲信之间的矛盾也加剧了两人的冲突。

叶清和与陆连奎是旧上海两个炙手可热的人物。叶清和是杜月笙的得力干将，靠贩卖鸦片、私设毒品工厂暴发，财大气粗，横行不法。而陆连奎则是黄金荣的得意门生，历任公共租界捕房便衣警探队长，刑事科督察长等职，八面威风，作恶多端。

这两个人本是一丘之貉，后因分赃不均阋于墙，甚至对簿公堂，诉讼经年，终于将一段黑幕抖搂出来。

1932年初，叶清和与四川军阀范绍增在重庆合办的海洛因加工厂，因范在军阀混战中兵败失势而停办。而当时他从四川贩运来的大批土制海洛因，质量低劣，在上海卖不出大价钱。为了牟取暴利，叶清和决定在上海开一家海洛因加工厂。

当时上海公共租界中有个名叫雷福江的中国人，也在暗中干着加工海洛因的勾当。此人经验丰富，技术高明，叶清和便想请他当技师，但雷福江提出的条件是，不取分文工资，成品三七分成。

叶见雷的胃口太大，只得作罢，另找了一个日本人做技师，在法租界私设了一家海洛因加工厂，第二年夏天，他又悄悄将这家工厂迁到虹口公共租界。

叶的工厂刚迁到虹口，陆连奎便找上门来，一开口就要收一万元保护费。但叶仗着自己与租界头面人物的特殊关系，不肯如数交出一万元。陆见叶不肯交钱，还在言辞中有仗势压人之意，一怒之下拂袖而去。

当夜，陆连奎找到老头子黄金荣，把此事添油加醋地说了一遍。最后说，杜月笙不是你的师兄弟吗？他看不起我，也就是看不起你，他压根没把你放在眼里。

黄金荣听完笑了笑，说：“阿奎，你这个激将法用得不好，你想拆散我和杜的关系。但既然你是我的门生，我还是要帮你的。”

“怎么帮法?”

“这还用我教吗？找个理由把他的工厂连锅端了。如果杜月笙找你麻烦，有师父我替你撑腰!”

陆连奎听了师父一席话，便寻找时机，一举杀杀叶清和的锐气。

再说那个暗中加工海洛因的雷福江，见叶的工厂迁到公共租界也十分惊慌，唯恐自己的小工厂竞争不过他，于是他重金贿赂陆连奎，要陆设法收拾叶。

20 世纪 20 年代的南市，已经是店铺林立，异常繁荣

那陆连奎本有此意，现在又有人进贡要他对付共同的“敌人”，何乐而不为。他瞅准叶清和离沪赴津贩毒之际，率大批警探将叶的毒品工厂查封，又将叶的一批爪牙逮起来，送到巡捕房。

叶清和从天津返回上海后，得知工厂被封，爪牙被抓，就托人与陆谈判，欲将此事私了。但陆连奎由于在雷福江那里已捞足了好处，故不肯与叶交易，还扬言要将叶逮捕归案。

叶清和一听到这个消息，吓得他进出不敢坐自备汽车，后来干脆躲到法租界。叶以为公共租界的探长不敢到法租界抓人，但他不知法租界是黄金荣的天下，陆得到老头子的首肯，硬把叶从法租界抓去。

叶清和被逮捕后，其亲信通过公共租界上层的关系，以四万元保金的代价将他“保外就医”。叶被释后，咽不下这口气，便不惜以每次 6000 元出庭费的代价，聘请大律师章士钊控告陆“敲诈未遂，滥捕无辜”。

陆连奎则以“违法私设毒品工厂”对叶反诉。官司从租界的会审公廨一直打到苏州的江苏高等法院，由于叶的毒品工厂人赃俱在，而陆的敲诈勒索无真凭实据，故叶屡诉屡败，尽管花了 20 万元仍未打赢官司。

叶清和见官司未赢，想通过师父杜月笙来整治一下陆连奎，陆听到消息赶紧到黄金荣处告状。黄金荣便打电话通知杜月笙，说，徒弟之间的事，任他们怎么闹，我们做师父的千万不要插手。

杜月笙其实是有能力整治陆连奎的，但不看僧面看佛面，对此事只得罢手。

当叶清和回到公共租界时，陆连奎又扬言要再次逮捕他，这个鸦片大王见势不妙，脚底抹油，便逃往老家厦门，继续干他那贩卖鸦片的勾当。

陆连奎大胜还朝，不几日，便拿着几根金条到黄金荣家孝敬老头子。但陆连奎乐极生悲，此后为了几巴掌，竟被蒋介石狮子大开口，诈去一架飞机。

此事需从头说起。

陆连奎，浙江湖州南浔人，15 岁那年他一人来到上海滩，独闯江湖，在一个偶然机会救过虞洽卿的性命，以后拜黄金荣为师。

陆连奎生财有道，他除拥有一家百货公司，还在繁华的南京路造了一所游泳池，另外他还是中央旅社、中南大旅社的经理。

陆连奎在上海滩横行霸道，欺压百姓，为所欲为，人们敢怒不敢言。

有一天，有个身穿高级棕色西装的先生，挽着一位小姐来开房间。在他俩登上三楼时，小姐同匆匆下楼的黑汉擦肩而过。黑汉只觉得香气扑鼻，回头望去，那小姐扭动着富有曲线美的躯体登梯而去。

黑汉着了迷，便回到账房间查看旅客登记册，方知那小姐芳名朱红丽，20 岁，住 308 房间。

黑汉急忙来到 308 房门口，透过门上的一小扇玻璃望去，只见朱红丽正好脱去一件鹅黄色的薄绸无袖旗袍，露臂裸肩，乌发披肩，秀眉樱唇，双眸含笑，素洁娇媚，无比可爱。

半夜12点，那朱红丽正与那先生在床上颠鸾倒凤，只见一道手电筒的白光射在她雪白的胴体上，朱小姐恐惧地缩进被窝。那先生以为是歹徒，慌忙摸出皮夹子："这点钞票拿去，算是我请两位先生喝酒。"

"哈哈哈，谁要钱！起来，我们查房间。"

此时黑汉早已换上警服，腰间挎着手枪，等电灯一亮，黑汉一把将先生从被窝里拖出来，"我们查的就是你，想不到你抢了银行到这里玩女人，走，把他带到巡捕房去！"

"警官，你看错了人，我可是规规矩矩的生意人，你们可不能冤枉好人呀！"

黑汉嘴巴一歪，跟来的巡捕马上替他穿上衣服，带上手铐，把他抓走了。

等人走屋静，黑汉脱掉警服，换上睡衣，一头钻进朱小姐被窝。

这个如此胆大妄为的黑汉是谁？不是别人，正是上海滩鼎鼎大名的陆连奎，上海英租刑事科督察长，有名的"上海通"。

然而，俗话说得好："强中自有强中手，恶人自有恶人磨。"陆连奎一味胡作非为，终究也有"遇鬼"的一天。这就是脍炙人口的陆连奎打耳光赔飞机的故事。

有一天，陆连奎到中央旅社和情人吴小姐幽会，在上电梯时，有位青年拎着一只皮箱也挤上电梯，不巧箱子角碰到他的情人吴小姐的玉腿上，并划出了血。

陆连奎怒火万丈，本想抽那青年几个耳光，但因为自己是这旅社的老板，动手打顾客传出来影响生意。便强压怒火问道："你这箱子里装的是什么东西？"

"箱子是我的，你管不着！"

陆连奎本身就有气，如今听到他的答话，更恼怒了："快打开箱子，我要检查！"

"我的箱子随便拎到哪里，从来不受检查。"

陆连奎听到这个青年人竟敢口吐狂言，再也忍不住了，举起巴掌，上去就是一个耳光。

"你敢打人？好！我告诉你，打人是要付出代价的！"

陆连奎一听，心想，我堂堂的督察长，在我的地盘打人还要付出代价，真是天大的笑话，于是，他怒火中烧，顺手又是一巴掌，"啪"地打在那青年人的脸上。

"你不说打人要付出代价吗？好，你开价吧，100万？200万？还是500万！"

陆连奎打过人，嘴巴一歪，手下人立即将这个青年关了起来。

夜里，陆连奎正和情人甜甜蜜蜜，互相温存调情之时，床头的电话"铃……"地响了起来。

陆连奎随手抄起话筒，恶声恶气地说："喂！谁？半夜三更搞什么名堂？你不睡，我还要……谁？什么？你是吴市长？"

"你是陆连奎吗？我是上海市长吴铁城！我问你，你知道你前面抓的人是谁吗？他是蒋委员长的外甥俞洛民！"

"啊？蒋委员长！"陆连奎慌了。

为了保住小命，陆连奎慌慌张张跳下床，抖抖索索穿好衣服。亲自把那被抓的青年请进自己房间，设宴摆酒压惊，并让情人亲自替那青年夹菜斟酒。



陆连奎此时再也不敢提及自己督察长的头衔了，左一声俞先生，右一声俞先生，并亲自往自己脸上甩耳光，低声下气赔礼道歉。

原来，俞洛民是到南京领军饷的，大批军饷已由专人押送先回浙江，他想到上海白相白相，想不到一到上海，气不打一头来。

陆连奎的巡捕把俞洛民抓到房间后，便看管起来。俞洛民突然看到房间角落里有一部电话机，便悄悄地拿起电话，拨响了上海市长吴铁城的私人秘密专用电话。

当蒋介石听说自己外甥被打时，陆连奎竟出狂言一记耳光 100 万元，便微微一笑，对吴铁城说："这位陆先生很有钱，好吧！我外甥被打就不用他赔偿了，现在国家很穷，需要补充军备，就叫他捐 10 架飞机吧！"

陆连奎一听此言，吓得瘫倒在地。"妈呀，没想到两个耳光要赔 10 架飞机，这不要我命吗？我就把全部家产卖掉，也买不起五六架飞机呀，难道蒋委员长要我倾家荡产吗？"

陆连奎这时才想起求老头子说说宽容话，因为蒋介石毕竟是黄金荣的门生，如黄金荣一发话，那老蒋不会不给面子的。于是，陆便带着四根金条来到老头子家。

那黄金荣正一肚子气呢，这陆连奎，太不像话，那次和叶清和打官司，要不是我发了话，杜月笙不把你整死才怪哩。但这位黑汉却在外面说："老头子并没帮我多大忙，但还问我索取两根条子，太气人了。"

当时，黄金荣便想找陆连奎理论，但一想，师父和徒弟讲理，太有些丢面子了。便佯装不理，事情才不了了之。

现在，陆连奎上门来，还带着四根条子，黄金荣不阴不阳地讲开了："陆督察长，我可不敢收你这四根条子，不然，外面又会传出我的闲话来，说我不但不帮忙，还勒索你四根金条，你还是带回去自己用吧。"

陆连奎脸红一块，白一块，恨不得地上有条缝，自己好钻下去藏身，但事已至此，只得厚着脸皮向老头子求情。那黄金荣至死不肯松口，也不收条子。

陆连奎回到家后，对师父的仇恨更加深了。他只得又去求中央委员褚民谊帮忙，后经褚民谊多方奔走，讨价还价，还是要捐出一架飞机，以抵消两记耳光之债。

陆连奎自从被"敲"去一架飞机后，心里很不是滋味。后来又听说黄金荣摆酒庆贺，幸灾乐祸，心里便种下对黄金荣仇恨的种子，心想，总有一天，我要从你麻皮师父的嘴里敲出一笔钱来，以解我的心头之恨。

想来想去，陆连奎总也想不出治麻皮师父的办法。但不久黄金荣做的一件事启发了他。对！就这样敲他。

黄金荣究竟做的哪件事启发了陆连奎呢？

## 四、以其人之道，还治其人之身

曹启明，浙江宁波人，其父自清末民初闯荡上海，由于治家有方，生财有道，一举成为上海滩布业巨子。曹父耋耋之年，曹启明接过父亲的产业，继续发扬光大。

就在黄家花园竣工不久，漕河泾又盖起了一座布局更加雅致、气派，更加宏伟的曹家花园，尤其是镇守园门口的那一对汉白玉石狮，据说从山东采石，请名家高手雕凿而成的。

其实，曹启明并非存心和黄金荣一比高下，他是个孝子，建造这座花园是专供他父亲晚年怡娱的。但他做梦也不会想到，却会因此而埋下祸根。

曹家花园开张的消息传到了黄金荣的耳朵里，他派心腹徒弟王文奎到曹家花园悄悄侦察了一番。王文奎一见此园，景色果然不错，便向老头子绘声绘色地汇报一番。

言谈之中，王文奎故意夸大事实，说曹启明盖曹家花园是为了把黄家花园比下去，让曹家花园成为漕河泾独一无二的建筑。黄金荣听后，大为不乐，发起“妒病”来。

王文奎见此，立即向黄金荣附耳如此这般一番，黄金荣听后点头首肯。于是，一项绑架曹启明的罪恶计划形成了。

王文奎为什么如此恨曹家花园呢，除了看老头子的眼色以外，还另有原因。

原来王文奎和曹启明曾经为争一个舞女而妒恨在心，想借此机会整治他一下。

旧上海素有“东方不夜城”之称。每当夜幕降临，舞厅的霓虹灯此亮彼暗地闪烁起来，入口处极其性感的红舞女巨幅照片特别醒目。衣饰华美的众多舞客，兴致勃勃地步入舞厅。随着优美的舞曲奏响，舞客和舞女成双成对地步入舞池。

1843年上海开埠后，西方的交谊舞开始传入，但当时只是洋人的自身娱乐活动。上海最早出现交谊舞是在外白渡桥旁的理想饭店，稍后又有卡尔登戏院。

每逢周末或星期天晚上，这两个地方就举行不对外售票的“交际茶舞”。至清末民初，上海的“一品香”也举办了“交际茶舞”，这是上海公开开设交际舞场所的开始。从此，交谊舞在上海盛行起来。

上海最早开业的营业性舞厅是“黑猫舞厅”“月宫舞厅”等。到了20世纪30年代，舞厅蜂拥而起，独领上海滩风骚。

头等舞厅有静安寺的百乐门、江宁路的大都会、南京西路的仙乐斯、西藏中路的米高梅，这些舞厅装潢华丽，设备高档，舞女年轻貌美，技艺娴熟。

延安东路的新大华、黄陂路的维纳斯、南京西路的大沪等舞厅列为二等。大世界和永安等游乐场附设的舞厅，名居下等。

还有些像大华饭店、华懋饭店和卡尔登等舞厅，则是西洋风味的外国舞厅，其规模设施，豪华奢侈，只有显赫的社会名流才能光顾得起。

此外一些小型舞厅也应运而生，如“夜总会舞厅”“惠令登舞厅”“逍遥舞厅”等。这些小舞厅收费低廉，舞女伴舞五至八次才收费一元，光顾者大都是商贩，中小工厂的老板及职员等。

舞厅是靠舞女唱主角的。所谓舞女，是以伴舞为职业的女性，人称为“龙头”，舞客则被称为“拖车”。舞客邀舞女伴舞，行话称“拖车配龙头”。

荣记大舞台开张时在《申报》上做的广告

按规定，舞女须领取从业执照，方能在公开舞厅中伴舞。上海领有执照的舞女最多时达一千多人。舞女的来源，有小职员、公务员、逃妾和侍女等，她们多为生活所迫而被迫沦为舞女。

舞女的收入一般以舞票为主，每次以舞票多少与舞厅老板拆账。最走红的舞女可得7/10，次一等的6/10，末等的不到5/10。

舞女并不能全部拿到拆账后的钞票，还要遭受“舞女大班”的提成。舞女大班是一种“抬脚大班”，实际上是地方上的恶霸流氓；他们以维护舞厅营业和舞女安全为由，向舞女伸手要钞票。

另一种大班是介绍舞女陪客、伴舞的“望台子”的舞女大班，像工厂里的女包工头。他们负责向舞厅推荐舞女和介绍生意。

舞票收入很少，舞女便寄希望于舞客的施舍。舞厅规定，舞客每去买一瓶十几元昂贵的香槟酒，舞女可得到一元二角。所以每当一曲终了，舞女都或明或暗地要舞客掏钱买香槟来喝。

有时，乐曲声中，舞客将一条藏有钞票的手绢悄悄地塞到舞女手中，舞女则报以甜甜的一笑，伴舞更尽心尽力了。舞客送钱给舞女，不能让舞厅老板知道，也不能在外面送，更不能给舞女大班看到。

少数红舞女，像大华舞厅的陈雪莉、爵禄舞厅的李丽娜、桃花宫舞厅的欧阳笑风等，凭着媚俗的艳情和过人的技艺，收入也颇丰厚。但大多数舞女，则人前强颜欢笑，人后以泪洗面，有的舞女还沦落为娼妓。

却说有一天，在仙乐斯舞厅，王文奎和曹启明不期而遇，当时两人互不相识。两人各有一个舞女跳起舞来，几曲舞终，王文奎忽然发现，只要是漂亮的女子，都愿意找曹启明一起跳舞。

王文奎终于发现原因，原来每一个舞女伴舞，都可得到曹的一个藏有钞票的手绢。王只是笑了笑。

但此后不久，王文奎笑不出来了。原来陪王的舞女也要“脱槽”，怨王给的小费太少，没有曹启明大方。正好王文奎和曹启明坐在邻近的两张桌子上，曹启明的话不期然地飞到王的耳朵里。

舞女说：“曹老板呀，你最爽快，不像有的人小手小脚又小气，没有钱就别上仙乐斯，可以到那些低等舞厅去。”

“是呀，是呀。这种人有些不自量力，打胖屁股充脸面。”曹启明附和着，并没想到隔壁桌上坐着一个小气的人。

王文奎一听，立即窜到曹的面前，一把拽起曹的衣领，甩手一巴掌，揍得他面皮发红。曹启明哪受过这种气，立令保安人员将他毒打一顿，撵出舞厅。

王文奎通过了解，才知道他打的舞客是上海滩布业巨子，不禁倒吸一口凉气，知道自己是无法扳倒他，只能瞅准时机，才给曹一个致命的打击。

现在机会来了，由黄金荣首肯，自己还怕什么？于是一场绑架曹启明的阴谋开始了。

一天早晨，一辆老式轿车停在曹家门口，车上走下一个听差，彬彬有礼地开了门。待门一开，几个持枪的绑匪便一拥而上，直扑三楼，把刚刚起床的曹启明强行绑走。

临走时留下一张纸条，说绑曹的是绍兴帮，要曹家速备500根条子，于两个星期后赎票，否则就要把“肉票”撕掉。

上海滩布业巨子在光天化日之下从家中被绑票的消息，立刻震动了整个上海，舆论纷纷指责国民党政府和租界当局治安无能。不过，曹启明还算幸运，当天夜里就被公共租界的巡捕救了出来，送回家中。

曹启明是怎样被救出来的呢？原来，王文奎等人绑走曹后，立即送到杨树浦乡下一间草棚藏了起来。王留下两人看守，自己回到黄家花园向麻皮报功去了。

恰巧这天公共租界破获了一桩盗窃案，据犯人交待，赃物就藏在曹启明隔壁的草棚里。于是，一辆警车长鸣警笛朝那间草棚开去，看守的绑匪，一见巡捕朝自己而来，误认为走漏了消息，便翻墙溜之大吉。

曹启明闻声大呼救命，于是阴差阳错，被巡捕们救出了匪巢。

出于没有抓到绑匪，曹启明还是不知道自己为何原因被绑架。几天后，他才明白，自己的对手竟是上海滩有名的流氓麻皮金荣。

原来曹回家后，金九龄闯进了曹家，说曹的脱险是他们弟兄们的功劳，还用枪威胁，向曹勒索了20根金条。

曹也知道，金九龄是在敲诈，因为自己是公共租界巡捕救出来的，与法租界无关，怎能说是他们弟兄们的功劳呢？但又迫于恶势力，只得如数照付。

金九龄临走，又丢下一句话："曹先生，我看你还是放聪明点，把曹家花园门口的那对狮子搬到黄家花园门口去吧！"

曹这时方才明白，是黄金荣在与他作对。

黄金荣绑架了曹启明，作为徒弟的陆连奎早知此事，但并不想多管。当曹启明逃回来后，求助于陆连奎派巡捕保护时，一个念头突然在他的头脑里出现：何不以其人之道，还治其人之身。

于是，又一场绑架黄金荣的阴谋开始了。

一天晚上，陆派出一批打手，混入黄金荣的共舞台戏院。他们已探知，黄金荣要在今晚到戏院看戏。然后故意在场子里制造了一场纠纷，把黄金荣手下的保镖、打手都吸引了过去。在这节骨眼上，打手们切断电源，戏院顿时一片漆黑。

说时迟，那时快，早坐在黄金荣身边的三条粗汉一拥而上，将事先准备好的湿毛巾塞进他嘴中，然后强行将麻皮拖出戏院，塞进门外的汽车里，悄悄地开走了。

汽车东拐西弯，终于在一幢阴森森的洋房前停了下来。三条汉子将黄金荣押下车来，走过一条长长的过道之后，又来到一个地下室。地下室早有一个中年汉子候在那儿。

那中年人开门见山："黄老板，这一行你最熟悉，我也不多说，拿50根金条来，还有一条命。"

黄金荣知道自己被绑架了，心想，别说50根条子，就是100根，也得拿出来。他当即从口袋里掏出一纸名片，又拔出一支笔，在名片背面写道：

"我有急用，请交来人50根金条，不得有误。"

中年人接过名片看了看，交给身边的一个绑匪，叫他速到黄公馆去一趟。接着又转过身来，对黄金荣说：

"黄老板不愧是上海滩上的老英雄，提得起，放得下！好，只要金条到手，我们一定送黄老板回府，说话算话，决不食言。现在，就只好先委屈黄老板一下了。"

却说那个绑匪拿着黄金荣的片子来到黄公馆，见到了黄金荣的大儿媳李志清。李接过名片一看，知道黄金荣出事了。因为50根金条，不是个小数目，他为什么不亲自回来取，而派一个陌生人？

李志清顿时多了个心眼，心想：如果给他50根条子，那这事情就永远无法揭穿，因为条子都一样。如果给他些别的东西，只有黄家独有的，那事情也许会有揭穿之日，因为除非他从不把这独有的东西示人。

想到这，李志清只拿了49根金条出来，对绑匪说道："哎呀，实在对不起，家里只有49根条子，你看怎么办？"

那绑匪一听，当然不信，堂堂的黄公馆，怎能拿不出50根条子呢？便说："黄太太，请不要难为小的，小的只是奉命而来。"

"那怎么办呢？现在银楼已经关门了。要不，这样吧，我这里还有些金首饰，给你凑足份量，行不行？"

绑匪一听，怎能不行？只要够 50 根条子的份量。李志清便用金戒指、金耳环、金项链等饰物凑足了一根金条的份量，然后连同 49 根条子一起交给了绑匪。那绑匪收到金条之后，果然把黄金荣送回府了。

第二天，黄金荣马上给警察局和租界的巡捕房都挂了电话，要他们务必抓紧破案，看看到底是谁，竟敢在"太岁头上动土"。一面又派出手下的徒子徒孙，四出打听，一有线索，马上报告。

几天过去了，一点线索也没有。

正当黄金荣咳声叹气之时，李志清走了进来，说道："别急，事情总会弄清楚的，只是现在狐狸的尾巴还没露出来而已。"

"你有什么办法？"

"办法我倒是没有，不过我在给绑匪金条的时候要了个花招，我只给他 49 根，其他一根用金饰物凑足份量的。"

"这又能说明什么？"

"你知道，我们黄府的首饰都做工精致，非同一般，别人拿到了会爱不释手，轻易不会熔化掉。迟早有一天，会露出狐狸尾巴的，那样我们可以顺藤摸瓜，逮个正着。"

黄金荣听完儿媳李志清的话，认为只有这一点是目前唯一能发现的线索，便静待时日，等待狐狸尾巴出现。

但李志清有些失算了，陆连奎拿到条子以后，处理小心，他把那些首饰通通都熔成了一根条子，只是在熔成的时候，却发现漏掉了一个金耳勺。

那金耳勺太惹人喜爱了，以至于陆连奎将金耳勺拿到熔炉边又缩了回来，随手装进贴身的口袋里。当然，也就是这只金耳勺，种下了祸根。

处理完首饰以后，陆连奎又将参加绑架黄金荣的绑匪全部送到香港去避风头，当然，每人少不了一大笔钱。可以说，陆连奎将此事做得天衣无缝，滴水不漏。

但事情却在他的三姨太手中败露了。

一天，陆连奎和三姨太在一起喝酒，一时高兴多喝了几杯，就睡在三姨太房里。那三姨太是个眼皮浅薄之人，每次陆连奎来此，她都要在他身上诈出钱财来。

三姨太在睡熟的陆连奎身上东摸西摸，后来在贴身小袋里，发现了这只金耳勺。她知道，陆的样样东西都来路不明，不拿白不拿，当即将金耳勺装进自己的兜里。

陆连奎有些粗心，一连三天都没发觉那金耳勺丢失。三姨太派自己的贴身女佣到银楼，去将金耳勺换成现钞。

那黄金荣早已通知上海滩各家银楼，一有饰物典当，立即到黄府报告。所以，金耳勺到了银楼，就等于自己报了案。黄金荣没费多少工夫，便查出是陆连奎绑架了自己。

黄金荣不由得火冒三丈，你小子也太胆大了，居然到老虎头上拍苍蝇，"黑吃黑"竟然吃到你老头子我黄金荣的头上了。便脸一黑，马上布置了一个暗杀计划。

有一天，陆连奎正在中央饭馆里和一个女招待调情，忽然有人打电话来，说三姨太在外面“偷人”，被抓个正着，要他赶快去。

那陆连奎哪里戴过这样的绿帽子，气冲冲地冲出房间，走到大厅里，适逢三姨太的弟弟在大厅里与一个妓女闲聊，见陆下来，连忙问：“怎么啦？看你气成这样。”

那陆连奎也不答话，只说声：“走，让你也长长见识，看你姐姐怎样丢人现眼的！”

三姨太的弟弟也不知什么情况，莫名其妙地跟着姐夫走出大厅。就在两人刚走出大厅大门之际，突然从暗处射过来一串子弹，枪声一响，陆连奎和其内弟已经倒在血泊中。

其实，陆连奎并没有死，只是子弹擦破了点皮，听到枪声一响，知道有人暗算他，便装作中弹躺在地上。那内弟可是名副其实的“挡弹墙”，一串子弹全射进他的身体。

陆连奎逃出一条命后，知道东窗事发，连忙卷起金银，到乡下避风去了。

最可笑的是陆连奎的三姨太，弟弟被打死，丈夫失踪，她急忙找到陆的老头子黄金荣，要他帮忙，查清这起事件的幕后人是谁。

谁知道黄金荣不动声色地从怀里掏出一件东西来，放到桌面上，冷冰冰地说：“你认识这件东西吗？”

那三姨太一看到是金耳勺，顿时明白了事情的原委：原来陆连奎犯在自己的老头子手上了。

那陆连奎虽然此次逃脱了性命，但最终还是没有逃脱被暗杀的下场。“八一三”上海沦陷后，陆连奎投靠了日伪，在黄金荣等人的帮助下，被国民党军统特务暗杀。

黄门内部互相争斗、攻击，连黄金荣都不能幸免，黄门的势力能不日益衰退吗？

## 五、“忠信社”与“恒社”抗衡

俗话说得好：“人无千日好，花无百日红。”为贩卖黑货、开办赌场、捞取黑心钱而走到一起来的黄金荣、杜月笙、张啸林，从合伙一开始，便因彼此私利而矛盾不断。

“三鑫公司”和“181号”的负责人，名义上是杜月笙、张啸林两人，实际上的后台老板却是黄金荣。

杜月笙利用公司总经理的职务发展自己的势力，门下得力的助手有顾嘉堂、金廷荪、马祥生、叶焯山以及季方卿的徒弟小阿荣等，杜月笙本人由此而飞黄腾达起来。

在这方面，黄金荣对杜月笙十分不满，可是尾大不掉之局已形成，黄金荣也无可奈何。同时，由于杜在公司掌握全权，张啸林同样感到不满，但却责怪黄不给他和杜一样的权力，张对黄也不称心。另一方面，杜月笙对黄金荣不断要求取款亦颇感棘手，因而彼此之间，造成了三角矛盾。

法租界巡捕房大小中外头目，因与“三鑫公司”分赃不均对黄金荣和公司表示极为不满，使得黄、杜、张之间的紧张局面更加复杂化。于是，众流汇合，曾形成了一股反黄金荣的浪潮。

张啸林借此机会联合杜月笙，抓住黄与其儿媳之间的暧昧关系，诋毁黄金荣是“三鑫公司”的“扒灰老大”，闹得满城风雨。后台老板费尔礼感到难以应付，考虑劝黄金荣退役，以缓和矛盾。

黄金荣一时感到四面楚歌，只得打电报给正在哈尔滨一带“打围”的季云卿。因为季云卿是曹幼珊的门徒，他在长江帮中有一定的势力，与杜月笙、张啸林等关系甚密。

季云卿赶回上海，劝说杜月笙、张啸林等人，要以义气为重，并谓房帏中事，暧昧难明，不宜信口泄愤，这才稳住了黄金荣在法捕房和“三鑫公司”中的地位。他们三人之间的一场为争权夺利、内外交讧的风波，暂时平息下来。

以后，他们之间的关系，表面上虽然还是三位一体，其实暗斗逐渐激烈。

前面讲过的黄金荣门生陈培德与杜月笙门生陆京士两人争做上海总工会主席一事，便充分体现这一点。

进入20世纪30年代以后，上海帮会的情况面临着几个问题：一是自国民党政府执政以后，宣布为“刷新政治”，颁令禁止帮会活动。所以，一切旧有的帮会组织，必须有一个新的招牌混世，自己也须有一个新的称呼号令。二是帮会大亨们随着自己踏入金融工商实业界和社会上层，大量有产业、有身份的人进入了他的帮口势力圈子，对这批人的控制，大小八股党那种组织形式显然已难于行得通，这就需要另外寻找一种更体面、更时髦、更有效的组织形式；所以，一种新的帮会形式急需出现。

加上杜月笙与黄金荣矛盾增多，黄金荣越来越老，杜月笙十分清楚，黄金荣倒台之后，黄门亦算倒了，蒋介石对上海滩上各种团体、各色人等严密控制的期待和重任，自然要有人承担。

所以，杜月笙决定建立一个政治性的，既能效忠“国家”，又能效忠自己的新式组织。

“恒社”就是在这种背景下推了出来。

组织“恒社”的建议，最早是由杜月笙的徒弟陆京士提出的，其社名，一说为章士钊所取，另说为陈群所拟，取义于古书云：“天行健，君子当自强不息，如月之恒，如日之升。”

在陆京士看来，参加恒社都要有一定的社会地位，不是入杜门的学生都可以作为社员，并规定，文职要科长以上，武职要少校以上，工商界则必须主任职务，年龄必满30周岁。

陆的主张，意味着参加恒社的人都将是各界的实力人物，这实际上是为杜月笙在中上层社会中，组成了一支帮口力量，用集团的势力，影响和左右上海滩上的中上层社会。

陆京士的建议深得杜月笙欢心（不久，杜即推荐陆当上了淞沪警备司令部军法处处长和国民党上海市党部执行委员），即把组办恒社的重任全权托付给了他，又亲自指定上海吴淞商团团长唐承宗、汇丰银行买办徐想堂、《申报》主笔唐世昌、社会局调解股股长王先青、第三科科长许也夫、总管家万墨林等 19 人为发起人。 

这 19 人中，万墨林事实上是杜月笙的私人代表和主要联系、决策人。

恒社还制定了一个圆形社徽，周围 19 颗星（指 19 个发起人），绕成一个花边，中间一口铜钟，象征“声”之源，钟的外壁悬一新月，“声”“笙”同音，寓“月笙”名字，整个图案为众星拱月，组织意义十分明显。

经过陆京士等人的精心筹划，1932 年 11 月，“恒社”正式成立，宣布二十字宗旨：“进德修业，崇道尚义，互信互助，服务社会，效忠国家。”

成立初时，恒社仅有 130 余人，但主要人员的分布，却颇能反映杜月笙兴趣所在，在国民党上海市党部方面，有陈君毅、林美衍、黄造雄等；在市政府社会局方面，有科长张秉辉、许也夫及主任王刚等；新闻界有唐世昌、赵群豪、严服周等，邮务工会有陆京士、傅德卫、张克昌等；电影界有张石川、任矜革等；鱼市场有唐缵之、朱东山等；法商电车公司有邵子英等，京剧界有赵培鑫、孙兰亭、汪其俊等；交通业有周祥生等。

除上述行业之外，银行、企业、纳税华人会等机构中也都有人，巡捕房里还有若干包探、巡捕，有的分开，有的暗藏；各尽其通风联系、相互利用之能事。而一般社员则分布在上海社会各阶层。

为了使入社会员成为杜氏私家兵马，还特别规定，凡入社者，须先用红帖子开明自己的祖宗三代，并写明：“愿拜门下听从训诲”的字句，由二名介绍人和本人具名，然后按照约定日期备齐礼物，持往杜家行礼。

最初要向杜月笙跪拜，后来，为适合中上层人士的特点，杜月笙改变了形式，改跪拜为三鞠躬，如对方是社会上头面人物，杜还拱一拱手，说声“不敢当”以示回敬，但遇到极清高的，杜月笙亦不敢苛求，投一张拜师帖子也就行了。

经过杜月笙、陆京士等人的多方活动，没多久，恒社就发展到 1000 多人。这批人不同于大小八股党等青皮、流氓，基本上都拥有一定的产业和身份，在社会上有一定的影响。

恒社的成立，顿使杜月笙在上海上层社会中也掌握了一股威慑力量，它和大小八股党一起，组成了杜月笙手下的文武两套班子，成为杜月笙在上海滩“打天下”的组织基础。

恒社有一个出版物《恒社月刊》，但内容一般，没什么社会影响。社内时常举行的是彩排、聚餐之类的活动，以加强杜氏门人间的联系。其社址最初设在华格臬路杜公馆后面，采用俱乐部形式，后因组织扩大，场地太小，不敷使用，杜月笙就在爱多亚路买了一幢房子作为新社址。

有了“恒社”的辅佐，杜月笙如虎添翼，仗着这支有组织的政治力量，杜月笙迅速爬上了上海“商界领袖”和“社会领袖”的峰巅。

为了塑造自己的公众形象，杜月笙频繁地在各种社会公益活动中露面。

1935 年，江湾市中心区体育场开幕，要举行大规模的全国运动会，可是经费不足，难以举事。主办人郝更生登门向杜求援，杜月笙一口答应，出面借了国际饭店，将上海工商各界名流贤达一一请到，然后摊出了郝的难题，商议捐款。

结果，与会诸人纷纷解囊，捐款数远远超出实际所需，组委会大喜过望。为了感谢杜月笙的概援之德，在全运会开幕式足球赛开始前，他们特意请杜月笙到中场，为球赛开球。这使杜月笙大为兴奋。

次年，国民党发起向蒋介石献机祝寿活动，杜月笙不献则已，一献惊人，他一下便捐出了两架飞机，一名"月夕"号，送给当时的飞行社，一名"月辉"号，送给中国空军。

一人献出两架飞机，这种财力，这种派头，不仅在上海，在全国亦属绝无仅有。当时国民党大小报纸，着实为他鼓吹了一番，使他轰轰烈烈地扬了名。

杜月笙的这一系列辉煌之举，无疑像是千万座大山压在了黄金荣的头上，他觉得自己失落了，他不甘心。

1936 年的夏天，黄金荣默许门生秘密组织忠信社，专事对付杜党，企图制造杜门师徒矛盾，搞垮恒社。

忠信社命名的由来，取之于漕河泾黄家花园六角亭上蒋介石写的"文行忠信"石碑，黄金荣以其中的"忠信"两字为名，组成社团。

忠信社主要分子有邱子嘉、丁永昌、陈培德、张善琨、徐笠衫、姚松如、陈福康、鲁锦臣、潘瑞生、龚天健、胡憨珠、杭石君、吴玉荪和黄振世等，算是该社委员。社员则由委员口头通知聘定，没有正式手续，也没有开过成立大会。

黄金荣名为社长，但他只默许门徒按其指示去搞，每次集会均不来参加。

黄金荣在组织忠信社之前，就曾密召几个亲信门生说："你们可以收集一些关于杜月笙的确实资料，由我亲自向委员长告发。"

后来，忠信社社员每星期日在黄家花园聚会，以聚餐为名，秘密商量搞垮恒社的计策。但杜月笙的势力实在太强大了，黄金荣就与杨虎联络，与杨的兴中社结成联盟。

1936 年夏秋之际，两社主要分子每逢星期日，相约到"半淞园"聚餐，双方凑满一桌圆台面。当时初步定策：第一步，拉拢恒社活跃分子脱离杜党，制造杜门师徒矛盾，预定拉拢的对象中有鱼市场常务理事唐赞之和《大美晚报》发行部经理李骏英诸人；第二步，收集杜月笙在政治上的劣迹，作为密告材料，好由黄金荣去向蒋介石告状。

这样，他们举行了六七次秘密会议，搞垮恒社的阴谋仍不能实现，而收集杜月笙劣迹又查无实据。

不久，一场巨大的动荡使上海滩的形势又发生了巨大的变化，黄金荣的生活转向了另一个方面。

这究竟是哪一年发生了什么事呢？

# 第十六章

Di Shi liu Zhang

## 出卖自己是为了左右逢源

『大世界』成了难民的收容所，你相信吗？面对投降日本的汉奸，黄金荣一阵狂笑，高声说：『阿伟是我的高足，如今为举国之尊，我怎能背叛他，投降日本人，让天下人耻笑？！』卖国贼，祖祖辈辈被人骂的。』汉奸不当，却照发横财，与众汉奸往来，坐收渔人之利。

## 一、“大世界”难民收容所

“九一八”事变后，上海掀起抗日救亡运动。黄金荣等对马占山的抗日行动予以坚决支持。1932 年 4 月 19 日，黄金荣领衔，与徐李龙、杜月笙、王一亭、王晓籁等联合致电黑龙江省主席马占山，支持其抗战行动。

5 月 2 日，马占山回电黄金荣等表示：“占山今已决心誓雪此耻，秉国府之意旨，率部属而奋斗，以与沪上各军，遥为声援……幸赖诸先生与诸同志，大声疾呼，唤醒民众，齐赋同仇，誓为后盾，将来长期抵抗，终必成功。”

“一·二八”事变爆发，日本帝国主义侵略上海。上海各阶层民众纷起抗争。

国难会议原是国民党第四次全国代表大会第九次大会（1931 年 11 月 22 日）做出的决议，后因蒋、汪矛盾和淞沪抗战爆发而推迟。1932 年 4 月 7 日，终于在洛阳举行。

本来值国难当头，各界无不希望“广集忧时之士、经世之才”，团结和发动国民，一致御敌。但国民党对国难会议已定下基调，即可以说“救灾”、可以谈“绥靖”（剿共），唯独不可言“救亡”，这表明国难会议实际已成为国民党统治的御用工具，人们无不失望。

4 月 5 日，上海会员张耀曾、黄炎培、史量才、章士钊和黄金荣等 66 人联名致电国民政府，表示不愿参加国难会议的理由：“国难会议，辱承敦聘，读组织大纲，集全中国意志，共定救国大计等语。念匹夫之有责，虽汤火莫敢辞。顾同人深信凡民族争存于世界，以合作为最重要条件，盛衰存亡，胥系于此。我中华民族，所以积弱至今濒于危亡者，唯一症结，确在不能合作。民国 20 余年，内讧之频繁激烈，人所共见。近数年来，更立一党专政之制，杜绝多数民众政治上合作之途，以致党员斗争于内，民众睚眦于外，全国嚣然，戾气充溢，日人乘之，乃有九一八以来之奇辱。此而不变，沦亡可待，遑论御侮。同人参与国难会议，方拟开陈所信，化除杜绝合作之党治，实现全民协力之宪政，对此救亡大计，努力解决，以答政府相邀之雅，而副人民望治之殷……政府忽有限制会议议事之规条，经推代表赴京晋谒，奉询真理，复承汪院长函复，会议讨论以御侮、救灾、绥靖为范围等语，诵悉之下，不胜惶惑，以为尊台赴会，如严守制限，置救亡大计不提，则对国家为不忠，对政府为不诚，而政府既已严定制限，则此实施宪政之案，又无提出会议余地，思维再四，与其徒劳往返，无补艰危，不如谢绝征车，稍明素志。因特电陈不能赴会理由，幸乞谅察。”

通电公开后，各界赞同，而蒋、汪政府颇为难堪，汪精卫一连数日来电催促，而上海众会员仍不让步，4 月 10 日再次联名通电，表明两点主张：“其一，同人痛愤日本非法无道之暴力侵略，彻悟拥护民族生存、国家独立之严重责任，同时并顾念世界维护和平之信约及努力，主张以左列大方针，对付外患：一、中华民国领土及主权之完全无缺，为全国人民神圣不可侵犯之主张，不辞任何牺牲，必拥护到底。二、为贯彻前项主张，应以武力自卫为主，以国际折冲为辅。三、对外任何条约及协定非经临时民选参政机关或宪法上之有权机关同意，不生效力。其二，同人深感挽救国难，非举国一致不为功，又故念应付国难，非政府健全有力而不可，更确信永久防止国难，非实行民主政治不能彻底奏效。主张在宪政未实施以前，由国民政府立即实行左列各项：一、确保人民之言论、出版、集会、结社各自由，凡限制上述各自由之党部决议及一切法令，除普通刑事及警察法规外，均废止之。二、承认各政党得并立自由活动，不得再用公款支给任何一党党费。三、实行地方自治，予人民以自由参与地方政治之机会。四、集中全国人才，组织有力政府。五、设立民选国民参政会，监督政府，限二个月内成立。六、筹备宪政，限八个月内制定民主主义之宪法宣布之。”通电最后指出：“倘若大会赞同，政府采纳施行，一新全国视听，借以团结人心，消弭大难，则同人虽不及赴会，其与赴会无殊。”

这些主张彻底否定了国民党的一党专政，在当时轰动一时。按照黄金荣的学识，他肯定不是首倡或中坚分子，但他赞同这一宣言，这已是我们所看到的他在政治上最进步和开明的举动了。

报坛巨子申报经理史量才，因时评文章触及时弊，影响甚大，被国民党特务杀害

这两项倡议深得与会会员的响应，国难会议主席团被迫增加了关于政治改革议案的讨论，最后通过了《如期结束训政》《设立中央民意机关》《国民代表大会有预算决算国债之决议权》等议案，通过了《共同御侮原则》和《国难会议宣言》等。

“一二八”事变前后，黄金荣积极参加了抗日救亡活动。例如募集救国捐，全国各界积极响应，热情之高，可谓史无前例。

时国民政府自 1931 年 10 月到 1932 年 5 月的 8 个月中不给十九路军分文军饷，而上海民众的捐献超过了十九路军 8 个月的军饷。十九路军总指挥蒋光鼐感动地说：“淞沪之役，我军得民众莫大之帮助，近者箪食壶浆，远者输财捐助，慰劳奖励，永不敢忘。此同仇敌忾之心，使吾人感奋欲涕。”

黄金荣自然也捐献了不少金钱。上海市各界为反对日本侵华，组织“反日会”，黄金荣也是其中的活动分子。

黄金荣还将自己的产业贡献出来，参与了难民收容所的建设。在康梯路（今建国东路）的金荣学校，设立上海战区难民临时救济会第七收容收，收容难民 200 人。在大世界设立第十四收容所，负责人是童子剑。

为了遣送难民，黄金荣又与杜月笙、张啸林、金廷荪、顾竹轩、陈世昌等人于 8 月联合发起演剧助赈，决定“架一座大舞台，表演三天，所有戏馆场面班底，一概义务助赈，各发起人认销戏券，每人约两千元”，预定筹满金额为六万元。

黄金荣是如何将“大世界”设为收容所的呢？

1937年7月7日，卢沟桥畔，烽烟迭起，日军大规模进攻华北，抗日战争全面爆发了。

8月12日，日本参谋部决定向上海出兵，以第三师团、第三十一师团为基干组成上海派遣军。13日，云集上海的日舰已达32艘，并有海军士兵2000余人登陆增援。

与此同时，中国军队在八字桥一带修筑工事时，遭到日军枪炮射击，中方被迫还击。日军由租界向闸北进攻，占领八字桥、持志大学，淞沪抗战正式爆发了。

短短的几天时间里，南京路外滩华懋饭店门前落下了炮弹，大世界附近也有炸弹落下。各国租界的路门，全副武装的外国士兵匍匐在沙包筑成的路障后边，枕戈待旦。各国领事馆的官属早已陆续疏散回国。

中国军队在上海市民的全力支持下，奋起反击，这个满街血迹的东方大都会已成为一座森严的壁垒。

但是由于敌强我弱、国民党的片面抗战等因素的影响。1937年11月12日，淞沪防线全线崩溃，国民党军事委员会只得宣布"国军全部撤出上海战略转移"。

在上海即将沦陷的前夕，杜月笙根据蒋介石的旨意，要黄金荣、张啸林同去香港。

黄金荣长叹一声说道："我快到70岁了，半截子入土的了，怕什么？我不走了。再说我的大世界、黄家花园背不动，带不走。我看，还是呆在租界里，保险！"

"万一日本人要你出山呢？"杜月笙问。

"哈哈哈，"黄金荣一阵狂笑，高声说："阿伟是我的高足，如今为举国之尊，我岂能背叛他，投降日本人，让天下人耻笑？"停了一下，黄金荣回问道："月笙，你是走呢还是留呢？"

"我还没想好。"杜月笙有些心事重重。

杜月笙又来到张啸林家。

此时的张啸林认为，一旦杜月笙去了香港，黄金荣不问事，那岂不是自己独霸上海的好机会。在以前的几十年里，上海虽然一直是三大亨的天下，但不是黄、杜、张，就是杜、黄、张，张啸林从来就没有做过大亨的首位。因此，当杜月笙问他是走还是留时，他毫不犹豫地回答道："留！"

"为什么要留呢？"杜月笙究根求底。

"走，我能走到哪儿？日本人能打下上海，打不下南京？再说，就是跟着蒋光头，又有什么好处？'四一二'清党，我这手上可没少沾共产党人的血，但结果如何呢？"杜月笙知道张啸林为儿子的事而恨蒋介石，当年张啸林之子张法尧从法国留学回来之后，想把他安插到政府机关去，但蒋介石并没有如他的愿，因此，对此事，张一直怀恨在心。

"八一三"之后，黄金荣收容难民于大世界，办起难民收容所

杜月笙婉转地说："二哥，我们即使走，也不一定是为了跟着蒋介石。'七七'事变后，我们都参加过抗日，日本人进驻上海，不会不算账的吧！"

"不！"张啸林抬手止住杜月笙，"就是我们抗过日，又怎么样？日本人来了，还能不想玩得转？土肥原已经跟我打过招呼了，只要我为他们办事，他们不计前嫌。"

"给日本人做事，那岂不成汉奸了？"

"汉奸？汉奸怕什么？大哥、三弟你，不也都是汉奸？"张啸林"霍"地从烟榻上坐了起来。

"我们怎么是汉奸？"

"我问你，金荣大哥替法国人做巡捕，算计中国人，算不算汉奸？还有三弟你，做租界公董局华董，替外国人出谋划策，算不算是汉奸？"

杜月笙叹了口气，没有做声。

张啸林放低声音又说道：

"三弟，讲实话，自从前些年为了'181号'，金荣大哥、你、我兄弟闹过一场矛盾之后，我就打定主意，从此你走你的阳关道，我走我的独木桥，我们何妨不来个'萝卜青菜，各有所爱'呢？"

"你三弟开银行，办工厂，当那摩温、首席绅士，当议长、会长、董事长，那你尽管去当去。我呢，我爱洋钱，我要发财，我还是要贩我的土，开我的赌。赚到钱，说明我还有点本事，赚不到钱，我就回家啃老本。月笙三弟，你说这样不也好吗？"

杜月笙知道再劝也是白费口舌，只得黯然辞去。

其实杜月笙也并不想离开上海，只是一根签，使他下定了要走的决心。

到黄金荣家、张啸林家劝说回来之后，他也在慎重考虑是走还是留的问题了，在他举棋不定的时候，他突然想到静安寺，何不到静安寺问问神灵呢？

于是，杜月笙乔装了一下，来到静安寺，混在善男信女中，拈香拜佛求签。签筒晃了一下，他抽出一根，是三十六签，下下签。揭开黄纸签语，是贺知章的《回乡偶书》：

> 少小离家老大回，
> 乡音无改鬓毛衰。
> 儿童相见不相识，
> 笑问客从何处来。
> 解曰：异地飘零，举酒嘱客。
> 菽麦难黄，地老天荒。

杜月笙曾经学过一些算命知识，一看此签，便知是鸟恋旧巢，人恋故土，情势迫人，不得不去。于是下定了离开上海的决心。

而黄金荣留在上海会怎么做呢？

8月13日抗战打响后，由于国民党战略的不当和军队素质的落后，中国军队不久即处于不利态势。而日军则大举增兵上海，扫荡周边地区。11月12日，上海城市除苏州河以南的租界外，全部落入敌手。接着日军侵占了江浙各地，侵略军残暴屠杀抢掠，大批难民流离失所，他们纷纷逃入上海租界，法租界的人口从 45 万人增加到 125 万人。一时，上海租界孤岛内到处充斥着难民，他们露宿街头，衣不蔽体，食不果腹，处于死亡的边缘。于是，各界人士纷纷行动，向难民们伸出了援助之手。

作为法租界大亨的黄金荣在这股爱国爱民的潮流面前，当然也不会无动于衷。黄金荣与虞洽卿、袁履登、闻兰亭等组织筹建了上海市难民救济委员会，黄担任了副主任。

“八一三”事变爆发后，大量难民涌入租界，租界当局下令将各种学校作为收容场地。就在事变爆发后的第三天，两枚炸弹落在爱多亚路、虞洽卿路（今延安东路、西藏中路）路口，这里正好是大世界的门口，当时便尸横遍地，血肉横飞。黄金荣即打开了大世界游乐场的大门，让难民们入内躲避炮弹，将大世界这个全上海最热闹的娱乐场所改成了临时难民收容所。

不几日，大世界已容纳了几千难民，但四处的难民还是滚滚而来，黄金荣索性把共舞台、黄金大戏院、荣金大戏院和金荣小学等也空出来接纳了难民，做了临时的难民收容所。东面的四明公所也做了临时收容所。难民入住后，黄金荣每日支出不少钱物用于购买食物、设立诊所等。他还在南市老西门、城隍庙等处施舍米粥给穷人和难民，这些爱国行动，得到社会各界的好评，为黄金荣争得了美誉。

11 月 12 日，日军占领上海及周围地区后，租界成为了孤岛，上海各处的难民收容所增加到 126 个，收容人数达 10 万人。由于日军的封锁，孤岛内粮食奇缺，难民面临断粮的威胁。黄金荣一方面担心难民饿死，有失人道，将好事变成坏事；一方面又怕难民在大世界里死去，从而破坏了风水，断了财路。于是，便急遣管家程锡文、大世界副经理陈福康等得力门徒到苏州、常熟一带购买粮食，通过水路运至苏州河边。这些粮食使大世界内的难民避免了饿死的厄运。虽然开销了不少铜钿，但黄金荣还是松了一口气。同时，上海各界也纷纷动员起来了，电台免费播送难民消息和寻人启事，各抗日团体和童子军在街头劝募。同乡会和救济会在报刊上刊载募捐启事，戏剧界全体出动，在共舞台和卡尔登戏院义演《雁门关呼延赞表功》和全本《关云长》《凤仪亭》等。

转眼间到了 1938 年底。其时日军已向中国内地入侵，原来从上海近郊和江浙地区来的难民多被陆续遣送回去。但是直到 1939 年初，大世界里仍有一千多个难民盘桓其间，其中有不少人不仅已适应了上海的生活，还找到了求生的路，他们往往白天出去做小本生意，晚上回到大世界来免费宿夜。

当时岛内的形势已大为改观。由于占领区处于日军的法西斯统治，工业萧条，急需大量的生活品；租界内人口拥挤，资金、劳动力和商品市场齐备，这些因素刺激了孤岛内的工商业的发展，一度出现了畸形繁荣的局面。一批发了国难财的工商业人士和投敌的汉奸们生活放荡奢靡，不惜一掷千金。这些情况使黄金荣的门徒们不断向老头子进言，重开大世界，抓住这发财的良机，同时各个剧团的老板等也希望大世界能早日复业。

黄金荣听了门徒们的劝告，正合心意，心想当初日本人打进上海，国民受难，市面萧条，自己以大世界办收容所，接济难民，停业一年多，要算损失难以估量，也算不负国人了。但长此下去，坐吃山空，不是个办法。

于是，黄金荣命令大世界经理丁永昌等人，先贴出告示，要求大世界内的难民限期迁出，不遵守者逐出大世界。丁永昌、陈福康等立即安排妥当。1939 年的春节，上海荣记大世界又开业接待游客了。

那么，这之后“大世界”的情形又是怎样的呢？

大世界真正成了富人的销金窟，穷人的陷阱。

“大世界”各剧场和电影场等上演和放映的大都是诲淫诲盗、宣扬西方生活方式和封建迷信、灌输奴化思想等荒诞或不健康的东西。

“大世界”重新开业后，就完全变成日伪进行奴化教育和腐蚀人民的民族意志的场所。日本宪兵设有特高课这个特务机构，所谓“特种娱乐”事宜也由它控制。课长是号称“中国通”的小村，“大世界”的经理丁永昌和他有着直接的勾结。根据小村的指示，丁永昌除加强对艺人、职工和游人的进步活动的“缉查”外，为了麻醉观众，还迫使艺人经常演出宣扬认贼作父、卖国求荣的反动戏剧。

抗战胜利后，尤其是随着蒋介石王朝一天天接近总崩溃，“大世界”内国民党特务对艺人舞台活动的监视和干涉也更为猖獗。1948 年，国民党上海市党部命令戏曲界的特务头子组织“戡乱建国宣传队”，这时盘踞在“大世界”的戏霸依照特务头子的指使，在“大世界”建立了“戡乱建国宣传大队‘大世界’中队”。在这个反革命组织的策划下，“大世界”舞台上大量演出所谓“戡乱”戏，戏中大肆污蔑共产党和中国人民解放战争。

“大世界”里还有不少供人“游戏”和“欣赏”的设备，花样很多。其中有许多都是挂羊头卖狗肉，借“游戏”之名，行毒害和诈骗游客之实。如摆在场子四周鳞次栉比的西洋镜，里面尽是黄色的画片。如什么“吃角子老虎”、诗谜摊、弹子盘、拉灯柱等等，实际上都是些公开的赌台。像这类赌台不下几十个，每天被骗被迷的游客不可胜数。

“大世界”也是扒窃、骗子、娼妓活动的集中地，游人因被窃、被骗、被诱而家破人亡的血泪惨剧经常发生。

1933 年夏天，大京班正在上演一出宣扬封建迷信的戏，忽然有一位老夫人哭起来，嘴里不断地喊着“我刚才不过到厕所去了一回，孙儿就不见了，这不是要我的老命吗！”在场的其他游客都替她四面寻找。而场内的“稽查”却责骂说：“大惊小怪什么，场子秩序都被你弄乱了，有事到账房间去好了。”说着就伸手把老人拖走了。一到房间，“总稽查”、绰号“闹天宫”的大流氓徐福生劈口就骂：“死人都能看住四块棺材板，你倒连一个活人都管不好，我们一天要有几千名游客，都像你这样，我们就倒霉死了。”一阵恶骂之后，便把老婆婆赶出了大门。

这类事情在“大世界”是经常发生的。原来“大世界”经理丁永昌的大徒弟徐福生就是上海的著名人口贩子，“大世界”正是他的活动基地之一，他每年不知拐骗了多少儿童卖于外地。有时，在不得已的情况下，也表示愿意“帮助寻找”，但当家长们前来认领小孩时，他就趁机敲一笔竹杠。

在“大世界”里，每天活动的扒手、骗子就有几百名，他们在人群里东钻西窜，偷盗行骗。在仅有千把个座位的京剧和电影场里，平均每天就有四五十个人被偷窃，如果再加上被骗、被敲诈以及其他的受害人，其数目就更多。在这些受害人当中，有的甚至被逼自杀。

豫园的大假山

1948年夏天的一个夜晚，浙江嵊县的一个姓王的农民因事来到上海，不料在游览“大世界”时身上所带的钱被扒手偷得精光，连返乡的车费也没有了。这个老农民急得走投无路，最后竟跳楼自杀，“大世界”的扒手、骗子这样多，知道内情的人并不奇怪。如丁永昌的心腹、“大世界”的“稽查”俞老四，就是以“大世界”为中心的扒手、骗子集团的总头子，他与“大世界”所在区——嵩册区国民党警察局局长是结拜兄弟。而这个局长就是黄金荣的得意门徒。

另外，国民党上海市警察局盗窃股股长原来就是上海的扒手、骗子等的最高“统帅”，他也是黄金荣、丁永昌的徒弟。这些大流氓互相勾结在一起，把那些扒手、骗子的“孝敬”作为一种重要的生财之道。这就是“大世界”里扒手、骗子多如牛毛的原因。

“大世界”还经常有五六百名之多的妓女在饥饿和皮鞭的威胁下，由老鸨监管着，麇集在大桥、走道等地方，强颜欢笑，公开拉客。如1940年，在城隍庙（现豫园市场）九曲桥，有一个姓吴的青年投水自杀，就是因为他在“大世界”被流氓和老鸨合设的圈套所陷，失足不能自拔，身心受到严重摧残而发生的。

流氓经理为了赚钱，经常强迫演出充满色情和封建迷信的剧目，以及以荒诞、离奇、恐怖做标榜的凶杀戏。经理丁永昌曾多次提出：“要恐怖得使台下游客站不住脚。”

流氓经理为了赚更多的钱，竟强迫演员在戏中插入向观众“化彩”等花样。“化彩”就是假设剧中遇到急难，无钱解救，便向观众诉苦，以博取“同情”，请求观众施舍钞票。这时，有些地痞流氓便乘机将甘蔗头、汽水瓶之类的东西直向舞台掷去，借此取乐，使得有些演员的脸上、身上伤痕斑斑。

“大世界”的艺人们所得的报酬连最低的生活也难以维持，这还不算，他们还要受到一系列超经济的剥削。他们一进“大世界”，先得通过许多关口，即必须向管人事的把头和管业务的“游艺部主任”层层付出“开销”，否则就上不了台。老板、经理等人如有什么做寿、宴会一类的事，就强迫艺人唱堂会和“义演”，如黄金荣添孙子时，艺人们被迫参加“庆祝演出”后，非但分文拿不到，而且还要备送厚礼。

“大世界”艺人每天演出的时间都很长。“大世界”每天中午12点开始营业，一直到深夜。一般小档节目的艺人，一天甚至要演六七场之多。艺人们由于劳累过度，精神非常疲惫，加上场子设备极坏，演出事故不断发生。

解放前物价飞涨，可是“大世界”老板不但不增加艺人的包银，反而以种种借口，不断地将原来的包银七折八扣。其他的大小流氓也疯狂地向艺人“拿开销”、“打秋风”，敲诈勒索的花样五花八门。艺人们为了多挣些钱，以维持最低限度的生活，有的在紧张、劳累的演出后，还要出去做小工、擦皮鞋、拾破烂，有的甚至出卖子女和自己的血液。还有的逼得走投无路，竟至自杀。

“大世界”里许多女艺人的遭遇更加悲惨。有的女艺人为老板卖了一辈子的命，年老了，就被老板一脚踢开；年轻的女艺人，还常常遭到流氓、戏霸的污辱。像彩云维扬剧团的一个年仅16岁的女艺人上台不久，就被“大世界”的一个流氓霸占为妾。当她怀孕不能演出，要求这个流氓给予照顾时，这个狠心的流氓竟拔出手枪威胁说：“臭丫头，你还敢哭哭啼啼，老子枪毙你！”接着就把她抛弃了。

“大世界”艺人的遭遇是这般不幸，至于一般职工，特别是最下层的“清洁工”，那就更惨了。他们在大老板、经理、工头、军警、特务、汉奸的重重控制和压迫之下，成年累月过着非人的生活。像周阿三一家的悲惨遭遇，就是旧“大世界”许多下层职工的一个例子。

1925年，周阿三因不堪地主的压榨，被迫带着儿子流浪到上海，托人介绍进了“大世界”，当上了一名临时茶房。他整天做死做活，还是填不饱父子俩的肚子。眼看“大世界”的楼房一层层造高了，可是这里的艺人、职工却更苦了。

当时流氓管事瞧周阿三为人老实，一天到晚像牛马似地不吭一声，就同意让他的儿子周长生在“大世界”当一名清洁工。周长生明知这一行是当时“大世界”里最低贱、最被人看不起的工作，但找个职业已不容易，只要有个栖身之地，谁还管它低贱不低贱呢？但是，尽管他们父子俩每天从鸡叫做到深夜，吃到肚里的还是几碗稀粥，而且还要经常遭到流氓稽查的拳打脚踢。

有一次，为了一件很小的事，流氓稽查把周生长的号衣剥掉了（清洁工都穿上号衣，当时人们称号衣为“红马夹”，剥掉号衣就是停生意）。没有办法，他只得把家里的被子送进了当铺，买了礼物送给流氓。可是这个流氓稽查还嫌他送的礼物太少。后来他只得又去借了“皮球钱”（一种高利贷），添买了礼物现送去，流氓稽查才同意他第二天再去上班。周长生在“大世界”做了几十年的清洁工，那件“红马夹”不知被剥掉了多少次。

一年大年三十夜，“大世界”的流氓老板和流氓经理等照例要大张筵席，大宴宾客，极尽穷奢极欲之能事。但这天晚上，全体清洁工却要按照“规矩”，在走道上排成长队，每个人手里拎着自己的“红马夹”听候“发落”。如果流氓老板对你摇个头，那么明年这件“红马夹”你就别想再穿了。清洁工们把这一夜叫“刀子之夜”。

由于经常要受到流氓的敲诈勒索，“大世界”下层职工每月拿到一点儿微薄的工资，

实际上一大半是别人的，只是从他们的口袋里过过路而已，周阿三一家不仅吃不上一顿饱饭，而且连一个安身的地方都没有。他们白天在场子里工作，深夜散戏后，等到各处打扫完毕，才拖着疲惫的身子去找个地方睡觉。

冷天，他们睡在舞台上；热天，睡在场地的水门汀上。

1938年，周长生的妻子怀了孕，她拖着足月的身子还在场里帮着干活。一天，她感到一阵阵腹痛，看来要分娩了，可是偌大的一个游艺场，就是没有她分娩的地方。她痛得满头大汗，只得在川流不息的观众群中，一步挨一步地爬上一级级的磨石子扶梯，来到五楼屋顶。

这时天空正飘着鹅毛大雪，刺骨的寒风迎面吹来，她连滚带爬地来到潮湿的天桥扶梯下面的小间里。她就在这个寒气彻骨的扶梯洞里分娩了。

当周长生知道她分娩后想来看看她，可是在工作时间，老板规定清洁工是不能请假的，虽然近在咫尺，也不能来看一下。

没有多久，周阿三又因劳累过度得了病，由于没有钱医治，竟默默地在三楼厕所旁的扶梯边死去了。

抗战胜利后，国民党的军警特务和美国兵在“大世界”进进出出，横行霸道，这时清洁工所遭到的压迫和剥削更加惨重。

“大世界”在政治上还直接成为特务、汉奸进行种种反革命活动的一个重要场所。

1931年，在上海召开的国民党代表大会，会址就是在“大世界”。开会期间，黄金荣为了表示殷勤，特地挑选他得力的徒子徒孙担任招待和保镖，并亲自指挥场内的警卫工作。

日伪时期，在“大世界”的流氓中先后成立了汪伪警察局的“侦缉分队”和“大世界游乐场特别自警团”，名义上是为了维持公共秩序，实际上是帮助汪伪警察局在“大世界”艺人、职工和游人中搞情报和暗害活动。

抗战胜利后，国民党的特务组织纷纷进入“大世界”，把“大世界”的许多流氓吸收到特务组织中去。当时“大世界”的特务组织就有什么“中统特别情报组”、“工特护工队”、“军统稽查大队”、“戡乱建国宣传中队”等，“大世界”的一些大流氓也都当上了这些特务组织的头子。

上海解放后，“大世界”获得了新生。人民政府接管“大世界”后，镇压了反革命，铲除了戏霸，清除了牛鬼蛇神，经过一系列的艰巨细致的改造工作，终于涤尽污垢，把“大世界”改造成为劳动人民休息娱乐的乐园。这均是后话。

却说黄金荣在抗战爆发后将自己的宝地献出来做难民收容所，确实是为抗战做了一件好事，这表明他是有一定的爱国心和民族感情的，也许他之所以没有当汉奸这也是其中的一个原因吧。

## 二、拒绝当汉奸

杜月笙离开上海前，曾预料如果黄金荣不走，日本人肯定会请他“出山”，结果正如杜所料。

1938年夏天，黄家花园四教厅里坐着一个客人：日本驻华海军武官海军少将佐藤。厅内电风扇不停地转动着，可是闷热的暑气，一阵阵从窗口、门前涌进来。佐藤身着将军服，连脖子上的纽扣也牢牢地扣住，显出一丝不苟的神态。只是把军帽摘下，放在茶几上，还不让佣人挂在衣帽架上。佣人送上的冰汽水，他不吃，只掏手帕在光头上不断地擦汗，耐心地等待着主人。

主人黄金荣呢，这会儿正躺在歇夏别墅楼上让护士打一针氯丙嗪，再穿上两件夹袄，又用一条呢毯子裹着身子，由龚天健与俞永刚两人一左一右扶着下楼，来到了四教厅，点头拱手，向佐藤致意。

等黄金荣在靠背椅上坐定以后，佐藤打个手势，让等在门外的翻译进来，把话译给黄金荣。那翻译凑在黄金荣的耳边说：

"佐藤将军代表日本帝国驻沪海军司令部，看望您老先生来啦！"

黄金荣听后点了点头，从喉咙里挤出一句带痰的话："谢谢将军啦！"

佐藤又问道："老先生有多少门徒？"

黄金荣听了不由得一愣，暗自思量，怎么佐藤会问起门徒人数来了？他不敢说出实数，就嗫嚅而答："约近千人吧。"

佐藤颔首微笑，双目不断注视壁上悬挂的字画，继而又问道："日本国皇军来到你们中国后，你们中国人对日本皇军印象如何？"

黄金荣答道："贵国皇军初来中国，彼此了解不够，在意见上稍有隔阂。日子久了，自会消除敌对情绪。"

佐藤听了点头称是。继而又说道："本人来府造访是来请老先生助皇军一臂之力，出任'上海大道市政府市长'之职。"

原来日本帝国主义侵占上海半年后，佐藤根据日本政府的旨意，便想在上海成立一个傀儡政府——"上海大道市政府"。让谁做市长呢，佐藤知道，黄金荣名贯全沪，门下有大批门徒，让他担任市长，最为合适。于是才有今天登门造访之举。

当黄金荣听说要他担任上海大道市市长，连忙推辞道：

"佐藤将军同贵国政府看得起我黄金荣，心里非常开心。本应为皇军效劳，只是我年老病重，你看，大热天着了夹袄还怕冷，连路也走不来，哪能当好市长！再说，我也不识字呀！"

佐藤误会了黄的意思，接着说："老先生请放心，只要你肯出面担任此职来稳定上海民心，一切步骤和计划，您都不需要操心，我们皇军会给您安排就绪的。"

黄金荣知道一时半时是拒绝不了佐藤的，便想采取拖的方式，"这件事事关重大，容我考虑一下，再行答复。"

佐藤一听有门，高兴地抓起帽子，告辞走了。

日本人的车子一出大门，黄金荣从躺椅上跳起来，三两下拉开夹袄，脱光膀子，哈哈大笑起来。他拍拍俞永刚的肩膀，翘起大拇指说：

"我的账房先生了不起，这一针打得真灵，一点也不觉得热。这针叫什么名字？"

“叫氯丙嗪，打了它可以降温，刚从红毛人手里搞来的，也有人叫‘冬眠灵’的。”俞永刚说。当晚，黄金荣的难兄难弟和一些门徒们得知这个消息，急忙奔赴黄家花园，在大烟室里，他们极力劝麻皮就任此职，以便能在他的卵翼之下，青云直上。

但黄金荣不以为然，理由有三：

第一，他与蒋介石有师生之谊，蒋又很器重他，如担任此职，于蒋的面子很不光彩，不如“留条尾巴掸掸苍蝇”为好；第二，在日寇的刺刀下担任此职，万一有个差错，日本人岂能饶恕自己；第三，考虑到自己虽是个流氓身份，但总比做民族败类要好。

当张啸林得到这个消息后，深为大哥惋惜，便要求黄金荣把自己推荐给佐藤，遭到黄的严词拒绝。

黄金荣说：“二弟呀，你不要想不通，日本鬼子的饭不是好吃的，万一弄不好，那是自己找罪受，还是太太平平过日子吧。你听到过说书人说到的《岳飞传》吗？卖国贼，祖祖辈辈被人骂的。”

时隔半月，佐藤又登门来访黄金荣，询问他对出任“上海大道市政府市长”之职考虑如何，黄金荣婉言拒绝。

佐藤对麻皮并不死心，时隔不久，又派翻译大贺才吉备好汽车，去接黄金荣来日本司令部晤谈。不多时汽车开到司令部大门里，黄金荣在汽车里看到日寇层层布哨，门卫森严，不由得心里一惊，头上冒出了冷汗。

过去，黄金荣经常出入外国人的官邸，但从没有看到过这种阴森可怕的场面。黄知道，今天佐藤是要给点厉害给自己尝尝了。

佐藤把黄金荣接到客厅后，开门见山地说：“你若能出面担任此职，皇军担保你一切安全，你的市长办公处任你选择，就是设在本司令部也行。”

这次晤谈，虽然佐藤有意威胁黄金荣，但黄并没有应允。佐藤尽管非常不悦，仍派汽车把他送回家中。

过了两月，伪黄浦分局局长、日本人小林来到钧培里拜访，又请他“出山”，黄还是婉言相拒。又过两个月，有个叫徐铁珊的，据说曾教过日本天皇的书，参加过洪门。日本人要利用徐的帮会关系，组织“黄道会”，徐觉得在上海滩玩不转，请黄金荣出来维持一下，黄金荣当然还是托病拒绝。

应该说，此阶段的黄金荣摆脱了日本人的种种利诱，拒绝当汉奸为日本人卖命。

但黄金荣本性决定了他做事的原则，汉奸不当，但财要发。怎么发财呢？原来他经不起汪精卫的口蜜腹剑，答应替伪政府举荐人才。这样，在上海滩，他照样玩得转，吃得开。

1938 年 12 月 8 日，汪精卫逃出重庆，29 日发表了臭名昭著的电文。1939 年 8 月 30 日，在上海极司菲尔路 76 号召开了伪国民党第六次国民代表大会。

大会结束后的第三天，汪精卫便登门拜访了黄金荣。

对于汪精卫的到来，黄金荣不能避而不见，但深知与当了汉奸首脑的汪精卫来往须格外谨慎。于是黄金荣抱定“热情接待、糊涂应付”的宗旨，只是听汪精卫侃侃而谈。汪精卫首先感谢黄金荣在他患难时的帮助。原来，1935 年，汪精卫在南京被刺受伤，曾到上海来养伤。当时黄金荣曾请过名医，并送礼慰问。接着，汪精卫转到正题上，他要黄金荣代邀工商界巨子和社会名流开会，并代觅会场，汪精卫直截了当地提出，这个会议希望在大世界——当年选举“野鸡中委”的故地召开。黄金荣心想，这个会议是汪精卫讨好日本人的会议，与当年在大世界选举“野鸡中委”的会议不可同日而语。便马上脸上堆笑地说：“大世界的厅堂太小，且不集中。既不够派头又不甚安全。还是在大光明影戏院召开最好。”汪当然听得出话里有话，只得表示同意。黄金荣立即令门徒程子良与袁履登一起负责布置会场，然后让王晓籁等通知各界人士。汪精卫在会上大谈“和平救国、曲线救国”的汉奸理论，要求上海各界能加入“和平救国”运动。 

但是，对于汪精卫的卖国理论，上海的工商界人士反响极为冷淡。汪精卫不甘心。9月13日晚上，黄金荣收到一封大红请柬，打开一看，上面写道：

兹定于14日下午五点，于乐山花园酒家私人小宴，特请黄老先生拨冗光临，不胜荣幸之至。

兆铭鞠躬

9月13日

要不要参加汪精卫的私人小宴呢？黄金荣一下决断不了，便请来秘书龚天健、管家程锡文，还有杭石君、鲁锦臣等心腹徒弟商量。

“这乐山花园酒家你们知道是什么背景吗？”消息灵通的小报编辑杭石君故意卖关子，在师父跟前露一手。

他把嘴凑到黄金荣的耳边，神秘地说：“外边只晓得这爿店是日本人开的，可不知道这是日本军部秘密联络点哩！汪先生选定这个地方宴请师父，一定大有文章呀！”

“我看不去为妙。”程锡文反对出席。

“不去应付一下也不好；要晓得现在是日本的势力，上海租界已被日军包围，成了孤岛，我们要在这儿立脚呆下去，还少不了靠靠汪先生的牌头。”龚天健分析利弊，倾向出席。

杭石君与鲁锦臣表示，一切听师父的。

好半天后，黄金荣说：“去，看看再说。”

“师父，去看看也好，但千万不能上他们的当。我的意思，你做老态龙钟，有病在身的样子，让他们不好开口。”杭石君说。

“好，好！阿君的话正合我意。”黄金荣高兴地拍了拍杭的肩膀。

酒宴在乐山花园酒店如期举行。酒店的地上铺了波斯地毯，柚木圆桌四周放着五六把红木靠背椅子，上方特意端放着一个宝座——大师椅上搁着两只垫子，一是坐垫，一是腰垫。

下午5点1刻，黄金荣坐车来到，由程锡文和龚天健一左一右扶下车，汪精卫与佐藤已在厅门口恭候。黄金荣一面向主人点头、拱手，一面扶着程、龚两人肩头，装作步履艰难地走上台阶。

汪精卫笑容可掬地弯腰伸手，将黄金荣让进八仙厅里，坐了上位。不一会儿，汪精卫站起身来，以主人的身份祝酒：

“黄老先生，各位好友，今天大家赏光，兆铭万分荣幸。黄老先生德高望重，弟子3000，为上海第一名人，兆铭今日特备浊酒数杯，聊表仰慕之意！请各位为黄老先生健康干杯！”

在座的都应声站起，各自举起面前的红杯或白杯。黄金荣连忙颤颤巍巍地站起来，哆哆嗦嗦地端起杯子，一边说，“过奖，过奖，不敢当，不敢当”，一边将泼了一半的酒喝了下去。

不一会儿，坐在旁边的佐藤举起斟满花雕的细瓷杯，起来向黄金荣点头，又向黄金荣身边的龚天健笑了笑说：“我们盛情邀请黄老先生当顾问，协助搞好上海市面。来，为这个，我们干一杯！”

龚天健忙着答谢：“谢谢将军的好意，只是黄老板年纪大，身体不好，早已退休。”

黄金荣左手按着桌边，“吃力”地站起来，说：“我老了，不中用了。”

他边说边摇晃着身子，有点站不住似的，一摆手，袖管将面前的高脚杯拖倒了，白兰地流了一大片。程锡文忙着扶住他趁机离席上车回家。龚天健则留下打招呼，说了一大串“失礼了，对不起”！

不久，汪精卫叫周佛海请黄金荣出山，黄金荣躺在藤椅上对周佛海说：“谢谢周先生，我身体实在不行，加上自己没有学问。现在不用说站起来，就连坐上一个钟头也不行。”

这时管家程锡文也在旁边帮腔说：“老太爷，我扶你到床上去休息吧！抽上几筒烟提提精神。”黄金荣有气无力地应道：“好，好。”将周晾在了一边，周佛海见状，一时无话可说。龚天健连忙说：“周先生，今天黄老板身体不好，非常抱歉，改天再说。”周佛海只能回应：“好说好说。”便打道回府了。

周佛海走后，佐藤又来拜访。此次，佐藤没有请黄金荣出山，而是请他“荐贤”。于是，黄金荣推荐了自己的门徒卢英当伪警察局长，介绍“上海三老”闻兰亭、袁履登、林康侯参加伪政府。

那袁履登，见要他参加伪政府，虽不愿意，但又不敢拒绝，便采取引退养老以为应付。他称病躲在家中，拒不见人，但很快发现住宅附近有人监视，吓得他藏到亲友家。

但是，日伪既然已经看中了他，就不可能轻易地放过他。虽然他三易其居，但最后还是在黑人牙膏厂老板严某家中被发现了。

日伪对袁履登的如此不识抬举感到恼怒，便把他绑架到虹口软禁起来，胁迫他蝉联伪公董局华董。在威逼利诱面前，袁履登动摇了。

近10年教会学校的熏陶，使他逐渐养成了一种逆来顺受、唯唯诺诺的奴才性格，多年的买办生涯更使他养成处处仰人鼻息，依赖外国主子而生存的习惯。而今日本侵略者趾高气扬，不可一世，而国民政府已退到大西南，发动反攻收复失地不知要等到哪年哪月。他考虑再三，决定再撑一次顺风船，出任伪职。其实，充当汉奸，为日本人效劳，对他来说只不过是换了一个主子而已。他唯一顾虑的是重庆方面不好对付，担心国民党特务的子弹会对他不客气，于是又连忙函告杜月笙，表明自己的所作所为完全出于被迫，在重庆方面也留了后路。

在做完这些手脚之后，袁履登才放心地上任。不久，他又出任伪市商会理事长，有

“沪上三老”之称的闻兰亭则担任监事长。

如果说袁履登开始是被“逼上梁山”的，那他后来就自觉成为一条忠实的走狗，为日本侵略军鞍前马后地效劳了。

## 三、对付“杀人魔王”

日本人多次请黄金荣出山均没有达到目的，决定派出日本特务藤曲，以保护黄金荣安全的名义入住黄公馆，黄金荣到漕河泾，藤曲也到漕河泾，以监视黄金荣的行动，断断续续，直到抗战结束前才离开。

抗战时期的黄金荣对各项社会活动一般多以年老体衰为托词，谢绝不去。只有每日下午到逍遥池洗澡，仍雷打不动。这一时期，一些日伪新贵族依仗日本人的权势横行沪上，日益猖獗。

1940 年隆冬的一天。入夜，坐落在愚园路极司菲尔路口的百乐门舞厅内，一闪一闪的五彩灯光随着“澎嚓嚓”的强烈爵士乐声疯狂地转动着。

此时，红极一时的“舞国皇后”陈曼丽正被一个中年男子拥在怀里，旋风般地绕着舞场踏动舞步。突然，“砰砰”两声枪响，舞场灯光骤灭。刹时，尖叫声和桌椅的碰撞声混成一团，人们纷纷夺路奔逃。

据第二天的报纸称：百乐门舞厅昨晚因歹徒火并，刺客开枪，舞后陈曼丽被误杀。

这就是上海滩沦陷时期的“歹徒”在“歹土”上的为非作歹。

“歹上”是“bad land”的译名，是当时的《大美晚报》首先这样称呼的。

沦陷时期，东起静安寺，西至白利南路，北到曹家渡三官塘桥，南沿大西路向西延伸，在这面积约三十多平方公里的地方，由于日本占领军特务机关和汉奸特务势力的扩张，形形色色的淫窟、赌场、毒巢遍地丛生，加上汪伪特务机关极司菲尔路 76 号臭名远扬，人们把这里称为“歹土”的“歹徒”的世界，确是很贴切的。

文章开头提到的轰动上海滩的“百乐门血案”，就是由“歹土”上的两个“歹徒”一手策划的。这两个歹徒，一个是李士群，一个是“沪西魔王”吴世宝。这两人均是汪伪特务机关 76 号的头目。

“百乐门血案”的对立面，是 76 号的另一个杀人魔王丁默村。

为了削弱丁默村的势力，李士群和吴世宝便派人在百乐门舞厅刺杀丁默村的心腹彭年，因此演出了弹雨纷飞的“百乐门血案”。

76 号成为汪伪特工总部后，76 号前面沿马路的二十多幢三层楼房以及 75 号五层大楼的居民，全部被迫迁移，弄堂口终日警卫森严。沦陷区的多少抗日志士都在这个魔窟里遭到血腥残杀。因此，提到“76 号”，人们往往谈虎色变。

76 号的吴世宝，是上海滩上妇孺皆知的人物。这个一脸横肉的大流氓，仗着结拜兄弟李士群的威势，带着一批翻脸无情、六亲不认的亡命徒，在上海滩上打家劫舍，杀人越货，为所欲为，干尽了坏事。

吴世宝，苏北高邮人，自幼随父母逃荒来到上海，住在沪西地区以拾荒为生。后来他的父亲开“老虎灶”，他除了搬搬煤块、捅捅炉子外，还做过牵马童，以贴补家用。

可是，底层社会的这番经历非但没有给吴世宝多少有益的启示，相反却激起了他摆脱“人下人”地位，而成为“人上人”的强烈愿望。

吴世宝从做小瘪三开始就横行霸道，成年后拜沪西地头霸通字辈流氓张云祥为老头子，跟着他做强盗，抢劫不到就靠打架和敲诈来过活。此人打起架来有一股子狠劲，在沪西流氓中颇有些小名气。

后来，吴世宝又向同伙买了一支手枪，经常携带在身边，做起了沪西最大的赌窟六国饭店的“抱台脚”。他高坐在赌台旁，跷起二郎腿，替老板监视闹事的流氓。

此后，李士群在沪西76号组织了特务总部，吴世宝便投奔了他，当上了特务总部警卫处处长。从此，他就更加横行霸道了。

当地百乐门舞厅有个红舞女马三媛，他用汽车把马三媛强行绑架到76号，软硬兼施，威胁马三媛做了他的小老婆。

不久，汪精卫成立了伪国民政府，李士群升任江苏省伪省长，吴世宝便成了号里的杀人魔王。

吴世宝在上海滩上飞黄腾达后，便不惜重金，购买房子，添置地产，配备车队，雇佣保镖，以一掷千金来显示自己的阔绰，在五光十色的十里洋场抖一抖威风。

1940年，吴世宝用赌、娼、烟、毒各业交上来的钱款，在愚园路475弄2号买下了一幢西式洋房。这幢豪华的住宅交通便利，闹中取静，占地数亩，富有气派，还附设有花园。

上海师傅长缝制戏装，知名全国。当时穿上戏装拍照，已成为一种时尚

买下这幢洋房后，吴世宝依然不觉得满足，于是，他恃强带狠，先是将左边邻居的一座洋房强买下来，开了一道侧门，把楼上作为宴客厅，把楼下辟为舞厅；接着又把右边邻居的一个大院子买了过来，也开了一道侧门，作为网球场和晒衣场。

为了显示自己的“气派”，吴世宝在正厅里摆了全套红木家具，中式布置；在花园里造了一只亭子，里面放只大香炉，日夜烧着檀香，烟雾缭绕。

搬进新居那天，吴世宝把高官名流、狐朋狗友、四亲八眷、徒子徒孙都请了来，在华丽的厅堂里摆了100桌筵席。在网球场和晒衣场上，他让人搭了一座舞台，将上海的优伶名角全部请至。如此大吃大喝，大娱大乐，连开了三天筵席，唱了三天堂会，可以说是风头出尽。

第二年，吴世宝的老婆过 40 岁生日，为了摆阔，吴世宝示意他的门徒出面为师娘做寿，摆了几百桌酒席，连宴三天，连唱三天堂会，排场比搬家那次更大。

但黄金荣对此嗤之以鼻，认为他发财不是自己的本事，而是靠日本人的势力。如果是在以前，让吴世宝这小子来舔自己的脚面，还嫌他的嘴粗糙。

黄金荣牢骚归牢骚，却不敢动他一根毫毛。他知道自己老了，在上海滩上已不能像以前那样，跺一跺脚，就能抵上三四级地震。所以，他倒能容忍。

但事情并不像黄金荣想象的那样，你不找他，他可就找上了你。

事情是这样的：

那时上海京剧界有个姓高名青田的武生，学识渊博，年纪也轻，自幼专攻武生，最擅长演《铁笼山》《挑滑车》《长坂坡》《战宛城》《战马超》等折子戏，一时名噪剧坛。

谁知高青田后耽于烟酒赌嫖，不抽饱大烟就不能登台演出，所挣的钱全部花在这上面了，以至于后来竟典当戏装。

老板范氏昆仲看了，认为有损戏院的面子，就中途与他中断了合同，一脚踢开了他。为此，高青田怀恨在心，伺机报复。

高青田的烟瘾越来越大，最后竟吸起毒品海洛因来。就在他行将待毙的时刻，有个救星出现了，他就是 76 号特工总部的吴世宝。

高青田当即拜了吴世宝为老头子，吴想不到收了有名的武生做门徒，他觉得自己很有面子，于是拿出一笔钱，送他去戒毒。这个武生算有点志气，竟戒绝了毒瘾。

重登舞台后，由于有吴世宝做靠山，他居然在京剧界称起霸王了。他自组麟社，威胁同行加入他的组织，有些名伶因此大吃苦头。

东山再起的高青田，回想起当年大舞台戏院老板范氏昆仲的仇来，因此想报复他，但又想到范氏昆仲的老头子是黄金荣，又不敢轻易下手。

他找到吴世宝后，便添枝加叶地哭诉了一番，要求老头子设法帮他报仇，吴世宝听后，胸脯一拍："你只管放心，不管他后面有没有黄金荣做靠山，10 天之内，我定要给他们点颜色看看！"

不久，吴世宝便派了 10 名小恶魔，各自暗藏手枪，假扮看戏观众，准备在演出时闹事。果然，戏正演到高潮，10 个小恶魔闹将起来，场内稽查便来干涉。于是，打杀声、口哨声、哭爹喊娘声，此起彼伏，场内秩序大乱，看戏的纷纷夺门而出。

范氏昆仲知道来者不善，径奔黄金荣家中报告情况。这黄金荣也有些气范氏昆仲，责怪他们碰到难处就想到老头子了，用不着时就把老头子给忘了；但又毕竟是自己的门徒，不甘心受别人的欺辱。

黄金荣想，这吴世宝现在在上海滩上正是气盛之时，不能硬碰，但怎样以牙还牙呢，麻皮又想不出好办法。最后，他想还是息事宁人吧，找个中间人劝说劝说完事。

再说吴世宝派去的一帮小魔王，在戏院里把稽查打得头破血流，还不见范氏兄弟出面，索性闹到办公室，把办公室所有的东西乱砸一通，扬长而去。

过去开戏院的老板们有三怕：一怕开锣演出时天公不作美，下雨或下雪；二怕地痞流氓看白戏；三怕开锣时滋事闹场。

如今范氏兄弟碰到这种情况，因有日本人做后台，连黄金荣也觉得难办。就在黄金荣左右为难之时，张啸林刚巧来到家里。二人谈及此事，张啸林说：

“杜月笙不是有个门生汪曼云在上海社会局任局长吗，吴世宝还要叫他一声‘汪先生’呢！不妨叫他斡旋一下，料也不难解决。”

于是，黄金荣就托张啸林叫汪曼云出面去斡旋此事。

汪曼云，浙江绍兴人，自幼生长在上海，因家境富裕，20岁左右就东渡日本自费留学。回国后，投拜杜月笙门下，由于他头脑灵活，手腕狡诈，在上海社交界小有名气。

汪曼云奉了张啸林之命后，便将此事禀告河野顾问，想用河野来压吴世宝。谁知河野竟说：“这件事与特务无关，你们中国人的事自己去解决吧！”

汪曼云觉得只有和吴世宝当面谈了。吴世宝虽然是个粗鲁汉，但对汪曼云却还有些尊敬。这天晚上，汪曼云在沪西百乐门舞厅特别间里找到吴世宝，开门见山地谈到此事。

吴世宝听了，提出两个条件：第一，要范氏兄弟各砍断一条大腿来，若自己下不了手，到时有人会去帮忙；第二，如不同意砍脚，就叫他们的老头子黄金荣陪着他们到76号，点上红烛，向高青田磕三个响头，并赔五万银元的损失。

汪曼云见吴世宝的条件如此苛刻，实在难以办到，只有到张啸林处回复，说他管不了。

张啸林闻此，不禁心中暗自恼怒，认为吴世宝在流氓白相人地界讲出的是不上路的“行外话”。光棍打人只能打九九，不能加一。如今你既讲出这番话来，且看你有多大能耐。

于是，张啸林便和黄金荣共同商量对付的策略：一面叫范氏兄弟暂时避居外地，以防不测；一面嘱令戏院暂时停锣歇业。

范氏兄弟觉得老在外避风头也不是上策，想到近几年戏院不但不挣钱，反而尽受乌龟王八的气，不如把戏院出盘了事，得到钱后到国外发展去。

他们便与黄金荣协商把戏院推盘于他，麻皮深知要买下此戏院，非200多根金条不可，因为建造价值就值180多根金条。但流氓白相人在钱面前没有“师徒”之情可讲，麻皮只愿意出八十根金条。

范氏兄弟也被逼无奈，只好把羊肉当作狗肉卖，好酒作为酸醋价，以80根金条的价格，把戏院盘卖给了黄金荣。

黄金荣坐收渔利，把戏院买过来之后，又在戏院剧牌上加添了“荣记”两字，就此敲敲打打，择日开锣营业。吴世宝对此也无可奈何。

那吴世宝在76号特务总部干了几年汉奸特务后，手里积攒不少造孽钱，但没有想到，自己最后竟然被日本人毒死。其实，像吴世宝这样为日本人卖命的汉奸走狗又何止少数？黄金荣不愿为日本人效力，却有一个人自愿为日本人鞍前马后地奔忙，最终的下场是可想而知的。这个人便是“三大亨”之一的张啸林。

## 四、“大汉奸”之死



“八一三”开战后，张啸林就悄悄离开上海，百事不问，偷偷跑到浙江避暑胜地莫干山的别墅里歇夏去了。

在他临走的前一天，把家中所有金银财宝，英镑、法郎、美钞等，全部存入国际饭店的地下金库，然后带两个美妾与随从，人不知鬼不觉上了莫干山别墅。

这座别墅是在 1924 年，为了打通鸦片在浙江的销路，张啸林花了一笔巨款建造的，送给浙江督军卢永祥夏日避暑用的。

1924 年 10 月，卢永祥的浙军已退守松江，受到杭州方面来的孙传芳与齐燮元军队夹攻，卢永祥的部下臧致平、杨化昭、何丰林等人主张不惜牺牲，战斗到底，誓死保住上海这块地盘。

但战争局势不以人的意志为转移，卢永祥见残局无法挽回，只得通电下野。

当天下午，卢永祥偕何丰林、臧致平等带着大量的赏金和现钞，乘日本轮船“岳阳九”去了日本。

淞沪铁路在一二八战争中受到了极大的破坏

临走前，卢永祥又把张啸林送给他的莫干山别墅及契约、室内家什统统奉还。张收回别墅后，加以扩建修缮，并命名为“林海幽居”。

莫干山位于锦绣江南的沪宁杭金三角腹地，距杭州 60 公里，离上海 200 公里，有“江南第一山”的美称，有“三胜”“四优”特色。

“三胜”，即是竹盛，品种之多，品位之高为全国第一；泉多，峰峰皆水，步步有泉；云幻，云海茫茫，变幻莫测。“四优”则指“绿、凉、清、静”四大特点。

张啸林的“林海幽居”坐落在山岙里。进大门以后，只见篁竹千竿，绿叶万簇，光线一下子变成青色了。铺满了落叶和青草的软软的地上，流着一条弯弯的泉水，泉边长满了摇摇欲坠的满天星，贴着地面的，是一大片紫色小花，人们叫它“勿忘我”。

这儿，前几年曾经邀黄金荣、杜月笙等人来休闲过，也作为杨度为调停《申报》与《新闻报》两家纠纷事的谈判地点，当时上海滩两大报业巨子史量才与汪伯奇也在此宿过。

张啸林这只狡兔，真是狡之犹狡。他有“小三窟”——上海的张公馆、三马路上的花园旅馆、真如镇上的紫云庵；“大三窟”——上海、杭州、莫干山。

日本侵略军占领上海后，一面将张啸林在上海的财产保护起来，一面派人前往莫干山，与他密谈，让他尽快回上海。张啸林“扃门山中坐，贵宾远道来”，当下不禁大喜，立即匆匆就道，返回上海。

张啸林之所以要离开修竹万竿，一色青碧的莫干山，返回上海听从日本人的指挥，主要是想借日本帝国主义的支持，巩固和发展自己的势力，使其成为上海滩上独一无二的巨头，以日本人的凶焰来压黄金荣、杜月笙。

而日本侵略者所以要选择张啸林，正是因为摸准了他的心思，想借张的黑社会势力维护上海社会秩序，使其手下人均为日本侵略者所用。

张啸林回到上海，为表示自己愿为日本侵略者统治上海效犬马之劳，与日本特务部部长土肥原来往甚密。经土肥原的介绍，张啸林结识了日本军人永野修身，三人经常在华格臬路张的公馆秘密会晤。

此后，张啸林及其门徒便公开投入了日本侵略者的怀抱，成为民族败类。

1942年12月9日，日军进入租界，占领整个上海

1939年前后，中国共产党领导下的抗日武装，在广大的农村和山区，对日军展开了敌后游击战争，牵制了敌人的有生力量，并不断袭击敌伪的物资仓库，使得日本侵略军在上海的补给供应发生了极大困难。

为解决这一困难，日军派人找张啸林，劝其成立“新亚和平促进会”。

这桩买卖，正中张啸林下怀，他认为这种独门生意大有钞票好赚。不过，在新主子面前，该还点价钱，于是开口道：

“组织新亚促进会，是好事，也是难事，要不少经费。既然土肥原先生说了，我张某愿效犬马之劳。不过为了筹集费用，安排联络人员，想在英大马路大新公司五楼开个‘俱乐部’，做点烟、赌生意，不知先生意下如何？”

“新亚促进会的经费问题，我们可以提供一部分，会址也可以提供，烟、赌生意你可以照样做。”土肥原满足了他的要求。

第二天，张啸林便将他的门徒召集起来，成立了“新亚和平促进会”。张啸林宣布了促进会的组织名单。他自任会长，俞叶封为常任秘书，程效欣、高鑫宝等人为理事。

此后，“促进会”成员，到各地为日本军队收购和运销急需的煤炭、大米和棉花等重要物资。他甚至还包办了从上海运煤到华中的“贸易”。同时，又独揽了粮食的收购，并让把兄弟俞叶封专门收购棉花。

不仅如此，张啸林还与东北的日军勾结，并与汉奸殷汝耕取得默契，把中苏恢复邦交后，由苏联运到中国的全部枕木调到东北辽沈码头卸货，再由霖记木材行业务主任赵南生派一心腹在东北坐庄，办理卸货和交接事务。

霖记木行当时设在上海爱多亚路 97 号，由张啸林任董事长，杜月笙为总经理，俞肇桐为常务监理，负责主持日常业务。在军需物品的补给上，张啸林为日本帝国主义立下了汗马功劳。

后来，张啸林又组织了长城唱片公司，委派郑子褒全权负责，目的是想拉拢文艺界、新闻界的一些人为他服务。

早在日本人占领上海，派驻杭州领事登莫干山拜访张啸林之时，这位“张大帅”在谈判下山的条件中，曾提出：“要弄个上海市长当当，或者是搞个浙江省主席玩玩，倒还可商量、通融。”

这位领事听了不禁倒吸一口冷气，当时便对张啸林说，要这两个职位恐怕有点困难。张啸林回答说：“既有难处，那以后再说吧。”

后来，由于张啸林在杜月笙“星夜走脱”去香港，黄金荣采取无论谁上门必定是“抱病在身，不可晤面”的情况下，为日本人出力甚多，日本人为酬谢张啸林，决定在浙江建立一个伪省政府，由张出任省长。

1931 年一二八事变中被日军轰炸后的闸北

日本人这样做的目的，一是想把魔爪伸向浙江，扩大控制中国的范围；二是以满足张啸林的“官瘾”，发挥其更大的作用。

可是，正当张啸林与日本特务机关暗中策划，实现这一目标时，国民党特务机关已作出决定，从上海滩上除掉他。

1939 年年底的一个夜晚，国民党军统局的秘密会议室里，灯光通明。这是正在举行布置暗杀张啸林的整个行动计划的会议。这个行动计划是由军统局周伟龙制定的。会上作出决定，由时任上海行动组长陈默负责具体领导执行。

陈默是杜月笙的得意门生，曾在国民党中央军校高教班受过训，抗战之前曾任上海警备司令部稽查处经济组组长。他是军统局中最适合执行出生入死任务的人选。

在此之前，陈默所领导的“上海站”的确使汉奸们心惊胆战：

伪上海特区法院院长范罡，当他从法院回到威海卫路家门口时，被冷枪击中毙命；

伪维新政府军政部长周凤歧，正要准备去南京粉墨登场，在上海大马路上被一阵乱枪打死；

汉奸商人陆佰鸿，在他寓所外的汽车里毙命；

“上海市民协会主席”顾馨一，在一次庆功晚餐上，饮弹身亡；

伪“上海市政督办公署秘书长”任保安，坐在家里的马桶上，被门帘后的一根短枪击中数弹；

伪“上海财政局局长”周文瑞，在今福州路望平街遭狙击负重伤。两星期后，伪和平运动促进会委员长李金标又被行刺，侥幸保全性命。

在血淋淋的事实面前，张啸林暗自发慌，防备也越来越严密了。这给陈默尽快干净利落地实现军统局的计划，带来了极大的困难。

尽管如此，陈默凭借他在上海“要人有人，要钱给钱，要枪送枪”的优势，还是一次又一次地抓住时机，去实施自己的部署。

1940 年 1 月 15 日，国民党上海行动小组得知张啸林将亲自陪老朋友俞叶封去更新舞台为新艳秋最末一场演出捧场，并包了楼上正当中的几个包厢。于是，陈默决定利用张在包厢里看戏之时下手。

那天晚上，台上新艳秋唱段精彩，台下不时爆发出热烈的喝彩声。正当热闹非凡之时，突然响起一阵机关枪声，霎时，楼上包厢内数人倒在污血之中。

可惜的是，张啸林那天临时有事，未能到更新舞台去为新艳秋演出捧场，只是俞叶封做了他的替死鬼。

当晚，陈默在上海行动小组指挥部获知此次暗杀未能成功的电话，非常恼火，责怪手下一班人的情报掌握不够准确。即指令他们要密切注视张的行动，弄准情报后再继续实施暗杀计划。

俞叶封被枪扫死在更新舞台包厢里，这件事着实使张啸林心惊肉跳，吓得他一时不敢出门。但一直闷在家里，实在闲得无聊。一天，他的赌瘾上来了，怎么也憋不住，决定坐车去赌它一场。

这个消息立即为陈默侦知并弄清了张的行车路线。陈默决定当张的坐车行至一处十字路口时，设法打出红灯，等汽车一停下来，就用机关枪扫射。

那天，张啸林的车子刚开到该处十字路口附近，红灯亮的时间毫厘不差，眼看张的坐车就要停下，可是，开枪的人却沉不住气，早扣了那么一秒钟的扳机。张的司机王文虎突然听到枪声的一刹那，当下将要踩刹车的右脚，猛移往油门上踩下，一个冲锋，汽车飞也似地闯过路口。

陈默精心布置的第二次行动，仅将张啸林的汽车玻璃击穿三个洞，未伤及张身。

经过这次狙击事件，张啸林自此真正闭门不出，连自己开设的大新公司俱乐部也不敢去了。与此同时，他进一步加强警戒，雇了二十多个身怀绝技、枪法奇准的保镖。华格臬路张公馆，前后门都有日本宪兵守卫，日夜巡逻，如临大敌。

军统上海行动小组在这次行动后不久，又接到军统局发的电报，催促他们迅速执行杀张的命令。

陈默收到电报后，有些着急。他知道半路伏击已经没有什么可能了。针对张啸林采取的一系列防范措施及心理状态，他决定转换手法，采取重金收买张的内部人员的办法，来实现军统局的这一指令。

他很快将目标定在一个名叫林怀部的人身上。

林怀部是张啸林的贴身保镖，系山东人，绰号三和尚，其父曾在北洋军阀时期做过旅长。后因父死家贫，来到上海投考法捕房巡捕，并拜张的汽车司机王文虎为“过房爷”。

后来，林怀部在法捕房因犯过被开除。张啸林知道他的枪法准确，能击中抛在空中的银元，又能在三五十步外射中扑克牌的爱司的红心，经过王文虎的保荐，遂用他为贴身保镖。

1940 年 8 月 14 日，一辆外地来的黑色小汽车缓缓驶进张宅大院，林怀部即刻上前将车门打开，经来者自我介绍，林获悉此人系伪杭州锡箔局局长吴静观。林将吴静观领到三楼张啸林的房间。

下楼后，林怀部叫另一个汽车夫关好院子大门。

汽车夫关好大门，不乐意地嘟哝一句：“关门，管我什么事。”

林怀部一听，火冒三丈，骂道：“你这婊子养的，骨头作痒了，叫你关门，是看得起你，不识抬举。”

“你算什么东西，也不撒泡尿照照，老妈子生的小瘪三，还要你来抬举我？”汽车夫回了一句。

“你再说一遍，我揍你娘的。”

“我怕你？”

两人愈吵愈凶，正在三楼谈得投机的张啸林听到吵闹声怎能不发火，他将上半身伸到窗外，喝道：

“你们这批人一天到晚吃饱了饭没事做，吵什么，活得不耐烦啦！”

要在平时，张啸林只要一发火，挨骂的便乖乖地走开，可今天同往常不一样。林怀部故意装着愤而不平的样子为自己辩护。张见保镖胆敢顶撞，气得将大半个身子仰出窗外，用手指着林怀部，骂他祖宗三代。

目标已在眼前，林怀部不再犹豫，抬手一枪，“砰！”一声枪响，一颗子弹正好从张啸林张着的嘴射入，穿枕骨而出。只听得一声惨叫。张倒卧在楼堂的地毯上。

上海青帮三大亨中的张大亨，省长的交椅还没坐过一刻，就此一命呜呼！死时，还张着大嘴，瞪着眼珠子。似乎还不甘心。

却说呆在二楼的吴静观回过神来，立即拨电话向日本宪兵队报警。因为这时期，日本与英、法、美等国尚未宣战，日本宪兵队要进入租界，还得巡捕房同意，办手续方才进入。这样，等到日本宪兵队赶到，林怀部早已在国民党特工人员的帮助下，远走高飞了。

当天晚上，黄金荣便得知了张啸林的死讯。虽然这是炎炎赤夏，但麻皮觉得自己起了一身冷皮疙瘩。他不停地思索，亏得没接受市长之职，自己的所作所为，尚能说得过去。

第二天，黄金荣便派人出了上海，到上饶与国民党第三战区司令长官顾祝同联系，希望密切合作。

顾祝同大喜，很快交代黄金荣三件事：

第一件是第三战区在上海设立秘密的驻沪联络办事处，委任何尚时为办事处专员，委任黄的养子黄源涛为大队长，秦兴炎为支队长。第二件事，要黄采购军粮。第三是救护一个美国飞机驾驶员。

第一件事，当然没有问题，是黄金荣求之不得的“地下工作”。日本无条件投降后，这件事便成了“抗日”的成绩。蒋介石为此还称他是“抗日民众楷模”。

第二件事通过袁履登，他也能办到。

第三件事值得一提。1941年间，美国一架战斗机协助重庆对日作战，被日方击落在太湖地区，该机驾驶员白劳特少校跳伞降落。日伪军和国民党军都在寻找他的下落。

这个白劳特掉在芦荡里，被太湖游击队救起。这支游击队的队长是双枪黄八妹，与黄金荣有交情，黄金荣派人带了几根金条过去，黄八妹便将人送了过来。

后来，战区联络处专员何尚时与支队长秦兴炎想办法将白劳特护送到了后方。

## 五、厨子斩杀市长

杀了张啸林以后，接着的目标便是伪上海市市长傅筱庵了。这是军统局行动计划的又一步。

傅筱庵，又名宗耀，字彦伯，浙江镇海人。原是清朝大官僚盛宣怀夫人庄氏的“过房儿子”。清朝末年，所谓推行新政，上海方面多由盛宣怀主持，而“过房儿子”傅筱庵也就趁势挤进招商局。

国民革命军北伐以前，傅筱庵已是上海滩上集官僚、买办、金融巨子、商号老板于一身的显要人物。

当北洋军阀孙传芳和国民革命军在江西作战时，傅筱庵以招商局名义密电孙：“所有江轮，悉供调遣。”当北伐军抵达上海前，他又公开支持孙传芳，出资200万做孙的军费。

所以，北伐军抵达上海后总司令蒋介石发布命令，通缉傅筱庵。

傅筱庵既恨又怕，却也无可奈何，三十六计走为上，便密向日本驻沪领事馆求援，带着家眷及金银细软，在日军的保护下，趁夜登上日本邮船，北逃大连。

1937年11月，日军占领上海。为了维持他们在上海的统治，他们最初扶植了一个名叫“大道市政府”的伪政权。“大道”两字，是指政治上的最高理想。

《礼记·礼运》上说："大道之行也，天下为公。"日本侵略者企图以此名称来博取中国百姓的好感，殊不知，中国老百姓却把它称为"大盗"政府，因为这是一个由大盗组成的政权，故此名。

"大道市政府"设在浦东东昌路，伪市长苏锡文。这个"大道市政府"的主要管辖区仅只在浦东。伪政府的收入微乎其微，一切开支都要向日本人领取。

苏锡文唯一胜任的工作，就是组织一批当地人，穿着长衫马褂，扮成绅士模样，迎送日方要人。

日本人很快发现"大道市政府"的那些人作用不大，于是他们决定重新物色一个既有工商界权势又有政治组织能力的人来主持伪政权。开始，他们把目光盯住了黄金荣，但黄金荣良心未泯，称病未予就任。

黄金荣推脱傀儡市长的消息传出后，那些想托庇日寇的福荫、甘愿认贼作父的人，群起狗钻蝇逐，为了争夺这市长的宝座，都暗地里施展手段，以打通佐藤的门路。

例如，号称多子大王的王晓籁、汉奸李士群、周佛海、罗君强等，他们勾心斗角地想追逐此职。只是佐藤当时只看中了黄金荣，一时还没看上他们。

对佐藤来说，要选择一个在上海稍有声望的人来充当他的傀儡，的确不那么容易。只要是稍有民族气节，谁愿去当汉奸！但是，也有一些民族败类，梦想过过这市长的瘾。其中有个叫李士群的，钻营尤力。

提起李士群，还得从他的老婆叶吉卿说起。他们都是浙江同乡，叶的父亲叶梦泽，曾做过浙江余杭县县长。因有乡梓之谊，李士群与叶吉卿结了婚。

李士群曾在上海交大读过数年日文，能说一口流利的日语。当日寇占领上海后，李仗着这点，投进日本侵略者的怀抱，当上了河野少佐的翻译。

李士群担任了河野的翻译后，积极为河野搜集情报，缉捕国民党的特工人员。不久，李被国民党潜伏在上海的特务擒获。这一下，可急坏了他的老婆叶吉卿。

叶吉卿为了营救她的丈夫，带着金条，并牺牲自己的肉体，托吴绍澍替她打开路子。吴绍澍当然受之不却，亲自去无锡把李士群弄了出来。

李士群伤愈之后，并没有把此事引为教训而改过自新，继续死心塌地地充当日本人的走狗。河野认为李士群是一只经得起考验的鹰犬，又委派他去组织特务组织——沪西76号特务总部。

李士群组织了76号特务总部后，为了加强这个魔窟组织的力量，他委派了张志刚为行动队长，吴世宝为警卫队长。李士群有了这群妖魔鬼怪来做羽翼，便在魔窟里做起大魔王来了。

但佐藤却认为李士群影响力太小，不足以担当市长重任，便想物色一个合适的对象，于是，他选中了一个颇有影响力的汉奸市长，这就是当时的上海总商会会长傅筱庵。

傅筱庵在大连潜居几年后，由虞洽卿等以宁波同乡会的名义请求撤掉通缉令，蒋介石发电照准后，傅便于1931年10月16日回到上海。1936年，他又身任上海华兴水火保险公司董事长、汉冶萍煤铁矿公司董事长等十几个头衔，重新成为上海工商界的一个显赫人物。

日本人占领上海时，他没有走。

对于要自己出任市长，傅筱庵颇为满意。但他提出了三个条件：

第一，将“大道市政府”改称为“特别市政府”，市政府所在地不能设在浦东，要设在原上海市政府的旧址。

因为上海除租界仍在英、美、法等帝国主义统治下外，剩下的地盘只有浦东、南市、闸北等处，如果只管辖浦东，他的权力岂不可怜，所以他力争把市政府地点移往市区。

第二，“上海特别市政府”所属的10个局的局长人选全部由他支配，日方不要插手。

第三，由于国民党军队已退出上海，上海租界以外地区的治安工作，由他的警察来负责，不要日军干预。

傅筱庵当上伪市长后，每天从虹口私宅坐一辆汽车出发，前后有四辆汽车护送，威风凛凛，不可一世，这是总商会会长所不能享受的。而市政府所在地，四周都布满了军队，严加防范。

同时，为迎送日方要人，他特地组织一支警察乐队，那些穿着制服，操着西洋乐器的吹鼓手，比起“大道市政府”那些只会作揖的浦东老汉来说，无疑是气派了许多。

傅筱庵和伪政府的那些局长们一样，每天上午去办公室里装模作样地办些“公务”，中午一过，各自溜之大吉。

傅原来每天中午都在九江路东乡饭店进西餐，饭店为他安排了一个固定的座位，那是一把特制的藤椅。他当上伪市长后，仍保持这个习惯，只不过饭店的门外面增加了一批杀气腾腾的警卫。

晚上，傅经常去虹口吴淞路“六三亭”艺妓馆请客，到席的都是日方的军政要员。席间，他向日本主子大献殷勤，而那些主子也不时地像扔块骨头给爱犬一样满足他的要求。

傅筱庵的伪政府成立之初，其“市政府”的办公费用，多是傅自己掏腰包贴出来的，甚至办公室里的大红地毯，也是从自己家里搬去的。傅筱庵贴钱当“市长”，成为上海街头巷尾的笑谈。

他自己也说：“我每月薪水公费收入为2000元，只够用来敷衍日本的海、陆军官和浪人，有时还得贴本，这是一笔蚀本生意，非始料所及。”

但是，傅筱庵毕竟有一套特殊的经营手段，他知道自己纵有百万家产，也难以维持这个花费浩大的庞大机构。于是，一方面他向日本主子争取经费，从日本在华掠夺的财富里分到一些；一方面利用沪西黑社会势力，为伪政府广开财源。

在沪西“歹土”，赌台林立，黄色艳舞不绝，鸦片生意猖獗，不义之财源源流入地痞流氓的腰包里。傅筱庵与之相勾结，从中得到了不少好处。

所以，当时就有人评论道：“现在傅筱庵的市政开支，全靠沪西的红、黄、蓝、白、黑。所谓红是红丸，黄是色情，蓝是赌场，白是白粉，黑是鸦片。这五种收入，每月直线上升，为数极为可观。”

傅筱庵宝座刚刚坐热，梁鸿志在南京组织了伪维新政府，上海在维新政府的管辖范围之内，傅筱庵顿时成了下属的市长，地位下降了许多，这是他始料不及的。



但是，傅仗着有日本主子的支持，对维新政府并不理睬。梁鸿志曾派陈群到上海，劝说他到南京“述职”，企图借机向他要些钱款补贴维新政府。

傅筱庵虽经陈群多次劝说，但还是坚持不去南京。缠到最后，他提出南京方面每月贴补他的上海市政府 20 万元，作为他赴南京的条件。梁鸿志无法，只得勉强答应他的要求，换得了两人见面的机会。

一天清晨，正当傅筱庵沿着宽阔的石阶，走向伪市府大厦时，突然，两颗子弹“嗖嗖”地从他身边擦过，他急忙俯倒在地上，吓得不敢动弹。

原来，有人躲在暗处企图杀死他。可惜，这个刺客的枪法太糟糕，非但没有打中傅筱庵，自己却被闻讯赶来的警察打死。不过，这个刺客临死前高呼“打倒傅筱庵这个汉奸”，使他心惊胆战了许多天。

这次未遂的暗杀，使傅筱庵惊魂未定，他一度打算辞去伪市长一职，以求太平，但又不愿意放弃好不容易才谋到的官职，如官一丢，自己前面的努力岂不顺水而逝。

这天，他找到上海有名的算命瞎子吴铁嘴，吴铁嘴在替他排了八字，又摸摸他的相貌之后，说：“这是当一品官的命，最近曾经遭到杀身之祸，但转危为安，有惊无险，你以后要有 10 年大运。”

傅筱庵闻言大喜，当下重金酬谢了吴铁嘴，决心继续干下去。但是，他高兴得太早了，厄运正在等待着他。

1939 年 10 月 16 日，这天是傅筱庵任伪市长一周年的日子。

晚上 8 点，国际饭店灯火辉煌，应邀赴宴的客人纷纷入座。一阵掌声过后，傅筱庵致祝酒词。

当他放大嗓门高喊“为东亚圣战胜利、为大日本天皇陛下健康干杯”，来宾一起起立，举杯在手趋势附和时，标着“厕所”字样的门帘里，伸出了一支乌黑的枪管。

可惜杀手在扣动扳机的一瞬间，摄影记者的镁光粉一闪，破坏了瞄准线，子弹稍稍偏高了一点，使傅贼再次逃脱一死。

枪声过后，大厅里大呼小叫声、杯盘落地声、桌椅翻倒声连成一片，男客女客你推我拉，互相践踏，拼命向门口涌出，各自逃命。刺客混入人流中，从容而出。

通过两次暗杀，傅筱庵知道自己的日子是如坐针毡，时刻都要防备着。这两起暗杀的主谋不用多费心思猜测，傅筱庵也知道，这肯定是国民党“除奸团”特务干的。

但下面一起暗杀却与“除奸团”无关。

1939 年 12 月，傅筱庵的妻子因病死亡。其后不久，他去戈登路寺院烧香，祈求菩萨保佑平安无事，官运亨通，并请和尚做水陆道场，超度妻子亡魂。

香烟缭绕，钟磬齐鸣，傅筱庵跪在蒲团之上，两眼微闭，双手合十，轻声祷告。

突然，一个小和尚手握杀猪刀，向傅猛扑过来，举手就刺。保镖眼明手快，飞起一脚，把刀踢落。

傅筱庵把佛堂当刑堂，严加审讯，厉声骂道：“佛门弟子，应以慈悲为本，我与秃驴无怨无仇，为何要下此毒手？”

小和尚破口大骂：“我与你有不共戴天之仇，你身为炎黄子孙，却出卖祖宗，为东洋鬼子效命。凡我同胞，谁不想食你之肉，啖你之血，寝你之皮？我为国除奸，死得其所，必能早成正果!”

傅筱庵暴跳如雷，将和尚活活打死。

傅从此知道，自己的“敌人”不仅仅是蒋介石的“除奸团”，而是全国几万万有良心的民众。

却说“除奸团”屡屡下手均未成功，军统局局长戴笠很是不满，蒋介石更是大怒。蒋介石命令，一定要将此贼暗杀，否则，拿戴笠是问。

戴笠得令后，立即找到居留在香港的杜月笙，让他想办法将此贼除掉。通过联系，杜月笙找到了黄金荣。因为黄公馆中的看门老头与傅筱庵的厨子朱升是同乡。

这位厨子是傅筱庵从青岛带来的，姓朱名升，生性强悍刚直，对主人忠心，被称为“义仆”。他的一手好菜，让傅筱庵吃上了瘾。十几年来，光棍一个人，像一条忠实的老狗。

被派来和厨子建立联系的是个女的，叫蕊娣。这蕊娣女士原是军统里的人，她用色相诱敌，功夫很深。因已徐娘半老，两年前改行。

蕊娣虽然是徐娘半老，可风韵犹存。这会儿，要做山东大汉的手脚，想来想去，那些太年轻、太水灵的姑娘都不合适，只有半老的蕊娣正合适。

“墨林、道三兄，这件事我可干不来，再说我早改行了。”蕊娣听完了情况介绍后，红着脸对向她交代任务的万墨林、周道三说。

“事成之后，戴老板赏你条子。”周道三许愿说。

“三根。”在一旁沉默的陈默补充道。

“要是不兑现？怎么个问法?”蕊娣心动了。

万墨林乜斜着眼睛，色迷迷地说：“要是没条子，我这根割给你，让你天天能够做快活事!”

“去！狗嘴里吐不出象牙来。”蕊娣知道，这码事上头已经敲定了，推也无用，你若不肯，会被干掉的。拿腔作势，只可适可而止。她只得转舵说：“我怕是弄巧成拙。”

“不会，不会。”

“连大学生都拜倒在你的石榴裙下。一个山东老粗，你只需用小手指拨拨他，他不跑马才怪呢!”

“你真是狗嘴!”

万墨林色迷迷地笑道：“玩笑一句。”而后又掏出一叠钞票，递过去，“以后你就是黄公馆的娘姨，这是费用，不够再取。”

“好吧。我试试!”

第二天傍晚，朱升被山东老乡请到黄公馆门房间喝酒。娘姨蕊娣端出一碟老城隍出产的五香豆、一盆自制的白切猪头肉、一大盘红烧田螺、两瓶洋河大曲。

先是两个老乡对酌，而后，门房老汉看到娘姨添菜倒酒忙得不歇，也便伸手拉了一把：“你也坐下陪俺喝一盅吧!”

蕊娣半推半就地在方桌上头打横坐下，不好意思地说：“今天黄先生到花园去了，公馆里没人，我就放开胆子陪两位爷叔喝几盅。”

朱升已经40多岁了，平时很少有机会近女人，今天遇见美人劝酒，哪有不开怀畅饮的。不到半个钟点，酒瓶见底了。

门房老汉将盅里剩酒一口干了，夹起一块猪头肉嚼了几口，喉结一动咽下去，叹气道："嗨，不经喝。"

"是啊，朱师傅难得来，——我倒有瓶好酒，让我再炒个菜，拿来喝光它。"蕊娣说着便起身。

"麻烦大嫂了，不好意思……"朱升客气地说。

门房老汉噗哧一声笑了，"什么大嫂子，她还没找到主子成家呢，你叫她小阿妹吧!"

朱升望着她袅袅婷婷的背影，心有些动了，"哎，她真没有主?"

"骗你不是人。"

"那她一定想找个小白脸……"

"这么大年纪，想什么小白脸呀!"

"想进大户人家?"

"全不是。她呀，古怪想头有两个，第一桩，男人必须是个光棍。上无父母供着，下无叔侄拖累，自由自在过日子。"

老乡说着，取出旱烟袋，慢慢地往烟锅里装烟丝，装好后擦洋火点着，叭哒叭哒抽起来，似乎将刚才的谈话忘了。

这一下可逗得朱升心痒难抓，咽着口水追问："那第二桩呢?"

"喔，对，对!"老汉似乎从入神的品烟中醒来，"那第二桩嘛，第二桩照她的原话说，身体要棒要有劲道的!"

老汉说完，拍着朱升的肩膀，先自笑弯了腰，一口烟咽入喉咙里，咳嗽起来。又笑又咳地指着朱升，"老弟，我看你们俩倒蛮相配的。要不要我当月老?"

"嗳，酒菜来了!"随着娇滴滴的一声，朱升抬头一看，只见门口进来一只盘子，盘里一盆红烧鱼块，一壶烫热的花雕老酒，一双白嫩白嫩的手端着，盘后边是一张笑脸，一头秀发蓬松地堆在脑门上，下边一双水汪汪的杏仁眼儿，两颊绯红，艳如桃花，湿漉漉的嘴唇红得诱人。光棍厨师的骨头已酥了一半。

蕊娣将菜端出盘子，又给两人斟酒。

"嗨，我以为是什么好酒，原来是花雕，真不带劲!"老汉啜了一口，发表议论。

"哎，你们两个，白干酒吃了几瓶，再吃还不要吃出事来? 这位朱大哥还要回虹口去，明天还要起早买菜。俗话说，'吃肉防肚肠，饮酒不过量'。今天三个人碰在一起，有缘分，高高兴兴地喝一杯，千万不要弄出事来，是吧?"

这一席话，句句打进朱升的心坎里，他觉得这个女人真正才貌双全，又体贴人，要是能娶了她，艳福不浅呀!

"对，对对。这位妹子话在理，不可贪酒误事，我还要回虹口去哩!"

"来，吃菜，"蕊娣夹了一块鱼，送到朱升面前，又举杯劝酒："大家干了这一杯!"

三人吃完一壶酒。天已不早，朱升告辞回去，蕊娣说明天她休假，也要到虹口姑妈家去看看，正好同路而行。

他们在门口叫了辆黄包车，并排拉着说说话。他们约定下星期在姑妈家见面后，才依依不舍地分手。

这位大师傅朱升熬得一手好汤汁，可是熬不过三味欲火呀！他无论如何也耐不得下星期，便在第二天烧好中饭菜以后，悄悄溜出去找蕊娣去了。

那女人原是等在那里的。她挺相信自己的魅力，虽然不能披靡三军，却可以使光棍神魂颠倒。她料定这汉子在这几天内找上门来。“姑妈”自然早已回避了。

两人一见面，如烈火遇上干柴，便僻僻啪啪地亲起嘴来。她闭上眼，倒在他怀里。朱升一把把她抱起来，往床上一放，将她的旗袍脱了，正要解她的内衣裤时，蕊娣却突然抓住他的双手，嘻嘻笑着，无论如何也不肯让他脱内衣裤了。

从这女人迷人的肉体上散发出来的温柔香气，使得山东大汉魂魄飘浮，心神沉醉，再也忍受不住了。朱升跪下来，吻着她的脚面子哀求着。

然而蕊娣呢，只是亲昵地将脸蛋偎在他那毛茸茸的胸脯上，欲言又止，逗得朱升急不可耐地问：“你有什么要求，说吧，只要我能干的，一定办到。”

蕊娣这才断断续续地说：“我不要做露水夫妻……”

“那自然，我娶你。”

“可你是傅市长家的人。”

“他家怎么啦？”

“他是大汉奸，你给汉奸烧菜做饭，你也是咪咪的小汉奸，我嫁你，不就是汉奸婆啦？”

“这？”

“你不能害我！”

“我另找人家。”

“也不好。”

“那怎么办？”

“你依了我，过一会儿我也依了你。”

“快说，我依。”

“你若真心喜欢我，同我做夫妻，就杀了这个卖国大汉奸！杀了卖国贼，你成英雄，我面子上有光彩，再说还可以得四五万块钱的奖金。我们两人远走高飞，过一辈子好日子。你说，做不做？”

仓猝间，朱升的确难以回答。可是低头一看她那肥藕似的白臂，娇艳白嫩的脸蛋，被内衣紧紧裹着的丰满奶子，他一拍大腿，说声“干”。

蕊娣满意地将身子往床上仰天一躺，故作羞涩地将手绢蒙住脸蛋，任他随意用斩肉大手剥去内衣裤。

这一天，蕊娣一直陪朱升睡到下午 4 点。当离去时，朱升感觉浑身骨头都有些透风，从头到脚全是快感。“就是上刀山，下火海，粉身碎骨也要和这个女人在一块。”朱升在回去的路上想着。



大约在一个星期之后的一个晚上，伪市长傅筱庵被周文瑞、魏晋三等几个狐朋狗友拉到盛老三宅内听堂会。越剧名角姚水娟被叫来演唱《盘头茶夫》一出戏，兴高采烈地闹到凌晨3点才结束。

傅筱庵坐车回到家中的时候，已是3时40分了。年过60酒色无度的傅筱庵，已是精疲力竭。佣人扶他上床后，他已哈欠不断，只说一声“累死我了”，倒头便睡，过了六七分钟，呼噜大作。

这汉奸，晚上喜欢独自一人睡觉，妻妾女人另房居住。有时即使想来下事，也都是招呼一个或两个进来，与她们风风火火地来上一通，再让妻妾扶他在床上睡好，她们再退走。

且说这日，躺在厨房间小床上的朱升，一夜未曾合眼。这一个星期来，他又几次找过蕊娣，但她每次只让他摸了摸那丰满的大奶子，别的一概不让他碰。有两次，他抓住她的裤带，蕊娣竟然要翻脸。

“上一次，让你占了便宜。今后，你要是不杀了那大汉奸，你碰都别想碰我。”说着把大手从自己的奶子上拿掉。

所以，朱升一直在等着机会下手。

这夜，朱升竖起耳朵听大门打开又关上，傅老头上楼时的拖沓步履声，最后贴身佣人出来带上房间吧嗒一下落锁声，都听得清清楚楚。

整个公馆都沉入梦乡，和衣躺着的朱升轻轻地坐起，在衣袋外边再摸摸，万墨林为他配好的钥匙，硬邦邦的。

凌晨4时30分左右，朱升起身从砧墩板上操起一把磨得锋利的肉斧，别在腰带上，再拿起一把剔骨用的尖刀，插在袜筒里，披上一件粗布大衫，走出厨房，摸上楼去。

他轻手蹑足地踅到上房，耳朵贴在门缝间一听，房内鼾声如雷，阵阵传出。他放心了，用那把另配的钥匙打开房门，悄悄闪了进去。靠墙的席梦思大床上，正横着四脚朝天的大汉奸。借着窗外透进的微弱光线，可以看到那汉奸的嘴边，还流淌出涎水。

朱升想，此时不动手，更待何时！他麻利地从腰带上取下肉斧，鼓足力气，咬着牙，尽平生力气，向这位伪市长当头劈下去……

黄粱美梦中的傅筱庵，都来不及喊声“饶命”，便已三魂渺渺，七魄悠悠，赶向阎罗殿报到去了。

这是1940年10月11日晨4时30分发生的事。

这位朱升义士将肉斧往床上一扔，轻手轻脚地退回厨房，洗清身上血污，脱下大褂，换上件干净短衫。打点完毕后，取下悬在钩子上的菜篮子，挂在脚踏车的扶手上，从从容容地推着车子来到大门口。

时钟已敲过5点，平时这个时候，也正是他上小菜场采购鱼肉荤腥的辰光。门内的司阍，门外的岗警，与往日一样，和他点头招呼：“朱师傅早!”

他一出大门，翻身上车，揿响车铃，在“叮叮咚咚”中穿街越巷，直驰上海西北郊南翔镇，这是预先安排好的脱身地点。

蕊娣早已等候在这里。

他们领到五万元奖金，辗转逃到重庆。

到重庆后，军统局又发给他们3000元的安家费，每月给津贴100元。

以后，蕊娣果然守着朱升，规规矩矩地过起日子来了。直到日本投降，才从重庆返回上海。

回到上海，他们去拜访的第一个人，便是黄金荣。

## 六、坐收渔人之利

黄金荣看到许多汉奸的最后下场，不禁为自己当初的决定暗自得意，但他并不敢放松，他要为自己留一条后路，因为他对中日战争的前景并不乐观，他常对手下亲信说："小鸡去和黄鼠狼斗，哪会不失败！"因此，他与汉奸首领保持着联系，并且通过他们为自己争得好处。

1942年2月14日除夕之夜，日本侵略者借口抗日志士在公共租界投掷炸弹，出动重兵包围租界，将其中心区分为六大区，把七八十万中国居民封锁在里面。市民们推派代表与日军交涉，要求尽快解除封锁，狡猾的敌人却坚持要以实行保甲制度作为交换条件。

这并非日军的一时之念，而是他们蓄谋已久的阴谋。早在太平洋战争爆发前，日本侵略者就指使汪伪国民政府在江、浙、皖三省沦陷区开展"清乡"运动，推行保甲制，企图彻底清除抗日志士。在上海，日本侵略者则以办理户口登记作为第一个步骤，然后再在适当时机建立保甲制。除夕之夜公共租界的爆炸事件，使日本侵略者决心提前实现这个计划。

2月20日，由日本侵略者一手策划的"保甲筹备委员会"在公共租界成立。袁履登为虎作伥，出任"会长"，负责保甲的编组工作。

虽然袁履登一再表白当会长只是为了"解除封锁"，但事实是最好的证明。上海人民永远不会忘记：就是他，亲自导演了"保甲自警团"的建立，使界内20～45岁的男子几乎都成了自警团员，帮助日伪维持治安，镇压抗日群众；又是他，亲自主持发放市民证工作，规定市民必须随身携带，一旦有人违反，就被带往巡捕房处罚；还是他，将户口表印发各家，规定每户都必须把全体成员的姓名、籍贯、年龄等一一填入表内，粘在墙上，以备随时核对，并实行"连坐法"，一人有事，全户连坐，一户有事，全甲连坐，妄图遏止群众性抗日斗争的发展。

公共租界成了上海第一个保甲区域，界内居民失去了最基本的人身自由，成了日本侵略者的笼中之鸟。

1943年，由于中国人民的英勇抗战，日寇的侵略战争已渐入末途。为了挽救败局，减少内部摩擦，日伪决定设立全国商业统制总会，作为全国物资收买配给的最高统治机关。

商统会由日伪各方人员组成，于3月15日在上海成立。商统会最初隶属于汪伪政府实业部及其他有关主管部，后经汪伪最高国防会议议决，改隶行政院。

商统会的主管事项有：



（一）关于统制物资之收买配给事项；

由买办起家的盛宜怀，曾开办纺织厂、银行，亦兼治煤矿、铁路，1911 年更任皇族内阁邮传部大臣，是近代上海著名的工商巨子

（二）关于国内各地域物资交换之营业事项；

（三）关于输出物资之供给事项；

（四）关于输入物资之配给事项；

（五）关于军需物资之采办事项；

（六）实业部及其他主管部门指定或委托事项。

伪商统会理事长人选，在日伪当局心目中显得至关紧要，并打算让留在沦陷区的著名人物出来主持商统会和各专业统制会，以达到其以华制华的险恶用心。

日本人又想到了黄金荣，但黄金荣又以身体的原因推掉了。

最后，商统会的理事长一职，由交通银行董事长唐寿民担任。

商统会下属的米粮统制委员会的主任委员由袁履登担任，棉花统制委员会主任委员由闻兰亭担任。

黄金荣虽自己不做汉奸，不出任伪职，但他的不少门徒都做了汉奸，黄金荣与他们打得火热，甚至有些门徒做汉奸与黄金荣不无关系，黄金荣利用这些人的关系，大发横财。

黄金荣默许其得意门徒卢英落水，当了伪警察局局长。卢英在抗战前夕担任上海市警察局侦缉队长，1937 年 12 月 5 日，日伪成立上海市大道政府，物色卢英担任警察局长。卢当时踌躇未决，便与师父黄金荣商议。黄金荣看到租界尚保持独立，还有周旋的余地，便令卢英观望勿动。

后来，随着敌伪势力日益猖獗，租界当局处处向日军让步，卢英认为这是个良机而投靠了汪精卫。先是担任南市区警察局长，后跃升到伪军事委员会参军长。卢英后来每次到黄公馆去，黄金荣都把他当作可以光大黄门的得意门生看待，十分宠待他。

另外，黄金荣还曾推荐介绍海上三老闻兰亭、袁履登和林康侯担任了伪职，并与他们继续保持往来。

1940 年 3 月，汪精卫在南京成立伪国民政府，黄金荣特派龚天健到南京祝贺，在信中祝贺“开国盛典”，表示支持。1942 年，汪精卫做寿，黄金荣特请日本三菱洋行买办、近代画家王一亭精绘一幅《长眉罗汉寿佛图》，并派秘书龚天健专程赶到南京送给汪精卫，表示祝贺。

对于黄金荣的这些活动，国民党情报人员自然格外注意，他们于 1938 年 2 月向上级报告说：“我军放弃上海之后，日方积极拉拢流氓，张啸林、黄金荣等活动甚力。黄金荣先令其徒杨正心担任漕河泾维持会会长之职，未越数日，即遭我方暗杀，并函张、黄警告，劝勿助虐为暴。斯时彼等略有戒心，未敢活动。”

1939 年 2 月 8 日，国民党情报员又报告说：“现在上海各大流氓做灰色汉奸者甚多。何谓灰色汉奸？就是一方面与我政府人员联络，一方面令其徒子徒孙替日本做情报工作，彼等则做（坐）收渔人之利。做此项合作者计有张啸林、黄金荣、顾竹轩、李斤堂、曹幼珊等。”

情报指出，从 1938 年 3 月起黄金荣每月接受日本津贴 5000 元。由于日本方面现金紧缺，“现在不付现金，改付红丸及大连烟土，红丸每木箱计洋 100 元，但给彼等仅算 90 元，但不能用现，仍须欠半数，待红丸卖出后再付清。若辈流氓见有利可图，自愿为日人效忠，尽量供给情报”。看来黄金荣接受日本津贴，确为事实。

2 月 18 日，国民党第 754 号等情报员再次证实黄金荣每月得到 5000 元，比张啸林（3000 元）、顾竹轩（2000 元）等均多，“最近津贴已改付红丸，而诸人家内皆推销毒品之大本营焉”。

同时，日本上海武官府的司令江新，贝当路（今衡山路）日军宪兵队军曹长杜井等经常光顾黄公馆，每次，黄金荣都是盛宴招待。

黄金荣的门徒杨正心之死给黄以强烈的刺激，他已是七十多岁的老翁，来日无多，对再要出山去充当汉奸，没有多少兴趣，只是迫于日军的刺刀而有所活动，现在经国民党地下人员的工作，自然不愿再出头。因此，1939 年 2 月 24 日，国民党情报员向孔祥熙报告说，黄金荣“略有戒心，未敢活动。于是，日方拉拢陈群出任部长”。

黄金荣与日伪显要过从密切，除上面所述者以外，还有像汪伪的社会部长丁默村、工商部长梅思平等都是黄公馆的常客。在汪伪和平军中，黄的把兄弟太湖惯匪徐林诚是第一集团军第二军军长，门徒郝鹏举为淮海省保安司令，过房儿子陶雪生是淞沪铁道护路团司令，驻扎在苏北的集团军司令李长江、军长颜秀吾、第三十六师师长田铁夫、第二十八师师长丁聚堂等都是黄的门下，得意门生鲁锦臣担任了第三十六师的驻沪办事处处长。所以有些汉奸说：麻皮金荣在南京虽没有公开的头衔，但他的权力不下于周佛海。

1942 年，黄金荣的结拜兄弟陈群此时落水出任汪伪政权的江苏省省长时，黄金荣亲自出马，率领大批徒众，乘坐专车到苏州予以捧场。在黄金荣和陈群的安排下，整个江苏省的各级汉奸机构安插了不少黄门弟子，例如吴县县长沈靖华、江阴县长韦长镇、松江县长杨士杰、无锡县保安队长周阿福等。他们几乎每月都要给黄金荣孝敬厚礼。

有些门徒落水当了汉奸，竞相开设赌场、妓院等，黄金荣多少可以捞到些好处。如卢英当了伪上海市警察局长兼南市区政务署长，即鼓励开设烟、赌、娼，并公开征收赌台税等，一般一个赌场每月须交税 3000 多元。当时著名的赌场有高蓝生在南阳桥恒安坊的大生公司、张椿宝在露香园路的利生公司、李筱宝在老西门中华路的西园、沈银水在方浜桥的华民赌场、夏世魁在同庆街的同庆赌场等。

贩毒方面，由日伪合作的宏剂善堂独家垄断，主持人是盛宣怀的后代盛幼庵。帮会流氓等人只能靠为盛氏打工而分点残羹。黄金荣的徒弟严春堂、严潮生等都曾在盛幼庵手下贩毒。黄金荣也因此得到些好处。

门徒、朋友有了问题，求之于黄金荣，他也出面请汉奸帮忙。

一次，黄金荣的门徒史雨春，伙合糖商从台湾运米贩糖，多次逃税，被伪税务局查获，将四马路善生糖行的老板席德霖扣押，并抄走了200包蔗糖，价值六七亿元储备券，还要罚款五亿元，查处史雨春。

史雨春非常着急，找黄金荣想法；史雨春的妻子同李志清是结拜姊妹，也向李志清求救。黄金荣和李志清派程锡文陪史雨春的妻子一起到周佛海的小老婆家中，送给周佛海小老婆三万元现钞、五根金条。

第二天，周佛海打电话给黄金荣。黄金荣叫程锡文晚上再到周家去。

程锡文到了周家，周佛海说："我派人同你一起到仓库去，你要多带些人手，在今夜把200包糖搬走，不要耽误，税务局方面我已通知，只要补税，就不罚款了。"

程锡文听后按照周佛海讲的办理，这事顺利解决。

当时，日伪对粮食统制极严，但由于黄金荣与闻兰亭、袁履登、林康侯等落水人员关系密切，所以粮食、布匹的生意他也照样做，并从中发了不少横财。

1946年5月31日，上海高等法院刑事庭判处袁履登、闻兰亭等人徒刑时，他们大叫"冤枉"。因为他们觉得，黄金荣虽然留在上海没下水，但与日伪也接触频繁，而且做过不少交易，为什么能以"功臣"自居呢?

黄金荣之所以没有入水做汉奸，原因当然是多方面的。

首先黄金荣对蒋介石仍抱有希望，因为蒋介石此时仍在重庆抗战。

黄金荣有个门徒叫胡宇之，在《申报》馆工作，常常到黄宅去给黄金荣讲述重庆情况和中日战局。尽管中国军队节节败退，但黄金荣对蒋介石仍抱着希望，他说："事情不要做绝，光棍不打九九，留个余地为好。"他向往蒋介石打回来，重新给他带来威势和实利。

其次，黄金荣多年混迹江湖，惯用"刀切豆腐两面光"的手段，凭他的经验，自己不出头露面，利用门徒与日伪打交道，自己稳坐在漕河泾的花园内观望、等待。所以，他虽与陈群来往密切，陈群后担任汪伪行政院内政部长，黄再度祝贺，但当陈群劝他一起为日伪效力时，黄金荣却婉拒不从。

再其次，黄金荣是个怕死之人。军统在上海严惩汉奸，使黄金荣不敢冒险。曾情同手足的张啸林之死以及傅筱庵的被杀都是前车之鉴。他们的死给黄金荣以强烈的刺激，他对程锡文和龚天健等反复说："给日本人做事名声臭，性命不安全。"拒绝出任维持会会长一事，他也是怕被别人暗杀。

最后一个原因，就是黄金荣还有爱国心和民族感情。他对日本人也充满了仇恨。

黄喜欢听评弹，门徒们常常将评弹演员叫到黄公馆来唱堂会。一部《岳飞传》黄金荣始终百听不厌。岳飞精忠报国，世人崇敬，而秦桧夫妇奴颜卖国，遗臭万年，对黄金荣的思想有很大影响。一次黄对程锡文、龚天健、鲁锦臣等心腹说："土地是中国的，日本人虽然打进来，占领了上海，但它不能把上海搬到日本去。我能得势窜上去，同蒋介石有关系，他好我也好。现在他在重庆，我只能帮他，不能同日本人打交道，遗臭万年，应当为子孙后代着想。"

日本人一来，就洗劫了黄家花园，这使得爱财如命的黄金荣一开始就与日本人有点合不来。黄家花园虽然不算太大，但在战前短短的三四年间，黄金荣利用各种手段已积得非常可观的财富。

概括而言，主要是三类东西：第一类是家具，仅红木家具就有十几套，其中还有正宗的明式全套摆设。当日军1937年11月占领上海时，冲进了花园，这些家具被洗劫一空。

第二类是瓷器，每个厅室都有不少瓷器做装饰，如宋代的定、磁、钧、汝，明清官窑的青花、粉彩、五彩等，杯、瓶、缸、罐，琳琅满目，应有尽有。黄金荣虽不太懂其艺术价值，但也觉得十分的好看，因此，时常把玩。但这次被日军毁的毁，拿的拿，几乎全没了。

第三类是书画。黄家花园的每个厅堂，四壁都挂满了字画。不说宋明，光近代名家的作品，就可以开个展览会。如任伯年的人物挂屏、吴昌硕和蔡元培的对联、钱慧安的南极中堂、何绍基的字屏、李鸿章的对联、刘春霖的寿字屏条、王一亭的黄金荣像、翁同龢与张一麐的槐荫堂的匾额、慈禧太后的福字，还有徐世昌、陈铭枢、胡汉民、于右任等给黄金荣的题词题画，都是颇为珍贵的，但几乎都毁于一旦。

不仅如此，四教厅、仁月会客厅、槐荫堂、关帝庙和宫殿式的黄家家产等均遭到严重破坏。其中最重要的四教厅，只剩下个骨架了。这使得黄金荣非常恨日本人。

因此，在整个抗战时期，黄金荣自始至终一直没有担任过任何公开的伪职。然而他依然能够为自己敛财。

## 七、左右徘徊，四处张望

在抗战时期，黄金荣一如既往地拥护蒋介石，为了表示对蒋介石的忠诚，黄金荣让儿黄源涛担任了军统的上海特派员，原大世界经理丁永昌担任了军统上海租界特工派遣站站长，其他一些门徒也接受了国民党的委任。

1940年初，蒋介石为了控制和指挥上海的工作，在行政院下设立上海市统一委员会，任命杜月笙为主任委员，黄金荣也是24名委员之一，其他委员有杨虎、虞洽卿、陆京士等。常务委员为杜月笙、吴开先、蒋伯诚、戴笠、俞鸿钧五人，委员会成立后即设立驻沪办事处。黄金荣对此自然表示拥护。

国民党派上海市统一委员会常委吴开先、蒋介石的军事代表蒋伯诚到沪活动，统一委员会主任委员杜月笙致函黄金荣，请黄予以协助。黄金荣立即请吴开先到漕河泾黄家花园叙谈，吴首先说明重庆政府抗战到底的决心，并转达蒋介石和孔祥熙对黄金荣的问候。后来，黄金荣和金廷荪根据吴开先的意见，两次邀请沪上工商金融界的人士到南洋桥金的寓所赴宴，由吴代表重庆，安抚各位，告诫勿被日伪利用。作陪的有原上海各界抗敌后援会的一些负责人和租界的有关人士。

1940年到1945年间，黄金荣与国民党第三战区司令顾祝同一直有联络。顾祝同曾派他的妻舅许某到钧培里见黄，黄金荣则派门徒秦兴炎到南京、浙江等地第三战区所设的办事处联系，为国民党军队提供军火、药品和粮食。抗战胜利前夕，顾祝同派何尚时为驻沪联络专员办事处专员，任命黄的门徒秦兴炎为支队长，黄的儿子黄源涛为大队长，何还与秦、黄结拜为兄弟。

黄金荣的大世界游乐场在当时成了重庆方面和日伪分别看中的接头据点。

由于大世界地处租界中心，市面繁华，人流杂多而且进出方便，于是被日伪势力所注目，他们经常派人在这里接头密谈。

与此同时，国民党潜伏在上海的军统、中统特务在戴笠的遥控下，也以大世界作为理想的联络点。

城隍庙庙会的盛况

黄源涛、丁永昌等为获取更多的情报，在大世界楼上办了一个“高峰舞厅”，每券只需一元，但十分豪华，只有有身份的人才能入内。果然，舞厅一开张，汪伪 76 号特务随之而入，这里成了上海孤岛上蒋、日、汪势力角逐的中心。表面上黄源涛与 76 号的第六行动大队大队长吴醒亚为难兄难弟，连李士群也会到此了解蒋介石、共产党的情报。

一次，丁永昌将青浦三塘村的傅文乡和范子杰是中共地下联络员的情报出卖给了 76 号特务。几天后，这两位革命者即遭到 76 号的杀害。

同样，黄金荣与中共方面也有联系。在抗战时期的大世界游乐场里，已经出现了中共地下党组织，联络人员是姚惠廉，姚和其他的地下党员的合法身份都是剧场的工作人员。他们在游乐场内部秘密发展共产党员。为了能够应付意外情况，大世界的地下党组织采取帮会的形式来做掩护，吸收下层的曲艺艺人、勤杂工和小贩等加入。

如唐嘉鹏的徒弟以叫卖牛肉汤为生的小白原等，接受了革命思想，为地下党传递了不少情报。后来，姚惠廉将一些党员和积极分子输送到苏北的新四军去，支援了抗日武装斗争。

1942 年夏，由于叛徒的告密，76 号特务紧急包围大世界，逮捕了姚惠廉和他的助手江涛等 10 多人，地下党获悉后曾尽全力进行营救但未能成功。不久，姚惠廉等被日伪特务枪杀于龙华。

当然，这次行动日伪特务没有事先通知黄金荣。此后，汪伪特务又几次在大世界内逮捕所谓的中共嫌疑犯，大世界的地下党组织遭到了毁灭性的打击。接着，特务们倚仗日本主子的势力，早已不把黄金荣这个昔日上海第一号大亨放在眼中，扬言要对大世界的老板问个水落石出。老于世故的黄金荣只好用“花纸头”（纸币）来塞狗洞。同时，对大世界的职工也更加“荣记”化了。

这一时期，黄金荣除了在政治上左右逢源外，依然做些积阴德的事，除了前面说的办收容所，为难民筹储粮食外，他做的另一件事情就是兴建新城隍庙。

1937年11月，日军占领老城厢后，军队曾驻扎在城隍庙内，对庙宇大肆破坏。一时相信城隍菩萨的上海市民们无处进香，失去了精神寄托，黄金荣手下的一批倚赖城隍庙这块进财宝地生存的徒子徒孙也焦急万分。他们纷纷走入黄公馆，求黄金荣再开发财新路。有人提议何不利用打铁浜的空地再造个城隍庙呢，一句话，使黄金荣如梦初醒。

原来在上海开战前，上海就有了祭祀城隍老爷的风俗。但是因为城隍爷秦裕伯的墓地在浦东的陈行，所以上海人每年三次祭奠活动都要摆渡到浦东去。

有一年，当祭奠队伍摆渡到黄浦江江心时，突然一阵狂风袭来，人仰船翻，死去多人，一时，民间流传说这是墓主挡驾辞神，从此祭奠仪式不再过江东去，人们只在黄浦江东首今延安路外滩设一祭坛，向东遥拜。天长日久，沿江一带开辟出大片的墓地。

1849年法租界建立后，这里被圈入法租界，法国人认为华人的祭祀活动和所掘墓地有碍卫生，遂几次掘墓并驱散华人的祭祀集会。于是，软弱的上海道台下令改地举行城隍祭祀，选择城西北的打铁浜以东地区设立“厉坛”，安抚百姓。不料法租界第二次扩张，又将此地划入了界内，“厉坛”再度遭毁，市民们只得在城内举行祭奠活动。打铁浜以东的这块地渐渐被人淡忘，成了一块荒地。

黄金荣决定在这块荒地上建一个新城隍庙，由于汪伪政权内有不少门徒，所以这件事情很快就得到了日伪当局的批准。

1940年冬，黄金荣正式集资兴建新城隍庙。新庙只用了一个多月时间就建好了，其简单程度可想而知。而且为了赶在新年初一向社会开放，城隍爷的塑像也没时间雕塑了，只好从老城隍庙移来一尊小神像，权作替代，其他神像都画在了墙壁上。这个新城隍庙只有一个神殿，四周则是陋木搭建的商场，销售各种商品。庙门两边还有专售花草、金鱼的摊头。从此，新城隍庙成了上海人游玩和购物的场所。

抗战结束后，老城隍庙自由迎接游人，新城隍庙由于失去了它的独特地位而被冷落下来，至解放前夕，竟已经无人进香了，只有庙门两边的花草、金鱼摊头日益兴旺，形成了花鸟市场。新城隍庙直到20世纪60年代才被全部拆除（其址今为金陵东路连云路，解放后为花鸟市场）。

当然这是后话了。

抗战时期，黄金荣以不当汉奸的信条顺利地走了过来。

随着抗战的胜利，黄金荣这位“中国第一帮主”却开始了他的下坡路，然而毕竟此时的他还一息尚存昔日的“风采”。但黄金荣要想挽救自己，就要拼上老命了……

# 第十七章

Di Shi Qi Zhang

## 最后『风采』，尽显无遗在豪门

垂暮之年的黄金荣仍然要搏一搏：重整荣社，发展势力；80大寿，尽出风头；利用小蒋，打击杜门。然而他的下坡路不可逆转。

## 一、荣社成立之后

风云变幻。1945 年 5 月 2 日，在苏联红军的强大攻势下，柏林德军全部投降。5 月 8 日，德国正式签署了无条件投降书，欧洲反法西斯战争胜利结束。

在远东，太平洋战争爆发后，美英荷澳四国成立了远东联合司令部，随着欧洲战场反法西斯战争的不断胜利，美国在太平洋战场的反攻也取得了很大进展。

1945 年 3 月，美国军队以空中优势，攻占了战略地位极为重要的琉球群岛。这样，日本本土外围防线全部被摧毁，美军开始了对日本本土的空中轰炸。

在中国，由于世界大气候的影响，中国战区的国民党正面战场也积极反攻，日本侵略者已是秋后的蚂蚱，蹦跶不了几天了。

1945 年 8 月 10 日，日本政府的乞降书通过瑞士、瑞典转给中、美、英、苏四国。日在乞降书中明确表示：愿意接受《波茨坦公告》的各项规定，无条件投降。

9 月 4 日，国民党第三战区司令长官顾祝同自上饶致电黄金荣，内称："抗战虽获胜利，建设尚极艰巨，沪市恢复伊始，仍请协助维持地方秩序为荷。"

就在这一天，杜月笙也从上饶赶回上海，由于他是从后方来的，是主张"坚决"抗日的，身价百倍。

随着抗战的胜利，在大后方的恒社社员陆续返回上海，召开了第四届社员大会。经过重新整顿，恒社社员从战前的 520 人增加到 910 人，其中不乏国民党的党政军警要员。

1945 年底，上海地方行政区一级的选举中 31 个区的区长，几乎被杜月笙的亲友、恒社社员囊括一空，连他的三儿子杜维恒也捞个区长当当。而且，在抗战胜利后的第一届市参议员选举中，杜门亲信在 181 个议席中占据了 50 多个。

在恒社社员的全力支持下，杜月笙在短短的一年时间里，获得各式头衔 70 个，其中有董事长 34 个，理事长 10 个，常务董事三个，董事九个，会长二个，副会长一个，校董二个，常务理事二个……

恒社重新活跃起来，社员迅速增加，声势浩大。黄金荣看此情况，非常眼红，便想把停顿了 8 年的忠信社也重新恢复起来。

在弟子黄振世的建议下，黄金荣决定把"忠信社"改名为"荣社"。社址设在嵩山路振声里法租界公董局买办赵振声家中。

1946 年 6 月 23 日下午，振声里热闹非凡，车水马龙，荣社要在今天正式成立。

黄金荣长袍马褂，由两个玉女搀扶着，站在赵振声家大门外边，拱手迎接应邀前来观礼的要人。杨虎等人走上来，一一同黄金荣拱手作揖。

成立大会如期进行。

主持人杭石君一一介绍过贵宾之后，放开嗓子宣布道：

"荣社正式成立!"

于是，几百双手掌一起鼓起掌来。

接着，由名律师史湘泽和江苏省苏锡行政专署署长徐荣达宣读“社词”，其大致内容是：

社组织为了便于集中领导管理，避免良莠不分，鱼目混杂，特此设法重新改组，整顿过去混乱现状，并删除以往入门的繁文缛节和陈陋旧习。凡是加入“荣社”组织者，必须遵守组织一切条文，不得有所违反。否则开除出社……

在荣社成立大会上，黄振世又代表黄金荣宣读了荣社组织名单：

社长：黄金荣。

常务理事：邱子嘉、黄振世、陈培德、杭石君、丁永昌。

理事：姚松如、吴玉荪、龚天健、陈福康、史湘泽、徐荣达、鲁锦臣等 15 人。

监事：黄土爵、杨春华、张志诸、陈菊生、张锦寿。

理事会下设秘书处，秘书处又设总务、财务、福利、组织、交际、文化、娱乐各股。

荣社简章：

“以利用业余时间，提倡正当娱乐联络感情，研究学术增进知识，共谋社会福利合作事业为宗旨。”

荣社誓词：

“尊奉总理遗嘱，信仰本党主义，遵守本党纪律及本社社章，绝不自私自利，绝不以个人好恶感或意气用事，如有违背，愿受最严厉之处分。”

恒社和荣社成立之后，杜月笙和黄金荣的大小门徒们在自己的范围内，又相继组建了新的社团小集体。如老北门鸿运楼酒菜馆老板周一星，组织了“星社”；法租界捕房金九龄组织了“春社”；黄振世组织了“振社”等等。

到了 1947 年，参加荣社的人数已达数千，超过了杜氏的恒社。荣社社员遍及全国军政工商农矿文化各界。虽说社员的层次不如恒社，但倒也不失为一支左右上海滩的势力。

荣社最频繁的活动是聚餐，陶一珊、嵩山分局局长米廷钧等与一般社员是常客。有时连钱大钧也出席。此外，还常常组织团拜会。团拜会在每年的正月初六、清明节、七月半、十月初一等鬼节进行。地点在永嘉路淡井庙；每人均须交付费用，实际上，会餐只用去一部分费用，其余均装入了黄金荣的私人腰包。荣社的社址设在嵩山路振声里旁黄金荣的门生、原法租界公董局的买办赵振声的寓所，当时的门牌是嵩山路振声里 1 号（今嵩山路 53 号，已经拆毁）。

但黄金荣包括杜月笙等发展帮会、重振雄风的努力，遭到了挫折。其中最大的原因是上海的社会环境与战前相比，已经发生了根本的变化。

这就是租界的消失，上海成为了国民党政权的一统天下，像昔日黄金荣这样既是租界密探，又是国民党在租界内的代理人，还是列强与中国政府联系的桥梁，已经失去了利用的价值。

其次，帮会的桀骜不驯的性格、庞大的势力，也招致统治者的侧目；从组织方面而言，帮会这种传统的封建结构已经缺乏号召力，包括以大亨为核心的新式帮会社团，也因其过于狭隘、保守而失去活力。尽管帮会的势力曾企图寻求政党化新出路，但结局仍没有多大改观。于是，荣社等最终多成为了变相的吃喝俱乐部。

荣社成立后，除举行一些不定期的聚餐外，一般而言，它不如恒社活跃。原因主要是 80 岁的黄金荣的政治热情远不如杜月笙；另外，黄门弟子中不少有自己的帮会团体，另外黄门的徒子徒孙是鱼龙混杂，像黄源涛的徒弟陈雄、汤雄和邹政之等，对外敲诈勒索，无所不为，败坏荣社的名誉，使荣社的中坚分子们心灰意冷。

但是，荣社仍然是一个封建帮会组织，徒弟间一旦发生矛盾，便以帮规来决断。

当然，在社会上，黄金荣的徒孙仍张牙舞爪，欺压百姓。如门生程锡文、宋才良等以黄金荣的名义，指控小世界为汉奸产业，而将其数十间房屋侵吞，强行赶走众多房客。其中一房客为兰斋面筋店的老板娘，最后被他们逼得走投无路而上吊自尽。

黄金荣本人有时也还会动用黑社会手段对官僚、企业家，甚至帮会同道敲诈勒索。

如钱新之，名永铭，浙江吴兴人，1886 年生。早年留学日本，辛亥时在沪军都督府任职，1917 年任交通银行上海分行副经理，加入银行界，长期在交行供职。时任交通银行董事长，也是个非常有实力的金融家，但黄金荣照样要敲诈他两亿元法币。钱当然心不甘，但又怕在上海被绑架或者被杀害，最后只得如数交给黄金荣。

黄金荣得手后，又向重庆商业银行借款四亿元，银行当然知道这笔钱如果贷给了黄金荣，就别想再要回来，总经理便问计于董事范绍增，范又求助于把兄弟杜月笙，杜叫范自己打电话给黄金荣。范即遵嘱致电黄金荣，称有人冒充黄金荣的名义，要重庆商业银行贷款四亿元，是否真有其事。黄金荣接到电话，只能说肯定有人冒名敲诈，不必理睬，于是才没遭损失。

甚至对徒弟门生，黄金荣也是毫不留情地敲诈。抗战胜利后，黄金大戏院由周信芳租赁，他率领京剧团上演，然后向黄金荣交纳租金。后来，黄金荣突然决定将黄金大戏院改造为电影院，周信芳不得不将剧团解散，因此而损失了 40 根大条，自己的经济几乎破产。

当然由于黄金荣老迈势衰，正值乱世，也有人想发财想到黄金荣头上了。

1947 年秋，陈子和、范秀芳夫妇为首的流氓集团假借中共华中军区经济委员会驻沪办事处的名义，给钧培里送来了恐吓信，向黄金荣索诈五亿元。直气得黄金荣双脚直跺，连呼："敲诈敲到贼爷爷头上来了！"当然与中共有所接触与了解的黄金荣，并不相信这真是中共所为。

还好，淞沪警备司令部第七稽查大队迅速侦破了此案，化名洪钧荃的陈子和在新丰纺织厂取款子时被抓获，黄金荣终于出了一口霉气。

抗日战争胜利后，国民政府曾对战时损失展开调查，黄金荣最痛惜的是黄家花园的劫难，遂于 1946 年 12 月以大世界总经理的身份，向第五区的朱、杜两区长递交了漕河泾黄家花园财产损失报告单，总共 47 页，开列各类受损物品数百件。建筑物的损失为 221000 万元法币，物品损失为 147218 万元，加上其他损失相加共 368609 万元。黄金荣在呈文中写道：

"为抗战期内漕河泾黄家花园全部财产损失浩大，要求敌方赔偿，特填具损失一式四份，仰祈转呈。

上海市政府俾得早日偿付实为公便。”

由于国民党政府放弃了对日政府赔款，因此，黄金荣的这一愿望自然无法实现。

除此之外，黄金荣的众多戏院产业的营业情况虽不是蒸蒸日上，但还算能维持。如黄金大戏院原来由宏昌公司租赁经营，到 1947 年收回自行营业，到 1948 年 2 月，还添置了电影放映设备，此后兼营电影和京剧，营业情况还算不错。

荣社成立及其后，黄金荣虽然老迈势衰，但在他身上，还能看到一些昔日的辉煌。而这一时期最让黄金荣觉得威风的，便是他的 80 大寿。

## 二、总统前来拜寿

1947 年 12 月初，连日的风雨，把上海滩扫打得冷冷清清，钧培里巷外的一排法国梧桐，早已落光了叶子，风雨中瑟缩着。

12 月 3 日是个难得的好天气，附近一带的高楼、房屋和园林，都沉浸在无风的恬静和明朗的严寒中，沉浸在耀眼的光亮和淡蓝的阴影里。

上海渔业公司经理黄振世兴冲冲地跑到师父的卧室里。

“振世，什么事这么急急忙忙的?”一直在闭目养神的黄金荣没有睁眼，懒懒地问。

“师父，我们荣社昨天开会了。”

“你们不是已经告诉我了吗?”黄金荣这才睁开眼回答道。

“昨天我们开会，到会的人很多，热闹极了!”

“热闹? 怎么个热闹法?”

“昨天大家讨论得最热烈的事，是先生过几天就到 80 大寿的好日子了，我们门生们要热热闹闹、风风光光，比往年更加大规模地给先生祝寿。先生有什么指示，我们一定竭尽全力去办。我今天是专为这件事来讨师父的指示的。”

黄振世心想，这下老头子该高兴了。

想不到过了好久，黄金荣却说：“你们不要费事了，这事我想过了。”

这下可令黄振世丈二和尚摸不到头脑了。因为按照老例，他跟师父十几年来，每年农历十一月初一师父生日时，徒子徒孙 3000 余人，都要孝敬送礼，大办宴席，热闹一番的，如今是 80 大寿，该比以往更大的喜庆了，可师父竟说“不用费事了”，这是怎么回事?

黄振世忍不住追问道：“那，寿不做了?”

“今年流年不利，国军在前面老是吃败仗，共产党闹得阿伟心焦。我这里要是场面弄得太大，太铺张，传到他的耳朵里不好听。我是快入土的人了，还讲究什么排场? 就节省点吧，在玉佛寺摆几桌素席算啦!”

“那具体筹备事宜呢?”

“你和天健全权负责吧!”

近代上海最重要的外资银行——汇丰银行。1921年，汇丰耗资1000万元重建一座气势宏伟的希腊式新办公大楼，展示了其雄厚的实力

黄振世拿了师父这道令箭，当即通知了龚天健，物色了一干人选，紧张地运作起来。

黄金荣的80大寿，是当时上海乃至中国黑社会势力的一次大检阅、大聚会。事先，荣社便在《申报》等报刊上登载启事，宣称："国历12月12日既农历十一月朔日为黄理事长金荣老先生八秩寿辰。先生任侠好义，功在社会，亮节高风，望重当时，同人等共沐熏陶，时承謦欬，届兹华庭应晋桃李，而先生夙抱悲悯之怀，谢绝台莱之颂，坚以民生凋敝，国步艰难，力戒铺张，冀符节约，爰订于是日假座玉佛寺聊备粗筵借尽一日之欢，顶礼寿佛来表祝福之愿。凡与先生交好欢迎参加，增辉盛会。"

黄金荣80祝寿消息传出，各界领袖写联送匾，大加颂扬。首先在上海报纸刊登《黄锦镛先生八秩寿序》，颂扬在上海历史上自"学博闻智，出秦扶楚"的春申君之后又有黄金荣的庭生，黄"承烈耳子任，能振而大之"；然后说黄金荣"少而高率，气宇朗朗异常儿"，"弃制艺不为学，潜究警政之学"，从而"益通识，富鉴裁"；接着历数黄金荣的种种"德行"，竟称黄金荣为"今之德星"、"中国在野之巨人也"；最后领衔署名为于右任、王瓒绪、王懋功、白崇禧、何应钦、何成浚、何思源、吴铁城、李品仙、谷正纲、张群、张发奎、许崇智、汤恩伯、陈果夫、孙连仲、蒋鼎文、莫文华、刘文辉、卫立煌、龙云、顾祝同、钱大钧、熊式辉等中国军政地方要人。送的贺匾有淞沪警备司令宣铁吾的"海屋添寿"、水祥云的"寿同山岳"、刘绍基的"仁者必寿"、方治的"是仁者寿"、李济深的"天锡纯嘏"、刘鸿生的"江夏之杰，人中之龙"等。号称三太史的张元济、高振霄和钱崇威各有贺词，其中张元济的祝词是："天宝定尔，以莫不兴，如山如草，如冈如陵，如川之方至，以莫不增，如月之恒，如日之升，如南山之寿，不骞不崩，如松柏之茂，无尔或承。"此外，金荣小学的学生还特地排演恭祝校主80的诞寿歌。

12月12日（农历十一月初一）这天清早，一向冷落的沪西槟榔路上的玉佛寺，突然热闹起来，那黄粉墙壁里面，飞檐耸脊下，传出阵阵鼓乐声与袅袅青烟。和尚们披袈裟，手持法器，为黄金荣念长生经。

8点钟敲过，和尚们被请到寺后的僧案星吃斋面，再也不许往前边走动了。

8点半钟，蒋介石的大儿子蒋经国代表父亲前来拜寿。

9时许，上海市长吴国桢带着市政府的社会局局长吴开先及各局局长前来祝寿。

他们分别向黄金荣磕头行礼之后，便由杜月笙、杨虎两人招待入席，吃素餐。

虽说是素席，可是菜肴的讲究不亚于荤餐大宴。菜有十四道，按次序上的是：一品香、二度梅、三鲜桔、四季青、五灯会、六子连、七层楼、八面塔、九如意、十样景、百宝箱、千只鹤、万朵红和东海佛水。

当菜上到第七道的时候，行政院长孔祥熙来到，杜月笙忙放下筷子，对正在向客人布菜的黄振世说："我去陪陪孔院长，这里的客人你招呼一下吧。"

杜月笙陪着孔祥熙在方丈室里坐了会儿，两人就去参观玉佛楼。先在楼下东边卧佛堂里，看一尊半躺在红木榻上，神态自若的玉琢卧佛，然后又上楼，端详那色泽莹洁、宝相端庄的玉佛坐像。

孔祥熙边看边问："这么大的整块玉佛，得用多少银子？"

开银庄办银行又当过财政部长，现在是行政院长的孔祥熙，三句不离老本行，开口就是"钱"。

杜月笙笑了笑，说："孔院长，要用多少银子，你比我更会算账。但两件宝贝却不是钱买的。"

"哦，不用花钱，那这宝贝是从哪得到的？"

杜月笙趁机把关于玉佛的来历卖弄了一下。正是玉佛寺里话玉佛。

其实屋里供奉的一尊用整块白玉雕刻而成的佛像是释迦牟尼说法的坐像，佛像高1.9米，玉色莹洁，造型隽美，栩栩如生。佛像头部和身体都用金带装饰，金带上镶着红、绿、蓝各色宝石，光彩夺目，而"卧佛堂"里供着的玉雕卧佛，长96厘米，是佛祖涅槃时的形象。

据说在清朝光绪八年（1882年），普陀山僧人慧根在去印度朝礼佛迹的路上，于缅甸境内采购到美玉数块，他请人造了大小不等的释迦牟尼佛像共五尊，奉以回国。

到达上海后，慧根原来是想把玉佛送至普陀山供奉的，可是因为招商局的江天轮没有起重机、五尊大佛无法起运，慧根只得奉三尊小玉佛回普陀山，留下两尊大玉佛摆在上海，供上海人供奉。

一年后，慧根募到钱款在江湾车站的旁边造了一座四进72间的寺院，命名为玉佛寺。

慧根圆寂后，法嗣本照继任主持，他进京取回《大藏经》一部，计7000多卷，藏于寺内。从此，玉佛寺里佛、法、僧三宝俱备，初具丛林规模。

1911年，江湾寺屋被毁，玉佛被移至公园内，由盛宣怀捐赠别墅为寺，供奉玉佛，仍称玉佛寺。

1917年秋，可成当玉佛寺住持。他以原址狭小为由，在盛宣怀捐助的槟榔路10余亩地基上，集资重新建寺。

1928年，气势雄伟、面貌一新的玉佛禅寺建成。新建的这座庙宇，地内主体建筑分三大进。前进的“天王殿”，供弥勒佛、韦驮菩萨和四大天王；中进的“大雄宝殿”，供三尊大佛及二十诸天、海岛观音像，大殿内雕梁画栋，匾额顶挂，显得十分富丽堂皇而又肃穆庄严；后进“玉佛楼”，供奉着慧根从缅甸请来的玉雕坐佛一尊。

玉佛两旁是大藏经橱，又名为“藏经楼”。

此外，寺内还有“卧佛堂”“弥陀堂”“观音堂”“功德室”“法物流退部”“素斋部”等。在“古代造像陈列室”里，收藏有北魏、唐、宋的石刻佛及菩萨像。

玉佛寺内的玉雕、木刻、铜铸、石刻等佛像，都融入了印度、缅甸等佛教艺术的精华，继承了隋朝以来我国佛教艺术的传统。寺内殿宇也采取镇江金山寺规模，仿照宋代殿堂建筑，崇宏壮丽。

“月笙兄，你真是博古通今啊！想不到就这么一个玉佛寺，竟给你讲出这么多的故事来，佩服佩服！黄老先生已是80老翁，可你却风华正茂，今后上海滩的市面是你的了！”孔祥熙拍着杜月笙的肩膀说道：“今后上海方面的事，还要拜托你啊！”

“院长只管吩咐，我杜月笙定然会效犬马之劳。”

“言重，言重!”

“我是真心的。”

“好，好！时间不早了，我得到寿翁那里磕头了。”孔祥熙看了看手表说道。

孔祥熙由杜月笙陪同，向黄金荣拜过寿，匆匆走了。

黄金荣做寿的第三天，1947年12月15日，黄金荣接到蒋介石秘书陈布雷从南京打来的电报，说蒋介石明日抵沪，亲到黄家花园拜寿。

晚年黄金荣

黄金荣欣喜若狂，立即吩咐媳妇李志清带领几十个仆佣，将黄家花园打扫得干干净净，把蒋介石亲笔题赠的“文行忠信”横匾高悬在“四教厅”正中，他还特地在上海著名的宁帮菜馆涌江状元楼定了两桌酒菜，准备好好款待一下自己的得意门生。

可是这一夜，黄金荣却无法入睡。

他想，蒋介石是当今“皇上”，要是诚心诚意来拜寿，自然是皇恩浩荡，荣宗耀祖，威风八面，谁可抵及。上海滩上，看来我黄金荣还虎威未倒，杜月笙想扳倒我，也不太容易。

第二天一清早，地处上海西南郊漕河泾的黄家花园附近戒备森严，岗哨密布。黄金荣通过其徒弟调动漕河泾地方自卫团500余人，荷枪实弹在花园外担任警戒；花园内则有数十名黄的心腹徒弟充当警卫。

下午1点，黄金荣便穿戴了起来，在袍子外

特地罩了件前后有八个“寿”字的黑缎马褂。他率领杨虎、杭石君、鲁锦臣、程锡文和龚天健在花园门口恭候着。

直到下午5点多钟，三辆黑色轿车才开到黄家花园门口停下，前后两辆车跳下六个保镖大汉，后面跟着一辆卡车，装着的全都是蒋的卫队。一个保镖忙打开第二辆轿车车门，黄金荣领着一帮人一起过去，弯腰拱手作揖。车里钻出蒋介石来。

蒋介石身穿蓝袍黑褂，头戴深灰色的铜盆帽，一下汽车便向黄金荣等人拱手还礼，笑容可掬。

黄金荣是个眼观六路耳听八方的人，一见蒋介石的这身打扮，又是一脸和气，便知道，蒋介石此来是真心拜寿的。

黄金荣等一干人，拥着蒋介石来到四教厅。

一进大厅，蒋介石就对黄金荣说：“初一那天，没到玉佛寺拜寿，因为那里人多不便，又因公事繁忙，请原谅。”

说完，便亲手去搬一张红木椅子，他的卫队长见了赶紧接住。蒋介石吩咐卫队长把那张椅子放在八仙桌前。然后再轻身走到黄金荣身边，扶他到这把椅子上坐下。

黄坐下后，蒋介石又亲手从另一张椅子上取下一只金丝寿字软垫放在地上欲行大礼。黄金荣慌忙摇手说：“不敢当，不敢当！还是行个鞠躬礼吧！”

但话音未落，蒋介石已经跪下向黄金荣磕了一个头，黄金荣急忙站起来拉起蒋介石。

宾主坐定，蒋介石拱手说：“今天特来拜寿，表表我的心意，因为前线情况紧急，我马上要走，请保重身体，祝多福多寿。”

“总统日理万机，为我们日夜操劳，还在百忙中抽出时间来看我，我真正感激不尽。我已特备两桌酒宴，酒宴后再走吧！”黄金荣说着话，两眼已经湿润。

“不了，你多保重！”蒋介石一拱手，向门口走去。黄金荣急忙率手下人跟着送出去。

边陪着蒋介石走路，黄金荣边嘟哝着说：“哎，连茶也没喝一口。”

送到花园门口，蒋介石两手一拦，道：“请老先生留步。”说完钻进汽车，一溜烟走了。

送走蒋介石，黄金荣得意洋洋地对周围亲信发着感慨：

“蒋总统真是个礼重义厚的大人物，我能受到他这样的尊敬，真是一生荣幸呀！”

## 三、绑架嫌疑人

旧上海曾有诸多的绑票案发生。

绑票，就是绑架人质为“肉票”，以勒索赎金，这与其他一些黑社会行为如抢劫等相比，获利更大，也更安全。由于绑票的目的是敲诈钱财，由“肉票”的家属送钱赎身，因此黑社会绑票的对象多是富商大贾、下野军阀、隐居的豪门，或其家属子女。

绑票团伙要绑架“肉票”，首先须选定目标，绑架的目标必须有钱，即具备赎票的能力，同时还须了解目标的社会关系，以减少绑票后的麻烦，目标选定后，即侦察其活动规律，推敲各种可能性，然后决定时机、地点和绑架方式，并落实被绑架者的藏身之地。

“肉票”绑到手后，开始与家属“讲斤头”，对绑匪来说，目的是为了拿到钱，因此要绝对避免官方介入解救“肉票”，直接与“肉票”的家属联络；“肉票”的家属为了家人的安全，只要财力能承受，也愿全力与绑匪合作，不与官方联络，因为违背了绑匪的意愿后，“肉票”就有可能被杀。有关赎票费用的谈判与交接，是绑票活动中最为惊险的一幕。赎票的金额最高、最低的标准，绑匪根据“肉票”的财力早已确定，最后要看双方的谈判技巧和心理承受力而确定数目的多寡。“肉票”索取少的仅数十数百元，索取多的有百万元。《申报》曾载二案，一个曾任广东省省长的 8 岁儿子被绑架，索款达 150 万银元；1946 年，申新企业管理处总经理荣德生被绑，索款高达 50 万美元。

绑票案蜂起之后，自然会产生一些专应家属或绑匪之求，沟通双方关系的中介人。这类中介人往往是流氓大亨或社会关系极广的人物。如黄金荣在数十年中曾为无数次绑票进行调停。20 世纪 30 年代，有浙江宁波人李祖莱，为杜月笙门徒，后充当“76 号”的赎票掮客，“76 号”特务所干的绑票勾当，均由他从中接洽，商定赎票价格。如黑道的二等大亨吴四宝绑架绸业银行负责人卢允之，即由李祖莱接洽，以法币 3000 元释票。银行界巨子许建屏被绑架，也由李祖莱出面谈判，以 10 万元保释。

绑票的结果，除了上述赎回之外，还有可能被“撕票”或“放回”。

引起“撕票”的有几种原因，第一，家属不愿出钱赎票。如当时王有泰店的店主王启庵遭绑后，王家拒绝与绑匪联络，结果王启庵被杀害。第二，被绑架者试图反抗。1940 年 7 月 25 日，吴四宝的门徒顾宝林等绑架中国化学工业社老板方液仙，方液仙在遭到绑架后，不顾绑匪的威胁，狂呼“有人绑票”，顾宝林用手枪顶住其后背，慌急之下扳动枪机，将方液仙击伤而亡。第三，绑匪行动被警方发现，遭到追捕，不得已而“撕票”。第四，家属不与绑匪合作而向警方告发，被绑匪得知后，必定“撕票”。有时即使人质死亡，绑匪仍要敲诈，如方液仙死后，吴四宝一伙裹挟其尸不肯归还，直至方家答应拿出 10 余万元，才肯将尸体由方家领回。

“放回”的情况很少，一般要由与绑匪极有利害关系的人物出面讲情，或发生特殊情况等偶然因素的作用。当时锦隆洋行的买办丁庚跃，就是被绑后又被放回家的。

在所有的绑票案中，“赎回”这种使绑匪如愿以偿的绑票，成功的结局比率最高。因为绑匪并不愿杀人，被绑者的家属也总是不惜一切代价救人。绑票的成功率之高，以及这种成功所带来的巨额钱财，使得黑道人物始终对绑票这一行当乐而不疲。

据工部局记载，从 1909 年到 1928 年（其中缺 1922 年、1923 年、1927 年三年记载）被破获而逮捕的绑匪有 1598 名。应该说，这只是上海滩上绑匪中很小的一部分人数。因为相当部分的绑案是在家属与绑匪之间私了的。此外，被逮捕的往往是规模较小，能量不大的绑匪团伙，而那些真正有能量的，规模庞大的绑匪集团，均有着强硬的后台，很难查获。

日伪时期，以骆文庆为首的绑票集团十分猖獗，他化名张明德，居浦东北蔡一带，纠集一批同党，是绑架集团中的嵊县帮，每次行动均周密策划，手辣心狠，绑票 8 年，从未失风，积累了大量钱财。到 1946 年又主谋策划绑架荣德生，终致落网。

另一绑票集团魁首袁仲抒，又名仲书、忠林，浙江诸暨人，二三十年代集结绑票团伙，四出作恶，被人称为嵊县帮中的“真魔王”。后积财在南洋桥闲居，也因参与绑架荣德生案而遭捕。

旧上海的绑票案还有一个特点，即从发生的绑票案看，有很大部分是由流氓集团“客串”完成的，他们虽不是专事绑架的匪徒团体，但看中绑架的丰厚财源，因此也不断地制造绑案。黄金荣曾默认和指使他的徒弟唐嘉鹏绑架温宗尧和尹启忱之子。1933 年，黄金荣的徒孙王文奎绑架了上海颜料巨商贝某的幼子，由黄金荣出面“讲斤头”，付了二万元银票将其子赎回，贝家为此送了黄金荣一辆小汽车。像这类形形色色的绑票案，虽起因不一，但手段和结局却是相同的。

另外，绑票的形式也是多种多样的，主要有以下几种：

（一）汽车绑票

汽车用于绑票盛行于 20 世纪 20 年代以后，其特点是汽车的行速快，便于迅速转移，而且车内行事，可掩人耳目，有较好的隐蔽性，安全可靠，因此为绑匪所常用。

通常，绑匪事先设法偷盗或准备一辆汽车，根据对象的活动规律，寻找机会下手。如对象在街上行走，汽车就慢慢开到他身边，突然将车门打开，一人用手枪抵住对象的腰背，另一人用拳猛击对象的小腹，被击之人必负痛弯腰，外人看到的正是一个上车姿势，车内绑匪再一拉，便可将“肉票”绑入汽车。

还有一种软办法，可以在大庭广众之中轻松地将对象绑去。如将汽车开至附近，由两绑匪下车，走至对象背后，一个突然用双手蒙住他的眼睛，另一绑匪则紧握对象的双手，两人同时大笑高呼：“你猜是啥人”，路人与对象均以为有人在开玩笑，当被绑架者还未弄清所发生的事时，已被连推带拉地塞进了汽车。

（二）用人力车绑票

用人力车绑票是早期绑匪的方式。绑匪先准备一条装有铁砂或铁棍的橡皮管，先由一个绑匪乘人不备，从背后猛击对象的头部，将其击晕后就飞速逃脱；另一个绑匪立即装作受害者的同行或热心人，一面大叫“抓凶手”，一面将其扶上早经准备好的人力车上，然后谎称去医院等，将其绑架而去。

（三）用女绑匪绑票

让一个女绑匪打扮成风流少妇，待绑架对象走到，便一把抓住，纠缠于身，绑架对象惊愕之余，一定会极力挣脱，于是女绑匪便大骂他没良心，将她无故抛弃，这时几个男绑匪便会出来相劝，一边说有事回家商量，一边将他俩推进汽车，扬长而去。

（四）安插内线绑票

即派人打入内宅，了解其家庭情况及绑票对象生活细节，伺机下手。前面提过的唐嘉鹏绑架尹启忱之子，即采用此方法。尹启忱曾在清朝时做过苏常大地区钱粮的稽征官，刮得百万资财，在静安寺路成都路居住，与盛宣怀住宅仅一墙之隔。他年届风烛，却喜得一子，十分钟爱。唐嘉鹏等先遣一门徒应聘入内宅为厨师，不到两个月，便将尹家内情全部摸清，于是经过周密布置，唐嘉鹏率四个帮手准备绑票。一天下午 5 时，唐嘉鹏化装成老人，乘汽车至尹宅，下车后便拿出帖子叫门，当门一开，唐嘉鹏即拔出手枪对准尹家管事胸口，打开大门，让汽车直接开入花园，将正在花园中玩耍的尹儿抱上汽车，绝尘而去，密藏于法租界长滨路（今延安中路）荣生公司的密室之内，最后以10万银元之价赎票。

（五）冒充巡捕绑票

这也是唐嘉鹏一伙的绑票伎俩。当时，他们又选定另一个绑票对象温宗尧。温宗尧曾任皖系师长，后挟巨资居王家洪，平日里深居简出，家中仆佣也从不用外人。唐嘉鹏受黄金荣指使决定上门劫持“肉票”。先是唐嘉鹏等三人装成巡捕，以五个随从扮为便衣，肩背丈量工具，诈称工部局土地丈量人员来到温宅。待骗开边门后，又想法得到了大门钥匙，随后将汽车开入，逮住了温宗尧塞入车内，后竟得赎费15万银元。使用类似手法的还有骆文庆集团。

1946年，上海滩发生了一起堪称旧上海最大的绑架案。被绑架的人是我国近代最大的民族实业家——荣德生。

荣德生，1875年8月4日生于无锡惠泉山麓，平生酷爱古董和书法，主张“实业救国”。抗战胜利后，荣氏企业有棉纺18家，面粉厂16家，拥有纱锭60万枚，日产面粉八万多包，堪称中国的棉纱大王和面粉大王。

1946年，仅申新二厂、五厂这两家棉纺厂分的红利，就高达五万余两黄金，这一年荣氏套进的外汇有400万美元。

荣德生到底是怎样被绑架的呢？

4月25日上午8时许，天空下着一阵阵米粉细雨，申新纱厂总经理荣德生早膳即毕，从高思路210弄20号寓所出发，乘21162号黑色轿车赴厂办公。

车至麦尼尼路口，突有埋伏街中之匪徒三名，两穿中山装，一着军服，其中二匪拿出手枪，出示汤恩伯的“红色硬卡”，勒令司机停车，随即将车上身穿玄色绸长衫的荣德生拖了出来。

一匪问道：“你是荣德生吗？”

荣德生点点头。

那人向荣德生出示了一张第一绥靖区的逮捕证说：“奉毛森处长的命令，请你到京沪卫戍司令部第二处去一趟。”

荣欲待细问，匪徒们不由分说，便将他挟上一辆无牌照的上海警备司令部副官处的黑色轿车，开足马力，向沪西飞驰而去。

荣德生被绑架的消息震惊了全国，上海《新闻报》《大众报》《文江报》《申报》等各大报，同一天发表了这一消息。淞沪警备司令部司令李及兰和上海市警察局局长宣铁吾手忙脚乱，蒋介石大发雷霆，认为此案如不迅速侦破，党国要人在上海的人身安全将会受到进一步威胁。荣案震动着整个上海企业界的心脏，案发后当天下午3时，上海市政府新闻处举行记者招待会，由朱灵白处长报告荣德生之被绑架，市政府已限令于一周内破案。

荣德生先生是我国财界的一大巨头，用财富堆积起来的政治威望，使他官居江苏省参议员宝座，老先生共有六子、九女，其中长子已故，第六子尚在美国学海军，九女荣墨珍是他的掌上明珠，此时此刻，不在上海。



荣案发生后，荣德生的汽车夫匆匆回报二公子荣尔仁。荣尔仁深知父亲在上海平日与世无争，并无结怨。是谁绑架他老人家的呢？“肯定是出于流氓之徒敲诈勒索。”荣尔仁马上想到这个问题。

是哪一股流氓敢如此胆大妄为？申新纱厂的智囊人物薛明剑先生说：“不管是哪方流氓绑架，都不要惊动，为了拯救荣老先生的命，只要舍得花钱，不必让官方插手。”

于是，他们分析了上海的形势，认为有必要到黄金荣府上和杜月笙府上拜访。不管是不是他们所为，他们的消息总会比我们多；另外，留专人在家接电话。

不久，荣家接到一个电话，声称荣德生在他们手中，必须付 100 万美元才能赎回。接着，申新九厂经理吴昆生也接到绑匪打来的电话，要他尽快筹款赎人，否则荣先生性命难保。

第三天下午，申新二厂厂长詹荣培也接到绑匪来信，信中说赎金可减至 50 万美元，限两日内筹妥，否则将荣处死。

荣家接到这封信后，同意以 50 万美元赎人，后绑匪又几次打电话约定交款接人的地点，但荣家人去了后都不见绑匪踪影，显然是这绑匪在试探虚实。

荣德生被绑架后，上海警察局为了破获这起大案，派出大批便衣警探密布荣宅周围，并暗中在荣家的电话上装上了窃听装置。

当绑匪再次用电话和荣家联系，约定 5 月 25 日下午在蒲石路收款放人时，这一消息被警方截获，于是出动数十名便衣警探前往蒲石路设伏。

岂料这一带是京沪警备司令汤恩伯公馆所在地，汤公馆警卫人员见周围有大批便衣人员，为防不测，立即报告汤司令。汤司令闻讯后不问青红皂白，调来一支军队保护公馆。

蒲石路一带顿时军警密布，气氛紧张，绑匪见势不妙只得溜走，但荣家前来赎人的汽车却被警方扣住，车内一只装有 25 万美元的皮箱也被搜走，警方以“出钱赎命是违法犯罪”借口将 25 万美元扣留，还派出警察到荣宅搜查。荣家更加惶恐不安。

在荣家积极营救荣老先生的同时，第一绥靖区司令部某处处长毛森也在积极寻找线索，并抓住黄绍寅。

黄绍寅曾经在浙西行动队和第三方面军二处当过行动员，曾经是黄金荣的徒弟，但师徒之间也没有联系。经过审讯，很快得知，出示“红色硬卡”、穿着军人服装的就是他。但他也不知荣德生被绑往何处，只知被带回沪西。

毛森立即作了周密布置，一是立即寻找荣老先生的下落，上海各码头车站如见嫌疑人立即拘捕，二是派些便衣警探到钧培里黄公馆和黄家花园侦查。

却说黄金荣知道这个情况后，恼羞成怒，立即打电话通知毛森，如把他当成嫌疑人，你就是瞎了眼，再说，蒋介石为此事已大发雷霆，我能为钱而得罪自己的门生吗？

黄金荣发牢骚归发牢骚，毛森依然不改初衷。他想：流氓白相人为了钱什么事做不出来，你说得再好听，也是白搭。但他也不敢欺人太甚，只把便衣人员分散，继续监视钧培里和黄家花园的情况。

黄金荣见毛森的便衣虽然撤走了，但并未完全放松监视。他知道，自己的名声太坏，不是自己干的，别人也会怀疑到你的头上。为了还自己一个清白，他命令自己的所有门徒打听绑架荣德生绑匪的消息。

望平街是一条 200 来米的小街，却集中了上海的几十家报刊、出版机构，其中有《申报》《时报》这样著名的报社

不久，有门徒密报，已经得到一些线索，主犯是骆文庆和袁仲抒等人，听说袁仲抒携妻已到杭州。

黄金荣立即派门徒到杭州找双枪黄八妹，这位原太湖游击队队长，现在已是浙江省吴兴县参议员。黄八妹接到黄的信和金条后，立即答应帮助寻找。

做完这一切后，黄金荣立即给毛森挂电话，说为了能还自己清白，我已派人找到主犯袁仲抒的下落，他携妻已到了杭州。

在接到黄的电话的同时，毛森也知道了此情况，因为他们已抓住了另一主犯骆文庆，骆也如此交代。毛森此时才真正明白黄金荣并没有参与此案，遂撤除了对黄的监视。

再说匪首袁仲抒绑架荣德生得手之后，命刘瑞标驱车飞出沪西，把荣带到太湖一条雕龙刻凤的游船上。荣老先生昏昏沉沉，睡在一片黑沉沉的世界里。

第二天，袁仲抒说："荣老先生，你知道吗？我们都是些要钱不要命的人物，所以你必须尽快将钱交到我们手中，否则……"

荣德生对袁说："你这位兄弟，我还不认识。抗战前，我原有 300 万只锭子，经过 8 年抗战，已经损失过半。你们这次要我出钱，讲一个数，我们商量着办吧！"

袁仲抒一听，觉得这老头糊涂，很是高兴，痛快地说："我们穷哥们也是被逼着干这件事的，如果老先生拿出 50 万美钞或金条，我们会把你安全送回家的。"

荣德生随手从口袋里摸出一颗象牙私章，交给袁，说："50 万美金，就这样定了。你拿着这块图章，作为见证，找申新九厂经理吴昆生接洽便可。"

吴昆生接到袁仲抒电话后，立即向荣尔仁密报，荣当即表示 50 万美金可以接受，但要绝对避免官方插手，拜托申新二厂厂长詹荣培作为联络人。

詹荣培与匪方接上线，来到神州旅社 316 房，见到匪方代理人、华大企业公司吴志刚。经过数次秘密协商，于 5 月 27 日上午 9 时在劳工医院 8 号病房交款。

吴志刚收到款后，立即向袁仲抒报告。袁仲抒将荣德生请上吴志刚的汽车，送到韦飞路口，由骆文庆代雇三轮车，陪送荣德生到麦尼尼路他女婿唐熊源家中，时间是 1946 年 5 月 27 日深夜 23 时左右。

5 月 30 日，《新闻报》以头号大字标题发布消息：棉纱大王荣德生出绑。家属既不安排接见，亦不愿发表任何谈话。

5 月 31 日，上海《立报》发表《恭贺出绑》的文章，称：

“棉纱大王荣德生出绑了，这是值得恭喜的一事，向什么人恭喜？当然先向荣德生先生恭喜，恭喜他老人家脱险突出，安然归来，可以快快活活地度过抗战胜利后的端午佳节。其次，要恭喜当局的‘德威’，绑匪居然慑于德威，将荣先生释放，使当局好比佛面贴金，更加有了光彩。当然，到底是什么力量使荣先生出绑，这也不必去深究，好在肉票已经还璧归赵，总是天大的面子，至于绑匪的捉拿，那就不在话下了。”

明眼人一眼可以看出，这篇文章极尽讽刺挖苦之能事，使上海警察当局出了洋相。毛森认为，如不是处在捉拿绑匪时期，立即叫这家报社关门。

及至到 6 月下旬，案子还没有进展，主犯仍在逃。毛森立命黄炳炎、陆志凌和海艳小姐二下杭州，寻找主犯袁仲抒的踪迹。但要在杭州数十万人中找到一人，岂非大海捞针？二下杭州又无结果。

这时，毛森想到黄金荣，因为他既然能知道袁仲抒逃往杭州，就能帮我们找到主犯。于是，便带着一些礼品和四根金条亲自拜访黄金荣。黄指他一条路，到杭州后找双枪黄八妹联系，或许有结果。

黄炳炎等人又三下杭州，由于海艳小姐认识黄八妹，她就成了核心人物。

也算毛森吉星高照，这天天气闷热，黄八妹接着海艳等人一起走进湖滨冷饮室，入座时黄八妹竟发现袁仲抒老婆坐在对面，便示意海艳盯住此人，一直盯到新泰宾馆。

黄炳炎、陆志凌到门房一查登记簿，果然发现有一旅客名叫袁争飞，同室有一男一女，当即监视，由黄炳炎去请杭州侦缉队协助，于凌晨 4 时将袁抓获。

警方遂顺藤摸瓜，将 15 名绑匪一一抓获，其中八人判了死刑。

荣德生被绑架是旧上海最大的绑架案，此案虽被侦破，部分赎金也被追回，但荣家仍受到严重损失。被第一绥靖区、淞沪警备司令部、警察局等索去的款项及在此案中的各种开销，高达 60 万美元，超过了绑匪提出的 50 万美元赎金的数目，这不能不说是一件奇事。

在此案中，黄金荣一度被人怀疑很是恼怒。但从另一种角度讲，此时的黄金荣在上海滩的势力尚未完全衰退，甚至可以说还依然被人重视。

## 四、借他人之手打击杜门

1946 年，国民党军统组织为进一步控制帮会势力，动员各种力量准备与中共抢夺天下，将抗战时期的人民行动委员会改组为中国新社会事业建设协会。

10月19日，新建协会在上海丽都花园举行成立大会，各地赶来参加的帮会首领达千人，黄金荣也参加了会议。会议通过了一个章程，宣称本会是“秉承孙中山先生遗教，以求建设三民主义的新中国；秉承事业以人民为本之原则，以努力新社会事业之建设；是站在人民的立场上，求达成复兴民族，安定世界之目的”。会议选举杜月笙、向海潜（洪帮龙头）、杨虎等三人为常务理事，黄金荣、张树声、潘子欣、李福林、王慕沂等五人为监事，黄金荣还担任了常务监察。

新建会总会设在上海梵皇渡路（今万航渡路），在各省、市设立28个分会，县支部468个，成员号称56万人。其成员多为帮会流氓、地痞恶霸，与中共对抗没有多大作用，倒是危害地方，骚扰百姓，人人愤怒，连国民党也侧目而视，终于到1947年9月4日，行政院下令撤销。

黄金荣虽然担任了新建协会的要职，但基本不过问具体事情，目睹国民党政权由盛而衰的变化，他深感夕阳西下，前途渺茫，耄耋之年不必再为国民党拼上这把老骨头了。黄金荣对政治早已失去热情，但其门徒们还是参与了一些政治活动。如1946年4月，上海举行市参议会的选举，在181个议席中，金廷荪、金九龄、顾竹轩和陈培德入选。

这一时期，黄金荣的产业仍有一些发展。大世界游乐场虽秩序混乱，时遭正直人士批评，但营业额却非常好，大世界公共户籍上有近百人，总经理黄金荣自然有些踌躇满志。此外，他还成立了建隆地产公司和黄金记地产公司，经理各处的房地产。其他的娱乐业也十分顺手。但随着内战的扩大，大环境却日益恶化。

1948年，随着人民解放战争的飞速发展，国民党反动派不仅在军事上败局已定，政治上危机四起，财政经济方面也呈现出全面崩溃的征兆。这主要表现为其所据持的日伪产业和外汇黄金储备已变卖殆尽，而内战消耗有增无已，财政开支只能靠滥发纸币来维持，通货膨胀达到了骇人听闻的程度。

抗战结束时，国民党政府的财政实力靠接收日伪产业而达到历史最高峰，拥有九亿美元，黄金600万两（合四亿美元），加上接收敌伪资产法币四万亿元（合10亿美元）。

蒋介石以为，这笔可观的财富，足以维持其为支付内战费用而滥发的法币。岂料人民解放军越战越强，“三个月消灭共军”的许愿，已成笑柄。

1947年2月，国民党全面进攻被粉碎时，南京政府的黄金储备已用去1/3，到1947年10月，其黄金、美元储备只剩下三亿美元，预计到1948年底将全部耗罄。

但法币发行量，却继续以惊人的速度增长，到1948年8月，法币发行总量又达6639946亿元，500元面额的大钞也赫然问世。由于蒋管区面积日小，滥发的巨量法币只能集中在上海等少量大城市中流通。

由于法币无限制地发行，它的兑换价值，已低于其本身的成本。如米卖到5833万元一石，一张大饼需三万元，百元纸钞当作冥钱或手纸用，甚至乞丐也拒收千元以下的钞票。

法币的信誉一落千丈，导致了上海金钱黑市买卖和套汇活动非常猖獗，沪地金融界惊呼：经济崩溃就在眼前了！

成立不久的上海金融管理局决定，狠狠打击一下非法交易活动。

打击令发出后，金融管理局通过它的搭档“源通行”，向黑市交易商一下子抛出200大条（200两）黄金作为诱饵，随即由警察局派出20余名经济科便衣在黑市交易点秘密守候。

当“源通行”同黑市交易商在电话中谈妥了黄金收售的数量和价格，约定了兑钱交货的地点，经济科便衣警察便假扮“源通行”的人员来到约定地点。

正当一手交钱，一手交货之际，便衣警察亮出身份，这样一来，人赃俱获，投机商们大惊失色，连呼上当，纷纷束手就擒。

紧接着，金融管理局会同警察局，又立即采取了取缔套汇的活动。

当时，从事套汇的商业机构或个人，都有一个共同的特点，他们都必须通过私设电台与香港互通行情后才能行动。如果把这些私营电台封闭，首先打掉套汇的耳目，使投机商失去信息，就能有效地遏制套汇活动。

于是金融管理局和警察局一方面严格查封私营电台，一方面暗中让“源通行”设两部电台，把香港的套汇电讯集中到自己手里。在对这些电讯进行了周密分析之后，金融管理局当机立断，宣布40余家商行被封闭，这些商行的所有账册都封存冻结。

顿时，套汇投机商行慌了手脚。

当时，有家正明商行，董事长叫姜钟麟，因经营黄鼠狼皮的出口贸易，在国内外都很有名气，他个人独资创办的姜源泰贸易行，是专营黄鼠狼毛皮的出口机构。姜钟麟手中有套购来的大量外汇。

某日，姜手下的一个日俄籍会计向警察告密，警察局立即抄获了姜源泰行的全部套汇暗账。姜生怕大难临头，揣了十根大条子找到黄金荣，由黄出面，让他主动交出10万美金，另交纳了相当于三万美金的法币罚款，才算了结此事。

在打击黑市交易活动中，金融管理局和警察局没收到了一大批黄金和货款，并向法庭移送了一批为首的投机商犯，其中有三个人最后被判了徒刑。

就此，大金钞案似乎可以收场。其实不然，在大金钞案的背后，许多官方的黑市交易仍然肆无忌惮地发展。1948年夏天，法币贬值更加厉害，物价的狂涨更加惊人，加上与共产党作战的节节失利，蒋介石如同是热锅上的蚂蚁，急得团团转。

当时，蒋管区内一些地方的物价，往往是以上海的行情为转移，跟着涨落。大金钞案过后，蒋介石依然想凭借人力把物价压下去。这时，他想起了黄金荣、杜月笙来。

蒋介石先后几次给黄金荣、杜月笙电报，请他们筹措平定物价的办法。黄金荣与社会上的联系已经很少，很多情况不清楚，但杜月笙很清楚，自己不可能想出什么行之有效的方法，解决这样一个严重问题。

黄金荣为了给总统效力，特要杜月笙找了一批谋士，研究一番之后，便提出了吸收游资的最好办法，是抛售一定数量的物资，使大量法币回笼，市场才可望稳定。

想出这个办法，黄金荣、杜月笙很得意，恰逢孔祥熙来上海，听了连声说：“好，好！”停了一会儿，他又不无担心地说：“只是南京政府控制的东西太少了。”

蒋介石接到这个方案后，又向很多方面征询意见，不少人都赞同这个方案。最后，蒋介石终于决定了收回游资的几项紧急措施。主要是出售几个所谓国营企业的股票和国库券，同时抛售接收的敌伪物资和美援物资。

这一紧急措施得到的结果，是所抛出的物资很快便被抢购一空。因为消息灵通的“南京客人”早带着大量现款来到上海，这些陌生的主顾比上海的投机商人不但人数多，而且钞票更多。

他们购到的东西，马上就能弄到交通工具运往内地。这样一来，南京政府手中不多的一点东西，眼看就快要抛光，而物价仍未能平定下来，法币一面回笼又一面出笼，上海的游资依然异常雄厚。

这不但是蒋介石所始料不及的，就连上海大亨们也惊诧不已。

一着未成，蒋介石又来一着。

1948年8月19日，南京政府下了一道“财政经济紧急处分令”，实行所谓“币制改革”，发行金圆券，强令民间所藏的金银外币乃至珠宝首饰，一律交出，换取金圆券。

蒋介石想用这针强心剂，来拯救濒于死亡的经济。

金圆券发行的头两天，物价没有波动。第三天，物价便火箭似的飞涨起来。

蒋介石眼看不行，便派出自己的儿子蒋经国和俞鸿钧到上海坐镇。

名义上俞鸿钧是经济督导专员，实际上他看准要失败，因而不肯出面，连开会也要刘攻芳代替。蒋经国虽是副专员，却自恃有“上方宝剑”，便统率“勘乱建国大队”，还招募了不少“信仰”三民主义的青年，组成“上海青年服务总队”，作为基干队伍，广事收查敢于违抗命令、扰乱金融的不法分子。

再说金圆券发行前夕，蒋介石特地把杜月笙请到南京商谈，要杜大力支持所谓“币制改革”。杜月笙从南京回来后，顿觉身价倍增。

黄金荣听说后，心里暗暗责怪蒋介石，请杜赴宁为什么不给我打个招呼。

而杜月笙呢，回来后也没来看望黄金荣，关于党国的“经济政策”，黄一点也不清楚，很多门生前来告状，说好处都让杜门捞了，生意都被杜家抢走了。

“娘的，我总要寻机会告他一状，让总统去治他!”黄金荣有些愤愤不平。

蒋经国一来，黄金荣觉得是个机会，何不借小蒋来敲敲他。于是，黄金荣派人邀请蒋经国到家中，准备盛情款待。与此同时，杜月笙也马上派人去邀请，都被蒋副专员一一回绝。

活人不能让尿憋死，黄金荣改变策略，让心腹黄振世再次邀请。此时，黄振世已被聘为“勘乱建国大队”的评价委员，他有机会接近蒋经国。

这一天，正好开评价委员会议，会议一结束，黄振世便跑到蒋经国面前，将一只大红请帖双手呈上。蒋经国打开一看，微微一笑，向黄点了一下头，示意他到隔壁等着。

蒋送走了委员们，来到黄振世处，说：“黄老先生的情，经国早已领了，至于赴宴的事，我实在抽不出时间来，不能去。请你转告，请老太爷不必费心，多谢了!”

“专员话我已明白，如果说到黄家去不便，可以到我的‘振社’去，这样，别人就不会讲闲话了。”

“好吧，明天我去你那‘振社’瞧瞧。”蒋经国终于答应了。

从会场出来，黄振世坐上汽车直奔黄家花园，向老头子报喜。一小时后，师徒俩已在四教厅后的避暑别墅里策划告状的事。

原来，杜月笙从南京回来不久，得到“币制改革”的内部消息后，便指使儿子杜维屏暗中抢购囤积物资，套购黄金美钞。他才是上海滩上的一只“恶虎”。

第二天，黄振世在“振社”里置好了酒席，便在门口翘首伫足瞭望等待。12 点不到，一辆乳白轿车开来，黄振世迎上去。可一开门，却不见蒋经国，他们是吴绍澍和蒋恒祥。这两人均是小蒋的亲信与智囊人物。

吴绍澍一下车便拱手打招呼：“黄委员，蒋副专员临时有要事，无法分身，只得让我和恒祥来叨扰了。他让我俩向您致歉!”

“欢迎，欢迎！你们俩来了，还不是同副专员来一样!”黄振世和他们一一握手，不停地抖动，显得异常热情。

本来要在酒席间向小蒋进函，提防杜月笙暗中煽动抢购物资的勾当，现在，这些话不便对吴、蒋二人说，于是酒宴在哼哼哈哈天气凉热的闲话中结束。

当天晚上，黄振世就将“计划破产”的事，报告了黄金荣。

身边的几个人听了都很扫兴生气，觉得连连碰壁，瞎子点灯白费蜡。但黄金荣不这么看，他说小蒋能答应到“振社”去，便是友好的表示。

黄金荣躺在烟榻上，呼呼噜噜地烧了几筒鸦片。当他烧到第三筒时，精神大振，脑筋特别灵，一个主意突然跳了出来，招手对黄振世说道：“能不能让大少奶奶出面，志清的交际手段很高，小蒋也许会来的。”

黄振世领了老头子的旨令，跑去转告李志清，李听后想了一会儿，点头莞尔一笑，乐陶陶地走了。

女人的魔力，很多地方胜过须眉男子。过了两天，李志清果然把小蒋请到黄宅来。老头子自然退居二线，一切由她安排，由她接待。

小蒋在席间一再表示“打虎”的决心，向陪在左边的李志清打听上海交易所内投机倒把的情况。

李志清的养子黄起予是证券交易所的经纪人，李本人又是后台老板，对交易所的事一清二楚，但是她却回答说：

“交易所是杜家爷叔拿总的，具体事都由他的三公子维屏少爷亲手管理。我的儿子想申请个执照当经纪人，要花 10 根大条子。后来向杜家爷叔再三求情，还是花了五根大条子，他才答应的。”

“唔，唔!”小蒋不表示什么意见，但他听进去了。

陪坐在右边的黄金荣听了十分开心，他赞赏媳妇这一状告得妙，在诉苦中随意一击，不落痕迹。

蒋经国回到督导专署，布置亲信暗中调查杜维屏的投机倒把情况。

杜维屏仗着父亲的来头，在上海滩一向吃得开，平常搞点投机倒把，对他来说，根本不算回事。

但是，蒋经国却在杜维屏的身上找到了问题。就在最近这几天，他在交易所外面抛售了永安纱厂股票 800 多股。于是，蒋经国便以“连续非法交易，进行投机倒把”的罪名，把杜维屏与另外两人逮捕了。

杜月笙的儿子被捕后，杜公馆上下急得如同热锅上的蚂蚁，手下人都纷纷出谋献策，要给蒋经国一点颜色看看。杜月笙不愧为久经沙场的“沪上闻人”，表面上他不动声色，暗地里却积极活动，一方面差使小喽罗抢购东西，制造混乱，一方面通过分布在四面八方的徒子徒孙，搜集蒋氏姻亲在上海囤积居奇的材料。

反击的机会终于来了。9月下旬的一天，蒋经国召集各业巨头开会。蒋经国一番开场白后，杜月笙慢慢地站起来，不慌不忙地说：

“我儿子违反国家的规定，是我管教不严，我完全同意蒋副专员逮捕他，依法惩办。不过，我有一个要求，就是请蒋副专员去扬子公司检查检查。扬子公司囤积的货物在上海滩是最多的，现在，已有人守在那里。蒋副专员若不方便，各位同仁和记者先生们，可随杜某去开开眼界！”

说完，他率先离席而去，有一些事先与他约好的工商人士及记者也随之而去。蒋经国原就想办孔令侃，但因宋美龄阻挡，只好放下。如今杜月笙“逼”他这么做，他除了“敲”孔令侃一下，已别无选择了。

10月1日，在经济警察搜出了扬子公司仓库的大批囤积货物后，蒋经国下令查封了这家公司。对于蒋经国这一手，孔令侃自有对付的办法，一个电话，把“状”告到了小姨妈宋美龄那里。宋美龄听完电话，二话不说，直飞上海。

在孔宅里，宋美龄把蒋经国叫来。可是，尽管她从中斡旋，双方谁也不愿退一步。

闹到最后，孔令侃冷不丁冒出一句话：“逼急了，狗也要跳墙的。如果我走投无路，就向新闻界公布你们蒋家在美国的资产，大家同归于尽！”

宋美龄听了这句话，急出一身冷汗，“令侃，不可造次！”

当天，她立即给正在北面督战的蒋介石拍了份加急电报，要他立刻南下，处理这件紧急大事。

10月8日，蒋介石赶到上海，听了宋美龄的叙述以后，他不由地叹口气：“我来和他谈谈吧。”

第二天清早，当蒋介石和蒋经国共进早餐时，蒋介石对儿子说：“‘扬子’一案不要再管了。”

“为什么?”蒋经国问道。

蒋介石摆摆手，“和为贵，和为贵!”

蒋介石这番话虽然使蒋孔两家的一场干戈就此平息，却也使蒋经国三个月呕心沥血的“打虎”运动成果化为灰烬。

1948年11月1日，蒋经国快快不快地离开上海，“打老虎”就这么结束。

再说杜维屏，所具的罪名不过是场外交易，无论蒋经国如何想扩大，也判不了死刑。因为当时比杜维屏严重的人实在太多了，便只好将他送到法院去，勉强判了八个月徒刑。杜不服，请了几个律师上诉，拖延到11月间，法院只好改判六个月，并准以罚款了事。

黄金荣虽有几分得意，但这还是大少奶奶的功劳。他无论如何，在上海滩上再也不会有什么作为了，现在他不得不承认这一点。

# 第十八章

Di Shi Ba Zhang

## 无奈丝丝凄凉 别往昔

天亮了，黄金荣还睡眼惺忪。上海市人民政府步步紧逼的严厉措施和市民们一浪高过一浪的声讨，使黄金荣处于四面楚歌的境地。他闭门不出，整日里提心吊胆，甚至晚上也整夜无法入眠，垂垂老矣的黄金荣怎能消受？他颤抖地拿起了一支笔……

## 一、最后的选择

1948年12月，正是淮海战役激烈进行之时，在国民党的指使下，黄金荣与杜月笙、杨虎、陆京士、水祥云、王晓籁、顾竹轩等秉承蒋介石的旨意，发起组织“上海各界自救救国联合会”，12月12日上午，成立大会在浦东同乡会大楼举行，市长吴国桢、京沪杭警备总司令汤恩伯等1000多人出席，杜月笙担任会议总主席。杜月笙号召人们：“鼓起勇气，拥护元首，迅速达成救国救世之目的，使上海成为正义堡垒，文明灯塔，屹立远东。”

接着在“上海各界自救救国联合会”成立后的12月18日，设立自卫特捐筹募委员会，决定为“保卫”上海市募集三亿金圆券。

募集办法有三，一是自1949年元旦起，上海的地价一律增收5‰，由此可得1亿2000万金圆券；二是从1949年1月起对所有的货物征收自卫特捐；三是对限价期内被封存的物资，一律征收10%的自卫捐。

然而这些举措已根本无法挽救蒋家王朝覆灭的命运了。

1949年4月初，中国人民解放军第二野战军和第三野战军在以邓小平同志为书记的总前委统一指挥下，沿着西起鄱阳湖口东至江阴要塞的千里长江北岸，积极准备渡江作战。

当时，南京政府已经公开拒绝了国内和平协定，中国人民解放军4月21日强渡长江。

百万雄师浩浩荡荡横渡长江，占领南京。蒋家王朝彻底崩溃了。与此同时，陈毅同志率领的第三野战军在丹阳积极准备进驻上海。

此时上海爱西路十八层楼公寓的一间房子里，一位有些清瘦的老人，正时刻收听着从各种渠道传出的消息，希望有一条消息重新改变上海的形势，以便自己在上海滩上再度辉煌起来，这人便是杜月笙。

在这时局转变之时，杜月笙也在权衡之中。黄炎培、杨虎，陈铭枢等曾动员杜月笙投向人民阵营。共产党方面有潘汉年等与之保持联系，上海解放前一个多月，张澜也去拜访过杜月笙。但杜月笙还是怕共产党清算“四一二”事变中杀害汪寿华之血债。于是在1949年初，变卖住宅，准备到香港观望。4月10日，蒋介石在复兴岛接见杜月笙，要杜适时离开上海。杜月笙要走了，遂到钧培里向黄金荣辞行。杜月笙看着老态龙钟的黄金荣，回想40年前，如果不是进入黄公馆，得到黄金荣的不吝提拔，未必就有我杜月笙的今天，想到这里，杜月笙的喉咙有些哽咽。两人互道珍重，杜月笙怅然离开了进出过无数次的钧培里。

4月27日，春雨霏霏，杜月笙包了一艘荷兰轮船，一家大小，包括和他同居的著名演员孟小冬及其秘书、随从一起登上轮船，便直航香港。

杜月笙走了，王晓籁走了，金廷荪也走了，黄金荣到底是走呢，还是留呢?

有人劝黄金荣到香港去，说共产党胜利了决不会放过他，因为他的双手沾满了共产党人的鲜血。但黄金荣心里明白，自己已是80多岁的人了，死在香港倒也不要紧，只怕在半路上生急病，死在途中，那就糟糕了。

此时黄金荣不无感慨地回顾起自己的一生。黄金荣的这一辈子，政治风潮来临时，他总是以不变应万变，居然屡屡化险为夷。当年日本人打进来时，上海滩上多少名人争先恐后往后方逃去。别人不说，杜月笙先飞香港，再奔重庆。老友虞洽卿去了后方，结果客死异乡。唯有黄金荣呆在上海，日本人和汪精卫又能把他怎么样呢？国民党卷土重来后，那更不用说了，他虽然不及后来居上的杜月笙风光一时，却也没有像杜月笙那样被蒋经国“打”过。80大寿时，蒋介石还是亲自到黄家花园来磕头祝寿。这次共产党得了天下，黄金荣照样根据老法办事。他对老友说：“听天由命吧！反正只有老命一条，随共产党去折腾，我这把年纪了，共产党总得讲点人道吧？”

实际上，共产党方面早就在考虑对黄金荣做工作了。早在1946年，为了对帮会分子展开工作，上海地下党成立了帮会工作委员会，书记是田云樵，委员有金龙章和顾叔平。该委员会的方针就是团结群众，教育群众，依靠群众，开展斗争，壮大革命力量，瓦解敌人，迎接上海解放。这群众也包括帮会的一般成员。顾叔平是顾竹轩的侄子，自然，他对叔叔的师父黄金荣也展开了争取工作。

当时中共中央对上海帮会的基本政策就是稳住黄金荣、杜月笙等帮会头子，积极开展工作，争取他们留在上海，将功赎罪，这样，对稳定上海社会秩序，震慑帮会残余势力，会有极大的作用。

中国共产党对上海帮会是相当重视的，在作为接受上海的指导性的手册《上海概况》中是这样分析的：“上海帮会首领，其最著名者有杜月笙、黄金荣、王晓籁、徐朗西、向松坡、张子廉、郑子良、程壮、姜豪、杨虎等人。由于他们结交官府，党羽众多，均各自形成力量，上焉者成了所谓‘海上闻人’，次焉者也各霸一方。其下层分子中，有些是为了求职业、找靠山而不得不加入的，如某些部门的工人（尤其码头工人）、车夫，戏院、舞厅、妓院、澡堂、茶馆、饭馆、理发馆等业的从业人员，小摊、小贩与中小商业主，以及一部分警察及公务人员等……由于帮会易成反动势力的利用工具及社会罪恶的渊薮，故不仅为治安问题，而且是社会问题。”

当解放军进入上海时，中共上层多少有些担忧，帮会流氓是否会发生新的暴乱呢？

1949年5月13日晚上，即将担任上海市副市长的潘汉年向中共中央副主席刘少奇汇报工作。刘少奇不无忧虑地询问道：上海的青洪帮会不会像1927年那样捣乱？潘汉年汇报了近年来对上海帮会所做的工作，并明确说：“我和杜月笙的儿子杜维屏有联系。1948年在香港，我和夏衍同志还去看访过杜月笙，我们离开香港之前，杜月笙曾向我们做了保证，一定安分守己。据我的了解，黄金荣那帮人也不会闹事。”刘少奇要潘汉年转告陈毅、饶漱石：“先不动黄金荣、杜月笙他们，观察一个时期再说。”

实际上，潘汉年一直把黄金荣作为最重要的工作对象。因为黄金荣是公认的黑社会第一号首领，虽然他早已退休去职，但由于他在黑社会中经营的时间最长，势力盘根错节，在帮会中的影响仍然是首屈一指的。因此，潘汉年通过地下党的关系，向黄金荣传递信息，规劝他不要跟国民党逃跑，只要遵守人民政府的一切政策法令，人民政府就不会为难他。

杨虎是黄金荣的把兄弟，与黄金荣的关系一直比较密切。1948年时，中共地下党曾通过杨虎对黄金荣做工作，陈毅也曾通过杨虎传话并写了张纸条，要黄金荣留在上海。

黄金荣后来对程锡文等亲信说："杨虎讲，共产党的领袖知道我，可以既往不咎，并且写了字条，给杨虎转交我，我可以在解放后交给上海的负责人，不会捉我。"

黄金荣虽然嘴上这样说，但他根据几十年和政界人物打交道的经验，知道这些话仅是口头上说说而已，究竟如何，他心里没底。表面上他很镇静，心里却是很发愁的。

正在黄金荣犹豫不决时，章士钊夫人带来了中国共产党的口信：只要拥护共产党，不再和人民为敌，我们一定能按"既往不咎"的政策办事，希望黄金荣留在上海，不要听信谣言和轻举妄动。

章士钊夫人的一席话，坚定了黄金荣不走的信心。他对一些劝他走的人说："我已是快进棺材的人了，我一生都在上海，尸骨不想抛在外乡，死在外地，成为野鬼。"

5 月 24 日，炮声越来越近，解放军开始攻占了上海。

黄金荣既然打定主意留在上海，总要考虑给共产党一份礼物。大致上，黄金荣做了以下这些事：

不参与国民党覆没前的大搜捕和大屠杀，掩护一些地下党员，并进而支持他们接管上海；

将国民党的一些物资财产造表记录，通过杨虎交给地下党；

命令门生搜集帮会头目的情报，最后将 400 名帮会头目名单交出，便于共产党做这些人的工作。

另外，他叫门徒把黄家花园"四教厅"内蒋介石亲笔题写的"文行忠信"的匾额摘下砸毁，而不是像抗战中隐藏起来，以示弃暗投明，改邪归正之意。

忙完这一切，黄金荣发现儿媳李志清席卷了他的金银外汇财宝逃往香港去了。关于此事，黄金荣自己说是李志清私自席卷而逃。但是，有些知情人却认为，这是黄金荣的一个诡计。

根据黄金荣的为人，李志清要在黄金荣全然不知的情况下潜往香港，这几乎是不可能的，实际上与李志清同往香港的还有张志卿，张是黄金荣的门徒，抗战时曾任吴淞警察局局长；黄有意让李志清先带财产到香港去，黄金荣留在上海，静待变化，如不如意，即可前往香港；何况解放后李志清还派黄起予等到上海协助黄金荣料理财产，双方并没有势不两立；后来黄金荣缺钱，李志清还曾汇来钱款。李志清在黄金荣死后，去了台湾。

所以，综合来分析，李志清去香港是黄金荣精心安排的说法，还是有一定道理的。黄金荣将部分财产换成了黄金、美钞，李志清到香港后，根据黄金荣的指示，在香港、澳门购买了房屋。黄金荣甚至叫李志清把他拍的标准照片带走，替他申请了台湾的入境证，以备万一。

不管怎么说，黄金荣留在上海，从客观上讲，对稳定其门生的情绪，安定上海的社会秩序，起到了一定的积极作用。

对于黄金荣这样一个对历史产生过一定影响的人物，他的家庭又是怎样的呢？

黄金荣与林桂生结婚后，没有生育，因此较早时黄金荣就领养了一个儿子，小名福宝，官名黄钧培，据说长得一表人才，黄金荣十分喜欢。很早就定下亲事，儿媳李志清，原是林桂生带入黄公馆的"养女"，不仅面貌秀美，而且精明强干。17 岁嫁到黄家，帮助婆婆林桂生料理家务。



李的父亲李祥庆，苏州人，是黄金荣的同辈兄弟和同事，也在法租界巡捕房担任探目。可惜，黄钧培不幸病故，只留李志清空守闺房。据黄公馆不少知情者的回忆，黄金荣与这位媳妇关系暧昧，甚至有时同睡一床而没有任何顾忌。李志清因此获得黄金荣的绝对信任，掌管黄公馆的财政。李志清自己曾在九江路设立志诚证券号，并交养子黄起予管理。李志清还设有志伟公司，1950 年 1 月解散。

黄金荣与露兰春结合后，露兰春的父母给她领养了一个儿子，取名黄源涛，小名连弟，1920 年生。

据说黄源涛的生父是姓李的京剧武生演员，山东人，曾在大舞台演戏。抗战胜利后，黄源涛曾任淞沪警备司令部义务稽查第四大队大队长。

他凭借黄金荣的恶势力，也广收门徒，平日里花天酒地，迫使一个名叫陈慧敏的舞女同居，玩弄厌烦后又将舞女抛弃。解放前夕又与一张姓女艺人同居，直到解放后才分开。黄源涛后来为大世界负责人。

黄源涛 18 岁结婚，妻子为沈阿三的长女沈静华（江苏海门茅家镇人），黄源涛于 1955 年 1 月 13 日被捕，留有一子二女。

据《旧上海的帮会》一书载，大女黄蓓莉嫁给了黄金荣的门生、上海雷允上药店老板雷宪芝的儿子；小女黄蓓兰，嫁给了一个邮局职工。儿子则在东北航空大队工作。然查黄公馆的户籍，黄源涛之长女为黄佩薇，小名培培，1960 年 4 月与唐继光结婚，唐 1935 年 6 月 12 日生，青浦人，高中毕业，时任中央一机部第九设计院职员。小女为黄佩丽，小名佩莉。

黄金荣还有一个养子原姓麦，叫正学，又名元勋、麦根，小名根弟，原籍贯广江，父母为贩毒者，被法租界巡捕房捕获，后死于狱中。由会审公堂判给黄金荣做养子。但李志清对麦正学十分不满，因此就没有正式作为儿子看待。但黄金荣仍让麦正学在黄金大戏院干活，平时对其也算不错。

李志清因为没有生育，也领养了三个小孩，即儿子黄起予和黄起明，以及女儿乳名囡囡。黄起予 1922 年生，曾任志诚证券号经纪人，后来娶郑姓女子为妻，1952 年到香港谋生。

黄起明 1929 年生，信奉基督教，文化程度高中毕业，娶了张姓女子为妻，解放后在邑庙区镀锌生产组工作，1958 年 9 月被劳动教养。

女儿囡囡后来也在香港出嫁。

黄公馆的经济和日常安排由账房俞永江和秘书骆振忠负责。

黄金荣在与露兰春离婚后，曾先后与多名女子同居，但心灰意懒的他再也没有正式结婚。有一女子住在新城隍庙新成花园内，直到解放后，黄金荣仍与之有来往，并每月支付其生活费 50 万元旧人民币。

此外，黄公馆内还有不少佣工、厨师。1953 年的统计户籍在此的佣工还有 18 人。

## 二、风平浪静看动向

1949 年 5 月 26 日，人民解放军占领上海。上海解放了，广大人民欢欣鼓舞，欢庆自己翻身得解放，人民再也不受帝国主义的蹂躏了，再也不怕那些地痞流氓为非作歹了。上海人民站起来了，人民真正成了上海的主人。

次日，中国人民解放军上海军事管制委员会和上海市人民政府宣布成立。陈毅任军管会主任、上海市市长。

而潜伏下来的国民党特务、帮会流氓分子企图利用共产党刚进上海、还立足未稳之机，大肆捣乱。

据统计，上海解放后的20多天里，发生重大的抢劫案50多起。而6月至12月间，每月发生的劫案达100多起。一些流氓包括黄金荣的部分门徒妄图用事实来宣布：上海仍是流氓帮会的“王道乐土”。

面对严峻的局势，市长陈毅、副市长潘汉年指令军管、公安部门等密切配合，严厉打击犯罪活动。对有血债的帮会人物进行毫不留情的打击。这种打击之声也传入了黄公馆。

黄金荣的爱徒陶雪生，抗战时期就充当汉奸，残害抗日志士，欺压百姓。抗战胜利后参加了国民党特务组织，1948年，曾参与策划逮捕许荣夫和王孝和等事件。尤其是由于破获上海电力公司工会理事长、共产党员王孝和一案有功，被国民党当局提升为警察局特工组长，后又升任侦查股长。

解放后，陶雪生奉命潜伏下来，与人民政权对抗。经群众检举揭发后，陶被逮捕，经审判犯罪事实确凿，人民法院判处其死刑，1950年10月，陶被押至其老家漕河泾即黄家花园旁处死。

在严厉打击犯罪的同时，人民政府责令参加过帮会的人员进行登记，到1951年，登记人数达26800人，数以百计的帮会头子被监督劳动，接受里弄群众的监督。

鉴于黄金荣的一些门徒仍在从事破坏活动，这势必牵涉到黄金荣本身。对此，政府内部也有些干部主张将黄金荣法办。他们认为打蛇要打头，不镇压黄金荣，就无法制服他的数以千计的门徒，也就无法有效地控制上海。也有些干部认为，要用发展的眼光看待事物，国民党反动派的死硬分子都跑了，杜月笙也跑了，黄金荣能够留下来还是好的。

潘汉年在市府工作会议上分析说，黄金荣是反动统治时期帝国主义的走狗，他的门徒在上海干了许多坏事，但是，上海解放后，他没有逃走，也就是说他对祖国还有感情，对我们至少不抱有敌意。他声称不问外事，那很好，我们不必要把“专政对象”加在他头上，只要他表示态度就行了。

上海市军管会对黄金荣的基本估计也是：第一，黄金荣过去有罪恶，是帝国主义豢养之恶霸；第二，但黄金荣近年来已不作恶，解放后向人民政府低头认罪，且已衰老；第三，对反动帮会势力应采取斗争瓦解策略，对黄本人取宽大政策。经过商议，决定派人向黄讲明政策。

之后，潘汉年亲自指派杜宣作为军管会的代表，负责向黄金荣本人进行训话。

一天下午，两辆吉普车开到钧培里弄口，杜宣带领10余名全副武装的解放军战士奉命前来对黄金荣训话。黄金荣连忙出来迎接，看到荷枪实弹的解放军，心里不免有些恐惧，甚至感到不妙。

杜宣等来到大厅，重申了政府的政策：只要不干涉政府的行政事务，不再包庇徒子徒孙地痞流氓，不破坏社会治安，人民政府可以对他宽大处理，并要求黄金荣老实交代。

黄金荣见政府并没有逮捕他的意思，一块石头才算落了地，便马上表白说：“我黄金荣在上海滩，几十年来，做尽坏事，贩卖毒品，拐卖人口，杀人绑票都做过，贵军没有杀我，是贵军的宽大……”

因为年纪大了，牙齿脱落，口音不清，黄金荣嘟哝的这几句话，还得由旁边的门徒一句句翻译，才能听懂。

接着，黄金荣从怀里摸出蒋介石 1927 年黄 60 大寿时赠给他的那块金怀表，交给杜宣说上缴政府处理。并表示决不包庇干坏事的门徒，听从人民政府的领导。

接着杜宣说：“政府允许你正常经营大世界、共舞台。”

最后杜宣说：“我们的政策是坦白从宽，抗拒从严，立功受奖。只要老老实实，不再做一切不利于人民的活动，过去的罪恶，我们可以从宽处理。”黄金荣立即唯唯诺诺，不敢多吭一声。杜宣继续告诫他：“今后一定要老老实实，如发现你再做欺压人民、违抗人民政府的事，那就要从严法办了。”这时，黄金荣连忙频频鞠躬道：“保证不再做坏事……”

当黄金荣知道了潘汉年对他的评价后，他还是非常感激的，他甚至佩服共产党人的气量和胸怀，感激人民政府对他的宽大。

1950 年 1 月，黄金荣购买了五万元国家公债，以表示这种感激的心情和对人民政府的拥护。

后来，黄金荣手头拮据，再加上家里每月开支浩大，窘于应付，只得一面紧缩开支，一面派程锡义到香港去。原来在法租界时代，黄金荣、杨虎、程子卿等同总巡乔辨士私下做军火生意，一次，有批军火卖给了商人刘裕章，他没有付款，现在刘就在香港。

于是黄便对程锡文说：“现在我买了五万元公债，没有钱，你到香港去找杜月笙，请他给我讨还一笔 10 万元借款，这是刘裕章早几年向我借的。”

2 月程锡文到香港讨债，结果，在杜月笙处却碰了个软钉子，程回忆说：杜月笙“要我去找大少奶奶（即李志清）想办法，我只得回上海，把情况告诉黄金荣”。

第二次，黄金荣亲自写了信，要程锡文再去香港找杜月笙，黄金荣还几次打电报给杜月笙，请杜设法将欠款追回。

程锡文赴港还有一个使命，就是黄金荣奉政府之命，要程劝告杜月笙返回上海。杜月笙对要他回大陆一事，未置可否；对黄老板要他帮助追讨款项，也表示无能为力；但最后，杜还是让万墨林汇给黄金荣五万元了结。

当时，杨虎也奉令要黄振世到香港说服杜月笙、金廷荪和王晓籁等回内地。王晓籁听了黄振世的劝说后立即回到了上海，但杜、金表示难以从命，还劝黄振世回沪后规劝黄金荣速去香港，免得落入共产党的法网。

黄振世回到上海向黄金荣谈起此事时，黄金荣多少有些心动，他沉思了一会儿，问黄振世怎么办。黄回答：“还是不去的好。”黄金荣点点头，决定按兵不动。

1949 年，大世界的经营出现亏蚀，职工的薪水也难以维持，黄金荣曾要求在香港的李志清汇来港币三万元，相当于旧人民币 1.3 亿元，以做维持之费。

1951 年，因为负债关系，黄金荣将黄金大戏院租给了华东文化部大众剧团，由该剧团支付押租 4.3 亿元。

1952 年 1 月起，因大戏院电线坏损、黄金荣拒绝修理，大众剧团停付租金。荣金大戏院则租给了陈昌良。

至此，黄金荣的收入已经大不如从前，但黄公馆里仍然钟鸣鼎食。家中有儿子黄源涛，孙子黄起予和黄起明，两个孙媳妇，门警二人，女佣三人，男佣五人，司机二人，三轮车夫一人，厨房伙夫二人，加起来共 20 多人。

后来黄起予、黄起明等去了香港，1950 年的下半年，他们曾回到过上海，名义上他们是回来探望祖父的，实际上是晓得上海还有很多财产，他们不希望遗漏了这笔巨款。不久，黄起明返回香港，但他的妻子即张善琨的女儿则留在上海窥测形势。

当时黄金荣的财产主要有大世界游乐场、黄金大戏院、荣金大戏院、源成里房屋 100 多幢和钧培里 1 号本宅，以及有 80 多亩地基的黄家花园。

黄金荣的收入大致有以下一些来源：一是大世界一月可得 500 多万元（旧人民币，下同）；二是黄金大戏院每月可有租金 1000 多万元；三是康梯路的荣金大戏院每月的租金也有 300 万元；四是复兴中路源成里的百余幢住房，每月的租金有 5000 余万元（该房由黄的门徒陈福康经租）；五是钧培里黄公馆部分出租给店员工会，每月可以得到 400 个折实单位（1 个折实单位折合人民币旧币 5000 元）。以上相加，每月收入达到 7000 万元左右。这仍是一笔可观的数字。

实际上黄金荣的收入远不止这些，这里仅以其部分房产为例。大华房地产经租处曾向政府部门呈交过一张清单，该处承办黄金荣的房产有：

| 产业坐落 | 门牌 | 房屋数量 |
|---|---|---|
| 建国东路 | 11 号<br>1—7 号 | 1 座<br>4 幢 |
| 肇周路 | 316 号 | 1 幢 |
| 复兴中路 | 113 弄 1—48 号 | 56 幢半 |
| （市房） | 113 弄 103—125 号 | 11 幢 |
| 吉安路 | 300 弄 6—19 号 | 14 幢 |
| 龙门路 | 129—151 号 | 12 幢 |
| 永嘉路（市房）<br>（平房） | 84—92 号<br>94 弄内前后 | 5 幢<br>2 宅 |
| 西藏南路（市房） | 112—120 号<br>122 弄 1—7 号 | 5 幢<br>5 幢 |
| 金陵中路（市房） | 15—17 号 | 2 间 |
| 淮海中路 | 96 弄 3 号 | 1 幢半 |

以上房屋出租的总租金虽然没有记载，但可以推算不会是个小数目。有如此众多的

收益，黄金荣似还不太宽余，他仍不断地从大世界游乐场提取巨款，以满足其生活的需要，究其原因，也许有些房客认为过去黄金荣横行霸道，现在解放了，住他的房子不必付房租了，因此，实际租金并未如期收到，当然这只是推测而已。

而大世界游乐场的经营情况怎样呢？

解放后，起初大世界的门票是每张500元（旧人民币），到12月26日增至600元，28日以后又增为800元。但黄金荣长期没有给职工增加工资，不仅如此，而且他还以大世界营业不佳为由，拖欠年终的奖金。为此，演员、职工曾集合数百人到钧培里与黄金荣谈判。

另一方面，黄金荣则不断从大世界获得大量钱款。据大世界游乐场的账目，在1950年2月至1952年1月底的时间里，黄金荣以奖金、薪水、借款等名义共从大世界账房提取了25笔现款，共计27亿8400万元。这样，扣除黄金荣的工资，黄金荣还欠大世界游乐场6700万元。

经过政府有关部门的工作，大世界演职员的生活有所改善。而黄金荣欠大世界的巨款至死也没有归还，因此在黄金荣死后，人民政府于1954年将大世界收归国有，改名人民游乐场，这是后话。

黄金荣的生活在解放以后仍没有多大的变化，每日清晨照常在黄公馆里抽足了鸦片后，与程锡文、丁永昌等亲信及流氓女大亨丁老大一起到云南路的三和楼喝茶聊天，下午再去逍遥池“孵澡堂”。

生活虽没有大的变化，但他已经感觉到说话越来越不灵光了。例如，共舞台的部分房产是黄金荣租赁建隆房地产公司的，然后再交给共舞台经营，这样黄金荣成了二房东，可以从中捞到不少油水。在解放前，没有一个地产商敢跟黄金荣说“不”，但现在解放了。建隆房地产公司明确通知黄金荣，1950年起不再借给黄金荣，而直接租赁给共舞台。对此，黄金荣也只得服从。

1950年2月11日，黄金荣用荣记大世界的便签给共舞台方面写了个函件：

径启者

尊处前向敝人分租之大世界一部分市房即中山东路433号房屋，至1949年12月底。兹经业主建隆房地产公司要求，将分租之屋交还。特函请尊处查照办理。希自1950年1月1日起直接向该业主办理给租手续为荷。此致

共舞台

黄金荣

1950年2月11日

可以说，刚一解放，因为政府需要稳住这些帮会流氓，进而稳定上海秩序，对他们采取了较为宽大的政策。所以黄金荣的生活虽然不同从前，但至少风平浪静，然而之后政府出台的一系列法令，却使黄金荣的生活发生了质的变化。

## 三、“大亨”一落千丈

《中华人民共和国惩治反革命条例》，是中央人民政府在1951年2月颁布的，自此，全国开始了镇压反革命运动。

4月，上海市第二届第二次各界人民代表会议通过了《关于严厉镇压反革命的决议》。

接着各区立即成立镇压反革命行动指挥部，发动部队、警察、干部和群众团体等组成搜捕行动小组，于27日，在全市联合举行大逮捕。

黄浦区当夜抓获289人，南市区当夜抓获反革命分子869人，芦家湾区（后易名卢湾区）抓获四百零九人，嵩山区抓获334人。打浦桥一带的“周家四虎”“小八股党”，南昌路、瑞金一路上的“薄刀党”“蚂蚁党”“黄牛党”等首恶分子，以及妓院老板薛柳影、码头恶霸王志章、原老闸捕房探长韩寿山等大批坏分子落入法网。

在被捕获的人中有些就是黄金荣的门生弟子，而一直陪侍在侧的黄金荣的亲信门生程锡文、宋才良两人也先后被捕。

另外就是黄金荣的爱徒丁永昌。丁永昌绰号“野鸡阿大”，年轻时在十六铺混饭吃。他早在黄楚九时代就在大世界设诗谜摊为生，后拜黄金荣为师，在唐嘉鹏担任经理时当总稽查。曾积极参加“四一二”事变，镇压工人纠察队武装。以后因得到黄金荣的赏识长期控制大世界。上海解放后他继续替黄金荣管理大世界，整日还是养鸟牵猴，拜佛烧香。

“二六轰炸”后，丁永昌看到大世界营业萧条，为了逃避责任，便假借筹集年终奖而去了香港，曾与国民党特务联络。后来，在香港日子也不好过，又看到大世界的营业有了转机，便返回了上海。

丁永昌平日仍然欺压大世界广大职工。当大世界劳资协议会议提出改革不合理的制度时，丁永昌纠集徒子徒孙进行破坏，威胁对敢于揭发黄金荣和丁永昌者进行报复，扬言“情愿为老头子牺牲，不能让老头子吃亏”。同时，他多次派心腹张全福到香港活动，收集大陆情报并提供给许肇元、张志清、曹士钧和刘俊卿等，传达国民党特务组织的指示。

黄金荣名义上仍是荣记大世界游乐场的总经理，实际负责人自1949年5月后由丁永昌担任经理，黄的外甥邹政之任副经理。

邹住在龙门路129弄，曾参与镇压进步学生运动和工人运动，抗战时期与日伪有密切关系，抗战胜利后，任国民党第三战区先遣军淞沪行动纵队副大队长、中统局上海特派员办事处主任、淞沪警备司令部第四稽查大队第六大队大队长等。

大世界游乐场里有2788个位子，有职工178人，1952年减少到146人，各种地方戏的演出仍然十分兴旺。到上海观光，游玩大世界仍是外地民众一个非常有吸引力的项目。



但大世界的员工们的收入并没有根本的好转，因此他们对黄金荣纵容丁永昌等压迫、剥削员工十分愤怒，不断有人写信给政府，要求摆脱封建压迫。

在一封给报社编辑的信中，全体艺职员控诉说：“黄金荣他在本市恶势力的雄厚以及他的名声与地位无人不知，至于他的为人，是以媚上欺下称长，假仁假义假慈善是他的作风，唯利是图而不择手段是他的本性。多年来他主使他的心腹榨取我们的血汗、剥削我们的自由，并用种种手段威胁我们不许声张，现在我们实在被压得透不过气来，现在我们为着要生存，特将我们遭遇的痛苦诉诸于后。”

这里所讲的压迫主要有三：黄金荣在大世界所领取的钱非常的多，而员工的工资少得可怜；同样是黄金荣所设的娱乐场所，黄金大戏院演职员的收入就比大世界员工的收入多得多；黄金荣不允许员工加入工会组织。员工们的这一斗争持续到黄金荣去世。

事实上黄金荣的另一产业黄金大戏院的营业也不太理想。经过交涉，1951 年，终于回到了人民的手中，并易名大众剧场。

黄振世原为上海流氓首领之一，收纳徒弟千余人，抗战胜利后任上海市参议员，创办有上海渔业公司、渔业银行等企业。解放后留在上海，曾被上海市第一、二届代表会议聘为工商界代表，也是民革会员。在帮会分子之中，他是一个比较靠近新社会的人物。

1951 年黄振世致函华东军政委员会主席、中共中央华东局第一书记饶漱石和陈毅市长，提出积极地处置上海帮会的方法，建议找帮会头子谈话，要求交出帮会成员名单，组织这些人学习，然后自动废除师徒制度，联保保证不再进行反动的活动。

在人人都要劳动的新社会，黄金荣的生活也必须要有改变。政府派人向黄金荣说：考虑到你已经 80 多岁，不再需要多干些什么了。但在身体条件可能的情况下，希望早晨到“大世界”门口去扫扫马路。得到这一训令，黄金荣当然是极其不满的，但世道已经变了，他无可奈何，只得提着扫帚出现在大世界的门口，出现在众多记者的相机镜头前。

当黄金荣在大世界门口扫大街的照片刊登在上海各主要大报后，立即传遍了全国，乃至全世界。昔日上海滩上最有势力的大亨闻人，现在也须服从共产党的命令，扫大街了。人民群众看了，的确扬眉吐气：这世道真的变了。当然，共产党并不是真需要黄金荣每天去扫地，这项劳动随即停止了。

杜月笙远在香港看了这张报纸感慨万千，庆幸自己没有留在上海。然而好景不长。

1951 年 8 月 16 日，一场强台风掠过香港，带来了一场大雨。这场大雨伴着狂风将海洋和陆地紧紧地裹在一起，令人什么也无法分辨。

此时，坐落在香港坚尼地公寓 18 号的杜公馆里昏暗沉寂，死亡的阴影紧紧地笼罩在这里。当年叱咤风云，横空出世的杜月笙，已奄奄一息。

下午 4 时 50 分，杜月笙咽下最后一口气，时年 63 岁。

杜月笙去世时，剩下的 25 万美元遗产，也被几个老婆瓜分了。他死后，他的弟子和老婆将他的遗体运往台湾，葬在台北南郊的一座山上。这样，他无法实现他临终遗嘱上写的“把我带回上海，葬在高桥”的愿望，真正成了“野鬼”。

另外，应杜氏家属的要求，上海报纸刊登了这一消息。这次，黄金荣也看到报纸发表的杜月笙死亡的讣告了，想到半个世纪的恩怨、情谊，纷争与合作，怎不叫此刻的黄金荣充满感慨呢?

## 四、发表“自述悔过书”

1951年1月5日，上海军管会颁布《对于反动党、团、特务人员实施登记办法》，要求现住上海的反动党、团、特务人员等均须在1月11日起亲赴指定机关办理登记。

2月中央人民政府颁布《惩治反革命条例》。

随后，上海市成立“上海市镇压反革命行动总指挥部”和“上海市反革命案件审查委员会”，紧锣密鼓地发动群众，将运动推向高潮。一些拒不登记的反动党、团、特务分子被逮捕，其中有黄金荣熟悉的洪门侠义社、至光社负责人、军统少将郑子良和青帮头目尚武、云南路妓院恶霸“九头鸟”薛柳影、原老闸捕房的探长韩寿山等，还有黄金荣的徒孙、毅社成员黄锡章和陈章林等。

4月27日晚上，上海市公安局发动了著名的“四二七”行动，一夜之间逮捕了8359名帮会、流氓、特务分子。黄金荣的门徒丁永昌、舒锦余、张全福、曹桂生、王琳、赵林和外甥邹政之等以流氓反革命分子罪名被逮捕。

清匪反霸的运动受到市民群众的热烈拥护和支持。受害群众积极参加大小规模的公审会和揭发控诉会。他们纷纷走上讲台，倾吐郁积多年的苦水和仇恨。控诉帮会恶霸的罪行，要求人民政府从严惩处这些恶霸匪首，最后，丁永昌被枪决，其余的被判处有期徒刑。

这样，镇压反革命的斗争也自然而然地波及到了黄公馆。

1951年3月，上海市公安局的侦察员在大世界游乐场的秘密工作中，获悉黄公馆内藏有枪支，经侦察确认，枪支是黄金荣的儿子黄源涛的，他曾担任过原上海市稽查大队第四大队大队长。

公安局为了消除隐患，决定采取行动。首先，公安局派员找黄源涛谈话，开始黄坚持否认私藏枪支，后经公安人员拿出确凿证据，只得承认。

4月13日下午，刑二科会同侦保处的数十名警察浩浩荡荡开到了黄公馆，准备入内搜查。一时，龙门路上、钧培里内外围观者水泄不通。

自法租界当局开始，经北洋军阀各个政权、南京政府、日伪时代，再到南京政府，钧培里黄公馆都是个特殊的地方。多少达官贵人下马拜访，多少帮会人物以进入黄公馆做黄金荣的走卒为最高理想。现在，黄公馆终于要倒了。对老百姓来说，他们看着警察包围了黄公馆，真正体会到了世道的变更。黄公馆的人开始俯首敛迹了，过去在马路上横冲直撞的，也不得不向邻居们打招呼、赔笑脸了。

在这次行动中，警察们经过仔细的搜查，在黄金荣寓所查抄出10支枪，其中转轮手枪四支、手枪三支、火药手枪二支和已损坏的卡宾枪一支，此外还有各种子弹300多发和军刀等。看着这一堆武器，黄金荣抖抖嗦嗦地称，这些军火与他没有任何关系，都是其子黄源涛的。

然而，经公安部门查实，黄金荣与此事有牵连，至少黄金荣负有一定的责任。在黄公馆里，还藏有大量的鸦片，供他们吸食。

不少市民写信给政府，提出“树德务滋，去恶务尽”，要求严惩罪大恶极的流氓大亨黄金荣。政府经过慎重研究，指出：“具名检举情况，说明群众政治认识与对人民政府之信任空前提高，但对此上海头号流氓之处理，为照顾策略，宜以削弱其实力，分化瓦解组织为主，于其本人拟继续饬写详细自白书公诸报端，由人民裁制。”

于是，一方面，政府有关部门召开市民座谈会，宣传党和政府的政策，另一方面，上海市政府决定召见黄金荣训话。

对于黄金荣，上海市人民政府做了专门的研究，指出：概括而言，黄金荣的罪恶主要有五个方面，即，“四一二”事变时组织“共进会”，协助蒋介石屠杀爱国志士；勾结法帝国主义压迫人民；非法以“吃讲茶”的方式敲诈勒索；第四，组织荣社等纵容门徒，为非作歹；欺压周信芳等民间艺人。

研究后决定以副市长盛丕华、市政协副秘书长梅达君和市检察署副检察长方行三人为代表，召见黄金荣，向黄金荣宣布政策不变，但要求他写“悔过书”公开登报，进一步向人民交代，进一步低头认罪。

盛丕华（1882－1961），宁波人，过去曾任四明银行经理，创办过红棉酒家，解放前就与黄金荣熟悉，所以处理黄金荣的事情，基本上他都出席。这样可以稳定黄金荣的情绪，使他不至于过于惊慌而无法谈话。召见的地点是在市政协的一间会议室内。当时的市政协设在和平饭店，也就是原沙逊大厦内。

1951 年 5 月上旬的一天，黄金荣由其门生、舟山旅沪同乡会会长陈翊庭和孙子黄擎宇陪同，应召前来。在镇压反革命的浪潮中，休衰年迈的黄金荣的确也是如惊弓之鸟。报章上的标题“大张旗鼓，严厉镇压反革命”、“沪市惩处一批著名恶霸”、“沪市捕获一批反革命分子”等，直看得黄金荣触目惊心。因此，此次应召，心中不免有几分恐惧。

副市长盛丕华首先指出：“人代会上有些代表提出控诉，要求政府处理你。你生平罪甚大，但解放前几年未曾作恶，解放后尚能安分守己，且年已 83 岁，可由你先向人民表白罪行，再听凭处理。”

方行接着说：“人民的控诉是正确的，人民政府未曾处理你，并不是说你没有罪恶，你应主动向人民交代。可用悔过书在各报刊刊出，内容是承认自己的罪恶，拥护政府法令，规劝已捕党徒真诚坦白，立功自新；未捕党徒同应向政府真诚坦白，立功自新，以求得人民的宽大。”

黄金荣听后，赶忙重弹老调，承认自己罪恶重大，愿意真诚地向人民请罪，求得政府宽大处理，并着重表示：“我决不指使和包庇党徒做坏事，如有指使包庇为非作歹，或知情不报，愿受政府的严厉处分。”

黄金荣回到钧培里后，嘱咐龚天健执笔，代为起草悔过书。根据黄金荣的口授，整理成文。黄金荣认为这是件大事，遂召集亲信们商量了两次，权衡再三，有的门徒建议不要写得太坏，以免政府有把柄。经反复修改后，黄金荣才在悔过书的末尾签上了大名。

这份自述悔过书交给政府后，并没有获得通过。因为文中多是隐恶扬善、文过饰非之处。

例如，黄金荣强调，他是孙中山先生革命事业的支持者，“孙中山先生在上海革命是我保护的，中山先生到北京去的时候，我保护送他上车，临走的时候，中山先生对我说，上海的革命同志要我保护，所以后来我认得了许多革命分子，像胡汉民与汪精卫他们就是在革命党打制造局的时候认识的”。

黄金荣又把自己说成是一个“慈善家”，“‘八一三’日本人打来上海的时候，难民很多，米粮恐慌，虞洽卿办了一批洋米，由我出面代为救济、筹款”。

黄又强调在日伪时期，没有落水做汉奸。他写道：“日本人时常来与我商量，要我出来做事，我总说年纪大了，不能做什么事，回绝他们。”总之，在这份悔过书里，黄金荣尽量为自己遮掩罪恶。

另外，黄金荣还处处诿过于他人，推卸自己的历史罪责，说：“到抗战胜利后，我也没有做过什么事情，但是听说我的门生，仍借我的名义在外面招摇，干不好的事。因为年纪很大，也顾不了这许多。不过这种事情，是怪我过去太卖情面，收了好多门生，现在想想这种不好的情形实在错误。”他把罪恶都推到了门生们身上去了，而只剩下了“收了太多门生”这一问题了。这离事实太远了。

因此这样一份“捣浆糊”的悔过书当然是不会获得通过的。于是，军管会首长立即要求尽快重新改写。在政府的敦促下，黄金荣又写了一份“自述悔过书”。这份远较第一份诚恳的悔过书终于获得了通过。

军管会立即将这份悔过书以《黄金荣自白书》的名义刊登在 1951 年 5 月 20 日的《文汇报》和《新闻报》头版上，还配以黄金荣的照片。黄金荣自白书，全文如下：

## 黄金荣自白书

我小时候，在私塾读书，17 岁到城隍庙姐夫开的裱画店里学生意，20 岁满师，在南门城内一家裱画店做生意，五年后考进前法租界巡捕房做包打探。那时候，觉得做裱画司务没出息，偷包打探有出息。现在想来，偷包打探，成为我罪恶生活的开始。

我被派到大自鸣钟巡捕房做事，那时我 26 岁，后升探长，到 50 岁时升督察长，60 岁退休，这长长的 34 年，我是一直在执行法帝国主义的命令，成为法帝国主义的工具，来统治压迫人民。譬如说私卖烟土，开设赌台，危害了多少人民，而我不去设法阻止，反而从中取利，实在真不应该。

蒋介石是虞洽卿介绍给我认识的，国民党北伐军到了上海，有一天，张啸林来看我，他们发起了组织共进会，因为我是法租界巡捕房的督察长，叫我参加，我也就参加了。就此犯了一桩历史上的大罪恶，说起来，真有无限的悔恨！后来法租界的巡捕房头脑费沃利，命令禁止共进会在法租界活动，一方面张啸林要借共进会名义，发展他们的帮会势力，所以对我不满意，我因为职务上的关系，就和他们闹意见，从此与张啸林避不见面。不久，我就辞去法巡捕房职务，退休在漕河泾了。我在法巡捕房许多年，当然有些势力，有许多人拜我做先生，我也收了许多门徒，门徒又收门徒人多品杂，就产生了在社会上横行霸道，欺压善良的行为。我年纪大了，照顾不到，但无论如何，我是应该负放纵之责的，因而对于人民我是有罪的。

解放以后，我看到共产党样样都好，人民政府是真正为人民的政府。几十年来，帝国主义军阀官僚国民党反动派盘踞下的上海，整个变了样子。政府根绝了贪污，社会上也没有敲竹杠仗势欺人的事情。我今年 84 岁，已经 20 多年不问世事，但经过这个翻天覆地的变化，看到了伟大的人民力量，再检讨自己 60 岁以前的一切行动，感到非常痛苦。一方面我对于人民政府对我的宽大，表示深切的惭愧和感谢，一方面我愿向人民坦白悔过，恳切检讨我的历史错误，请求允许我立功赎罪。

我坚决拥护人民政府和共产党，对于政府的一切政策法令，我一定切实遵行。现在，正是严厉镇压反革命的时候，凡是我所知道的门徒，或和我有关系的人，过去曾经参加反革命活动或做过坏事的，都应当立即向政府自首坦白，痛切承认自己的错误，请求政府和人民饶恕；凡是我的门徒或和我有关系的人，发现你们亲友中有反革命分子要立即向政府检举，切勿徇情。从今以后，我们应当站在人民政府一边，也就是人民一边，洗清个人历史上的污点，重新做人，各务正业，从事生产，不要再过以前游手好闲、拉台子、吃讲茶乃至鱼肉人民的罪恶生活。这样，政府可能不咎既往，给我们宽大，否则我们自绝于人民，与人民为敌，那受到最严厉的惩罚，是应该的了。

现在，幸蒙共产党宽大为怀，使我有重新做人的机会，在毛主席旗帜下学习革命思想，彻底铲除帝国主义的封建思想意识，誓再不被反动派利用，决心学习自我批评及自我检讨，从今后，愿做为人民服务的人。

最后，我敢向上海市人民政府和上海人民立誓，我因为年纪大了（今年 84 岁），有许多事，已经记忆不清，也许说得不适当，但我的懊悔惭愧与感激的心，是真诚的！是绝不虚假的。

公元 1951 年 5 月　黄金荣

《黄金荣自白书》的公开发表，在海内外引起很大的反响。从晚清以来的近百年间，一直是统治阶级拉拢收买对象的帮会势力，在人民政权和群众的强大压力下，终于由黄金荣这个最够格的总代表，向人民低头悔过，举手臣服了。

这篇《自白书》，不仅是黄金荣个人的忏悔，也是中国的帮会以这种形式，给自身的历史打上了一个句号。《自白书》的发表对帮会残余势力是一个很好的威慑行为。

黄金荣的徒子徒孙们、包括上海的流氓帮会分子们，见后台已倒，不得不开始收敛起来，不敢再横行霸道了。

## 五、惶恐中死去

发表了《自白书》并没有使黄金荣得到安定，知晓黄金荣底细、或者曾被黄金荣欺压的市民们并不满意。上海市公安局收到大量的市民来信，揭发黄金荣的罪行，要求政府予以法办。

上海贸易信托公司的一名职员在一份检举信里指出：“见报刊载有黄金荣自白书一则，他竟轻描淡写的希望人民政府予以宽大，查黄金荣的罪恶，更是远胜于最近处以死刑的匪特、恶霸等不知多少倍。他是上海万恶社会形成的第一罪人，国际上也有名气的帝国主义的工具；广收门徒，创造恶势力，一贯欺压人民，手段卑鄙，到处招摇是非，包揽诉讼，仗势凌人，门徒罪恶皆以他一言蔽之，谁敢说不字呢？蒋匪介石也是他的门徒之一，因此更可任意胡行，当大革命宁汉分裂以后，蒋匪所谓清党时，黄金荣与杜月笙即在上海捕杀了许多爱国志士，血腥的事实众所周知，我们能忘记吗？”

揭发信还指出：黄金荣“解放前与我们为敌，解放后仍与我们为敌，只要看一看此次所逮捕的匪特或是已伏法的罪犯，几乎大部与他有血统关系的，他欠下人民数不清的血债，我们决不宽容他。希望人民政府必须把这罪恶的总根先予铲除，以慰直接、间接被害人的冤得以一申”。

文化中学的一名历史教师致信上海市公安局长杨帆说，我们中学的老师认为：“黄金荣太不坦白，他的罪状太多，这样轻描淡写就算了，有这样便宜吗？”“黄金荣是横行几十年的流氓大头子，制造了数不清的罪恶的魁首，要斩草除根地把他加以惩办，万不可姑息他年老，黄金荣可杀不可留！”然而，从稳定大局出发，上海市人民政府仍决定宽大黄金荣。

在陈翊庭的陪同下，1951 年 5 月中旬，黄金荣将第二份“自述悔过书”亲自送到外滩的中央银行大楼军管会，由军管会首长粟裕和盛丕华接见并训话。这位曾在上海滩乃至全中国叱咤风云的大亨，此时只剩下种种恐惧的感觉。

黄金荣呈自白书，交代历史罪行后，与陈翊庭一同步出办公室。两人刚至楼下门口，陈忽然发现携带的用物遗忘在楼上办公室，即叫黄在门口稍待，匆匆上楼去取。

待陈翊庭再次下楼时，黄金荣已不在，各处遍找无着。原来，黄金荣提呈自白书后恐生变故，急不可待地独自一人回到黄宅去了。

市政府步步进逼的严厉措施和市民们一浪高过一浪的声讨，使黄金荣处于四面楚歌的境地。

黄金荣的把兄弟和徒子徒孙们在镇压反革命运动中，一个个被押上了断头台。就在黄金荣的《自白书》刊登后的第九天，“小八股党”的干将、杀害汪寿华的刽子手叶焯山被押到法庭，其子叶麟根也到庭揭发其父逼死其母和舅父的罪行，最后，叶被判处死刑。

7 月 26 日，黄金荣的弟子、汉奸卢英被枪毙。28 日，叶焯山和黄金荣的另两个徒弟——迫害越剧名伶筱丹桂的恶霸张春帆与“小八股党”成员马祥生一起，被绑赴刑场，执行枪决。

消息传到黄金荣的耳朵里，他更加恐慌了，闭门不出，整日里提心吊胆，害怕哪一天会被政府抓去，被枪毙，被砍头。甚至晚上也整夜无法入眠，垂垂老矣的黄金荣怎能消受？

实际上，政府部门并没有要法办黄金荣的意思。

由于心情恐慌，黄金荣随即就病倒了。先是整日坐在太师椅里，臃肿的身子几乎站不起来，站起也挪不开步子了。渐渐地连坐也困难了，只能整日躺在床上了。黄金荣要求家人不要送他去医院，他最后的愿望就是在生活了近半个世纪的、有着他的大部分荣耀和成就的钧培里，安静地离开人世。

外面的世界正在发生惊天动地的变化，但对于这些，黄金荣已经麻木，迟钝了。他不属于这个新时代，他永远无法跟上这个时代的脚步了。

1953 年 6 月 20 日上午，黄金荣进入了弥留状态，附近的永川医院应家属的请求，派出护士到黄公馆，给他注射了强心针，但已无济于事了。当天下午，黄金荣停止了呼吸，时年 86 岁。

黄金荣死后，其亲友徒众，进行了简单的葬礼。

当地公安部门向上级报告说："查黄金荣现年 86 岁，上海著名的大流氓，收有门徒万众，本区大世界、共舞台、荣金大戏院皆是他的产业，当他于 20 日死时，大世界经理杭石君即报告分局云南南路派出所，并申请更换大世界负责人姓名，以后便由黄金荣的得意门徒陈福康为主办理丧事，计有马筱峰、陈荣富、陈昌良（荣金大戏院经理）、沈茂贞、汤融、严兴林、毛政纪、顾德昌、钱福林、陆正崇、朱文伟、陈益亭、王世昌、庄海宁、杭石君、陈荣炳等 17 人前来销声匿迹地看不出动静地治丧。尸体于 22 日移往丽园殡仪馆入殓，当晚在钧培里 1 号黄金荣住宅中，备有九桌酒席，治丧过程中除上述得意门徒 17 人前来外，别无其他动静。"

治丧中只备九桌酒席，且只有 17 个门徒前来吊丧，这在黄金荣这样一个大亨级别的、享尽了生荣的人来说，死而不哀的程度，是空前的了。毕竟时代变迁了，要在过去，黄金荣的丧事应是上海滩上的一件轰动一时的盛事。

相比之下，上海滩三大亨的结局，黄金荣算是最好的了。黄、张、杜三人中，最早死去的是与日伪勾结、失节投敌的张啸林，1940 年 8 月 13 日，他被保镖击毙。杜月笙出走香港，处境尴尬，1951 年 8 月 16 日客死异乡，只活了 63 岁，后来他的遗体又披风拨浪，被运到台湾，葬在了远离故乡的台北汐止镇大尖山墓地。只有黄金荣晚年能以 86 岁高龄得以善老故土。

黄金荣死后，黄家收入日见拮据，甚至难以维持日常的开支。黄家打算变卖一些不动产，但又不敢贸然向政府提出。后来在无奈之中求助于章士钊。章士钊即写信给市长陈毅和副市长潘汉年，陈述黄家的经济困难。在潘汉年的亲自处理下，顺利解决了黄金荣的遗产问题。

黄金荣死的那天，有人在复兴公园——法租界时代的顾家宅公园——这个曾经挂着"中国人不得入内""戴着口罩的狗可以入内"园规的公园后门的一块黑板上，写了五个雄劲的大字："黄金荣死了。"

这大概是上海滩的公众媒体上，唯一能见到的关于黄金荣死讯的讣告了。

黄金荣是上海滩三大亨中发迹最早、死得最晚的一个。他通过自身奋斗，从一个裱画店的小伙计而一跃成为众人仰目、威震上海滩的大亨，而且地位在上海滩四五十年不倒，他是那个特定的历史时代——半殖民地、半封建社会的土壤中滋生出的"中国第一帮主"。

上海滩的风云只能留在历史的记录中，而黄金荣的名字也会在历史的记录中留下来，由人评说。

# 参考书目


[1] 白　希. 杜月笙全传. 北京：中国国际广播出版社

[2] 赖青云. 大亨杜月笙. 北京：时代文艺出版社

[3] 杨威著. 杜月笙外传. 台湾：台湾一善出版社

[4] 周育民、邵　雍. 中国帮会史. 上海：上海人民出版社

[5] 柯兆银、庄振禅. 上海滩野史. 江苏：江苏文艺出版社

[6] 傅湘源. 青帮大亨. 北京：中国文史出版社

[7] 赖青云、何玳丽. 黄金荣. 北京：作家出版社

[8] 陈祖恩、王金海. 海上十闻人. 上海：上海人民出版社

[9] 白　希. 黄金荣. 北京：中国国际广播出版社

[10] 蒋伟国. 民国三教九流. 安徽：安徽人民出版社

[11] 赖青云. 张啸林. 北京：作家出版社

[12] 上海通社. 上海资料研究. 上海：上海书店

[13] 白　希. 张啸林. 北京：中国国际广播出版社

[14] 民国人物传. 中华书局

[15] 近代中国帮会内幕. 群众出版社